- 세무사 2차 시험 대비, 세법학 요약서
  - 기본서의 주요 내용 및 판례 전부 반영
  - 다양한 도표를 통한 내용정리 및 유사한 쟁점 비교학습 가능
- 저자 직강 www.namucpa.com (나무경영아카데미)

2025
7TH EDITION

세법학 Ⅱ zip

정정운 · 손재호

Ⅱ zip

- 부가가치세법
- 개별소비세법
- 지방세법
- 조세특례제한법

NAVER 카페

노란세법 검색

저자가 직접 운영하는 인터넷 카페에서
책 내용에 대한 상담을 하실 수 있습니다.
cafe.naver.com/taxnavi

상경사
www.SKBOOKS.co.kr

정정운(鄭丁云)

전남대학교 경영대학 경영학과 졸업
제35회 세무사시험 수석합격
지방세공무원 연수원 강사 역임
한세대학교 전임강사 역임
재정경제부 혁신동아리 강사 역임
재정경제부장관 표창장 수상(제070442호)
웅지세무대학 전임강사 역임
기획경제부 세제개정 전문위원 역임
나무경영아카데미 세법 강사

• 저서

『세법개론』(상경사)
『세법개론 강의노트』(상경사)
『세법학Ⅰ』(상경사)
『세법학Ⅱ』(상경사)
『세법학Ⅰ.zip』(상경사)
『세법학Ⅱ.zip』(상경사)
『세법학 강의노트』(상경사)
『세법학연습』(상경사)

손재호(孫載鎬)

웅지세무대학교 세무전문학사
서강대학교 경영학과 재무/보험 석사 졸업
제54회 세무사시험 합격
손상익세무사사무소 근무

• 저서

『세법학Ⅰ.zip』(상경사)
『세법학Ⅱ.zip』(상경사)

• 논문

「교환옵션을 이용한 개인사업자의 법인전환 가치평가와 시사점 에 관한 연구 : 새로운 모형 구축 및 실증분석(Valuation of Corporate Conversion of Sole Proprietorship Using Exchange Option and Its Implications : New Model Building and Empirical Analysis)」 아태비즈니스연구, 16(1), pp.303-333 Mar, 2025

세법학Ⅱ zip

지은이 정정운 · 손재호

2019년 5월 31일 1판 1쇄 펴냄
2025년 4월 22일 7판 1쇄 펴냄

펴낸곳 상경사
펴낸이 김희철
영업 · 마케팅 김병훈 · 김희은
편집 · 북디자인 성진우 · 배정영 · 이은정 · 임경순
경영지원 배정민

등록일 1988년 6월 27일
동록번호 제 1-753 호

06784 서울특별시 서초구 동산로12길 13-8 B01,02 (양재동,담덕궁)
전화 02-577-3835, 팩스 02-573-2240, https://www.skbooks.co.kr

● ISBN 979-11-6137-393-5 94360

● 값은 표지 뒷면에 있습니다.
● 파본은 구입하신 서점에서 교환해드립니다.

2025
7TH EDITION

세법학 Ⅱ zip

정정운·손재호

상경사
www.SKBOOKS.co.kr

머리말

TAXATION LAW

Ⅰ. 최근출제 경향 및 채점평

1. 각 개별세법의 배점

세법학Ⅱ부의 경우 부가가치세법에서 35점, 개별소비세법에서 20점, 지방세법에서 20점, 조세특례제한법에서 25점 배점으로 지난 5년간 출제되었다.

2. 최근 출제경향

- **부가가치세법**은 간단한 사례나 판례의 내용으로 출제된 적도 있으나, 주로 개별적인 물음에서 주요 법령의 개념, 적용요건, 취지를 각각 물어보는 방식으로 출제되었다.
- **개별소비세법**은 간단한 사례를 제시한 후 개별적인 물음을 통해 그 사례에 해당하는 법령의 구체적인 내용을 물어본 다음, 그 법령을 사례에 적용시킬 수 있는지를 확인하는 방식으로 출제되었다.
- **지방세법**은 취득세가 주로 출제되었는데, 개별적인 법령의 내용보다는 쟁점이 되는 판례나 간단한 사례를 통하여 납세의무자, 취득시기, 적용 세율, 납부기한 등 해당 사례에 대한 구체적인 세무처리를 물어보는 방식으로 출제되었으며, 재산세에 대한 세무처리를 함께 요청하는 방식으로도 자주 출제되었다.
- **조세특례제한법**의 경우에는 주요 쟁점이 되는 법령의 내용을 주로 출제하였으나, 사례형 문제를 제시하는 경우도 있었고, 여러 가지 법령의 내용의 물음을 나누어서 출제하는 경우도 있었다.

3. 채점평

출제자들의 채점평에서 가장 많이 언급이 되었던 내용은, ① 요구하는 물음에 대해서 필요 없는 내용을 서술한 답안이 많다는 것, ② 대강 서술하지 말고 구체적으로 명확하게 서술해 달라는 것, ③ 단순히 법령을 암기하는 방식에 그치지 말고 해당 법령의 내용을 이해하여 사례형 문제의 경우 자신의 판단과 그 판단에 이르는 과정을 법령과 판례를 근거로 하여 명확하게 서술해 달라는 것이었다. 작년 채점평의 경우에는 물음의 배점에 맞게 서술해야 한다는 의견도 있었으며, 조세특례제한법의 경우에 단순 암기보다는 그 조세특례제도에 대한 시사적 이슈나 취지 및 문제점과 그 해결방안에 대해서도 설명해야 한다는 의견이 있었다.

Ⅱ. 본서의 특징 및 활용방법

1. 본서의 특징

① 기본서로 공부하는 것과 같은 효과를 내기 위해 기본서의 목차와 체계를 따랐다.

② 목차와 키워드를 중심으로 학습할 수 있도록 목차와 키워드를 파란색으로 표시하였다.

③ 답안지를 작성할 때 법문구와 판례내용을 최대한 비슷하게 적는 것이 유리하므로 법령이나 판례에서 나온 표현을 바꾸는 것을 지양하고, 조사를 바꾸거나 부연설명이나 수식어구 같이 필요성이 다소 떨어지는 문구만을 삭제하는 방식으로 요약하여 작성하였다.

④ 이해를 돕기 위해 기본서에 나온 도표를 활용하였다.

⑤ 본서의 분량을 줄이기 위해 문제는 본서에 수록이 되어있지 않으나, 사례형 문제에 응용력을 향상시키기 위해 기본서에 나온 판례를 수록하였다.

⑥ 기본서의 내용 중 중요성이 떨어지거나 회계학 2부에 주로 출제될법한 내용들은 짧게 언급하는 방식으로 그쳤다.

⑦ 본서 각 절 제목 다음에 「세법학Ⅱ」 기본서 해당 페이지(Ⅱ p3)가 적혀있다. 이것을 활용하여 기본서와 함께 공부하면 해당 주제를 체계적으로 정리하는데 큰 도움이 될 것이다.

2. 본서의 활용방법

채점평에서도 나와 있듯이 물어보는 물음에 대해 구체적으로 서술하기 위해서는 법령을 이해하는 것은 기본이고 구체적인 암기도 필요하다. 법령을 복사하여 붙여 넣을 수는 없어도 법령에서 나온 용어들을 사용하여 서술해야 하므로 중요한 표현의 암기는 필수이다. 이해를 하고 암기해 달라는 말은 암기가 중요하지 않다는 말이 아니라 최소한 무슨 내용인지는 인지하고 암기하여 물어보는 물음의 논제에 이탈하여 서술하는 실수를 하지 말아달라는 뜻일 것이다. 더구나 구체적인 사례의 적용에 대해 암기한 법령과 판례의 내용을 문제를 해결하는 근거로 활용할 수 있는 능력까지 요구하고 기존 조세제도에 대한 비판적인 시각을 갖출 것까지 요구하고 있다. 실로 무리한 요구가 아닐 수 없다. 종합해 보면 탄탄한 기본실력부터 심화적인 학습까지 바라고 있어 출제자들이 기대하는 합격생으로서의 수준이 상당히 높다는 것을 알 수 있다.

결론적으로 이러한 출제자의 기대를 충족하기 위해서는 두꺼운 기본서를 통한 학습이 당연할 것이지만, 문제는 많은 수험생들이 기본서를 통한 학습을 부담스러워 한다는 것이다. 특히 2차 시험을 처음 응시하게 되는 동차생 입장에서는 1차 시험 날부터 시간이 3개월 밖에 남지 않았기 때문에 이러한 부담은 당연할 것이다.

본서는 기본적으로 세법학 기본서의 내용을 압축한 것에 불과하다. 절대적인 내용을 비교한다면 기본서와 큰 차이가 없다. 따라서 본서는 두꺼운 기본서를 학습하면서 느끼게 되는 부담을 줄여주는 정도이며 절대적인 학습량을 줄여주는 것이 아니므로 출제자들이 기대하는 실력을 갖추기 위해서는 본서의 공부방법도 기본서로 공부하는 방식과 같아야 한다.

기본서로 공부하는 것처럼 사소한 것을 하나하나 암기하는데 시간을 쏟기 보다는, 읽고 있는 내용을 목차를 통하여 정리하면서 다독으로 법문구와 판례내용에서 쓰이는 표현들이 익숙해지도록 해야 한다.

구체적인 가지 수나 숫자, 날짜, 비율, 계산식 같은 것들은 반복하면서 기억을 하는 수밖에 없기 때문에 회독을 할 때마다 한 번씩 읽고 지나가는 것이 바람직하다.

Ⅲ. 출판에 도움을 주신 분들과 독자분들에게 전해드리는 말

본서 출간에 도움을 주신 상경사 김희철 사장님, 이 책 편집에 많은 노고를 해 주신 상경사 성진우 부장님, 김병훈 부장님, 배정영 부장님께 감사의 말씀을 드립니다.

본서가 여러분들의 단기 합격에 도움이 될 수 있기를 바라며, 독자 여러분들의 건승(健勝)을 기원합니다.

2025년 4월 15일

정정운 · 손재호

차 례

TAXATION LAW

부가가치세법

개별소비세법

지방세법

조세특례제한법

제1편
부가가치세법

제1장
부가가치세법 기초이론

제1절 부가가치세의 과세유형과 과세방법

II-1
p.5

부가 01

Ⅰ. 서설

부가가치의 범위에 따라 과세유형이 나누어지고 부가가치세의 계산방법에 따라 부가가치세 과세방법이 달라진다.

Ⅱ. 부가가치세 과세유형

1. 과세유형

(1) GNP형

1) 국민경제 부가가치(개별기업 부가가치의 합)

① 생산 : GNP(국민총생산) = C(총소비액) + I^T(총투자액)

② 분배 : GNP(국민총생산) = W(임금) + R(지대) + I(이자) + P(이윤) + D(감가상각비)

2) 개별기업 부가가치 = 매출액 − 중간재구입액

(2) 소득형(NNP = GNP−D)

1) 국민경제 부가가치(개별기업 부가가치의 합)

① 생산 : NNP(GNP−D) = C(총소비액) + I^N(순투자액)

② 분배 : NNP(GNP−D) = W(임금) + R(지대) + I(이자) + P(이윤)

2) 개별기업 부가가치 = 매출액 − 중간재구입액 − Dep(감가상각비)

(3) 소비형(GNP−I^T)

1) 국민경제 부가가치(개별기업 부가가치의 합)

① 생산 : C(총소비액)

② 분배 : W(임금) + R(지대) + I(이자) + P(이윤) − I^N(순투자액)

2) 개별기업 부가가치 = 매출액 − 중간재구입액 − 자본재구입액

2. 과세유형별 장 · 단점

(1) GNP형

자본재의 가격은 자본재 사용에 의해 생산된 소비재 가격에 포함되기 때문에 자본재에 대해 부가가치세를 중복하여 과세하는 결과됨(누적효과 발생)

(2) 소득형

1) 장점 : GNP에서 감가상각비를 공제하여 누적효과는 제거됨

2) 단점 : 중간재와 자본재를 구분해야 하고, 자본재에 대한 감가상각비 계산의 어려움이 있음

(3) 소비형(= GNP − I^T)의 장점 ➟ 우리나라에서 채택

1) 투자촉진

자본재구입액이 매입할 때 공제되므로 투자촉진

2) 시행 간편

① '매출액 − 중간재구입액 − 자본재구입액'이므로 감가상각비 계산할 필요 없음

② 중간재와 자본재를 구분할 필요 없음

[도 표] 과세유형 및 그 장·단점의 비교

구분		GNP형	소득형	소비형
부가가치의 범위	국민경제	GNP(국민총생산) = C+I^T = W+R+I+P+Dep	NNP = GNP−Dep = C+I^N = W+R+I+P	소비 = GNP−I^T = C = W+R+I+P−I^N
	개별기업	매출액−중간재구입액	매출액 − 중간재구입액 − Dep	매출액 − 중간재구입액 − 자본재구입액
장 · 단점		• 투자억제 • 누적효과 발생	• 자본재에 대한 VAT 회수에 상당기간 소요 • Dep 계산에 어려움	• 투자촉진 • 시행간편

* C : 총소비, I^T : 총투자(I^N+Dep), W : 임금, R : 지대, I : 이자, P : 이윤, Dep : 감가상각비

Ⅲ. 과세방법

1. 가산법

(1) 계산

[W + R + I + P − I^N(순투자액)] × 세율(10%) = 납부세액(or 환급세액)

(2) 단점 : 생산요소 측정이 어려움(과세행정상 어려움)

2. 공제법

(1) 직접법 : 전단계거래액공제법

1) 계산

매출액(공급가액) − 매입액 = 부가가치

부가가치 × 세율(10%) = 납부세액(or 환급세액)

2) 장점 : 과세대상이 부가가치임을 이론상 잘 설명함

(2) 간접법 : 전단계세액공제법 ➡ 우리나라에서 채택

1) 계산

매출세액[매출액(공급가액 합계액, 과세표준) × 세율(10%)] − 세금계산서 수취분 매입세액 = 납부세액(or 환급세액)

2) 장점 : 개개 재화나 용역에 대한 세액 파악이 가능하여 다음과 같은 장점이 있음

① 품목별로 면제나 경감세율 설정이 편리함

② 부가가치세 전가가 명확히 인식

③ 국경세 조정이 편리

④ 사업자간 상호감시의 효과로 탈세를 방지하고 세정의 효율이 있음

Ⅳ. 우리나라 부가가치세법의 태도

소비형(= GNP−I^T) 부가가치세, 전단계세액공제법

부가가치세의 중요한 과제 : 사업자의 적정한 거래징수와 세금계산서 수수질서의 확립

Ⅴ. 부가가치세의 의의

부가가치세는 모든 거래단계에서 생산되는 부가가치에 과세하되, 그 부담의 전가를 예상하는 다단계 일반소비세이다.

부가 01

1) 원칙적으로 모든 재화나 용역을 구입하여 소비하는 사실에 대해서 과세하는 일반소비세

2) 세부담의 전가를 예상하는 간접세

3) 각 거래단계에서 생성된 부가가치에 과세하는 다단계 과세방법

제2절 국경세조정과 부가가치세의 역진성

Ⅱ-1 p.16

Ⅰ. 국경세조정

1. 의의

'국경세조정'이란 국제거래되는 재화 등에 부과된 간접세에 대한 조정을 말한다.

(1) 원산지국 과세원칙

수출시 : 원산지국에서 과세된 간접세의 환급 · 면제하지 않음(조정하지 않음)

수입시 : 수입국에서 간접세를 과세하지 않음

(2) 소비지국 과세원칙

수출시 : 수출한 재화 등에 대해 과세한 간접세를 환급

수입시 : 수입한 재화 등에 대해 수입국의 세율로 간접세 과세

1) 장점

① 소비가 이루어지는 나라에서 간접세의 부과권을 행사하게 되어 소비세의 원리에 부합

② 원산지국과 소비지국의 간접세율이 서로 다른 경우에도 대외경쟁상 중립성 유지

2. 현행 간접세제의 국경세조정제도

소비지국 과세원칙 채택

(1) 수출하는 경우 : 영세율 및 수출면세 · 세액의 환급

1) 부가가치세법 : ① 재화의 수출, ② 용역의 국외공급, ③ 선박 · 항공기의 외국항행용역에 대해서 영세율을 적용하여 부가가치세 부담 완전면제

2) 개별소비세법 : 내국물품의 국외반출에 대해서 수출면세를 적용하여 개별소비세 부담을 완전제거

(2) 수입하는 경우 : 과세대상에 포함

1) 수입하는 재화·과세물품도 국내에서 생산된 재화·과세물품과 동일한 취급을 하기 위하여 재화의 수입(부가가치세)·과세물품의 수입(개별소비세)을 과세대상에 포함

2) 국외사업자로부터 국내에서 용역을 제공받은 경우 : 용역을 공급받은 자로 하여금 부가가치세를 대리납부함으로써 소비지국 과세원칙 구현

용역을 제공받은 자가 비사업자 등인 경우에는 대리납부제도의 실효성을 확보하기 어려운 점이 있음, 다음의 공급 특례를 통해서 소비지국 과세원칙 철저한 구현

① 국외사업자가 사업자등록의 대상인 위탁매매인 등을 통하여 국내에서 용역을 공급하는 경우 : 위탁매매인 등이 해당 용역을 공급한 것으로 보는 특례

② 국외사업자가 국외 오픈마켓사업자 등을 통하여 국내에 전자적 용역을 공급하는 경우 : 국외 오픈마켓사업자 등이 해당 전자적 용역을 국내에서 공급한 것으로 보는 특례

부가 01

Ⅱ. 부가가치세의 역진성

1. 의의

'조세부담의 역진성'이란 소득 중 조세부담이 차지하는 비율이 저소득층은 높게 나타나고 고소득층은 오히려 낮게 나타나는 것을 말한다. 현행 부가가치세는 10% 비례세율의 구조를 취하고 있기 때문에 역진성 야기

2. 역진성을 완화하기 위한 제도

① 기초생활필수품에 대해 부가가치세 면세

② 고급물품에 대한 개별소비세 과세

제3절 부가가치세의 면제제도

Ⅱ-1 p.19

Ⅰ. 서설

부가가치세를 면제하는 방법 : 부분면세와 완전면세

Ⅱ. 영세율과 면세의 개념상 차이점

1. 영세율의 의의

'영세율'이란 일정한 재화 또는 용역의 공급에 대한 과세표준에 0%의 세율을 적용하는 제도를 말한다. 거래징수할 부가가치세 0원, 이미 부담한 매입세액 전액 환급

(1) 계산

과세표준(공급가액)×0% – 매입세액 = 환급세액(매입세액)

(2) 완전면세

① 적용단계 창출된 부가가치 : 과세하지 않음

② 전단계에서 창출된 부가가치 : 이미 과세된 부가가치세액도 환급을 통하여 모두 취소

그 결과 거래상대방은 전혀 부가가치세를 부담하지 않아 영세율은 이론상 완전면세

2. 면세의 의의

'면세'란 일정한 재화 또는 용역의 공급에 대해 부가가치세 납세의무를 면제하는 제도를 말한다. 면세 전단계에서 이미 부과된 부가가치세는 가격에 포함되어 남아 있고 부가가치세의 부담이 완전히 제거되지 않음

(1) 계산

매출세액(존재하지 않음) – 수취 T/I상 매입세액(매입원가 구성) ➡ 다음 단계 전가

(2) 부분면세

① 적용단계 창출된 부가가치 : 과세하지 않음

② 전단계에서 창출된 부가가치 : 이미 과세한 것까지 취소하지 않음

그 결과 이미 과세된 부가가치세는 원가에 포함하여 전가되므로 면세는 이론상 부분면세

Ⅲ. 적용대상에서의 차이점

1. 영세율의 적용대상

1) 소비지국 과세원칙 구현

① 재화의 수출, ② 용역의 국외공급, ③ 선박·항공기의 외국항행용역에 대해서 영세율을 적용

2) 그 외에도 외화획득 장려, 조세정책적 목적을 위해서 영세율 적용

2. 면세의 적용대상

1) 역진성 완화 : 기초생활필수품 등 저소득층의 소득 대비 소비 비중이 높은 품목에 대해서 면세 적용

2) 규모가 영세하여 기장능력이 없고 행정적 부담만 될 것으로 판단되는 경우 면세 적용

3) 국민후생 및 문화관련 재화 · 용역, 부가가치 구성요소 등에 대해 면세 적용

Ⅳ. 사업자의 협력의무

1. 영세율 적용대상 사업자

과세사업자이므로 ① 세금계산서 발급의무(직수출 등 제외), ② 장부기록 · 보관의무, ③ 매출 · 매입처별세금계산서합계표 제출의무, ④ 영세율과세표준 신고의무 있음

2. 면세사업자

면세사업자는 부가가치세의 납세의무를 지지 않아 원칙적으로 부가가치세법에 따른 협력의무를 지지 않는다. 다만, 부가가치세법은 ① 매입처별 세금계산서합계표를 제출의무, ② 대리납부의무 있음

Ⅴ. 시장가격에 미치는 효과

가격에 미치는 효과가 큰 순서 : 과세 > 면세(부분면세) > 영세율(완전면세)

제4절 환수효과와 누적효과

Ⅱ-1 p.23

Ⅰ. 서설

전단계세액공제법에서 중간거래단계에 영세율이나 면세가 적용되는 경우
: 환수효과와 누적효과가 발생

Ⅱ. 중간단계에서 영세율을 적용하는 경우(환수효과)

1. 의의

'환수효과'란 중간거래단계에서는 부가가치세를 면제(영세율 적용)하였는데, 다음 거래단계에 과세가 적용되는 경우에는 그 면제된 부가가치세액이 다시 거래징수가 이루어져 국고에 환수됨에 따라 부가가치세의 면제(영세율 적용)의 효과가 취소되는 현상을 말한다.

2. 계산

최종단계의 납부세액 – 최종단계의 부가가치액×10%

➡ 취소되는 영세율 적용대상 부가가치액의 합계×10%

Ⅲ. 중간단계에서 면세를 적용하는 경우(환수효과와 누적효과 동시에 발생)

1. 의의

(1) 환수효과와 누적효과

① 환수효과 : 면세를 적용한 중간단계에서 창출한 부가가치액에 대한 세액이 최종단계에서 거래징수됨으로써 그 면제된 부가가치세가 국고로 환수되어 면제효과가 취소되는 현상을 말한다.

② 누적효과 : 면세 전단계에서 과세된 부가가치액이 최종단계에서 다시 과세됨으로써 중복과세될 뿐만 아니라 면세 전단계의 부가가치세에 대해서도 부가가치세가 과세되는 것을 말한다.

(2) 계산

① 환수효과 : 취소되는 면세 적용대상 부가가치액×10%

② 누적효과

총 징수된 부가가치세 – 각 거래단계 부가가치액의 합계×10%

➡ (면세 전단계의 부가가치액 + 면세 전단계의 부가가치세)×10%

2. 환수효과와 누적효과를 완화하기 위한 제도

(1) 면세로 인한 환수 · 누적효과의 완화제도

1) 의제매입세액공제

2) 재활용폐자원에 대한 의제매입세액공제(조특법상 제도)

3) 학술 등 연구단체의 면세포기제도

4) 과세사업 전환 매입세액공제

(2) 간이과세로 인한 누적효과 방지제도

1) 간이과세 포기제도

2) 재고매입세액공제

(3) 그 밖의 제도

1) 신용카드매출전표 등에 의한 매입세액공제

2) 간이과세 배제업종

제2장
부가가치세법 총칙

제1절 납세의무자

Ⅱ-1 p.37

Ⅰ. 서설

사업자 또는 재화를 수입하는 자는 부가가치세를 납부할 의무가 있다.

① 사업자가 행하는 재화 또는 용역의 공급 : 사업자(개인 · 법인)

② 재화의 수입 : 재화를 수입하는 자(개인 · 법인)

Ⅱ. 재화 · 용역의 공급에 대한 납세의무자(사업자)

1. 사업자의 요건

'사업자(事業者)'란 사업 목적이 영리이든 비영리이든 관계없이 사업상 독립적으로 재화 또는 용역을 공급하는 자를 말한다.

(1) 재화 · 용역의 공급

1) 과세되는 재화 · 용역을 공급하는 경우에는 사업자등록 여부 및 거래징수 여부에 불구하고 부가가치세를 신고납부할 의무가 있음

2) 귀속에 관한 실질과세 원칙에 따라 사업자등록 명의자와는 별도로 사실상의 사업자가 있는 경우에는 그 사실상의 사업자를 납세의무자로 한다.

(2) 계속 · 반복성

1) 부가가치를 창출해 낼 수 있는 정도의 사업형태를 가지고 계속적 · 반복적인 의사(意思)로 재화 · 용역을 공급하는 경우에 사업자로 인정된다.

2) 부가가치세법은 ① 부동산 매매 또는 그 중개를 사업목적으로 나타내어 부동산을 판매하는 사업과 ② 사업상 목적으로 1과세기간 중에 1회 이상 부동산을 취득하고 2회 이상 판매하는 사업은 재화를 공급하는 부동산매매업으로 본다(예시적 규정). 그 부동산 거래가 전체적으로 사업 목적 하에 계속성과 반복성을 가지고 이루어졌다면 위 규정상의 판매횟수에 미달하는 거래가 발생하였다고 하더라도 그 과세기간 중에 있은 거래의 사업성이 인정된다(2010두29192).

(3) 독립성

1) 인적 독립성 : 과세거래가 자기계산 · 자기위험으로 이루어지는 행위를 의미

➡ 고용관계에 따른 근로제공은 용역의 공급으로 보지 않음

2) 물적 독립성 : 두 개 이상의 사업을 겸영하는 경우에 한 사업이 다른 사업의 단순한 연장에 불과하거나 다른 사업에 부수되는 정도에 그치는 경우에는 이를 독립된 사업으로 보지 않는다.

➡ 소득세가 비과세되는 농가부업 중 축산, 양어, 고공품제조 및 그 밖에 이와 유사한 활동은 독립된 사업으로 보지 않음(면세되는 농업의 일부로 본다)

(4) 영리목적성 불문

사업자가 되기 위한 요건으로 영리목적 유무와 관계가 없음. 그 이유는 부가가치세는 사업자가 얻은 소득에 대해 과세하는 것이 아니라 그가 창출하여 공급한 부가가치(W + R + I + P − NI)에 대해 과세하되, 그 부담의 전가를 예상하는 조세이기 때문이다.

➡ 부가가치세 납세의무자에 국가와 지방자치단체 · 지방자치단체조합을 포함한다.

2. 사업자의 분류

(1) 개인과 법인

법인이 아닌 단체 : ① 국세기본법에 따라 법인으로 보는 단체는 법인으로, ② 그 외의 단체는 개인으로 보고 부가가치세법 적용

(2) 일반과세자와 간이과세자

1) 일반과세자 : 전단계세액공제법 적용

2) 간이과세자(직전연도 공급대가 1억400만원 미만)

공급대가 × 업종별 부가가치율 × 10% = 납부세액(납세순응의 편의)

부가 02

참고 위탁매매 등 관련 부가가치세법상 적용

1. 납세의무자

① 위탁매매 또는 ② 대리인에 의한 매매의 경우 위탁자·본인이 직접 재화를 공급한 것으로 본다. 다만, 해당 거래·재화의 특성상(또는 보관·관리상) 위탁자·본인을 알 수 없는 경우 수탁자·대리인에게 재화를 공급한 것으로 본다. 이러한 규정은 재화를 공급받을 때에도 마찬가지로 적용된다.

① '위탁매매'란 수탁자의 명의로 하여 위탁자의 계산으로 물품을 판매하고 보수를 받는 것을 말하고, ② '대리인에 대한 매매'란 사용인이 아닌 자가 본인을 위하여 상시 그 사업에 속하는 매매의 대리·중개를 하고 보수를 받는 것

2. 공급시기 및 세금계산서 발급 및 수취

(1) 공급시기

수탁자·대리인의 공급을 기준으로 하여 재화·용역의 공급시기의 규정을 적용한다. 다만, 해당 거래·재화의 특성상(또는 보관·관리상) 위탁자·본인을 알 수 없는 경우에는 위탁자와 수탁자 또는 본인과 대리인 사이에도 별개의 공급이 이루어진 것으로 보아 재화·용역의 공급시기의 규정을 적용한다.

(2) 세금계산서 발급 및 수취

수탁자·대리인이 위탁자·본인의 명의로 세금계산서를 발급하며, 위탁자·본인이 직접 재화를 인도하는 때에는 위탁자·본인이 세금계산서를 발급할 수 있다. 이 경우 수탁자·대리인의 등록번호를 덧붙여 적어야 한다. 한편 위탁매입·대리인에 의한 매입의 경우에는 공급자가 위탁자·본인을 공급받는 자로 하여 세금계산서를 발급한다. 이 경우 수탁자·대리인의 등록번호를 덧붙여 적어야 한다.

그러나 해당 거래·재화의 특성상(또는 보관·관리상) 위탁자·본인을 알 수 없는 경우에는 위탁자·본인과 수탁자·대리인 사이, 수탁자·대리인과 거래상대방 사이에 각각 세금계산서를 발급한다. ■

판 례 위탁자인 한국철도공사가 여행상품 이용 고객에게 직접 공급한 것으로, 한국철도공사가 여행상품 판매대금 전부에 부가가치세 납세의무를 부담한다고 한 사례

1) 부가가치세법 제10조 제7항 본문은 '위탁매매에 의한 매매를 할 때에는 위탁자가 직접 재화를 공급하거나 공급받은 것으로 본다.'고 규정하고 있다. 이는 그 취지에 비추어 볼 때 준위탁매매인에 의한 용역공급의 경우에도 유추적용된다(대2004두12117). 위탁매매란 자기 명의로써 타인의 계산으로 물품을 매수 또는 매도하고 보수를 받는 것으로서 명의와 계산의 분리를 본질로 한다. 그리고 어떠한 계약이 일반의 매매계약인지 위탁매매계약인지는 계약의 명칭 또는 형식적인 문언을 떠나 그 실질을 중시하여 판단하여야 한다. 이는 자기 명의로써 그러나 타인의 계산으로 매매 아닌 행위를 영업으로 하는 이른바 준위탁매매에 있어서도 마찬가지이다(대2011다31645).

2) 코레일관광개발 주식회사(이하 '코레일관광개발'이라 한다)는 자기 명의로 그러나 원고(= 한국철도공사, 이하 같다)의 계산으로 해랑열차를 이용한 여행상품(이하 '해랑상품'이라 한다) 관련 용역의 제공을 영업으로 하는 준위탁매매인에 해당하고, 부가가치세법 제10조 제7항 본문의 유추적용에 따라 해랑상품 관련 용역은 위탁자인 원고가 해랑상품 이용 고객에게 직접 공급한 것으로 보아, 원고가 해랑상품 판매대

금 전부에 대하여 부가가치세 납세의무를 부담한다고 봄이 상당하다. 따라서 해랑열차 사업의 손익과 위험은 모두 원고에게 귀속되고, 코레일관광개발은 단지 위탁운영에 대한 대가로 원고로부터 수수료를 수취하는 준위탁매매인에 불과하다(2020두56780). ■

Ⅲ. 재화의 수입에 대한 납세의무자

재화의 수입에 대한 부가가치세는 '그 재화를 수입하는 자'가 납부할 의무가 있다.

➡ 소비지국 과세원칙을 구현하기 위해서 수입자가 사업자인지 여부에 관계없이 재화의 수입에 대한 부가가치세를 세관장에게 신고납부해야 한다.

제2절 신탁 관련 부가가치세 납세의무자

Ⅱ-1 p.44

Ⅰ. 본래 납세의무자

1. 원칙적인 납세의무자 : 수탁자

신탁재산과 관련된 재화 또는 용역을 공급하는 때에는 신탁법에 따른 수탁자가 신탁재산별로 각각 별도의 납세의무자로서 부가가치세를 납부할 의무가 있다(원칙적인 납세의무자 규정). 이 경우에는 수탁자는 해당 신탁재산을 사업장으로 보아 사업자등록을 신청해야 한다.

신탁법상 수탁자는 신탁재산에 대한 권리와 의무의 귀속주체로서 신탁재산의 관리, 처분 등을 하고 신탁 목적의 달성을 위하여 필요한 모든 행위를 할 권한이 있다. 이러한 점을 고려하여 부가가치세법은 신탁재산과 관련된 재화·용역을 공급하는 때에는 공급의 주체인 수탁자를 부가가치세 납세의무자로 한다. 한편 수탁자가 여러 개의 신탁을 인수한 경우 각 신탁재산을 분별하여 관리하므로 수탁자는 신탁재산별로 각각 별도의 납세의무자가 된다.

참고 재화의 공급으로 보지 않는 신탁재산의 이전

신탁재산의 소유권 이전으로서 다음 중 어느 하나에 해당하는 것은 재화의 공급으로 보지 않는다.

① 위탁자로부터 수탁자에게 신탁재산을 이전하는 경우

② 신탁의 종료로 인하여 수탁자로부터 위탁자에게 신탁재산을 이전하는 경우

③ 수탁자가 변경되어 새로운 수탁자에게 신탁재산을 이전하는 경우 ■

2. 예외적인 납세의무자 : 위탁자

다음 중 어느 하나에 해당하는 경우에는 신탁법에 따른 위탁자가 부가가치세를 납부할 의무가 있다(예외적인 납세의무자 규정).

위탁자가 부가가치세 납세의무자인 경우	사례
(1) 신탁재산과 관련된 재화 · 용역을 위탁자 명의로 공급하는 경우	위탁자 명의로 임대 등
(2) 위탁자가 신탁재산을 실질적으로 지배 · 통제하는 경우로서 다음 중 어느 하나에 해당하는 경우 ① 수탁자가 위탁자로부터 부동산을 수탁받아 부동산개발사업을 목적으로 하는 신탁계약을 체결한 경우로서 그 신탁계약에 의한 부동산개발사업비의 조달의무를 수탁자가 부담하지 않는 경우*(다만, 수탁자가 재개발사업 · 재건축사업 또는 가로주택정비사업 · 소규모재건축사업 · 소규모재개발사업의 사업시행자인 경우는 제외한다) * 신탁계약에 의한 부동산개발사업비의 조달의무를 수탁자가 부담하는지 여부에 따라 신탁의 유형이 다음과 같이 구분된다. • 부동산개발사업비의 조달의무를 수탁자가 부담하는 경우 ➡ 차입형 토지신탁 : 수탁자가 부가가치세 납세의무를 진다(원칙적인 납세의무자 규정). • 부동산개발사업비의 조달의무를 위탁자가 부담하는 경우 ➡ 관리형 토지신탁 : 위탁자가 부가가치세 납세의무를 진다(예외적인 납세의무자 규정). ② 수탁자가 재개발사업 · 재건축사업 또는 가로주택정비사업 · 소규모재건축사업 · 소규모재개발사업의 사업대행자인 경우 ③ 수탁자가 위탁자의 지시로 위탁자의 특수관계인에게 신탁재산과 관련된 재화 또는 용역을 공급하는 경우 ④ 자본시장법에 따른 투자신탁의 경우(투자신탁은 위탁자인 집합투자업자의 지시에 따라 신탁업자가 신탁재산을 투자 · 운용하는 점을 고려하여 위탁자를 부가가치세 납세의무자로 한다)	관리형 토지신탁 등

3. 공동수탁자의 연대납세의무

수탁자가 납세의무자가 되는 신탁재산에 둘 이상의 수탁자(이하 '공동수탁자')가 있는 경우 공동수탁자는 부가가치세를 연대하여 납부할 의무가 있다. 이 경우 공동수탁자 중 신탁사무를 주로 처리하는 수탁자(이하 '대표수탁자')가 부가가치세를 신고납부해야 한다. 이는 '수탁자가 여럿인 경우 수탁자들은 신탁사무의 처리에 관하여 제3자에게 부담한 채무에 대하여 연대하여 변제할 책임이 있다'는 신탁법 규정을 부가가치세법에 반영한 것이다.

[도 표] 신탁유형별 부가가치세 납세의무자

구분		부가가치세법상 납세의무자 적용	근거규정
(1) 토지신탁	차입형	수탁자	• 원칙적인 납세의무자 규정
	관리형	위탁자	• 예외적인 납세의무자 규정
(2) 담보신탁		처분 : 수탁자 * 임대 : 명의자에 따라 결정	• 원칙적인 납세의무자 규정
(3) 처분신탁		수탁자	• 원칙적인 납세의무자 규정
(4) 부동산관리신탁		수탁자 명의 임대 : 수탁자	• 원칙적인 납세의무자 규정
		위탁자 명의 임대 : 위탁자	• 예외적인 납세의무자 규정
(5) 분양관리신탁		위탁자	• 예외적인 납세의무자 규정

참 고 부동산 관련 신탁의 유형별 개념

신탁의 유형	개념
(1) 토지신탁	• ① 토지소유자(위탁자)가 토지를 수탁자(신탁회사)에게 신탁하고, ② 수탁자(신탁회사)는 신탁계약에서 정한 바에 따라 건설자금의 조달, 건축물의 건설, 임대·분양, 건물의 유지·관리 등을 수행한 다음, ③ 그 관리·운영의 성과를 신탁수익으로 토지소유자(수익자)에게 교부하고 ④ 수탁자(신탁회사)는 수수료를 받는 방식으로 운영함 * 자금조달 주체에 따라 차입형과 관리형으로 구분(① 차입형 : 수탁자가 자금조달, ② 관리형 : 위탁자가 자금조달)
(2) 담보신탁	• ① 위탁자가 특정 부동산을 수탁자(신탁회사)에게 신탁하면, ② 수탁자(신탁회사)가 다른 채권자에 우선하는 수익권 증서를 발행한 다음, ③ 이 수익권 증서를 담보로 금융회사에 대출해 주는 신탁방식으로, ④ 수탁자(신탁회사)는 위탁자의 채무불이행시 채권 금융회사의 매각 요청에 따라 부동산을 처분하여 원리금을 상환함
(3) 처분신탁	• 대형·고가의 부동산이나 권리관계가 복잡하여 처분하기에 어려움이 있는 부동산 등을 대상으로 수탁자(신탁회사)가 부동산소유자를 대신하여 실수요자를 찾아 효율적으로 처분(매각)하여 주는 신탁
(4) 관리신탁	• 수탁자(신탁회사)가 위탁자를 대신하여 부동산에 대한 관리를 수행하는 신탁으로 부동산에 관련된 복잡·다양한 권리의 보호와 합리적인 운용을 위한 신탁 * ① 토지 및 건물의 임대차, 시설의 유지보수, 소유권의 세무, 법률문제 등에 대한 종합적인 관리를 수행하는 갑종 관리신탁과 ② 단순 소유권 보존만을 관리하는 을종 관리신탁으로 구분

[도 표] 신탁재산 관련 부가가치세 납세의무

본래 납세의무자	보충적 납세의무
(1) 원칙 : 수탁자 * 둘 이상의 수탁자가 있는 경우 : 공동수탁자의 연대납세의무	• 수탁자가 납부해야 하는 부가가치세를 신탁재산으로 충당하여도 부족한 경우 : 수익자의 제2차납세의무

(2) 예외 : 위탁자 • 위탁자 명의로 공급하는 경우 • 위탁자가 신탁재산을 실질적으로 지배 · 통제하는 경우	• 위탁자의 다른 재산에 대하여 강제징수를 하여도 징수 부족한 경우 : 수탁자의 물적납세의무

Ⅱ. 신탁 관련 보충적 납세의무

1. 신탁 관련 수익자의 제2차납세의무

(1) 개념과 취지

수탁자가 납부해야 하는 부가가치세를 신탁재산으로 충당하여도 부족한 경우에는, 그 신탁의 수익자는 그 부족한 금액에 대하여 제2차납세의무를 진다. 그 취지는 신탁의 수익자에 보충적 납세의무를 통해서 수탁자가 납부할 부가가치세를 보전하려는데 있다.

(2) 성립요건

1) 주된 납세의무자 : 신탁재산과 관련된 재화 또는 용역을 공급하는 때에는 원칙적으로 수탁자가 부가가치세를 납부할 의무가 있다. 이처럼 수탁자에게 부가가치세 납세의무가 있을 때에 신탁 관련 수익자의 제2차납세의무가 있다.

2) 제2차납세의무자 : 그 신탁의 수익자이다.

3) 제2차납세의무의 대상이 되는 부가가치세 : 신탁의 수익자는 수탁자가 납부해야 하는 다음 중 어느 하나에 해당하는 부가가치세 또는 강제징수비(이하 '부가가치세 등')에 대해서 제2차납세의무를 진다.

① 신탁 설정일 이후에 법정기일이 도래하는 부가가치세로서 해당 신탁재산과 관련하여 발생한 것

② 위 ①의 금액에 대한 강제징수 과정에서 발생한 강제징수비

4) 징수부족액 발생 : 수탁자가 납부해야 하는 부가가치세 등을 신탁재산으로 충당하여도 부족한 경우에 해당해야 한다.

(3) 효과

이상의 요건이 충족되면 그 신탁의 수익자는 지급받은 수익과 귀속된 재산의 가액을 합한 금액을 한도로 하여 그 부족한 금액에 대하여 납부할 의무를 진다.

(4) 신탁 관련 제2차납세의무에 대한 납부특례

부가가치세를 납부해야 하는 수탁자의 관할세무서장은 제2차납세의무자인 신탁 관련 수익자

로부터 수탁자의 부가가치세 등을 징수하려면 납부고지서를 제2차납세의무자에게 발급해야 한다.

2. 신탁 관련 수탁자의 물적납세의무

(1) 개념과 취지

1) 개념 : 부가가치세를 납부해야 하는 위탁자가 부가가치세 등을 체납한 경우로서 그 위탁자의 다른 재산에 대하여 강제징수를 하여도 징수할 금액에 미치지 못할 때에는, 해당 신탁재산의 수탁자는 그 신탁재산으로써 위탁자의 부가가치세 등을 납부할 의무가 있다.

2) 제도의 취지 : 관리형 토지신탁의 경우 신탁재산과 관련된 재화 또는 용역의 공급에 대해서는 예외적으로 위탁자가 부가가치세를 납부해야 하는데, 위탁자가 상가건물의 분양·공급에 대한 부가가치세를 체납한 경우에는 수탁자의 소유로 되어 있는 신탁재산에 대해서는 압류 등의 강제징수를 행할 수 없다. 만약 이를 방치하면 신탁재산의 공급에 대한 부가가치세 징수권을 확보하지 못하는 결과가 된다. 이러한 이유로 신탁 관련 수탁자에게 징수부족분에 대해서 물적납세의무를 지우고, 이를 이행하지 않는 경우에는 신탁재산에 대한 강제징수를 위해서 마련된 것이 바로 '신탁 관련 물적납세의무'이다.

(2) 물적납세의무의 성립요건과 효과

1) 성립요건

① 다음 중 어느 하나에 해당하여 위탁자가 부가가치세를 납부할 의무가 있어야 한다.

㉠ 신탁재산과 관련된 재화 또는 용역을 위탁자 명의로 공급하는 경우

㉡ 위탁자가 신탁재산을 실질적으로 지배·통제하는 경우

② 납세의무자인 위탁자가 다음 중 어느 하나에 해당하는 부가가치세와 강제징수비(이하 '부가가치세 등')를 체납해야 한다.

㉠ 신탁 설정일 이후에 법정기일이 도래하는 부가가치세로서 해당 신탁재산과 관련하여 발생한 것

㉡ 위 ㉠의 금액에 대한 강제징수 과정에서 발생한 강제징수비

③ 신탁재산과 관련하여 발생한 부가가치세 등을 체납한 위탁자의 다른 재산에 대하여 강제징수를 하여도 징수할 금액에 미치지 못하는 경우에 해당해야 한다.

2) 효과 : 이상의 요건이 충족되면 수탁자에게 위탁자가 체납한 부가가치세 등에 대해서 물적납세의무가 성립한다. 이 경우 수탁자가 납부고지서에 적힌 납부기한까지 납부하지 않으면 신탁재산에 대해서 압류 등의 강제징수를 집행하여 부가가치세 등을 징수하게 된다.

(3) 신탁 관련 물적납세의무에 대한 납부특례

부가가치세를 납부해야 하는 위탁자의 관할세무서장은 수탁자로부터 위탁자의 부가가치세 등을 징수하려면 납부고지서를 수탁자에게 발급해야 한다.

참 고 신탁재산에 대한 사업자등록 방법

1. 수탁자가 신탁재산에 관련된 부가가치세 납세의무자가 되는 경우 수탁자(공동수탁자가 있는 경우 대표수탁자를 말한다)는 해당 신탁재산을 사업장으로 보아 사업자등록을 신청해야 한다. 이에 따라 수탁자가 사업자등록을 신청하는 경우에는 해당 신탁재산의 등기부상 소재지(등록부상 등록지) 또는 신탁에 관한 업무를 총괄하는 장소를 사업장으로 한다. 신탁재산을 하나의 사업장으로 보고 수탁자가 부가가치세 납세의무를 이행하므로 신탁재산별로 사업자등록을 신청해야 한다(신탁재산별 사업자등록 원칙).

2. 수탁자가 다음의 요건을 모두 갖춘 경우에는 둘 이상의 신탁재산을 하나의 사업장으로 보아 신탁사업에 관한 업무를 총괄하는 장소를 관할하는 세무서장에게 사업자등록을 신청할 수 있다(수탁자별 대표 사업자등록 허용)

① 수탁자가 하나 또는 둘 이상의 위탁자와 둘 이상의 신탁계약을 체결하였을 것

② 신탁계약이 다음 중 어느 하나에 해당할 것

㉠ 수탁자가 위탁자로부터 부동산을 위탁자의 채무이행을 담보하기 위해 수탁으로 운용하는 내용으로 체결되는 신탁계약(부동산 담보신탁계약)

㉡ 신탁업자가 무체재산권을 수탁하여 운용하는 신탁계약 등(무체재산권 신탁계약 등) ■

제3절 과세기간

Ⅱ-1 p.62

Ⅰ. 과세기간

1. 일반적인 과세기간

(1) 일반과세자

1) 제1기 : 1월 1일 ~ 6월 30일

2) 제2기 : 7월 1일 ~ 12월 31일

(2) 간이과세자

1) 원칙 : 1월 1일 ~ 12월 31일

2) 과세유형 변경

① 일반 ➡ 간이 : 변경일 이후 7월 1일 ~ 12월 31일

② 간이 ➡ 일반 : 변경일 이전 1월 1일 ~ 6월 30일

2. 신규사업자

(1) 최초 과세기간

FAST [사업개시일, 사업자등록 신청일] ~ 그 날이 속하는 과세기간 종료일

3. 폐업하는 경우

해당 과세기간 개시일 ~ 폐업일

4. 간이과세 포기의 경우

간이과세자의 과세기간 : 해당 과세기간 개시일 ~ 포기신고일이 속하는 달의 마지막 날

일반과세자의 과세기간 : 포기신고일이 속하는 달의 다음 달 1일 ~ 그 과세기간 종료일

Ⅱ. 예정신고기간

(1) 일반적인 경우

1) 제1기 : 1월 1일 ~ 3월 31일

2) 제2기 : 7월 1일 ~ 9월 30일

(2) 신규사업자의 경우 최초 예정신고기간

FAST [사업개시일, 사업자등록 신청일] ~ 그 날이 속하는 예정신고기간 종료일

제4절 납세지

Ⅱ-1 p.64

Ⅰ. 개요

사업자는 ① 사업장마다 사업자등록을 해야 하며, ② 사업장별로 구분하여 세금계산서를 발급 · 수취하고, ③ 사업장별로 각각 납부(환급)세액을 계산하여 ④ 이를 각 사업장 관할세무서장에게 신고 · 납부해야 할 뿐 아니라, ⑤ 결정 · 경정도 각 사업장 관할세무서장이 행한다. 이처럼 각 사업장이 독립된 하나의 과세단위가 됨 ➡ 사업장별 과세원칙(또는 사업장단위 과세제도)

다만, 둘 이상의 사업장이 있는 사업자는 ① 주된 사업장 관할세무서장에게 총괄하여 부가

가치세를 납부하거나, ② 본점 또는 주사무소 소재지 관할세무서장에게 사업자단위로 부가가치세를 신고납부할 수 있는 제도를 마련하고 있다.

[도 표] 사업장별 과세원칙과 예외

사업장별로	• 사업자등록	➡ 예외 : ② 사업자단위로 신고납부 가능
	• 세금계산서의 발급 및 수취	
	• 과세표준 및 세액 계산	
	• 신고	
	• 납부 · 환급 ➡ 예외 : ① 주사업장 총괄납부 가능	
	• 결정 · 경정 및 징수	

Ⅱ. 사업장

1. 사업장의 개념과 판정기준

'사업장'이란 사업자가 사업을 하기 위하여 거래의 전부 또는 일부를 하는 고정된 장소를 말하며, 대표적으로 제조업은 최종 생산품 완성 장소

2. 직매장 · 하치장 및 임시사업장에 대한 취급

1) 직매장 : 사업자가 자기의 사업과 관련하여 생산하거나 취득한 재화를 직접 판매하기 위하여 특별히 판매시설을 갖춘 장소를 말하며, 이러한 직매장은 사업장으로 본다.

2) 하치장 : 재화를 보관하고 관리할 수 있는 시설만을 갖춘 장소로서 사업자가 관할세무서장에게 그 설치 신고를 한 장소를 말하며, 이러한 하치장은 사업장으로 보지 않는다.

3) 임시사업장 : 각종 경기대회나 박람회 등 행사가 개최되는 개설한 임시사업장으로서 그 개설 신고된 장소를 말한다. 이러한 임시사업장도 사업장으로 보지 않으며 기존 사업장에 포함되는 것으로 한다.

Ⅲ. 주사업장 총괄납부

1. 의의

사업장이 둘 이상인 사업자가 주사업장 총괄납부를 신청한 경우에는, 각 사업장의 납부세액 또는 환급세액을 통산하여 주된 사업장에서 총괄하여 납부할 수 있다.

그 취지는 어느 사업장은 납부세액이 발생하고 다른 사업장은 환급세액이 발생하는 경우 불

필요한 자금부담을 완화하려는 데 있다.

2. 주된 사업장

주된 사업장은 법인의 본점(주사무소 포함) 또는 개인의 주사무소로 한다. 다만, 법인의 경우에는 지점(분사무소 포함)을 주된 사업장으로 할 수 있다.

3. 총괄납부의 신청

총괄납부하려는 과세기간 개시 20일 전에 신청. 다만, 다음에 해당하는 자는 다음의 구분에 따른 기간까지 신청

① 신규로 사업을 개시하는 자 : 주된 사업장의 사업자등록증을 받은 날부터 20일 이내

② 사업장이 하나이나 추가로 사업장을 개설하려는 자가 그 추가로 개설하려는 사업장을 개시한 날부터 적용받으려는 경우 : 그 사업장을 개시한 날부터 20일 이내(추가 사업장 개시일이 속하는 과세기간 이내로 한정)

4. 총괄납부 효력

(1) 총괄납부(환급)

총괄납부사업자는 각 사업장별로 계산된 납부세액(또는 환급세액)을 통산한 후의 잔액을 주된 사업장 관할세무서장에게 납부하거나 환급받게 된다. 총괄납부는 납부(또는 환급)에 국한되는 것일 뿐이며, 사업장별 과세원칙을 변경시키는 것은 아니다.

① 총괄납부를 하는 경우에도 사업장별로 각각 납부(환급)세액을 계산하여 이를 각 사업장 관할세무서장에게 신고해야 한다.

② 총괄납부를 하는 경우에도 세금계산서는 각 사업장별로 작성 · 발급해야 한다.

③ 결정 · 경정도 여전히 각 사업장 관할세무서장이 행한다.

(2) 공급의제의 배제

사업자가 주사업장 총괄 납부의 적용을 받는 과세기간에 자기의 다른 사업장에 반출하는 경우에는 재화의 공급으로 보지 않는다. 다만, 세금계산서를 발급하고 예정신고 · 확정신고를 하는 경우에는 재화의 공급으로 인정한다.

5. 총괄납부 변경

주사업장 총괄납부 사업자는 종된 사업장 신설 등의 사유가 발생한 경우에는 주사업장 총괄납부 변경신청서를 제출해야 한다.

6. 총괄납부의 적용 제외 및 포기

(1) 총괄납부의 적용 제외

주사업장 총괄납부 사업자가 다음 중 어느 하나에 해당하는 경우 총괄납부 적용 제외

① 사업내용의 변경으로 총괄납부가 부적당하다고 인정되는 경우

② 주된 사업장의 이동이 빈번한 경우

③ 그 밖의 사정변경으로 인하여 총괄납부가 적당하지 않게 된 경우

(2) 총괄납부의 포기

주사업장 총괄납부 사업자가 주사업장 총괄납부를 포기할 때에는 각 사업장에서 납부하려는 과세기간 개시 20일 전에 포기신고(포기시 그 포기한 날이 속하는 과세기간의 다음 과세기간부터 각 사업장에서 납부)

Ⅳ. 사업자단위과세

1. 의의

둘 이상의 사업장이 있는 사업자가 사업자 단위로 사업자등록을 신청한 경우에는 사업자 단위로 부가가치세를 신고납부할 수 있다.

그 취지는 사업장단위로 세무업무를 할 경우 중복이나 비효율을 제거하려는데 있다.

2. 사업자단위과세 사업자의 납세지

본점, 주사무소

3. 사업지단위 등록신청

사업장이 둘 이상인 사업자는 다음의 구분에 따른 기간까지 사업자단위로 등록을 신청할 수 있다.

① 원칙 : 사업자단위과세 사업자로 적용받으려는 과세기간 개시 20일 전

② 사업장이 하나이나 추가로 사업장을 개설하려는 자가 그 추가로 개설하려는 사업장을 개시한 날부터 적용받으려는 경우 : 그 사업장을 개시한 날부터 20일 이내(추가 사업장 개시일이 속하는 과세기간 이내로 한정)

4. 사업자단위과세 등록의 효력

(1) 사업자단위과세

① 사업자단위과세 적용 사업장에 한 개의 등록번호만 부여, ② 세금계산서의 발급 · 수취의 무도 본점 또는 주사무소에서 사업자단위로 이행, 한편 ③ 사업자단위로 통산한 과세표준 및 납부세액(또는 환급세액)을 하나의 신고서에 기재하여 본점 또는 주사무소의 관할세무서장에게 신고하고 납부 · 환급, 그리고 ④ 결정 · 경정 및 징수도 본점 또는 주사무소의 관할 세무서장이 함

(2) 공급의제의 배제

사업자가 사업자단위과세를 적용을 받는 과세기간에 자기의 다른 사업장에 판매목적으로 반출하는 것은 재화의 공급으로 보지 않는다.

5. 사업자단위과세의 포기

사업자단위과세 사업자가 ① 각 사업장별로 신고 · 납부하거나 ② 주사업장 총괄납부를 하려는 경우에는 그 납부하려는 과세기간 개시 20일 전에 사업자단위과세 포기신고(포기시 그 포기한 날이 속하는 과세기간의 다음 과세기간부터 포기신고서에 적은 내용에 따라 ① 각 사업장별로 신고 · 납부하거나 ② 주사업장 총괄납부)

[도 표] 주사업장 총괄납부와 사업자단위과세의 비교

구분	주사업장 총괄납부	사업자단위과세
주된 사업장 또는 사업자단위과세사업자의 납세지	• 법인 : 본점 또는 지점 • 개인 : 주사무소	• 법인 : 본점 • 개인 : 주사무소
효　　력	• 주된 사업장 관할세무서장에게 총괄납부(환급) * 사업자등록, 세금계산서 발급 · 수취, 과세표준 및 세액계산, 신고는 사업장별로 이행해야 하며, 각 사업장 관할세무서장이 결정 · 경정 및 징수한다.	• 사업자단위로 납세의무 이행 * 사업자단위로 신고납부와 세금계산서 발급 · 수취 등의 협력의무를 이행하고 본점 또는 주사무소 관할세무서장이 결정 · 경정 및 징수한다.
	• 판매목적 타사업장 반출재화의 공급의제 배제	• (왼쪽과 동일함)
포　　기	각 사업장에서 납부하려는 과세기간부터 포기할 수 있음	① 각 사업장별로 신고 · 납부하거나 ② 주사업장 총괄납부하려는 과세기간부터 포기할 수 있음

제5절 사업자등록

Ⅱ-1 p.73

Ⅰ. 서설

1. 의의

부가가치세법은 사업을 새로 시작하는 자로 하여금 사업자의 인적 사항, 사업내용 등 사업에 관련된 사항을 관할세무서장에게 등록하도록 하고 있는데, 이것을 '사업자등록'이라고 한다. 그 취지는 사업자의 인적사항, 사업내용을 파악하여 과세행정의 편의를 구현하려는 데 있다.

2. 법적 성격

1) 사업자등록 신청 : 납세의무자의 협력의무의 이행으로서 ① 사업사실을 통지하는 행위에 해당한다.

2) 등록신청을 받은 과세관청이 사업자등록을 하는 것 : 사업자의 ② 사업활동 사실의 신고수리(受理, 서류를 받아서 처리함)이고(특허나 인가와 다르다), 과세관청이 사업자등록증을 발급하는 것은 ③ 신고수리에 대한 증명서를 발급하는 것에 불과하다.*

➡ 사업자등록의 효력 : 사업자등록 신청일 발생

* '사업자등록'이란 부가가치세 업무의 효율적인 운영을 위하여 납세의무자의 사업에 관한 일련의 사항을 세무관서의 공부에 등재하는 것이므로 사업자등록증의 발급이 해당 사업자에게 특정 사업을 허용하거나 사업경영을 할 권리를 인정하는 것은 아니다.

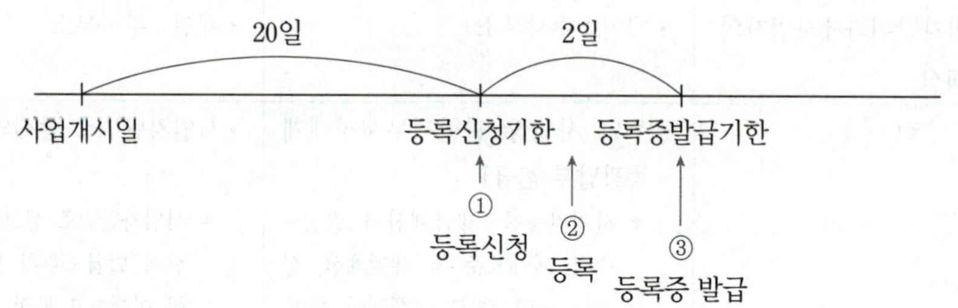

Ⅱ. 신청과 등록의 절차

1. 사업자등록의 신청

(1) 개요

1) 사업장 단위로 등록(원칙) : 사업자는 사업장마다 사업개시일부터 20일 이내에 사업장 관할세무서장에게 사업자등록을 신청해야 한다(강행규정). 다만, 신규로 사업을 시작하려는 자는 사업개시일 이전이라도 사업자등록을 신청할 수 있다.

2) 사업자 단위로 등록(예외) : 사업장이 둘 이상인 사업자는 사업자 단위로 해당 사업자의 본점 또는 주사무소 관할세무서장에게 등록을 신청할 수 있다(임의규정). 이렇게 등록한 사업자를 '사업자단위과세 사업자'라 한다.

(2) 사업자등록신청서 제출

사업자등록을 하려는 사업자는 사업자등록 신청서를 세무서장에게 제출해야 한다. 다만, 사업자단위과세 사업자로 등록하려는 사업자는 본점 또는 주사무소에 대해 사업자등록 신청서를 사업자단위과세 적용 사업장 관할세무서장에게 제출해야 한다. 이러한 신청서에는 다음의 서류를 첨부해야 한다.

구분	첨부서류
법령에 따라 허가 · 등록 · 신고	• 사업허가증 사본 등
사업장을 임차하거나 전차(轉借)한 경우	• 사업장을 임차한 경우 : 임대차 계약서 사본
	• 사업장을 전차한 경우 : 전대차 계약서 사본 및 임대인의 전차 동의서
법에 따른 상가건물 일부분만 임차	• 그 해당 도면
금지금 도소매업자, 개별소비세법에 따른 과세유흥장소 경영자	• 사업자금명세서 등
석유류 도소매업 등	• 사업자금명세서 등
사업자과세단위로 등록하려는 경우	• 종된 사업장의 관련서류

2. 사업자등록증의 발급

(1) 개요

사업자등록 신청을 받은 관할세무서장은 사업자등록을 하고, 신청일부터 2일 이내에 등록번호가 부여된 사업자등록증을 신청자에게 발급해야 한다.

(2) 등록거부

사업개시일 이전에 사업자등록의 신청을 받은 사업장 관할세무서장은 신청자가 사업을 사실상 시작하지 않을 것이라고 인정될 때에는 등록을 거부할 수 있다.

(3) 등록번호 부여

사업자등록에 따른 등록번호는 사업장마다 관할세무서장이 부여한다. 다만, 사업자단위로 등록신청을 한 경우에는 사업자단위과세 적용 사업장에 한 개의 등록번호를 부여한다.

(4) 직권등록

사업자가 등록신청으로 사업자등록을 하지 않는 경우에는 사업장 관할세무서장이 조사하여 등록할 수 있다.

Ⅲ. 사업자등록의 사후관리

1. 등록사항의 정정

등록사항 정정 사유	재발급기한
상호변경 등	신고일 당일
법인의 대표자 변경, 사업종류 변동, 사업장 이전, 상속으로 명의변경 등	신고일부터 2일 내

2. 휴업 · 폐업신고와 사업자등록의 말소

(1) 휴 · 폐업신고

사업자등록한 사업자가 휴업 또는 폐업하는 때에는 지체 없이 휴업(폐업)신고서에 사업자등록증을 첨부하여 세무서장에게 제출해야 한다.

(2) 폐업에 따른 사업자등록의 말소

사업장 관할세무서장은 등록된 사업자가 폐업한 경우에는 지체 없이 사업자등록을 말소해야 한다.

3. 사업자등록증의 갱신

사업장 관할세무서장은 부가가치세의 업무를 효율적으로 처리하기 위하여 필요하다고 인정되면 사업자등록증을 갱신하여 발급할 수 있다.

Ⅳ. 사업자등록과 관련된 협력의무의 불이행에 대한 제재

1. 사업자등록 불성실가산세

1) 미등록가산세 : 사업자가 사업개시일부터 20일 이내에 사업자등록을 신청하지 않은 경우

미등록가산세 = 공급가액의 합계액×1%(*주) * 간이과세자 : 공급대가의 합계액×0.5%

(*주) 사업자등록 신청기한이 지난 후 1개월 이내에 신청하는 경우 해당 가산세의 50%를 감면한다.

여기서 '공급가액의 합계액'이란 사업개시일부터 등록을 신청한 날의 직전일까지의 공급가액의 합계액을 말한다.

2) 명의위장가산세 : 사업자가 ① 타인의 명의로 사업자등록을 하거나 ② 그 타인 명의의 사업자등록을 이용하여 사업을 하는 것으로 확인되는 경우

명의위장가산세 = 공급가액의 합계액×2% * 간이과세자 : 공급대가의 합계액×1%

여기서 '공급가액의 합계액'이란 그 타인 명의의 사업개시일부터 실제 사업을 하는 것으로 확인되는 날의 직전일까지의 공급가액의 합계액을 말한다. 그리고 '타인'이란 자기의 계산과 책임으로 사업을 경영하지 않는 자를 말하되, 다음 중 어느 하나에 해당하는 자는 제외한다.

① 사업자의 배우자

② 상속으로 인하여 피상속인이 경영하던 사업이 승계되는 경우 그 피상속인(상속개시일부터 상속세 과세표준 신고기한까지의 기간 동안 상속인이 피상속인 명의의 사업자등록을 활용하여 사업을 하는 경우로 한정한다)

2. 매입세액 불공제

사업자등록을 신청하기 전의 매입세액은 매출세액에서 공제하지 않는다. 다만, 공급시기가 속하는 과세기간이 끝난 후 20일 이내에 등록을 신청한 경우, 등록신청일부터 공급시기가 속하는 과세기간 기산일(1.1. 또는 7.1.)까지 역산한 기간 내의 매입세액은 매출세액에서 공제한다.

[도 표] 사업자등록과 매입세액공제 및 미등록가산세

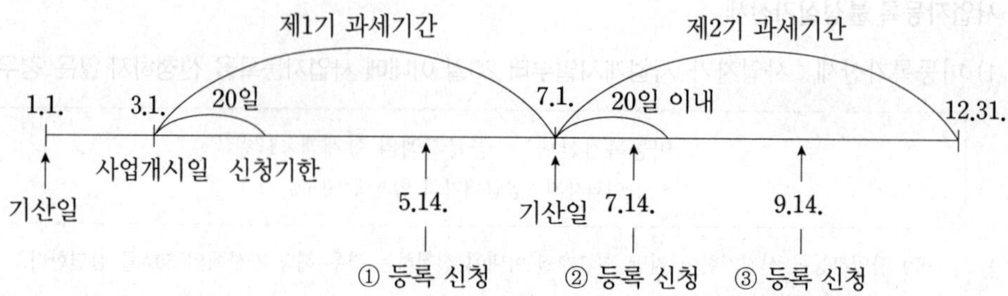

구분	공제가능 매입세액*	미등록가산세
① 등록 신청	1.1.~5.13. 매입세액 공제가능 (12.31. 이전의 매입세액은 공제 ×)	3.1.~5.13. 공급가액×1%
② 등록 신청	1.1.~7.13. 매입세액 공제가능 (12.31. 이전의 매입세액은 공제 ×)	3.1.~7.13. 공급가액×1%
③ 등록 신청	7.1.~9.13. 매입세액 공제가능 (6.30. 이전의 매입세액은 공제 ×)	3.1.~9.13. 공급가액×1%

* 사업자등록증 발급일까지의 거래분은 공급받은 사업자의 사업자등록번호가 없으므로 세금계산서에 대표자·사업자의 주민등록번호를 적어서 발급받아야 한다.

제3장
과세거래

제1절 과세거래의 일반

Ⅱ-1 p.89

Ⅰ. 서설

부가가치세의 과세거래는 ① 사업자가 행하는 ㉠ 재화의 공급과 ㉡ 용역의 공급, ② 재화의 수입이다.

Ⅱ. 재화의 공급

'재화의 공급'이란 계약상 또는 법률상의 모든 원인에 따라 재화를 인도하거나 양도하는 것을 말한다.

1. 재화의 개념

'재화(財貨)'란 재산 가치가 있는 다음의 물건 및 권리를 말한다.*

1) 물건 : 유체물, 관리할 수 있는 자연력

2) 권리 : 광업권, 특허권, 저작권 등으로서 물건 외 재산적 가치가 있는 모든 것

* 물 · 흙 · 퇴비 등도 재화의 범위에 포함한다. 그러나 수표 · 어음 등의 화폐대용증권, 유가증권 및 상품권, 가상자산은 과세대상이 아니다.

2. 공급의 개념과 범위

1) 소유권의 이전 : ① '인도'란 재화에 대한 점유를 이전하는 것을 말하고, ② '양도'란 재화에 대한 소유권의 이전을 말한다. 그 결과 재화의 공급은 재화에 대한 법률상 또는 사실상의 처분권 전체를 이전하는 것을 뜻한다.

2) 이전의 원인 : 매매계약, 가공계약, 교환계약, 경매, 수용, 현물출자와 그 밖의 계약상 또는 법률상의 원인을 포함한다.

3) 유상이전 : 이론상 대가는 부가가치세를 전가시키는 매체이므로 원칙적으로 대가의 수반은 필요하다(다수설). 따라서 재화의 무상공급은 원칙적으로 과세거래가 될 수 없으나, ① 재화의 공급의제에 해당하거나 ② 부당행위계산부인에 해당하는 경우에는 비록 대가의 수반이 없더라도 과세거래에 포함된다.

Ⅲ. 용역의 공급

'용역의 공급'이란 계약상 또는 법률상의 모든 원인에 따른 것으로서 ① 역무를 제공하는 것과 ② 시설물, 권리 등 재화를 사용하게 하는 것을 말한다.

1. 용역의 개념

'용역'이란 재화 외에 재산 가치가 있는 모든 역무(役務)와 그 밖의 행위를 말한다. 음식점업, 부동산업 및 임대업 등은 용역을 공급하는 사업을 한다. 다만, 전 · 답 · 과수원 · 목장용지 · 임야 또는 염전 임대업, 공익사업과 관련하여 지역권 · 지상권을 설정 · 대여하는 사업은 제외한다.

한편 건설업과 부동산업 중 다음 중 어느 하나에 해당하는 사업은 재화를 공급하는 사업으로 본다.

① 부동산 매매 또는 그 중개를 사업목적으로 나타내어 부동산을 판매하는 사업
② 사업상 목적으로 1과세기간 중에 1회 이상 부동산을 취득하고 2회 이상 판매하는 사업

2. 공급의 개념과 범위

1) 역무를 제공하는 것과 재화를 사용하게 하는 것이다. ① '역무의 제공'은 독립적인 지위에서 용역을 공급하는 사업으로서 개인서비스업 등을 그 예로 들 수 있다. ② '재화를 사용'하게 하는 것은 물적용역의 공급으로서 부동산임대업 등과 권리의 대여로서 특허권 등의 대여가 그 사례이다.

2) 계약상 또는 법률상 모든 원인에 따른 것을 포함한다. 이 경우 다음에 해당하는 것은 용역의 공급으로 본다.

① 건설업의 경우 건설업자가 건설자재의 전부 또는 일부를 부담하는 것
② 자기가 주요자재를 전혀 부담하지 않고 상대방으로부터 인도받은 재화를 단순히 가공만 해 주는 것

③ 산업상 · 상업상 또는 과학상의 지식 · 경험 또는 숙련에 관한 정보(know-how)를 제공하는 것

3) 원칙적으로 대가의 수반이 있어야 한다. 따라서 용역의 무상제공은 과세거래가 될 수 없다. 다만, 사업자가 특수관계인에게 사업용 부동산의 임대용역을 공급하는 경우에는 과세거래에 포함한다.

참 고 과세대상 해당여부

1. 각종 원인에 의하여 사업자가 받는 다음 각 호에 예시하는 손해배상금 등은 과세대상이 되지 않는다.
   ① 소유재화의 파손 · 훼손 · 도난 등으로 인하여 가해자로부터 받는 손해배상금
   ② 도급공사 및 납품계약서상 그 기일의 지연으로 인하여 발주자가 받는 지체상금
   ③ 공급받을 자의 해약으로 인하여 공급할 자가 재화 또는 용역의 공급없이 받는 위약금 또는 이와 유사한 손해배상금
   ④ 대여한 재화의 망실(亡失 : 잃어버려 없어짐)에 대하여 받는 변상금
   ⑤ 부동산을 타인이 적법한 권한없이 처음부터 계약상 또는 법률상의 원인없이 불법으로 점유하여 법원의 판결에 따라 지급받는 부당이득금 및 지연손해금(이는 부가가치세법에 따른 계약상 또는 법률상의 원인에 의한 용역의 공급대가에 해당하지 않으므로 부가가치세가 과세되지 않는다)
   ⑥ 재화 · 용역의 공급과 직접 관계없이 지급받는 손실보상금 및 이주보상비
2. 부동산임대업을 영위하는 사업자가 부동산임대차 계약기간이 만료되었음에도 불구하고 임차인으로부터 임대한 부동산을 반환받지 못하여 소송을 제기한 경우 그 소송이 종료될 때까지 실질적으로 계속하여 임대용역을 제공하고 임차인으로부터 그 대가를 받거나 해당 소송에서 승소하여 건물반환일까지의 임대료상당액을 받는 때에는 그 대가 또는 임대료 상당액은 과세대상이 된다.
3. 사업자가 농산물 · 축산물 · 수산물 · 임산물 등의 면세재화를 운반 · 가공하거나 판매대행하는 등의 용역을 제공하고 그 대가를 받는 경우에는 과세대상으로 한다.
4. 출자자가 자기의 출자지분을 타인에게 양도하거나 법인 또는 공동사업자가 출자지분을 현금으로 반환하는 것은 재화의 공급에 해당하지 않으나, 법인 또는 공동사업자가 출자지분을 현물로 반환하는 것은 재화의 공급에 해당한다.
5. 협회 등 단체가 재화의 공급 또는 용역의 제공에 따른 대가관계 없이 회원으로부터 받는 협회비 · 찬조비 및 특별회비 등은 과세대상이 아니다.
6. 골프장 · 테니스장 경영자가 해당 장소 이용자로부터 받는 입회금으로서 일정기간 거치 후 반환하지 않는 입회금은 과세대상이 된다. 다만, 일정기간 거치 후 반환하는 입회금은 과세대상이 아니다. ■

Ⅳ. 재화의 수입

'재화의 수입'이란 다음 중 어느 하나에 해당하는 물품을 국내에 반입하는 것(보세구역을 거치는 것은 보세구역에서 반입하는 것)을 말한다.

① 외국으로부터 국내에 도착한 물품으로서 수입신고가 수리(受理)되기 전의 것

부가 03

② 수출신고가 수리(受理)된 물품. 다만, 수출신고가 수리된 물품으로서 선적(船積)되지 않은 물품을 보세구역에서 반입하는 경우는 제외한다.

[도 표] 재화와 용역의 구분의 실익

구분	재화	용역
개 념	• 재산적 가치 ┌ 물건 : 유체물 + 관리가능 자연력 └ 권리 : 특허권 · 저작권 등 • 해당 사업 열거 ×	• 재산적 가치 ┌ 역무 └ 그 밖의 행위 • 해당 사업 열거 ○
과 세 거 래	재화의 수입 ○ (수입자가 VAT 납부)	용역의 수입 × (대신에 국내소비자의 대리납부의무 ○)
영 세 율	수출하는 재화	국외에서 용역공급(속인주의)
과 세 표 준	• 특수관계인에게 저가공급 : 시가 • 특수관계인에게 무상공급 : 시가	• 특수관계인에게 저가공급 : 시가 • 특수관계인에게 무상공급 : 과세거래 아님* * 특수관계인에게 사업용 부동산의 임대용역 공급 : 시가
가공계약의 공 급 시 기	재화의 공급으로 보는 가공 : 가공된 재화를 인도하는 때	단순가공의 경우 : 역무의 제공이 완료되는 때
공 급 장 소	재화의 이동 개시지	역무제공지 · 역무의 사용지

제2절 재화 공급의 특례

Ⅱ-1 p.95

Ⅰ. 재화의 공급의제

본래 재화의 공급은 ① 거래상대방이 있어야 하고, 부가가치세는 대가에 포함하여 전가시키므로 ② 대가의 수반이 있어야 한다. 그런데 부가가치세법은 이러한 재화의 공급요건을 충족하지 않음으로써 본래 재화의 공급에 해당하지 않는 일정한 사건들을 재화의 공급으로 의제하고 있다. 이것을 '재화의 공급의제(또는 재화의 공급으로 보는 특례 · 간주공급)'라고 한다.

[도 표] 재화의 공급의제

<table>
<tr><th colspan="2">구분</th><th>공급시기</th><th>T/I 발급의무</th><th>과세표준</th></tr>
<tr><td rowspan="5">(1) 자기생산 · 취득재화의 공급의제
* 취지 : 이미 공제받은 매입세액을 도로 매출세액으로 납부하여 과세형평 구현</td><td>① 면세사업에의 전용</td><td rowspan="3">재화를 사용 · 소비하는 때</td><td rowspan="5">없음</td><td rowspan="5">시가 또는 간주시가</td></tr>
<tr><td>② 승용자동차 등의 비영업용에의 전용</td></tr>
<tr><td>③ 개인적 공급</td></tr>
<tr><td>④ 사업상 증여</td><td>재화를 증여하는 때</td></tr>
<tr><td>⑤ 폐업시 잔존재화의 자기공급</td><td>폐업일</td></tr>
<tr><td colspan="2">(2) 판매목적 타사업장 반출재화의 공급의제
* 취지 : 매입세액 환급지연에 따른 자금부담 문제 해소</td><td>재화를 반출하는 때</td><td>있음</td><td>취득가액 등</td></tr>
</table>

1. 자기생산 · 취득재화의 공급의제

'자기생산 · 취득재화'란 사업자가 자기의 과세사업과 관련하여 생산하거나 취득한 재화로서 다음 중 어느 하나에 해당하는 재화를 말한다.

① 사업자가 재화를 공급받을 때 매출세액에서 매입세액이 공제된 재화

② 재화의 공급으로 보지 않은 사업양도로 취득한 재화로서 사업양도자가 재화를 공급받을 때 매출세액에서 매입세액을 공제받은 재화

③ 내국신용장 또는 구매확인서에 의해 재화를 공급받은 것으로서 영세율을 적용받은 재화

자기생산 · 취득한 재화의 공급의제의 취지는 이미 공제받은 매입세액을 5가지 사유가 발생할 때에 매출세액으로 도로 납부하게 하려는 데 있다.

(1) 면세사업에의 전용(轉用)

사업자가 자기생산 · 취득재화를 자기의 면세사업(비과세사업*을 포함한다. 이하 같다)을 위하여 직접 사용하거나 소비하는 것은 재화의 공급으로 본다. 그 예로는 ① 사료(과세재화)를 축산업(면세사업)에 사용 · 소비하거나, ② 업무용오피스텔을 면세사업(주거용 임대)에 사용하는 경우 등이다.

* 여기서 '비과세사업'이란 부가가치세가 과세되지 않는 재화 · 용역을 공급하는 사업을 말한다. 그 예로서 ① 카지노업(대법원 2004두13288 판결)이나 금융지주회사의 자회사 자금대여(대법원 2015두60662 판결)와 같이 재화 · 용역의 성격상 부가가치 창출이 발생할 수 없는 경우와 ② 용역의 무상공급(국고보조금 관련 사업)하는 경우를 들 수 있다.

그 취지는 다음과 같다.

과세사업과 면세사업을 함께 경영하는 사업자가 자기생산 · 취득재화를 면세사업에 전용(轉用)하는 경우에는 그것이 부가가치의 창출에 기여한 경우에도 부가가치세가 면제되므로 매출세액이 발생하지 않는다. 이를 방치하면 면세사업에 사용 · 소비된 재화에 대해서도 과세사업을 통하여 당초 매입세액을 공제받게 되는 불합리한 결과를 낳는다. 이러한 점 때문에 자기생산 · 취득재화를 면세사업에 전용하는 것은 사업자의 내부거래이지만, 매출세액을 발생시키기 위해 재화의 공급으로 의제하는 것이다.

(2) 승용자동차 등의 비영업용에의 전용

다음 중 어느 하나에 해당하는 것은 재화의 공급으로 본다.

① 운수업, 자동차판매업, 자동차임대업, 운전학원업, 무인경비업 등의 업종을 경영하는 사업자가 자기생산 · 취득재화 중 승용자동차와 그 자동차의 유지를 위한 재화를 해당 업종에 직접 영업으로 사용하지 않고 다른 용도로 사용하는 것(즉 비영업용으로 전용, 예 : 택시 운수업자가 구입한 택시용 승용차를 직원 업무용으로 사용하는 경우)

② 사업자가 자기생산 · 취득재화를 비영업용 승용자동차로 사용 · 소비하거나 그 자동차의 유지를 위하여 사용 · 소비하는 것(예 : 주유소 경영사업자가 휘발유를 직원 업무용 승용차에 주유하는 경우)

그 취지는 다음과 같다.

즉, 매입세액이 공제되는 영업용 승용자동차를 그 외의 용도로 사용한다든지, 매입세액이 공제된 재화를 자기의 영업용이 아닌 승용자동차의 유지를 위하여 사용 · 소비하는 경우에는 문제가 발생한다. 이를 방치하면 영업용이 아닌 승용자동차의 구입과 임차 및 유지에 관한 매입세액을 매출세액에서 공제한 것처럼 되어 버리며, 해당 사업자는 그 매입세액을 공제받지 못하는 일반적인 사업자와 비교하여 부당하게 우대받는 결과가 된다. 이러한 결과를 방지하기 위해서 재화의 공급으로 의제하여 과세하는 것이다.

판례 영업용 승용자동차의 비영업용에의 전용시 공급의제

1) 판매용 재고자산인 소형승용차가 비영업용으로 전용된 경우 : 공급의제에 따른 공급가액을 감가상각자산에 대한 간주시가를 기초로 하여 산정할 수 없고 해당 차량의 거래가격에 의하여 산정해야 한다.

2) 판매용 재고자산인 소형승용차를 소비자의 시승 등의 용도로 사용한 경우 : 상당수의 소비자들이 품질확인을 위한 시승을 요구함에 따라 그들의 구매의사를 강화하여 판매 촉진에 기여하기 위해 판매용 차량 중 일부를 소비자들에게 시승 등의 용도로 제공한 것이므로, 이러한 시승용 차량은 원고의 자동차판매업에 직접 사용하는 영업용 차량에 해당할 뿐 공급의제 대상인 비영업용 소형승용차에 해당하지 않는다(2014두1956). ■

(3) 개인적 공급

사업자가 자기생산 · 취득재화를 사업과 직접 관계없이 ① 자기의 개인적인 목적이나 그 밖의 목적을 위하여 사용 · 소비하거나 ② 그 사용인 또는 그 밖의 자가 사용 · 소비하는 것으로서 사업자가 그 대가를 받지 않거나 시가보다 낮은 대가를 받는 경우 재화의 공급으로 본다. 이것을 재화의 공급으로 보지 않으면 자기생산 · 취득재화에 대해서 당초 매입세액만 공제해 주어 결과적으로 부가가치세를 탈루하는 것이 되기 때문에 이를 특별히 재화의 공급으로 의제하는 것이다. 다만, 사업자가 실비변상적이거나 복리후생적인 목적으로 그 사용인에게 대가를 받지 않거나 시가보다 낮은 대가를 받고 제공하는 것으로서 다음 중 어느 하나에 해당하는 경우는 재화의 공급으로 보지 않는다(이 경우 시가보다 낮은 대가를 받고 제공하는 것은 시가와 받은 대가의 차액에 한정한다).

① 사업을 위해 착용하는 작업복, 작업모 및 작업화를 제공하는 경우
② 직장 연예 및 직장 문화와 관련된 재화를 제공하는 경우
③ 다음 ㉠ · ㉡ · ㉢ 중 어느 하나에 해당하는 재화를 제공하는 경우. 이 경우 ㉠ · ㉡ · ㉢별로 각각 사용인 1명당 연간 10만원을 한도로 하며, 10만원을 초과하는 경우 해당 초과액에 대해서는 재화의 공급으로 본다.
㉠ 경조사와 관련된 재화
㉡ 설날 · 추석과 관련된 재화
㉢ 창립기념일 및 생일 등과 관련된 재화

부가 03

(4) 사업상 증여

사업자가 자기생산 · 취득재화를 자기의 고객이나 불특정 다수인에게 증여하는 경우는 재화의 공급으로 본다. 예컨대 사업자가 자기의 고객 중 추첨을 통하여 당첨된 자에게 자기생산 · 취득재화를 경품으로 제공하는 경우가 여기에 해당한다. 이것을 재화의 공급으로 보지 않으면 자기생산 · 취득재화에 대해서 당초 매입세액만 공제해 주어 부가가치세를 탈루하는 것이 되기 때문에 이를 특별히 재화의 공급으로 의제하는 것이다.

다만, 사업자가 사업을 위하여 증여하는 것으로서 다음 중 어느 하나에 해당하는 것은 재화의 공급으로 보지 않는다.

① 증여하는 재화의 대가가 주된 거래인 재화 공급의 대가에 포함되는 것
② 사업을 위하여 대가를 받지 않고 다른 사업자에게 인도하거나 양도하는 견본품
③ 불특정다수인에게 무상으로 배포하는 광고선전용 재화
④ 특별재난지역에 공급하는 물품
⑤ 자기적립마일리지등으로만 전부를 결제받고 공급하는 재화

(5) 폐업시 잔존재화의 자기공급

사업자가 폐업할 때 자기생산 · 취득재화 중 남아 있는 재화는 자기에게 공급하는 것으로 본다. 폐업을 하게 되면 사업자의 지위를 상실하고 사업자등록도 말소된다. 따라서 폐업시에 남아 있는 자기생산 · 취득재화를 나중에 누군가 소비하게 되더라도 부가가치세법에 따른 재화의 공급에 해당하지 않으며(사업자가 아닌 자가 공급하는 것은 과세거래가 될 수 없기 때문이다), 부가가치세가 과세될 수 없다. 이것은 불합리한 결과이다. 이러한 문제점을 해소하기 위하여 폐업시 남아 있는 자기생산 · 취득재화는 폐업일에 모두 공급된 것으로 의제하여 부가가치세를 과세하는 것이다.

2. 판매목적 타사업장 반출재화의 공급의제

(1) 원칙(공급의제)

사업장이 둘 이상 있는 사업자가 자기의 사업과 관련하여 생산 또는 취득한 재화를 판매할 목적으로 자기의 다른 사업장에 반출하는 것은 재화의 공급으로 본다. 직매장에 반출하는 것은 그 대표적 사례이다. 공급의제의 취지는 다음과 같다.

제조장에서 생산된 모든 재화가 직매장에 반출되어 판매되는 경우에, 제조장에서는 매출세액이 없어서 항상 환급세액이 발생하고 직매장에서는 매입세액이 없어서 항상 납부세액이 발생하게 될 것이다. 이 경우 납부세액은 예정신고 또는 확정신고와 함께 납부하는 데 반해, 환급세액은 원칙적으로 과세기간별로 확정신고기한이 지난 후 30일 이내에 환급하도록 되어 있다. 따라서 사업자는 그 기간 동안 불필요한 자금압박을 받게 되며, 그 결과 다른 사업자에 비해 부당하게 불리한 지위에 서게 되는 것이다. 이를 방지하기 위해서 둘 이상의 사업장을 가진 사업자가 판매목적으로 한 사업장에서 다른 사업장에 재화를 반출하는 경우에는 재화의 공급으로 의제하는 것이다.

(2) 예외(공급의제의 배제)

다음 중 어느 하나에 해당하는 경우에는 재화의 공급으로 보지 않는다.

① 사업자가 사업자단위과세의 적용을 받는 과세기간에 자기의 다른 사업장에 반출하는 경우

② 사업자가 주사업장 총괄납부의 적용을 받는 과세기간에 자기의 다른 사업장에 반출하는 경우(다만, 세금계산서를 발급하고 관할세무서장에게 예정신고 또는 확정신고를 한 경우는 제외한다)

Ⅱ. 재화의 공급으로 보지 않는 특례

[도 표] 재화의 공급으로 보지 않는 특례

(1) 사업의 양도(사업양수시 양수자 대리납부의 경우에는 재화의 공급으로 인정) (2) 그 밖의 재화의 공급으로 보지 않는 특례 ① 담보의 제공 ② 조세의 물납 ③ 법률에 따른 공매 · 경매 ④ 법률에 따른 수용 ⑤ 법률상 매도청구에 따른 이전 ⑥ 신탁재산의 이전

1. 사업양도

(1) 개념

사업장별로 그 사업에 관한 모든 권리와 의무를 포괄적으로 승계시키는 것(양수자가 승계받은 사업 이외의 새로운 사업의 종류를 추가하거나 사업의 종류를 변경한 경우를 포함한다)은 '재화의 공급'으로 보지 않는다. 이 경우 ① 미수금과 미지급금과 ② 해당 사업과 직접 관련이 없는 토지 · 건물을 포함하지 않고 승계시킨 경우에도 해당 사업을 포괄적으로 승계한 것으로 본다.

(2) 공급으로 보지 않는 취지

사업을 양도하는 것을 재화의 공급에 포함하면, 양도자는 양도대가에 대한 부가가치세를 양수자로부터 거래징수하여 납부하고, 양수자는 그 금액을 매입세액으로 공제 또는 환급받게 될 것이다. 그 결과 양수자는 거래징수당한 시점부터 환급받는 시점까지 불필요한 자금압박을 받게 되며, 과세관청은 국고수입도 없으면서 번거로운 행정적 부담을 안게 된다. 이러한 이유 때문에 부가가치세법은 사업양도를 재화의 공급으로 보지 않도록 한 것이다.

판 례 부동산매매업자의 건물의 양도가 사업의 양도에 해당하는지 여부

부동산임대업의 사업자등록을 한 다음 건물을 일시적으로 임대하다가 이를 타인에게 양도하였다고 하더라도 그 건물의 양도가 부동산매매업자로서의 사업활동의 일환으로 이루어진 경우에는 '재화의 공급으로 보지 않는 사업의 양도'에 해당하지 않는다(2010두29192). ■

판 례 사업양도에 해당하지 않는 경우 영업권은 과세대상 재화에 해당한다는 사례

영업권을 양도대상으로 삼아 그 양도대금을 정한 것은 해당 영업권이 재산적가치가 있는 권리에 해당한다고 할 것이므로 부가가치세법에서 정한 '재화'에 해당한다고 보아야 한다(2013두18827). ■

(3) 공급으로 보는 예외

사업양수시 양수자 대리납부제도에 따라 그 사업을 양수받는 자가 대가를 지급하는 때에 그 대가를 받은 자로부터 부가가치세를 징수하여 납부한 경우에는 재화의 공급으로 본다. 여기서 '사업양수시 양수자 대리납부제도'란 사업의 양도(이에 해당하는지 여부가 분명하지 않은 경우 포함)에 따라 그 사업을 양수받은 자가 대가를 지급하는 때에 본래는 이것이 과세거래에 해당하지 않음에도 불구하고 그 대가를 받은 자로부터 부가가치세를 징수하여 그 대가를 지급하는 날이 속하는 달의 다음 달 25일까지 관할세무서장에게 납부할 수 있는 제도를 말한다.

[도 표] 사업양도에 대한 취급

구분	사업양도
(1) 일반적인 경우	공급으로 보지 않음 ➠ 세금계산서 발급 ×(양수자 : 매입세액 공제 ×)
(2) 사업양수시 양수자가 대리납부를 한 경우	공급으로 인정함 ➠ 세금계산서 발급 ○(양수자 : 매입세액 공제 ○)* (양도자 : 사업양수자의 대리납부 기납부세액)

* '사업양수시 양수자 대리납부제도'에 따라 양수자가 납부한 부가가치세액도 매출세액에서 공제하는 매입세액으로 한다.

2. 그 밖의 재화의 공급으로 보지 않는 특례

(1) 담보의 제공

재화를 담보로 제공하는 것, 즉 질권, 저당권 또는 양도담보의 목적으로 동산, 부동산 및 부동산상의 권리를 제공하는 것은 '재화의 공급'으로 보지 않는다.

(2) 조세의 물납

사업용 자산을 상증세법 · 지방세법에 따라 물납하는 것은 '재화의 공급'으로 보지 않는다.

(3) 법률에 따른 공매 · 경매

국세징수법에 따른 공매(公賣) 및 민사집행법에 따른 경매(競賣)에 따라 재화를 인도하거나 양도하는 것은 '재화의 공급'으로 보지 않는다.

(4) 법률에 따른 수용(收用)

법률에 따른 수용절차에서 수용대상 재화의 소유자가 수용된 재화에 대한 대가를 받는 경우에도 '재화의 공급'으로 보지 않는다.

(5) 법률상 매도청구에 따른 이전

「도시 및 주거환경정비법」에 따른 사업시행자의 재건축사업에서의 매도청구(賣渡請求)에 따라 재화를 인도하거나 양도하는 것은 '재화의 공급'으로 보지 않는다. 재건축사업의 사업시행자는 조합설립 또는 사업시행자 지정에 동의하지 않는 건축물 소유한 자에게 건축물의 소유권을 매도할 것을 청구할 수 있다. 이처럼 사업시행자의 매도청구에 따라 재화를 인도하거나 양도하는 것은 그 실질이 법률에 따른 수용(收用)과 유사한 점을 고려하여 재화의 공급으로 보지 않는다.

(6) 신탁재산의 이전

신탁재산의 소유권 이전으로서 다음 중 어느 하나에 해당하는 것은 재화의 공급으로 보지 않는다.

① 위탁자로부터 수탁자에게 신탁재산을 이전하는 경우

② 신탁의 종료로 인하여 수탁자로부터 위탁자에게 신탁재산을 이전하는 경우

③ 수탁자가 변경되어 새로운 수탁자에게 신탁재산을 이전하는 경우

참고 신탁법에 따른 위탁자의 지위가 이전되는 경우 재화의 공급 여부

신탁법(제10조)에 따라 위탁자의 지위가 이전되는 경우에는 기존 위탁자가 새로운 위탁자에게 신탁재산을 공급한 것으로 본다. 이처럼 위탁자의 지위 이전을 신탁재산의 공급으로 보는 경우에는 기존 위탁자가 부가가치세를 납부할 의무가 있다. 다만, 집합투자자의 위탁자 지위가 이전되거나 이전하더라도 실질적 소유권의 변동이 없는 경우에는 신탁재산의 공급으로 보지 않는다. ■

부가 03

제3절 용역 공급의 특례

II-1 p.114

I. 용역의 공급의제

(1) 용역의 자기공급

사업자가 자신의 용역을 자기의 사업을 위하여 대가를 받지 않고 공급함으로써 다른 사업자와의 과세형평이 침해되는 경우에는 자기에게 용역을 공급하는 것으로 본다. 이 경우 그 용역의 범위는 대통령령으로 정하는데, 현재 대통령령으로 규정된 것은 없다.

(2) 용역의 무상공급

사업자가 대가를 받지 않고 타인에게 용역을 공급하는 것은 용역의 공급으로 보지 않는다. 다만, 사업자가 특수관계인에게 사업용 부동산의 임대용역을 공급하는 것은 용역의 공급으로 본다.

Ⅱ. 용역의 공급으로 보지 않는 특례

고용관계에 따라 근로를 제공하는 것은 용역의 공급으로 보지 않는다. 근로의 제공은 사업자의 요건 중 인적 독립성이 없을 뿐만 아니라 근로제공으로 받은 대가는 그 자체가 부가가치 구성요소로서 과세대상이 될 수 없기 때문이다.

제4절 부수재화 · 용역의 공급

Ⅱ-1 p.120

Ⅰ. 주된 '거래'에 부수하여 공급되는 재화 또는 용역

1. 유형

(1) 해당 대가가 주된 재화 또는 용역의 공급에 대한 대가에 통상적으로 포함되어 공급되는 재화 또는 용역

(2) 거래의 관행으로 보아 통상적으로 주된 재화 또는 용역의 공급에 부수하여 공급되는 것으로 인정되는 재화 또는 용역

2. 구분의 실익

주된 거래와 관련된 부수공급은 별도의 독립된 거래로 보지 않고 주된 거래인 재화 또는 용역의 공급에 흡수되는 것으로 본다.

따라서 부수공급은 ① 공급시기를 별도로 판단할 필요가 없으며, ② 별도로 세금계산서를 발급할 필요가 없고, ③ 과세표준을 계산하지 않는다. 한편 ④ 그 부수공급에 대한 과세 · 면세의 여부도 주된 거래를 따름. 그 이유는 그 구분계산이 사실상 곤란한 반면, 구분계산의 효익이 별로 없기 때문

판례 발코니 확장 공사용역은 별개의 독립된 거래에 해당한다는 사례

국민주택규모 이하의 아파트(면세)를 공급하면서 수분양자(공급받는 자)들의 선택에 따라 발코니 확장 공사용역(과세)을 공급받을 수 있는 경우에는 해당 아파트 공급 거래의 관행상 통상적으로 부수되는 것이나 필수적으로 부수되는 것에 해당한다고 볼 수 없을 것이므로 해당 발코니 확장 공사용역은 별개의 독립된 거래에 해당한다고 볼 것이다(2014두40036). ■

Ⅱ. 주된 '사업'에 부수하여 공급되는 재화 또는 용역

1. 유형

(1) 주된 사업과 관련하여 우연히 또는 일시적으로 공급되는 재화 또는 용역

(2) 주된 사업과 관련하여 주된 재화의 생산 과정이나 용역의 제공 과정에서 필연적으로 생기는 재화

2. 구분의 실익

주된 사업에 관련된 부수공급은 독립된 사업으로 보지 않고 주된 사업의 일부를 구성하는 것으로 취급. 따라서 부수공급의 과세 및 면세 여부는 주된 사업을 따름

그러나 이들은 별도의 독립된 거래이다. 따라서 ① 그 공급시기가 독자적으로 존재하며, ② 세금계산서를 별도로 발급해야 하고, ③ 과세표준도 별도로 계산해야 함

판례 장례식장에서 제공되는 음식물 제공 용역이 면세인 장의용역 공급에 통상적으로 포함되는 지 아님 독립된 과세사업으로 보는지 여부

국민의 복지후생차원으로 그 비용 부담을 감소시키기 위한 장의용역의 부가가치세 면세취지 등을 살펴보았을 때 음식물 제공용역이 공급자에 의해서 부수적으로 이뤄지면 될 뿐 공급자가 직접 공급해야 할 필요는 없고 음식물 제공이 일반 다수가 아닌 조문객들에게만 제한적으로 이뤄진 것을 보면 해당 음식물 제공용역이 장의용역(면세)에 부수되는 용역으로 보아 면세를 적용해야 한다(2013두932). ■

부가 03

제5절 재화 · 용역의 공급시기와 공급장소

Ⅱ-1 p.127

Ⅰ. 재화 또는 용역의 공급시기

어느 과세기간에 귀속될지 구분기준, 세금계산서 발급시기를 정하는 기준

1. 재화의 공급시기

(1) 일반적인 공급시기

① 현금판매, 외상판매 또는 할부판매 : 재화가 인도되거나 이용가능하게 되는 때

② 상품권 판매 후 상품권이 현물과 교환되는 경우 : 재화가 실제로 인도되는 때

③ 재화의 공급으로 보는 가공 : 가공된 재화를 인도하는 때

(2) 특수한 공급시기

1) 장기할부판매 등

구분	재화의 공급시기
반환조건부 판매, 기한부 판매 등	조건이 성취되거나 기한이 지나 판매가 확정된 시점
장기할부판매*	대가의 각 부분을 받기로 한 때
완성도지급조건부 · 중간지급조건부**	
전력 등 공급단위를 구획할 수 없는 재화를 계속적으로 공급하는 경우	

* 장기할부판매 : ① 2회 이상 분할하여 대금지급, ② 재화 인도일 다음 날로부터 최종할부금 지급기일까지 기간이 1년 이상

** 중간지급조건부 공급 : ① 계약금을 받기로 한 날의 다음 날부터 재화를 인도하는 날 · 재화를 이용가능하게 하는 날까지 기간이 6개월 이상, ② 계약금 이외에 대가를 분할

2) 재화의 공급의제

구분		공급시기
자기생산 · 취득의 공급의제	면세사업에의 전용	• 재화를 사용 · 소비하는 때
	승용자동차 등의 비영업용에의 전용	
	개인적 공급	
	사업상 증여	• 재화를 증여하는 때
	폐업시 잔존재화의 자기공급	• 폐업일
판매목적 타사업장 반출 재화의 공급의제		• 재화를 반출하는 때

3) 수출재화(내국물품의 국외반출) : 수출재화의 선(기)적일

(3) 폐업 전 공급한 재화의 공급시기 특례

폐업 전에 공급한 재화가 폐업일 이후 공급시기가 도래한 경우 폐업일을 공급시기로 한다. 여기서 폐업 전 공급은 재화의 인도 · 양도가 이뤄지지 않았더라도 공급의 상대방, 시기, 공급가액 등을 확정할 수 있는 계약상의 원인이 폐업일 전인 경우를 포함한다.

2. 용역의 공급시기

(1) 일반적인 공급시기

① 역무의 제공이 완료된 때

② 시설물, 권리 등 재화가 사용되는 때

판 례 공급시기를 확정하기 위한 '역무제공의 완료시'의 의미

계약에 따른 역무제공의 범위와 계약조건 등을 고려하여 역무의 제공사실을 가장 확실하게 확인할 수 있는 시점, 즉 역무가 현실적으로 제공됨으로써 역무를 제공받는 자가 역무제공의 산출물을 사용할 수 있는 상태에 놓이게 된 시점을 말한다. 따라서 건물의 보수공사에 대한 역무 제공의 완료일은 계약조건에 의해 원고에게 사용검사승인을 받게 할 책임이 있으므로 사용검사승인일을 역무제공이 완료되는 용역의 공급시기로 보아야 할 것이다(2008두5117). ■

(2) 특수한 공급시기

1) 장기할부조건부 공급 등

구분	용역의 공급시기
장기할부조건부, 그 밖의 조건부	대가의 각 부분을 받기로 한 때
완성도지급조건부, 중간지급조건부	
공급단위를 구획할 수 없는 용역을 계속적으로 공급하는 경우	

2) 그 밖의 경우

구분	용역의 공급시기
역무의 제공이 완료된 때, 대가를 받기로 한 때를 공급시기로 할 수 없는 경우	역무제공이 완료되고 그 공급가액이 확정된 때
간주임대료, 부동산 임대용역이 둘 이상의 기간을 걸쳐있고 대가를 선·후불로 받는 경우	예정·확정신고기간 종료일
헬스클럽 이용, 상표권 대여 등 일정한 용역을 제공하고 2 이상의 과세기간을 걸쳐 계속적으로 공급하고 그 대가를 선불로 받는 경우	예정·확정신고기간 종료일

(3) 폐업 전 공급한 용역의 공급시기 특례

폐업 전에 공급한 용역이 폐업일 이후 공급시기가 도래한 경우 폐업일을 공급시기로 한다.

3. 재화·용역의 공급시기의 특례

(1) 원칙(공급시기 전 받은 대가에 대한 발급)

공급시기가 되기 전에 대가의 전부·일부를 받고, 그 대가에 대한 세금계산서·영수증을 발급하면 그 발급하는 때를 각각의 공급시기로 본다.

(2) 예외(발급 후 대가수령)

1) 7일 이내 대가를 받는 경우

공급시기 도래 전 세금계산서 발급 후 7일 이내 대가를 받는 경우에는 발급한 때를 공급시기로 본다.

2) 대가를 지급하는 사업자가 다음 중 어느 하나에 해당하는 경우에는 재화 · 용역을 공급하는 사업자가 그 재화 · 용역의 공급시기가 되기 전에 세금계산서를 발급하고 그 세금계산서 발급일부터 7일이 지난 후 대가를 받더라도 발급한 때를 재화 · 용역의 공급시기로 본다.

① 거래 당사자 간의 계약서 · 약정서 등에 대금 청구시기(세금계산서 발급일을 말한다)와 지급시기를 따로 적고, 대금 청구시기와 지급시기 사이의 기간이 30일 이내인 경우

② 재화 · 용역의 공급시기가 세금계산서 발급일이 속하는 과세기간 내(공급받는 자가 조기환급을 받은 경우에는 세금계산서 발급일부터 30일 이내)에 도래하는 경우

(3) 장기할부판매 등의 특례

장기할부판매 등의 경우는 발급한 때를 공급시기로 한다.

Ⅱ. 재화 또는 용역의 공급장소

'공급장소'란 재화 · 용역의 공급이 국내거래인가 혹은 국외거래인가를 결정하는 기준이 되는 장소를 말한다.

* 공급장소가 국외인 경우에는 원칙적으로 우리나라의 과세권이 미치지 않으므로 공급장소는 우리나라의 과세권이 미치는 거래인가의 여부에 관한 판정기준이라 할 수 있다.

1. 재화의 공급장소

(1) 재화의 이동이 필요한 경우

재화의 이동이 시작되는 장소

(2) 재화의 이동이 필요하지 않은 경우

재화의 공급시기에 그 재화가 있는 장소

* 영세율이 적용되는 중계무역방식수출 등인 경우 : 공급장소가 국외인 경우에도 국내에서 재화가 공급되는 것으로 보고 영세율을 적용한다.

2. 용역의 공급장소

(1) 일반적인 경우

역무가 제공되거나 시설물 · 권리 등 재화가 사용되는 장소

(2) 국제운송의 경우 사업자가 비거주자 · 외국법인인 경우

여객이 탑승하거나 화물이 적재되는 장소

(3) 전자적 용역의 경우

용역을 공급받는 자의 사업장 소재지, 주소지 또는 거소지

제4장
영세율 적용과 면세

제1절 영세율 적용

II-1
p.141

Ⅰ. 서설

1. 영세율의 의의

'영세율제도'란 일정한 재화·용역의 공급에 대해 영(0%)의 세율을 적용하는 제도를 말한다.

➡ 거래징수할 부가가치세 0원, 이미 부담한 매입세액 전액 환급(완전면세)

2. 제도의 취지

① 수출하는 재화, 용역의 국외공급, 외국항행용역에 대해 소비지국 과세원칙을 구현

② 국내거래에 대해 외화획득사업 지원 목적

③ 조세정책적 목적

Ⅱ. 영세율 적용사업자의 범위

1. 거주자 또는 내국법인

(1) 원칙

거주자·내국법인에게 적용

(2) 상호면세주의

비거주자·외국법인의 경우 상조면세주의에 따른다. '상호면세주의'란 그 해당 국가에서 우리나라의 부가가치세 또는 이와 유사한 조세를 면제하거나 부가하지 않는 경우를 말한다.

2. 과세사업자

영세율은 과세사업자에 적용하며, 면세사업자의 경우 면세포기를 해야 적용이 가능하고 간이과세자는 영세율 적용이 가능하지만 매입세액을 환급을 받을 수 없음

Ⅲ. 영세율 적용대상거래

1. 부가가치세법에 따른 적용대상거래

(1) 재화의 수출

1) 본래의 수출

① 내국물품을 국외로 반출하는 것

② 국내 사업장에서 계약, 대가수령 등이 이뤄지는 중계무역 방식의 수출, 위탁판매수출, 외국인도수출, 위탁가공무역방식의 수출

2) 재화의 수출에 포함되는 것

① 내국신용장에 의해 공급하는 재화(금지금은 제외)

* 내국신용장의 개설을 전제로 재화·용역이 공급된 그 공급시기가 속하는 과세기간 종료일 25일 내 내국신용장이 개설되는 경우에도 영세율 적용

② 한국국제협력단, 대한적십자사 등에 공급하는 경우

③ 다음의 요건을 모두 갖추어 공급하는 재화

㉠ 국외 비거주자·외국법인(이하 '비거주자 등')과 직접계약에 따라 공급할 것

㉡ 대금을 외국환은행에서 원화로 받을 것

㉢ 비거주자 등이 지정하는 국내의 다른 사업자에게 인도할 것

㉣ 국내의 다른 사업자가 비거주자 등과의 계약에 따라 그대로 반출 또는 제조·가공 후 반출할 것

(2) 용역의 국외공급

국외거래이지만 사업장이 국내에 있는 내국법인·거주자인 경우 영세율을 적용

(3) 선박·항공기의 외국항행용역의 공급

선박이나 항공기에 의해 국내에서 국외, 국외에서 국내로, 국외에서 국외로 여객이나 화물을 수송하는 것을 말한다. 이는 국내거래와 국외거래가 혼합되어 있으나, 그 구분이 곤란하여 전체를 영세율 적용대상으로 하는 것이다. 다음의 해당하는 것들도 외국항행사업자가 자기의 사업에 부수하여 공급하는 재화·용역으로 영세율 적용대상에 해당한다.

① 다른 외국항행사업자의 선박 · 항공기의 탑승권을 판매하거나 화물운송계약을 체결하는 것
② 외국항행 선박 · 항공기 내에서 승객에게 공급하는 것
③ 자기의 승객만이 전용하는 버스에 탑승하게 하는 것
④ 자기의 승객만이 전용하는 호텔에 투숙하게 하는 것

(4) 외화획득목적 재화 · 용역의 공급 등

1) 우리나라에 상주하는 외교공관, 영사기관, 국제연합군 등에 공급하는 재화 · 일정한 용역

2) 대금을 외국환은행에서 원화로 받는 경우 또는 외화로 직접 송금받은 금액을 외국환은행에 매각하거나 국내사업장이 없는 비거주자 · 외국법인에게 재화 · 용역을 공급하고 그 대가를 해당 비거주자 · 외국법인에게 지급할 금액에서 차감하는 경우로서 다음에 해당하는 경우

① 국내사업장이 없는 비거주자 · 외국법인에게 공급하는 전문 · 과학 · 기술 서비스업에 해당하는 용역 또는 해당 비거주자 · 외국법인이 지정하는 국내사업자에게 인도되는 재화로서 해당 사업자의 과세사업에 사용되는 재화
② 국내에서 국외의 비거주자 · 외국법인과 직접 계약하여 국내사업장이 있는 비거주자 · 외국법인에게 공급하는 전문 · 과학 · 기술 서비스업에 해당하는 용역 또는 해당 비거주자 · 외국법인이 지정하는 국내사업자에게 인도되는 재화로서 해당 사업자의 과세사업에 사용되는 재화

3) 수출업자와 직접 도급계약에 의하여 수출재화를 임가공하는 수출재화임가공용역. 다만, 부가가치세를 별도로 적은 세금계산서를 발급하는 경우는 제외

4) 내국신용장 또는 구매확인서에 의하여 공급하는 수출재화임가공용역

5) 외국항행 선박 · 항공기 또는 원양어선에 공급하는 재화 · 용역. 다만, 부가가치세를 별도로 적은 세금계산서를 발급하는 경우는 제외

6) 우리나라에 상주하는 국제연합군 · 미합중국군대에 공급하는 재화 · 용역

7) 외국인 관광객 등에게 공급하는 일정한 재화 · 용역

2. 조세특례제한법에 따른 적용대상거래

농어민 등에게 공급하는 농어업기구 등, 장애인보장구, 방위산업물자 등

Ⅳ. 영세율 첨부서류 및 매출명세서의 제출

예정신고서 및 확정신고서에 수출실적명세서 또는 외화입금증명서 등의 서류를 첨부하여 제출해야 한다. 미제출시 영세율과세표준과소신고(무신고)가산세(영세율 과세표준×0.5%)를 부과한다.

Ⅴ. 영세율 적용사업자의 권리의무관계

영세율 적용사업자도 과세사업자이므로 과세사업자로서의 협력의무를 이행해야 한다.

* 과세사업자로서의 협력의무 : ① 사업자등록, ② 장부의 기록 및 보관 의무, ③ 세금계산서 발급의무, ④ 매출·매입세금계산서합계표 제출의무

제2절 면세

Ⅱ-1 p.151

Ⅰ. 면세의 의의와 취지

1. 면세의 의의

'면세'란 일정한 재화 또는 용역의 공급에 대해 부가가치세 납세의무를 면제하는 제도를 말한다.

➡ 면세 전단계에서 이미 부과된 부가가치세는 가격에 포함되어 남아 있고 부가가치세의 부담이 완전히 제거되지 않음(부분면세)

2. 제도의 취지

생활필수품 재화·용역에 대한 면세를 적용하여 역진성 완화

Ⅱ. 면세의 적용대상

1. 부가가치세법에 따른 면세대상

(1) 재화·용역의 공급에 대한 면세

1) 기초생활필수품·용역

① 미가공식료품 : ① 가공되지 않거나 ② 원생산물 본래의 성질이 변하지 않는 정도의 1차 가공(탈곡·정미·정맥·제분·정육·건조·냉동·염장·포장 등)을 거친 농산물·축산

물 · 수산물 또는 임산물로 하되, 여기에는 김치 · 두부 등 단순 가공식료품*을 포함한다.

* 단순 가공식료품 : 김치 · 두부 등(제조시설을 갖추고 판매목적으로 독립된 거래단위로 관입 · 병입 또는 이와 유사한 형태로 포장하여 2026년 1월 1일부터 공급하는 것은 제외하되, 단순하게 운반편의를 위하여 일시적으로 관입 · 병입 등의 포장을 하는 경우를 포함)

② 수돗물, 연탄, 일정한 여객운송업(대중교통 등)

③ 주택과 그 부수토지 임대용역

판례 면세대상 주택임대 해당 여부

면세대상인 주택의 임대에 해당하는지 여부는 임대계약서에 기재된 내용이 아닌 객관적인 용도를 기준으로 상시 주거용으로 사용하는 것인지 판단해야 하므로 최종적인 임대용역의 소비자가 실제로 사용한 용도를 기준으로 판단해야 할 것이다(2013두1225). ■

④ 공동주택 어린이집 임대용역

2) 국민후생 · 문화관련 재화 · 용역

① 의료보건용역과 혈액(치료· 예방· 진단 목적으로 조제한 동물의 혈액 포함) : 의료보건용역은 의사 · 치과의사 · 한의사 등이 제공하는 용역 중 일정한 용역만 가능하며, 미용목적 성형수술 등은 제외한다.

판례 면세대상 안마용역 해당 여부

안마사가 아닌 자를 고용하여 안마용역을 하는 경우는 엄격해석의 원칙에 따라 부가가치세법상 면세가 적용되는 의료법에 따라 안마사 등이 공급하는 안마용역이 아니므로 면세를 적용하지 않는다(2011두5834). ■

② 교육용역 : 주무관청에 허가 · 인가를 받거나 신고 · 등록을 한 학교 · 학원(무도학원, 자동차운전학원은 제외) 등, 기타 비영리단체를 말한다.

판례 기타 비영리단체의 범위

기타 비영리단체란 정부의 인 · 허가를 받은 모든 단체가 아닌 교육시설관리법에 따라 인 · 허가를 받는 단체를 말한다. 이때 과세관청이 단순히 사업자의 사업자등록 신청을 보아 면세사업자등록증을 교부하더라도 이는 과세관청의 공적인 견해표시가 아니라고 할 것이다(2007두23255). ■

③ 도서(도서대여용역 · 실내 도서열람 용역 포함) · 신문 · 잡지 등

④ 예술창작품 · 예술행사 · 문화행사 · 아마추어 운동경기

⑤ 도서관 · 박물관 · 동물원 · 식물원에의 입장

3) 부가가치 구성요소

① 토지의 공급

② 금융 · 보험용역 : 은행업무 및 부수업무, 집합투자업, 보험업, 금전대부업 등 일정한 사업을 영위하는 자가 제공하는 것으로 한다. 이러한 사업 외의 사업을 하는 자가 주된 사업에 부수하여 금융 · 보험용역과 같거나 유사한 용역을 제공하는 경우에도 면세하

는 '금융 · 보험용역'에 포함한다. 다만, 다음 중 어느 하나에 해당하는 용역은 면세하는 금융 · 보험용역으로 보지 않는다.

㉠ 복권 · 입장권 · 상품권 · 지금형주화 또는 금지금에 관한 대행용역(다만, 수익증권 등 금융업자의 금융상품 판매대행용역 등은 제외)

㉡ 기업합병 또는 기업매수의 중개 · 주선 · 대리, 신용정보서비스 및 은행업에 관련된 전산시스템과 소프트웨어의 판매 · 대여용역

㉢ 부동산임대용역, 감가상각자산의 대여용역(다만, 시설대여업자가 제공하는 시설대여용역은 제외)

③ 인적용역 : 근로의 제공과 유사하여 면세대상에 포함하는데, 그 범위는 다음과 같다.

㉠ 개인이 물적시설 없이 근로자를 고용하지 않고 독립된 자격으로 용역을 공급하고 대가를 받는 인적용역

㉡ 개인 · 법인 또는 법인격 없는 단체가 독립된 자격으로 용역을 공급하고 대가를 받는 인적용역

4) 그 밖의 재화 · 용역의 공급

① 국가 등이 공급하는 일정한 재화 · 용역. 다만, 다음의 경우는 다른 과세사업자와 조세형평을 맞추기 위해 면세대상에서 제외한다.

㉠ 우정사업이 제공하는 일정한 사업

㉡ 고속철도 여객운송업

㉢ 도 · 소매, 음식점업 · 숙박업, 부동산임대업, 골프장업 등

판례 부가가치세가 면제되는 '국가 등이 공급하는 재화 또는 용역'의 의미

국가 등이 공급주체가 되어 국가 등의 명의와 계산으로 공급하는 재화 · 용역을 의미하고, 국가 등으로부터 시설의 관리 등을 위탁받은 단체가 그 명의와 계산으로 재화 · 용역을 공급하는 경우는 여기에 해당하지 않는다고 할 것이다(2010두3527).

② 국가 등 또는 공익단체에게 무상으로 제공하는 재화 · 용역

③ 공익단체가 공익목적으로 공급하는 재화 · 용역

④ 우표(수집용 우표 제외) 등 기타 그 밖의 조세정책상 목적으로 열거된 것

(2) 재화의 수입에 대한 면세

① 미가공식료품(비식용은 제외). 다만, 커피두 · 코코아두는 과세하되, 2022.6.28.~2025.12.31.까지 수입하는 커피두 · 코코아두는 면세

② 도서 · 신문 · 잡지

③ 그 밖의 조세정책상 목적으로 열거된 것

2. 조세특례제한법에 따른 면세대상

(1) 재화 · 용역의 공급에 대한 면세

1) 국민주택(오피스텔 제외) 및 해당 주택의 건설용역(리모델링용역 포함)

2) 일정한 공동주택에 공급하는 일반관리용역 · 경비용역 · 청소용역

3) 영유아용 기저귀와 분유

4) 그 밖의 조세정책상 목적으로 열거된 것

(2) 재화의 수입에 대한 면세

1) 농민이 수입하는 농업용 · 축산용 기자재, 어민이 수입하는 어업용 기자재

2) 무연탄 등 그 밖의 조세정책상 목적으로 열거된 것

Ⅲ. 면세사업자의 협력의무

면세사업자는 납세의무자가 아니므로 원칙적으로 협력의무도 지지 않는다. 다만, ① 매입처별 세금계산서합계표 제출 의무, ② 대리납부의무를 진다.

Ⅳ. 면세포기

1. 의의

'면세포기'란 면세사업자 입장에서 면세의 적용이 오히려 불리한 경우 면세를 포기하고 과세를 적용받을 수 있는 제도를 말한다.

2. 면세포기의 대상

(1) 영세율이 적용되는 재화 · 용역의 경우

면세보다 더 유리한 완전면세를 적용해 주기 위해

(2) 학술 · 연구단체가 그 연구와 관련하여 실비 · 무상으로 공급하는 재화 · 용역

주로 최종소비자가 아닌 과세사업자에게 공급하는 경우 누적효과 · 환수효과를 제거하기 위해

3. 면세포기의 절차와 효력

1) 면세를 포기하려는 사업자는 면세포기신고서를 관할세무서장에게 제출하고, 지체 없이 사업자등록을 해야 한다.

2) 한편 면세포기를 신고한 사업자는 신고한 날부터 3년간은 면세를 적용받지 못한다. 이처럼 면세포기를 신고한 사업자가 3년이 지난 뒤, 다시 면세를 받으려면 면세적용신고서와 함께 발급받은 사업자등록증을 제출해야 한다.

V. 결어

면세의 최종적 목적은 역진적 조세부담을 완화하려는데 있다. 그런데 면세의 범위가 지나치게 넓은 경우 ① 일반소비세의 원리 훼손, ② 세금계산서 수수질서 문란, ③ 누적효과 · 환수효과와 같은 경제적 비효율이 발생한다.

제5장 과세표준의 계산

제1절 부가가치세 세액의 계산구조

Ⅱ-1 p.183

Ⅰ. 일반과세자의 세액계산

구분	계산구조
Ⅰ. 매출세액	과 세 표 준(공급가액 합계) … 예정신고 누락 · 생략분 포함 × 세 율(10%, 0%) = 매 출 세 액 ± 대손세액 가감 … 공급자 : 대손(차감) · 회수(가산) 매출세액 합계
Ⅱ. 매입세액	매입처별 세금계산서합계표상 매입세액 ± 그 밖의 공제 매입세액 신용카드매출전표 등 수령명세서상 매입세액 의제매입세액 재활용폐자원매입세액 과세사업전환매입세액 재고매입세액 변제대손세액 … 공급받은 자 : 대손금 변제 − 공제받지 못할 매입세액 발급받은 세금계산서 중 불공제 매입세액 공통매입세액 면세사업분 대손처분받은 세액 … 공급받는 자 : 대손확정 = 매입세액 합계액
Ⅲ. 납부세액	매출세액 − 매입세액

Ⅳ. 차가감납부할 세액	납부세액(△환급세액) − 공제·감면세액 신용카드매출전표 등의 발급 세액공제 등 예정신고 미환급세액 예정고지세액 수시부과세액 사업양수자의 대리납부 기납부세액 금관련 제품, 구리 스크랩, 면세점 송객용역 등 매입자 납부특례 기납부세액 신용카드업자의 대리납부 기납부세액 + 가 산 세 사업자등록 불성실가산세 세금계산서 등 불성실가산세 신고불성실가산세 납부지연가산세 = 차가감 납부할 세액

Ⅱ. 재화의 수입에 대한 세액계산

재화의 수입에 대한 부가가치세는 다음의 과세표준에 10% 세율 적용하여 계산

과세표준 = 관세의 과세가격 + 관세 + 개별소비세*·주세 + 교육세·농어촌특별세 + 교통·에너지·환경세

* 개별소비세의 경우 수입시 과세표준 = 관세의 과세가격 + 관세

제2절 부가가치세의 과세표준

Ⅱ-1 p.185

Ⅰ. 서설

이론상 부가가치세의 과세대상은 부가가치이므로 과세표준은 부가가치액이다. 그런데 현행 부가가치세법은 전단계세액공제법을 채택하고 있기 때문에 부가가치 자체가 아니라 재화·용역의 공급을 과세대상하고 그에 따라 공급가액의 합계액을 과세표준으로 한다.

Ⅱ. 과세표준 계산의 일반원칙

1. 재화 · 용역의 공급에 대한 과세표준

(1) 일반적인 기준

해당 과세기간 공급한 재화 · 용역의 공급가액 합계액

1) 공급가액 산정

① 금전으로 대가를 받는 부분 : 그 대가

② 금전 외의 대가로 받는 부분 : 자기가 공급한 재화 · 용역의 시가

* 공급가액에는 부가가치세를 포함하지 않는다.

* 개별소비세 · 주세 또는 교통 · 에너지 · 환경세가 과세되는 경우에는 개별소비세 · 주세 또는 교통 · 에너지 · 환경세를 공급가액에 포함한다.

판례 임대료 상당액을 보증금에서 공제하는 경우 공급가액

임차인이 건물을 명도하지 않고 계속사용하고 있고, 임대인 또한 임차보증금을 반환하지 않고 보유하면서 회수하지 못한 임대료 상당액을 해당 보증금에서 공제하는 경우에는 임대료 상당액을 대가로 받지 않더라도 부가가치세 납세의무를 결정하는 데 아무런 영향을 미칠 수 없다(2002다38828). ■

(2) 공급형태별 공급가액의 계산

1) 외상거래 등의 공급가액의 계산

구분	공급가액
외상판매 · 할부판매	공급한 재화의 총 가액
장기할부판매 완성도기준지급조건부 · 중간지급조건부 계속적 재화 · 용역의 공급	받기로 한 대가의 각 부분
둘 이상 과세기간 계속하여 일정한 용역을 제공하고 대가를 선불로 받는 경우	선불로 받는 금액을 월단위로 안분하여 계산

2) 마일리지 등으로 대금을 결제 받은 경우

① 마일리지 등 : ㉠ 재화 · 용역의 구입실적에 따라 마일리지 · 포인트 형태로 별도의 대가없이 적립 받은 후 다른 재화 · 용역의 결제수단으로 사용할 수 있는 것(적립 마일리지), ㉡ 재화 · 용역의 구입실적에 따라 별도의 대가없이 교부 받으며 전산시스템 등을 통한 그 밖의 상품권과 구분 관리되는 상품권(증정 상품권)

부가 05

② 마일리지 등의 구분

구분	내용
자기적립마일리지 등	당초 재화·용역을 공급하고 마일리지 등을 적립해 준 사업자에게 사용한 마일리지 등(사업자 직접 보상하는 마일리지 등)*
자기적립마일리지 등 외 마일리지 등	당초 재화 또는 용역을 공급하고 마일리지 등을 적립해 준 사업자가 아닌 다른 사업자에게 사용할 수 있는 마일리지 등(제3자가 보상하는 마일리지 등)

* 여러 사업자가 적립하거나, 여러 사업자를 대상으로 사용할 수 있는 마일리지 등은 다음의 요건을 모두 갖춘 경우에만 자기적립마일리지 등으로 본다.

① 고객별·사업자별로 적립·사용 실적을 구분하여 관리하는 등의 방법으로 당초 공급자와 이후 공급자가 같다는 사실이 확인될 것

② 마일리지 결제분에 대해 해당 재화·용역을 공급받는 자 외의 자로부터 보전받지 않을 것

③ 마일리지 등으로 결제된 경우 공급가액

구분	공급가액
자기적립마일리지 등으로 일부 결제	마일리지 등 외의 수단으로 결제된 부분
자기적립마일리지 등 외 마일리지 등	(1) 일반적인 경우 : ① + ② ① 마일리지 등 외의 수단으로 결제된 부분 ② 자기적립마일리지 등 외의 마일리지 등으로 결제된 부분은 재화·용역을 공급받는 자 외의 자로부터 보전받았거나 보전받을 금액 (2) 예외 : 시가 1) 위 ②의 금액을 보전받지 않고 자기생산·취득재화를 공급하는 경우 : 공급하는 재화의 시가 2) 위 ②와 관련하여 특수관계인으로부터 부당하게 낮은 금액을 보전받거나 아무런 금액을 받지 않아 조세의 부담을 부당하게 감소시킬 것으로 인정되는 경우 : 공급하는 재화·용역의 시가

(3) 공급가액에 포함 여부

1) 공급가액의 개념

'공급가액'은 대금·요금 등 그 밖의 명목에 상관없이 재화·용역을 공급받는 자로부터 받는 금전적 가치가 있는 모든 것을 포함한다.

2) 공급가액에 포함여부

공급가액에 포함 ○	공급가액에 포함 ×
① 할부판매의 이자상당액 ② 대가의 일부로 받는 운송비, 포장비, 하역비, 운송보험료, 산재보험료 등	① 에누리 : 재화나 용역을 공급할 때 그 품질이나 수량, 인도조건 또는 공급대가의 결제방법이나 그 밖의 공급조건에 따라 통상의 대가에서 일정액을 직접 깎아 주는 금액. 이때 에누리의 발생시기는 공급시기 전으로 한정되지 않고, 그 공제 · 차감의 방법에도 특별한 제한은 없다. ② 환입된 재화의 가액 ③ 할인액 : 공급에 대한 대가를 약정기일 전에 받았다는 이유로 사업자가 당초의 공급가액에서 할인해 준 금액 ④ 공급받는 자에게 도달하기 전에 파손 · 훼손되거나 멸실한 재화의 가액 ⑤ 재화 · 용역의 공급과 직접 관련되지 않는 국고보조금과 공공보조금(*주) ⑥ 공급에 대한 대가의 지급이 지체되었음을 이유로 받는 연체이자

(*주) 지방자치단체가 한국철도공사와 관광열차 운행 협약을 체결하고 매월 한국철도공사에 지급한 관광열차 전세운임은 공공성 있는 사업의 진행을 위해 지방자치단체가 사업자인 한국철도공사에 교부한 보조금에 해당하고 한국철도공사로부터 관광열차 운행 용역을 직접 공급받은 상대방은 지방자치단체가 아닌 철도이용자이므로 위 전세운임은 한국철도공사의 '운행 용역의 공급과 직접 관련되지 않는 공공보조금'에 해당하여 부가가치세 과세표준에 포함되지 않는다(2020두56780).

판례 재화나 지급받은 위약금 명목의 돈의 실질이 재화나 용역의 공급과 대가관계에 있는 경우, 부가가치세의 과세표준이 되는 공급가액에 포함되는지 여부(적극)

부가가치세의 과세표준이 되는 공급가액이란 금전으로 받는 경우 재화나 용역의 공급에 대가관계가 있는 가액 곧 그 대가를 말하므로 재화나 용역의 공급대가가 아닌 위약금이나 손해배상금 등은 공급가액이 될 수 없다(97누15722 판결). 다만, 재화나 용역을 공급하는 자가 이를 공급받는 자로부터 위약금 명목의 돈을 지급받았다고 하더라도 그 실질이 재화나 용역의 공급과 대가관계에 있는 것이라면 부가가치세의 과세표준이 되는 공급가액에 포함된다(2017두61119). ■

(4) 과세표준에서 공제하는 않는 것

① 사업자가 재화 또는 용역을 공급받는 자에게 지급하는 장려금(rebate) : 공급가액 차감항목이 아닌 별도의 비용개념으로 이해

② 대손금액 : 대손사유가 있는 경우에 매출세액에서 그 대손세액을 공제

(5) 외화환산

대가를 외국 통화나 그 밖의 외국환(이하 외국 통화 등)으로 받는 경우

구분	공급가액
공급시기가 되기 전 원화로 환가	그 환가한 금액
공급시기가 된 후 외국 통화 등으로 받는 경우	공급시기에 기준환율 · 재정환율에 따라 환산한 금액

(6) 부당행위계산의 부인

특수관계인에게 공급하는 재화 · 용역*의 공급에 대한 조세부담을 부당하게 감소시킬 것으로 인정되는 경우로서, 다음 중 어느 하나에 해당하는 경우에는 공급한 재화 또는 용역의 시가를 공급가액으로 본다.

* 여기서 '특수관계인에 대한 재화 · 용역'에는 수탁자가 위탁자의 특수관계인에게 공급하는 신탁재산과 관련된 재화 · 용역을 포함한다.

구분		공급가액
재화의 공급	① 부당하게 낮은 대가 받는 경우 ② 대가를 받지 않는 경우	공급한 재화의 시가
용역의 공급	① 부당하게 낮은 대가 받는 경우 ② 대가를 받지 않은 경우로서 사업용부동산 임대용역을 공급한 경우	공급한 용역의 시가

2. 재화의 수입에 대한 과세표준

과세표준 = 관세의 과세가격 + 관세 + (개별소비세 · 주세 + 교육세 · 농어촌특별세 + 교통 · 에너지 · 환경세)

Ⅲ. 재화의 공급의제의 경우 공급가액

1. 자기생산 · 취득재화의 공급의제의 경우

(1) 원칙

공급의제의 경우 공급가액은 해당 재화의 시가

(2) 재화가 감가상각자산인 경우(= 간주시가)

1) 계산식

간주시가 = 해당 재화의 취득가액×(1 − 감가율×경과된 과세기간의 수)

2) 계산식 구성요소

① 해당 재화의 취득가액 : 매입세액공제를 받은 재화의 가액

② 건물 · 구축물 : 5%, 그 외 자산 : 25%

(3) 과세사업에 제공한 감가상각자산을 면세사업에 일부 사용하는 경우

$$공급가액 = 간주시가 \times 면세사업에\ 일부\ 사용한\ 날이\ 속하는\ 과세기간의\ \frac{면세공급가액}{총공급가액}$$

2. 판매목적 타사업장 반출재화의 경우 공급가액

구분	공급가액
원칙	해당 재화의 취득가액
취득가액에 일정액을 더하여 반출하는 경우	그 취득가액 + 일정액
개별소비세 등이 부과되는 경우	개별소비세 등의 과세표준 + 개소세 등

Ⅳ. 공급가액 계산의 특례

1. 공통사용재화를 공급하는 경우

(1) 과세표준에 포함되는 공급가액의 안분계산

과세사업 · 면세(비과세)사업에 공통으로 사용된 재화를 공급하는 경우

<과세표준에 포함되는 공급가액 계산>

$$공급가액 = \frac{해당\ 재화의}{공급가액} \times \frac{재화를\ 공급한\ 날이\ 속하는}{과세기간의\ 직전\ 과세기간의}\ \frac{과세되는\ 공급가액}{총공급가액}$$

(2) 안분계산의 배제

다음의 경우 해당 재화의 공급가액 전부를 과세표준에 포함되는 공급가액으로 한다.

① 직전 과세기간의 면세공급가액비율이 5% 미만인 경우. 다만, 해당 재화의 공급가액이 5,000만원 이상인 경우는 안분계산한다.

② 해당 재화의 공급가액이 50만원 미만인 경우
③ 신규사업자의 최초 과세기간의 경우

2. 토지와 건물 등을 일괄공급하는 경우

(1) 원칙

토지와 건물을 함께 공급하는 경우(토지는 면세) : 건물 등의 실지거래가액을 공급가액으로 한다.

(2) 토지가액과 건물 등 가액의 구분이 불분명한 경우

구분		안분계산방법
① 감정평가가액이 있는 경우		• 감정평가가액에 비례하여 안분계산한다.(*주)
② 감정평가가액이 없는 경우	㉠ 기준시가가 모두 있는 경우	• 공급계약일 현재의 기준시가에 따라 계산한 가액에 비례하여 안분계산한다.
	㉡ 어느 하나 또는 모두의 기준시가가 없는 경우	• 장부가액(장부가액이 없는 경우에는 취득가액)에 비례하여 안분계산한 후, 기준시가가 있는 자산에 대해서는 그 합계액을 다시 기준시가에 따라 안분계산한다.

(*주) '감정평가가액'이란 공급시기(중간지급조건부 또는 장기할부판매의 경우에는 최초의 공급시기)가 속하는 과세기간의 직전 과세기간 개시일부터 공급시기가 속하는 과세기간의 종료일까지 감정평가업자가 평가한 감정평가가액을 말한다.

한편 사업자가 토지와 건물 등을 함께 공급하는 경우로서 실지거래가액으로 구분한 토지와 건물 또는 구축물 등의 가액이 위의 방법에 따라 안분계산한 금액과 30% 이상 차이가 있는 경우에도 위의 방법에 따라 안분계산한 금액을 건물 등의 공급가액으로 한다. 다만, 다음 중 어느 하나에 해당하는 경우(즉 사업자가 구분한 실지거래가액을 인정할 만한 사유를 말한다)에는 기준시가 등에 비례하여 안분계산하는 대상에서 제외하고 실지거래가액으로 구분한 가액을 건물 등의 공급가액으로 한다.

① 다른 법령에서 토지 또는 건물 등의 양도가액에 따라 실지거래가액을 구분한 경우[예 : 「산업집적활성화 및 공장설립에 관한 법률(제39조 ⑤)」에서 토지의 양도가액은 취득가액에 이자 및 비용을 합한 가액으로 정하고 있고(산업용지 투기 방지 목적), 공장의 양도가액은 감정가액으로 하고 있음]

② 건물 등이 있는 토지를 취득하여 그 건물 등을 철거하고 토지만 사용하는 경우(예 : 건물이 노후화되어 매수자가 철거목적으로 건물을 취득하는 경우 건물가액을 '0'으로 하여 양수·양도 계약서가 작성되는 경우. 이 경우에는 건물 부분은 재화의 공급으로 보지 않는다)

3. 부동산임대용역을 공급하는 경우

(1) 간주임대료

$$\text{공급가액(간주임대료)} = \text{해당 기간의 전세금 또는 임대보증금} \times \text{정기예금 이자율} \times \frac{\text{과세대상기간의 일수}}{\text{365(윤년에는 366)}}$$

(2) 선불 · 후불로 받는 임대료

월단위로 안분하여 계산

(3) 과세되는 부동산 임대용역과 면세되는 주택입대용역을 함께 공급하는 경우

1) 실지귀속이 분명한 경우

그 실지귀속에 따라서 안분계산

2) 실지귀속이 불분명한 경우

① 건물 기준시가와 토지 기준시가 비율로 임대료를 안분계산한다.

② 토지 · 건물별로 안분한 임대료를 각각 과세 · 면세되는 건물 면적비율로 안분계산한다.

제6장
거래징수와 세금계산서

제1절 거래징수

Ⅱ-1 p.233

Ⅰ. 서설

1. 의의

사업자가 재화 또는 용역을 공급하는 경우에는 공급가액에 10%의 세율을 적용하여 계산한 부가가치세를 재화 또는 용역을 공급을 받는 자로부터 징수

➡ 최종소비자에게 부가가치세를 전가하는 과정

2. 법적성격

(1) 과세권자와 사업자와의 관계

과세권자(조세채권자)와 사업자(조세채무자)는 조세채권채무관계

* 거래징수 여부와 상관없이 사업자는 납세의무가 있다.
* 거래징수 규정은 선언적 규정에 불과

(2) 사업자와 거래상대방과의 관계

사업자가 거래징수의 규정을 근거로 공급을 받는 자로부터 부가가치세 상당액을 징수할 사법상의 권리는 없다.

* 사업자가 부가가치세를 별도로 구분하여 거래징수할 것인지 또는 거래금액에 포함하여 거래징수할 것인지 여부는 계약 당사자 간에 결정사항(부가가치세 전가를 법률적으로 강제시킬 수 없고 사적자치에 맡길 수 밖에 없는 문제)

(3) 과세권자와 거래상대방과의 관계

아무런 조세채권 · 채무 관계 없음

Ⅱ. 거래징수의 요건과 효과

1. 요건

(1) 거래징수의무자와 거래상대방

1) 거래징수의무자

재화 · 용역을 공급하는 과세사업자

➡ 영세율적용 사업자와 간이과세자는 포함하지만 면세사업자는 제외

2) 거래상대방

사업자인지 최종소비자인지 불문

(2) 거래징수의 대상

세금계산서상 부가가치세

(3) 거래징수 시기

해당 재화 · 용역의 공급시기

2. 효과

(1) 거래징수를 이행한 경우

1) 전가가 이루어진 정상적인 경우

거래징수자의 매출세액 = 거래상대방의 매입세액

2) 자기생산 · 취득재화의 공급의제 등의 경우

거래징수자의 매출세액 ≠ 거래상대방의 매입세액

(2) 거래징수를 불이행한 경우

전가가 이루어지지 않음 ➡ 사업자가 매출세액을 스스로 부담(누적효과 발생)

제2절 세금계산서

Ⅱ-1 p.236

Ⅰ. 서설

1. 세금계산서의 의의

사업자가 재화·용역을 공급할 때 부가가치세를 거래징수하고 이를 증명하기 위해 발급하는 증명서류

2. 세금계산서의 기능

(1) 사업자의 측면에서의 기능

1) 공급하는 자
부가가치세를 전가시키는 법적장치

2) 공급받는 자
매입세액공제를 받기 위한 필수증명서류

(2) 과세행정 측면에서의 기능

공급자·공급받는 자로부터 제출받은 매출·매입세금계산서합계표
➡ 상호대사함으로써 거래당사자의 매출세액·매입세액의 정당성 판단
➡ 소득세·법인세에서도 기초적 자료로 사용됨

Ⅱ. 세금계산서의 종류

1. 세금계산서

구분	내용	비고
필요적 기재사항	① 공급하는 사업자의 등록번호와 성명·명칭 ② 공급받는 자의 등록번호 * 공급받는 자가 사업자가 아닌 경우 면세사업자 등의 고유번호·주민등록번호 ③ 공급가액과 부가가치세액 ④ 작성연월일	필요적 기재사항의 일부·전부가 적히지 않거나 사실과 다른 경우 세금계산서로서의 효력이 인정되지 않음
임의적 기재사항	공급받는 자의 상호·성명·주소, 공급연월일 등	세금계산서 효력에 아무런 영향이 없음

2. 수입세금계산서

세관장이 재화의 수입에 대해 부가가치세를 징수할 때 재화를 수입하는 자에게 발급(발급절차와 효력은 일반적인 세금계산서와 같음)

3. 영수증

공급받는 자의 등록번호와 부가가치세액을 따로 기재하지 않은 증명서류

* 세금계산서와 차이점
  ① 공급받는 자의 등록번호 기재의무 없음
  ② 공급가액과 부가가치세액의 구분 기재의무 없음. 다만, 영수증 발급대상 사업자가 신용카드 · 직불카드 등 기계장치(금전등록기 제외)에 의해 발급하는 경우는 구분 기재의무 있음
  ③ 합계표 제출의무 없고, 제출하더라도 매입세액공제 인정되지 않음

Ⅲ. 전자세금계산서

1. 전자세금계산서 발급의무

(1) 전자세금계산서 발급의무의 의의

1) 전자세금계산서

전자적인 방법으로 발급하는 세금계산서

* 전자적인 방법 : 전자적 기업자원관리설비(ERP) 등을 이용하는 방법으로 세금계산서 기재사항 · 작성자의 신원 등을 확인할 수 있는 공인인증시스템을 거쳐 정보통신망으로 발급하는 것

2) 종이세금계산서와 과세 행정상의 차이점(장점)

① 시간적 · 경제적 부담 상대적으로 감소, ② 매출 · 매입 등 장부관리와 세금계산서 보관의 편리성, ③ 허위 · 가공 세금계산서 수수행위 차단 ➟ 조세포탈행위 방지

(2) 전자세금계산서 의무발급 사업자

다음의 사업자는 세금계산서를 발급하려면 전자세금계산서를 발급해야 한다.

전자세금계산서 의무발급 사업자	비고
① 법인사업자	• 공급가액의 수준과 관계없이 의무 발급해야 한다.
② 직전 연도의 사업장별 재화 · 용역의 공급가액(면세공급가액 포함)의 합계액이 기준금액(8,000만원)(*주) 이상인 개인사업자[그 이후 직전 연도의 사업장별 재화 · 용역의 공급가액이 기준금액(8,000만원) 미만이 된 개인사업자를 포함하며, 이하 '전자세금계산서 의무발급 개인사업자']	• 한 번 전자세금계산서 의무발급 개인사업자이며 계속하여 전자세금계산서 의무발급 개인사업자로 본다.

(*주) 2024년에 공급된 사업장별 재화 및 용역의 공급가액(면세공급가액 포함)의 합계액이 8,000만원 이상인 개인사업자는 2025년 제2기 과세기간이 시작하는 날(즉 2025.7.1.)부터 전자세금계산서를 발급해야 한다.

[도 표] 전자세금계산서 의무발급 개인사업자의 판정과 그 발급기간

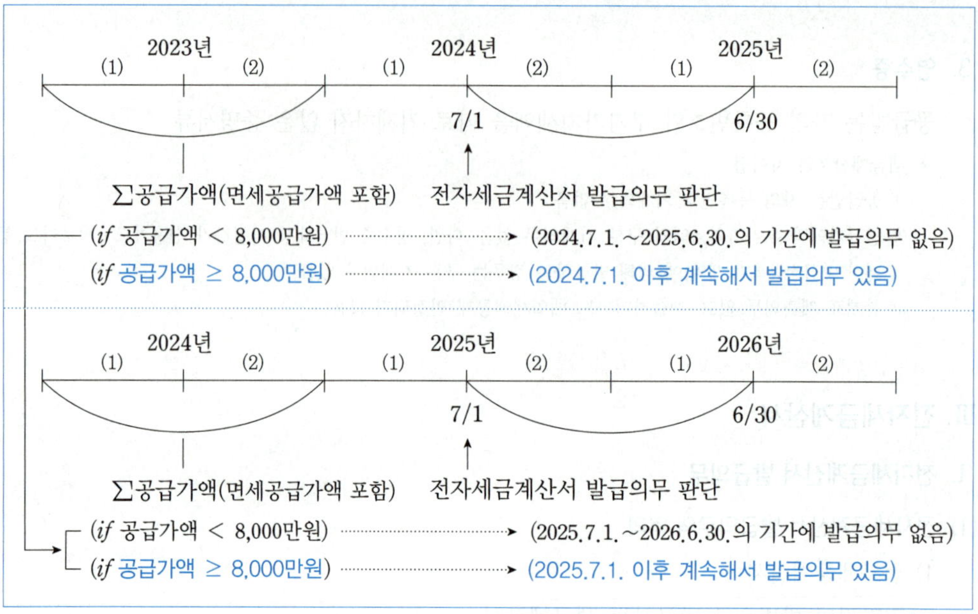

여기서 전자세금계산서 의무발급 개인사업자는 사업장별 재화·용역의 공급가액의 합계액이 기준금액(8,000만원) 이상인 해의 다음 해 제2기 과세기간이 시작하는 날부터 전자세금계산서를 발급해야 한다. 다만, 사업장별 재화·용역의 공급가액의 합계액이 수정신고 또는 결정과 경정(이하 '수정신고 등')으로 기준금액(8,000만원) 이상이 된 경우에는 수정신고 등을 한 날이 속하는 과세기간의 다음 과세기간이 시작하는 날부터 전자세금계산서를 발급해야 한다.

참 고 전자세금계산서 의무발급 개인사업자 대상 통지

관할세무서장은 개인사업자가 전자세금계산서 의무발급 개인사업자에 해당하는 경우에는 위의 도표에 따라 전자세금계산서를 발급해야 하는 날이 시작되기 **1개월 전까지** 그 사실을 해당 개인사업자에게 통지해야 한다. 한편 개인사업자가 전자세금계산서를 발급해야 하는 날이 시작되기 **1개월 전까지** 위의 통지를 받지 못한 경우에는 통지서를 수령한 날이 속하는 달의 다음 다음 달 1일부터 전자세금계산서를 발급해야 한다. ■

한편 법인사업자 및 전자세금계산서 발급의무 개인사업자 외의 사업자도 전자세금계산서를 발급하고 전자세금계산서 발급명세를 전송할 수 있다.

2. 전자세금계산서 발급명세 전송의무

전자세금계산서를 발급하였을 때에는 전자세금계산서 발급일의 다음 날까지 전자세금계산서 발급명세(세금계산서 기재사항을 말한다)를 국세청장에게 전송해야 한다.

이처럼 전송한 경우 ① 예정·확정신고시 매출·매입세금계산서합계표 제출의무 면제,* ② 5년간 세금계산서 보존의무 면제한다.

* 전자세금계산서 발급명세를 해당 재화·용역의 공급시기가 속하는 과세기간(예정신고의 경우에는 예정신고기간) 마지막 날의 다음 달 11일까지 국세청장에게 전송한 경우에도 해당 예정신고 또는 확정신고시 매출·매입처별 세금계산서합계표를 제출하지 않을 수 있다.

3. 전자세금계산서 발급명세 전송불성실가산세

구분	사유	가산세
지연전송	전송기한이 지난 후 재화·용역의 공급시기가 속하는 과세기간에 대한 확정신고기한까지 전송하는 경우	그 공급가액×0.3%
미 전 송	전송기한이 지난 후 재화·용역의 공급시기가 속하는 과세기간에 대한 확정신고기한까지 전송하지 않은 경우	그 공급가액×0.5%

4. 전자세금계산서 발급·전송에 대한 세액공제 특례

직전 연도의 사업장별 재화·용역의 공급가액(면세공급가액 포함)의 합계액이 3억원 미만인 개인사업자*가 전자세금계산서를 발급(전자세금계산서 발급명세를 전자세금계산서 발급일의 다음 날까지 국세청장에게 전송한 경우로 한정한다)하는 경우에는 다음 금액을 해당 과세기간의 부가가치세 납부세액에서 공제할 수 있다.

* 해당 연도에 신규로 사업을 시작한 개인사업자를 포함한다.

전자세금계산서 발급·전송에 대한 세액공제 : MIN (①, ②)
① 공제가능 세액 = 해당 과세기간의 전자세금계산서 발급 건수×200원 ② 공제한도액 = 연간 100만원* * 제2기 과세기간 공제한도액 : 연간 100만원 − 이미 공제받은 세액

Ⅳ. 세금계산서의 발급

1. 발급의 당사자

(1) 개요

과세되는 재화·용역을 공급하는 사업자(과세사업자)

(2) 위탁매매 등의 경우

위탁판매 · 대리인에 의한 판매의 경우 수탁자 · 대리인이 재화를 인도할 때에는 수탁자 · 대리인이 위탁자 · 본인의 명의로 세금계산서를 발급한다(다만, 위탁자 · 본인이 직접 재화를 인도하는 때에는 위탁자 · 본인이 세금계산서를 발급할 수 있음).

(3) 예외 : 영수증 발급 또는 세금계산서 발급의무 면제

1) 영수증 발급대상 사업자 : 세금계산서를 발급하는 대신 영수증을 발급

근거	영수증 발급대상 사업자
부가법 36 ① (1)	• 주로 사업자가 아닌 자에게 재화 또는 용역을 공급하는 사업자로서 다음의 사업을 하는 사업자 ① 소매업 ② 음식점업(다과점업 포함), 숙박업 ③ 미용, 욕탕 및 유사서비스업, 여객운송업, 입장권을 발행하여 영위하는 사업 ④ 쌍꺼풀수술 등의 진료용역을 공급하는 과세사업, 동물 진료용역을 공급하는 과세사업, 무도학원, 자동차운전학원사업 ⑤ 변호사업, 공인회계사업, 세무사업 등 간이과세가 배제되는 사업서비스업 및 행정사업(사업자에게 공급하는 것은 제외) ⑥ 우정사업조직이 소포우편물을 방문접수하여 배달하는 용역을 제공하는 사업 ⑦ 공인인증기관이 공인인증서를 발급하는 사업 ⑧ 간편사업자등록을 한 사업자가 국내에 공급하는 전자적 용역을 공급하는 사업 ⑨ 주로 사업자가 아닌 소비자에게 재화 또는 용역을 공급하는 사업으로서 세금계산서 발급이 가능하거나 현저히 곤란한 사업(예를 들면 복점업 · 양장점업 및 양화점업, 부동산중개업, 자동차제조업 및 자동차판매업 등)
부가법 36 ②	• 사업자가 아닌 자에게 일정한 재화 · 용역을 공급하는 사업자 ① 임시사업장 개설 사업자가 그 임시사업장에서 사업자가 아닌 소비자에게 재화 · 용역을 공급하는 경우 ② 전기사업자 · 도시가스사업자 및 집단에너지공급 사업자가 산업용이 아닌 전력 · 도시가스 · 열 및 전기를 공급하는 경우 등
부가법 36 ① (2)	• 간이과세자 중 영수증만을 발급해야 하는 자 ① 직전 연도의 공급대가의 합계액이 4,800만원 미만인 자(간이과세자의 영수증 발급 적용기간은 아래 참고 1. 참조) ② 신규로 사업을 시작하는 개인사업자로서 간이과세 적용신고를 하여 간이과세자로 하는 최초의 과세기간 중에 있는 자(간이과세자의 영수증 발급 적용기간은 아래 참고 2. 참조)

참 고 간이과세자의 영수증 발급 적용기간

1. 간이과세자 중 직전 연도의 공급대가의 합계액이 4,800만원 미만인 자는 세금계산서 대신에 영수증을 발급해야 하는데, 이 규정에 따라 영수증 발급에 관한 규정이 적용되거나 적용되지 않게 되는 기간은 1역년의 공급대가의 합계액(신규로 사업을 시작한 개인사업자의 경우 12개월로 환산한 금액)이 4,800만원에 미달하거나 그 이상이 되는 해의 다음 해의 7월 1일부터 그 다음 해의 6월 30일까지로 한다.

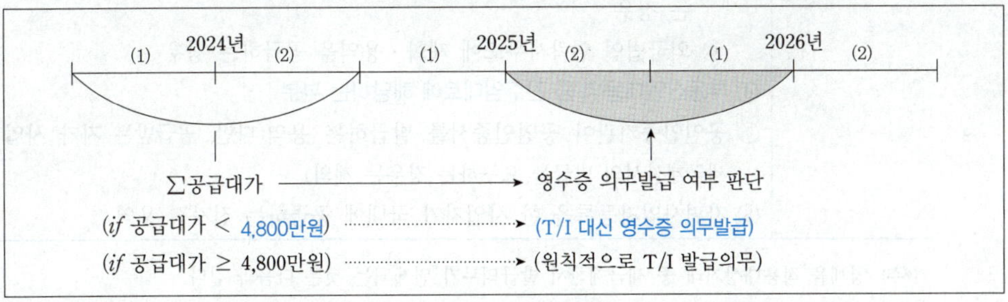

2. 신규로 사업을 시작하는 개인사업자로서 간이과세 적용신고를 하여 간이과세자로 하는 최초의 과세기간 중에 있는 자는 세금계산서 대신에 영수증을 발급해야 하는데, 이 규정에 따라 영수증 발급에 관한 규정이 적용되는 기간은 사업개시일부터 사업을 시작한 해의 다음 해의 6월 30일까지로 한다.

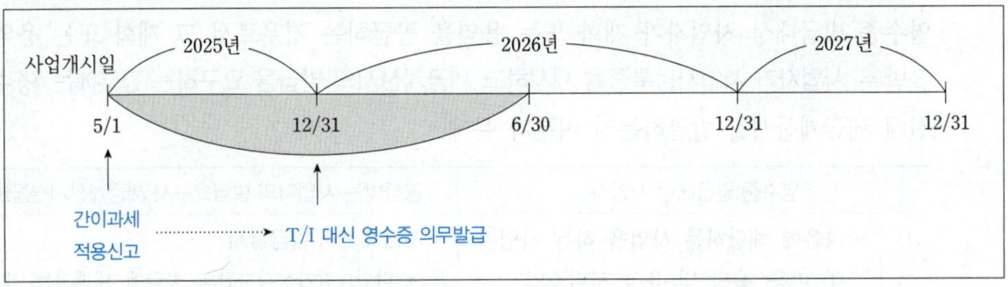

2) 세금계산서 및 영수증 발급의무의 면제 : 세금계산서를 발급하기 어렵거나 세금계산서의 발급이 불필요한 경우에는 세금계산서를 발급하지 않을 수 있음

근거	세금계산서 및 영수증 발급의무의 면제
부가법 33 ①	① 택시운송 사업자, 노점 · 행상을 하는 사람, 무인자동판매기를 이용하여 재화 · 용역을 공급하는 자, 전력 · 도시가스를 실제로 소비하는 자(사업자가 아닌 자로 한정한다)를 위하여 전기사업자 · 도시가스사업자로부터 전력 · 도시가스를 공급받는 명의자, 도로 및 관련시설 운영용역을 공급하는 자가 공급하는 재화 · 용역 ② 소매업 또는 미용, 욕탕 및 유사서비스업을 경영하는 자가 공급하는 재화 · 용역(소매업의 경우에는 공급받은 자가 세금계산서의 발급을 요구하지 않은 경우로 한정한다) ③ 자기생산 · 취득재화의 공급의제에 해당하는 재화* * 판매목적 타사업장 반출로서 공급의제되는 재화는 세금계산서를 발급해야 한다.

④ 영세율 적용대상이 되는 일정한 재화 · 용역(*주) ⑤ 그 밖에 국내사업장이 없는 비거주자 또는 외국법인에게 공급하는 재화 · 용역(다만, 다음 중 어느 하나에 해당하는 경우는 제외) ㉠ 국내사업장이 없는 비거주자 또는 외국법인이 해당 외국의 개인사업자 또는 법인사업자임을 증명하는 서류를 제시하고 세금계산서 발급을 요구하는 경우 ㉡ 외국법인 연락사무소에 재화 · 용역을 공급하는 경우 ⑥ 부동산임대용역 중 간주임대료에 해당하는 부분 ⑦ 공인인증기관이 공인인증서를 발급하는 용역(다만, 공급받는 자가 사업자로서 세금계산서의 발급을 요구하는 경우는 제외) ⑧ 간편사업자등록을 한 사업자가 국내에 공급하는 전자적 용역

(*주) 영세율 적용대상거래 중 세금계산서 발급의무가 면제되는 것은 다음과 같다.

① 재화의 수출(다만, 원료를 대가 없이 국외의 수탁가공 사업자에게 반출하여 가공한 재화를 양도하는 경우에 그 원료의 반출, 내국신용장 · 구매확인서에 의해 공급하는 재화, 한국국제협력단 · 한국국제보건의료재단 · 대한적십자사에 공급하는 재화는 제외)

② 용역의 국외공급 등

영수증 발급대상 사업자가 재화 또는 용역을 공급하는 경우로서 그 재화 또는 용역을 공급받는 사업자가 사업자등록증을 제시하고 세금계산서의 발급을 요구하는 경우에는 영수증 대신에 세금계산서를 발급하는지 여부가 문제

	영수증 발급대상 사업자	공급받는 사업자의 발급요구시 세금계산서 발급여부
(1)	• 다음에 해당하는 사업을 하는 사업자 ① 미용, 욕탕 및 유사 서비스업 ② 여객운송업(전세버스운송사업은 제외) ③ 입장권을 발행하여 영위하는 사업 ④ 과세되는 쌍꺼풀수술 등의 용역을 공급하는 사업 ⑤ 과세되는 동물의 진료용역을 공급하는 사업 ⑥ 과세되는 무도학원 · 자동차운전학원사업 ⑦ 간편사업자등록을 한 사업자가 국내에 전자적 용역을 공급하는 사업	• 세금계산서 발급금지 ＊ 다만, 감가상각자산의 공급에 대해서는 세금계산서를 발급해야 한다.
	• 간이과세자 중 영수증만을 발급해야 하는 자	• 세금계산서 발급금지

(2)	• 위 (1) 외의 영수증 발급대상 사업을 하는 자	• 영수증 대신 세금계산서를 발급해야 함 * 이들 사업을 경영하는 사업자와 영수증만을 발급하는 간이과세자가 아닌 사업자가 신용카드매출전표 등을 발급한 경우 : 세금계산서 발급금지

V. 세금계산서의 발급시기

1. 원칙적인 발급시기

공급시기에 발급

* 공급시기 전에 발급하는 경우 : 선세금계산서 발급특례에 따름

2. 공급시기 후 발급특례

다음에 해당하는 경우 재화 · 용역의 공급일이 속하는 다음 달 10일까지 세금계산서를 발급할 수 있다.

구분	구체적인 내용
월 합계액 기준으로 세금계산서를 발급하는 경우	① 거래처별로 달(月)의 1일부터 말일까지의 공급가액을 합하여 해당 달(月)의 말일을 작성연월일로 하여 세금계산서를 발급하는 경우 ② 거래처별로 달(月)의 1일부터 말일까지의 기간 이내에서 사업자가 임의로 정한 기간의 공급가액을 합하여 그 기간의 종료일을 작성연월일로 하여 세금계산서를 발급하는 경우
관계증명서류 등으로 실제 거래사실이 확인되는 경우는 해당 거래일을 작성연월일로 하여 세금계산서 발급	

VI. 수정세금계산서의 발급

1. 수정세금계산서 발급사유 및 발급절차

발급사유	발급절차
처음에 공급하는 재화가 환입된 경우	재화가 환입된 날을 작성연월일로 하여 발급, 비고란에 처음 세금계산서 작성일을 덧붙여 적음
계약의 해제로 재화 · 용역이 공급되지 않은 경우	계약 해제된 때를 작성연월일로 하여 발급, 비고란에 처음 세금계산서 작성일을 덧붙여 적음
계약의 해지 등으로 공급가액이 증감되는 경우	증감사유가 발생한 날을 작성연월일로 하여 발급

부가 06

재화 · 용역의 공급 후 그 과세기간 종료 후 25일 이내 내국신용장 등이 개설된 경우	처음 세금계산서 작성연월일로 발급, 비고란에 내국신용장 등 개설일 등을 덧붙여 적음
필요적 기재사항 등이 착오(민법상 착오가 아닌 업무상에서 발생하는 착오)로 잘못 적힌 경우(경정할 것을 미리 아는 경우 제외)	처음 잘못 작성한 내용대로 음(−)의 세금계산서를 발급하고 수정된 내용대로 다시 발급
필요적 기재사항 등이 착오 외의 사유로 잘못 적힌 경우(경정할 것을 미리 아는 경우 제외)	재화나 용역의 공급일이 속하는 과세기간에 대한 확정신고기한 다음 날부터 1년 이내 세금계산서를 작성하되, 처음 잘못 작성한 내용대로 음(−)의 세금계산서를 발급하고 수정된 내용대로 다시 발급
착오로 전자세금계산서를 이중으로 발급한 경우	처음 작성한 내용대로 음(−)의 세금계산서 발급
면세 등 발급대상이 아닌 거래 등에 발급한 경우	처음 잘못 작성한 내용대로 음(−)의 세금계산서를 발급
세율을 잘못 적용하여 발급한 경우(경정할 것을 미리 아는 경우 제외)	처음 잘못 작성한 내용대로 음(−)의 세금계산서를 발급하고 수정된 내용대로 다시 발급

* 수정하는 방법

1) 감소 · 취소되는 부분 : 음(−)의 수 또는 붉은 글씨로 적는다.

2) 증가 · 새로 작성할 부분 : 양(+)의 수 또는 검정 글씨로 적는다.

2. 과세유형 전환시 수정세금계산서 발급절차

처음 발급한 세금계산서의 작성일로 수정세금계산서를 발급할 수 있다.

Ⅶ. 매입자발행세금계산서의 발급

1. 개요

부가가치세 납세의무자로 등록한 사업자로서 세금계산서 발급의무가 있는 사업자(영수증 발급대상사업자 중 세금계산서 발급요구시 발급의무가 있는 자 포함)가 재화 또는 용역을 공급하고 세금계산서 발급시기에 세금계산서를 발급하지 않은 경우* 그 재화 또는 용역을 공급받은 자(면세사업자 포함)는 관할세무서장의 확인을 받아 세금계산서를 발행(Self-Billing)할 수 있다. 이러한 매입자발행세금계산서에 기재된 그 부가가치세액은 매출세액에 공제할 수 있는 매입세액으로 본다.

* '세금계산서를 발급하지 않은 경우'에는 ① 사업자의 부도 · 폐업 또는 공급 계약의 해제 · 변경 등의 사유가 발생한 경우, ② 재화 또는 용역을 공급한 자가 ㉠ 소재불명 또는 연락두절 상태인 경우, ㉡ 휴업이나 그 밖의 부득이한 사유로 세금계산서를 발급받는 것이 곤란하다고 국세청장이 인정하는 경우를 포함한다.

[도 표] 매입자발행세금계산서의 발급절차

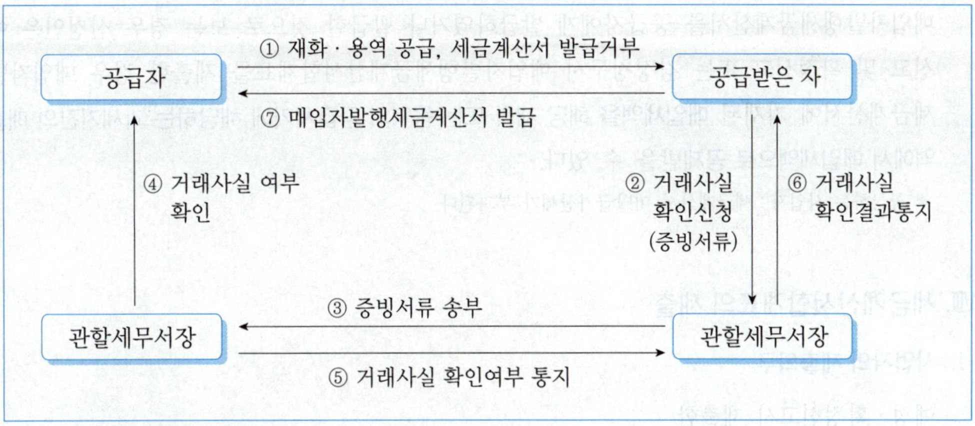

2. 거래사실의 확인 및 발행 · 발급의 절차

(1) 거래사실의 확인신청

신청을 하고자 하는 자는 그 공급시기가 속하는 과세기간 종료일부터 1년 이내에 거래사실 확인신청서에 거래사실을 객관적으로 인정할 수 있는 서류를 첨부하여 관할세무서장에게 제출한다. 다만, 거래건당 공급대가가 5만원 이상으로 한다.

(2) 거래사실의 확인절차

신청을 받은 관할세무서장은 이로부터 7일 내 공급자 관할세무서장에게 신청서와 관련 서류를 송부해야 한다. 그리고 공급자 관할세무서장은 다음의 사항을 신청인 관할세무서장에게 통지해야 한다.

① 거래사실이 확인되는 경우 : 공급자 · 공급받는 자의 사업자등록번호, 작성일자, 과세표준, 부가가치세 등을 포함한 거래사실 확인 통지

② 거래사실이 확인되지 않는 경우 : 거래사실 확인불가 통지

(3) 거래사실의 확인결과 통지

신청인 관할세무서장은 거래사실 확인에 관한 통지를 받은 후 즉시 이를 신청인에게 통지해야 한다.

(4) 발행 및 발급

신청인은 거래사실 확인 통지를 받은 경우 매입자발행세금계산서를 공급자에게 확인된 거래일자를 작성일자로 하여 발급한다. 다만, 신청인 · 공급자가 관할세무서장으로부터 거래사실 확인통지를 받은 경우 이를 발급한 것으로 본다.

3. 매입세액공제 특례

매입자발행세금계산서를 공급자에게 발급하였거나 발급한 것으로 보는 경우 신청인은 예정신고 및 확정신고 또는 경정청구시 매입자발행세금계산서합계표를 제출한 경우 매입자발행세금계산서에 기재된 매입세액을 해당 재화 또는 용역의 공급시기에 해당하는 과세기간의 매출세액에서 매입세액으로 공제받을 수 있다.

* 공급하는 사업자 : 세금계산서 미발급가산세가 부과된다.

Ⅷ. 세금계산서합계표의 제출

1. 사업자의 제출의무

예정 · 확정신고시 제출함

* 전자세금계산서를 발급하거나 발급받은 경우 : 예정 · 확정신고 과세기간 종료일의 다음 달 11일 내에 전자세금계산서 발급명세를 국세청장에게 전송한 경우에는 세금계산서합계표의 제출의무 면제됨

2. 사업자 외의 자의 제출의무

(1) 세관장의 제출의무

수입세금계산서를 발급한 세관장은 사업자를 준용하여 매출세금계산서합계표를 관할세무서장에게 제출

(2) 면세사업자 등의 제출의무

국가 등과 법인세 · 소득세 납세의무가 있는 면세사업자 등은 부가가치세 납세의무가 없어도 해당 과세기간이 끝난 후 25일 내 매입세금계산서합계표를 제출할 의무가 있다.

제3절 신용카드매출전표 등의 발행 및 수취

Ⅱ-1 p.264

Ⅰ. 서설

최종소비자에게 공급하는 사업자 과세표준 양성화를 위해서 신용카드 등의 사용을 활성화하기 위한 제도를 마련하고 있음

Ⅱ. 신용카드 등의 사용을 활성화하기 위한 제도

1. 공급자

(1) 신용카드매출전표 발급 등에 대한 세액공제(공급자에 대한 혜택)

1) 개요 : 다음 중 어느 하나에 해당하는 사업자가 부가가치세가 과세되는 재화·용역을 공급하고 세금계산서 발급시기에 다음의 신용카드매출전표 등을 발급하는(또는 전자화폐로 대금을 결제받는) 경우에는, 신용카드매출전표 발급 등에 대한 세액공제를 납부세액에서 공제한다.

해당 사업자(공급자)	신용카드매출전표 등의 범위
① 영수증 발급대상 사업자(㉠ 법인사업자와 ㉡ 직전 연도의 재화·용역의 공급가액의 합계액이 사업장을 기준으로 10억원을 초과하는 개인사업자는 제외) ② 간이과세자 중 영수증만을 발급해야 하는 자	① 신용카드매출전표 ② 현금영수증 ③ 직불카드영수증·기명식선불카드영수증 등

2) 세액공제액 : 다음의 금액을 해당 사업자의 납부세액에서 공제한다.

신용카드매출전표 발급 등에 대한 세액공제액 : MIN(①, ②)
① (신용카드매출전표 등의 발급금액 + 결제금액)×공제율(1.3%) ② 공제한도액* : 연간 1,000만원 * 제2기 과세기간 공제한도액 : 연간 1,000만원 − 이미 공제받은 세액

부가 06

2. 공급받는 자

(1) 신용카드매출전표수령명세서 제출분 매입세액공제의 허용(공급받은 자에 대한 혜택)

사업자가 다음의 (1) 해당 사업자로부터 재화 또는 용역을 공급받고 부가가치세액이 별도로 구분되는 신용카드매출전표 등을 발급받은 경우로서 다음의 (2) 요건을 모두 충족하는 경우 그 부가가치세액은 공제할 수 있는 매입세액으로 본다.

구분	내용
(1) 해당 사업자(공급하는 자)	해당 사업자 : 일반과세자 및 간이과세자(영수증 발급대상사업 중 세금계산서 발급금지 사업을 경영하는 사업자와 간이과세자 중 영수증만을 발급해야 하는 자는 제외)
(2) 공급받는 사업자가 갖추어야 할 요건	① 신용카드매출전표등수령명세서를 제출할 것 ② 신용카드매출전표 등을 그 거래사실이 속하는 과세기간에 대한 확정신고기한 후 5년간 보관할 것(소득세법 또는 법인세법에 따라 증명 자료를 보관한 경우에는 신용카드매출전표 등을 보관하는 것으로 본다) ③ 간이과세자가 영수증을 발급해야 하는 기간에 발급한 신용카드매출전표 등이 아닐 것

(2) 신용카드 등 사용금액에 대한 소득공제

소득세법상 근로소득이 있는 자가 총급여액의 25%를 초과하여 신용카드 등을 사용할 경우 일정액을 해당 과세연도 근로소득에서 소득공제를 한다.

(3) 현금거래 확인제도

신용카드 등 사용금액에 대해 현금으로 대가를 지급하였으나 그 재화·용역을 공급한 사업자로부터 현금영수증을 발급받지 못한 경우 이를 발급받지 못한 소비자가 현금거래사실에 대해 관할세무서장에게 신고하여 확인을 받는 경우는 현금영수증을 발급받은 것으로 본다.

제7장
납부세액

제1절 매입세액공제

Ⅱ-1 p.271

Ⅰ. 서설

부가가치세 납부세액(△환급세액) = 매출세액 − 매입세액. 전단계세액공제법을 취하고 있는 현행 부가가치세에서 매입세액공제는 누적효과의 방지를 위한 핵심적인 제도적 장치임

Ⅱ. 공제하는 매입세액의 범위

공제하는 매입세액	공제시기
① 사업자가 자기의 사업을 위하여 사용하였거나 사용할 목적으로 공급받은 재화·용역에 대한 부가가치세액	재화·용역을 공급받는 시기가 속하는 과세기간의 매출세액에서 공제
② 사업자가 자기의 사업을 위하여 사용하였거나 사용할 목적으로 수입하는 재화의 수입에 대한 부가가치세액	재화의 수입시기가 속하는 과세기간의 매출세액에서 공제

1. 공제의 요건

(1) 공제하는 매입세액

1) 공제대상 매입세액

① 재화·용역의 공급을 받을 때 거래징수당한 부가가치세

② 재화를 수입할 때 거래징수당한 부가가치세

2) 거래징수·납부사실 증명방법

원칙 : 세금계산서·수입세금계산서를 발급받아 그 합계표를 제출

예외 : 다음의 경우 세금계산서 없이도 매입세액공제

① 신용카드매출전표 등 수령명세서 제출
② 면세농산물 등에 대한 의제매입세액
③ 재활용폐자원 · 중고자동차에 대한 매입세액

(2) 자기 사업을 위해 사용되는 것

자기 사업을 위하여 ① '사용하였거나 ② 사용할' 재화 또는 용역에 대한 매입세액

➟ 과세사업에 ① 이미 사용된 것 뿐 아니라, ② 아직 사용하지 않았지만 앞으로 사용될 예정인 것도 공제대상이 됨(공제시기는 공급받은 시기 또는 수입시기)

2. 공제의 시기

자기 사업을 위해 ① '사용하였거나 ② 사용할' 재화 · 용역에 대한 매입세액이어야 한다. 이것은 과세사업에 ① 이미 사용된 것 뿐 아니라, ② 아직 사용하지 않았지만 앞으로 사용될 예정인 것을 의미한다. 따라서 매입세액은 재화 · 용역을 공급받는 시기(또는 재화의 수입시기)가 속하는 과세기간의 매출세액에서 공제함

* 매입세액의 공제를 매입시점에서 공제함으로써 발생하는 문제점을 보정하기 위한 제도들
  ① 과세사업과 면세사업을 겸영하는 사업자가 과세사업에 사용할 목적으로 매입세액을 공제받은 후 그 재화를 면세사업에 전용하는 경우 : 재화의 공급의제
  ② 공통매입세액 안분계산을 적용받은 후 면세비율이 5% 이상 증가 · 감소한 경우 : 납부세액을 재계산

Ⅲ. 매입세액 불공제

1. 세금계산서 미수취 · 불분명 매입세액

1) 원칙 : ① 세금계산서를 발급받지 않은 경우, ② 발급받은 세금계산서 필요적 기재사항 중 일부 · 전부가 적히지 않거나 사실과 다르게 적힌 경우*

* 공급가액이 사실과 다르게 적힌 경우에는 실제 공급가액과 사실과 다르게 적힌 금액의 차액에 해당하는 세액을 매출세액에서 공제하지 않는다.

2) 예외(매입세액공제가 허용되는 경우)

① 사업자등록을 신청한 사업자가 사업자등록증 발급일 전에 그 사업자 · 대표자의 주민등록번호를 적어 발급하는 경우

② 발급받은 세금계산서의 필요적 기재사항 중 일부가 착오(錯誤)로 사실과 다르게 적혔으나 그 세금계산서에 적힌 나머지 기재사항으로 보아 거래사실이 확인되는 경우

③ 공급시기 이후 발급받은 경우로써 그 공급시기가 속하는 과세기간의 확정신고기한까지 발급받은 경우

④ 전자세금계산서 의무발급 사업자로부터 발급받는 경우로서 그 사업자가 전송하지는 않

않지만 발급한 사실은 확인이 되는 경우

⑤ 전자세금계산서 의무발급 사업자로부터 종이세금계산서를 그 공급시기가 속하는 확정 신고기한까지 발급받은 사실이 확인되는 경우

⑥ 실제로 재화 또는 용역을 공급하거나 공급받은 사업장이 아닌 사업장을 적은 세금계산서를 발급받았더라도 ㉠ 그 사업장이 총괄하여 납부하거나 사업자단위과세 사업자에 해당하는 사업장인 경우로서 ㉡ 그 재화 또는 용역을 실제로 공급한 사업자가 납세지 관할세무서장에게 해당 과세기간에 대한 납부세액을 예정신고·확정신고하고 납부한 경우

⑦ 공급시기가 속하는 과세기간에 대한 확정신고기한이 지난 후 세금계산서를 발급받았더라도 그 세금계산서의 발급일이 확정신고기한 다음 날부터 1년 이내이고 다음 중 어느 하나에 해당하는 경우

㉠ 과세표준수정신고서와 경정청구서를 세금계산서와 함께 제출하는 경우

㉡ 해당 거래사실이 확인되어 관할세무서장 등이 결정 또는 경정하는 경우

⑧ 공급시기 전에 세금계산서를 발급받았더라도 공급시기가 그 세금계산서의 발급일부터 6개월 이내에 도래하고 해당 거래사실이 확인되어 관할세무서장 등이 결정 또는 경정하는 경우

[도 표] 예외적으로 매입세액이 공제되는 경우 가산세 부과

예외적으로 매입세액이 공제되는 사유	공급받는 사업자에 대한 가산세
(1) 본문 ①·②·④·⑤·⑥ 및 아래 참고(①~⑦)의 경우	가산세 없음
(2) 본문 ③·⑦(지연수취), ⑧(사전수취)의 경우	공급가액×0.5%

참고 거래의 실질 착오에 따른 세금계산서 발급 오류에 대한 매입세액공제 허용

발급받은 세금계산서에 필요적 기재사항이 사실과 다르게 적힌 경우에도 다음 중 어느 하나에 해당하는 경우로서 그 거래사실이 확인되고 거래 당사자가 관할세무서장에게 해당 납부세액을 예정신고·확정신고하고 납부한 경우에 매입세액은 매출세액에서 공제한다.

구분	거래의 실질 착오의 내용
위탁매매 등	① 거래의 실질이 위탁매매(또는 대리인에 의한 매매)에 해당함에도 불구하고 거래 당사자 간 계약에 따라 위탁매매(또는 대리인에 의한 매매)가 아닌 거래로 하여 세금계산서를 발급받은 경우 ② 거래의 실질이 위탁매매(또는 대리인에 의한 매매)에 해당하지 않음에도 불구하고 거래 당사자간 계약에 따라 위탁매매(또는 대리인에 의한 매매)로 하여 세금계산서를 발급받은 경우
주선·중개	③ 거래의 실질이 용역의 공급에 대한 주선·중개에 해당함에도 불구하고 거래 당사자 간 계약에 따라 용역의 공급에 대한 주선·중개가 아닌 거래로 하여 세금계산서를 발급받은 경우 ④ 거래의 실질이 용역의 공급에 대한 주선·중개에 해당하지 않음에도 불구하고 거래 당사자 간 계약에 따라 용역의 공급에 대한 주선·중개로 하여 세금계산서를 발급받은 경우

위탁용역	⑤ 다른 사업자로부터 사업(용역을 공급하는 사업으로 한정한다. 이하 같다)을 위탁받아 수행하는 사업자가 위탁받은 사업의 수행에 필요한 비용을 사업을 위탁한 사업자로부터 지급받아 지출한 경우로서 해당 비용을 공급가액에 포함해야 함에도 불구하고 거래 당사자 간 계약에 따라 이를 공급가액에서 제외하여 세금계산서를 발급받은 경우 ⑥ 다른 사업자로부터 사업을 위탁받아 수행하는 사업자가 위탁받은 사업의 수행에 필요한 비용을 사업을 위탁한 사업자로부터 지급받아 지출한 경우로서 해당 비용을 공급가액에서 제외해야 함에도 불구하고 거래 당사자 간 계약에 따라 이를 공급가액에 포함하여 세금계산서를 발급받은 경우
매출에누리	⑦ 에누리에 해당하는 금액*을 공급가액에 포함하지 않아야 함에도 불구하고 거래당사자 간 계약에 따라 해당 금액을 과세표준에서 공제하지 않는 장려금이나 이와 유사한 금액**으로 보고 이를 공급가액에 포함하여 세금계산서를 발급받은 경우 * '에누리에 해당하는 금액'이란 재화나 용역을 공급할 때 그 품질이나 수량, 인도조건 또는 공급대가의 결제방법이나 그 밖의 공급조건에 따라 통상의 대가에서 일정액을 직접 깎아 주는 금액을 말한다. ** 사업자가 재화·용역을 공급받는 자에게 지급하는 장려금(將勵金)이나 이와 유사한 금액은 과세표준에서 공제하지 않는다.

판 례 명의위장의 경우 매입세액 공제 여부

명의위장의 경우 '실제사업자 + 세금계산서상의 공급자'일 때 공급받는 자의 매입세액공제 여부 : 공급받는 사업자가 이러한 명의위장 사실을 알지 못하는데 과실이 없다는 특별한 사정이 있는 경우는 예외적으로 공제가 가능. 다만, 이러한 사실은 공제나 환급을 주장하는 자가 입증해야 함(2002주2277)

[도 표] 공급시기가 지난 후에 세금계산서 발급·수취시 불이익

<table>
<tr><th>구분</th><th colspan="2">공급시기가 지난 후에 세금계산서 발급·수취</th></tr>
<tr><td rowspan="2">공급하는 사업자</td><td>확정신고기한 이내인 경우</td><td>확정신고기한이 지난 경우</td></tr>
<tr><td>• T/I 지연발급가산세 : 부과 ○
* 공급가액×1%</td><td>• T/I 미발급가산세 : 부과 ○
* 공급가액×2%</td></tr>
<tr><td rowspan="4">공급받는 사업자</td><td>확정신고기한 이내인 경우</td><td>확정신고기한의 다음 날부터 1년 이내인 경우</td></tr>
<tr><td rowspan="3">• 매입세액 : 공제 ○(③)
• T/I 지연수취가산세 : 부과 ○
* 공급가액×0.5%</td><td>• 매입세액 : 공제 ○(⑦)
• T/I 지연수취가산세 : 부과 ○
* 공급가액×0.5%</td></tr>
<tr><td>확정신고기한의 다음 날부터 1년이 지난 경우</td></tr>
<tr><td>• 매입세액 : 공제 ×
• T/I 지연수취가산세 : 부과 ×</td></tr>
</table>

[도 표] 공급시기(3/4)가 지난 후 세금계산서 발급 · 수취시 부가가치세법상 취급

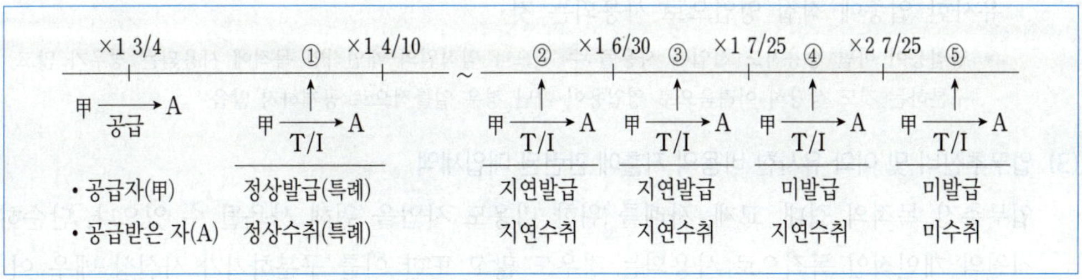

2. 매입처별세금계산서합계표 미제출 · 불분명 매입세액

1) 원칙

매입처별세금계산서합계표 기재사항 중 ① 거래처별 등록번호와 ② 공급가액의 전부 · 일부가 사실과 다르게 적힌 부분에 대해서는 매입세액을 공제하지 않음

2) 예외(매입세액공제가 허용되는 경우)

① 착오로 거래처별 등록번호와 공급가액의 전부 · 일부가 사실과 다르게 적힌 것이 발급받은 세금계산서로 확인이 가능한 경우(가산세 없음)

② 매입처별세금계산서합계표를 수정신고 · 경정청구 · 기한후신고하면서 제출하는 경우(가산세 없음)

③ 과세관청 등이 경정하는 경우로써 세금계산서 등을 경정기관의 확인을 거쳐 해당 경정기관에 제출하는 경우(가산세 있음)

3. 그 밖의 매입세액 불공제

(1) 사업과 직접 관련이 없는 지출에 대한 매입세액

사업과 직접 관련이 없는 지출의 범위

① 법인세법 · 소득세법에 따른 업무무관비용

② 법인세법에 따른 공동경비 중 부담기준을 초과하는 금액

판 례 주식 매입 컨설팅 지출액의 사업관련 지출인지 여부

시장정비사업 추진시 사업구역 내 토지를 매입하기 위해서 그 토지를 소유한 회사의 주식을 매입하기 위하여 지출한 컨설팅대금 지출은 사업과 관련된 지출로 본다(2010두12552). ■

(2) 영업용이 아닌 승용자동차의 구입과 임차 및 유지에 관한 매입세액

1) 승용자동차 : 개별소비세 과세대상인 ① 8인승 이하 중 배기량 1,000cc 초과인 승용자동차, ② 배기량 125cc 초과하는 이륜자동차, ③ 캠핑자동차(캠핑용 트레일러 포함)

* 9인승 이상 승용자동차 · 승합자동차 · 화물자동차관련 매입세액은 공제 가능

2) 영업용 : 운수업, 자동차판매 · 임대업, 운전학원업, 무인경비업(출동차량에 한정) 및 이와 유사한 업종에 직접 영업으로 사용되는 것

* 영업용이 아닌 승용차도 사업에 사용될 수 있으나 임직원의 개인적인 목적에 사용되는 경우가 많고, 이를 구분하는 것도 상당히 어려움으로 영업용이 아닌 경우 일률적으로 공제하지 않음

(3) 업무추진비 및 이와 유사한 비용의 지출에 관련된 매입세액

업무추진 목적의 접대, 교제, 사례를 위한 비용도 사업을 위해 사용될 수 있으나, 단순히 임직원의 개인적인 목적으로 사용되는 경우도 많고 또한 이를 구분하기가 사실상 매우 어려워 일률적으로 공제하지 않음

판례 **접대목적으로 취득한 골프회원권** 취득에 관한 매입세액의 공제 여부

접대목적으로 취득한 골프회원권 취득에 관한 매입세액은 업무추진비 관련 매입세액으로 보아 매입세액을 공제해주지 않는다. 왜냐하면 이것을 회계학적으로 업무추진비 및 이와 유사한 비용으로만 국한해서 해석하는 것이 아니라 오로지 거래처에게 접대목적으로 취득하는 자산에 관한 매입세액도 접대관련 매입세액으로 보아 공제해주지 않는 것이다(2013두14887). ■

(4) 면세사업 등에 관련된 매입세액

면세사업 등에는 부가가치세가 과세되지 않는 사업(비과세사업)을 포함한다.

판례 매입세액이 공제되지 않는 사례

1) 부가가치세가 면세되는 주택임대사업 : 최종적으로 그 건물을 사용하는 임차인이 주거용으로 사용해야 한다. 따라서 고시원은 법률에 따르면 비주택이지만 사실상은 주거용으로 사용됨으로 면세사업으로 보아 이와 관련된 매입세액은 공제해주지 않는다(2013전2174).

2) 카지노사업의 수입 : 입장료는 과세되는 용역이지만 카지노관련 도박수입은 입장료 사업에 부수되는 사업도 아니고 부가가치 창출 사업도 아니므로 비과세사업으로 보아 이와 관련된 매입세액은 공제해주지 않는다(2014두13288). ■

(5) 토지에 관련된 매입세액

1) 토지에 관련된 매입세액 대상

토지의 조성 등을 위한 자본적 지출에 관한 다음의 매입세액은 공제를 하지 않는다.

* 토지는 면세재화이므로 이와 관련된 자본적 지출도 공제하지 않음

① 토지의 취득 및 형질변경 · 공장부지 · 택지조성 등에 관한 매입세액

② 토지만을 사용할 목적으로 건축물이 있는 토지를 취득한 경우에 철거하는 목적으로 취득한 건축물 관련 매입세액과 철거비용 관련 매입세액

③ 토지의 가치를 현실적으로 증가시켜 토지의 취득원가를 구성하는 매입세액

판례 **타인소유토지**에 기부채납 방식으로 무상사용수익권을 취득하여 사용시 그 토지에 **자본적 지출**을 한 경우

타인의 토지는 사업자 자신의 토지가 아니므로 이에 대한 자본적 지출은 사업자 자신의 토지의 원가를 구성하는 것이 아니다(99서137). ■

판례 토지만을 사용하는 경우

나대지로 사용하는 경우뿐만 아니라 신축건물의 부지로 사용하는 것도 포함한다(2007두2524).

(6) 사업자등록을 신청하기 전의 매입세액

1) 원칙 : 사업자등록을 신청하기 전에 매입세액은 공제하지 않음

2) 예외(공제되는 경우) : 공급시기가 속하는 과세기간이 끝난 후 20일 이내에 사업자등록을 신청한 경우 그 신청일로부터 공급시기가 속하는 과세기간 기산일(1.1. 또는 7.1.)까지 역산한 기간 내 매입세액은 해당 매출세액에서 공제함

판례 **허위계약서**에 의해 **허위세금계산서를 발급**한 경우 **10년의 제척기간을 적용**할 수 있는지 여부

① 장기 제척기간(10년) 적용 요건 : 납세자가 허위로 세금계산서를 발급받아 매입세액 공제를 받는 것 외에 허위로 세금계산서를 발급한 자가 이를 제외하여 부가가치세를 신고·납부하거나 이를 포함하여 신고·납부한 후 경정청구하여 환급받는 방법으로 납세의무를 면탈함으로써 허위 세금계산서를 발급받은 납세자가 그 허위로 발급받은 세금계산서의 매입세액을 공제받는 행위가 국가의 조세수입의 감소를 가져올 것이라는 인식이 있어야 한다.

② 단순히 종합면허를 얻기 위해 허위계약서 등을 작성한 경우 : 이러한 사정만으로는 10년의 장기제척기간을 적용할 수 없다(2013두19516).

제2절 과세·면세사업을 겸영하는 경우의 과세표준 및 세액계산

II-1 p.294

Ⅰ. 서설

과세사업과 면세사업에 공통으로 사용되는 재화를 공급받거나 공급하는 경우에는 다음과 같은 세무문제가 발생한다.

① 매입단계 : 공통매입세액의 안분계산과 그 정산

② 사용단계 : 납부세액(또는 환급세액)의 재계산

③ 공급단계 : 공통사용재화의 공급에 대한 과세표준의 안분계산

Ⅱ. 공통매입세액의 안분계산

1. 의의

과세사업과 면세사업에 공통으로 사용되는 재화나 용역의 경우에 매입세액공제 판단

원칙 : 과세사업과 면세사업에 관련된 매입세액의 계산은 실지귀속에 따름

예외(실지지귀속이 불분명한 경우) : 획일적인 공통매입세액 안분기준을 적용하여 안분계산

판 례 시내버스 운송사업(면세)과 광고매체공업(과세)을 겸영하는 사업자의 경우

과세 · 면세를 겸영하는 경우 공통되는 매입세액은 원칙적으로 실지귀속에 따른다. 해당 사업자가 버스운행(면세)만 한다 하더라도 버스구입비 · 유류비 · 수선비 등은 필수적으로 드는 지출이고 광고매체공업을 겸영해도 이 비용이 추가로 소요되는 것이 아니므로 원칙상 실지귀속에 따라 이들의 매입세액은 모두 면세사업과 관련된 것이다(2013두17336).

2. 원칙적인 안분계산

(1) 안분계산의 방법

$$\text{면세사업에 관련된 매입세액} = \text{공통매입세액} \times \text{해당 과세기간의} \frac{\text{면세공급가액}}{\text{총공급가액}}$$

* 면세공급가액

① 면세사업 · 비과세사업(이하 면세사업 등)에 대한 공급가액

② 면세사업 등에 관련되어 받았으나 과세표준에 포함하지 않는 국고보조금 · 공공보조금 등

* 취득한 과세기간에 그 재화를 공급한 경우

공통사용재화의 공급시 직전 과세기간의 (면세공급가액/총공급가액)으로 안분계산하기 때문에 이러한 안분기준과 통일시켜 주기 위해서 '직전 과세기간 면세공급가액/총공급가액'으로 안분계산을 한다.

(2) 안분계산의 배제 : 매입세액 전부를 공제

① 해당 과세기간의 (면세공급가액/총공급가액)이 5% 미만인 경우. 다만, 해당 과세기간 공통매입세액이 500만원 이상인 경우는 제외

② 해당 과세기간 공통매입세액이 5만원 미만인 경우

③ 신규사업자의 최초 과세기간의 경우

3. 예외적인 안분계산

(1) 안분계산의 방법

공통매입세액이 발생한 과세기간에 면세 · 과세 공급가액 중 하나 이상이 없는 경우에 해당 과세기간의 안분계산은 다음의 순서에 따른다.

① 면세사업 관련 (매입가액/총매입가액)

② 면세사업 관련 (예정공급가액/총예정공급가액)

③ 면세사업 관련 (예정사용면적/총예정사용면적)

* 건축물의 경우에는 ③의 비율을 ① · ②의 비율에 우선하여 적용한다.

(2) 공통매입세액의 정산

예외적인 방법으로 공통매입세액을 안분계산한 경우에는 해당 재화의 취득으로 ① 과세사업과 면세사업의 공급가액, ② 과세사업과 면세사업의 사용면적이 확정되는 과세기간에 대한 납부세액을 확정신고를 할 때 다음 각 계산식에 따라 정산한다.

① 처음에 매입가액의 비율 또는 예정공급가액의 비율로 공통매입세액을 안분계산한 경우

$$\text{가산 또는 공제되는 세액} = \text{총공통매입세액} \times \left(1 - \text{과세사업과 면세사업의 공급가액이 확정되는 과세기간의 } \frac{\text{면세공급가액}}{\text{총공급가액}}\right) - \text{이미 공제한 세액}$$

② 처음에 예정사용면적의 비율로 공통매입세액을 안분계산한 경우

$$\text{가산 또는 공제되는 세액} = \text{총공통매입세액} \times \left(1 - \text{과세사업과 면세사업의 사용면적이 확정되는 과세기간의 } \frac{\text{면세사용면적}}{\text{총사용면적}}\right) - \text{이미 공제한 세액}$$

Ⅲ. 납부세액 또는 환급세액의 재계산

1. 의의

감가상각자산에 대하여 공통매입세액 안분계산에 따라 매입세액이 공제된 후 나중에 면세사업(비과세사업 포함)의 비중이 증가하거나 감소하는 경우에는 당초 매입세액공제가 과대 또는 과소해지는 결과가 된다.

➡ 그 과대 또는 과소공제된 매입세액을 납부세액에 가산(또는 공제)하거나 환급세액에 가산(또는 공제)하게 되는데, 이것을 '납부세액 또는 환급세액의 재계산'이라 함

2. 재계산의 요건과 효과

(1) 재계산의 요건

1) 재계산 대상 자산 : 과세 · 면세사업에 공통으로 사용되는 감가상각자산

2) 재계산 대상 매입세액 : 당초 공제된 매입세액과 공통매입세액 안분대상이 되었던 매입세액

3) 면세비율 증가 · 감소 : 각 과세기간의 감가상각자산의 면세비율이 안분계산 · 정산한 과세기간(또는 가장 최근에 재계산한 과세기간)의 면세비율보다 5% 이상 차이가 날 것

(2) 재계산의 효과

$$\text{가산 또는 공제되는 세액} = \text{해당 재화의 매입세액} \times \left(1 - \text{감가율} \times \text{경과된 과세기간의 수}\right) \times \text{증감된 면세비율}^{*}$$

* 증감된 면세비율
① 면세공급가액비율로 안분한 경우 : 증감된 면세공급가액비율로 재계산
② 면세사용면적비율로 안분한 경우 : 증감된 면세사용면적비율로 재계산

(3) 재계산된 세액의 신고납부

해당 과세기간의 확정신고와 함께 관할세무서장에게 신고·납부

3. 재계산의 배제

① 해당 과세기간에 재계산 대상 감가상각자산이 자기생산·취득재화의 공급의제 대상이 된 경우
② 해당 과세기간에 재계산 대상 감가상각자산을 공급하여 과세표준에 포함되는 공급가액의 안분계산을 한 경우

[도 표] 과세재화의 면세사업에의 전용과 납부세액 재계산의 비교

구분	과세재화의 면세사업에의 전용	납부세액 재계산
대상재화	• 당초 과세사업과 관련하여 취득한 모든 재화 * 취득일이 속하는 과세기간에 매입세액공제를 받은 것에 한함	• 당초 과세·면세사업에 공통으로 사용하기 위하여 취득한 감가상각자산에 한함 * 취득일이 속하는 과세기간에 전부 또는 일부의 매입세액공제를 받은 것에 한함
면세사업 사용정도	• 감가상각자산을 일부 사용하는 경우에는 면세공급가액비율이 5% 이상이 되어야 함 * 추후 면세사용비율이 감소하는 경우에는 공급의제 규정에서 조정하지 않음(납부세액 재계산으로 조정함)	• 면세공급가액비율이 5% 이상 증감되어야 함 * 추후 면세비율이 감소하는 경우에도 재계산을 함
정산방식	• 공급으로 의제하여 매출세액을 발생시키는 방식	• 당초 과소·과대 공제받은 매입세액을 납부세액에서 가감조정하는 방식
세무처리 시기	• 예정신고·확정신고시	• 확정신고시

Ⅳ. 공급가액의 안분계산

1. 안분계산의 방법

과세사업·면세(비과세)사업에 공통으로 사용된 재화를 공급하는 경우 과세표준에 포함되는 공급가액 계산

$$\text{공급가액} = \text{해당 재화의 공급가액} \times \text{재화를 공급한 날이 속하는 과세기간의 직전 과세기간의 } \frac{\text{과세되는 공급가액}}{\text{총공급가액}}$$

2. 안분계산의 배제

다음의 경우 해당 재화의 공급가액 전부를 과세표준에 포함되는 공급가액으로 한다.

① 직전 과세기간의 면세공급가액비율이 5% 미만인 경우. 다만, 해당 재화의 공급가액이 5,000만원 이상인 경우는 안분계산한다.

② 해당 재화의 공급가액이 50만원 미만인 경우

③ 신규사업자의 최초 과세기간의 경우

Ⅴ. 감가상각자산의 과세사업 전환시 매입세액공제

1. 의의

사업자가 취득한 감가상각자산이 면세사업(비과세사업 포함)에 사용되는 경우 그 감가상각자산에 대한 매입세액은 매출세액에서 공제되지 않는데, 이처럼 매입세액이 공제되지 않는 면세사업을 위한 감가상각자산을 나중에 과세사업에 전용하는 경우에는 취득 당시 공제되지 않은 매입세액의 일부를 과세사업에 관련된 매입세액으로 공제하는데, 이것을 '과세사업 전환시 매입세액공제'라고 함

[도 표] 면세사업·과세사업용 전환시 세무문제

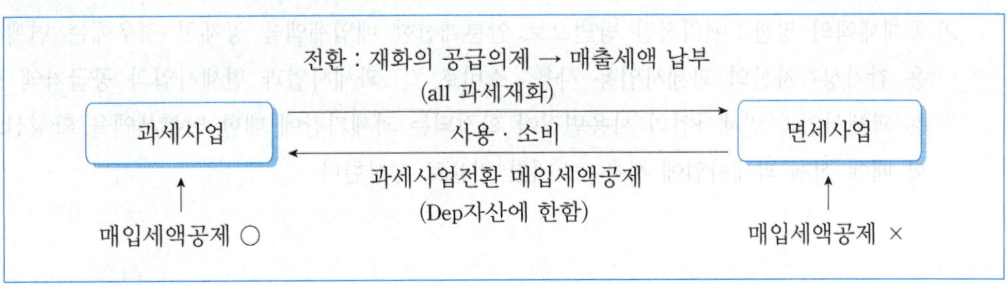

2. 과세사업 전환시 매입세액공제

$$\text{과세사업 전환 매입세액} = \text{취득 당시 해당 재화의 면세사업과 관련하여 공제되지 않은 매입세액} \times \left(1 - \text{감가율} \times \text{경과된 과세기간의 수}\right)$$

한편 사업자가 이러한 감가상각자산을 과세사업에 사용·소비할 때에는 그 과세사업에 사용·소비하는 날이 속하는 과세기간에 대한 확정신고와 함께 관할세무서장에게 신고해야 한다.

3. 과세사업과 면세사업에 공통으로 사용하는 경우(과세사업 일부 전환)

(1) 원칙적인 안분계산방법

$$\text{일부 전환시 공제세액} = \text{과세사업 전환 매입세액} \times \frac{\text{과세사업에 사용·소비한 날이 속하는 과세기간의 과세공급가액}}{\text{총공급가액}}$$

한편 사업자가 이러한 감가상각자산을 과세사업에 사용·소비할 때에는 그 과세사업에 사용·소비하는 날이 속하는 과세기간에 대한 확정신고와 함께 관할세무서장에게 신고해야 한다.

(2) 예외적인 안분계산방법

1) 안분계산의 방법 : 과세사업에 사용·소비한 날이 속하는 해당 과세기간 중 과세사업과 면세사업의 공급가액이 둘 중 하나라도 없는 경우에는 그 전환 매입세액의 안분계산은 다음의 순서에 따른다.

① 과세사업 관련 (매입가액/총매입가액)

② 과세사업 관련 (예정공급가액/총예정공급가액)

③ 과세사업 관련 (예정사용면적/총예정사용면적)

* 건축물의 경우에는 ③의 비율을 ①·②의 비율에 우선하여 적용한다.

2) 공제세액의 정산 : 예외적인 방법으로 안분계산한 매입세액을 공제한 경우에는 면세사업용 감가상각자산의 과세사업용 사용·소비로, ① 과세사업과 면세사업의 공급가액 또는 ② 과세사업과 면세사업의 사용면적이 확정되는 과세기간에 대한 납부세액을 확정신고를 할 때에 실제 과세사업에 사용·소비한 비율로 정산한다.

제3절 누적효과 방지를 위한 매입세액공제제도

Ⅱ-1 p.314

Ⅰ. 의제매입세액공제

1. 의의

사업자가 면세농산물 등을 원재료로 하여 제조·가공한 재화 또는 창출한 용역에 과세가 되는 경우에 면세농산물 등을 구입할 때 일정한 금액을 매입세액으로 의제하여 관련 매출세액에서 공제한다.

* 환수효과와 누적효과를 제거 또는 완화시킴으로써 부가가치세로 인한 경제효율의 왜곡을 시정

2. 공제의 요건

(1) 공제대상 사업자

과세사업자 : 일반과세자

(2) 공제대상 면세농산물 등의 범위

면세로 공급받거나 수입한 농·축·수·임산물을 말하며, 여기에는 원시적 1차 가공을 거친 것, 단순 가공식료품 등 및 소금을 포함한다.

(3) 제조·가공된 재화 또는 창출한 용역이 과세될 것

면세농산물 등을 원재료로 하여 제조·가공한 재화 또는 창출한 용역에 대해 부가가치세가 과세(면세포기에 따라 영세율이 적용되는 경우은 제외)될 것

(4) 서류제출

의제매입세액을 공제받으려는 사업자는 면세농산물 등을 공급받은 사실을 증명하는 「의제매입세액 공제신고서」와 매입처별 계산서합계표, 매입자발행계산서합계표, 신용카드매출전표등수령명세서를 관할세무서장에게 제출해야 한다. 다만, 제조업의 경우 농어민으로부터 면세농산물 등을 직접 공급받은 부분은 의제매입세액공제신고서만을 제출해도 된다.

* 제출시기 : 예정·확정신고기한 뿐만 아니라 수정신고·경정청구·기한후신고, 과세관청의 결정·경정으로 확인된 경우에도 의제매입세액을 공제한다.

3. 효과

(1) 의제매입세액의 계산

$$\text{해당 과세기간의 의제매입세액 공제액} = \text{공제대상금액} \times \text{공제율}\left(\frac{2}{102} \sim \frac{9}{109}\right)$$

※ 확정신고시 공제세액 = 해당 과세기간의 공제대상금액×공제율 − 예정신고시 이미 공제받은 세액

* 예정신고시 공제세액 = 예정신고기간의 면세농산물 등의 매입가액×공제율

부가 07

> 공제대상금액 = MIN (①, ②)
> ① 해당 과세기간의 면세농산물 등의 매입가액 : 운임 등의 부대비용을 제외한 매입원가로 계산하며, 수입되는 농산물 등의 경우에는 관세의 과세가격
> ② 공제한도 : 해당 과세기간에 해당 사업자가 면세농산물 등과 관련하여 공급한 과세표준 ×한도율(50%~75%)

(2) 의제매입세액의 안분계산

과세 · 면세를 겸영하는 사업자의 경우 실지귀속에 따라 의제매입세액을 적용하지만 실지귀속이 불분명한 경우는 해당 과세기간 공급가액 기준으로 안분계산

4. 의제매입세액공제의 사후관리

의제매입세액 공제를 받은 면세농산물 등을 그대로 양도 · 인도하거나 과세사업이 아닌 면세사업, 그 밖의 목적으로 사용한 경우는 공제 받았던 의제매입세액을 납부세액에서 가산하거나 환급세액에서 차감한다.

Ⅱ. 재활용폐자원 등에 대한 매입세액공제 특례

재활용폐자원 및 중고자동차를 수집하는 사업자가 세금계산서를 발급할 수 없는 자 등[① 국가 · 지방자치단체, ② 부가가치세 과세사업을 영위하지 않는 자(과세 · 면세 겸영사업자 포함) 및 ③ 간이과세자 중 영수증만을 발급해야 하는 자]으로부터 ① 재활용폐자원, ② 중고자동차를 취득하여 제조 · 가공하거나 이를 공급하는 경우에는 다음의 금액을 매출세액에서 매입세액으로 공제할 수 있다.

구분	매입세액공제액
(1) 재활용폐자원 : 고철, 폐지, 폐유리, 폐합성수지, 폐합성고무, 폐금속캔, 폐건전지, 폐비철금속류, 폐타이어, 폐섬유, 폐유	공제대상금액 $\times \frac{3}{103}$
(2) 중고자동차	취득가액 $\times \frac{10}{110}$

제4절 대손세액공제

II-1 p.319

Ⅰ. 개요

(1) 의의

사업자가 과세재화·용역을 공급한 후 공급받는 자의 파산 등의 사유로 부가가치세를 거래징수하지 못하는 경우에는 그 대손세액을 매출세액에서 공제할 수 있으며, 이 경우 공급받은 자는 그 세액을 매입세액에서 공제한다.

[도 표] 세무처리

구분	공급자의 회계처리	세무처리	
		공급자	공급받는 자
거 래 시	(차) 매출채권 110 (대) 매출 100 VAT예수금 10	매출세액 포함	매입세액 공제
대손확정시	(차) 대손충당금 100 VAT예수금 10 (대) 매출채권 110	매출세액 (−) 대손세액	매입세액 (−) 대손처분받은 세액
변 제 시	(차) 현금 110 (대) 대손충당금 100 VAT예수금 10	매출세액 (+) 대손세액	매입세액 (+) 변제대손세액

(2) 취지

매출채권(부가가치세 포함)이 대손처리되는 경우에는 ① 거래징수하지 못한 부가가치세액도 공급자의 경제적 손실로 귀착된다. 그리고 ② 공급받는 자는 거래징수당하지 않는 부가가치세를 매입세액으로 공제받는 결과가 된다. 이러한 불합리한 결과를 방지하기 위하여 대손세액을 ① 공급자의 매출세액에 차감하고, ② 공급받는 자의 매입세액에서 대손처분받을 세액을 차감한다.

Ⅱ. 공제의 요건

1) 공제대상자 : 일반사업자

* 면세사업자나 간이과세자는 공제받을 수 없으며, 일반과세자가 폐업한 후에는 공제를 받을 수 없음

부가 07

2) 공제사유 : 다음 중 어느 하나에 해당하는 사유로 매출채권(부가가치세 포함)의 전부 또는 일부를 회수(거래징수)할 수 없어야 한다.

①「소득세법 시행령」 및 「법인세법 시행령」에 따라 대손금으로 인정되는 경우 : 대손되어 회수할 수 없는 금액(대손금액)

②「채무자 회생 및 파산에 관한 법률」에 따른 법원의 회생계획인가 결정에 따라 채무를 출자전환하는 경우 : 출자전환하는 시점의 출자전환된 매출채권 장부가액과 출자전환으로 취득한 주식 · 출자지분의 시가와의 차액(대손금액)

이러한 대손세액 공제의 범위는 재화 · 용역을 공급 후 그 공급일부터 10년이 지나는 날이 속하는 과세기간에 대한 확정신고기한까지 확정되는 대손세액(결정 · 경정으로 증가한 과세표준에 대한 대손세액도 포함)으로 한다.

3) 서류제출 : 확정신고시 부가가치세 확정신고서와 대손세액 공제신고서 및 대손사실을 증명하는 서류를 첨부하여 관할세무서장에게 제출한다.

Ⅲ. 효과

1. 공급자에 대한 대손세액의 처리

(1) 대손이 확정된 경우

대손세액을 대손이 확정된 날에 속하는 과세기간에 매출세액에서 공제한다.

$$\text{대손세액} = \text{대손금액}^{*} \times \frac{10}{110}$$

* 대손되어 회수할 수 없는 금액(부가가치세 포함)을 말한다.

(2) 대손금을 회수한 경우

대손세액공제를 한 금액의 일부 · 전부를 회수한 경우 회수한 대손금액에 관련된 대손세액을 회수한 날이 속하는 과세기간의 매출세액에 가산한다.

2. 공급받은 사업자에 대한 대응조정

(1) 대손이 확정된 경우

공급받은 사업자는 관련 대손세액(대손처분받은 세액)을 공급자의 대손이 확정된 날이 속하는 과세기간에 공급받는 자의 매입세액에서 차감한다.

* 공급받는 자가 대손처분받은 세액을 공제하지 않고 신고납부한 경우 경정시 신고불성실가산세, 납부지연가산세를 부과하지 않는다.

(2) 대손금을 변제한 경우

변제하는 날이 속하는 과세기간의 매입세액에 변제한 대손세액을 더한다.

* 부가가치세 확정신고시 대손세액 변제신고서와 변제사실을 증명하는 서류를 첨부하여 제출해야 한다.

제5절 재고매입세액공제

Ⅱ-1 p.324

Ⅰ. 서설

1) 의의 : 간이과세자가 일반과세자로 변경되면 그 변경 당시의 재고품 등에 대하여 재고매입세액을 매출세액에서 공제할 수 있는데, 이것을 '재고매입세액의 공제'라고 함

2) 제도의 취지 : 간이과세자가 일반과세자로 변경되는 경우 변경일 현재의 재고품 등에 대해서 추가적으로 매입세액공제를 허용하여 누적효과 방지

Ⅱ. 일반과세자로 변경되는 사유 및 그 절차

1) 공급대가의 인상 : 간이과세를 적용받던 사업자의 1역년 공급대가의 합계액이 1억400만원 이상이 되는 경우에는 다음 해의 7월 1일부터 그 다음 해의 6월 30일까지 일반과세를 적용한다.

2) 간이과세 배제대상 사업자에 해당하는 경우 : 간이과세자가 간이과세 배제사업을 신규로 겸영하는 경우에는 해당 배제사업의 개시일이 속하는 과세기간의 다음 과세기간부터 일반과세자로 전환된다.

3) 간이과세의 포기 : 간이과세자가 간이과세를 포기하고 일반과세를 적용받으려고 일반과세자에 관한 규정을 적용받으려는 달의 전달 마지막 날까지 납세지 관할세무서장에게 간이과세 포기신고를 한 경우에도 일반과세자로 변경된다.

Ⅲ. 재고매입세액의 공제

1. 재고품 등의 신고와 승인

(1) 재고품 등의 신고

일반과세자로 변경된 과세기간의 개시일 현재 다음의 재고품 등을 변경되는 과세기간의 직전

부가 07

과세기간의 확정신고시 재고품 등 신고서를 작성하여 관할세무서장에게 제출한다. 이러한 '재고품 등'은 매입세액 공제대상인 것만 해당하며, 그 범위는 다음과 같다.

구분	범위
재고품	상품, 제품(반제품, 재공품 포함), 재료(부재료 포함)
건설 중인 자산	건설 중인 자산
감가상각자산	① 건물 · 구축물 : 취득 · 건설 · 신축 후 10년 이내 ② 그 밖의 감가상각자산 : 취득 · 제작 후 2년 이내

(2) 재고품 등의 승인

신고를 받은 관할세무서장은 재고금액을 조사 · 승인하여 재고품 등 신고기한이 지난 후 1개월 내에 공제할 재고매입세액을 통지한다.

판례 **기한 내 재고품 등을 신고하지 않은** 경우 재고매입세액공제 여부

재고매입세액공제 취지 등을 종합하여 고려해볼 때 기한 내 신고를 하지 않았다고 재고매입세액공제를 하지 못하는 것으로 볼 수는 없다. 기한 경과 후 해당 재고품 · 감가상각자산을 신고한 경우에도 그 신고일이 속하는 예정신고기간 또는 과세기간의 매출세액에서 재고매입세액공제가 가능하다(2010두2845).

2. 재고매입세액의 계산

(1) 재고품

$$재고매입세액 = 재고금액 \times \frac{10}{110} \times (1 - 공제율)$$

(2) 건설 중인 자산

건설 중인 자산과 관련된 공제대상 매입세액×(1 − 공제율)

(3) 감가상각자산

① 다른 사람으로부터 매입한 자산

$$재고매입세액 = 취득가액 \times \left(1 - 감가율 \times \frac{경과된}{과세기간의\ 수}\right) \times \frac{10}{110} \times (1 - 공제율)$$

② 사업자가 직접 제작 · 건설 또는 신축한 자산

$$재고매입세액 = \frac{제작\ 등과\ 관련된}{공제대상\ 매입세액} \times \left(1 - 감가율 \times \frac{경과된}{과세기간의\ 수}\right) \times (1 - 공제율)$$

* 재고매입세액 계산식의 용어

1) 재고품 등의 금액 : 장부 · 세금계산서에 의해 확인이 되는 취득가액(부가가치세 포함)

2) 감가율

① 건축물 : 10%

② 건축물 외 : 50%

3) 경과된 과세기간 수 : 재고품 등의 취득일은 해당 과세기간의 개시일로 보고 경과된 과세기간은 1년 단위로 계산한다.

4) 공제율

구분	적용되는 공제율
2021.7.1. 이후에 공급받는 재고품 등	• 공제율(0.5%×110/10) : 2021.7.1. 이후에 공급받은 재화에 대한 매입세금계산서 등의 세액공제는 (세금계산서 등을 발급받은 재화의 공급대가×0.5%)로 한다. 이러한 세액공제액을 매입세액을 기준으로 계산하면 [공제받은 매입세액×(0.5%×110/10 = 5.5%)]이다. 이처럼 본래 간이과세자도 매입세액을 기준으로 (0.5%×110/10 = 5.5%)에 해당하는 매입세금계산서 등에 대한 세액공제를 받기 때문에, 일반과세자로 변경되는 경우에는 이 부분을 제외한 나머지 금액만을 추가로 공제받아야 할 것이다. 이 때문에 (0.5%×110/10 = 5.5%)를 빼고 재고매입세액을 계산하는 것이다.
2021.6.30. 이전에 공급받는 재고품 등	• 공제율(해당 업종의 부가가치율) : 일반과세자로 변경되기 직전일(감가상각자산의 경우에는 그 감가상각자산의 취득일)이 속하는 과세기간에 적용된 해당 업종의 부가가치율을 말한다.

3. 공제방법

승인을 받은 날이 속하는 예정신고기간 또는 과세기간의 매출세액에서 공제한다. 매출세액을 초과한 부분은 환급도 가능하다.

부가 07

제8장
부가가치세의 신고와 납부

제1절 부가가치세의 신고와 납부

Ⅱ-1 p.331

Ⅰ. 예정신고와 납부

1. 일반적인 경우

각 과세기간 중 예정신고기간이 끝난 후 25일 이내 신고·납부해야 한다. 다만, 조기환급신고를 할 때 이미 신고한 내용은 예정신고대상에서 제외한다.

2. 개인사업자와 소규모 법인사업자의 경우

1) 원칙(예정고지·징수) : 관할세무서장은 ① 개인사업자와 ② 직전 과세기간 공급가액의 합계액이 1억5천만원 미만인 법인사업자에 대해서는 각 예정신고기간마다 직전 과세기간에 대한 납부세액의 50%를 납부세액으로 결정하여 해당 예정신고기간이 끝난 후 25일까지 징수한다. 다만, 다음 중 어느 하나에 해당하는 경우에는 징수하지 않는다(예정고지 제외).

① 징수해야 할 금액이 50만원 미만인 경우

② 간이과세자에서 해당 과세기간 개시일 현재 일반과세자로 변경된 경우

③ 재난 등으로 인한 납부기한 등의 연장사유로 관할세무서장이 징수해야 할 금액을 사업자가 납부할 수 없다고 인정되는 경우

2) 예외(선택적 신고납부)

다음의 사유에 해당하는 경우 예정신고기간의 납부세액을 신고·납부할 수 있다(이처럼 예정신고납부를 한 경우 예정고지세액 결정은 없었던 것으로 본다).

① 휴업·사업부진 등으로 각 예정신고기간의 공급가액(납부세액)이 직전 과세기간 공급가액(납부세액)의 1/3에 미달하는 경우

② 각 예정신고기간 분에 대해 조기환급을 받으려는 자

Ⅱ. 확정신고와 납부

사업자는 각 과세기간에 대한 과세표준과 납부세액(또는 환급세액)을 그 과세기간이 끝난 후 25일(폐업하는 경우에는 폐업일이 속한 달의 다음 달 25일) 이내에 납세지 관할세무서장에게 신고·납부해야 한다. 다만, 예정신고를 한 사업자 및 조기에 환급을 받기 위하여 신고한 사업자는 이미 신고한 과세표준과 납부한 납부세액 또는 환급받은 환급세액은 신고하지 않는다.

Ⅲ. 제출서류

1. 세금계산서합계표의 제출

(1) 사업자의 제출의무

1) 원칙 : 해당 과세기간에 세금계산서·수입세금계산서를 발급하거나 발급받은 경우 예정·확정신고기한에 발급 또는 발급받은 매출·매입처별세금계산서합계표를 제출한다. 다만, 예정고지에 의해 예정신고기간의 납부세액을 징수·납부하는 경우는 예정신고기간에 대한 매출·매입처별세금계산서합계표를 확정신고기한까지 제출할 수 있다.

* 예정신고시 매출·매입처별세금계산서합계표 제출을 누락한 부분은 확정신고시 이를 포함하여 제출할 수 있다. ➡ 매출처별세금계산서합계표 지연제출 가산세(그 공급가액×0.3%) 등 부과

2) 예외 : 전자세금계산서를 발급하거나 발급받은 경우
전자세금계산서를 발급하는 공급자가 공급일이 속하는 과세기간(예정신고기간 포함)의 마지막 날의 다음 달 11일까지 발급명세를 국세청장에게 전송하는 경우에는 합계표를 제출하지 않을 수 있다.

(2) 사업자 외의 자의 제출의무

1) 세관장의 제출의무 : 수입세금계산서를 발급한 세관장은 사업자의 경우를 준용하여 매출처별세금계산서합계표를 관할세무서장에게 제출

2) 면세사업자 등의 제출의무 : 국가 등, 법인세법·소득세법상 납세의무가 있는 면세사업자는 부가가치세 납세의무가 없더라도 각 과세기간 종료일부터 25일까지 매입처별세금계산서합계표 제출

2. 영세율 첨부서류 및 매출명세서의 제출

예정·확정신고시 공급하는 재화·용역에 대해서는 영세율 첨부서류·영세율 매출명세서를 제출

* 영세율 첨부서류를 해당 신고서에 첨부하여 제출하지 않을시 그 부분에 대해서는 신고로 보지 않는다(영세율과세표준 과소신고가산세 부과).

부가 08

3. 현금매출명세서 등의 제출

1) 예식장업 · 부동산중개업 · 보건업 · 전문직서비스업의 경우 : 현금매출명세서를 예정 · 확정신고시 제출

2) 부동산임대업자 : 부동산임대공급가액명세서를 예정 · 확정신고시 제출

Ⅳ. 재화 수입에 대한 신고납부

1. 일반적인 신고납부

재화를 수입하는 자는 관세법에 따라 세관장에게 관세를 신고 · 납부하는 경우 재화의 수입에 대해 부가가치세를 함께 신고 · 납부한다.

2. 재화의 수입에 대한 부가가치세 납부유예

(1) 개요

수출하는 중소 · 중견기업의 자금부담 완화를 위해 재화의 수입시 납부를 유예하고 이후 부가가치세를 신고할 때 수입한 재화에 대한 부가가치세를 납부하는 제도

(2) 납부유예

세관장은 중소 · 중견사업자가 자기의 과세사업에 사용하기 위한 재화(매입세액 불공제대상재화는 제외)의 수입에 대하여 부가가치세의 납부유예를 미리 신청하는 경우에는 해당 재화를 수입할 때 부가가치세의 납부를 유예할 수 있다. 이 제도는 다음의 납부유예 요건을 모두 충족하는 중소 · 중견사업자에 대해서 적용한다.

① 조세특례제한법상 직전 사업연도에 중소기업 · 중견기업(평균 매출액 3,000억 미만)에 해당하고 제조업을 주된 사업으로 영위하는 법인일 것

② 직전 사업연도에 영세율을 적용받는 재화의 공급가액 합계액(이하 수출액)이 다음에 해당할 것

㉠ 직전 사업연도에 중소기업인 경우 : 직전 재화 · 용역의 공급가액 합계액에서 수출액이 차지하는 비율이 30% 이상이거나 수출액이 50억 이상인 경우

㉡ 직전 사업연도에 중견기업인 경우 : 직전 재화 · 용역의 공급가액 합계액에서 수출액이 차지하는 비율이 30% 이상인 경우

③ 납부유예 확인요청일 현재 다음의 요건을 모두 충족할 것

㉠ 최근 3년간 계속하여 해당사업 경영

㉡ 최근 2년간 국세(관세 포함)를 체납(납세고지서에 따른 납부기한의 다음 날부터 15일 이내에 체납된 국세를 모두 납부한 경우는 제외)한 사실이 없을 것

㉢ 최근 2년간 조세범처벌법 · 관세법 위반으로 처벌받은 사실이 없을 것

㉣ 최근 2년간 납부유예가 취소된 사실이 없을 것

(3) 납부유예 절차

납부유예는 다음의 ① 관할세무서장에게 사전 확인요청, ② 세관장에게 납부유예 신청, ③ 세관장의 납부유예 승인통지의 절차에 따른다.

(4) 납부유예 세액의 정산 · 납부

납부유예를 받은 중소 · 중견사업자는 관할세무서장에게 예정신고 · 확정신고 또는 조기환급 신고를 할 때 해당 재화에 대하여 매출세액에서 공제하는 재화의 수입에 대한 매입세액과 납부가 유예된 세액을 정산하여 납부해야 한다. 이 경우 관할세무서장에게 납부한 세액은 세관장에게 납부한 것으로 본다.

(5) 납부유예의 사후관리

납부유예를 받은 중소 · 중견사업자에게 다음 중 어느 하나에 해당하는 사유가 있는 경우에는 세관장은 납부유예를 취소할 수 있다. 이때 취소 사실을 해당 중소 · 중견사업자에게 통지해야 한다.

① 국세를 체납한 경우

② 조세범처벌법 · 관세법 위반으로 국세청장 등에게 고발당한 경우

③ 당초 납부유예 요건을 충족하지 않은 자인 경우

부가 08

제2절 대리납부제도

II-1 p.341

Ⅰ. 개념과 취지

국외사업자로부터 국내에서 용역 등을 공급받는 자는 그 대가를 지급하는 때에 그 대가를 받은 자로부터 부가가치세를 징수하여 납부한다.

그 취지는 소비지국 과세원칙에 따라 국내사업자의 용역의 공급과 국외사업자의 용역의 공급 사이에 과세형평을 유지하려는 데 있다.

Ⅱ. 대리납부의 요건

1. 대리납부 대상 용역 등

대리납부 대상 '용역 등'이란 국외사업자로부터 국내에서 공급받는 용역 또는 권리(재화의 수입이 아닌 경우를 말한다)를 공급받은 경우. 여기서 '국외사업자'란 ① 국내사업장이 없는 비거주자 · 외국법인, ② 국내사업장이 있는 비거주자 · 외국법인(비거주자 · 외국법인이 공급하는 용역 등이 그 국내사업장에 실질적으로 관련되지 않는 경우에만 해당한다)을 말한다.

2. 대리납부의무자

국외사업자로부터 용역 등을 공급받는 자(사업자인지 여부와 관계 없음). 다만, 사업자가 공급받은 용역 등을 과세사업에 제공하는 경우는 제외하되, 매출세액에서 매입세액이 공제되지 않는 용역 등을 공급받는 경우에는 대리납부의무가 있다.

[도 표] 대리납부의무 여부

구분			대리납부의무 여부
(1) 사업자	① 과세사업자	• 과세사업에 제공하는 용역 등	×(*주1)
		• 매입세액 불공제대상 용역 등(*주2)	○
	② 면세사업자가 공급받은 용역 등		○
(2) 비사업자가 공급받은 용역 등			○

(*주1) 만약 대리납부를 한다면 대리납부한 세액은 매입세액으로 공제되어 조세수입의 증가는 없으면서 납세절차만 복잡하므로 특별히 대리납부의무를 면제한 것이다.

(*주2) 예를 들면 과세사업과 관련이 없는 용역 등을 제공받거나 재화의 수입에 해당하는 권리를 국내에 반입할 때 수입세금계산서를 발급받지 않은 경우 등이다.

3. 대리납부세액의 계산

$$\text{대리납부세액} = \text{용역 등의 대가지급액(과세표준)} \times 10\%$$

* 비거주자 또는 외국법인으로부터 공급받은 용역 등이 과세사업과 면세사업(비과세사업 포함)에 공통으로 사용되어 그 실지귀속을 구분할 수 없는 경우

$$\frac{\text{면세사업에 사용된}}{\text{용역 등의 과세표준}} = \frac{\text{해당 용역 등의}}{\text{총공급가액}} \times \frac{\text{대가의 지급일이}}{\text{속하는 과세기간의}}\frac{\text{면세공급가액}}{\text{총공급가액}}$$

Ⅲ. 대리납부의 절차

1) 용역 등을 공급받는 자가 대리징수한 부가가치세는 대리납부신고서의 제출과 함께 사업장 또는 주소지 관할세무서장 등에게 납부해야 한다. 이 경우 예정신고납부 또는 확정신고납부의 규정이 준용된다.

2) 대리납부의무자가 대리납부세액을 법정납부기한까지 납부하지 않거나 과소납부한 경우에는 다음의 금액을 납부할 세액에 가산한다.

대리납부 불성실가산세 = MIN (①, ②)
① ㉠ 미납세액 · 과소납부분 세액×3% + ㉡ 미납세액 · 과소납부분 세액×기간*×$\frac{2.2}{10,000}$ ② 미납세액 · 과소납부분 세액×50%(위 ㉠의 금액과 ㉡ 중 법정납부기한의 다음 날부터 납세고지일까지의 기간에 해당하는 금액을 합한 금액은 10%)

* 기간 : 법정납부기한의 다음 날부터 납부일까지의 기간(납세고지일부터 납세고지서에 따른 납부기한까지의 기간은 제외)

Ⅳ. 사업양수시 양수자의 대리납부제도

1. 개요

(1) 의의

본래 재화의 공급으로 보지 않는 사업의 양도(이에 해당하는지 여부가 분명하지 않은 경우를 포함한다)에 따라 그 사업을 양수받는 자는 그 대가를 지급하는 때에 본래는 이것이 과세거래에 해당하지 않음에도 불구하고(뿐만 아니라 공급자가 부가가치세를 공급받는 자로부터 징수해야 함에도 불구하고) 그 대가를 받은 자로부터 부가가치세를 징수하여 그 대가를 지급하는 날이 속하는 달의 다음 달 25일까지 사업장 관할세무서장에게 납부할 수 있다.

부가 08

(2) 취지

종전에는 사업양도자가 부가가치세를 거래징수하여 신고납부한 경우에만 본래 사업양도는 재화의 공급이 아님에도 불구하고 사업양수자에게 매입세액공제를 허용하였다. 이 경우에는 사업양도자의 신고납부 여부에 따라 사업양수자의 매입세액공제 여부가 결정되는 문제점이 있었다. 이런 문제점을 해소하기 위해서 사업양수자가 사업양수시 해당 부가가치세를 사업양도자를 대리하여 신고납부하는 경우 재화의 공급으로 인정하고 사업양수자에게 대리납부한 부가가치세를 매출세액에서 공제되는 매입세액으로 한다.

* 사업양도인의 사업양수시 대리납부 기납부세액 공제 : 사업양수인이 대리납부한 경우 사업양도인은 재화의 공급에 대한 부가가치세를 거래징수하지 않았지만 매출세액에 포함하여 확정신고해야 한다. 그런데 그 부가가치세

액은 사업양수인이 이미 대리납부한 것이므로 이중납부를 방지하기 위해서 사업양수인이 대리납부한 세액은 사업양도인이 기납부세액으로 공제한다.

2. 사업양수시 양수자의 대리납부 절차

사업을 양수받는 자가 그 대가를 받은 자로부터 징수한 부가가치세는 대리납부신고서의 제출과 함께 사업장 관할세무서장 등에게 납부해야 한다.

제3절 국외사업자의 용역 등 공급에 관한 특례 등

Ⅱ-1 p.353

Ⅰ. 국외사업자의 용역 등 공급에 관한 특례

1. 개념과 취지

(1) 개념

국외사업자가 사업자등록의 대상인 '위탁매매인 등'을 통하여 국내에서 용역 등을 공급하는 경우에는 위탁매매인 등이 해당 용역 등을 공급한 것으로 본다. 여기서 '위탁매매인 등'이란 ① 위탁매매인(委託賣買人, 준위탁매매인 포함), ② 대리인(代理人), ③ 중개인(仲介人, 구매자로부터 거래대금을 수취하여 판매자에게 지급하는 경우에 한정한다)을 말한다.

* 위탁매매인 등이 이를 공급한 것으로 보아 부가가치세를 과세한다.
* 위탁매매인 등이 세금계산서를 발급시 국외사업자의 상호 · 주소를 덧붙임

(2) 특례의 취지

일반적인 대리납부의무의 경우 납세의무자가 비사업자 · 면세사업자이다. 이들에게 부가가치세 납세의무를 이행하도록 하는 것이 현실적으로 기대하기 어려우므로 위탁매매인 등이 있는 경우 납세의무이행능력이 상대적으로 높은 위탁매매인 등에게 부가가치세를 과세

이 특례를 적용하지 않고 국외사업자(위탁자 · 본인)를 용역 등의 공급자로 하면 비사업자나 면세사업자 등을 통한 부가가치세의 대리납부의무의 이행이 제대로 이루어지지 못하는 점을 고려하여, 특례를 둔 것임(소비지국 과세원칙의 철저한 구현)

2. 권리의 공급장소 특례

국외사업자로부터 권리를 공급받는 경우에는 본래 권리의 공급장소는 국외이지만, 이것을 우리나라 과세권이 미치는 국내거래로 취급하기 위해서 공급받는 자의 국내에 있는 사업장의 소재지 또는 주소지를 해당 권리가 공급되는 장소로 본다.

Ⅱ. 전자적 용역을 공급하는 국외사업자의 사업자등록 및 납부 등에 관한 특례

1. 전자적 용역의 범위

'전자적 용역'이란 정보통신망을 통하여 이동통신단말장치 또는 컴퓨터 등으로 공급하는 용역으로서 다음 중 어느 하나에 해당하는 용역을 말한다.

① 이동통신단말장치 또는 컴퓨터 등에 저장되어(download) 구동되거나, 저장되지 않고 실시간으로 사용(streaming)할 수 있는 것으로서 다음 중 어느 하나에 해당하는 것

㉠ 게임 · 음성 · 동영상 파일(contents), 전자문서(electronic documents) 또는 소프트웨어(software)와 같은 저작물 등

㉡ 위 ㉠에 따른 전자적 용역을 개선(upgrade)시키는 것

② 광고를 게재하는 용역

③ 클라우드컴퓨팅(Cloud Computing)서비스

④ 재화 또는 용역을 중개하는 용역으로서 다음 중 어느 하나에 해당하는 용역. 다만, 재화 또는 용역의 공급에 대한 대가에 중개 용역의 대가가 포함되어 납세의무자가 부가가치세를 신고하고 납부하는 경우는 제외한다.

㉠ 국내에서 물품 또는 장소 등을 대여하거나 사용 · 소비할 수 있도록 중개하는 것

㉡ 국내에서 재화 또는 용역을 공급하거나 공급받을 수 있도록 중개하는 것

2. 전자적 용역의 공급장소

전자적 용역의 경우 공급장소는 용역을 공급받는 자의 사업장 소재지, 주소지(또는 거소지)로 한다.

3. 전자적 용역을 공급하는 국외사업자의 간편사업자등록 및 납부 등에 대한 특례

(1) 국외사업자가 직접 공급하는 경우

국외사업자가 전자적 용역을 국내에 제공하는 경우(사업자등록을 한 자의 과세사업 또는 면세사업에 대하여 용역을 공급하는 경우는 제외)에는 사업개시일부터 20일 이내에 간편한 방법으로 사업자등록(이하 '간편사업자등록')을 해야 한다.

[도 표] 국내에 전자적 용역을 공급하는 경우 부가가치세 과세방법

전자적 용역의 제공자	전자적 용역의 공급에 대한 부가가치세 과세방법	
	① 직접 공급하는 경우	② 제3자를 통하여 공급하는 경우
국내사업자인 경우 (= 국내 App개발자인 경우)	• 국내사업자가 사업자등록하고 VAT 신고납부	• 국내사업자가 사업자등록하고 VAT 신고납부

국외사업자인 경우 (=국외 App개발자인 경우)	• 국외사업자가 간편사업자등록하고 VAT 신고납부(전자적 용역을 공급하는 국외사업자의 용역 공급에 관한 특례)* * 사업자등록을 한 자의 과세사업·면세사업에 대하여 용역을 공급하는 경우는 특례적용 대상에서 제외함	㉠ 제3자가 국내 오픈마켓 사업자인 경우 : 국내 오픈마켓 사업자가 사업자등록하고 VAT 신고납부* * 국외사업자 용역 등의 공급에 관한 특례 적용 ㉡ 제3자가 국외 오픈마켓 사업자인 경우 : 국외 오픈마켓 사업자가 간편사업자등록하고 VAT 신고납부* * 전자적 용역을 공급하는 국외사업자의 용역 공급에 관한 특례 적용

(2) 국외사업자가 제3자를 통하여 공급하는 경우

1) 개요 : 국외사업자가 제3자(국내사업장이 없는 비거주자 또는 외국법인을 포함한다)를 통하여 국내에 전자적 용역을 공급하는 경우에는 그 제3자가 해당 전자적 용역을 공급한 것으로 보며, 그 제3자는 사업의 개시일부터 20일 이내에 간편사업자등록을 해야 한다. 여기서 '제3자'란 다음 중 어느 하나에 해당하는 자를 말한다.

① 정보통신망(인터넷) 등을 이용하여 전자적 용역의 거래가 가능하도록 오픈마켓(구글, 애플 등 앱스토어)이나 그와 유사한 것을 운영하고 관련 서비스를 제공하는 자(이른바 오픈마켓사업자)

② 전자적 용역의 거래에서 중개에 관한 행위 등을 하는 자로서 구매자로부터 거래대금을 수취하여 판매자에게 지급하는 자(이른바 대금결제대행을 병행하는 중개업자)

③ 그 밖에 ① 및 ②와 유사하게 전자적 용역의 거래에 관여하는 자로서 대통령령으로 정하는 자(이른바 거래관여자)

2) 특례의 배제 : ① 사업자등록을 한 자의 과세사업 또는 면세사업에 대하여 용역을 공급하거나 ② 제3자인 오픈마켓 사업자 등이 사업자등록의 대상인 위탁매매인·대리인(이른바 국내오픈마켓 사업자)으로서 앞에서 살펴본 '국외사업자의 용역 등 공급에 관한 특례'에 따라 해당 전자적 용역에 대한 부가가치세를 신고납부하는 경우에는 그 제3자가 해당 전자적 용역을 국내에서 공급한 것으로 보는 특례규정은 적용하지 않는다.

4. 간편사업자등록

국내에 전자적 용역을 공급하는 자는 국세정보통신망에 접속하여 등록에 필요한 사항을 입력하는 방식으로 사업자등록을 그 사업개시일부터 20일 이내에 신청해야 한다.

5. 간편사업자등록자의 신고납부의무

1) 예정신고 및 확정신고 : 부가가치세를 신고하려는 사업자는 국세정보통신망에 접속하여 ① 사업자 이름 및 간편사업자등록번호, ② 신고기간 동안 국내에 공급한 전자적 용역의 총 공급가액, 공제받을 매입세액 및 납부할 세액, ③ 그 밖에 필요한 사항을 입력하는 방식으로 부가가치세 예정신고 및 확정신고를 해야 한다.

2) 납부 : 국세청장이 정하는 바에 따라 외국환은행의 계좌에 납입하는 방식으로 부가가치세를 납부해야 한다.

3) 가산세 : 간편사업자등록을 한 사업자가 위 1) · 2)에 따라 부가가치세 신고납부의무를 이행하지 않은 경우에는 신고불성실가산세와 납부지연가산세를 부과한다.
한편 국외사업자가 사업개시일부터 20일 이내에 등록을 하지 않은 경우에는 다음의 금액을 가산세로 부과한다.

국외사업자의 간편사업자 미등록가산세 = 공급가액 합계액* × 1%

* '공급가액의 합계액'이란 사업 개시일부터 등록한 날의 직전 일까지의 공급가액 합계액을 말한다.

6. 과세표준과 세액계산의 특례

(1) 외화환산 특례

외화환산 규정에도 불구하고 간편사업자등록자가 국내에서 공급하는 전자적 용역의 대가를 외국통화 · 외국환으로 받는 경우 과세기간(예정신고기간 포함) 종료일 현재 기준환율로 환가할 수 있다.

(2) 공제되는 매입세액

전자적 용역과 관련된 매입세액 외에는 매출세액 · 납부세액에서 공제하지 않는다.

7. 전자적 용역의 공급시기와 세금계산서 등 발급 면제

(1) 국내에서 공급되는 전자적 용역의 공급시기

: FAST (구매자가 제공받은 때, 대금결제가 완료될 때)

(2) 세금계산서 및 영수증 발급은 면제

부가 08

제9장
결정 · 경정 · 징수와 환급

제1절 결정 · 경정 및 징수

Ⅱ-1 p.369

Ⅰ. 결정 · 경정

1. 결정 · 경정의 사유

구분	사유의 범위
결정	예정 · 확정신고를 하지 않은 경우
경정	① 예정 · 확정신고한 내용 중 오류 · 누락 ② 영세율 등 조기환급 신고의 내용 중 오류 · 누락 ③ 확정신고시 매출 · 매입처별세금계산서합계표를 미제출 또는 불명 ③ 신용카드가맹점 등 가입대상자가 정당한 사유 없이 가맹점 등으로 미가입한 경우로서 신고내용이 불성실
기타 사유	다음의 사유 중 부가가치세 포탈할 우려 有 ① 사업장 이동이 빈번 ② 사업장 이동이 빈번한 지역에 사업장이 있는 경우 ③ 휴업 · 폐업상태 등

2. 결정 · 경정의 방법

(1) 원칙(실지조사)

세금계산서, 수입세금계산서, 장부 또는 그 밖의 증명자료를 근거로 조사

(2) 예외(추계조사)

1) 추계사유

① 과세표준 계산시 필요한 세금계산서, 장부 등의 증명자료가 없거나 중요한 부분이 미비

② 세금계산서, 장부 등의 증명자료의 내용이 시설규모 등에 비추어 거짓임이 명백
③ 세금계산서, 장부 등의 증명자료의 내용이 조업상황에 비추어 거짓임이 명백

2) 추계방법 : 동업자권형 방법, 평균적 비율을 적용하는 방법 등

Ⅱ. 수시부과의 결정

1. 개요

과세기간 중에 다음 중 어느 하나에 해당하는 경우에는 수시로 그 사업자에 대한 부가가치세를 부과 가능

구분	사유
(1) 거짓 세금계산서 발급·수취	① 재화·용역을 공급하지 않고 세금계산서 또는 신용카드매출전표 등(이하 '세금계산서 등'이라 한다)을 발급한 경우(가공발급) ② 재화·용역을 공급받지 않고 세금계산서 등을 발급받은 경우(가공수취)
	③ 재화·용역을 공급하고 실제로 재화·용역을 공급하는 자가 아닌 자 또는 실제로 재화·용역을 공급받는 자가 아닌 자의 명의로 세금계산서 등을 발급한 경우(허위발급) ④ 재화·용역을 공급받고 실제로 재화·용역을 공급하는 자가 아닌 자의 명의로 세금계산서 등을 발급받은 경우(허위수취)
	⑤ 재화·용역을 공급하고 세금계산서 등의 공급가액을 과다하게 기재한 경우(과다기재 발급) ⑥ 재화·용역을 공급받고 공급가액이 과다하게 기재된 세금계산서 등을 발급받은 경우(과다기재 수취)
(2) 기타 사유	⑦ 그 밖에 부가가치세를 포탈할 우려가 있는 경우

2. 수시부과기간

해당 과세기간의 개시일부터 수시부과 사유가 발생한 날까지를 '수시부과기간'으로 적용

Ⅲ. 징수

징수 사유	징수할 세액
① 예정신고 또는 확정신고시 미납·과소납부한 경우	그 미납부세액
② 결정 또는 경정을 한 경우	추가로 납부해야 할 세액
③ 수시부과한 경우	수시부과한 세액

제2절 부가가치세 환급

Ⅱ-1 p.373

Ⅰ. 서설

1. 의의

매출세액을 초과하는 부분의 매입세액을 '환급세액'이라 한다.

2. 환급세액의 범위

예정 · 확정신고 또는 조기환급신고시 제출한 신고서와 매입처별세금계산서 등으로 확인되는 금액

Ⅱ. 환급의 방법 및 절차

1. 일반환급

각 과세기간별 '매입세액 > 매출세액'인 경우 확정신고기한이 지난 후 30일 이내에 환급해야 한다.

* 예정신고기간의 환급세액은 환급하지 않고 확정신고시 정산

2. 조기환급

(1) 조기환급의 대상과 취지

조기환급의 사유	취지
① 영세율 적용	수출지원
② 사업설비(감가상각자산)를 신설 · 취득 · 확장 · 증축하는 경우	거액의 환급세액이 발생하는 경우 사업자의 자금부담 완화하여 투자촉진
③ 재무구조개선계획을 이행 중인 경우	경영난을 겪고 있는 사업자의 조속한 경영정상화

(2) 과세기간별 또는 예정신고기간별 환급세액의 조기환급

1) 조기환급신고 : 조기환급을 받으려는 사업자가 예정신고서 또는 확정신고서를 제출한 경우에는 조기환급을 신고한 것으로 본다.

* 사업자가 사업설비의 신설 · 취득 · 확장 또는 증축에 해당하는 경우에는 「건물등감가상각자산취득명세서」를, 사업자가 재무구조개선계획을 이행 중인 경우에는 「재무구조개선계획서」를 각각 그 신고서에 첨부

2) 환급방법 : 관할세무서장은 ① 각 과세기간별로 그 과세기간에 대한 환급세액을 그 확정신고기한이 지난 후 15일 이내에 확정신고를 한 사업자에게 환급하거나 ② 각 예정신고기간별로 그 예정신고기간의 환급세액을 그 예정신고기한이 지난 후 15일 이내에 예정신고한 사업자에게 환급해야 한다.

(3) 조기환급기간별 환급세액의 조기환급

1) 조기환급기간

① 예정신고기간 중 매월 · 매2월, ② 과세기간 최종 3개월 중 매월 · 매2월

2) 조기환급신고

조기환급기간에 대한 환급세액을 조기환급을 받으려는 사업자는 조기환급기간이 끝난 날부터 25일 이내에 조기환급기간에 대한 과세표준과 환급세액을 관할세무서장에게 신고해야 한다.

* 조기환급 신고시에는 영세율 등 조기환급신고서에 해당 과세표준에 대한 영세율 첨부서류와 매출 · 매입처별 세금계산서합계표를 첨부하여 제출, 사업자가 조기환급사유 중 ② 또는 ③에 해당하는 경우에는 「건물등감가상각자산취득명세서」 또는 「재무구조개선계획서」를 그 신고서에 첨부

3) 환급방법 : 관할세무서장에게 조기환급신고를 한 경우에는 조기환급기간에 대한 환급세액을 각 조기환급기간별로 해당 조기환급신고기한이 지난 후 15일 이내에 사업자에게 환급해야 한다.

[도 표] 부가가치세의 환급절차

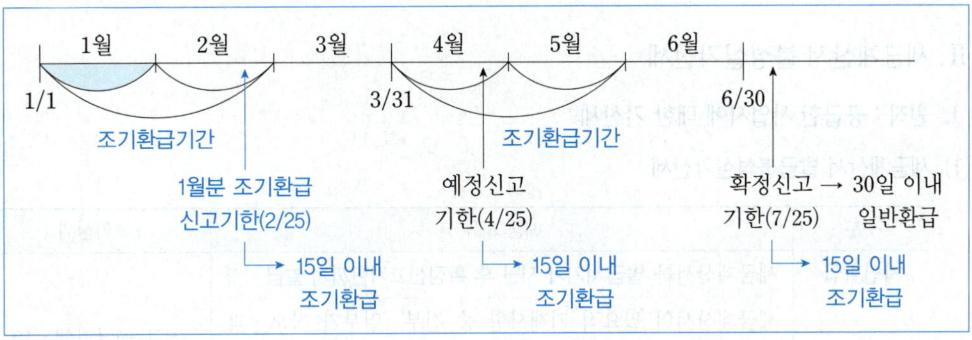

3. 결정 · 경정시 발생한 환급세액의 환급

지체 없이 사업자에게 환급

부가 09

제3절 가산세

Ⅱ-1 p.376

Ⅰ. 사업자등록 불성실가산세

1. 미등록가산세

사업자가 사업개시일부터 20일 이내에 사업자등록을 신청하지 않은 경우

미등록가산세 = 공급가액의 합계액* × 1%

* 공급가액 합계액 : 사업개시일로부터 등록을 신청한 날 직전일까지의 공급가액 합계

2. 명의위장가산세

사업자가 ① 타인*의 명의로 사업자등록을 하거나 ② 그 타인* 명의의 사업자등록을 이용하여 사업을 하는 것으로 확인되는 경우

* 타인으로 보지 않는 자 : ① 사업자의 배우자, ② 상속으로 인하여 피상속인으로부터 사업을 승계받는 경우 피상속인(상속세 신고납부기한까지로 한정한다)

명의위장가산세 = 공급가액 합계액* × 2%

* 공급가액 합계액 : 타인명의로 사업을 한 날부터 실제사업을 한 사실이 확인되는 날 직전일까지의 공급가액 합계

Ⅱ. 세금계산서 불성실가산세

1. 원칙 : 공급한 사업자에 대한 가산세

(1) 세금계산서 발급불성실가산세

구분	해당 사유	가산세
지연발급	세금계산서를 발급시기가 지난 후 확정신고기한까지 발급	그 공급가액 × 1%
불 명	세금계산서의 필요적 기재사항 중 전부 · 일부가 착오 · 과실로 적혀있지 않거나 사실과 다른 경우. 다만, 그 밖의 필요적 기재사항 등으로 사실이 확인되는 경우는 제외	
미 발 급	세금계산서를 발급시기가 지난 후 확정신고기한까지 발급하지 않은 경우	그 공급가액 × 2%
	다만, 다음 중 어느 하나에 해당하는 경우 • 전자세금계산서를 발급해야 할 의무가 있는 자가 전자세금계산서를 발급하지 않고 세금계산서의 발급시기에 전자세금계산서 외의 세금계산서를 발급한 경우	그 공급가액 × 1%

	• 둘 이상의 사업장을 가진 사업자가 재화 또는 용역을 공급한 사업장 명의로 세금계산서를 발급하지 않고 세금계산서의 발급시기에 자신의 다른 사업장 명의로 세금계산서를 발급한 경우	그 공급가액×1%
지연전송	전자세금계산서 발급명세 전송기한이 지난 후 재화·용역의 공급시기가 속하는 과세기간에 대한 확정신고기한까지 전자세금계산서 발급명세를 전송	그 공급가액×0.3%
미 전 송	전자세금계산서 발급명세 전송기한이 지난 후 재화·용역의 공급시기가 속하는 과세기간에 대한 확정신고기한까지 발급명세를 전송하지 않은 경우	그 공급가액×0.5%
가공발급	재화·용역을 실제로 공급하지 않고 세금계산서 등*을 발급한 경우 * 세금계산서 등 : 현금영수증 및 직불카드·기명식선불카드 영수증을 포함한다.	그 세금계산서 등에 적힌 공급가액×3%
허위발급	재화·용역을 공급하고 실제로 재화·용역을 공급하는 자가 아닌 자(또는 실제로 재화·용역을 공급받는 자가 아닌 자)의 명의로 세금계산서 또는 신용카드매출전표 등을 발급한 경우	그 공급가액×2%
공급가액 과다기재	세금계산서 등의 공급가액을 과다하게 기재하는 경우	실제보다 과다하게 기재한 공급가액×2%

판 례 가공매출액 과세표준 포함여부

가공거래는 부가가치세 과세대상이 아니므로 가공매출액은 부가가치세 과세표준에서 제외한다(88누4522).

(2) 매출처별세금계산서합계표 제출불성실가산세

구분	해당 사유	가산세
미 제 출	매출처별세금계산서합계표 제출하지 않은 경우	해당 공급가액×0.5%
불 명	제출한 매출처별세금계산서합계표 기재사항 중 등록번호·공급가액의 전부·일부가 착오·과실로 적혀있지 않거나 사실과 다른 경우. 다만, 발급한 세금계산서로 사실이 확인되는 경우는 제외	해당 공급가액×0.5%
지연제출	예정신고시 매출처별세금계산서합계표를 제출하지 못하고 확정신고시 제출	그 공급가액×0.3%

부가 09

2. 예외 : 공급받는 사업자에 대한 세금계산서 불성실가산세

구분	해당 사유	가산세
지연수취 등	공급시기 이후에 발급받은 세금계산서로서 그 과세기간의 확정신고기한까지 발급받아 예외적으로 매입세액공제를 발급받는 경우 등(지연수취 · 사전수취로서 예외적으로 매입세액을 공제받는 경우)	해당 공급가액×0.5%
경정시 제출	예정 · 확정신고기한에 매입처별세금계산서합계표를 제출하지 않아 해당 과세기간에 매입세액공제를 받지 않고 경정시 경정기관의 확인을 거쳐 매입세액공제를 받는 경우	
	제출한 매입처별세금계산서합계표 기재사항 중 등록번호 · 공급가액의 전부 · 일부가 착오 · 과실로 적혀있지 않거나 사실과 다른 경우로서 경정시 경정기관의 확인을 거쳐 매입세액공제를 받는 경우 다만, 발급받은 세금계산서 등으로 사실이 확인되는 경우는 제외	
	예정 · 확정신고기한에 신용카드매출전표 등 수령명세서를 제출하지 않아 해당 과세기간에 매입세액공제를 받지 않고 경정시 경정기관의 확인을 거쳐 매입세액공제를 받는 경우	그 공급가액×0.5%
과다기재	매입처별세금계산서합계표 기재사항 중 공급가액을 사실과 다르게 과다하게 적어 신고한 경우(매입세액공제 ×) 다만, 발급받은 세금계산서 등으로 사실이 확인되는 경우는 제외	해당 공급가액×0.5%
가공수취	재화 · 용역을 공급받지 않고 세금계산서 등을 발급받은 경우(매입세액공제 ×)	그 세금계산서 등에 적힌 공급가액×3%
허위수취	재화 · 용역을 공급받고 실제로 재화 · 용역을 공급하는 자가 아닌 자의 명의로 세금계산서 또는 신용카드매출전표 등을 발급받은 경우(매입세액공제 ×)	그 공급가액×2%
공급가액 과다기재 수취	재화 · 용역을 공급받고 공급가액 과다기재로 공급자에게 과다기재분 공급가액의 2% 가산세가 적용되는 세금계산서 또는 신용카드매출전표 등을 발급받은 경우(매입세액공제 ×)	실제보다 과다하게 기재한 부분에 대한 공급가액×2%

3. 비사업자 : 세금계산서 **가공발급 · 가공수취**에 대한 가산세

사업자가 아닌 자가 재화 · 용역을 공급하지 않고 세금계산서를 발급하거나 재화 · 용역을 공급받지 않고 세금계산서를 발급받으면 사업자로 보고 그 세금계산서에 적힌 공급가액의 3%를 곱한 금액을 그 세금계산서를 발급하거나 발급받은 자에게 사업자등록증을 발급한 세무서장이 가산세로 징수한다. 이 경우 납부세액은 '0'으로 본다.

4. 가산세 중복적용 배제

우선 적용되는 가산세	적용배제 가산세
(1) 사업자등록 불성실 가산세 (1% · 2%)	세금계산서 지연발급 · 불명 가산세(1%) 전자세금계산서 발급명세 미전송 · 지연전송가산세 (0.5%, 0.3%) 신용카드매출전표 등을 경정을 거쳐 매입세액공제를 받는 경우 가산세(0.5%) 매출처별세금계산서합계표 미제출 · 불명 · 지연제출 가산세 (0.5%, 0.3%)
(2) 세금계산서 미발급(2%), 가공발급 · 가공수취(3%), 허위발급 · 허위수취(2%), 과다기재 발급 · 수취(2%)의 가산세가 부과되는 경우	사업자등록 불성실가산세(1% · 2%) 매출처별세금계산서합계표 미제출 · 불명 · 지연제출 가산세 (0.5%, 0.3%) 세금계산서 지연수취 · 합계표 과다기재 가산세(0.5%) 매입처별세금계산서합계표를 제출하지 않을시 경정을 거쳐 매입세액공제를 발급받는 경우(0.5%)
(3) 세금계산서 지연발급(1%), 전자세금계산서 발급명세 지연전송 · 미전송(0.5%, 1%), 세금계산서 불명(1%)의 가산세가 부과되는 경우	매출처별세금계산서합계표 미제출 · 불명 · 지연제출 가산세 (0.5%, 0.3%)
(4) 공급자에 대한 허위 세금계산서 발급(2%) 가산세가 부과되는 경우	세금계산서 미발급가산세(2%)
(5) 공급가액 과다기재 발급 가산세(2%)	세금계산서 불명 가산세(1%)
(6) 세금계산서 지연발급 · 미발급 (1%, 2%) 가산세가 부과되는 경우	전자세금계산서 발급명세 지연전송 · 미전송 가산세(0.3%, 0.5%) 세금계산서 불명 가산세(1%)

(7) 세금계산서 불명(1%) 가산세가 부과되는 경우	전자세금계산서 발급명세 지연전송 · 미전송 가산세(0.3%, 0.5%)
(8) 법인세법 또는 소득세법에 따라 건당 거래금액 10만원 이상인 거래분에 대해 현금영수증 미발급 가산세(20% · 10%)가 부과되는 경우	세금계산서 미발급 가산세(2%) 매출처별세금계산서합계표 불명 가산세(0.5%)

Ⅲ. 신고불성실 · 납부지연가산세

1. 신고불성실가산세

(1) 무신고가산세

법정신고기한까지 예정 · 확정신고하지 않은 경우

구분	무신고가산세
부정행위 무신고	무신고납부세액×40%(역외거래인 경우 60%) + 신고하지 않은 영세율과세표준×0.5%
일반적인 무신고	무신고납부세액×20% + 신고하지 않은 영세율과세표준×0.5%

(2) 과소신고 · 초과환급신고가산세

법정신고기한까지 예정 · 확정신고할 때 납부해야 할 세액보다 적게 신고하거나 환급받을 세액보다 많게 신고한 경우

과소신고 · 초과환급신고가산세 = (1) + (2)

(1) (부정과소신고납부세액 + 부정초과신고환급세액)×40%*
+ (일반과소신고납부세액 + 일반초과신고환급세액)×10%

* 역외거래에서 발생한 부정한 행위로 과소신고하거나 초과신고한 경우 : 60%

(2) 과소신고된 영세율과세표준×0.5%

2. 납부지연가산세

사업자가 법정납부기한까지 부가가치세의 납부를 하지 않거나 납부해야 할 세액보다 적게 납부(이하 '과소납부')한 경우

납부지연가산세 = ① + ②
① 부가가치세를 법정납부기한까지 납부하지 않거나 과소납부한 경우 : 지연일수분 = 미납세액(또는 과소납부분 세액) × 미납기간* × $\frac{2.2}{10,000}$
② 부가가치세를 납부고지서에 따른 납부기한까지 완납하지 않은 경우 : 체납분 = 미납세액(또는 과소납부분 세액) × 3%

* 위 ①에서 '미납기간'은 법정납부기한의 다음 날부터 납부일의 기간(납부고지일부터 납부고지서에 따른 납부기한까지의 기간은 제외)을 말한다.

Ⅳ. 현금매출명세서 등 제출불성실가산세

예정 · 확정신고시 현금매출명세서 · 부동산임대공급가액명세서를 제출하지 않거나 제출한 수입금액이 사실과 다른 경우 그 관련된 수입금액의 1%를 현금매출명세서 등 제출불성실가산세로 부과

제4절 사업자의 그 밖의 협력의무

Ⅱ-1 p.390

Ⅰ. 장부의 작성 · 보관

1. 장부의 작성

사업자는 납부세액 · 환급세액에 관한 모든 거래사실을 장부에 기록하여 사업장에 보관해야 한다. 영수증만을 발급해야 하는 간이과세자가 발급받은 세금계산서(또는 영수증)나 발급한 영수증을 보관하였을 때에는 장부기록의무를 이행한 것으로 본다.

2. 장부의 보관

사업자는 기록한 장부와 발급하거나 발급받은 세금계산서, 수입세금계산서 또는 영수증을 그 거래사실이 속하는 과세기간에 대한 확정신고기한 후 5년간 보존해야 한다. 다만, 전자세

금계산서를 발급한 사업자가 국세청장에게 전자세금계산서 발급명세를 전송한 경우에는 보관의무가 면제된다.

Ⅱ. 신용카드 · 금전등록기의 운영

1. 신용카드 등 운영

(1) 가맹점 등 가입지도

국세청장은 주로 최종소비자에게 재화 · 용역을 공급하는 사업자로서 영수증 발급대상 사업자에 대해 납세관리가 필요하다고 인정되는 경우 신용카드가맹점 가입대상자 · 현금영수증가맹점 가입대상자로 지정하여 신용카드가맹점 · 현금영수증가맹점으로 가입하도록 지도할 수 있다.

(2) 신용카드 등 사용에 따른 혜택

신용카드매출전표 등을 발행한 경우 세액공제 등의 혜택이 있다.

2. 금전등록기 운영

영수증을 발급하는 사업자는 금전등록기를 설치하여 영수증을 대신하여 공급대가를 적은 계산서를 발급할 수 있다. 이 경우 사업자가 계산서를 발급하고 해당 감사테이프를 보관한 경우에는 ① 영수증을 발급하고 장부의 작성을 이행한 것으로 보며, ② 현금수입을 기준으로 부가가치세를 부과할 수 있다.

제10장
간이과세

제1절 간이과세제도의 개관

Ⅱ-1 p.397

Ⅰ. 개요

1. 의의

직전 연도의 재화와 용역의 공급대가의 합계액이 1억400만원에 미달하는 개인사업자는 일반과세자에 관한 ① 과세표준과 세액의 계산, ② 신고와 납부 등, ③ 결정 · 경정 · 징수와 환급의 규정을 적용하는 대신에, 납세순응에 보다 간편한 과세제도를 적용함

2. 제도의 취지

① 영세한 개인사업자에게 일반과세자와 같은 수준의 세금계산서의 수수 및 장부의 비치 · 기장 등의 각종 협력의무의 이행을 요구한다는 것은 현실적으로 어렵다고 할 수 있다. 그리고 ② 영세한 개인사업자들은 대부분 최종소비자에게 재화 · 용역을 공급하기 때문에 간편한 방식으로 과세한다고 하더라도 전단계세액공제법에 따른 부가가치세제의 본질적인 구조를 침해하는 정도는 아니라고 할 수 있다. 이러한 이유로 현행 부가가치세법에서는 영세한 개인사업자에게는 납세순응에 있어 보다 간편한 간이과세제도를 두고 있음

Ⅱ. 간이과세제도 운영에 따른 문제점

1) 세금계산서 수수질서의 문란 : 간이과세자는 그 납부세액계산 구조상 세금계산서를 수취할 필요성을 느끼지 못하기 때문에 세금계산서에 의한 전단계세액공제법을 취하고 있는 부가가치세제의 토대를 뒤흔드는 결과가 된다.

2) 일반과세자에 비해 가격경쟁상 유리 : 일반과세자의 납부세액은 실제 부가가치율에 기초하여 계산된다. 그런데 간이과세자는 사전에 정해진 업종별 부가가치율을 적용하여 납부세액을 계산한다. 그 결과 업종별 부가가치율이 실제 부가가치율에 비해 낮게 설정되어 있는 경우에는 일반과세자보다 가격경쟁상 유리하게 된다.

3) 과세형평 저해 : 간이과세자와 대부분의 소득이 노출되는 사업자와 근로소득자 간의 세부담의 불평등을 초래하고 있다.

[도 표] 과세유형별 부가가치세법상 취급

<table>
<tr><th rowspan="2">직전 연도
공급대가의 합계액</th><th rowspan="2">과세유형</th><th colspan="3">부가가치세법상 취급</th></tr>
<tr><th>납부세액</th><th colspan="2">세금계산서(영수증) 여부 등</th></tr>
<tr><td>1억400만원 이상</td><td>일반과세자</td><td>매출세액 − 매입세액</td><td colspan="2">세금계산서 발급(원칙)
* 소비자 상대업종 : 영수증 발급</td></tr>
<tr><td>1억400만원 미만
4,800만원 이상</td><td rowspan="2">간이과세자</td><td rowspan="2">Σ 공급대가
×업종별 부가가치율
×세율(10%)</td><td colspan="2">세금계산서 발급(원칙)
* 소비자 상대업종 : 영수증 발급</td></tr>
<tr><td>4,800만원 미만</td><td>영수증만을 발급
* 세금계산서 발급금지</td><td>• 장부 작성 · 보관 특례(*주1)
• 납부의무 면제(*주2)</td></tr>
</table>

(*주1) 영수증만을 발급해야 하는 간이과세자가 발급받은 세금계산서 · 영수증 또는 발급한 영수증을 보관하였을 때에는 장부기록의무를 이행한 것으로 본다.

(*주2) 해당 과세기간 공급대가의 합계액이 4,800만원 미만이면 그 과세기간의 납부세액의 납부의무를 면제한다.

제2절 간이과세자의 범위 및 과세유형의 변경

II-1 p.400

I. 간이과세자의 범위

1. 적용범위

'간이과세자(簡易課稅者)'란 직전 연도의 공급대가의 합계액이 1억400만원에 미달하는 사업자로서, 간편한 절차로 부가가치세를 신고납부하는 개인사업자를 말한다.

1) 간이과세자는 개인사업자만이 될 수 있다. 따라서 법인사업자는 공급대가의 수준에 관계없이 간이과세를 적용받을 수 없다.

2) 간이과세자는 직전 연도의 재화와 용역의 공급대가의 합계액이 1억400만원에 미달하는 개인사업자로 한다.

3) 다음 중 어느 하나에 해당하는 사업자는 공급대가 수준에 관계없이 간이과세자로 보지 않는다.

간이과세 배제대상 사업자	배제이유
(1) 간이과세가 적용되지 않는 다른 사업장을 보유하고 있는 사업자	세무처리능력 인정
(2) 다음 중 어느 하나에 해당하는 사업을 경영하는 자 ① 광업 ② 제조업. 다만, 과자점업 등 주로 최종소비자에게 직접 재화를 공급하는 사업(*주1)은 제외한다. ③ 도매업(소매업을 겸영하는 경우를 포함하되, 재생용 재료수집 및 판매업은 제외) 및 상품중개업	누적효과 방지
④ 부동산매매업 ⑤ 부동산임대업(*주2) ⑥ 개별소비세 과세유흥장소를 경영하는 사업(*주3) ⑦ 전문직 사업서비스업(*주4) ⑧ 사업장 소재 지역, 사업의 종류, 규모를 고려하여 국세청장이 정하는 기준에 해당하는 사업 ⑨ 소득세법에 따른 간편장부대상자에 해당하지 않은 개인사업자(전전년도 기준 복식부기의무자)가 경영하는 사업(*주5)	과세표준 양성화 및 정책적 중과세

부가 10

(3) 다음 중 어느 하나에 해당하는 사업을 경영하는 자 ① 전기·가스·증기 및 수도 사업 ② 건설업. 다만, 주로 최종소비자에게 직접 재화 또는 용역을 공급하는 사업(*주6)은 제외한다. ③ 전문·과학 및 기술서비스업, 사업시설 관리·사업지원 및 임대 서비스업. 다만, 주로 최종소비자에게 직접 용역을 공급하는 사업(*주7)은 제외한다.	과세표준 양성화 및 정책적 중과세
(4) 재화의 공급으로 보지 않는 사업의 양도에 따라 일반과세자로부터 양수한 사업* * 다만, 위 (2)·(3)에 해당하지 않는 경우로서 사업의 양수 이후 공급대가의 합계액이 1억400만원에 미달하는 경우는 제외한다.	원활한 사업의 포괄승계 지원
(5) 부동산임대업 또는 개별소비세법에 따른 과세유흥장소를 경영하는 사업자로서 해당 업종의 직전 연도의 공급대가의 합계액이 4,800만원 이상인 사업자	과세표준 양성화 및 정책적 중과세
(6) 둘 이상의 사업장이 있는 사업자로서 그 둘 이상의 사업장의 직전 연도의 공급대가의 합계액이 1억400만원 이상인 사업자* * 다만, 부동산임대업 또는 과세유흥장소에 해당하는 사업장을 둘 이상 경영하고 있는 사업자의 경우 그 둘 이상의 사업장의 직전 연도의 공급대가(하나의 사업장에서 둘 이상의 사업을 겸영하는 사업자의 경우 부동산임대업 또는 과세유흥장소의 공급대가만을 말한다)의 합계액이 4,800만원 이상인 사업자로 한다.	사업장 분할로 인한 조세회피 방지

(*주1) 제조업 중 간이과세 적용업종 : 과자점업, 도정업, 제분업 및 떡류 제조업 중 떡방앗간, 양복점업, 양장점업, 양화점업, 그 밖에 최종소비자에 대한 매출비중, 거래유형 등을 고려하여 국세청장이 정하는 것을 말한다.

(*주2) 특별시, 광역시, 특별자치시, 제주특별자치도에 설치된 행정시 및 시 지역에 소재하는 부동산임대사업장을 경영하는 사업으로서 국세청장이 정하는 규모 이상의 사업을 말한다.

(*주3) ① 특별시, 광역시, 특별자치시, 제주특별자치도에 설치된 행정시 및 시 지역(읍·면 지역은 제외), ② 국세청장이 사업 현황과 사업 규모 등을 고려하여 간이과세 적용 대상에서 제외할 필요가 있다고 인정하여 고시하는 지역에서 개별소비세 과세유흥장소를 경영하는 사업으로 한다.

(*주4) 전문직 사업서비스업 : 변호사업, 심판변론인업, 변리사업, 법무사업, 공인회계사업, 세무사업, 경영지도사업, 기술지도사업, 감정평가사업, 손해사정인업, 통관업, 기술사업, 건축사업, 도선사업, 측량사업, 공인노무사업, 의사업, 한의사업, 약사업, 한약사업, 수의사업과 그 밖에 이와 유사한 사업서비스업을 말한다.

(*주5) 이 경우 간편장부대상자는 ① 해당 과세기간 또는 직전 과세기간에 신규로 사업을 시작한 사업자, ② 전전 과세기간의 수입금액(결정 또는 경정으로 증가된 수입금액을 포함하되, 과세유형 전환일 현재 폐업한 사업장의 수입금액은 제외)의 합계액이 수입금액기준에 미달하는 사업자로 하며, 결정·경정 또는 수정신고로 인하여 수입금액의 합계액이 증가함으로써 전전년도 기준 복식부기의무자에 해당하게 되는 경우에는 그 결정·경정 또는 수정신고한 날이 속하는 과세기간까지는 전전년도 기준 복식부기의무자로 보지 않는다.

(*주6) 건설업 중 간이과세 적용업종 : 도배, 실내 장식 및 내장 목공사업, 배관 및 냉·난방 공사업, 그 밖에 최

종소비자에 대한 매출비중, 거래유형 등을 고려하여 국세청장이 정하는 것을 말한다.

(*주7) 전문 · 과학 및 기술서비스업, 사업시설 관리 · 사업지원 및 임대 서비스업 중 간이과세 적용업종 : 개인 및 가정용품 임대업, 인물사진 및 행사용 영상 촬영업, 복사업, 그 밖에 최종소비자에 대한 매출비중, 거래유형 등을 고려하여 국세청장이 정하는 것을 말한다.

2. 신규 사업개시자의 경우

신규로 사업을 시작하는 개인사업자는 사업을 시작한 날이 속하는 연도의 공급대가의 합계액이 기준금액에 미달될 것으로 예상되면 사업자등록을 신청할 때 관할세무서장에게 간이과세의 적용 여부를 함께 신고해야 한다.

이처럼 간이과세 적용신고를 한 개인사업자는 최초의 과세기간에는 간이과세자로 한다.

Ⅱ. 과세유형의 변경

1. 일반적인 경우

(1) 과세유형의 적용기간

간이과세자에 관한 규정이 적용되거나 적용되지 않게 되는 기간은 해(年)의 1월 1일부터 12월 31일까지의 공급대가의 합계액이 기준금액에 미달하거나 그 이상이 되는 해의 '다음 해의 7월 1일부터 그 다음 해의 6월 30일까지'로 한다.

[도 표] 과세유형의 판정과 적용기간

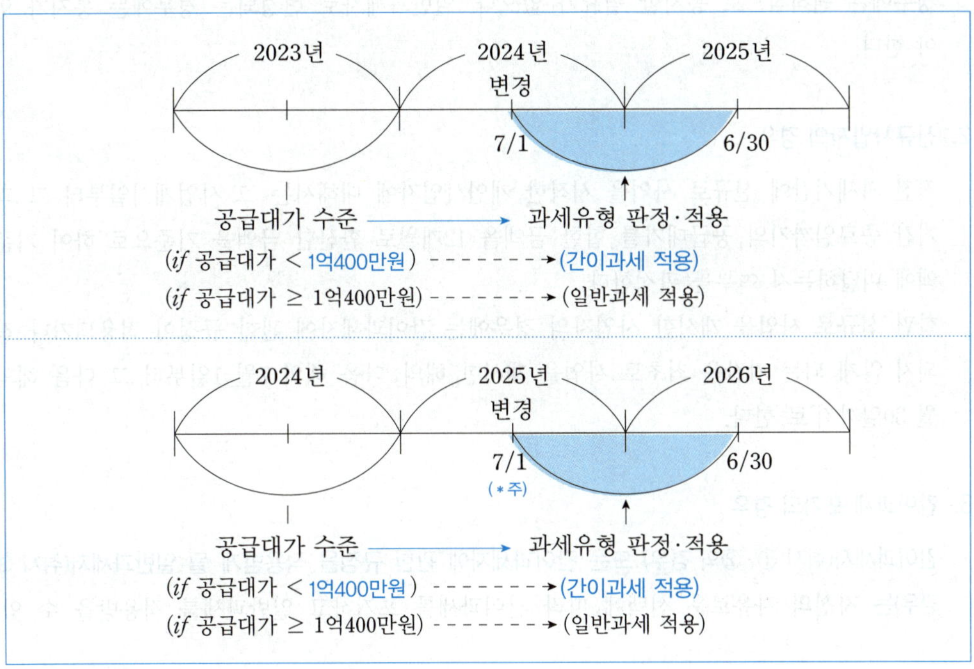

그 밖에 간이과세 적용여부와 관련하여 다음과 같은 특례가 있다.

① 결정 또는 경정한 공급대가의 합계액이 기준금액 이상인 개인사업자는 그 결정 또는 경정한 날이 속하는 과세기간까지 간이과세자로 본다.

② 간이과세자가 간이과세 배제사업을 신규로 겸영하는 경우에는 해당 사업의 개시일이 속하는 과세기간의 다음 과세기간부터 간이과세자에 관한 규정을 적용하지 않는다.

③ 간이과세 배제사업을 신규로 겸영하여 간이과세자에서 일반과세자로 전환된 사업자로서 해당 연도 공급대가의 합계액이 1억400만원 미만인 사업자가 간이과세 배제대상 사업을 폐지하는 경우에는 해당 사업의 폐지일이 속하는 연도의 '다음 연도 7월 1일'부터 간이과세자에 관한 규정을 적용한다.

(2) 과세유형의 변경통지

과세유형이 변경되는 경우에 해당 사업자의 관할세무서장은 그 변경되는 과세기간 개시 20일 전까지 그 사실을 통지해야 하며, 사업자등록증을 정정하여 과세기간 개시 당일까지 발급해야 한다.

해당 시기에 간이과세자에 관한 규정이 적용되는 사업자에게는 과세유형의 변경통지와 관계없이 그 시기에 간이과세자에 관한 규정을 적용한다(다만, 예외적으로 부동산임대업을 경영하는 사업자의 경우에는 통지를 받은 날이 속하는 과세기간까지는 일반과세자에 관한 규정을 적용한다). 이에 반하여 해당 시기에 간이과세가 적용되지 않는 사업자에 대해서는 그 통지를 받은 날이 속하는 과세기간까지는 간이과세자에 관한 규정을 적용한다. 즉 간이과세자로 변경되는 경우에는 원칙적으로 통지할 필요가 없으나, 일반과세자로 변경되는 경우에는 통지가 있어야 한다.

2. 신규사업자의 경우

직전 과세기간에 신규로 사업을 시작한 개인사업자에 대해서는 그 사업개시일부터 그 과세기간 종료일까지의 공급대가를 합한 금액을 12개월로 환산한 금액을 기준으로 하여 기준금액에 미달하는지 여부를 판정한다.

한편 신규로 사업을 개시한 사업자의 경우에는 간이과세자에 관한 규정이 적용되거나 적용되지 않게 되는 기간은 최초로 사업을 개시한 해의 '다음 해의 7월 1일부터 그 다음 해의 6월 30일까지'로 한다.

3. 간이과세 포기의 경우

간이과세자(취지 ①·②의 경우) 또는 간이과세자에 관한 규정을 적용받게 될 일반과세자(취지 ③의 경우)는 자신의 자유로운 선택에 따라 간이과세를 포기하고 일반과세를 적용받을 수 있다.

이처럼 간이과세를 포기할 수 있도록 한 주된 취지는 ① 간이과세자 중 영수증만을 발급해야 하는 자는 정규세금계산서를 발급하지 못함에 따른 판매경쟁상의 애로를 해소하면서 ② 장차 거액의 매입세액이 있을 경우 그 매입세액을 환급받고, ③ 사업부진 등으로 직전 해(年)의 1월 1일부터 12월 31일까지의 공급대가의 합계액이 기준금액에 미달하여 일반과세자에서 간이과세자로 변경될 경우(즉 간이과세 전환 예정자의 경우) 변경일 현재의 재고품 등에 대한 재고납부세액의 납부에 따른 자금부담을 덜어주려는데 있다(간이과세 전환 예정자가 장래의 간이과세를 포기하면 일반과세자에 관한 규정을 적용한다).

(1) 포기의 절차

간이과세를 포기하고 일반과세를 적용받으려는 자는 일반과세자에 관한 규정을 적용받으려는 달의 전달 마지막 날까지 관할세무서장에게 간이과세 포기신고를 해야 한다.

(2) 포기의 효력

1) 과세기간의 구분 : 다음 기간을 각각 하나의 과세기간으로 한다.

구분	해당 기간
① 간이과세자의 과세기간	간이과세 포기 신고일이 속하는 과세기간의 개시일부터 그 신고일이 속하는 달의 마지막 날까지의 기간
② 일반과세자의 과세기간	간이과세 포기 신고일이 속하는 달의 다음 달 1일부터 그 날이 속하는 과세기간의 종료일까지의 기간

2) 간이과세 적용의 제한 : 간이과세를 포기하고 일반과세 적용신고를 한 개인사업자는 일반과세자에 관한 규정을 적용받으려는 달의 1일부터 3년이 되는 날이 속하는 과세기간까지는 간이과세자에 관한 규정을 적용받지 못한다. 이처럼 간이과세를 포기한 개인사업자가 위 기간이 지난 후 다시 간이과세를 적용받으려면 그 적용대상에 해당해야 할 뿐 아니라, 그 적용받으려는 과세기간 개시 10일 전까지 간이과세 적용신고를 해야 한다.

3) 간이과세 재적용 : 위의 간이과세 적용을 제한하는 규정에도 불구하고 간이과세 포기신고를 한 개인사업자 중 다음의 요건을 모두 갖춘 자는 간이과세 적용을 제한하는 과세기간 이전이라도 간이과세자에 관한 규정을 적용받을 수 있다.

① 간이과세를 포기할 당시 영수증만을 발급해야 하는 간이과세자에 해당하였던 자일 것(즉 세금계산서 발급 등을 위해서 간이과세를 포기해야 했던 자를 의미한다)

② 간이과세 재적용 신고를 한 날이 속하는 연도의 직전 연도 공급대가의 합계액이 4,800만원 이상 1억400만원 미만인 개인사업자일 것(즉 간이과세를 다시 적용하더라도 세금계산서 발급이 가능한 사업자를 의미한다)

간이과세를 다시 적용받을 수 있는 자 : 위 (① + ②)의 요건을 갖춘 자

부가 10

이처럼 간이과세자를 다시 적용받으려는 개인사업자는 적용받으려는 과세기간 개시 10일 전까지 간이과세 재적용 신고를 해야 한다.

[도 표] 간이과세 포기에 따른 과세유형 적용

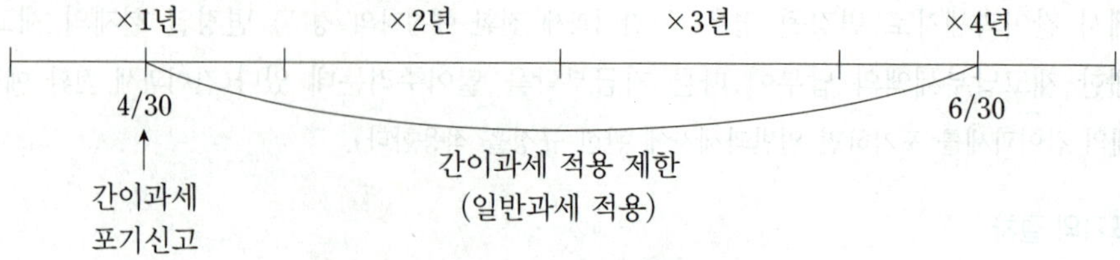

×1년 5.1. ~ ×4년 6.30. : 일반과세 적용
×4년 7.1. 이후 : ×3년 공급대가 수준과 간이과세 적용신고에 따라 일반과세 또는 간이과세 적용

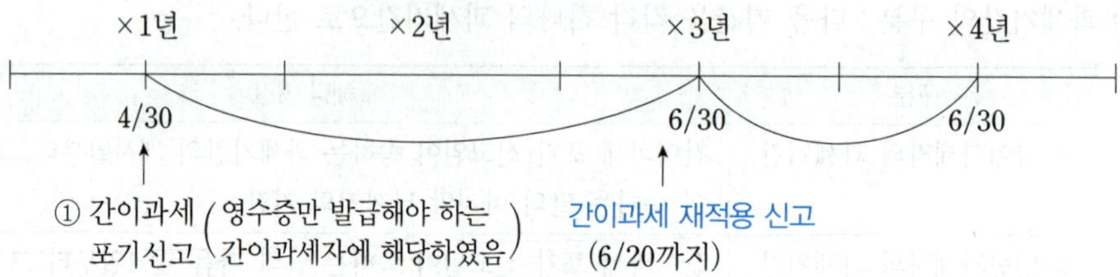

×1년 5.1. ~ ×3년 6.30. : 일반과세 적용
×3년 7.1. ~ ×4년 6.30. : ② ×2년 공급대가의 합계액이 4,800만원 이상 1억400만원 미만인 경우 간이과세 재적용 신고로 다시 간이과세 적용
×4년 7.1. 이후 : ×3년 공급대가 수준에 따라 일반과세 또는 간이과세 적용

[도 표] 간이과세 포기에 따른 과세유형 적용

구분	총괄납부 포기	면세 포기	간이과세 포기
포기신고	각 사업장에서 납부하려는 과세기간 개시 20일 전에 「주사업장 총괄납부포기신고서」 제출	「면세포기신고서」 제출과 사업자등록(신고시기 제한 없음)	일반과세를 적용받으려는 전달 마지막 날까지 「간이과세포기신고서」 제출
적용제한	언제든지 다시 총괄납부를 신청하는 경우 총괄납부 적용가능	신고일부터 3년간 면세 적용배제	그 적용받으려는 달의 1일부터 3년이 되는 날이 속하는 과세기간까지 일반과세 적용

		➡ 다시 면세를 적용받고자 하는 경우 「면세적용신고서」와 사업자등록증 제출	➡ 다시 간이과세를 적용받으려는 경우 과세기간 개시 10일 전까지 「간이과세적용신고서」 제출 * 간이과세 적용제한 과세기간 이전이라도 다시 간이과세자 적용 가능

제3절 간이과세자의 과세표준과 세액의 계산

II-1 p.410

Ⅰ. 계산구조

해당 과세기간 공급대가	• 해당 과세기간(예정부과기간)의 공급대가의 합계액
× 업종별 부가가치율	• 업종 그룹별로 정해진 부가가치율
× 세 율(10%, 0%)	
= 납 부 세 액	• 둘 이상의 업종을 겸영하는 경우에는 업종별로 계산한 금액을 합산
+ 재고납부세액	
− 세 액 공 제	• ① 매입세금계산서 등에 대한 세액공제, ② 전자신고세액공제, ③ 전자고지세액공제, ④ 전자세금계산서 발급·전송에 대한 세액공제, ⑤ 신용카드매출전표 발급 등에 대한 세액공제* * 위 5가지 세액공제액의 합계액이 각 과세기간의 납부세액을 초과하는 경우에는 그 초과하는 부분은 없는 것으로 본다.
+ 가 산 세	
= 차가감납부세액	

Ⅱ. 간이과세자의 과세표준과 세액

1. 과세표준

간이과세자의 과세표준은 해당 과세기간(1.1.~12.31.)의 공급대가의 합계액으로 한다. 간이과세자에 대한 과세표준의 계산은 일반과세자의 규정을 준용한다. 이 경우 '공급가액'은 '공급대가'로 본다.

2. 납부세액의 계산

(1) 개요

$$납부세액 = \frac{해당\ 과세기간의}{공급대가의\ 합계액} \times \frac{해당\ 업종의}{부가가치율} \times 세율(10\%\ 또는\ 0\%)$$

(2) 업종별 부가가치율

구분	업종별 부가가치율
① 소매업, 재생용 재료수집 및 판매업, 음식점업	15%
② 제조업, 농업 · 임업 및 어업, 소화물 전문 운송업	20%
③ 숙박업	25%
④ 건설업, 운수업 및 창고업(소화물 전문 운송업은 제외), 정보통신업	30%
⑤ 금융 및 보험 관련 서비스업, 전문 · 과학 및 기술 서비스업(인물사진 및 행사용 영상 촬영업 제외), 사업시설관리 · 사업지원 및 임대 서비스업, 부동산 관련 서비스업, 부동산임대업	40%
⑥ 그 밖의 서비스업	30%

3. 세액공제

(1) 매입세금계산서 등에 대한 세액공제

간이과세자가 다른 사업자로부터 세금계산서, 매입자발행세금계산서 및 신용카드매출전표 등을 발급받아 매입처별세금계산서합계표 또는 신용카드매출전표등수령명세서를 관할세무서장에게 제출하는 경우에는 다음과 같이 계산한 금액을 과세기간에 대한 납부세액에서 공제한다. 다만, 일반과세자에서 살펴본 매출세액에서 공제되지 않는 매입세액은 공제대상에서 제외한다.

$$매입세금계산서\ 등에\ 대한\ 세액공제^{*} = \frac{해당\ 과세기간에\ 세금계산서\ 등을}{발급받은\ 재화와\ 용역의\ 공급대가} \times 0.5\%$$

(= 해당 과세기간의 매입세금계산서에 적힌 매입세액×5.5%)

* 2021.6.30. 이전에 공급받은 경우

: 매입세금계산서 등에 대한 세액공제액 = 매입세금계산서에 적힌 매입세액 × 업종별 부가가치율(5%~30%)

(2) 신용카드매출전표 발급 등에 대한 세액공제

간이과세자가 부가가치세가 과세되는 재화 · 용역을 공급하고 세금계산서 발급시기에 신용카드매출전표 등을 발급하는 경우에는, 다음의 금액을 납부세액에서 공제한다.

신용카드매출전표 발급 등에 대한 세액공제액 : MIN(①, ②)
① (신용카드매출전표 등의 발급금액 + 결제금액) × 공제율(1.3%) ② 공제한도액 : 연간 1,000만원

(3) 전자세금계산서 발급 · 전송에 대한 세액공제

간이과세자(영수증만을 발급해야 하는 간이과세자는 제외)가 전자세금계산서를 발급(전자세금계산서 발급명세를 전자세금계산서 발급일의 다음 날까지 국세청장에게 전송한 경우로 한정한다)하고 전자세금계산서 발급세액공제신고서를 관할세무서장에게 제출한 경우에는 다음 금액을 해당 과세기간의 부가가치세 납부세액에서 공제할 수 있다.

전자세금계산서 발급 · 전송에 대한 세액공제 : MIN(①, ②)
① 해당 과세기간의 전자세금계산서 발급 건수×200원 ② 공제한도액 = 연간 100만원

4. 납부세액 계산의 특례 : 결정 또는 경정한 공급대가가 기준금액 이상인 경우

1) 결정 또는 경정한 공급대가의 합계액이 기준금액 이상인 개인사업자는 그 결정 또는 경정한 날이 속하는 과세기간까지 간이과세자로 본다. 그런데 결정 또는 경정(수정신고)한 간이과세자의 해당 연도의 공급대가의 합계액이 기준금액 이상인 경우 '결정 · 경정 과세기간의 다음 과세기간의 납부세액'은 일반과세자에 관한 규정을 준용하여 계산한 금액으로 한다.

> 일반과세자의 납부세액을 준용하여 계산한 간이과세자의 납부세액
>
> $$= \underbrace{\text{공급대가} \times \frac{100}{110} \times 10\%}_{\text{매출세액}} - (\text{매입세액} - \text{공제받은 매입세금계산서 등에 대한 세액공제})$$

2) 납부세액 계산의 특례가 적용되는 경우에는 세금계산서 등을 발급받아 결정 또는 경정기관의 확인을 거쳐 매입세액공제를 받게 되면 예외적으로 그 공급가액의 0.5%에 해당하는 세금계산서 관련 가산세를 적용받는다.

부가 10

5. 재고납부세액

(1) 의의

일반과세자가 간이과세자로 변경되면 변경 당시의 재고품, 건설 중인 자산 및 감가상각자산에 대하여 이미 공제받은 매입세액을 납부세액에 더한다.

(2) 재고품 등의 신고와 승인

1) 일반과세자가 간이과세자로 변경되는 경우에는 그 변경되는 날(변경된 과세유형을 적용받는 과세기간의 개시일을 말한다) 현재에 있는 재고품, 건설 중인 자산 및 감가상각자산(이하 '재고품 등')을 그 변경되는 날의 직전 과세기간에 대한 확정신고와 함께 재고품 등 신고서를 작성하여 각 납세지 관할세무서장에게 신고해야 한다.
이러한 '재고품 등'은 매입세액을 공제받은 것(재화의 공급으로 보지 않는 사업양도에 의하여 사업양수자가 양수한 자산으로서 사업양도자가 매입세액을 공제받은 재화를 포함한다)만 해당하며, 그 범위는 다음과 같다.

구분	범위
① 재고품	상품, 제품[반제품 및 재공품(在工品) 포함], 재료(부재료 포함)
② 건설 중인 자산	건설 중인 자산
③ 감가상각자산	㉠ 건물 · 구축물 : 취득 · 건설 · 신축 후 10년 이내의 것 ㉡ 그 밖의 감가상각자산 : 취득 · 제작 후 2년 이내의 것

2) 신고를 받은 관할세무서장은 재고금액을 조사 · 승인하고 간이과세자로 변경된 날부터 90일 이내 해당 사업자에게 납부할 재고납부세액을 통지해야 한다.

(3) 재고납부세액의 계산

일반과세자가 간이과세자로 변경되는 경우에 해당 사업자는 다음과 같이 계산한 재고납부세액을 납부세액에 더하여 납부해야 한다.

(1) 재고품의 경우

$$재고금액 \times \frac{10}{100} \times (1 - 공제율)$$

(2) 건설 중인 자산

건설 중인 자산과 관련하여 공제받은 매입세액* × [1 − 공제율(5.5%)]

(3) 감가상각자산의 경우

① 다른 사람으로부터 매입한 자산

$$취득가액 \times (1 - 감가율 \times 경과된\ 과세기간\ 수) \times \frac{10}{100} \times [1 - 공제율(5.5\%)]$$

② 사업자가 직접 제작 · 건설 또는 신축한 자산

제작 등과 관련하여 공제받은 매입세액* × (1 − 감가율 × 경과된 과세기간 수) × [1 − 공제율(5.5%)]

* 장부 또는 세금계산서가 없거나 장부에 기록이 누락된 경우 : 시가의 10%에 상당하는 세액으로 한다.

* 재고납부세액 계산식의 용어

① 재고품 등의 금액 : 장부 또는 세금계산서에 의해 확인되는 해당 재고품 등의 취득가액으로 한다. 다만, 장부 또는 세금계산서가 없거나 장부에 기록이 누락이 된 경우 해당 재고품 등의 가액은 시가에 따른다.

② 감가율 : ① 건물 또는 구축물은 5%, ② 그 밖의 감가상각자산은 25%

③ 경과된 과세기간 수 : 과세기간 단위(6개월 단위)로 계산하되, 과세기간 개시일 후에 감가상각자산을 취득한 경우에는 그 과세기간 개시일이 해당 재화를 취득한 것으로 보고 경과된 과세기간 수를 계산한다.

(4) 납부방법

공급대가의 합계액이 기준금액에 미달하여 간이과세자로 변경되는 경우 재고납부세액은 간이과세자로 변경된 날이 속하는 과세기간에 대한 확정신고를 할 때 납부할 세액에 더하여 납부한다. 이 경우 간이과세자가 해당 과세기간의 납부세액에 대해 납부의무의 면제를 적용받더라도 재고납부세액은 납부해야 한다.

[도 표] 재고매입세액 및 재고납부세액의 비교

구분	재고매입세액	재고납부세액
대상자산	매입세액공제대상 자산	매입세액공제를 받은 자산
재고품 등 신고와 승인	• 변경일의 직전 과세기간에 대한 확정신고와 함께 재고품 등 신고 • 재고품 등 신고기한 경과 후 1개월 이내 승인통지	• 왼쪽과 같음 • 변경일부터 90일 이내 승인통지
계산식	• 재고금액 × $\frac{10}{110}$ × (1 − 공제율) • 재고품 등의 금액은 항상 확인되는 취득가액	• 재고금액 × $\frac{10}{110}$ × (1 − 5.5%) • 재고품 등의 금액은 확인되는 취득가액에 의하되, 장부 등에 의해 확인되지 않는 경우 : 시가
공제 · 납부방법	승인을 얻은 날이 속하는 예정신고기간 또는 과세기간의 매출세액에서 공제	확정신고를 할 때 납부할 세액에 가산하여 납부

제4절 간이과세자의 납세절차

Ⅱ-1 p.419

Ⅰ. 신고와 납부

1. 예정부과와 납부

(1) 원칙(부과징수)

관할세무서장은 간이과세자에 대하여 다음의 금액을 예정부과기간(1월 1일~6월 30일)의 납부세액으로 결정하여 예정부과기간이 끝난 후 25일 이내(이하 '예정부과기한')까지 징수한다.

> 예정부과기간의 납부세액 = 직전 과세기간에 대한 납부세액×50%

이 경우 관할세무서장은 예정부과기간의 납부세액에 대하여 7월 1일부터 7월 10일까지 납부고지서를 발부해야 한다. 다만, 다음 중 어느 하나에 해당하는 경우에는 징수하지 않는다(예정부과 제외). 따라서 이 경우에는 그 세액의 징수를 위한 납부고지서는 발부되지 않는다.

① 징수해야 할 금액이 50만원 미만인 경우

② 2025.7.1.에 간이과세자에서 일반과세자로 변경되어 과세기간이 2025.1.1.~2025.6.30.인 간이과세자의 경우

③ 국세징수법에 따른 재난 등으로 인한 납부기한 등의 연장사유로 관할세무서장이 징수해야 할 금액을 간이과세자가 납부할 수 없다고 인정되는 경우

(2) 예외(신고납부)

1) 예정신고납부할 수 있는 경우 : 휴업 또는 사업부진 등으로 인하여 예정부과기간(1월 1일~6월 30일)의 공급대가의 합계액(또는 납부세액)이 직전 과세기간의 공급가액의 합계액(또는 납부세액)의 1/3에 미달하는 간이과세자는 예정부과기간의 과세표준과 납부세액을 예정부과기한까지 사업장 관할세무서장에게 신고할 수 있다.

2) 예정신고납부해야 하는 경우 : 예정부과기간(1.1.~6.30.)에 세금계산서를 발급한 간이과세자는 예정부과기간의 과세표준과 납부세액을 예정부과기한까지 사업장 관할세무서장에게 신고해야 한다.

2. 확정신고와 납부

간이과세자는 과세기간의 과세표준과 납부세액을 그 과세기간이 끝난 후 25일(폐업하는 경우에는 폐업일이 속한 달의 다음 달 25일) 이내에 납세지 관할세무서장에게 확정신고하고 납세지 관할세무서장 또는 한국은행 등에 납부해야 한다. 이 경우 예정부과기간의 납부세액으로 납

부한 세액은 공제하고 납부한다.

Ⅱ. 제출서류

1. 매출 · 매입처별세금계산서합계표의 제출

간이과세자는 매출 · 매입처별세금계산서합계표를 확정신고와 함께 제출하여야 한다. 한편 예정부과기간의 부가가치세를 신고하는 간이과세자는 매출 · 매입처별세금계산서합계표를 그 신고를 할 때 제출해야 한다. 다만, 매출 · 매입처별세금계산서합계표를 예정부과기간의 부가가치세 신고를 할 때 제출하지 못하는 경우에는 확정신고를 할 때 이를 제출할 수 있다.

2. 영세율 첨부서류의 제출

확정신고하는 간이과세자는 영세율을 적용받는 경우에는 그 신고서에 영세율 첨부서류를 첨부하여 제출해야 한다. 이러한 영세율 첨부서류를 해당 신고서에 첨부하지 않은 부분은 확정신고로 보지 않는다. 이 경우에도 영세율과세표준 과소신고(무신고)가산세가 부과된다.

Ⅲ. 결정 · 경정과 징수

간이과세자에 대한 과세표준과 납부세액의 결정 또는 경정에 관하여는 일반과세자의 경우를 준용한다. 그리고 간이과세자에 대한 부가가치세의 징수에 관하여도 일반과세자의 경우를 준용한다.

Ⅳ. 가산세

(1) 사업자등록 불성실가산세

일반과세자의 규정을 준용하되, 다음과 같이 가산세를 계산한다.

구분	가산세
① 미등록가산세	공급대가의 합계액×0.5%
② 명의위장가산세	공급대가의 합계액×1%

(2) 세금계산서 발급불성실가산세

1) 공급한 간이과세자에 대한 가산세 : 세금계산서 발급불성실가산세 중 ① 지연발급, ② 불명, ③ 미발급, ④ 지연전송, ⑤ 미전송, ⑥ 가공발급, ⑦ 허위발급, ⑧ 공급가액 과대기재에 해당하는 가산세는 일반과세자의 경우를 준용한다.

부가 10

2) 공급받은 간이과세자에 대한 가산세

구분	사유	가산세
① 미수취	세금계산서를 발급해야 하는 사업자로부터 재화·용역을 공급받고 세금계산서를 발급받지 않은 경우(간이과세자의 영수증 발급 적용기간 규정에 따라 영수증을 발급해야 하는 기간에 세금계산서를 발급받지 않은 경우는 제외)	그 공급대가×0.5%
② 경정시 공제	세금계산서 등을 발급받고 신고시 매입세금계산서 등에 대한 세액공제 규정에 따라 공제받지 않은 경우로서 결정·경정시 해당 결정·경정기관의 확인을 거쳐 납부세액 계산의 특례에 따라 납부세액을 계산할 때 매입세액으로 공제받는 경우	그 공급가액×0.5%*

* 가공수취분 가산세와 허위수취분 가산세는 준용하지 않는다.

(3) 매출처별세금계산서합계표 제출불성실가산세

구분	사유	가산세
① 미제출	매출처별 세금계산서합계표를 제출하지 않은 경우	공급가액×0.5% * 매출처별 세금계산서 합계표를 제출하지 않은 부분의 공급가액을 말한다.
② 불명	제출한 매출처별 세금계산서합계표의 기재사항 중 거래처별 등록번호 또는 공급가액의 전부 또는 일부가 적혀 있지 않거나 사실과 다르게 적혀 있는 경우	공급가액×0.5% * 매출처별 세금계산서 합계표의 기재사항이 적혀 있지 않거나 사실과 다르게 적혀 있는 부분의 공급가액을 말한다.
③ 지연제출	예정부과기간의 부가가치세를 신고할 때 제출하지 못하여 해당 예정부과기간이 속하는 과세기간에 확정신고를 할 때 매출처별 세금계산서합계표를 제출하는 경우(위 ② 불명인 경우에는 제외)	그 공급가액×0.3%

참고 간이과세자의 장부 작성·보관 특례

1. 영수증만을 발급해야 하는 간이과세자는 공급가액과 부가가치세액을 합계한 공급대가를 장부에 기록할 수 있다.
2. 영수증만을 발급해야 하는 간이과세자가 발급받은 세금계산서·영수증 또는 발급한 영수증을 보관하였을 때에는 장부기록의무를 이행한 것으로 본다. ■

V. 납부의무의 면제

간이과세자의 해당 과세기간에 대한 공급대가의 합계액이 4,800만원 미만이면 그 과세기간의 납부세액의 납부의무를 면제한다. 다만, 일반과세자가 간이과세자로 변경되는 경우 납부세액에 더해야 할 재고납부세액은 납부해야 한다. 이처럼 납부할 의무를 면제하는 경우 위의 가산세는 적용하지 않지만, 법정기한까지 사업자등록을 신청하지 않은 경우에는 다음의 미등록가산세는 부과한다.

> 미등록가산세 = MAX (공급대가의 합계액 × 0.5%, 5만원)

한편 납부의무가 면제되는 간이과세자가 자진납부한 사실이 확인되면 납세지 관할세무서장은 납부한 금액을 환급해야 한다.

[도 표] 일반과세와 간이과세의 비교

구분	일반과세	간이과세
(1) 납부세액 계산구조	∑공급가액 × 10% − 매입세액	∑공급대가 × 부가가치율 × 10%
(2) 과세기간	(제1기) 1월 1일~ 6월 30일 (제2기) 7월 1일~12월 31일	1월 1일~12월 31일(원칙)
(3) 적용대상자	• 개인 · 법인 불문 • 공급대가 수준 불문	• 개인사업자에 한함 • 공급대가 1억400만원 미만
(4) 배제대상 사업자	(없음)	간이과세가 적용되지 않는 다른 사업장을 보유하고 있거나 제조업 등 일정한 사업을 영위하는 자는 간이과세 적용배제
(5) 포기제도	(없음)	간이과세를 포기하고 일반과세자가 될 수 있음
(6) 세금계산서 발급	원칙적으로 세금계산서 발급	원칙적으로 세금계산서 발급 (영세한 간이과세자는 영수증만 발급)
(7) 매입세금계산서 등에 대한 세액공제	(없음)	발급받은 T/I 공급대가 × 0.5%
(8) 의제매입세액공제	적용	적용하지 않음
(9) 예정신고납부 등	• 법인 : 예정신고납부 • 개인 : 예정고지에 의해 징수 (원칙)	예정부과 · 징수(원칙)

부가 10

⑽ 납부의무의 면제	(없음)	해당 과세기간 공급대가가 4,800만원 미만이면 납부의무 면제
⑾ 가산세	• 세금계산서 불성실가산세 : 있음 • 사업자등록 불성실가산세 : 공급가액의 합계액×1%·2%	• 세금계산서 불성실가산세 : 있음 • 사업자등록 불성실가산세 : 공급대가의 합계액×0.5%·1%

제2편
개별소비세법

제1장
개별소비세법 총설

제1절 개별소비세의 성격

Ⅱ-1 p.433

Ⅰ. 개별소비세의 성격

개별소비세는 ① 특정한 물품, ② 특정한 장소 입장행위, ③ 특정한 장소에서의 유흥음식행위 및 ④ 특정한 장소에서의 영업행위에 대하여 부과하되, 세부담의 전가를 예정하는 단단계 소비세이다.

1) 특정재화 · 용역의 소비행위에 대해 과세하는 소비세

* 모든 재화 · 용역에 대해 과세하는 일반소비세인 부가가치세와 구별

2) 세부담의 전가를 예정하는 간접세

* 개별소비세 법률상 납세의무자는 과세물품을 제조 · 반출하는 자, 과세장소의 경영자, 과세유흥장소 · 과세영업장소의 경영자이지만 그 세액은 최종소비자에게 전가된다.

3) 제조 · 반출시점에서 단 1회 과세하는 단단계 과세방식

* 각 거래단계에서 과세하는 다단계 과세방식인 부가가치세와는 구별된다.

Ⅱ. 개별소비세의 정책적 목적

1. 외부불경제 효과에 대한 시정

소득수준향상, 소비형태의 변화에 따라 과세물품에서 대중화된 물품을 제외하는 등 지속적으로 과세대상이 축소되어온 한편 환경오염 등 사회적비용을 유발하는 유류 · 자동차, 담배 등에 대한 과세는 강화함으로써 교정과세(외부불경제 효과에 대한 시정) 목적으로 전환하였다.

2. 정책수단으로 활용

① 탄력세율 제도 : 정부가 법률로 정한 세율을 탄력적으로 운영함으로써 경기활성화의 수단이 되고 특정품목에 대해 시장가격 안정으로 도모

② 잠정세율 제도 : 기술개발을 선도하거나 친환경적인 물품의 소비를 촉진시키는 수단으로 활용

제2절 부가가치세와 개별소비세의 공통점과 차이점

Ⅱ-1 p.435

Ⅰ. 서설

부가가치세는 재화 · 용역의 공급과 재화의 수입에 과세하는 소비세이고, 개별소비세는 과세물품의 공급, 과세장소의 입장, 과세유흥장소에서의 유흥음식행위, 과세영업장소에서의 영업행위에 대해 과세하는 소비세이다. 이들 모두 최종소비자에게 세부담의 전가를 예상하는 간접세이다.

Ⅱ. 부가가치세와 개별소비세의 공통점

1. 간접소비세

1) 부가가치세의 경우 재화 · 용역을 공급하는 자, 개별소비세의 경우 과세물품을 제조장에서 제조하여 반출하는 자, 과세장소 · 과세유흥장소 · 과세영업장소의 경영자가 납세의무자이지만 이들은 자기 자신이 세액을 부담하여 납부하는 것이 아니라 시장가격기구를 통하여 최종소비자 등에게 전가하게 된다.

2) 부가가치세와 개별소비세는 납세의무자인 사업자 등을 중심으로 재화 · 용역의 공급, 과세물품의 반출 등의 일정한 행위에 과세를 하여 결과적으로는 소비행위에 대해 간접적으로 담세력을 인정하여 과세하는 소비세가 된다.

2. 물세

부가가치세와 개별소비세는 납세의무자의 인적 사정을 고려해 주지 않는 물세(物稅)라는 공통적인 특징을 갖는다. 이러한 물세라는 성격으로 말미암아 양자 모두 세율구조에 있어 비례세율구조를 취하고 있으며, 납세의무자의 주소지가 아닌 부가가치세의 경우에는 사업장의

소재지, 개별소비세의 경우에는 제조장, 과세장소 · 과세유흥장소 및 과세영업장소에 따라 납세지와 과세관할이 정해지는 특징이 있다.

3. 소비지국 과세원칙

개별소비세도 간접소비세이기 때문에 과세물품이 국제거래되는 경우 국경세조정을 위하여 소비지국 과세원칙을 채택하고 있다. 그리하여 과세물품을 수출하는 경우에는 개별소비세의 면세 및 세액의 환급 · 공제가 적용되며, 과세물품의 수입에 대해서도 과세거래에 포함하여 내국물품과 동일하게 개별소비세를 과세한다. 이러한 점은 부가가치세에서 수출하는 재화에 대해서는 영세율을 적용하고, 재화의 수입에 대해서는 과세거래로 규정하여 소비지국 과세원칙을 구현하는 것과 같다.

Ⅲ. 부가가치세와 개별소비세의 차이점

1. 과세대상의 범위

부가가치세는 일반소비세이기 때문에 면세대상을 제외한 모든 재화 또는 용역의 공급에 대하여 과세한다. 이에 반하여 개별소비세는 특정한 과세물품의 반출 · 과세장소에의 입장행위 · 과세유흥장소에서의 유흥음식행위 및 과세영업장소에서의 영업행위에 대해서만 과세한다.

2. 세율구조

부가가치세와 개별소비세 모두 비례세율구조를 취하고 있지만 구체적으로는 다음과 같은 차이가 있다.

1) 부가가치세는 모든 재화 또는 용역의 공급에 대하여 10% 단일비례세율의 구조이다. 반면에 개별소비세는 과세대상에 따라 차등비례세율(5%~20%)의 구조를 취하고 있다.
2) 개별소비세는 조세의 경기조절, 가격안정, 수급조절의 필요에 따라 특정한 과세대상에 대해서는 기본세율의 30%(석유류는 50%)의 범위에서 행정부가 조정할 수 있도록 하는 탄력세율 제도를 채택하고 있다. 또한 개별소비세는 기술개발을 선도하거나 환경친화적인 물품에 대해서는 잠정세율 제도를 두고 있는 점이 부가가치세와 다르다.

3. 과세표준

부가가치세의 과세표준은 재화 · 용역의 공급가액이 과세표준이 되고, 개별소비세의 과세표준은 과세물품의 반출가격, 입장할 때 인원, 과세유흥장소에서의 유흥음식행위는 요금, 과세영업장소에서의 영업행위는 연간 총매출액으로 한다. 구체적인 차이점은 다음과 같다.

1) 부가가치세는 과세표준을 금액으로 측정하는 종가세(從價稅)이다. 반면 개별소비세는 그 과세표준을 반출가격 및 유흥음식요금으로 하는 종가세이지만, 과세물품 중 석유류는 리터(l)로, 담배는 20개비당으로, 과세장소는 입장한 때의 인원으로 과세표준을 수량으로 측정하는 종량세(從量稅)이기도 하다. 이처럼 종량세에 적용되는 세율은 리터(l)당 일정금액으로, 1인 1회 입장에 대하여 일정금액으로 정해져 있다.

2) 개별소비세의 과세표준은 개별소비세와 부가가치세를 포함하지 않는다. 반면 부가가치세의 과세표준은 부가가치세 자체는 포함하지 않지만 개별소비세 및 그 부가세(sur tax)는 포함한 가액으로 한다.

4. 과세방법

부가가치세는 다단계 과세방법을 취하면서 전단계세액공제법에 따라 납부세액을 계산한다. 반면 개별소비세는 과세물품의 경우 반출할 때 단 1회 과세하고(반출과세제도), 그 이후 유통단계에서는 과세하지 않는다.

[도 표] 개별소비세의 반출과세제도와 부가가치세의 전단계세액공제법의 계산 사례

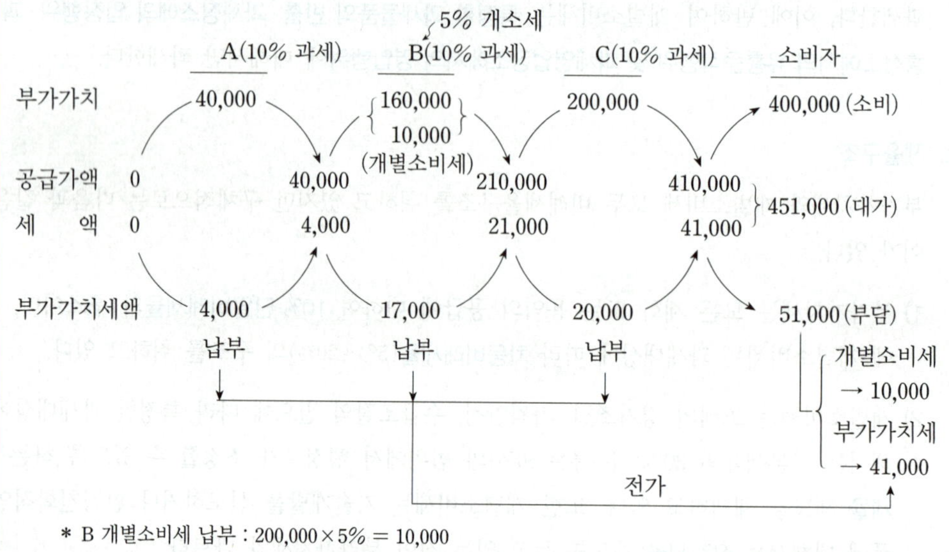

* B 개별소비세 납부 : 200,000 × 5% = 10,000

제2장
개별소비세의 과세요건

제1절 과세대상과 세율

II-1 p.445

I. 서설

개별소비세는 ① 특정물품의 반출, ② 특정한 장소의 입장행위, ③ 특정한 장소의 유흥음식행위, ④ 특정한 장소의 영업행위에 대해서 과세한다. 개별소비세는 외부불경제를 발생시키는 재화·용역에 대해서 과세함으로써 소비를 억제하기 위해 부과하는 조세이다.

II. 과세대상과 기본세율

1. 과세물품

(1) 1호 물품 : 투전기 등

구분	해당 물품	기본 세율
가.	투전기·오락용 사행기구·그 밖의 오락용품	물품가격의 20%
나.	수렵용 총포류	

(2) 2호 물품 : 보석 · 귀금속 제품, 고급제품

다음의 물품은 그 물품가격 중 기준가격을 초과하는 부분의 가격(과세가격)에 대해서만 세율을 적용한다.

구분	해당 물품	기본세율
가.	① 보석(공업용 다이아몬드, 원석 · 나석 제외) · 진주 · 별갑 · 산호 · 호박 및 상아와 이를 사용한 제품 (기준가격 : 1개당 500만원) ② 귀금속 제품 (기준가격 : 1개당 500만원)	과세가격의 20%
나.	① 고급 시계 (기준가격 : 1개당 200만원) ② 고급 융단 (기준가격 Max[1개당 200만원, 1㎡당×10만원]) ③ 고급 가방(다만, 악기가방 등 특정한 물품을 운반하기 위한 가방은 제외) (기준가격 : 1개당 200만원) ④ 고급 모피와 그 제품(토끼 모피 및 그 제품, 생모피 제외) (기준가격 : 1개당 500만원) ⑤ 고급 가구 (기준가격 : 1개당 500만원, 1조당 800만원)	

(3) 3호 물품 : 자동차

구분	해당 물품	기본세율
가.	배기량 2,000cc를 초과하는 승용자동차 · 캠핑자동차	물품가격의 5%
나.	배기량 2,000cc 이하인 승용자동차와 이륜자동차	
다.	친환경자동차 중 전기자동차	

참고 환경친화적 전기자동차에 대한 개별소비세 감면

구분	감면내용	적용기한
하이브리드자동차	개별소비세 100만원까지 감면	2026년 12월 31까지
전기자동차	개별소비세 300만원까지 감면	2026년 12월 31까지
수소전지자동차	개별소비세 400만원까지 감면	2026년 12월 31까지

참고 과세되는 승용자동차의 범위

① 8인승 이하인 승용자동차와 캠핑용자동차일 것 : 9인승 승용자동차, 캠핑용자동차를 제외한 승합자동차 등은 제외한다.

② 경자동차가 아닐 것 : 배기량 1,000cc 이하 + 길이 3.6m 이하 + 폭이 1.6m 이하인 경자동차는 과세대상에서 제외 ■

(4) 4호 물품 : 석유류

구분	해당 물품		기본세율	
가.	휘발유 및 유사 대체유류	교통 · 에너지 · 환경세(목적세)로 과세	리터당	475원
나.	경유 및 유사 대체유류		리터당	340원
다.	등유 및 유사 대체유류		리터당	90원
라.	중유 및 유사 대체유류		리터당	17원
마.	석유가스(액화된 것 포함) 중 프로판		킬로그램당	20원
바.	석유가스 중 부탄('프로판 + 부탄 = 부탄' 포함)		킬로그램당	252원
사.	천연가스(액화한 것 포함)	발전용 천연가스	킬로그램당	12원
		발전용 외의 천연가스	킬로그램당	60원
사.	천연가스(액화된 것 포함)		킬로그램당	60원
아.	석유제품 외의 물품 제조과정에서 부산물로 생산되는 유류		리터당	90원
자.	유연탄		킬로그램당	46원

(5) 담배(종량세)(국민건강 증진목적 과세)

구분	종류	기본세율
피우는 담배	제1종 궐련	20개비당 594원
	제2종 파이프 담배	1그램당 21원
	제3종 엽궐련	1그램당 61원
	제4종 각련	1그램당 21원
	제5종 전자담배	1밀리리터당 370원 등
	제6종 물담배	1그램당 422원
씹거나 머금는 담배		1그램당 215원
냄새 맡는 담배		1그램당 15원

참고 개별소비세 과세대상 담배의 범위

① 담배사업법에 따른 담배[연초(煙草)의 잎을 원료의 전부 또는 일부로 하여 피우거나, 빨거나, 증기로 흡입하거나, 씹거나, 냄새 맡기에 적합한 상태로 제조한 것을 말한다]

② 위 ①과 유사한 것으로서 연초(煙草)의 잎이 아닌 다른 부분을 원료의 전부 또는 일부로 하여 피우거나, 빨거나, 증기로 흡입하거나, 씹거나, 냄새 맡기에 적합한 상태로 제조한 것

③ 그 밖에 위 ①과 유사한 것 ■

2. 과세장소

구분	과세장소	기본세율
1호	경마장(장외포함)	1명 1회 입장 당 1,000원 (장외발매소 2,000원)
2호	경륜장 · 경정장(장외포함)	1명 1회 입장 당 400원 (장외발매소 800원)
3호	투전기 설치장소	1명 1회 입장 당 1만원
4호	골프장(① 국방부장관이 지도 · 관리하는 골프장 · ② 문화체육부장관이 지정한 대중형 골프장은 제외)	1명 1회 입장 당 1만2천원
5호	카지노(관광진흥법에 따라 허가받은 외국인전용카지노에 입장하는 외국인 제외)	1명 1회 입장 당 5만원 (폐광지역 카지노는 6,300원, 외국인은 2,000원)

판례 승마장 입장행위와 달리 골프장 입장행위에 대해 과세하는 것이 차별적인 것인지 여부

과세대상의 판단여부는 입법자의 광범위한 정책판단의 권한이 부여되어 있고 시설이용의 대중성 · 일반국민들의 인식 등을 근거로 입법자가 판단한 것이므로 정책형성권의 한계를 침해한 자의적인 조치로 보기 어려우며, 평등원칙을 바탕으로 한 조세평등원칙에 위배된다고 보기도 어렵다(2010헌바631). ■

참고 골프장 개별소비세 과세체계 개편

최근 「체육시설의 설치 · 이용에 관한 법률」이 골프장업의 세부 종류를 '회원제 골프장업'과 '비회원제 골프장업'으로 구분하고, 문화체육관광부장관은 국민체육진흥을 위하여 비회원제 골프장 중에서 이용료 등의 요건을 충족하는 골프장을 대중형 골프장으로 지정하여 지원할 수 있도록 개정되었다. 이에 따라 대중형 골프장이 아닌 비회원제 골프장에 입장행위에 대해서 개별소비세를 과세하도록 하였다.

<table>
<tr><th colspan="2">종전</th><th colspan="3">개정</th></tr>
<tr><th>골프징의 구분</th><th>입장행위에 대해
개별소비세법 취급</th><th colspan="2">골프장의 구분</th><th>입장행위에 대해
개별소비세법 취급</th></tr>
<tr><td>회원제 골프장
(회원 모집 ○)</td><td>개별소비세 과세 ○</td><td colspan="2">회원제 골프장
(회원 모집 ○)</td><td>개별소비세 과세 ○</td></tr>
<tr><td rowspan="2">대중형 골프장*
(회원 모집 ×)</td><td rowspan="2">개별소비세 과세 ×</td><td rowspan="2">비회원제
골프장</td><td>비회원제 일반</td><td>개별소비세 과세 ○</td></tr>
<tr><td>대중형 골프장</td><td>개별소비세 과세 ×</td></tr>
</table>

* 최근 상당수의 대중골프장이 회원제 골프장을 상회하는 이용료 인상, 유사회원 모집 등의 편법 영업행위, 고가의 식음료 이용 강요 등 국민체육 진흥 및 골프대중화 정책의 취지와 상충하는 영업행태를 보임에 따라, 형식적으로 회원을 모집하지 않는 골프장으로 등록되기만 하면 실질적인 영업행태와 관계없이 일률적으로 각종 세제 및 지원 정책 혜택의 대상이 되는 종전 제도에 대한 개선 필요성이 제기되어 위와 같이 개편하였다. ■

3. 과세유흥장소

과세유흥장소	기본세율
1) 유흥주점 2) 외국인전용 유흥음식점 3) 그 밖의 유사한 장소 : 유흥주점과 사실상 유사한 영업을 하는 장소 (유흥종사자를 두지 않고 별도의 춤추는 공간이 없는 장소는 제외)	유흥음식요금의 10%

참 고 과세유흥장소의 구체적인 범위

(1) 과세유흥장소

1) 유흥주점(식품위생법 시행령에 따른)

주로 주류를 조리 · 판매하는 영업으로서 ① 유흥종사자를 두거나 ② 유흥시설을 설치할 수 있고 손님이 노래를 부르거나 춤추는 행위가 허용된 장소

① 유흥종사자

손님과 함께 술을 마시거나 노래 · 춤으로 손님의 유흥을 돋우는 부녀자인 유흥접객원

② 유흥장소

유흥종사자 · 손님이 춤을 출 수 있도록 설치한 무도장

2) 외국인전용 유흥음식점(관광진흥법 시행령에 따른)

식품위생법 시행령에 따라 유흥주점영업의 허가를 받은 자가 외국인이 이용하기 적합한 시설을 갖추어 그 시설을 이용하는 자에게 주류 등의 음식을 제공하고 노래 · 춤을 감상하게 하거나 춤을 추게 하는 장소

3) 그 밖의 유사한 장소

식품위생법 시행령에 따른 유흥주점과 사실상 유사한 영업을 하는 장소

(2) 식품위생법 · 관광진흥법 및 그 밖의 법률에 따라 허가를 받지 않고 과세유흥장소를 경영하는 경우 그 장소를 과세대상인 과세유흥장소로 본다.

(3) 과세대상인 과세유흥장소는 크기와 상관없이 결정된다. ■

4. 과세영업장소

과세영업장소의 종류	기본세율
(1) 폐광지역에 관한 법률에 따라 허가를 받은 카지노(강원랜드 카지노)	연간 총매출액에 따른 호별 세율
(2) 관광진흥법에 따라 허가받은 카지노(외국인전용 카지노)	

호별	연간 총매출액		기본세율
1		500억원 이하	0%
2	500억원 초과	1천억원 이하	500억원 초과금액의 2%
3		1천억원 초과	10억원 + 1,000억원 초과금액의 4%

Ⅲ. 탄력세율과 잠정세율

세율적용의 순서 : 잠정세율 > 탄력세율 > 기본세율

1. 탄력세율

(1) 의의

다음의 경우 기본세율의 ± 30%(석유류는 50%) 범위에서 대통령령으로 조정할 수 있다.

① 국민경제의 효율적 운용을 위해 경기조절 · 가격안정 · 수급조정에 필요한 경우

② 유가변동에 따른 지원사업의 재원 조달에 필요한 경우

(2) 현재 탄력세율 적용대상과 세율

<table>
<tr><th>구분</th><th colspan="3">해당 물품</th><th>탄력세율</th></tr>
<tr><td>3호 과세물품</td><td colspan="3">자동차
* 자동차에 대한 탄력세율의 유효기간 : 2025.1.3.부터 2025.6.30.까지 효력을 갖는다.</td><td>3.5%</td></tr>
<tr><td rowspan="9">4호 과세물품</td><td colspan="3">다. 등유</td><td>리터당 63원</td></tr>
<tr><td colspan="2" rowspan="2">바. 석유가스 중 부탄</td><td>일반</td><td>킬로그램당 275원
* 2025.4.30.까지는 킬로그램당 212원으로 한다.</td></tr>
<tr><td>수소제조용</td><td>킬로그램당 176.4원
* 이 탄력세율은 2025.3.31.까지 적용한다.</td></tr>
<tr><td colspan="2" rowspan="2">마. 석유가스 중 프로판</td><td>가정 · 상업용</td><td>킬로그램당 14원</td></tr>
<tr><td>수소제조용</td><td>킬로그램당 14원</td></tr>
<tr><td rowspan="4">사. 천연가스</td><td colspan="2">집단에너지사업자 등에게 열과 전기를 동시에 생산하는 시설의 연료용으로 공급하는 물품
* 열병합 발전시설에 공급하는 천연가스를 말한다.</td><td>킬로그램당 8.4원</td></tr>
<tr><td colspan="2">수소를 제조하기 위해 수소추출설비에 공급하는 물품
* 수소제조용 천연가스를 말한다.</td><td>킬로그램당 8.4원</td></tr>
<tr><td colspan="2">발전용 물품(위의 물품은 제외)
* 발전용 LNG를 말한다.</td><td>2022.8.1.~2025.6.30.까지
킬로그램당 10.2원
* 킬로그램당 12원(기본세율) ×85% = 10.2원</td></tr>
<tr><td colspan="2">발전용 외의 물품</td><td>킬로그램당 42원</td></tr>
</table>

아. 석유제품 외의 물품을 제조하는 과정에서 부산물로 생산되는 유류	리 터 당	63원

(3) 탄력세율의 적용한도

과세물품(종가세 대상 과세물품) 중 대통령령으로 정하는 물품(2025.1.3.~2025.6.30.까지 반출하는 자동차)에 대해서는 세율을 조정하는 경우 ① 기본세율(5%)에 따른 산출세액과 ② 조정 후 세율(예 : 3.5%인 경우)에 따른 산출세액 간 차액은 과세물품당 100만원을 한도로 한다.

[도 표] 자동차에 대한 탄력세율(3.5%로 가정)의 적용한도 사례(자동차 반출가격이 1억원인 경우)

① 기본세율에 따른 산출세액 : 1억원×5% = 5,000,000원
② 탄력세율에 따른 산출세액 : 1억원×3.5% = 3,500,000원
③ 차액 ① − ② : 1,500,000원
④ 탄력세율 적용한도 : 1,000,000원
∵ 사례의 경우 자동차의 개별소비세 산출세액(납부세액)
➟ 5,000,000원 − MIN(③, ④) = 4,000,000원(1억원×4%)

2. 잠정세율

과세물품 중 기술개발을 선도하거나 환경친화적인 물품인 경우 대통령령으로 정하는 바에 따라 다음과 같은 잠정세율을 적용한다.

➟ 현재 대통령령으로 정하는 품목은 없음

적용기간	잠정세율
(1) 대통령령으로 정한 날부터 4년간	기본세율의 10%
(2) (1)에 따른 기간이 지난 날부터 1년간	기본세율의 40%
(3) (2)에 따른 기간이 지난 날부터 1년간	기본세율의 70%

Ⅳ. 비과세 물품

1) 자기(법인 제외)와 자기가족만이 사용하기 위해 자기가 직접 제조하는 물품

전량이 자기(법인 제외)와 자기가족만이 사용·소비하기 위해 충당하는 경우만 해당한다. 이는 부가가치세법상 비사업자에게 부가가치세를 과세하지 않는 것과 마찬가지이다.

2) 관세법에 따라 간이세율이 적용되는 물품

여행자휴대품·우편물·별송품 등을 말하며, 개별소비세 상당액이 이미 간이세율에 반영이 되어있기 때문이다.

개소 02

3) 축산물 위생관리법 · 약사법 · 식품위생법에 따라 제조장에서 수거되는 물품
'수거되는 물품'이란 권한 있는 공무원이 품질 · 규격의 감정 등 정당한 직무수행을 위해 수거하는 과세물품을 말한다.

4) 알코올분이 1도 이상 함유하는 물품으로 주세법에 따라 주세가 부과되는 물품
주세와 개별소비세의 이중과세 방지 취지

제2절 납세의무자와 과세표준

Ⅱ-1 p.458

Ⅰ. 납세의무자

1. 개요

개별소비세의 부담은 납세의무자인 제조 · 반출자, 경영자가 아닌 최종소비자에게 전가 · 귀착이 된다.

2. 납세의무자의 범위

다음에 해당하는 자는 개별소비세를 납부할 의무가 있다.

① 과세물품의 반출자
  ㉠ 과세물품을 제조하여 반출하는 자
  ㉡ 관세법에 따라 관세를 납부할 의무가 있는 자로서 과세물품을 관세법에 따른 보세구역에서 반출하는 자
  ㉢ 위 ㉡ 외에 관세를 징수하는 물품에 대해서는 그 관세를 납부할 의무가 있는 자
② 과세장소의 경영자
③ 과세유흥장소의 경영자
④ 과세영업장소의 경영자

참고 수탁제조 물품의 납세의무자

① 과세물품(보석, 귀금속제품은 제외)을 수탁받아 제조하는 경우에 동 물품에 대한 납세의무자는 수탁자가 되며 이 경우 과세표준 계산은 p.152 ⑩에 따른다.
② 수탁자가 미납세반출 규정(원료를 공급받거나 위탁 공임만을 받고 제조한 물품을 제조장에서 위탁자의 제품 저장창고에 반출하는 것, p.162 2) 참조)에 따라 위탁자에게 미납세반출한 후, 위탁자가 같은 물품을 다시 반출하는 경우에는 위탁자가 납세의무자가 된다. ■

Ⅱ. 과세표준

1. 과세물품의 반출

(1) 일반적인 경우

1) 과세물품을 제조하여 제조장에서 반출하는 경우

제조장에서 반출할 때 가격 또는 수량

* 휘발유 및 유사 대체유류 : 반출수량×[1 − 자연감소율(2/1,000)]

2) 과세물품을 보세구역에서 반출하는 경우

수입신고할 때 관세의 과세가격(수입물품의 대가로 구매자가 지급하였거나 지급할 총금액)과 관세를 합한 가격 또는 수량

3) 보세구역에서 반출하는 경우 외에 관세를 징수하는 물품의 경우

해당 관세를 징수할 때 관세의 과세가격과 관세를 합한 가격 또는 수량

(2) 보석 · 귀금속 제품 및 고급물품

보석 · 귀금속제품 및 고급물품은 반출가격(또는 관세의 과세가격과 관세를 합한 금액) 중 기준가격을 초과하는 부분의 가격(과세가격)을 과세표준으로 한다.

과세물품	기준가격
보석 · 진주 · 별갑 · 산호 · 호박 및 상아와 이를 사용한 제품	1개당 500만원
귀금속 제품	1개당 500만원
고급시계	1개당 200만원
고급융단	1개당 Max[200만원, 1㎡당×10만원]
고급가방	1개당 200만원
고급모피와 그 제품	1개당 500만원
고급가구	1개당 500만원, 1조당 800만원

참 고 구체적인 물품가격의 계산

① 외상 · 할부로 반출하는 경우
인도하는 날의 실제 반출가격 상당액

② 낮은 가격으로 반출하거나 저렴한 가격으로 교환하는 경우
반출 · 교환하는 날의 실제 반출가격 상당액

③ 물품을 반출한 후 일정한 금액을 매수자에게 돌려주는 경우
처음 반출가격의 상당액

④ 운송비를 운송거리 · 운송방법에 상관없이 같은 금액으로 그 반출금액에 포함시키거나 별도로 받는 경우
운송비를 포함한 가격의 상당액

⑤ 낙찰가격에 운송비를 포함하는 경우
운송비를 포함한 가격의 상당액

⑥ 무상으로 반출하는 경우
반출하는 날의 실제 반출가격 상당액

⑦ 제조장에 있다가 공매 · 경매 · 파산절차로 환가되는 경우
환가된 때의 가격(개별소비세 · 부가가치세를 제외한 가격)

⑧ 제조를 사실상 폐지한 경우로서 과세물품이 제조장에 남아있는 경우
㉠ 원칙 : 폐지한 때의 실제 반출가격 상당액
㉡ 예외(반출유예승인을 받은 경우) : 실제 반출되었거나 반출된 것으로 보아 개별소비세가 부과되는 때의 실제 반출가격 상당액

⑨ 다음 중 어느 하나에 해당하는 경우에는 다음의 제조장 반출 물품의 가격 계산 특례에 따른 금액

사유	제조장 반출 물품의 가격
① 제조장과 특수한 관계에 있는 곳*에 판매를 위탁하거나 판매를 전담하게 하는 경우로서 통상적인 거래를 할 때 실제 판매가격이 없거나 실제 판매가격에 상당하는 금액보다 저렴한 가격으로 반출하는 경우 * '제조장과 특수한 관계에 있는 곳'이란 다음 중 어느 하나에 해당하는 장소를 말한다. ㉠ 제조자가 자기의 제품을 직접 판매하기 위하여 특별히 설치한 판매장(하치장을 포함한다) ㉡ 제조자와 특수관계에 있는 자가 경영하는 판매장	해당 물품의 판매가격* − 판매가격* × 기준판매비율(*주) = 추계반출가격 * 해당 물품에 대한 개별소비세와 부가가치세를 포함하지 않는 금액으로 한다.
② 제조장에서 별도의 판매장을 거치지 않고 소비자에게 직접 반출하는 경우	
③ 제조자와 판매자가 동일한 경우	

(*주) 기준판매비율 : ① 기준판매비율은 업종 및 기업의 특성에 따라 조사한 평균적인 판매비용(제조단계 후 발생하는 비용을 말한다) 등을 고려해 국세청장이 고시하는 비율로 한다. 이 경우 국세청장은 품목(과세물품 규정에 분류된 물품을 말한다)을 구분해 기준판매비율을 고시할 수 있다. ② 위 ①에 따라 고시한 기준판매비율은 그 고시한 날이 속하는 분기의 종료일 다음 날부터 3년간 적용한다.

현재 국세청장이 고시한 해당 과세물품에 적용할 기준판매비율은 다음과 같다(국세청고시 제2023-13호, 2023.7.1.).

구분	승용자동차	고급 가구	고급 모피
기준판매비율	18.0%	38.9%	24.6%

⑩ 수탁가공한 물품(보석 · 귀금속제품 제외)에 대해 수탁자가 해당 세액을 납부하는 경우
그 물품을 인도하는 날에 위탁자가 실제로 판매하는 가격에 상당하는 금액. 여기서 '수탁가공'이란 위탁자가 직접 제조하지 않고 수탁자에게 의뢰하여 제조하는 경우로서 다음의 요건을 갖춘 경우
㉠ 위탁자가 생산할 물품을 직접 기획(고안 · 디자인 및 견본제작 등)할 것
㉡ 위탁자의 명의로 제작할 것
㉢ 위탁자의 책임하에 직접 판매할 것 ■

참고 반출가격 계산의 특례

1. 원재료의 일부 또는 전부를 제공하여 과세물품의 제조를 위탁하는 경우에는 그 수탁자를 제조자로 보아 '제조장에서 반출하는 물품의 가격 계산' 규정을 적용한다.
2. 앞의 1.의 규정에도 불구하고 과세물품의 제조를 위탁하는 경우로서 다음 중 어느 하나에 해당하는 경우에는 반출가격을 다음의 구분에 따른 해당 금액으로 한다.
   ① 보석·귀금속 제품 또는 캠핑용자동차(개별소비세 과세대상인 승용자동차를 자동차관리법에 따라 튜닝한 경우) : 다음의 구분에 따른 금액

구분	반출가격
㉠ 위탁자가 제공한 원재료만으로 제조·가공 또는 수리한 경우	위탁공임
㉡ 위탁자가 제공한 것 외의 원재료를 수탁자가 보충·첨가한 경우	(보충·첨가된 원재료의 가격 + 위탁공임)

   ② 캠핑용자동차(개별소비세 과세대상에 해당하지 않는 자동차를 자동차관리법에 따라 튜닝한 경우) : 다음의 금액

반출가격 = (㉠ + ㉡ + ㉢)
㉠ 위탁자가 제공한 자동차의 가격(수탁자의 제조장에서 반출한 때의 지방세법상 시가표준액으로 한다) ㉡ 수탁자가 보충·첨가한 원재료의 가격 ㉢ 위탁공임

참고 **용기대금·포장비용**의 계산

① 원칙 : 용기대금·포장비용은 과세표준에 포함한다.

② 예외 : 다음의 요건을 갖춘 경우 용기대금·포장비용을 과세표준에서 제외한다.

㉠ 용기·포장을 장래에 반환받을 것을 조건으로 반출할 것

㉡ 용기대금·포장비용을 제외한 금액으로 반출할 것

㉢ 국세청장이 지정하는 종류·절차에 따라 관할세무서장의 승인을 받을 것 ■

2. 과세장소의 입장행위

과세표준은 입장할 때 인원(人員)으로 한다.

참고 골프장 입장행위시 과세표준이 되는 인원의 계산

강설, 폭우, 안개 등 천재지변 또는 그 밖의 불가항력적인 사유로 골프행위를 중단하는 경우 과세표준이 되는 골프장 입장할 때의 인원은 다음 계산식에 따라 계산한다.

$$\text{과세표준(인원)} = \text{당초 골프장에 입장할 때의 인원} \times \frac{\text{실제 이용한 홀 수}}{\text{전체 홀 수}}$$

3. 과세유흥장소에서의 유흥음식행위

1) 유흥음식행위시 과세표준은 요금으로 한다. 여기서 '요금'이란 음식료 · 연주료 그 밖의 명목이 무엇이든 상관없이 과세유흥장소의 경영자가 유흥음식행위를 하는 자로부터 받는 금액이다(봉사료도 포함). 다만, 그 받는 금액 중 종업원(자유직업소득자 포함)의 봉사료가 포함되어 있는 경우에는 다음의 요건을 모두 갖추면 예외적으로 과세표준에서 제외한다.

   ① 세금계산서 · 영수증 등에 봉사료를 구분 기재할 것

   ② 봉사료가 해당 종업원에게 지급된 사실이 확인될 것

   ③ 봉사료를 자기의 수입금액에 계상하지 않을 것

2) 요금의 일부 · 전부를 받지 않고 유흥음식행위를 한 경우에는 그 요금 전액을 받은 것으로 본다.

참 고 금전등록기를 설치한 경우

계산서 · 영수증을 발급하고, 감사테이프를 보관한 때에는 현금 수입금액을 과세표준으로 할 수 있다. 다만, 무상 · 외상거래의 경우에는 다음에 따른다.

① 무상으로 유흥음식행위를 한 경우 해당 월분의 과세표준에 합산한다.

② 외상으로 유흥음식행위를 한 경우로서 경영을 폐지한 때는 그때의 외상매출금 잔액을 신고시의 과세표준에 합산한다. ■

4. 과세영업장소에서의 영업행위

연간 총매출액을 과세표준으로 한다.

> 총매출액 = 카지노 영업과 관련하여 (고객으로부터 받은 총금액 – 고객에게 지불한 총금액)

[도 표] 개별소비세의 과세표준

과세대상		과세표준
1. 과세물품	① 제조하여 반출하는 물품	• 제조장에서 반출할 때의 가격 또는 수량 ＊ 보석 · 귀금속제품 및 고급물품은 (반출가격 – 기준가격)
	② 보세구역에서 반출하는 수입물품	• 수입신고를 할 때의 관세의 과세가격과 관세를 합한 금액 또는 수량 ＊ 보석 · 귀금속제품 및 고급물품은 (관세 과세가격 · 관세 – 기준가격) 금액 또는 수량
	③ 위 ② 외에 관세를 징수하는 수입물품	• 해당 관세를 징수할 때의 관세의 과세가격과 관세를 합한 금액 ＊ 보석 · 귀금속제품 및 고급물품은 (관세 과세가격 · 관세 – 기준가격) 금액 또는 수량

2. 과세장소 입장행위	• 입장할 때의 인원
3. 과세유흥장소에서의 유흥음식행위	• 유흥음식행위를 할 때의 요금
4. 과세영업장소에서의 영업행위	• 연간 총매출액

[보 론] 세 포함 가격에 대한 과세표준의 계산

(1) 간접세간 개별소비세 과세표준 포함여부

① 개별소비세 과세표준 : 개별소비세와 부가가치세 포함 ×

② 개별소비세 과세표준 : 교육세 포함 ×

③ 개별소비세 과세표준 : 농어촌특별세 포함 ×

④ 부가가치세 과세표준 : 개별소비세(or 교통 · 에너지 · 환경세, 주세) · 교육세 · 농어촌특별세 포함 ○

⑤ 부가가치세 과세표준 : 부가가치세 포함 ×

(2) 개별소비세에 부과되는 부가세(sur tax)

부과되는 국세	과세표준	세율
교육세	개별소비세액	30%(등유 · 중유 · 부탄은 15%)
농어촌특별세	개별소비세액 * 농어촌특별세 과세대상 ① 투전기 · 그 밖의 오락기구 ② 수렵용총포류 ③ 고급모피 · 고급가구 ④ 골프장 입장행위	10%(골프장 입장은 30%)

제3절 과세대상의 판정

Ⅱ-1 p.470

Ⅰ. 과세물품의 판정

과세물품의 판정은 명칭이 무엇이든 상관없이 그 물품의 형태·용도·성질이나 그 밖의 중요한 특성에 의한다.

1) 동일한 과세물품이 둘 이상에 해당하는 경우
'특성에 맞는 물품 ➡ 주된 용도로 사용되는 물품 ➡ 높은 세율이 적용되는 물품'의 순서대로 판정한다.

2) 보석·귀금속제품에 해당하는 물품 판정
① 원재료의 전부·대부분이 보석·진주·별갑·산호·호박·상아 및 귀금속으로 제조된 것으로 한다.
② 판정순서 : 물품의 원가 구성비율 ➡ 물품에 사용된 원재료 구성비율

3) 하나의 물품이 과세물품과 비과세물품으로 결합되어 있는 경우
'물품의 특성·주된 용도 ➡ 원가가 높은 것'의 순서로 판정한다.

4) 과세물품이 분해·미조립 상태로 반출되는 경우
완제품으로 취급한다(완제품의 의제 ①, 세액공제 사유에도 해당).

5) 과세물품이 불완전·미완성 상태로 반출되는 경우
해당 물품의 주된 부분을 갖추어 그 기능을 나타낼 수 있는 물품은 완제품으로 취급한다(완제품 의제 ②).

Ⅱ. 과세유흥장소·과세영업장소의 판정

식품위생법·관광진흥법·그 밖의 법률에 따라 허가를 받지 않고 과세유흥장소·과세영업장소를 경영하는 경우에도 그 장소를 과세대상인 과세유흥장소·과세영업장소로 본다.

제4절 과세시기 및 제조의제 · 반출의제

Ⅱ-1 p.480

Ⅰ. 과세시기

개별소비세는 다음의 반출 · 수입신고, 입장, 유흥음식행위 · 영업행위를 할 때 그 행위 당시 법률에 따라 부과한다.

구분	과세시기(납세의무 성립시기)
① 물품에 대한 개별소비세	① 제조장에서 반출할 때 ② 수입신고할 때 * 보세구역에서 반출하는 경우 외에 관세를 징수하는 물품에 대한 개별소비세는 관세법에 따른다.
② 입장행위에 대한 개별소비세	과세장소에 입장할 때
③ 유흥음식행위에 대한 개별소비세	유흥음식행위를 할 때
④ 영업행위에 대한 개별소비세	과세영업장소에서 영업행위를 할 때

개소 02

Ⅱ. 제조의제 · 반출의제

1. 제조의제

(1) 의의

제조장 이외의 장소에서 제조와 유사한 행위가 있는 경우 과세대상이 되는 행위인 제조로 본다.

(2) 제조로 보는 경우

1) 제조장이 아닌 장소에서 판매 목적으로 다음 중 어느 하나에 해당하는 행위를 하는 것

① 대통령령으로 정하는 물품(현재 정해진 물품 없음)을 용기에 충전(充塡)하거나 개장(改裝)하는 것

② 과세물품에 가치를 높이기 위한 장식, 조립, 첨가 등의 가공을 하는 것

③ 석유가스 중 프로판과 부탄을 혼합하는 것(그 혼합물이 석유가스 중 부탄인 경우만 해당한다)*

* 제조장이 아닌 장소에서 판매목적으로 과세물품에 해당하는 석유가스 중 부탄과 프로판을 혼합하는 것으로서 그 혼합물이 석유가스 중 부탄인 경우에는 해당 물품을 제조하는 것으로 본다.

2) ① 중고품을 신품(新品)과 동등한 정도로 그 가치를 높이기 위하여 대부분의 재료를 대체 · 보완하거나 ② 중고품의 부분품의 전부 · 일부를 재료로 하여 새로운 물품으로 가공 · 개

조하는 것. ①에서 '대부분의 재료를 대체 · 보완하는 것'이란 해당 물품가격의 50%를 초과하는 재료나 부분품을 대체 · 보완하는 것을 말한다.*

* 수리 정도에 따라 중고품이 제조의제에 해당하는 때에는 수리 부분에 대한 비용만을 과세하는 것이 아니라 해당 물품 전체에 대하여 과세한다.

참 고 제조로 보는 경우의 납세의무자

제조장 이외의 장소에서 과세물품(중고품을 포함한다)의 가치를 증대하는 것이 '제조로 보는 경우'에 해당하는 경우에는 다음에 해당하는 자를 납세의무자로 본다.

① 사업자가 주요재료(부분품)를 공급하고 설치용역만 타인에게 의뢰하는 경우 : 해당 사업자

② 설치용역을 제공하는 자가 주요재료(부분품)를 공급하는 경우 : 해당 설치용역을 제공하는 자 ■

2. 반출의제

(1) 의의

제조장에서 반출이 이루어지지 않더라도 일정한 경우에는 과세대상이 되는 행위인 반출로 본다.

(2) 반출로 보는 경우

과세물품이 다음 중 어느 하나에 해당하는 경우에는 제조장에서 반출하는 것으로 본다.

1) 제조장에서 사용되거나 소비되는 경우. 다만, 다음에 해당하는 경우에는 제외한다.

① 동일 제조장에서 과세물품의 원재료로 사용되는 경우

② 동일 제조장에서 과세물품이 시험 · 연구 및 검사의 목적으로 사용되는 경우. 이 경우 기술개발촉진법에 따른 기업부설연구소 및 연구개발전담부서는 제조장 밖에 있는 경우에도 동일 제조장에는 있는 것으로 본다.

③ 개별소비세가 과세되지 않는 석유류의 제조용 원재료로 정유공정에 그대로 사용되는 경우

2) 제조장에 있다가 공매, 경매 또는 파산절차로 환가되는 경우. 여기서 '환가되는 때'란 계약금 이외에 그 대금의 일부를 받은 때를 말한다. 이러한 경우 공매 등으로 소유권이 이전이 되었지만 현실적으로는 물품이 제조장에 남아있어 반출된 것이 아니기 때문에 실제로 반출되지 않아도 이것을 반출로 의제하는 것이다. 하지만 이 경우 부가가치세법에서는 재화의 공급으로 보지 않는다.

3) 과세물품의 제조를 사실상 폐지한 경우에 제조장에 남아있는 경우. 여기서 '사실상 폐지한 경우'란 사업부진이나 채권자로부터 원재료 또는 제품을 압류당하는 등의 사유로 인하여 현실적으로 제조중단 등 그 영업활동을 계속할 수 없는 경우를 말한다. 다만, 다음에 해당하는 경우에는 제조를 폐지한 것으로 보지 않는다.

① 제조장을 사실상 이전하지 않고 제조업의 영업을 포괄승계하는 경우

② 제조를 폐지한 당시 해당 제조장에 남아 있는 과세물품이 매월분의 통상적인 반출 수량보다 많은 경우에 해당하여 관할세무서장의 승인을 받은 경우. 이러한 반출 유예승인을 받으려는 자는 제조를 폐지한 날이 속하는 달의 다음 달 25일까지 「반출 유예적용 신청서」를 관할세무서장에게 제출해야 하고, 신청을 받은 관할세무서장은 개별소비세의 보전 또는 단속에 지장을 주지 않는다고 인정하는 경우에는 6개월의 범위에서 그 신청을 승인할 수 있다.

참 고 반출의제의 경우 과세표준

① 제조장에서 사용 · 소비되는 경우 : 실제 반출할 때 가격으로 하되, 실제 반출가격을 모를 때는 '해당 물품의 총원가 + 통상적인 이윤(총원가×10%)'으로 한다.

② 공매 · 경매 · 파산절차로 환가되는 경우 : 환가된 때의 가격으로 하되, 여기에는 부가가치세와 개별소비세는 포함하지 않는다.

③ 과세물품의 제조를 사실상 폐지한 경우 : 폐지한 때의 실제 반출가격 상당액으로 하되, 반출유예승인을 받은 경우에는 개별소비세가 부과될 때 실제 반출가격 상당액으로 한다. ■

Ⅲ. 유흥음식행위 · 영업행위의 의제

1) 과세유흥장소의 경영자가 과세유흥장소 외의 장소에서 유흥음식행위를 하게 한 경우에는 그 유흥음식행위를 과세유흥장소에서 한 것으로 본다.

2) 과세영업장소의 경영자가 과세영업장소 외의 장소에서 영업행위를 하게 한 경우에는 그 영업행위를 과세영업장소에서 한 것으로 본다.

[도 표] 반출의제

반출로 보는 경우	과세표준	신고납부
(1) 제조장에서 사용 · 소비되는 경우	• 실제 반출가액으로 할 수 없는 경우 해당 물품의 제조 총원가 + 통상이윤 상당액(제조 총원가의 10%)	• 사유발생일이 속하는 분기의 다음 달 25일까지 신고납부
(2) 제조장에 있다가 공매 등으로 환가되는 경우	• 환가된 때의 가격(개별소비세와 VAT 제외)	• 사유발생일이 속하는 달의 다음 달 25일까지 신고납부
(3) 과세물품의 제조를 사실상 폐지한 경우 제조장에 남아 있는 경우	• 폐지한 때 실제 반출가격에 상당하는 금액	

[도 표] 과세물품 제조의 폐지

구분	(1) 개별소비세법	(2) 부가가치세법
1. 과세여부	과세물품의 제조를 사실상 폐지한 경우에 제조장에 남아있는 과세물품은 이를 제조장으로부터 반출한 것으로 의제하여 개별소비세 과세함. 다만, 영업의 포괄승계 및 재고누적으로 승인을 받은 경우는 반출의제에서 제외함	사업자가 사업을 폐지하는 때에 잔존하는 재화는 자기에게 공급한 것으로 의제하여 잔존재화에 대해서 부가가치세 과세함. 다만, 사업의 양도에 의해 폐업하는 경우에는 이를 재화의 공급으로 보지 않으므로 부가가치세를 과세하지 않음
2. 과세표준	제조를 폐지하는 때에 실제 반출가격에 상당하는 금액	• 비상각자산 : 해당 재화의 시가 • 감가상각자산 : 간주시가 취득가액×(1 − 감가율×경과된 과세기간 수)
3. 신고납부	제조를 폐지한 날이 속한 달의 다음 달 25일까지 개별소비세 신고납부	폐업일이 속하는 달의 다음 달 25일까지 부가가치세 확정신고납부

[도 표] 과세물품의 판매목적 타사업장 반출

구분	(1) 개별소비세법	(2) 부가가치세법
1. 과세대상 여부	과세물품이 반출되면 소유권이전이 없더라도 본래 과세대상에 해당함(반출과세제도)	과세물품의 판매목적 타사업장 반출이 재화의 공급의제에 해당하는 경우에는 과세대상에 해당함 * 주사업장 총괄납부와 사업자단위과세를 하는 과세기간 반출분은 공급의제에 해당하지 않음. 다만, 총괄납부사업자가 T/I 발급하고 신고한 경우에는 과세대상에 해당함
2. 과세표준	과세물품의 반출가격	개별소비세 과세표주(반출가격) + 개별소비세 + 교육세 · 농어촌특별세
3. 신고납부 기한	반출일이 속하는 분기의 다음 달 25일까지	예정신고기간 또는 과세기간이 끝난 후 25일 이내

제3장
미납세반출 · 면세제도 및 세액의 공제 · 환급

제1절 미납세반출

Ⅱ-1 p.503

Ⅰ. 의의

'미납세반출'이란 개별소비세의 부담이 유보된 상태에서 반출되는 것을 말한다. 미납세반출을 할 때는 ① 반입장소를 제조장으로, ② 반입자를 제조자(납세의무자)로 보고 이후에 반입장소에서 다시 반출이 될 때 개별소비세가 과세되거나 면세된다.

Ⅱ. 미납세반출의 대상

1. 수출할 물품

수출할 물품을 다른 장소로 반출하는 것에 대해서는 개별소비세를 징수하지 않는다. 수출할 물품을 다른 장소로 반출하는 것에 대하여 개별소비세를 부과하고 나중에 수출될 때 이미 납부한 개별소비세를 환급하는 것은 그 절차가 복잡할 뿐만 아니라 환급시점까지 사업자의 자금부담이 있게 된다. 이러한 점 때문에 수출할 물품에 대해서는 미납세반출을 할 수 있도록 한 것이다.

한편 개별소비세의 보전이나 그 밖에 단속에 지장이 없다고 인정되는 것으로서 다음에 해당하는 수출의 전단계의 반출에 대해서도 미납세반출이 적용된다.

① 수출물품(또는 수출물품의 제조 · 가공을 위한 물품)을 내국신용장(원내국신용장과 제2차 내국신용장으로 한정한다)에 의하여 수출업자(또는 수출물품의 제조 · 가공업자)에게 반출하는 것

② 수출물품을 제조 · 가공하기 위하여 동일 제조장에서 다른 제품의 원료로 사용하는 것

③ 수출물품을 제조 · 가공하기 위하여 다른 제조장으로 반출하는 것

2. 소비목적이 아닌 반출

개별소비세는 반출시점에서 과세된다. 따라서 과세물품이 소비를 위한 유통과정에 들어가는 것이 아닌 경우에도 제조장에서 반출되면 일단 과세되는 문제점이 발생한다. 그리하여 개별소비세법에서는 소비목적이 아닌 반출에 대해서는 일단 과세를 유보하는 데, 그 내용은 다음과 같다.

1) 박람회 등에의 출품과 관련되는 다음의 것
   ① 국내에서 개최하는 박람회 · 전시회 · 품평회 · 전람회나 그 밖에 이에 준하는 곳(이하 '박람회 등')에 출품하기 위하여 제조장에서 반출하는 것
   ② 국내 또는 국외에서 개최한 박람회 등에 출품한 물품을 제조장에 환입(還入)하거나 보세구역에서 반출하는 것
   ③ 국제적인 박람회 등에 출품할 것을 조건으로 외국에서 수입하는 것
   ④ 국내에서 개최하는 박람회 등에 출품하기 위하여 무상으로 수입하는 것으로서 관세가 면세되는 것
2) 수탁자가 원료를 공급받거나 위탁 공임만을 받고 제조한 물품을 제조장에서 위탁자의 제품저장창고에 반출하는 것
3) 제조장 외의 장소에서 규격 검사를 받기 위하여 과세물품을 제조장에서 반출하거나 그 제조장에 환입하는 것
4) 미납세반출이나 면세를 적용받아 반입(搬入)된 물품으로서 품질 불량이나 그 밖의 사유로 제조장에 반환하는 것
5) 개별소비세 보전이나 그 밖에 단속에 지장이 없다고 인정되는 다음의 것
   ① 제조장을 이전하기 위하여 반출하는 것
   ② 승용자동차를 보관 · 관리하기 위하여 제조장에서 하치장으로 또는 하치장에서 다른 하치장으로 반출하거나 해당 제조장에 환입하는 것
   ③ 과세물품을 제조 · 가공하기 위한 원료로 사용하기 위하여 다른 제조장으로 반출하는 것
   ④ 석유류를 석유비축시책의 일환으로 한국석유공사에 공급하기 위하여 제조장 또는 보세구역에서 반출하는 것과 제조장 또는 보세구역에서 반출한 후 제조자 또는 수입업자의 저유소(貯油所)를 거쳐 한국석유공사에 공급하는 것으로서 국세청장이 정하는 방법으로 공급하는 것
   ⑤ 석유제품 외의 물품을 제조하는 과정에서 부산물로 생산되는 유류를 석유정제업자에게 석유제품 원료용으로 공급하기 위하여 제조장 또는 보세구역에서 반출하는 것

⑥ 승용자동차로서 제조자 또는 수입업자의 판매장에 30일 이상 전시하기 위하여 제조장 또는 보세구역에서 반출하거나 해당 제조장 또는 보세구역으로 환입하는 것

⑦ 석유류를 제조 · 가공하기 위하여 동일한 제조자의 다른 제조장으로 반출하는 것

Ⅲ. 미납세반출의 절차

[도 표] 미납세반출의 절차

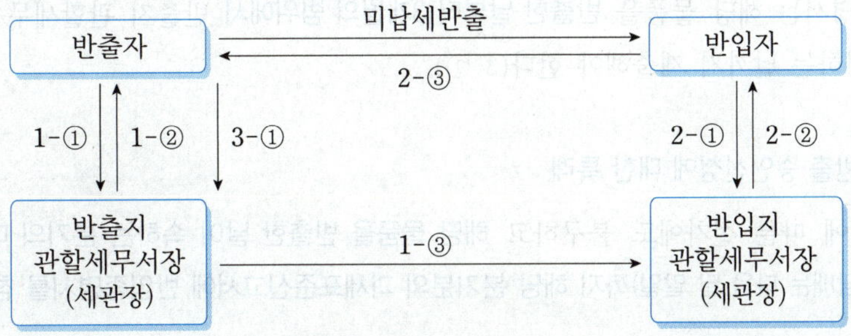

사전승인
- 1-① : 미납세반출 승인신청서 제출
- 1-② : 미납세반출 승인서 발급
- 1-③ : 미납세반출승인의 뜻을 통지

사후증명
- 2-① : 미납세물품반입신고서에 의하여 반입사실의 신고 (반입한 날이 속하는 분기의 다음 달 15일까지)
- 2-② : 반입증명서 발급
- 2-③ : 반입증명서 송부
- 3-① : 반입증명서 제출(반출일～3개월 이내)

1. 원칙적인 절차

(1) 미납세반출 승인신청

1) 미납세반출대상에 해당하는 물품을 제조장(또는 하치장)에서 반출하거나 보세구역에서 반출하려는 자는 해당 물품을 반출할 때에(수입물품의 경우에는 그 수입신고시부터 수입신고 수리 전까지) 미납세반출 승인신청서를 관할세무서장(또는 세관장)에게 제출하여 그 승인을 받아야 한다(1-①).

2) 신청을 받은 관할세무서장(또는 세관장)이 이를 승인하였을 때에는 그 신청서에 준하는 내용의 승인서를 발급하고(1-②), 반입지 관할세무서장(또는 세관장)에게 그 사실을 통지해야 한다(1-③).

(2) 반입신고와 확인

1) 미납세반출을 적용받아 과세물품을 반입장소에 반입한 자는 반입한 날이 속하는 분기의 다음 달 15일(석유류 · 담배는 반입한 날이 속하는 달의 다음 달 15일)까지 반입 사실을 반입지 관할세무서장(또는 세관장)에게 신고해야 한다(2-①).

2) 반입지 관할세무서장(또는 세관장)은 승인지 관할세무서장(또는 세관장)이 송부해 온 승인 내용과 대조하여 확인하고 반입자에게 반입증명서를 발급한다(2-②).

(3) 반입증명

반입증명서는 해당 물품을 반출한 날부터 3개월의 범위에서 반출지 관할세무서장(또는 세관장)이 지정하는 날까지 제출해야 한다(3-①).

2. 미납세반출 승인신청에 대한 특례

1) 원칙에 따른 절차에도 불구하고 해당 물품을 반출한 날이 속하는 분기의 다음 달 25일(석유류 · 담배는 다음 달 말일)까지 해당 분기분의 과세표준신고서에 반입증명서를 첨부하여 제출해야 한다.

2) 반입증명서 제출기한까지 부득이한 사유로 해당 사실을 증명하기 위한 서류를 제출할 수 없는 경우에는 해당 사실을 증명하기 위한 서류를 반입증명서 제출기한이 경과한 날부터 3개월 범위에서 그 기한을 연장할 수 있다.

Ⅳ. 미납세반출물품에 대한 사후관리

1. 개별소비세 징수

미납세반출한 물품으로서 ① 반입 장소에 반입된 사실이나 ② 정해진 용도로 사용된 사실이 증명되지 않은 것에 대해서는 반출자 · 수입신고인으로부터 개별소비세를 징수한다. 이때 관할세무서장 등은 해당 세액을 징수할 수 있는 날부터 30일 이내에 해당 사실을 증명하지 않은 경우 해당 세액을 징수하겠다는 뜻을 지체 없이 반출자 · 수입신고인에게 통지해야 한다.

2. 멸실승인

물품이 반입 장소에 반입되기 전에 재해나 그 밖의 부득이한 사유로 멸실된 경우 개별소비세를 징수하지 않는다. 이때 개별소비세를 면제받으려는 자는 반입증명서의 제출기한까지 멸실승인신청서를 반출지 세무서장 등에게 지체 없이 제출하여 승인을 받아야 한다.

판 례 미납세반출 승인신청서를 제출하여 승인을 받지 않은 경우

개별소비세가 유보된 상태에서의 반출을 허용하는 것은 개별소비세가 최종소비자를 담세자로 예정하고 있는 세목으로써 현행 개별소비세법상 반출과세 원칙에 따른 문제점을 해소하려는데 그 취지가 있다. 이러한 미납세반출 제도는 사후관리 절차를 예정하고 있고 이를 위해 반출 전에 승인절차, 반입 후 반입사실에 대한 증명 등의 절차를 법률이 아닌 대통령령으로 위임하더라도 이는 미납세반출의 사후관리를 위한 구체적인 절차임을 충분히 예측할 수 있어 위임한계를 벗어난 입법으로 보기 어렵다. 따라서 이와 같이 승인을 받지 못한 경우 개별소비세 유보대상에 해당하지 않는다(2013두16074). ■

제2절 개별소비세의 면세제도

II-1 p.517

Ⅰ. 의의

일정한 과세물품의 반출·수입과 입장행위에 대해서는 개별소비세를 면제한다. 개별소비세에 따른 면세제도는 부분면세인 부가가치세의 면세제도와 달리 완전면세에 해당한다.

면세의 적용대상	사후관리	승인신청에 대한 특례
(1) 과세물품에 대한 면세		
① 수출 및 군납면세	○	○
② 외교관 면세	○	×
③ 외국인전용판매장 면세	○	○
④ 조건부 면세	○	○
⑤ 무조건 면세	×	×
(2) 입장행위에 대한 면세	−	−

Ⅱ. 면세의 내용

1. 과세물품에 대한 면세

(1) 수출 및 군납면세

수출면세의 경우는 소비지국과세원칙을 구현하고, 군납면세의 경우는 주한외국군에 대한 국제적 관례를 따르는데 그 취지가 있다.

1) 수출면세

① 내국물품을 국외로 반출하는 것

② 국제경쟁입찰의 낙찰자가 해당 계약의 내용에 따라 국내에서 생산한 물품을 납품하는 것

2) 주한외국군에 납품하는 것

참고 수출 및 군납 면세승인절차와 사후관리

1. 면세승인절차

(1) 원칙적인 절차

1) 수출 및 군납 면세승인절차

① 수출 및 군납면세를 받으려는 자는 수출·군납면세 반출승인신청서에 수출신용장 등을 첨부하여 해당 물품을 반출할 때(수입물품의 경우 그 수입신고 시부터 수입신고 수리 전까지) 관할세무서장·세관장(이하 관할세무서장 등)에게 제출하여 그 승인을 받아야 한다. 이 경우 해당 물품의 제조자와 수출·납품하는 자가 다를 때에는 제조자와 수출·납품하는 자가 연명하여 신청을 한다.

② 해당 신청을 관할세무서장 등이 승인하였을 때에는 그 신청서에 준하는 내용의 승인서를 발급해야 한다.

2) 용도증명 : 수출·군납의 용도로 제공한 사실을 증명하기 위한 서류는 해당 물품을 반출한 날부터 3개월의 범위에서 반출지 관할세무서장 등이 지정하는 날까지 제출해야 한다. 이 경우 반출지 관할세무서장 등이 지정하는 기한까지 제출할 수 없는 경우에는 관할세무서장 등에게 제출기한의 연장을 신청할 수 있다. 이때 연장되는 기한은 본래의 제출기한이 경과한 날부터 3개월 범위에서 연장할 수 있다.

(2) 면세반출승인신청에 대한 특례

위와 같은 절차에도 불구하고 제조장·하치장에서 반출하는 물품에 대해 수출·군납면세를 적용받으려는 자는 해당 물품을 반출하려는 날이 속하는 분기의 다음 달 25일(담배·석유류는 반출한 날이 속하는 달의 다음 달 말일)까지 해당 분기분(담배·석유류는 해당 월분)의 과세표준신고서에 용도증명서를 첨부하여 제출해야 한다.

2. 수출 및 군납 면세에 대한 사후관리

(1) 개별소비세의 징수

수출·군납면세한 물품으로서 정해진 용도로 사용된 사실이 증명되지 않은 것에 대해서는 반출자·수입신고인으로부터 개별소비세를 징수한다. 이때 관할세무서장 등은 해당 세액을 징수할 수 있는 날부터 30일 이내에 해당 사실을 증명하지 않은 경우 해당 세액을 징수하겠다는 뜻을 지체 없이 반출자·수입신고인에게 통지해야 한다. 다만, 해당 물품의 용도를 변경한 사실이 확인되는 경우에는 즉시 개별소비세를 징수한다.

한편, 군납면세를 받은 물품을 면세를 승인받은 날로부터 ① 5년 내에 타인에게 양도한 경우에는 양수자가 ② 5년 내에 타인이 소지한 경우에는 이를 소지한 자가 반출·수입신고를 한 것으로 보아 개별소비세를 징수한다.

(2) 멸실승인

수출 · 군납면세를 적용받아 반출한 물품이 반입장소에 반입되기 전에 재해나 그 밖의 부득이한 사유로 멸실된 경우 개별소비세를 징수하지 않는다. 이때 개별소비세를 면제 받으려는 자는 용도증명서의 제출기한까지 멸실승인신청서를 반출지 세무서장 등에게 지체 없이 제출하여 승인을 받아야 한다. ■

[도 표] 수출면세의 절차

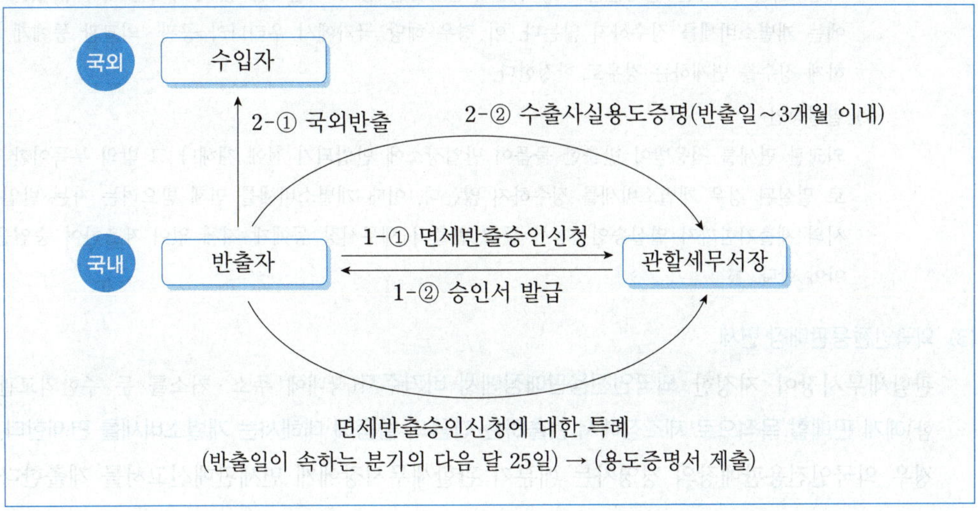

(2) 외교관 면세

다음에 해당하는 경우에 면세를 적용하며, 이러한 외교관 면세는 상호주의에 따라 해당 국가에서 우리나라 공관 · 외교관 등에게 그 국가의 조세로서 개별소비세 또는 이와 유사한 조세를 면제해주거나 해당 조세가 없는 경우에만 적용한다.

① 주한외교공관 등에서 공용품으로 수입 · 구입하는 것

② 주한외교관 등과 그 가족이 자가용품으로 수입하는 것

③ 주한외교공관 등과 주한외교관 등이 사용하는 자동차에 사용되는 석유류

참 고 외교관 면세 승인절차와 사후관리

1. 외교관 면세 승인신청

① 외교관 면세를 받으려는 자는 외교관 면세반출 신청서 등을 첨부하여 해당 물품을 반출할 때(수입물품의 경우 그 수입신고 시부터 수입신고 수리 전까지) 관할세무서장 · 세관장(이하 관할세무세장 등)에게 제출하여 그 승인을 받아야 한다.

② 해당 신청을 관할세무서장 등이 승인하였을 때에는 그 신청서에 준하는 내용의 승인서를 발급해야 한다.

2. 사후관리

(1) 개별소비세의 징수

외교관 면세를 받은 물품을 면세를 승인받은 날부터 ① 3년 내에 타인에게 양도한 경우에는 양수자가, ② 3년 내에 타인이 소지한 경우에는 이를 소지한 자가 반출·수입신고를 한 것으로 보아 개별소비세를 징수한다.

다만, 개별소비세를 면제받은 자동차에 주한외교관 등이 이임하는 등 부득이한 사유가 있는 경우에는 개별소비세를 징수하지 않는다. 이 경우 해당 국가에서 우리나라 공관·외교관 등에게 동일하게 징수를 면제하는 경우로 한정한다.

(2) 멸실승인

외교관 면세를 적용받아 반출한 물품이 반입장소에 반입되기 전에 재해나 그 밖의 부득이한 사유로 멸실된 경우 개별소비세를 징수하지 않는다. 이때 개별소비세를 면제 받으려는 자는 반입증명서의 제출기한까지 멸실승인신청서 등을 반출지 세무서장 등에게 지체 없이 제출하여 승인을 받아야 한다. ■

(3) 외국인전용판매장 면세

관할세무서장이 지정한 외국인전용판매장에서 비거주자(국내에 주소·거소를 둔 주한외교관 포함)에게 판매할 목적으로 제조장에서 반출하는 다음의 물품에 대해서는 개별소비세를 면제한다. 이 경우 외국인전용판매장의 경영자는 매분기 관할세무서장에게 면세판매신고서를 제출한다.

① 보석과 이를 사용한 제품
② 귀금속 제품
③ 골패와 화투류
④ 고급 가구
⑤ 고급 융단
⑥ 고급 가방

참고 면세절차 및 사후관리

1. 외국인전용판매장에서 판매할 물품의 승인신청

① 외국인판매장 면세를 받으려는 자는 외국인전용판매장 면세반출 신청서에 외국인전용판매장 지정증 사본을 첨부하여 관할세무서장에게 제출하여 그 승인을 받아야 한다. 이 경우 관할세무서장은 신청인의 동의를 얻어 행정정보의 공동이용을 통해 사업자등록증을 확인하거나 신청인에게 사업자등록증 사본을 첨부하도록 요구해야 한다.

② 해당 신청을 관할세무서장 등이 승인하였을 때에는 그 신청서에 준하는 내용의 승인서를 발급하고 반입지 세무서장에게 그 사실을 통지해야 한다.

2. 외국인전용판매장에서 판매하는 면세물품의 구입방법 및 판매보고

① 면세물품을 판매할 때에는 해당 구입자의 신분을 확인한 후 구입기록표를 작성하여 구입자의 여권에 첨부하고 간인(間印)해야 한다.

② 물품을 판매하는 자는 면세물품에 관한 사항을 적은 판매확인서 2통을 작성하여 ① 1통은 판매를 할 때 구입자(주한외교관 등은 제외)의 출국 예정항 관할세관장에게, ② 나머지 1통은 면세판매신고를 할 때 관할세무서장에게 제출한다. 다만, 판매장이 보세구역 안에 있는 경우에는 관할세무서장에게 제출하지 않아도 된다.

③ 판매확인서를 받은 세관장은 구입자가 출국할 때 구입기록표를 제출받아 해당 물품의 구입사실과 소지사실을 확인한다.

④ 세관장은 매분기별 구입기록표 · 판매확인서를 판매지 관할세무서장에게 해당 분기의 다음 달 10일까지 송부해야 한다.

⑤ 마지막으로 관할세무서장은 판매자로부터 받은 판매확인서와 세관장으로부터 받은 판매확인서 · 구입기록표를 대조 · 확인한 후 면세로 반입한 물품의 판매량과 재고량을 조사한 후 차이가 있는 경우에는 그 차이에 상당하는 물품에 대한 개별소비세를 판매자로부터 징수한다.

3. 사후관리

① 외국인전용판매장에 반입된 사실이 증명되지 않은 것에 대해서는 반출자로부터 개별소비세를 징수한다(p.179 ③ 참조). 다만, 반입되기 전에 재해나 그 밖의 부득이한 사유로 멸실된 경우에는 제외한다. 이 경우 반입사실의 신고는 반입한 날이 속하는 분기의 다음 달 15일까지 반입지 관할세무서장에게 신고해야 한다.

② 외국인전용판매장에서 면세물품을 구입한 자가 출국당시 이를 소지하지 않은 경우에는 그 구입자로부터 개별소비세를 징수한다(p.179 ④ 참조).

③ 해당 면세물품을 구입할 수 없는 자가 소지한 경우에는 그 소지자에게 개별소비세를 징수한다(p.179 ⑤ 참조). 다만, 이미 경영자 · 구입자로부터 징수한 경우에는 제외한다. ■

(4) 조건부 면세

다음에 해당하는 경우 국가의 시책으로써 일정한 조건을 달아 세액을 부담시키지 않는다.

① 원자로 · 원자력 · 동위원소의 생산 · 사용 · 개발에 제공하거나 그 물품의 제조용 원료로 사용하는 물품

② 보석으로 이화학 실험연구용 등의 제작용인 것

③ 승용자동차로서 다음에 해당하는 것

㉠ 장애인이 구입하는 것(장애인 1명당 1대로 한정). 여기서 장애인이란 국가유공자 중 장애인, 장애인복지법에 따른 장애인 등을 말하며, 이때 면제되는 개별소비세(과세표준 계산 시 장애인을 위한 특수장비 설치비용은 제외)는 500만원을 한도로 한다.

㉡ 환자 수송을 전용으로 하는 것

㉢ 여객자동차운송사업에 사용하는 것

㉣ 자동차대여사업에 사용되는 것. 그러나 구입일부터 3년 이내 동일인(동일법인 포함. 이하 동일인 등)에게 6개월을 초과하여 대여(24시간을 1일로 계산)하게 되면 그 초과하는 날이 속하는 분기의 다음 달 25일까지 과세표준신고서를 제출하고 면제받은 개별소비세 전액을 납부

한다.

* 다만, 구입일부터 3개월 이상의 기간 동안 동일인 등에게 대여한 사실이 없는 경우에는 그 동일인 등에게 최초로 대여한 날에 용도변경이 된 것으로 보아 개별소비세를 계산한다.

ⓜ 기업부설연구소 · 연구개발전담부서가 신제품 · 신기술을 개발하기 위해 시험 · 연구용으로 수입하여 사용하는 것

ⓑ 18세 미만의 자녀* 3명 이상을 양육하는 사람이 구입하는 것. 이러한 승용자동차에 대한 개별소비세는 300만원을 한도로 하여 면제한다.

* 여기서 '자녀'는 가족관계등록부를 기준으로 하고, 양자 및 배우자의 자녀를 포함하되, 입양된 자녀는 친생부모의 자녀 수에는 포함하지 않는다.

④ 외국으로부터 자선 · 구호를 위해 자선 · 구호기관 · 단체에 기증되는 물품

⑤ 외국으로부터 사원 · 교회 등에 기증되는 의식용품 · 예배용품

⑥ 학교 등에 진열하거나 교재로 사용하기 위한 표본 · 참고품

⑦ 외국으로부터 학술연구용 · 교육용으로 사용하기 위해 학술연구단체 · 교육기관에 기증되는 물품

⑧ 재수출할 물품을 보세구역에서 반출하는 것으로서 관세가 면제되는 것

⑨ 외국항행선박 · 원양어업선박 · 항공기에 사용하는 석유류

⑩ 의료용 · 석유화학공업용 원료 등으로 사용하는 석유류

⑪ 외국 무역선 · 원양어업선박 · 외국항행 항공기에서 사용할 것으로 인정되는 연료 외의 소모품

⑫ 전기사업법에 따른 발전사업(집단에너지사업법에 따른 발전사업은 제외) 외의 용도로만 사용되는 유연탄

[도 표] 자동차대여사업에서 사용되는 자동차에 대한 조건부 면세

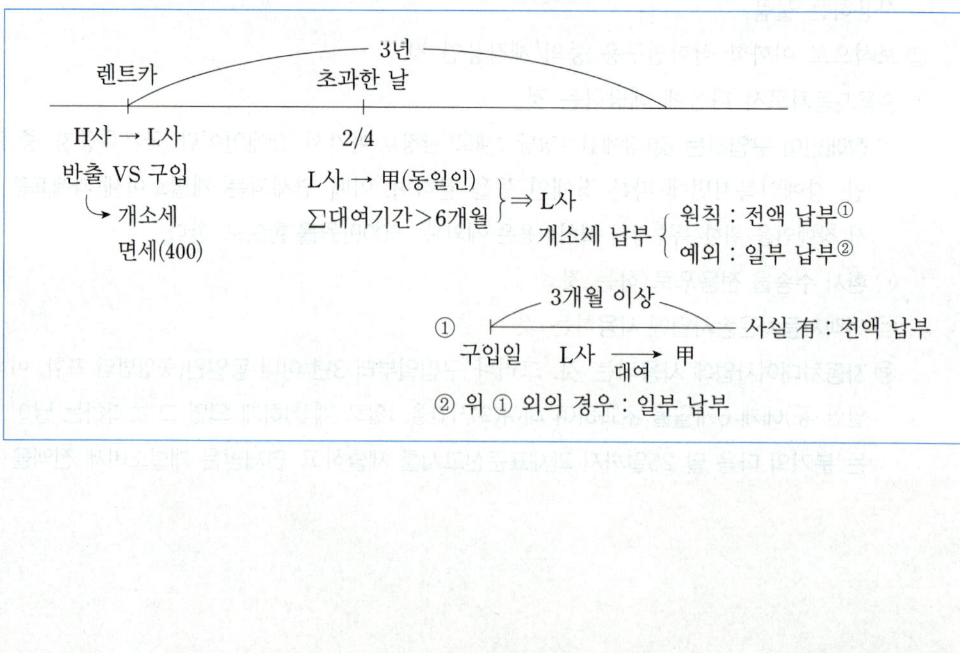

참 고 조건부 면세절차 및 사후관리

1. 조건부 면세절차

(1) 원칙적인 절차

① 조건부 면세를 받으려는 자는 면세신청서를 해당 물품을 반출할 때(수입물품의 경우 그 수입신고 시부터 수입신고 수리 전까지) 관할세무서장 · 세관장(이하 관할세무서장 등)에게 제출하여 그 승인을 받아야 한다.

해당 신청을 관할세무서장 등이 승인하였을 때에는 그 신청서에 준하는 내용의 승인서를 발급해야 하며, 반입지 관할세무서장 등에게 그 뜻을 통지해야 한다.

② 조건부면세 반입사실 신고는 반입한 날이 속하는 분기의 다음 달 15일까지 반입지 관할세무서장에게 신고해야 한다.

(2) 면세반출승인신청에 대한 특례

위와 같은 절차에도 불구하고 제조장 · 하치장에서 반출하는 물품에 대해 조건부면세를 적용받으려는 자는 해당 물품을 반출하려는 날이 속하는 분기의 다음 달 25일(석유류 · 담배는 반출한 날이 속하는 달의 다음 달 말일)까지 해당 분기분(석유류 · 담배는 해당 월분)의 과세표준신고서에 반입증명서 또는 용도증명서를 첨부하여 제출해야 한다.

2. 사후관리

① 조건부 면세물품에 대하여 반입지에 반입한 사실을 증명하지 않은 것에 대해서는 관할세무서장 등이 반출자 · 수입신고인으로부터 개별소비세를 징수한다.

다만, 반입이 되기 전에 재해나 부득이한 사유로 멸실된 경우에는 개별소비세를 징수하지 않는다.

② 조건부 면세를 적용받은 물품이 반입지에 반입 후 용도변경 등의 사유가 발생하는 경우에 반입자는 그 사유가 발생한 날이 속하는 분기의 다음 달 25일(석유류 · 담배의 경우 그 사유가 발생한 날이 속하는 달의 다음 달 말일)까지 과세표준신고서를 반입지 관할세무서장 등에게 제출하고 개별소비세를 납부해야 한다. ■

참 고 승용자동차 면세 특례 절차

1) 조건부면세 대상 승용자동차의 해당 용도에 사용하기 위하여 제조장(또는 보세구역)에서 반출하는 승용자동차에 대하여 면세를 받으려는 자는 과세표준신고서에 다음의 서류를 첨부하여 관할세무서장(또는 세관장)에게 제출해야 한다.

   ① 승용자동차 개별소비세 면세반출 신고서

   ② 자동차매매계약서 사본(같은 용도의 것으로 양도한 경우만 해당한다)

2) 조건부면세 대상 승용자동차의 용도에 사용하기 위하여 자동차등록을 한 자는 해당 승용자동차를 제조장(또는 보세구역)에서 반출한 날이 속하는 달의 다음 달 20일까지 자동차등록증 사본을 제조장에서 반출한 경우에는 승용자동차 제조자에게(또는 보세구역에서 반출한 경우에는 관할세관장)에게 제출해야 한다.

3) 위 1)에 따라 과세표준신고를 접수한 반출지 관할세무서장(또는 세관장)은 「승용자동차 개별소비세 면세반출 통보서」를 과세표준신고를 접수한 달의 다음 달 말일까지 반입지 관할세무서장에게 통보해야 한다.

4) 위 1)에 따라 과세표준신고를 받은 관할세무서장(또는 세관장)은 전자정부법에 따른 행정정보의 공동이용을 통하여 다음에 해당하는 행정정보를 확인해야 한다. 다만, 신고인이 확인에 동의하지 않는 경우에는 해당 서류(①, ② 및 ④의 경우에는 그 사본)를 첨부하도록 해야 한다.
   ① 사업자등록증(환자수송용 또는 영업용의 경우만 해당한다)
   ② 자동차등록증(제조장에서 반출하는 경우만 해당한다)
   ③ 주민등록표 등본 또는 외국인등록사실증명(장애인이 구입하는 승용자동차에 해당하는 경우로서 주민등록표, 외국인등록표 또는 국내거소신고원부에 의하여 장애인과 세대를 함께 하는 것이 확인되는 배우자, 직계존비속, 형제자매 또는 직계비속의 배우자와 공동명의로 장애인 전용 승용자동차를 구입하는 경우 또는 다자녀가구가 구입하는 승용자동차의 경우에만 해당한다)
   ④ 장애인등록증 또는 상이등급이 적힌 국가유공자증서
   ⑤ 국내 거소 신고 사실증명(위 ③에 따라 확인할 수 없는 경우만 해당한다)
   ⑥ 가족관계등록부(다자녀가구가 구입하는 승용자동차의 경우만 해당한다) ■

참고 조건부 면세승용차 재반출(양도)시 면세절차

1. 조건부면세로 반입한 승용차를 반입일(차량등록일)로부터 5년 이내에 같은 용도로 사용하려는 자에게 재반출(양도)할 때에는 당초 반입자가 처음 반출할 때와 동일한 절차에 따라 제반 신고의무를 이행해야만 개별소비세를 조건부로 다시 면세받을 수 있다.
2. 반출(양도)시 조건부면세요건에 부합하는 경우 재반출(양도)한 날이 속하는 분기의 다음달 25일까지 개별소비세를 관할세무서장에게 신고해야 한다.
3. 같은 용도로 사용하기 위한 재반출(양도)의 범위에는 당초 면세적용조건에 해당하는 모든 용도별 재반출을 포함한다.

예

당초 용도		재반출 용도
장 애 인 용	➡	개인택시용
렌 트 카 용	➡	환자수송용
개인택시용	➡	렌 트 카 용
렌 트 카 용	➡	장 애 인 용 ■

참고 조건부 면세물품의 반입자에 의한 용도변경 등의 경우 사후관리

1. 조건부 면세물품으로서 반입지에 반입된 후에 해당 물품에 대하여 다음 중 어느 하나에 해당하는 사유가 발생하는 경우 반입자는 반입지 관할세무서장에게 개별소비세를 신고납부해야 한다.
   ① 조건부 면세대상 ①·②, ④~⑧ 및 ⑫에 해당하는 물품 : 반입자가 반입한 날부터 5년 이내(조건부 면세를 받아 반입한 물품을 조건부 면세용도 또는 무조건 면세용도로 재반출한 물품을 반입한 경우에는 재반출자의 사용기간을 포함한다. 이하 ②에서 같다)에 그 용도를 변경하거나 양도한 경우
   ② 조건부 면세대상 승용자동차에 해당하는 물품 : 반입자가 반입한 날부터 5년 이내에 그 용도를 변경하거나 양도한 경우. 다만, 다음 중 어느 하나에 해당하는 경우는 제외한다.
      ㉠ 장애인이 구입하는 승용자동차 및 다자녀가구가 구입하는 승용자동차 : 반입자가 반입한 날부터 5년 이내에 사망한 경우
      ㉡ 여객자동차운송사업에 사용하는 승용자동차 : 반입자가 반입한 날부터 5년 이내에 사망하여 그 상속인이 상속개시일부터 3개월 이내에 조건부 면세대상 승용자동차의 용도로 양도하는 경우

㉢ 다자녀가구가 구입하는 승용자동차 : ⓐ 반입자가 반입한 날부터 5년 이내 사망한 경우, ⓑ 같은 세대의 배우자에게 양도하거나 배우자 또는 자녀와 공동으로 소유권을 등록하는 경우, ⓒ 이혼으로 자녀와 함께 거주하지 않게 된 경우, ⓓ 반입일 이후 자녀가 18세 이상이 되는 경우, ⓔ 반입일 이후 자녀가 사망한 경우

③ 장애인이 구입하는 승용자동차 : 노후한 장애인 전용 승용차를 교체하거나 폐차하기 위하여 장애인 전용 승용자동차를 취득하여 1인 2대가 된 경우에는 종전의 승용자동차를 새로 취득한 장애인 전용 승용자동차의 취득일부터 3개월 이내에 처분하지 않은 경우

2. 조건부 면세대상에 해당하는 사실을 증명하려는 자는 반입지에 반입된 후에 위 1.의 신고납부 사유가 발생하였을 때에는 그 사실을 즉시 국세청장 또는 관세청장에게 통지해야 한다.

3. 조건부 면세대상 물품으로서 조건부 면세 승인을 받아 반입지에 반입한 물품이 부패 · 파손 또는 이와 유사한 사유로 정해진 용도로 계속하여 사용할 수 없게 된 경우로서 폐기하려는 물품의 명세, 폐기 사유 등을 적은 신청서를 관할세무서장에게 제출하여 그 승인을 받은 후 해당 물품을 폐기한 경우에는 해당 개별소비세를 징수하지 않는다. 다만, 조건부 면세대상 승용자동차에 해당하는 물품의 경우 자동차관리법에 따라 말소등록을 하고 그 사실을 증명하는 서류를 해당 물품을 폐기한 날이 속하는 달의 다음 달 말일까지 제출하는 경우에는 그 승인을 받은 것으로 본다. ■

(5) 무조건 면세

다음에 해당하는 경우 국가의 시책으로써 아무런 조건을 붙이지 않고 세액을 부담시키지 않는다.

① 외국의 자선 · 구호기관 · 단체에 기부하는 물품

② 외국으로부터 수여되는 훈장 등

③ 외국에 항행 중인 군함 · 제외공관으로부터 송부되는 공용품

④ 우리나라의 선박 등이 조난으로 해체되어서 생긴 해체재 · 장비품

⑤ 수출 물품의 용기로서 재수입하는 것

⑥ 외국 무역선 · 원양어업 선박이 세관장의 승인을 받아 내항선이 된 경우 그 선박에 적재된 것으로서 그 선박에 사용될 것으로 인정되는 원료 · 소모품으로 관세가 부과되지 아니하는 것

⑦ 국가 등에 기증되는 물품

⑧ 국가원조로 수입하는 원조 물품 등. 다만, 원조 물품 외의 물품을 원료로 섞어 사용하는 경우에는 제외한다.

⑨ 거주 이전 외의 목적으로 우리나라에 입국하는 사람이 입국할 때 휴대하여 수입하는 물품 등으로 관세가 면제되는 것

⑩ 거주 이전의 목적으로 입국할 때 휴대하여 수입하거나 따로 수입하는 이사물품으로서 관세가 면제되는 물품

⑪ 거주자가 받는 소액물품으로서 관세가 면제되는 것

⑫ 외국으로부터 수입하는 견본품 · 광고용품으로 관세가 면제되는 것

⑬ 외국에서 개최되는 박람회 등에 출품하기 위해 해외로 반출하는 물품

⑭ 개별소비세가 과세된 물품이 수출이 된 후 해당 개별소비세가 환급·공제된 적이 없다는 사실이 증명된 물품으로서 이것이 재수입되어 보세구역에서 반출되는 것

⑮ 국내에서 제조된 물품이 개별소비세가 부과되지 않고 수출된 후 수출신고수리일로부터 6개월 내에 재수입됨으로써 과세물품이 되는 경우에 그 물품의 제조·가공에 사용된 원재료에 대해 개별소비세법에 따라 면제·환급·공제가 되지 않았다는 사실이 증명된 경우로써 그 물품이 보세구역에 재수입되어 반출되는 것

⑯ 국가원수의 경호용으로 사용할 물품

2. 입장행위에 대한 면세

① 대한체육회 등의 단체가 개최하는 경기대회에 참가하는 선수가 대회기간 중에 경기시설을 이용하거나 입장하는 행위

② 일정한 골프선수가 입장하는 행위

③ 외국인·해외이주자가 법률에 따라 허가를 받은 카지노에 입장하는 행위

제3절 세액의 공제 및 환급

Ⅱ-1 p.543

Ⅰ. 세액의 공제

1. 의의

이미 개별소비세가 납부되었거나 납부될 물품 또는 그 원재료가 일정한 사유에 해당하는 경우에는 해당 세액을 납부 또는 징수할 세액에서 공제한다. 그 취지는 이미 개별소비세가 부과된 물품이 다시 개별소비세가 과세되는 경우 이미 부과된 개별소비세를 납부 또는 징수할 세액에서 공제함으로써 중복과세를 방지하는 데 있다.

참고 이미 개별소비세가 납부되었거나 납부될 물품의 원재료의 범위

① 과세물품·수출물품을 형성하는 원재료

② 과세물품·수출물품을 상품화하는 데 필요한 포장·용기

③ 과세물품·수출물품을 형성하지 않으나 해당 물품의 제조·가공에 직접 사용되는 것 ■

2. 세액공제의 사유

1) 과세물품의 제조장(또는 보세구역)으로부터 과세물품을 반입*하여 다른 과세물품의 제조·가공에 직접 사용하는 것으로서 해당 세액을 납부 또는 징수하는 경우

* 다른 법령에서 정하는 바에 따르는 경우 등 부득이한 사유로 제조장 또는 보세구역이 아닌 장소로부터 반입하는 경우를 포함한다. 여기서 '부득이한 사유'란 도시가스사업법에 따른 자가소비용 직수입 대상 물량에 해당되지 않아 천연가스를 직접 수입하지 못하고 도시가스사업자로부터 천연가스를 공급받는 경우를 말한다.

2) 제조장이 아닌 장소에서 판매 목적으로 다음 중 어느 하나에 해당하는 행위를 하는 것으로서 해당 세액을 납부 또는 징수하는 경우

① 대통령령으로 정하는 물품(현재 정해진 물품 없음)을 용기에 충전(充塡)하거나 개장(改裝)하는 것

② 과세물품에 가치를 높이기 위한 장식, 조립, 첨가 등의 가공을 하는 것

③ 석유가스 중 프로판과 부탄을 혼합하는 것(그 혼합물이 석유가스 중 부탄인 경우만 해당한다)

3) 분해되었거나 미조립 상태로 반출되어 완제품으로 의제(완제품 의제 ①)된 과세물품을 제조장 또는 보세구역으로부터 반입하여 가공 또는 조립한 물품을 반출하는 것으로서 해당 세액을 납부 또는 징수하는 경우

3. 세액공제의 방법 및 절차

(1) 공제의 방법

세액공제를 할 때 해당 원재료 또는 구입물품에 대한 세액이 그 원재료를 사용하여 제조한 물품에 대한 세액을 초과하는 경우에는 그 초과 부분의 세액은 공제하지 않는다. 즉 세액공제는 개별소비세 산출세액을 한도로 하여 공제하는 것이다. 한편 개별소비세가 납부되었거나 납부될 물품에 대하여 부과하였거나 부과할 가산세는 공제하거나 환급하지 않는다.

(2) 공제의 절차

이러한 세액공제를 받으려는 자는 해당 사유가 발생한 날부터 6개월이 지난 날이 속하는 달의 말일까지 개별소비세 세액공제신청서에 개별소비세 부과(납부)사실 증명신청서 및 그 증명서를 첨부하여 과세표준신고와 함께 관할세무서장(또는 세관장)에게 제출해야 한다.

[도 표] 세액공제·세액환급의 절차

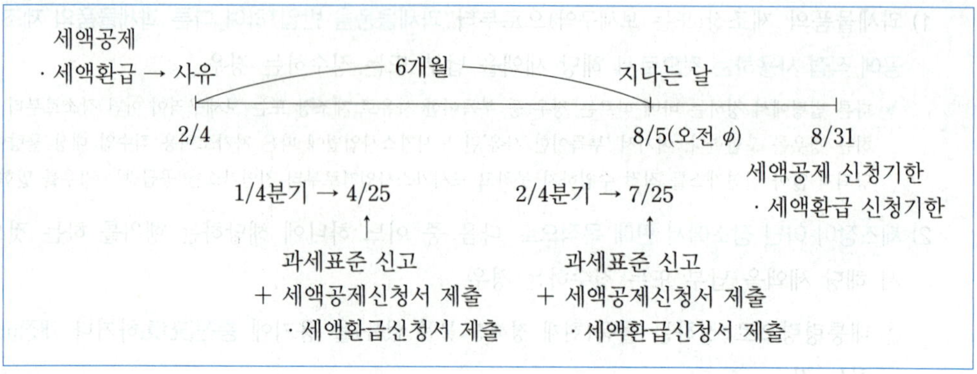

Ⅱ. 세액의 환급

1. 의의

이미 개별소비세가 납부되었거나 납부될 물품(또는 그 원재료)이 일정한 사유에 해당하는 경우에는 이미 납부한 세액을 환급한다. 이 경우 납부 또는 징수할 세액이 있으면 이를 공제한다. 그 취지는 다음과 같다.

① 개별소비세가 면제되는 물품의 경우에 그 물품과 관련하여 이미 과세된 개별소비세를 전액 환급해 줌으로써 완전면세를 구현하는 데 있다.

② 반출된 과세물품이 품질불량 등으로 다시 제조장에 환입된 경우에는 이미 부과된 개별소비세를 환급해 주기 위한 것이다.

2. 환급의 사유

1) 과세물품(또는 과세물품을 사용하여 제조·가공한 물품)을 수출하거나 주한외국군에 납품하는 경우

2) 개별소비세가 면제되는 물품과 그 물품의 원재료로 사용되는 물품

3) 제조장 등에 환입한 것 : 제조장으로부터 반출된 과세물품을 ① 품질 불량, 변질, 자연재해, ② 소비자기본법에 따른 교환(또는 환급)의 사유로 같은 제조장(석유류는 같은 회사의 다른 제조장을 포함한다) 또는 하치장에 환입한 것(중고품은 제외하되, 소비자기본법에 따라 교환이나 환불되어 환입한 중고품을 포함한다)으로서, 그 환입한 날이 속하는 분기의 다음 달 25일(석유류는 환입한 날이 속하는 달의 다음 달 말일)까지 환입된 사실을 관할세무서장에게 신고하여 확인을 받은 경우. 이 경우 하치장에 환입해서 확인을 받으면 같은 제조장에 환입한 것으로 본다.

[도 표] 제조장 등에 환입에 대한 세액환급

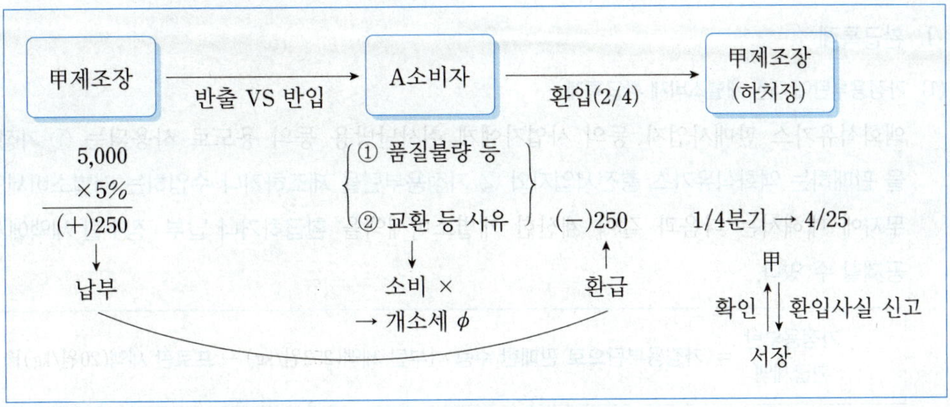

3. 환급의 방법 및 절차

1) 이러한 세액환급을 받으려는 자는 해당 사유가 발생한 날부터 6개월이 지난 날이 속하는 달의 말일까지 개별소비세 환급신청서에 개별소비세 부과(납부)사실 증명신청서 및 그 증명서를 첨부하여 과세표준신고와 함께 관할세무서장(또는 세관장)에게 제출해야 한다. 신청을 받은 관할세무서장은 그 신청인이 장래에 납부할 금액이 있는 경우에는 그 납부할 세액에서 이미 납부한 세액을 공제하며, 신청인이 제조를 폐지하거나 그 밖의 사유로 장래에 납부할 세액이 없는 경우에는 이미 납부한 세액을 신청을 받은 날부터 30일 내에 환급해야 한다.

2) 개별소비세가 납부되었거나 납부될 물품에 대하여 부과하였거나 부과할 가산세는 환급하지 않는다.

4. 사후관리

① 수출면세 · 군납면세 및 ② 개별소비세가 면제된 물품과 그 물품의 원재료로 사용된 물품에 해당하여 환급 또는 공제를 받은 물품이 정해진 용도로 사용되지 않은 사실이 확인된 경우에는 환급 또는 공제된 개별소비세를 징수한다.

Ⅲ. 가정용부탄 등에 대한 개별소비세 환급특례

1. 환급특례

(1) 가정용부탄에 대한 개별소비세 환급특례

액화석유가스 판매사업자 등의 사업자에게 취사난방용 등의 용도로 사용되는 ① 가정용부탄을 판매하는 액화석유가스 충전사업자와 ② 가정용부탄을 제조하거나 수입하는 개별소비세 납세의무자에 대해서는 다음과 같이 계산한 개별소비세액을 환급하거나 납부·징수할 세액에서 이를 공제할 수 있다.

가정용부탄 환급세액	= 가정용부탄으로 판매한 수량×[부탄 세액(252원/kg) – 프로판 세액(20원/kg)]*

* 위 [부탄 세액 – 프로판 세액[의 세율은 기본세율이 적용되는 경우를 말하며, 탄력세율이 적용되는 경우에는 [부탄 세액(212원·275원/kg) – 프로판 세액(14원/kg)]으로 한다.

그 취지는 부탄가스 중 취사난방용 등에 사용되는 가정용 부탄에 대해서는 프로판가스와 같은 세율이 적용되도록 그 세액의 차액을 개별소비세 납세의무자에게 환급하려는데 있다.

(2) 수소제조용부탄에 대한 개별소비세 환급특례

수소를 제조하기 위한 설비에 공급(연료용으로 공급하는 것은 제외)하는 ① 수소제조용부탄을 판매하는 액화석유가스충전사업자와 ② 수소제조용부탄을 제조하거나 수입하는 납세의무자에 대해서는 다음과 같이 계산한 개별소비세액을 환급하거나 납부·징수할 세액에서 이를 공제할 수 있다.

수소제조용부탄 환급세액	= 수소제조용부탄으로 판매한 수량×[부탄 세액(252원/kg) – 프로판 세액(20원/kg)]

* 위 [부탄 세액 – 프로판 세액]의 세율은 기본세율이 적용되는 경우를 말하며, 탄력세율이 적용되는 경우에는 [부탄 세액(176.4원/kg) – 프로판 세액(14원/kg)]으로 한다.

그 취지는 수소를 제조하기 위한 목적으로 설비에 공급하는 부탄에 대해서는 부탄에 대한 세액과 프로판에 대한 세액과의 차액을 환급함으로써 수소경제 활성화를 지원하려는데 있다.

2. 환급신청

환급특례에 따라 환급 또는 공제를 받으려는 자는 ① 매월 가정용부탄 또는 수소제조용부탄으로 판매한 수량 및 ② 가정용부탄 환급세액과 수소제조용부탄 환급세액을 합친 금액(이하 '환급세액'이라 한다) 등을 적은 환급신청서를 다음 달 말일까지 해당 사업자의 관할세무서장(또는 세관장)에게 제출해야 한다.

3. 사후관리

관할세무서장(또는 세관장)은 다음 중 어느 하나의 경우에는 해당 금액과 그 금액의 40%(단순착오에 의한 경우에는 10%)에 상당하는 금액의 가산세를 합친 금액을 개별소비세로 징수한다.

징수사유	징수세액
① 환급특례에 따라 세액을 환급 또는 공제받은 자가 허위세금계산서를 발급하는 등 사유로 과다하게 환급 또는 공제받은 경우	그 과다환급세액 또는 과다공제금액
② 환급특례에 따라 해당 물품을 공급받은 사업자가 그 물품을 취사난방 등 용도 또는 수소제조 용도 외로 사용하는 경우	용도 외 사용량에 해당하는 환급세액

총징수세액 = 징수세액 + 가산세[징수세액 × 40%(단순착오에 의한 경우에는 10%)]

개소 03

[보 론] 용도변경 등으로 세액을 징수 · 신고 · 납부하는 물품의 가격계산

개별소비세 징수사유	물품가격
① 수출 · 군납면세를 받은 물품으로서 해당 용도에 제공한 사실을 증명하지 않는 것	면세된 때의 가격
② 군납면세 · 외교관면세를 받은 물품을 면세승인을 받은 날로부터 5년(군납면세의 경우), 3년(외교관면세의 경우) 이내에 타인이 소지하는 등	제조장 구입 물품 : 양수한 금액 수입물품 : 과세가격 + 관세
③ 외국인판매장에 반입된 사실을 증명하지 않는 것	면세된 물품가격
④ 외국인전용판매장에서 개별소비세가 면제되는 물품을 구입한 자가 출국 당시 소지하지 않은 경우	면세판매장에서 구입한 가격 상당액
⑤ 외국인전용판매장 면세를 적용받은 물품을 구입할 수 없는 자가 소지	소지 당시 면세판매장의 판매가격에 상당하는 금액
⑥ 조건부면세를 받은 물품을 반입지에 반입한 사실을 증명하지 않는 것	면세된 물품가격
⑦ 조건부면세를 받은 물품을 반입지에 반입한 날로부터 5년 이내 해당 용도를 변경하거나 양도하는 경우	판매가격에 상당하는 금액 * 조건부면세를 적용받는 승용자동차의 경우 : 취득가액 × 경과연수별 잔존가치율

제4장

개별소비세의 납세절차

제1절 신고와 납부

Ⅱ-1 p.555

Ⅰ. 과세표준의 신고

1. 과세물품의 반출

(1) 일반적인 경우

과세물품의 반출(제조장에서 사용 · 소비되는 경우 반출의제 포함)에 대하여 개별소비세 납세의무자는 매 분기분(석유류 · 담배는 매 월분) 「과세물품 과세표준신고서」를 반출한 날이 속하는 분기의 다음 달 25일(석유류 · 담배는 반출한 날이 속하는 달의 다음 달 말일)까지 제조장 관할세무서장에게 제출해야 한다.

구분	신고의 대상기간	신고서 제출기간
과세물품(석유류 · 담배는 제외)	1/4 분기	04월 25일
	2/4 분기	07월 25일
	3/4 분기	10월 25일
	4/4 분기	1월 25일
과세물품 중 석유류 · 담배	매월	다음 달 말일

(2) 수입물품의 경우

관세를 납부할 의무가 있는 자로서 과세물품을 보세구역에서 반출하는 납세의무자가 보세구역 세관장에게 수입신고를 한 경우에는 개별소비세 과세표준신고를 한 것으로 본다. 그 외의 관세를 징수하는 물품에 대한 납세의무자에 관하여는 관세법을 준용한다.

2. 과세장소에의 입장행위

과세장소 입장행위에 대한 개별소비세 납세의무자는 매 분기분 「과세장소 과세표준신고서」를 입장한 날이 속하는 분기의 다음 달 25일까지 과세장소 관할세무서장에게 제출해야 한다.

3. 과세유흥장소에서의 유흥음식행위

과세유흥장소에서의 유흥음식행위에 대한 개별소비세 납세의무자는 매 월분 「과세유흥장소과세표준신고서」를 유흥음식행위를 한 날이 속하는 달의 다음 달 25일까지 과세유흥장소의 관할세무서장에게 제출해야 한다.

4. 과세영업장소에서 영업행위

과세영업장소에서 영업행위에 대한 개별소비세 납세의무자는 매 연도분 「과세영업장소 과세표준신고서」를 영업행위를 한 날이 속하는 해의 다음 해 3월 말일까지 과세영업장소의 관할세무서장에게 제출해야 한다.

5. 신고기한의 특례

위 신고기한의 규정에도 불구하고 다음 중 어느 하나에 해당하는 경우에는 그 사유가 발생한 날이 속한 달의 다음 달 25일까지 해당 신고서를 제출해야 한다.

1) 납세의무자가 다음의 반출의제에 해당하게 된 경우
   ① 과세물품이 제조장에 있다가 공매, 경매 또는 파산절차로 환가되는 경우
   ② 과세물품의 제조를 사실상 폐지한 경우에 제조장에 남아 있는 경우
2) 납세의무자가 제조장 · 과세장소 · 과세유흥장소 및 과세영업장소의 영업을 폐업한 경우

Ⅱ. 개별소비세의 납부

1. 일반적인 경우

납세의무가 있는 자는 매 분기분(석유류 · 담배 및 과세유흥장소는 매월 분, 과세영업장소는 매 연도분)의 개별소비세를 그 신고서 제출기한까지 관할세무서장에게 납부해야 한다.

2. 납세담보의 제공

(1) 개요

1) 수입신고 수리 전에 보세구역에서 반출하려는 자는 관세법에 따라 해당 개별소비세에 상당하

는 납세담보를 제공해야 한다.

2) 과세유흥장소 · 과세영업장소의 경영자에 대하여 관할세무서장은 납세보전을 위해 필요하다고 인정하면 해당 개별소비세에 상당하는 납세담보를 요구할 수 있다. 이때 납세담보의 제공을 요구하려면 관할세무서장이 요구한 날로부터 30일 이내에 납세담보를 제공하도록 통지를 해야 한다. 이 경우 납세담보를 요구할 수 있는 한도금액은 다음과 같다.

> 납세담보 요구 한도금액
> : [전월 (과세유흥장소의 경우) / 전년도(과세영업장소의 경우)] 에 납부한 개별소비세액 × [110%(현금 · 납세보험증권) / 120%(그 밖의 납세담보)]

(2) 담보물에 의한 충당

납세담보를 제공한 자가 ① 납부기한까지 해당 개별소비세를 납부하지 않거나 ② 해당 용도에 제공한 사실을 증명하지 않은 경우 제공한 납세담보물로 해당 개별소비세를 충당한다.

3. 총괄납부

(1) 의의

개별소비세의 납세절차의 편의를 위해서 일정한 사유에 해당하여 개별소비세를 납부하거나 환급받는 자는 과세물품을 제조 · 반출한 제조장에서 총괄하여 납부하거나 환급받을 수 있다.

(2) 총괄납부 신청의 사유

제조장에서 총괄하여 납부할 수 있는 경우는 다음과 같다.

① 제조의제 중 제조장이 아닌 장소에서 판매의 목적으로 석유가스 중 프로판 및 부탄을 혼합함으로써 개별소비세를 납부하게 되는 경우(그 혼합물이 석유가스 중 부탄에 해당하는 경우에 한정한다)

② 다음과 같이 제조장에서 미납세반출한 물품이 반입된 장소에서 용도가 변경되어 개별소비세를 납부하게 되는 경우

㉠ 박람회 등에 출품하기 위하여 제조장에서 반출하는 것

㉡ 제조장 외의 장소에서 규격검사를 받기 위하여 과세물품을 제조장에서 반출하는 것

③ 승용자동차를 보관 · 관리하기 위하여 제조장에서 하치장에 미납세반출한 물품을 판매하기 위하여 같은 하치장에서 반출하는 경우

④ 가정용부탄에 대한 개별소비세의 환급 특례에 따라 개별소비세를 환급(또는 공제)받으려는 경우

(3) 총괄납부 신청 및 승인

1) 해당 물품을 제조·반출한 제조장에서 총괄하여 납부하려는 자는 그 납부하려는 기간이 시작되기 20일 전에 「총괄납부 승인신청서」를 해당 물품을 제조·반출하는 제조장의 관할세무서장에게 제출해야 한다.

2) 신청을 받은 관할세무서장은 납세의무자가 납세관리에 지장이 있다고 인정하는 경우를 제외하고는 그 신청을 승인하고 신청일부터 20일 이내에 해당 납세의무자와 제조장 및 하치장 등의 관할세무서장에게 승인 사실을 통지해야 한다.

3) 승인받은 내용을 변경하려는 경우에는 위 1)과 2)를 준용한다.

(4) 총괄납부 승인의 철회 및 포기

1) 총괄납부를 승인한 관할세무서장은 승인을 받은 자의 사업내용의 변경 등으로 총괄납부하는 것이 적당하지 않다고 인정하는 경우 총괄납부를 철회할 수 있다. 해당 세무서장이 이 승인을 철회한 경우 납세의무자 등에게 해당 사실을 통지를 해야 한다.

2) 총괄납부하는 자가 사정변경으로 총괄납부를 포기하려는 경우 그 각 사업장별로 납부하려는 기간이 시작되기 20일 전에 총괄납부 포기신고를 해야 한다.

개소 04

[도 표] 총괄납부의 비교

구분	부가가치세법	개별소비세법
개념	둘 이상의 사업장이 있는 자가 부가가치세를 주된 사업장에서 통산하여 납부·환급받을 수 있는 제도	4가지 열거된 사유에 해당하는 자가 과세물품을 제조·반출한 제조장에서 총괄하여 납부·환급받을 수 있는 제도
신청	적용받으려는 과세기간 개시일 20일 전에 주된 사업장의 세무서장에게 신청	총괄납부하려는 기간이 시작되기 20일 전에 제조·반출하는 제조장의 세무서장에게 신청
승인	신청만으로 가능	신청+승인 필요
포기	각 사업장별로 납부하려는 과세기간 개시일 20일 전 주된 사업장의 세무서장에게 신청	각 사업장별로 납부하려는 기간이 시작되기 20일 전 제조장의 세무서장에게 포기신고

Ⅲ. 신고·납부의 특례

1. 사업자 단위 신고·납부

(1) 의의

둘 이상의 제조장·과세장소·과세유흥장소·과세영업장소(이하 사업장)가 있는 자가 사업자 단위로 개업신고한 경우에는 그 사업자의 본점·주사무소에서 총괄하여 신고·납부할 수 있다. 이는 최근의 전산시스템의 발달로 통합하여 상황파악을 하는 것이 가능함에도 원칙상 각 사업장별로 신고·납부함으로써 발생하는 중복 세무업무와 비효율을 방지하고 이러한 납세의무자의 납세편의를 높이려는데 그 취지가 있다.

(2) 사업자단위과세 신고

둘 이상의 사업장이 있는 사업자는 사업자 단위로 해당 사업자의 본점 또는 주사무소 관할세무서장에게 개업신고할 수 있다. 이처럼 사업자단위로 신고·납부하려는 자는 다음의 기한까지 개업신고서를 본점 또는 주사무소의 관할세무서장에게 제출해야 한다. 다만, 이미 개업신고를 한 사업자가 사업자단위과세를 적용받으려면, 그 적용받으려는 과세기간이 시작되기 20일 전까지 신고해야 한다.

구분	개업신고 제출기간
① 과세물품을 제조하는 자	사업 개시일 5일 전까지
② 과세장소·과세유흥장소·과세영업장소의 경영자	영업 개시 전까지

(3) 사업자단위과세 신고의 효과

사업자단위과세 신고를 한 사업자의 경우 그 사업자의 본점 또는 주사무소는 신고·납부와 관련하여 개별소비세법을 적용할 때 각 제조장·과세장소·과세유흥장소 또는 과세영업장소로 본다.

사업자단위로 통산한 과세표준·세액을 하나의 신고서에 적어 본점·주사무소 관할세무서장에게 신고·납부·환급을 받는다. 그리고 결정·경정·징수도 본점·주사무소 관할세무서장이 한다.

(4) 사업자단위과세의 포기

사업자단위과세 사업자가 각 사업장별로 신고·납부하려는 경우에는 그 적용을 받으려는 과세기간이 시작되기 20일 전까지 사업자단위과세 포기신고서를 사업자단위과세 적용 사업장 관할세무서장에게 제출해야 한다. 이 경우 사업자단위과세 적용 사업장 세무서장은 사업자단위과세 포기신고서의 처리결과를 지체 없이 해당 사업자와 종된 사업장의 관할세무서장에게 통지해야 한다.

사업자단위과세를 포기한 경우에는 그 포기한 날이 속하는 과세기간의 다음 과세기간부터 각 사업장별로 신고·납부해야 한다.

[도 표] 사업자단위 신고·납부의 비교

구분	부가가치세법	개별소비세법
의의	둘 이상의 사업장이 있는 자로서 사업자단위로 사업자등록을 한 사업자는 본점·주사무소에서 총괄하여 신고·납부	둘 이상의 사업장이 있는 자로서 사업자단위로 개업신고 한 사업자는 본점·주사무소에서 총괄하여 신고·납부
사업자단위과세 등록·신고	신규사업자인 경우에는 사업개시일부터 20일 이내에 등록하고 기존사업자의 경우에는 적용받으려는 과세기간의 개시일 20일 전까지 등록	신규사업자인 경우에는 개업신고 제출기한까지 개업신고를 하고 기존사업자의 경우에는 적용받으려는 과세기간의 개시일 20일 전까지 신고
사업자단위과세 등록·신고의 효과	사업자단위로 부가가치세 납세의무 이행	사업자단위로 개별소비세 납세의무 이행
판매목적 타사업장 반출	공급의제 배제	해당 규정 없음
사업자단위과세 포기제도	각 사업장별로 적용받으려는 과세기간 개시일 20일 전 주된 사업장의 세무서장에게 신청	각 사업장별로 적용받으려는 기간이 시작되기 20일 전 제조장의 세무서장에게 포기신고

2. 미납세반출 후 반입지에서 반출한 물품의 신고·납부 특례

(1) 의의

미납세반출자와 그 반출된 물품을 반입한 자가 동일한 사업자인 경우에는 해당 물품을 반입지에서 반출(또는 판매)할 때 원칙적인 납세절차에도 불구하고 미납세반출자가 해당 물품에 대한 개별소비세를 관할세무서장(또는 세관장)에게 신고·납부할 수 있다.

(2) 미납세반출 특례에 대한 신고절차

1) 과세표준 신고를 할 때 ① 미납세반출특례신청서와 ② 반입지별 과세표준 신고서를 첨부하여 미납세반출자 관할세무서장에게 제출해야 한다.

2) 미납세반출특례신청서를 받은 세무서장은 반입지 관할세무서장에게 해당 사실을 통지해야 한다.

참 고 저유소에서 서로 다른 유류의 혼합 등에 대한 특례

유류에 대한 납세의무자(이하 제조자 등)가 휘발유·경유·등유를 해당 제조자 등의 제조장(보세구역 포함)에서 송유관 등의 운송수단을 통하여 반출한 후 제조자 등이 소유·임차한 저유소에서 다시 반출하는 경우로서 혼유 등이 발생될 때 다음의 구분에 따라 개별소비세법을 적용한다.

구분	본래 규정	특례 규정
납세의무자	다시 반출하는 자	제조자 등
과 세 시 기	다시 반출할 때	혼유 등이 발생할 때
과 세 표 준	다시 반출할 때의 수량	혼유 등이 발생할 때의 수량

제2절 결정 · 경정 및 협력의무

Ⅱ-1 p.566

Ⅰ. 결정 · 경정

1. 결정 · 경정

과세표준 신고를 하지 않거나 신고한 내용에 오류 · 탈루가 있는 경우 관할세무서장 등은 장부나 그 밖의 증명자료(이하 장부 등)를 근거로 경정 · 결정할 수 있다. 다만, 다음 중 어느 하나에 해당하는 경우 추계로 할 수 있다.

① 과세표준을 계산할 때 필요한 장부 등이 없거나 중요한 부분이 갖추어지지 않은 경우
② 장부 등의 내용이 시설규모 · 종업원 수 · 원자재 등의 시가 등에 비추어 거짓임이 명백한 경우
③ 장부 등의 내용이 원자재 사용량 등에 비추어 거짓임이 명백한 경우

2. 수시부과

납세의무자가 개별소비세를 포탈할 우려가 있거나 사업부진 등의 사유로 휴업 · 폐업 상태인 경우에는 수시로 그 과세표준 · 세액을 결정할 수 있다.

Ⅱ. 협력의무 및 과세감독

1. 개업 · 폐업 등의 신고

(1) 개업신고

① 과세물품을 제조하고자 하는 자는 사업개시 5일 전까지, ② 과세장소 · 과세유흥장소 · 과세영업장소의 경영자는 영업개시 전까지 제조장 · 과세장소 · 과세유흥장소 · 과세영업장소(이

하 사업장)의 관할세무서장이나 본점 · 주사무소의 관할세무서장에게 개업신고서를 제출해야 한다.

(2) 휴업 · 폐업신고

해당 영업을 1개월 이상 휴업을 하려는 자는 휴업을 개시하기 전까지 사업장 관할세무서장이나 본점 · 주사무소 관할세무서장에게 휴업신고를 해야 한다.

한편 신고사항에 변동이 생기거나 영업을 폐지한 경우 지체 없이 이를 관할세무서장에게 신고해야 한다. 다만, 사업장을 사실상 이전하지 않고, 영업을 포괄승계하는 경우 이는 폐업한 것으로 보지 않는다.

(3) 영업의 승계

1) 승계사실의 신고 : ① 사업장의 영업을 양수하거나 상속으로 승계한 자는 그 사실을 즉시 관할세무서장에게 신고해야 한다. 이 경우 양수인은 양도인과 연명(連名)하여 신고해야 한다. 그리고 ② 합병의 경우로서 합병법인이 피합병법인의 영업을 승계한 경우에는 그 사실을 즉시 관할세무서장에게 신고해야 한다. 이 경우 합병법인은 피합병법인과 연명하여 신고해야 한다.

2) 승계인의 권리 · 의무 : 사업장을 사실상 이전하지 않고 영업을 포괄승계하는 경우 승계인은 다음의 피승계인의 권리 · 의무를 승계한다.

① 과세표준 신고 및 세액(가산세 포함)의 납부 등의 의무

② 장부의 비치 · 기록의무

③ 미납세 · 면세로 반입된 물품의 사후관리에 대한 권리 · 의무

④ 세액의 공제 · 환급에 관한 권리 · 의무

2. 영수증 등의 발급의무와 장부 기록의 의무

(1) 영수증의 발급

① 과세유흥장소의 경영자는 유흥음식행위에 대한 요금을 받은 경우 영수증을 발급하고 그 사본을 보관한다. 그 발급과 보관에 관해서는 부가가치세법 시행령을 준용한다.

② 과세유흥장소의 경영자는 금전등록기를 설치 · 사용하고 금전등록기로 영수증을 발급할 수 있다.

(2) 장부 기록의 의무

개별소비세 납세의무가 있는 제조자 · 경영자(이하 제조자 등)는 해당 장소별로 장부를 갖추어 두고 그 장부에 제조 · 저장 · 입장 · 유흥음식행위 · 영업행위에 관한 사항을 기재해야 한다. 과세유흥장소의 경영자의 경우 금전등록기를 설치하고 감사 테이프를 보관한다면 장부를 갖추어 기록한 것으로 본다.

3. 과세감독

(1) 명령사항

관할지방국세청장 · 세무서장은 개별소비세의 납세보전을 위해 필요하다고 인정되는 단속 등의 명령을 제조자 등에게 할 수 있다.

(2) 질문 · 검사권

세무공무원은 개별소비세에 관한 조사를 위해 필요하다고 인정되면 장부 · 서류 등의 사항을 제조자 등으로 하여금 질문 · 조사할 수 있다.

(3) 영업정지 및 허가의 취소

관할세무서장은 관할지방국세청장을 거쳐 해당 과세장소 · 과세유흥장소 · 과세영업장소의 영업정지 · 허가취소를 해당 허가관청에 요구할 수 있다. 이 요구를 받은 해당 관청은 정당한 사유가 없는 한 이 요구에 응해야 한다.

① 과세장소 · 과세유흥장소 · 과세영업장소의 영업에 관해 조세범처벌법 등에 따라 처벌 · 처분을 받은 경우

② 과세장소의 입장행위 · 과세유흥장소의 유흥음식행위 · 과세영업장소의 영업행위에 대한 개별소비세의 전부 · 일부를 3회 이상 신고 · 납부하지 않은 경우

③ 납세담보의 요구를 따르지 않은 경우

제3편
지방세법

제1장
지방세법 총설

제1절 지방세법 총론

II-1 p.583

Ⅰ. 지방세의 의의 · 종류 및 법원

1. 지방세의 의의와 종류

지방세는 지방자치단체가 그 재정수요를 충당하기 위해 법률로 과세요건을 충족한 자에게 부과하는 조세이다.

여기서 '지방자치단체'란 특별시 · 광역시 · 특별자치시 · 도 · 특별자치도 · 시 · 군 · 구(자치구를 말한다. 이하 같다)를 말한다. 따라서 지방세는 과세권자에 따라 특별시세, 광역시세, 특별자치시세, 도세, 특별자치도세 또는 시 · 군세, 구세(지방자치단체인 구의 구세를 말하며, 이하 같다)로 나누어지는데, 세무사 2차 시험범위에 해당하는 세목만 정리하면 아래와 같다.

특별시 · 광역시		도		특별자치시 · 특별자치도
특별시세 · 광역시세	구세	도세	시 · 군세	특별자치시세 · 특별자치도세
취 득 세	등록면허세 재 산 세	취 득 세 등록면허세	재 산 세	취 득 세 등록면허세 재 산 세

* 특별자치구역 재산세 공동과세
특별자치구 간의 심각한 재정불균형을 해소하기 위해 다음과 같이 공동과세를 한다.

구분	내용		
특별시의 관할구역	재산세액의 50%	특별시분 재산세(특별시세)	전액 관할구역의 구에 구분
	재산세액의 50%	구(區)분 재산세(구세)	
그 밖의 지역	재산세액	구세 또는 시 · 군세	

2. 지방세의 법원

지방자치단체는 지방세기본법·지방세관계법에 따라 지방세 과세권을 가진다. 이는 전국적으로 적용이 되는 법규이다. 다만, 국세와 달리 지방세는 조례와 규칙이 존재한다. 조례는 지방세기본법·지방세관계법이 정한 범위 내에서 지방자치단체(지방의회)가 지방세의 세목, 과세대상, 과세표준, 세율, 그 밖의 부과·징수에 관해 필요한 사항을 정한 것을 말하며, 규칙이란 지방자치단체의 장이 조례의 시행에 따른 절차 및 그 밖의 필요한 사항을 정한 것을 말한다.

[도 표] 지방세에 관한 법률

구분	규정하는 사항
지방세기본법	지방세에 관한 기본적이고 공통적인 사항 납세자의 권리·의무 및 권리구제에 관한 사항 범칙행위 등에 대한 처벌·처벌절차에 관한 사항
지방세징수법	지방세 징수에 관해 필요한 사항
지방세법	각 세목의 과세요건과 부과징수 절차 및 그 밖의 필요한 사항
지방세특례제한법	지방세 감면 등 특례와 이의 제한에 관한 사항

3. 지방세의 개요

(1) 보통세

세목	과세대상	납세의무자	과세표준과 세율	납세절차
취득세	부동산 등의 취득행위	취득자	취득가액과 표준세율	신고납부
등록에 관한 등록면허세	각종 등록	등록을 받은 자	등록가액과 일정률	등록하기 전에 신고납부
재산세	부동산 등의 보유행위	소유자	재산가액과 표준세율	보통징수
그 밖의 보통세 중 지방세 세목으로는 면허에 관한 등록면허세, 레저세, 지방소비세, 주민세, 지방소득세, 자동차세, 담배소비세가 있다.				

(2) 목적세

지역자원시설세와 지방교육세가 있다.

제2절 지방세기본법

II-1 p.587

지방 01

I. 개요

지방세기본법은 ① 지방세에 관하여 기본적이고 공통적인 사항과 ② 납세자의 권리·의무 및 권리구제에 관한 사항 등을 규정함으로써 지방세의 법률관계를 명확하게 하고, 공정한 과세를 추구하며, 지방자치단체의 주민이 납세의무를 원활히 이행하도록 함을 목적으로 한다. 이하에서는 취득세·등록면허세 및 재산세와 관련된 것만을 살펴본다.

II. 납세의무의 성립·확정 및 소멸

1. 납세의무의 성립

과세대상이 납세의무자에게 귀속이 되고, 법이 정하는 바에 따라 과세표준의 산정 및 세율의 적용이 가능하게 되는 때에 성립한다. 구체적인 성립시기는 다음과 같다.

구분	납세의무의 성립시기	비고
취득세	과세물건을 취득하는 때(취득시기)	가산세는 이를 가산할 지방세의 납세의무가 성립하는 때
등록에 관한 등록면허세	재산권 등을 등기·등록하는 때	
재산세	과세기준일(6월 1일)	

2. 납세의무의 확정

지방세의 납부·징수를 위해 일정한 행위·절차를 거쳐 구체적으로 확정하는 것을 말한다. 구체적인 확정시기는 다음과 같다.

구분	확정시기
신고·납부하는 취득세, 등록에 대한 등록면허세 등	신고하는 때*
취득세, 등록에 대한 등록면허세 등의 과세표준·세액을 지방자치단체 장이 결정하는 경우	결정하는 때
재산세 등	결정하는 때

* 다만, 납세의무자가 과세표준과 세액의 신고를 하지 않거나 신고한 과세표준과 세액이 지방세관계법에 어긋나는 경우에는 지방자치단체가 과세표준과 세액을 결정하거나 경정하는 때로 한다.

3. 납세의무의 소멸

(1) 개요

지방자치단체의 징수금(지방세 · 체납처분비)을 납부할 의무는 다음 중 어느 하나에 해당할 경우 소멸하게 된다.

납세의무 소멸사유	비고
① 납부 또는 충당	징수금이 실현되는 때에 소멸
② 부과의 취소	징수금이 실현되지 못하고 소멸
③ 지방세 부과제척기간의 만료	
④ 지방세징수권 소멸시효의 완성	

(2) 지방세 부과제척기간

1) 원칙적인 부과제척기간 : 지방세를 부과할 수 있는 기간 내에 지방세가 부과되지 않고 다음의 해당하는 부과제척기간이 만료될 때에 소멸한다.

구분		부과제척기간
① 사기 · 그 밖의 부정한 행위로 지방세를 포탈 · 경감 · 환급		10년
② 무신고한 경우	일반적인 무신고	7년
	다음에 해당하는 취득의 경우 ㉠ 상속 · 증여(부담부증여 포함)를 원인으로 취득하는 경우 ㉡ 법률에 따른 명의신탁약정으로 실권리자가 사실상 취득하는 경우 ㉢ 타인의 명의로 주식 등을 취득하였으나 해당 주식 등의 실권리자가 과점주주가 되어 해당 법인의 부동산 등을 취득한 것으로 보는 경우	10년
③ 일반적인 경우		5년

여기서 부과제척기간의 기산일은 다음의 해당하는 날로 한다.

① 신고 · 납부하도록 규정된 지방세(취득세, 등록에 관한 등록면허세 등) : 해당 지방세에 대한 신고기한의 다음 날

② 위 ① 외의 지방세(재산세 등) : 해당 지방세의 납세의무 성립일

2) 특례부과제척기간 : 원칙적인 부과제척기간에도 불구하고 다음에 따른 기간으로 한다.

구분	특례부과제척기간
① 지방세기본법에 따른 이의신청 · 심사청구 · 심판청구, 감사원법에 따른 심사청구, 행정소송법에 따른 행정소송이 있는 경우	결정 · 판결이 확정된 날부터 1년
② 후발적 사유로 인한 경정청구가 있는 경우	경정청구일부터 2개월

(3) 지방세 징수권의 소멸시효

지방자치단체의 징수금의 징수를 목적으로 하는 지방자치단체의 권리(이하 '지방세 징수권')는 이를 행사할 수 있는 때부터 다음의 구분에 따른 기간 동안 행사하지 않으면 소멸시효(消滅時效)가 완성된다.

구분	소멸시효기간	비고
① 5,000만원 이상의 지방세	10년	① 5억원 이상의 국세는 10년, ② 그 외의 국세는 5년의 소멸시효기간을 적용한다.
② 5,000만원 미만의 지방세	5년	

여기서 '지방세징수권을 행사할 수 있는 때'는 다음의 날로 한다.

① 과세표준과 세액의 신고로 납세의무가 확정되는 지방세의 경우 신고한 세액 : 그 법정납부기한의 다음 날

② 과세표준과 세액을 지방자치단체의 장이 결정 또는 경정하는 경우 납세고지한 세액 : 그 납세고지서에 따른 납부기한의 다음 날

Ⅲ. 지방세의 세율

조례에 따라 가감할 수 있는지 여부에 따라 다음과 같이 분류한다.

구분	개념	적용 세목
일정세율	지방세법에 따라 고정된 일정세율로서 조례로써 가감할 수 없는 세율을 말한다.	등록에 관한 등록면허세 등
표준세율	통상적으로 적용해야 할 세율로서 재정상의 사유 등의 경우 지방자치단체가 따르지 않아도 되는 세율을 말한다.	취득세, 재산세 등
제한세율	지방자치단체가 조례로 정할 수 있는 세율의 한계로서 지방세법에서 정한 세율	주민세 개인분

Ⅳ. 지방세의 납세절차

1. 신고납부 · 보통징수 및 특별징수

구분	개념	적용 세목
신고납부	납세의무자가 납부할 지방세를 신고 · 납부하는 것을 말한다.	취득세, 등록에 관한 등록면허세 등
보통징수	납세고지서로 지방세를 징수하는 것을 말한다.	재산세 등
특별징수	특별징수의무자가 징수하여 납부하는 것을 말한다.	지방소득세 등

2. 도세 등에 대한 징수의 위임

시장 · 군수 · 구청장은 그 시 · 군 · 구 내의 특별시세 · 광역시세 · 도세를 징수하여 특별시 · 광역시 · 도에 납입할 의무를 진다. 다만, 특별시장 · 광역시장 · 도지사는 필요한 경우에 납세고지서를 직접 발급할 수 있다.

Ⅴ. 수정신고 · 경정청구 및 기한후신고

1. 수정신고

1) 수정신고의 요건 : ① 법정신고기한까지 과세표준신고서를 제출한 자 및 ② 납기 후의 과세표준신고서(기한후신고서)를 제출한 자는 다음 중 어느 하나에 해당할 때에는 지방자치단체의 장이 그 지방세의 과세표준과 세액을 결정 또는 경정하여 통지하기 전으로서 지방세 부과의 제척기간이 끝나기 전까지는 과세표준수정신고서를 제출할 수 있다.

① 과세표준신고서 또는 납기 후의 과세표준신고서(기한후신고서)에 기재된 과세표준 및 세액이 지방세관계법에 따라 신고해야 할 과세표준 및 세액보다 적을 때(신고세액 < 정당세액 ➟ 과소신고)

② 과세표준신고서 또는 납기 후의 과세표준신고서(기한후신고서)에 기재된 환급세액이 지방세관계법에 따라 신고해야 할 환급세액을 초과할 때(신고 환급세액 > 정당 환급세액 ➟ 과대신고)

③ 그 밖에 특별징수의무자의 정산과정에서 누락 등이 발생하여 그 과세표준 및 세액이 지방세관계법에 따라 신고해야 할 과세표준 및 세액 등보다 적을 때

한편 수정신고로 인하여 추가납부세액이 발생한 경우에는 그 수정신고를 한 자는 추가납부세액을 납부해야 한다.

2) 수정신고의 효력 : 수정신고(과세표준 신고서를 법정신고기한까지 제출한 자의 수정신고로 한정한다)는 당초의 신고에 따라 확정된 과세표준과 세액을 증액하여 확정하는 효력을 가진다. 한편 수정신고는 당초 신고에 따라 확정된 세액에 관한 국세기본법 또는 지방세관계법에서 규정하는 권리·의무관계에 영향을 미치지 않는다.

2. 경정청구

(1) 청구의 요건

1) 통상적 사유로 인한 경정 등의 청구 : ① 과세표준 신고서를 법정신고기한까지 제출한 자 및 ② 납기 후의 과세표준 신고서(기한후신고서)를 제출한 자는 다음 중 어느 하나에 해당할 때에는 법정신고기한이 지난 후 5년 이내에 최초신고 및 수정신고한 지방세의 과세표준 및 세액의 결정 또는 경정을 지방자치단체의 장에게 청구할 수 있다. 다만, 결정 또는 경정이 있는 경우에는 그 결정 또는 경정이 있음을 안 날(결정 또는 경정의 통지를 받은 때에는 그 받은 날)부터 90일 이내(법정신고기한이 지난 후 5년 이내로 한정한다)에 경정을 청구할 수 있다.

① 과세표준 신고서 또는 납기 후의 과세표준 신고서(기한후신고서)에 기재된 과세표준 및 세액*이 신고해야 할 과세표준 및 세액을 초과할 때(신고세액 > 정당세액 ➡ 과대신고)

* 지방세법에 따라 결정 또는 경정이 있는 경우에는 그 결정 또는 경정 후의 과세표준 및 세액을 말한다.

② 과세표준 신고서 또는 납기 후의 과세표준 신고서(기한후신고서)에 기재된 환급세액*이 신고해야 할 환급세액보다 적을 때(신고 환급세액 < 정당 환급세액 ➡ 과소신고)

* 지방세법에 따라 결정 또는 경정이 있는 경우에는 그 결정 또는 경정 후의 환급세액을 말한다.

2) 후발적 사유로 인한 경정 등의 청구 : ① 과세표준 신고서를 법정신고기한까지 제출한 자 또는 ② 지방세의 과세표준 및 세액의 결정을 받은 자는 다음 중 어느 하나에 해당하는 사유가 발생하였을 때에는 위에서 규정하는 기간에도 불구하고 그 사유가 발생한 것을 안 날부터 90일 이내에 결정 또는 경정을 청구할 수 있다.

① 최초의 신고·결정 또는 경정에서 과세표준 및 세액의 계산 근거가 된 거래 또는 행위 등이 그에 관한 ㉠ 지방세기본법에 따른 심판청구, 감사원법에 따른 심사청구에 대한 결정이나 ㉡ 소송에 대한 판결*에 의하여 다른 것으로 확정되었을 때

* 판결과 같은 효력을 가지는 화해나 그 밖의 행위를 포함한다.

② 조세조약에 따른 상호합의가 최초의 신고·결정, 경정결정으로 확정된 내용과 다르게 이루어진 경우

③ 최초의 신고·결정, 경정결정으로 확정된 과세표준·세액의 산출근거가 된 거래·행위 등의 효력과 관계되는 관청의 허가나 그 밖의 처분이 다른 것으로 확정되는 경우

지방 01

④ 최초의 신고 · 결정, 경정결정으로 확정된 과세표준 · 세액의 산출근거가 된 거래 · 행위 등의 효력과 관계되는 해당 계약이 성립 후 부득이한 사유로 해제 · 취소되는 경우(다만, 취득세 등 신고납부 세목의 경우 해제권 행사에 의해 계약이 해제되는 경우에도 납부세액을 경정 받을 수 없다.)

⑤ 최초의 신고 · 결정, 경정결정을 할 때 장부 · 증거자료가 압수, 그 밖의 부득이한 사유로 과세표준 · 세액을 계산할 수 없었으나 그 후에 해당 사유가 해소된 경우

(2) 청구의 효력

결정 또는 경정의 청구를 받은 지방자치단체의 장은 그 청구를 받은 날부터 2개월 이내에 과세표준 및 세액을 ① 결정 또는 경정하거나 ② 결정 또는 경정해야 할 이유가 없다는 것을 그 청구를 한 자에게 통지해야 한다. 다만, 청구를 한 자가 2개월 이내에 ① · ②의 통지를 받지 못한 경우에는 통지를 받기 전이라도 그 2개월이 되는 날의 다음 날부터 이의신청, 심판청구(또는 감사원법에 따른 심사청구)를 할 수 있다.

3. 기한후신고

(1) 신고의 요건

법정신고기한까지 과세표준 신고서를 제출하지 않은 자는 지방자치단체 장이 과세표준을 결정하여 통지하기 전까지 기한후신고서를 제출할 수 있다.

(2) 신고의 효력

① 기한후신고서를 제출하거나 ② 기한후신고서를 제출한 자가 과세표준 수정신고서를 제출한 경우 지방자치단체의 장은 지방세법에 따라 신고일부터 3개월 이내에 그 지방세의 과세표준과 세액을 결정 또는 경정하여 신고인에게 통지해야 한다. 다만, 그 과세표준과 세액을 조사할 때 조사 등에 장기간이 걸리는 등 부득이한 사유로 신고일부터 3개월 이내에 결정 또는 경정할 수 없는 경우에는 그 사유를 신고인에게 통지해야 한다.

Ⅵ. 가산세의 부과

1. 개요

지방자치단체의 장은 지방세법에 따른 의무를 위반한 자에게 가산세를 부과할 수 있다. 이 경우 해당 가산세는 해당 지방세의 세목으로 한다. 한편 재산세는 보통징수 세목으로 의무위반에 따른 가산세가 부과되지 않는다.

2. 가산세의 종류

(1) 무신고가산세

법정신고기한까지 과세표준 신고서를 제출하지 않은 경우 다음의 구분에 따라 가산세를 부과한다.

구분	무신고가산세
부정행위로 인한 무신고	무신고납부세액×40%
일반적인 무신고	무신고납부세액×20%

(2) 과소신고가산세

법정신고기한까지 과세표준 신고서를 제출한 경우로서 신고해야 할 납부세액보다 적게 신고한 경우 다음의 구분에 따라 가산세를 부과한다.

과소신고가산세* = 부정과소신고분 세액×40% + 일반과소신고분 세액×10%

* 다만, 신고당시 소송 등으로 상속재산이 확정되지 않아 과소신고한 경우에는 과소신고가산세를 부과하지 않는다.

(3) 납부지연가산세

납세의무자가 납부기한까지 지방세를 납부하지 않거나 납부해야 할 세액보다 적게 납부(이하 '과소납부'라 한다)한 경우에는 다음의 금액을 가산세로 부과한다.

<table>
<tr><td colspan="2">납부지연가산세 = ① 지연일수분 + (② 체납분 + ③ 체납월수분)</td></tr>
<tr><td>① 지방세의 법정납부기한까지 납부하지 않거나 과소납부한 경우
: 지연일수분 = MIN(㉠, ㉡)
㉠ 미납세액(또는 과소납부분 세액) × 미납일수* × 1일 $\frac{2.2}{10,000}$
㉡ 미납세액(또는 과소납부분 세액) × 75%
* 법정납부기한의 다음 날부터 자진납부일 또는 납세고지일까지의 일수를 말한다.</td><td>종전 납부불성실 가산세</td></tr>
<tr><td>② 납세고지서에 따른 납부기한까지 납부하지 않은 경우
: 체납분 = 미납세액(또는 과소납부분 세액) × 3%</td><td rowspan="2">종전 가산금</td></tr>
<tr><td>③ 납세고지서에 따른 납부기한이 지난 날부터 1개월이 지날 때마다 납부하지 않은 경우 : 체납월수분 = 미납세액(또는 과소납부분 세액) × 체납월수 × 0.66%</td></tr>
</table>

한편 ③의 가산세를 부과하는 기간은 60개월(1개월 미만은 없는 것으로 본다)을 초과할 수 없으며, 납세고지서별 · 세목별 세액이 45만원 미만인 경우에는 ③의 가산세를 적용하지 않는다.

지방 01

3. 가산세의 감면 등

1) 천재지변 등 사유로 인한 가산세 부과제외 : 지방자치단체의 장은 ① 천재지변 등의 사유에 해당하거나 ② 의무를 이행하지 않은 정당한 사유가 있는 경우 가산세를 부과하지 않는다.

2) 수정신고로 인한 가산세 감면 : 지방자치단체의 장은 과세표준신고서를 법정신고기한까지 제출한 자가 법정신고기한이 지난 후 2년 이내에 수정신고를 한 경우(다만, 과세표준수정신고서를 제출한 과세표준과 세액에 관하여 경정이 있을 것을 미리 알고 제출한 경우는 제외)에는 과소신고가산세액 중 다음의 금액을 감면한다.

가산세 감면금액 = 과소신고가산세×감면율(90%~10%)

구분	감면율	
① 법정신고기한이 지난 후 1개월 이내에 수정신고한 경우	90%	1개월
② 법정신고기한이 지난 후 1개월 초과 3개월 이내에 수정신고한 경우	75%	2개월
③ 법정신고기한이 지난 후 3개월 초과 6개월 이내에 수정신고한 경우	50%	3개월
④ 법정신고기한이 지난 후 6개월 초과 1년 이내에 수정신고한 경우	30%	6개월
⑤ 법정신고기한이 지난 후 1년 초과 1년 6개월 이내에 수정신고한 경우	20%	6개월
⑥ 법정신고기한이 지난 후 1년 6개월 초과 2년 이내에 수정신고한 경우	10%	6개월

3) 기한후신고로 인한 감면 : 지방자치단체의 장은 과세표준신고서를 법정신고기한까지 제출하지 않은 자가 법정신고기한이 지난 후 6개월 이내에 기한후신고를 한 경우(과세표준과 세액을 결정할 것을 미리 알고 기한후신고서를 제출한 경우는 제외)에는 무신고가산세액 중 다음의 금액을 감면한다.

가산세 감면금액 = 무신고가산세×감면율

구분	감면율	
① 법정신고기한이 지난 후 1개월 이내에 기한후신고를 한 경우	50%	1개월
② 법정신고기한이 지난 후 1개월 초과 3개월 이내에 기한후신고를 한 경우	30%	2개월
③ 법정신고기한이 지난 후 3개월 초과 6개월 이내에 기한후신고를 한 경우	20%	3개월

4) 과세전적부심사 결정 · 통지 지연으로 인한 감면 : 과세전적부심사기간 내에 결과를 통지 하지 않은 경우 다음의 금액을 감면한다.

가산세 감면금액 = 결정 · 통지가 지연되어 해당 기간에 부과되는 납부지연가산세×50%

Ⅶ. 지방세 권리구제 절차

지방세에 관한 불복을 하려면 지방세법 또는 감사원법에 따른 행정불복절차를 밟을 수 있는데, 이 가운데 지방세법에 따른 권리구제 절차는 다음과 같다.

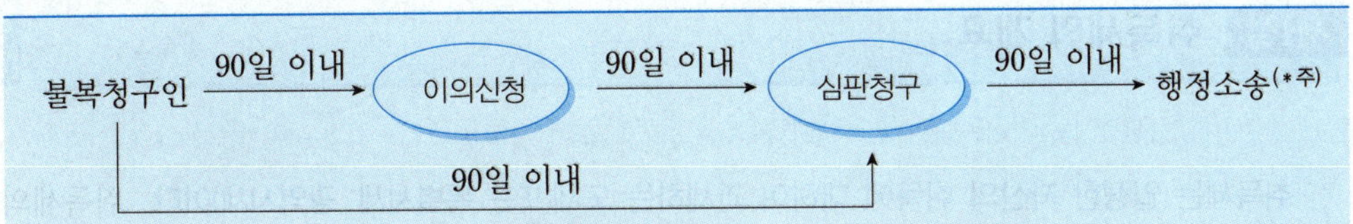

시 · 군세(구세)	시장 · 군수(구청장)	조세심판원장	–
도세(특별시세 · 광역시세)	도지사(특별시장 · 광역시장)	조세심판원장	–

(*주) 지방세에 관한 불복에 있어서는 행정심판법에 따른 행정심판절차가 배제되며, 그 대신 지방세기본법에 따른 심판청구를 거쳐야 한다. 따라서 지방세에 관한 행정쟁송은 지방세기본법에 따른 심판청구 또는 감사원 심사청구에 의해 이루어지며, 2021년부터는 이를 적법하게 거치지 않으면 행정소송을 제기할 수 없도록 규정되어 있다.

제2장 취득세

제1절 취득세의 개요

II-1 p.607

취득세는 일정한 자산의 취득에 대하여 과세하는 도세(또는 특별시세·광역시세)이다. 취득세의 과세취지는 부동산 등의 소유권이 이전되는 과정에서 담세력이 노출되는 취득자에게 조세를 부담시키기 위함이다. 취득세의 성격은 구체적으로 설명하면 다음과 같다.

① 취득세는 부동산 등을 취득하는 사실에 대해 과세하는 조세이므로 이는 유통세에 해당한다. 이러한 점은 부동산 등을 보유하는 사실에 대해 과세하는 재산세와 비교된다.

② 재산권의 취득행위에 대해 과세한다는 점에서 행위세적 성격도 가진다.

③ 취득세의 세수는 용도를 특정하지 않고 광역자치단체의 일반경비에 충당하므로 보통세에 속한다.

[도 표] 취득세의 요약

구분	내용	
과세요건	과세권자	취득물건 소재지의 도(道), 특별시 · 광역시
	과세대상	과세대상자산의 취득
	납세의무자	과세대상자산을 사실상 취득하는 자
	과세표준	취득당시의 가액(연부로 취득하는 경우 연부금액)
	세 율	표준세율 : 취득물건 · 원인에 따라 정해진 세율
		중과세율 • 과밀억제권역 · 대도시에서 일정자산 취득 • 사치성재산의 취득
납세의무의 성립시기	취득세 과세물건을 취득하는 때(취득시기)	

납세의무의 확정시기	신고하는 때(신고하지 않은 경우 결정하는 때)
납세절차	신고납부(신고납부하지 않으면 보통징수) 면세점 : 50만원

제2절 과세요건

Ⅱ-1 p.608

Ⅰ. 과세권자

취득세는 특별시세 · 광역시세 또는 도세(특별자치세 · 특별자치도세)로서 취득물건의 소재지(납세지)의 관할지방자치단체(특별시 · 광역시 · 도)가 과세권자가 된다.

참 고 취득세의 납세지

부동산 – 부동산 소재지, 골프회원권 · 승마회원권 · 콘도미니엄회원권 · 종합체육시설이용회원권 · 요트회원권 – 골프장 · 승마장 · 콘도미니엄 · 종합체육시설 · 요트 보관소 소재지 등으로 한다. ■

Ⅱ. 과세대상

1. 취득물건

(1) 부동산

1) 토지 : 「공간정보의 구축 및 관리 등에 관한 법률」에 따라 ① 지적공부의 등록대상이 되는 토지와 ② 그 밖의 사용되는 사실상의 토지(예 : 매립 · 간척 등으로 준공인가 전에 사실상 사용하는 토지)를 말한다.

토지의 범위 : ① 지적공부의 등록대상 + ② 그 밖의 사용되는 사실상의 토지

2) 건축물 : ① 건축법에 따른 건축물(이와 유사한 형태의 건축물 포함)과 ② 독립시설물–토지에 정착하거나 지하 · 다른 구축물에 설치하는 레저시설 등을 말한다.

건축물의 범위 : ① 건축법상 건축물* + ② 독립시설물

* 건축법상 건축물 : 토지에 정착하는 공작물 중 지붕과 기둥 또는 벽이 있는 것과 이에 딸린 시설물, 그 밖에 사무소 · 공연장 · 점포 · 차고 · 창고 등

(2) 부동산에 준하는 것

① 차량 : 원동기를 장착한 모든 차량과 피견인차 및 궤도로 승객 · 화물을 운반하는 모든 기구

② 기계장비 : 건설공사용 · 화물하역용 · 광업용으로 사용되는 모든 기계장치로서 법에 따른 기계장비뿐만 아니라 이와 유사한 기계장비도 포함한다.

③ 항공기 : 사람이 탑승 · 조종하는 비행기 등의 모든 비행기구

④ 선박 : 기선 · 범선 · 부선 등 명칭과 관계없이 모든 배

⑤ 입목(立木) : 지상의 과수, 임목(林木), 죽목(竹木)

(3) 각종 권리

① 광업권 : 광업법에 따른 광업권

② 어업권 · 양식업권 : 수산업법 · 내수면어업법에 따른 어업권 및 양식산업발전법에 따른 양식업권을 말한다.

③ 골프회원권 : 체육시설의 설치 · 이용에 관한 법률에 따른 골프장의 회원으로서 골프장을 이용할 수 있는 권리

④ 승마회원권 : 체육시설의 설치 · 이용에 관한 법률에 따른 승마장의 회원으로서 승마장을 이용할 수 있는 권리

⑤ 콘도미니엄회원권 : 관광진흥법에 따른 콘도미니엄 등의 휴양시설을 이용할 수 있는 권리

⑥ 종합체육시설이용회원권 : 체육시설의 설치 · 이용에 관한 법률에 따른 회원으로서 그 시설을 이용할 수 있는 권리

⑦ 요트회원권 : 체육시설의 설치 · 이용에 관한 법률에 따른 요트장의 회원으로서 요트장을 이용할 수 있는 권리

참 고 건축법에 따른 시설물(부수시설물)

① 승강기(엘리베이터 · 에스컬레이터 · 그 밖의 승강시설)

② 시간당 20킬로와트 이상의 발전시설

③ 난방용 · 욕탕용 보일러

④ 시간당 7,560킬로칼로리급 이상의 에어컨(중앙조절식만 해당)

⑤ 부착된 금고

⑥ 교환시설

⑦ 건물의 냉난방, 급수 · 배수 등의 자동관리를 위해 설치하는 인텔리전트 빌딩시스템

⑧ 구내 변천 · 배전시설 ■

참 고 토지에 정착하거나 지하 또는 다른 구축물에 설치하는 독립시설물

① 레저시설 : 수영장, 스케이트장, 골프연습장, 기타 오락시설 등

② 저장시설 : 수조, 저유조, 저장창고, 저장조 등의 옥외저장시설

③ 도크시설 · 저장시설 : 도크, 조선대

④ 도관시설(연결시설 포함) : 송유관, 가스관, 열수송관

⑤ 급수 · 배수시설 : 송수관(연결시설 포함), 급수 · 배수시설, 복개설비

⑥ 에너지공급시설 : 주유시설, 가스충전시설, 환경친화적 자동차 충전시설, 송전철탑(20미만 볼트를 송전하는 것과 주민들의 요구로 이전 · 설치하는 것은 제외)

⑦ 그 밖의 시설 : 잔교, 기계식 · 철교조립식 주차장, 방송중계탑(대외방송용 등은 제외), 무전통신기지국용 철탑 ■

2. 취득의 범위

(1) 본래의 취득

1) 취득의 개념 : '취득'이란 매매 · 교환, 상속 · 증여 · 기부, 현물출자, 건축 · 개수 · 공유수면 매립 · 간척에 의한 토지의 조성 등과 그 밖의 이와 유사한 취득으로서 원시취득*, 승계취득 또는 유상 · 무상의 모든 취득을 말한다.

* 원시취득 : 처음으로 소유권이 생성된 취득을 말하므로 수용재결로 취득하는 경우 등과 같이 이미 과세대상이 존재하는 상태에서 취득하는 경우에는 원시취득에서 제외한다.

2) 실질주의 : 과세대상자산의 취득은 법령에 따른 등기 · 등록 등을 하지 않은 경우라도 사실상 취득하면 각각 취득한 것으로 보고 해당 취득물건의 소유자 또는 양수인을 각각 취득자로 한다. 다만, 차량 · 기계장비 · 항공기 · 주문을 받아 건조하는 선박은 승계취득인 경우에만 해당한다. 이처럼 취득세는 소유권 변동의 법률적인 요건을 갖추지 못한 경우에도 해당 물건에 대한 사용 · 수익 · 처분권을 배타적으로 행사할 수 있는 지위에 서면 사실상 취득한 것으로 보고 과세하는 실질주의에 따른다. 따라서 '취득'이란 취득자가 소유권이전등기 · 등록 등 완전한 내용의 소유권을 취득하는가의 여부에 관계없이 사실상의 취득행위(잔금지급, 연부금 완납 등) 그 자체를 말하는 것이다.

판례 사실상의 취득의 의미

취득세는 재화의 이전이라는 사실 자체를 포착하여 담세력을 인정하고 부과하는 유통세로서 취득자가 재화를 사용 · 수익 · 처분을 함으로써 얻는 이익에 대해 부과하는 것이 아니기 때문에 완전한 내용의 소유권취득여부와 관계없이 사실상의 취득행위 자체에 대해 과세를 하는 것이다. 따라서 법률에 따른 등기 · 등록을 하지 않아 형식적인 요건을 갖추지 못하더라도 대금의 지급과 같은 실질적인 요건을 갖춘 경우라면 취득한 것으로 보는 것이므로 제3자간 명의신탁약정에 따라 수탁자의 명의로 소유권이전등기를 하였다 하더라도 달리 볼 것은 아닐 것이다(2005두13360).

* 차량 등의 최초의 승계취득시기 : 차량 등의 경우에는 원시취득에 대한 취득세를 부과하지 않고 승계취득에 한정하여 과세한다. 이때 최초의 취득일은 실수요자가 차량 등을 인도받는 날과 잔금지급일 중 빠른 날로 한다. ■

판례 차량 등의 실소유자의 의미

차량의 최초의 승계취득시기를 규정한 취지는 자동차 제조회사의 차량 제조에 따른 취득과 자동차 판매회사의 판매를 위한 차량취득을 과세대상에서 제외하기 위함으로써 실소유자란 자동차의 수요자·소비자를 말하는 것으로 판매목적으로 취득하는 것이 아니라면 취득자의 취득목적과는 상관없이 차량을 취득한 자는 실소유자에 해당한다고 할 것이다. 따라서 자동차 제조회사가 판매목적이 아닌 실험목적으로 취득하는 다른 회사의 차량은 과세대상에서 제외되지 않을 것이다(2004두6426).

(2) 간주취득

1) 종류변경·지목변경으로 인한 간주취득 : ① 선박·차량·기계장비(이하 선박 등)의 종류변경과 ② 토지의 지목을 사실상 변경함으로써 그 가액이 증가한 경우에는 취득으로 본다. 여기서 '종류변경'이란 선박의 경우 선질·용도·기관·정원·최대적재량의 변경을 말하며, 차량·기계장비의 경우에는 원동기·승차정원·최대적재량·차체의 변경을 말한다.

2) 과점주주의 간주취득 : 법인(유가증권시장·코스닥시장에 상장된 법인은 제외)의 주식·지분을 취득함으로써 과점주주가 되었을 때 그 과점주주가 해당 법인의 취득세 과세대상자산을 취득한 것으로 본다. 다만, 법인설립시 과점주주가 된 경우는 제외한다.

[도 표] 취득의 유형

구분		형태
승계취득(타인의 소유권 이전으로 취득)	유상승계취득	매매·교환·현물출자, 공매·경매, 수용 등
	무상승계취득	상속·증여·기부, 사인증여
원시취득(처음으로 소유권 생성)		토지 : 공유수면의 매립·간척에 의한 토지의 조성
		건물 : 건축(신축·증축·개축·재축·이전)·개수
		선박 : 건조
		광업권·어업권 : 출원
간주취득(취득의 범위 확장)		선박 등 : 종류변경으로 인한 가액의 증가
		토지 : 지목변경으로 인한 가액의 증가
		과점주주의 주식 등 취득

[도 표] 원시취득과 승계취득

구분	원시취득	승계취득
이론상의 의의	타인의 권리와 상관없이 새로 발생하는 것(강학상의 개념) * 원시취득의 권리는 전(前)의 권리의 제한·하자를 승계하지 않음	타인의 권리에 근거하여 승계적으로 발생하는 것 * 승계취득한 권리는 전(前)의 권리의 제한·하자를 승계함

이론상의 유형	① 과세대상이 새로이 생성되는 것 : 건물의 신축, 공유수면의 매립 · 간척에 따른 토지 조성 등 ② 법률에 의해 새로이 생성되는 것(지방세법상 원시취득 ×) : 시효취득, 수용재결에 따른 취득	① 유상승계취득 : 매매 · 교환 · 현물출자 등으로 사실상의 대금을 지급하고 취득하는 것 ② 무상승계취득 : 상속 · 증여(사인증여 포함) · 기부 등
세율적용	2.8%	유상승계취득 : 4%(농지는 3%) 무상승계취득 : 상속은 2.8%, 증여 등은 3.5%

(3) 증여 또는 유상으로 취득한 것으로 보는 경우

1) 배우자 · 직계존비속으로부터 취득 : 배우자 또는 직계존비속의 과세대상자산을 취득하는 경우에는 증여로 취득한 것으로 본다. 다만, 다음 중 어느 하나에 해당하는 경우에는 유상으로 취득한 것으로 본다.

① 공매(경매를 포함한다. 이하 같다)를 통하여 과세대상자산을 취득한 경우
② 파산선고로 인하여 처분되는 과세대상자산을 취득한 경우
③ 권리의 이전이나 행사에 등기 또는 등록이 필요한 과세대상자산을 서로 교환한 경우
④ 해당 과세대상자산의 취득을 위하여 그 대가를 지급한 사실이 증명되는 다음의 경우
㉠ 그 대가를 지급하기 위한 취득자의 소득이 증명되는 경우
㉡ 소유재산을 처분 또는 담보한 금액으로 해당 부동산을 취득한 경우
㉢ 이미 상속세 또는 증여세를 과세(비과세 또는 감면받은 경우 포함)받았거나 신고한 경우로서 그 상속 또는 수증 재산의 가액으로 그 대가를 지급한 경우
㉣ 위 ㉠~㉢까지에 준하는 것으로서 취득자의 재산으로 그 대가를 지급한 사실이 입증되는 경우

이는 배우자 · 직계존비속으로부터 취득하는 경우, ① 유상으로 취득한 것임이 증명되면 유상취득(4% 등 세율)으로, ② 그 외의 경우에 증여에 의한 취득(3.5% 세율)으로 보고 각각 취득세를 과세하도록 그 과세방법을 명확히 하기 위해서 마련된 규정이다.

2) 부담부증여 : 증여자의 채무를 인수하는 부담부증여의 경우에는 그 채무액에 상당하는 부분은 과세대상자산을 유상으로 취득하는 것으로 본다. 다만, 배우자 또는 직계존비속으로부터의 과세대상자산의 부담부증여의 경우에는 위 1)의 규정을 적용한다.

따라서 부담부증여로 취득한 자는 ① 인수한 채무액에 상당하는 부분은 유상취득에 대한 취득세율(4% 등)을 적용하고 ② 취득가격 중 인수한 채무액을 제외한 부분은 무상취득(증여)에 대한 취득세율(3.5%)을 적용한다. 그리고 주택의 유상거래에 대한 낮은 취득세율

(1%~3%)은 취득가격 중 인수한 채무액에 상당하는 부분에 대해서만 적용한다.

다만, 배우자 또는 직계존비속으로부터의 과세대상자산의 부담부증여의 경우에는 1)의 규정이 우선 적용되므로 인수한 채무액에 상당하는 부분도 증여로 취득한 것으로 본다(만약 그 채무액에 상당하는 부분에 대해서 대가를 지급한 사실이 입증되는 경우에는 그 채무액에 상당하는 부분은 유상으로 취득한 것으로 본다).

[도 표] 부동산 부담부증여 취득세 과세상 취급

구분	부담부증여로 취득한 과세대상자산 시가인정액 구분	
	채무부담액 부분	나머지 부분
취득 유형	유상승계취득	무상승계취득
과세표준	채무부담액 * 유상승계취득 과세표준 적용	(시가인정액 – 채무부담액) 잔액 * 무상취득 과세표준 적용
취득세율	4% 등(유상승계취득)	3.5%(상속 외 무상취득)
신고납부기한	취득일(증여계약일)이 속하는 달의 말일부터 3개월 이내 * 부담부증여도 증여와 같이 신고납부기한을 판단함	
취득세 부과제척기간	• 일반적인 경우 : 5년 • 무신고한 경우 : 10년 • 부정행위로 포탈한 경우 : 10년 * 부담부증여도 증여와 같이 부과제척기간을 적용함	

3) 상속재산의 협의분할 : 상속개시 후 상속재산에 대하여 등기 · 등록 · 명의개서 등(이하 '등기 등')에 의하여 각 상속인의 상속분이 확정된 후, 그 상속재산에 대하여 공동상속인이 협의하여 재분할한 결과 특정 상속인이 당초 상속분을 초과하여 취득하게 되는 재산가액은 그 재분할에 의하여 상속분이 감소한 상속인으로부터 증여받아 취득한 것으로 본다.

그 취지는 민법의 협의분할은 상속개시일로 소급하는 효력이 있다는 점을 이용하여 상속개시 후 공동상속인이 확정된 상속재산을 협의하여 재분할하는 방법으로 증여에 대한 취득세를 회피하는 것을 방지하려는 데 있다. 그러나 취득세 신고 · 납부기한(상속개시일이 속하는 말일부터 6개월 이내) 이내에 재분할에 의한 취득과 등기 등을 모두 마친 경우에는 증여받아 취득한 것으로 보지 않는다.

참 고 재분할 시기와 관계없이 취득으로 보지 않는 경우

① 상속회복청구의 소에 의한 법원의 판결에 의해서 변동이 있는 경우

② 채권자대위권의 행사에 의해서 공동상속인들 간의 법정상속분대로 등기 등이 완료된 상속재산을 상속인 간에 협의분할에 의하여 재분할하는 경우 ■

참 고 취득한 것으로 보는 그 밖의 경우

1. 「공간정보의 구축 및 관리 등에 관한 법률(제67조)」에 따른 대(垈) 중 「국토의 계획 및 이용에 관한 법률」 등 관계법령에 따른 택지공사가 준공된 토지에 정원 또는 부속시설물 등을 조성·설치하는 경우에는 그 정원 또는 부속시설물 등은 토지에 포함되는 것으로서 토지의 지목을 사실상 변경하는 것으로 보아 토지의 소유자가 취득한 것으로 본다(이에 따른 토지의 소유자의 취득에 대한 취득세율은 2%로 한다). 다만, 건축물을 건축하면서 그 건축물에 부수되는 정원 또는 부속시설물 등을 조성·설치하는 경우에는 그 정원 또는 부속시설물 등은 건축물에 포함되는 것으로 보아 건축물을 취득하는 자가 취득한 것으로 본다.
2. 신탁법(제10조)에 따라 신탁재산의 위탁자 지위의 이전이 있는 경우에는 새로운 위탁자가 해당 신탁재산을 취득한 것으로 본다. 다만, 위탁자 지위의 이전에도 불구하고 신탁재산에 대한 실질적인 소유권 변동이 있다고 보기 어려운 경우로서 「자본시장과 금융투자업에 관한 법률」에 따른 부동산집합투자기구의 집합투자업자가 그 위탁자의 지위를 다른 집합투자업자에게 이전하는 경우에는 그렇지 않다. ■

참 고 건축물 취득세 과세표준에 조경비용 포함

건축물 건축에 수반하는 조경비용은 토지가 아닌 건물 효용가치를 증가시킴에도 토지의 과세표준에 포함(지목변경 간주취득 2% 세율 적용)되는 불합리를 개선하기 위해서 건축물을 건축하면서 그 건축물에 부수되는 정원 또는 부속시설물 등을 조성 · 설치하는 경우에는 그 정원 또는 부속시설물 등은 건축물에 포함(건축 2.8% 세율 적용)되는 것으로 보고 건축물을 취득하는 자에게 취득세를 부과하도록 하였다.

공사목적	건축이 수반되는 경우	건축이 수반되지 않는 경우(지목변경)
과 세 방 법	건축물 취득에 포함하여 과세	토지 지목변경에 따른 간주취득으로 과세
납세의무자	건축물 소유자	토지 소유자
과 세 표 준	건축비 + 조경공사비 등	토지 지목변경 공사비 + 조경공사비 등
세 율	2.8%(원시취득)	2%(지목변경 간주취득)
사 례	건물 부속토지 내 도로포장	건물 부속토지 이외 부지 내 도로포장 등

참 고 도시개발사업 등의 시행에 따른 부동산 취득 기준

1. 도시개발법에 따른 도시개발사업과 「도시 및 주거환경정비법」에 따른 재개발사업의 시행으로 해당 사업의 대상이 되는 부동산의 소유자(상속인 포함)가 환지계획 또는 관리처분계획에 따라 공급받거나 토지상환채권으로 상환받는 ① 건축물은 그 소유자가 원시취득한 것으로 보며, ② 토지의 경우에는 그 소유자가 승계취득한 것으로 본다. 이 경우 토지는 당초 소유한 토지 면적을 초과하는 경우로서 그 초과한 면적에 해당하는 부분에 한하여 취득한 것으로 본다.

2. 토지의 지목을 사실상 변경함으로써 그 가액이 증가한 경우에는 취득으로 본다. 이 경우 도시개발법에 따른 도시개발사업(환지방식만 해당한다)의 시행으로 토지의 지목이 사실상 변경된 때에는 그 환지계획에 따라 공급되는 ① 환지는 조합원이, ② 체비지 · 보류지는 사업시행자가 각각 취득한 것으로 본다.

<table>
<tr><th>구분</th><th>과세대상</th><th>취득 원인</th></tr>
<tr><td rowspan="2">도시개발사업
재개발사업</td><td>신축한 건축물
(아파트 · 상가)</td><td>소유자가 원시취득(2.8% 세율)
* 청산금 납부 여부와 관계없이 원시취득으로 본다.</td></tr>
<tr><td>토지
(당초 면적보다 증가한 면적에 한함)</td><td>소유자가 승계취득(4% 세율)</td></tr>
<tr><td>도시개발사업
(환지방식만 해당)</td><td>토지의 지목변경</td><td>지목변경으로 인한 간주취득(2% 세율)
(환지는 조합원이 취득
체비지 · 보류지는 사업시행자가 취득)</td></tr>
</table>

판 례 계약명의신탁과 제3자 명의신탁

1) 제3자간 명의신탁의 경우 : 부동산을 취득하려는 자(명의신탁자)가 매도인과 매매계약을 체결하고 명의수탁자의 명의로 소유권이전등기를 하는 경우 해당 등기명의신탁계약에 의한 소유권이전등기는 사법상 무효가 되고, 명의신탁자는 자신의 명의로 소유권이전등기를 하지 않더라도 당초 매도인과 매매계약을 하여 해당 부동산의 취득행위를 하였고 매매대금을 지급하여 당초 매도인으로부터 소유권이전등기청구를 할 수 있으므로 매매대금을 납입한 시점에 사실상 취득행위를 한 것으로 보아 명의신탁자를 취득세 납세의무자로 보아야 한다(2005두13360).

그러나 담세력 발현의 전제가 없는 원인무효인 명의신탁약정에 따라 아무런 효력이 없는 등기만 보유하고 있는 명의수탁자는 해당 부동산을 유효하게 취득한다고 볼 수 없으므로 취득세 납세의무가 성립한다고 볼 수 없다. 분명하고 타당한 근거 없이 유통세로서의 성격만 내세워 등기만 갖추면 납세의무가 성립한다고 보는 것은 등기를 하지 않아도 사실상 잔금을 지급하면 취득하는 것으로 보는 실질과세원칙의 본질에 정면으로 반하는 결과이다(2014두43110).

2) 명의수탁자에 대한 소유권이전등기를 말소하고 명의신탁자 앞으로 소유권 이전등기를 한 경우 명의신탁자에게 이것을 당초 사실상의 취득과는 별도로 새로운 취득으로 보아 취득세 납세의무가 성립하는지 여부 : 잔금지급일에 사실상 취득을 한 경우 이와 별도로 소유권이전등기를 한 것은 형식적인 요건을 추가로 갖춘 것일 뿐 새로운 취득이 발생했다고 볼 수 없다. 이는 명의수탁자가 소유권이전등기를 말소한 다음 명의신탁자의 앞으로 소유권이전등기를 한 경우에도 마찬가지이다(2010두28151).

3) 계약명의신탁 : 부동산을 취득하려는 자(명의신탁자)가 제3자(명의수탁자)와 명의신탁약정을 한 뒤에 명의수탁자가 매도인과 매매계약을 체결하고, 자신 앞으로 소유권이전등기를 경료하였을 때에 매도인이 명의신탁약정이 있는 사실을 모르는 경우(선의인 경우) 명의수탁자는 매도인과 명의위탁자와의 관계에서 부동산의 소유권을 완전하게 취득함으로써 취득세 납세의무자가 된다. 비록 매도인에게 명의수탁자가 지급한 매매대금이 실질적으로 명의신탁자가 부담한 것이라 하더라도 명의신탁자는 매매계약의 당사자가 아니므로 취득세 납세의무자에 해당하지 않는다(2012두14804).

이 경우 매도인에게 사실상 대금을 지급하였다면 명의수탁자 앞으로 소유권이전등기를 하지 않았다고 하더라도 명의수탁자가 취득세 납세의무자에 해당하며, 그 상태에서 명의수탁자가 계약명의신탁계약의 당사자와 매도인이 아닌 제3자에게 전매한 뒤 최초 매도인이 제3자에게 직접 매도한 것처럼 소유권이전등기를 마친 경우에도 마찬가지라고 할 것이다(2015두39026).

Ⅲ. 취득세의 비과세

구분	구체적인 비과세대상
(1) 국가 등에 대한 비과세	① 국가 · 지방자치단체(법률로 의제되는 경우는 제외) · 지방자치단체조합 · 외국정부 · 주한국제기구(다만, 대한민국 정부기관에 취득세를 과세하는 외국정부는 제외)의 취득 ② 국가 · 지방자치단체 · 지방자치단체조합에 귀속 · 기부채납[BOT : 건설 · 운영 후 양도방식으로 귀속되는 경우 포함]을 조건으로 취득하는 부동산 및 사회기반시설(다만, ㉠ 국가 등에 대한 조건을 이행하지 않고 타인에게 매각 등을 하는 경우와 ㉡ 국가 등의 귀속을 반대급부로 무상으로 양여받는 경우 등은 제외)
(2) 형식적인 소유권 취득에 대한 비과세	1) 신탁법에 따른 신탁으로 인한 취득으로써 다음 중 어느 하나의 경우(다만, 주택조합 등과 조합원과의 취득과 주택조합 등의 비조합원용 부동산 취득은 제외한다) ① 위탁자로부터 수탁자에게 신탁재산을 이전하는 경우 ② 신탁의 종료 · 해지로 수탁자로부터 위탁자에게 신탁재산을 이전하는 경우 ③ 수탁자가 변경되어 새로운 수탁자에게 이전하는 경우 2) 법률에 따른 동원대상지역 내의 토지의 수용 · 사용에 관한 환매권의 행사로 매수하는 부동산을 취득하는 경우 3) 임시건축물의 취득(다만, 사치성재산과 존속기간이 1년을 초과하는 경우는 제외)
(3) 공동주택 개수에 대한 비과세	개수 당시 시가표준액이 9억 이하인 공동주택의 개수(대수선 제외)로 인한 취득
(4) 차량의 상속에 따른 취득세	① 상속개시 이전에 천재지변 · 화재 · 교통사고 · 폐차 · 차령초과(車齡超過) 등으로 사용할 수 없게 된 차량의 상속으로 인한 취득 ② 상속개시일 현재 차령초과로 사실상 차량을 사용할 수 없는 경우 등의 사유로 상속으로 인한 이전등록을 하지 않은 상태에서 폐차함에 따라 상속개시일이 속하는 달의 말일부터 6개월(외국에 주소를 둔 상속인이 있는 경우에는 9개월) 이내에 말소등록된 차량의 상속으로 인한 취득

참고 부동산신탁(토지개발신탁)

토지의 개발을 목적으로 신탁법에 따라 위탁자가 자신의 토지소유권을 부동산개발회사 등인 수탁자에게 이전(이하 신탁)을 하고, 수탁자가 위탁받은 토지를 개발 · 관리 · 처분을 행하여 발생한 수익 등을 신탁종료시 위탁자가 지정한 수익자에게 수익을 분배하는 것을 말한다.

지방 02

[도 표] 부동산신탁(토지개발신탁)의 이해도

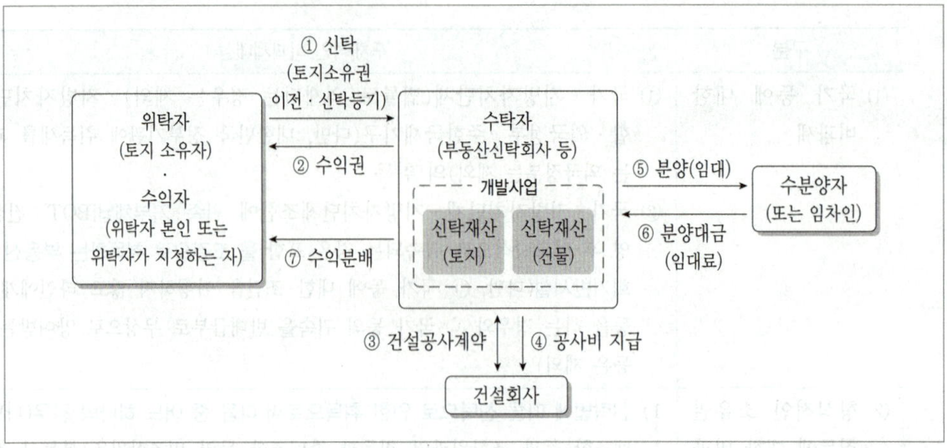

① 위탁자 : 토지개발사업을 목적으로 토지의 소유권을 부동산개발회사 등에게 신탁을 하고 수익권을 받는 자
② 수익자 : 위탁자 본인 또는 위탁자가 수익을 분배받는 자로 지정하는 자
③ 수탁자 : 부동산개발회사 등으로서 위탁받은 토지를 개발 · 관리 · 처분하여 발생한 수익을 신탁종료시 수익자에게 배분하는 자
④ 건설회사 : 수탁자인 부동산개발회사 등으로부터 도급을 받아 신탁재산인 토지 위에 건물의 신축 등을 하는 회사
⑤ 수분양자 · 임차인 : 토지개발사업에 따라 신축된 건물에 입주 · 임차를 하기 위해 수탁자인 부동산개발회사 등에게 분양대금 · 임차료를 지급하는 자 ■

Ⅳ. 납세의무자

1. 개요

취득세는 부동산 등을 취득한 자에게 부과한다. 자연인과 법인은 물론이고 법인이 아닌 사단 · 재단 그 밖의 단체도 취득세 납세의무가 있다.

2. 사례별 납세의무자

1) 주체구조부의 취득자 : 건축물의 주체구조부와 하나가 되어 건축물의 효용가치를 이루는 것에 대해서는 건축물의 주체구조부의 취득자 외의 자가 가설한 경우에도 주체구조부의 취득자가 이를 취득한 것으로 본다.

2) 수입자 : 외국인 소유의 취득세 과세대상 물건(차량, 기계장비, 항공기 및 선박만 해당한다)을 직접 사용하거나 국내의 대여시설 이용자에게 대여하기 위하여 소유권을 이전받는 조건으로 임차하여 수입하는 경우에는 수입하는 자가 취득한 것으로 본다.

3) 상속인 : 상속(피상속인이 상속인에게 한 유증 및 포괄유증과 신탁재산의 상속을 포함한다. 이하 같다)으로 인하여 취득하는 경우에는 상속인 각자가 상속받는 취득물건(지분을 취득하는 경우에는 그 지분에 해당하는 취득물건을 말한다)을 취득한 것으로 본다. 이 경우 상속인은 공유자로서 취득세에 관한 연대납세의무를 진다.

* 상속에는 사인증여는 포함되지 않으며, 상속인에는 상속포기자를 포함하지 않는다.

판례 매매계약을 체결한 이후 상속이 개시될 때 취득세 납세의무

취득세는 개별적인 취득행위가 있을 때마다 취득하는 자에게 부과되는 세금이므로 매매계약으로 매수인이 해당 부동산을 취득한 것과는 별도로 상속인이 상속을 원인으로 하여 피상속인으로부터 해당 부동산을 취득하는 것이 명백한 이상, 이미 매매계약이 체결되었다는 사정만으로는 상속인에게 새로 취득세를 부과한다고 해서 그 결과가 실질과세원칙에 반하거나 그 밖의 조세정의를 반한다고 볼 수 없다(2012두4357). ■

4) 조합원 : 주택조합과 주택재건축조합이 해당 조합원용으로 취득하는 조합주택용 부동산(공동주택과 부대시설 · 복리시설 및 그 부속토지를 말한다)은 그 조합원이 취득한 것으로 본다. 다만, 조합원에게 귀속되지 않는 부동산(비조합원용 부동산)은 제외한다.

5) 시설대여사업자 : 여신전문금융업법에 따라 시설대여사업자가 건설기계 · 차량의 시설대여를 하는 경우 비록 대여시설이용자의 명의로 등록하는 경우라도 시설대여사업자가 취득한 것으로 본다.

6) 기계장비 · 차량 취득대금 지급자 : 기계장비 · 차량을 기계장비대여업체 · 운수업체의 명의로 등록하는 경우(영업용으로 한정)라도 해당 기계장비 · 차량의 구매계약서 등에 따라 해당 기계장비 · 차량의 취득대금을 지급하는 자가 따로 있음이 입증되는 경우에는 그 취득대금을 지급하는 자가 취득한 것으로 본다.

판례 신탁받은 토지를 지목변경하는 경우 간주취득에 대한 납세의무

신탁법상 신탁은 위탁자가 특정목적을 위해 수탁자 앞으로 신탁재산에 대한 소유권이전등기 등을 하는 경우 ① 소유권은 위탁자와 수탁자와의 내부관계에서 위탁자에게 유보되지 않고, ② 신탁법에 따른 규정에 의해 신탁재산에 속하게 되는 부동산 등도 수탁자가 취득한 것으로 보게 되므로 지목변경이라고 하여 달리 볼 것은 아니다(2010두2395). 이러한 판례의 입장과 같이 지방세법 운영예규에서도 '신탁법에 따라 신탁 등기가 되어 있는 토지의 지목이 변경된 경우 지목변경에 따른 취득세 납세의무는 수탁자에게 있다.'고 정하고 있다. ■

Ⅴ. 취득세의 과세표준

1. 과세표준의 기준

취득세의 과세표준은 취득 당시의 가액으로 한다. 다만, 연부(年賦)로 취득하는 경우 취득세의 과세표준은 연부금액(매회 사실상 지급되는 금액을 말하며, 취득금액에 포함되는 계약보증금을 포함한다. 이하 같다)으로 한다. 여기서 '연부(年賦)'란 매매계약서상 연부계약 형식을 갖추고 일시에 완납할 수 없는 대금을 2년 이상에 걸쳐 일정액씩 분할하여 지급하는 것을 말한다.

판 례 연부계약 형식으로 변경되는 경우 취득세 납세의무

일시취득 조건으로 취득한 부동산에 대한 대금지급방법을 연부계약 형식으로 변경한 경우에는 계약변경 시점에서 그 이전에 지급한 대금에 대한 취득세의 납세의무가 발생하며, 그 이후에는 사실상 매 연부금 지급일마다 취득세를 납부해야 한다(운영예규 7-5). ■

2. 취득유형별 과세표준

(1) 무상취득의 경우 과세표준

1) 원칙 : 과세대상자산을 무상취득하는 경우 취득 당시의 가액(이하 '취득당시가액')은 시가인정액으로 한다. 여기서 '시가인정액'이란 취득시기 현재 불특정 다수인 사이에 자유롭게 거래가 이루어지는 경우 통상적으로 성립된다고 인정되는 가액을 말한다. 구체적으로 '시가인정액'은 취득일 전 6개월부터 취득일 후 3개월 이내의 기간(이하 '평가기간')에 취득 대상이 된 과세대상자산에 대하여 매매, 감정, 경매 또는 공매(이하 '매매 등')한 사실이 있는 경우의 가액으로서 다음의 구분에 따라 정하는 가액으로 한다.

구분	시가인정액	평가기간 이내의 가액 판단기준일(*주)
① 매매사례가액	취득한 과세대상자산의 매매사실이 있는 경우 : 그 거래가액. 다만, 소득세법 또는 법인세법에 따른 특수관계인과의 거래 등으로 그 거래가액이 객관적으로 부당하다고 인정되는 경우는 제외한다.	매매계약일
② 감정가액	취득한 과세대상자산에 대하여 둘 이상의 감정기관이 평가한 감정가액이 있는 경우 : 그 감정가액의 평균액	가격산정기준일과 감정가액평가서 작성일

③ 경매 · 공매가액	취득한 과세대상자산의 경매(민사집행법에 따른 경매를 말한다. 이하 같다) 또는 공매 사실이 있는 경우 : 그 경매가액 또는 공매가액	경매가액 또는 공매가액이 결정된 날

(*주) 위 ①·②·③의 가액이 평가기간 이내의 가액인지에 대한 판단은 위의 구분에 따른 날을 기준으로 하며, 시가인정액이 둘 이상인 경우에는 취득일 전후로 가장 가까운 날의 가액(그 가액이 둘 이상인 경우에는 평균액을 말한다)을 적용한다.

[도 표] 시가인정액 산정

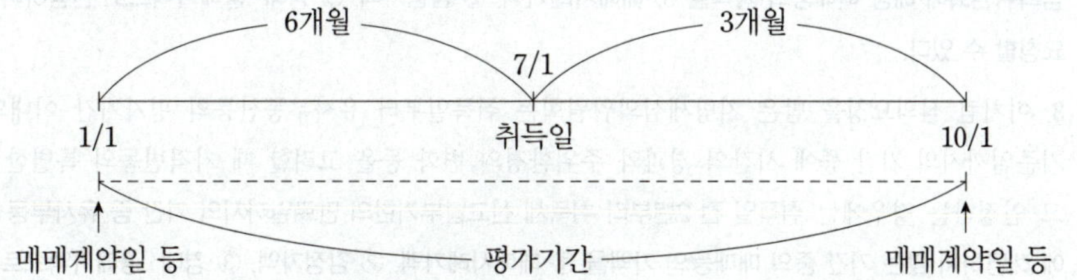

① 매매사실 : 거래가액
② 감정가액 : 감정가액 평균액
③ 경매 · 공매 : 경매가액 · 공매액
} 시가인정액

참 고 평가기간 외의 기간 중 매매 등이 있는 경우 시가인정액 산정 특례

위의 시가인정액 산정 규정에도 불구하고 납세자 또는 지방자치단체의 장은 ① 취득일 전 2년 이내의 기간 중 평가기간에 해당하지 않는 기간에 매매 등이 있거나 ② 평가기간이 지난 후에도 취득세 신고·납부기한의 만료일부터 6개월 이내의 기간 중에 매매 등이 있는 경우에는 행정안전부령으로 정하는 바에 따라 지방세심의위원회에 해당 매매 등의 가액을 ① 매매사례가액, ② 감정가액, ③ 경매 · 공매가액으로 인정하여 줄 것을 심의요청할 수 있다(지방령 14 ③). 이처럼 심의요청을 받은 지방세심의위원회는 취득일부터 평가기간 이내의 가액 판단기준일의 날까지의 기간 중에 시간의 경과와 주위환경의 변화 등을 고려할 때 가격변동의 특별한 사정이 없다고 인정하는 경우에는 앞의 규정에 따른 기간 중의 매매 등의 가액을 ① 매매사례가액, ② 감정가액, ③ 경매 · 공매가액으로 심의 · 의결할 수 있다. ■

[도 표] 평가기간 외의 기간 중의 매매 등이 있는 경우 시가인정액

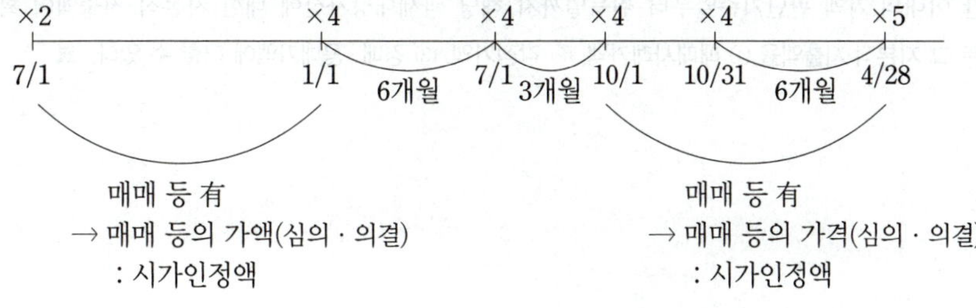

참 고 유사부동산등의 가액을 시가인정액으로 보는 특례

1. 취득 대상이 된 부동산등(과세대상자산을 말한다)에 대한 시가인정액으로 인정된 가액이 없는 경우에는 취득한 부동산등의 면적, 위치, 종류 및 용도와 시가표준액이 동일하거나 유사하다고 인정되는 다른 부동산등(이하 '유사부동산등'이라 한다)의 가액(① 매매사례가액, ② 감정가액, ③ 경매 · 공매가액을 말한다)을 해당 부동산등의 시가인정액으로 본다. 여기서 '유사부동산등의 가액'은 취득일 전 1년부터 취득세 신고납부기한의 만료일까지(이하 '유사부동산등 평가기간'이라 한다)의 가액으로 한정한다).

2. 위 1.에도 불구하고 납세자 또는 지방자치단체의 장은 취득일 전 2년부터 취득세 신고납부기한의 만료일까지의 기간 중 유사부동산등 평가기간에 해당하지 않는 기간에 유사부동산등의 매매등이 있는 경우에는 지방세심의위원회에 해당 매매등의 가액을 ① 매매사례가액, ② 감정가액, ③ 경매 · 공매가액으로 인정하여 줄 것을 심의요청할 수 있다.

3. 이처럼 심의요청을 받은 지방세심의위원회는 취득일부터 유사부동산등의 평가기간 이내의 가액 판단기준일까지의 기간 중에 시간의 경과와 주위환경의 변화 등을 고려할 때 가격변동의 특별한 사정이 없다고 인정하는 경우에는 취득일 전 2년부터 취득세 신고납부기한의 만료일까지의 기간 중 유사부동산등 평가기간에 해당하지 않는 기간 중의 매매등의 가액을 ① 매매사례가액, ② 감정가액, ③ 경매 · 공매가액으로 심의 · 의결할 수 있다. ■

[도 표] 유사 부동산등의 가액을 시가인정액으로 보는 경우

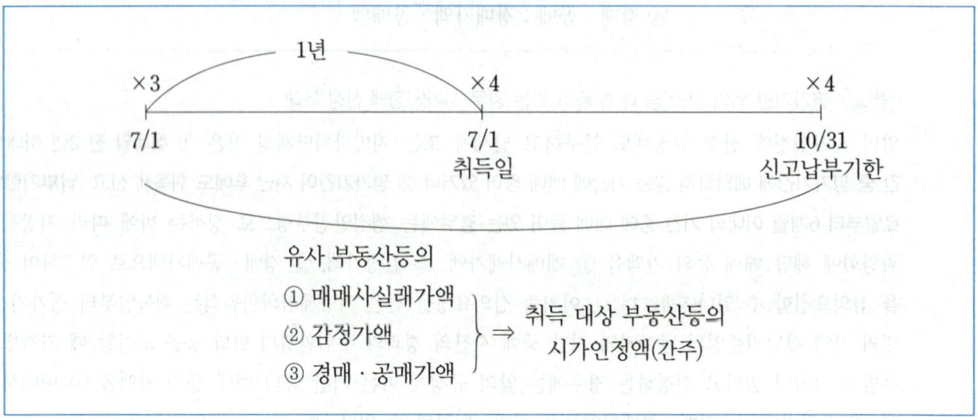

참 고 취득일 전에 자본적 지출이 발생한 경우 시가인정액 산정 특례

시가인정액을 산정할 때 평가기간 이내의 가액 판단기준일이 부동산 등의 취득일 전인 경우로서 평가기간 이내의 가액 판단기준일부터 취득일까지 해당 과세대상자산에 대한 자본적 지출액이 확인되는 경우에는 그 자본적 지출액을 ① 매매사례가액, ② 감정가액, ③ 경매 · 공매가액에 더할 수 있다. ■

2) 예외 : 위 1)에도 불구하고 다음의 경우에는 해당 가액을 취득당시가액으로 한다.

구분	취득당시가액
① 상속에 따른 무상취득의 경우	시가표준액
② 취득물건에 대한 시가표준액이 1억원 이하의 과세대상자산을 무상취득(위 ①의 경우는 제외)하는 경우	시가인정액과 시가표준액 중에서 납세자가 정하는 가액
③ 위 ① 및 ②에 해당하지 않는 경우	시가인정액으로 하되, 시가인정액을 산정하기 어려운 경우에는 시가표준액

[도 표] 무상취득의 경우 과세표준(취득당시가액)

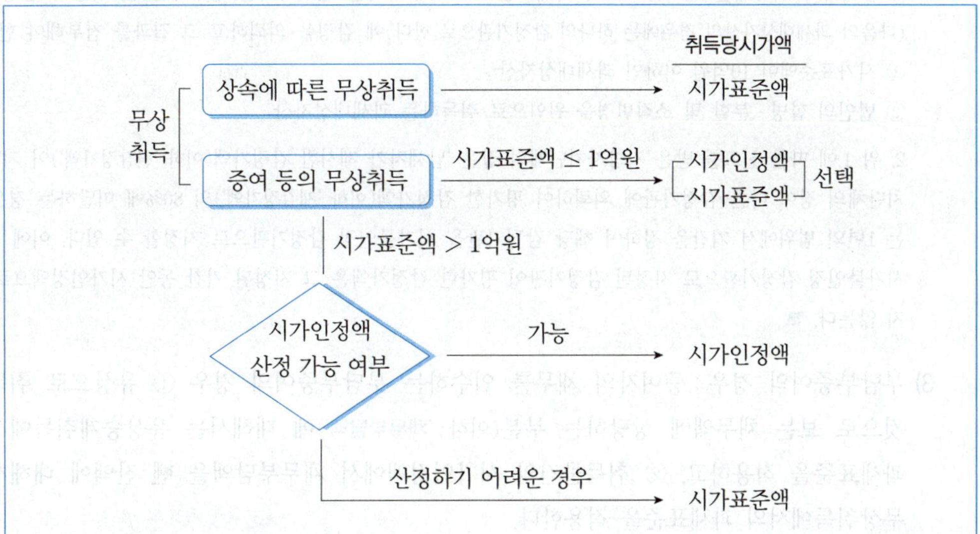

[도 표] 부동산 등의 시가표준액

구분	시가표준액의 내용
(1) 토지 및 주택에 대한 시가표준액	「부동산가격 공시에 관한 법률」에 따라 공시되는 다음의 가액 ① 토지 : 개별공시지가 ② 주택 : 개별주택가격 또는 공동주택가격 * 이들 가격이 공시되지 않은 경우에는 특별자치시장 · 특별자치도지사 · 시장 · 군수 또는 구청장이 국토교통부장관이 제공한 토지가격비준표 또는 주택가격비준표를 사용하여 산정한 가액으로 한다(공동주택은 행정자치부장관이 정하는 기준에 따라 특별자치시장 · 특별자치도지사 · 시장 · 군수 또는 구청장이 산정한 가액으로 한다).
(2) 건축물과 선박 · 항공기 및 그 밖의 과세대상에 대한 시가표준액	거래가격, 수입가격, 신축 · 건조 · 제조가격 등을 고려하여 정한 기준가격에 종류, 구조, 용도, 경과연수 등 과세대상별 특성을 고려하여 지방자치단체의 장이 결정한 가액

참고 위 도표 (1)의 건물에 대한 시가표준액의 결정방식

m^2당 금액 = 건물신축가격기준액×(구조지수×용도지수×위치지수)*×경과연수별 잔가율
↓
시가표준액 = m^2당 금액×평가대상 건물면적(m^2당)×가감산율
* 구조지수×용도지수×위치지수 = 적용지수

참고 과세표준으로 감정가액을 신고하는 경우

1. 납세자가 취득세를 신고를 할 때 과세표준으로 감정가액을 신고하려는 경우에는 둘 이상의 감정기관(다음의 과세대상자산의 경우에는 하나의 감정기관으로 한다)에 감정을 의뢰하고 그 결과를 첨부해야 한다.

① 시가표준액이 10억원 이하인 과세대상자산

② 법인의 합병 · 분할 및 조직변경을 원인으로 취득하는 과세대상자산

2. 위 1.에 따른 신고를 받은 지방자치단체의 장은 '납세자가 제시한 감정가액(이하 '원감정가액')이 지방자치단체의 장이 다른 감정기관에 의뢰하여 평가한 감정가액(이하 '재감정가액')의 80%에 미달하는 경우'에는 1년의 범위에서 기간을 정하여 해당 감정기관을 시가불인정 감정기관으로 지정할 수 있다. 이에 따라 시가불인정 감정기관으로 지정된 감정기관이 평가한 감정가액은 그 지정된 기간 동안 시가인정액으로 보지 않는다. ■

3) 부담부증여의 경우 : 증여자의 채무를 인수하는 부담부증여의 경우 ① 유상으로 취득한 것으로 보는 채무액에 상당하는 부분(이하 '채무부담액')에 대해서는 유상승계취득에서의 과세표준을 적용하고, ② 취득물건의 시가인정액에서 채무부담액을 뺀 잔액에 대해서는 무상취득에서의 과세표준을 적용한다.

구분	과세표준 적용
① 채무부담액	유상승계취득에서의 과세표준을 적용
② 취득물건의 (시가인정액 – 채무부담액)	무상취득에서의 과세표준을 적용

참고 채무부담액의 범위

1. 부담부증여의 경우 유상으로 취득한 것으로 보는 채무액에 상당하는 부분(이하 '채무부담액')의 범위는 시가인정액을 그 한도로 한다.

2. 채무부담액은 취득자가 과세대상자산의 취득일이 속하는 달의 말일부터 3개월 이내에 인수한 것을 입증한 채무액으로서 다음의 금액으로 한다.

① 등기부 등본으로 확인되는 과세대상자산에 대한 저당권, 가압류, 가처분 등에 따른 채무부담액

② 금융기관이 발급한 채무자 변경 확인서 등으로 확인되는 금융기관의 금융채무액

③ 임대차계약서 등으로 확인되는 과세대상자산에 대한 임대보증금액

④ 그 밖에 판결문, 공정증서 등 객관적 입증자료로 확인되는 취득자의 채무부담액 ■

[도 표] 부담부증여의 경우 과세표준

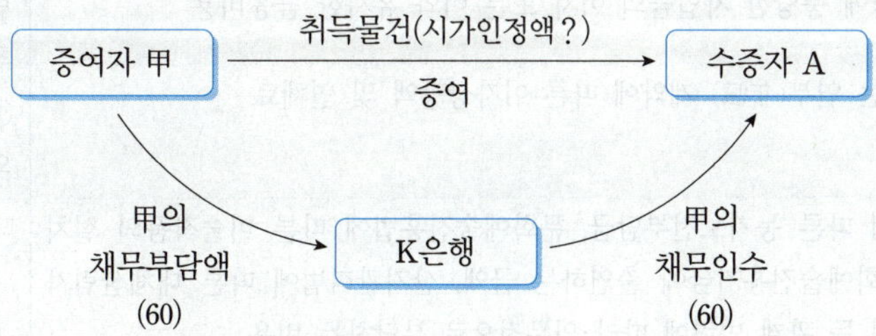

① 취득물건 시가인정액이 100인 경우

⇒ 취득물건 100 { 60 → 유상승계취득 : 과세표준 / 40 → 무상취득 : 과세표준 (100 − 60) }

② 취득물건 시가인정액이 50인 경우

⇒ 취득물건 50 { MIN(60, 50) 50 → 유상승계취득 : 과세표준 / 0 → 무상취득 : 과세표준 (50 − 50) }

(2) 유상승계취득의 경우 과세표준

1) 원칙 : 과세대상자산을 유상거래(매매 또는 교환 등 취득에 대한 대가를 지급하는 거래를 말한다. 이하 같다)로 승계취득하는 경우 취득당시가액은 사실상취득가격으로 한다. 여기서 '사실상취득가격'이란 취득시기 이전에 해당 물건을 취득하기 위하여 납세의무자 등이 거래상대방이나 제3자에게 지급했거나 지급해야 할 모든 직접비용과 간접비용의 합계액을 말한다. 다만, 취득대금을 일시급 등으로 지급하여 일정액을 할인받은 경우에는 그 할인된 금액으로 한다(지방법 10의3 ①, 지방령 18 ①).

여기서 '납세의무자 등'이란 ① 납세의무자, ② 신탁법에 따른 신탁의 방식으로 해당 물건을 취득하는 경우에는 위탁자, ③ 그 밖에 해당 물건을 취득하기 위하여 비용을 지급하였거나 지급해야 할 자를 말하며, 사실상취득가격에 포함하는 간접비용의 범위는 다음과 같다.

취득가격에 포함하는 간접비용의 범위	비고
① 건설자금에 충당한 차입금의 이자 또는 이와 유사한 금융비용	법인이 아닌 자가 취득한 경우에는 ①·②의 금액은 제외한다.
② 할부 또는 연부(年賦) 계약에 따른 이자상당액 및 연체료	
③ 농지법에 따른 농지보전부담금, 문화예술진흥법에 따른 미술작품의 설치 또는 문화예술진흥기금에 출연하는 금액, 산지관리법에 따른 대체산림자원조성비 등 관계 법령에 따라 의무적으로 부담하는 비용	
④ 취득에 필요한 용역을 제공받은 대가로 지급하는 용역비·수수료(건축 및 토지조성공사로 수탁자가 취득하는 경우 위탁자가 수탁자에게 지급하는 신탁수수료를 포함한다)	
⑤ 취득대금 외에 당사자의 약정에 따른 취득자 조건 부담액과 채무인수액	
⑥ 부동산을 취득하는 경우 주택도시기금법에 따라 매입한 국민주택채권을 해당 부동산의 취득 이전에 양도함으로써 발생하는 매각차손. 이 경우 금융회사 외의 자에게 양도한 경우에는 동일한 날에 금융회사에 양도하였을 경우 발생하는 매각차손을 한도로 한다.	
⑦ 공인중개사법에 따른 공인중개사에게 지급한 중개보수	법인이 아닌 자가 취득한 경우에는 ⑦의 금액은 제외한다.
⑧ 붙박이 가구·가전제품 등 건축물에 부착되거나 일체를 이루면서 건축물의 효용을 유지 또는 증대시키기 위한 설비·시설 등의 설치비용	
⑨ 정원 또는 부속시설물 등을 조성·설치하는 비용	
⑩ 위 ①~⑨까지의 비용에 준하는 비용	

참고 사실상취득가격에 포함하지 않는 비용

다음 중 어느 하나에 해당하는 비용은 사실상취득가격에 포함하지 않는다.

① 취득하는 물건의 판매를 위한 광고선전비 등의 판매비용과 그와 관련한 부대비용

② 전기사업법, 도시가스사업법, 집단에너지사업법, 그 밖의 법률에 따라 전기·가스·열 등을 이용하는 자가 분담하는 비용

③ 이주비, 지장물 보상금 등 취득물건과는 별개의 권리에 관한 보상 성격으로 지급되는 비용

④ 부가가치세

⑤ 위 ①~④까지의 비용에 준하는 비용 ■

[도 표] 사실상취득가격 산정

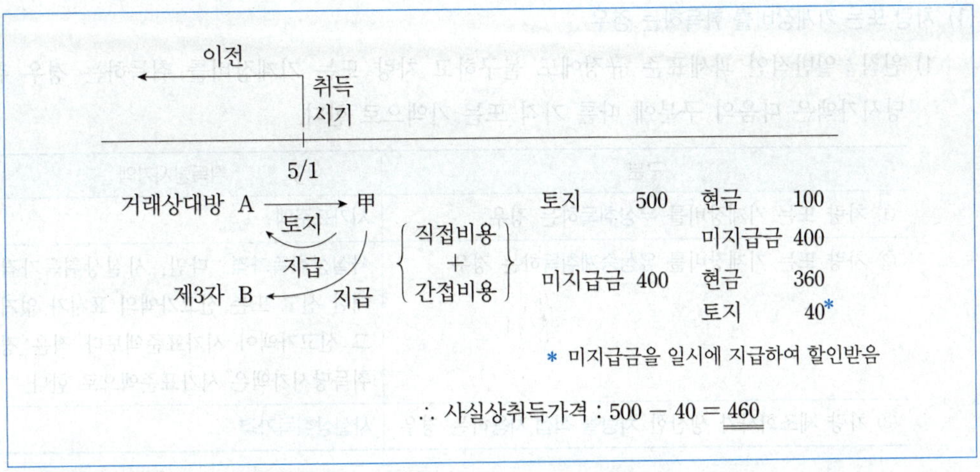

지방 02

판 례 사실상취득가격의 범위

'사실상취득가격'에는 과세대상물건의 취득시기 이전에 거래상대방 또는 제3자에게 지급원인이 발생 또는 확정된 것으로서 직접비용인 해당 물건 자체의 가격은 물론 그 이외에 실제로 해당 물건 자체의 가격으로 지급되었다고 볼 수 있거나 그에 준하는 취득절차비용도 간접비용으로서 이에 포함된다(대법원 2009.9.10. 선고 2009두5343 판결) ■

2) 예외(부당행위계산의 경우) : 지방자치단체의 장은 특수관계인 간의 거래로 그 취득에 대한 조세부담을 부당하게 감소시키는 행위 또는 계산을 한 것으로 인정되는 경우(이하 '부당행위계산')에는 위 1)에도 불구하고 시가인정액을 취득당시가액으로 결정할 수 있다. 이러한 부당행위계산은 특수관계인으로부터 시가인정액보다 낮은 가격으로 부동산을 취득한 경우로서 시가인정액과 사실상취득가격의 차액이 시가인정액의 5%에 상당하는 금액 이상이거나 3억원 이상인 경우로 한다.

• 시가인정액 − 사실상취득가격 = 차액 ≥ (① 시가인정액×5% OR ② 3억원)

(3) 원시취득의 경우 과세표준

1) 원칙 : 과세대상자산을 원시취득하는 경우 취득당시가액은 사실상취득가격으로 한다.

2) 예외 : 위 1)에도 불구하고 법인이 아닌 자가 건축물을 건축하여 취득하는 경우로서 사실상취득가격을 확인할 수 없는 경우의 취득당시가액은 시가표준액으로 한다.

3. 과세표준에 대한 특례

(1) 차량 또는 기계장비를 취득하는 경우

1) 원칙 : 일반적인 과세표준 규정에도 불구하고 차량 또는 기계장비를 취득하는 경우 취득당시가액은 다음의 구분에 따른 가격 또는 가액으로 한다.

구분	취득당시가액
① 차량 또는 기계장비를 무상취득하는 경우	시가표준액
② 차량 또는 기계장비를 유상승계취득하는 경우	사실상취득가격. 다만, 사실상취득가격에 대한 신고 또는 신고가액의 표시가 없거나 그 신고가액이 시가표준액보다 적은 경우 취득당시가액은 시가표준액으로 한다.
③ 차량 제조회사가 생산한 차량을 직접 사용하는 경우	사실상취득가격

2) 예외 : 위 1)에도 불구하고 다음 중 어느 하나에 해당하는 경우에 그 차량 또는 기계장비의 취득당시가액은 사실상 취득가액으로 한다.

사실상 취득가액으로 하는 경우	비고
① 천재지변, 화재, 교통사고 등으로 중고 차량이나 중고 기계장비의 가액이 시가표준액보다 낮은 것으로 시장·군수·구청장이 인정하는 경우	다만, ⑤에 따른 중고 차량 또는 중고 기계장비로서 그 취득가격이 시가표준액보다 낮은 경우(①은 제외)에는 해당 시가표준액을 취득당시가액으로 한다.
② 국가 등으로부터 취득하는 경우	
③ 수입으로 취득하는 경우	
④ 민사소송 및 행정소송의 확정 판결(화해·포기·인낙 또는 자백간주에 의한 것은 제외)에 따라 취득가격이 증명되는 경우	
⑤ 법인장부*에 따라 취득가격이 증명되는 경우	
⑥ 경매 또는 공매로 취득하는 경우	

* 여기서 '법인장부'란 금융회사의 금융거래 내역서 또는 감정평가서 등 객관적 증거서류에 따라 법인이 작성한 원장·보조장·출납전표 또는 결산서를 말한다.

(2) 특수한 원인으로 취득하는 경우

일반적인 과세표준 규정에도 불구하고 다음의 취득의 경우 취득당시가액은 다음의 구분에 따른 가액으로 한다.

취득의 원인	취득당시가액
(1) 대물변제 등 유상거래를 원인으로 취득하는 경우	다음의 구분에 따른 가액. 다만, 특수관계인으로부터 과세대상자산을 취득하는 경우로서 부당행위계산을 한 것으로 인정되는 경우 취득당시가액은 시가인정액으로 한다.

	① 대물변제 : 대물변제액(대물변제액 외에 추가로 지급한 금액이 있는 경우에는 그 금액을 포함한다). 다만, 대물변제액이 시가인정액보다 적은 경우 취득당시가액은 시가인정액으로 한다. ② 교환 : 교환을 원인으로 이전받는 과세대상자산의 시가인정액과 이전하는 과세대상자산의 시가인정액(상대방에게 추가로 지급하는 금액과 상대방으로부터 승계받는 채무액이 있는 경우 그 금액을 더하고, 상대방으로부터 추가로 지급받는 금액과 상대방에게 승계하는 채무액이 있는 경우 그 금액을 차감한다) 중 높은 가액 ③ 양도담보 : 양도담보에 따른 채무액(채무액 외에 추가로 지급한 금액이 있는 경우 그 금액을 포함한다). 다만, 그 채무액이 시가인정액보다 적은 경우 취득당시가액은 시가인정액으로 한다.
(2) 법인의 합병 · 분할 및 조직변경을 원인으로 취득하는 경우	시가인정액. 다만, 시가인정액을 산정하기 어려운 경우 취득당시가액은 시가표준액으로 한다.

4. 간주취득 등의 경우 과세표준

1) 지목변경 및 구조변경의 경우 : 다음의 경우 취득당시가액은 그 변경으로 증가한 가액에 해당하는 사실상취득가격으로 한다.

구분	취득당시가액
① 토지의 지목을 사실상 변경한 경우	그 변경으로 증가한 가액에 해당하는 사실상 취득가격
② ㉠ 선박의 선질(船質) · 용도 · 기관 · 정원 · 최대적재량이나 ㉡ 차량 또는 기계장비의 원동기 · 승차정원 · 최대적재량 · 차체를 변경한 경우	

참고 법인이 아닌 자로서 사실상취득가격을 확인할 수 없는 경우

위 1)에도 불구하고 법인이 아닌 자가 위 ① · ②에 해당하는 경우로서 사실상취득가격을 확인할 수 없는 경우의 취득당시가액은 다음의 구분에 따른 가액으로 한다.

1. 토지의 지목을 사실상 변경한 경우 : 토지의 지목이 사실상 변경된 때를 기준으로 (① − ②)의 가액
   ① 지목변경 이후의 토지에 대한 시가표준액(해당 토지에 대한 개별공시지가의 공시기준일이 지목변경으로 인한 취득일 전인 경우에는 인근 유사토지의 가액을 기준으로 「부동산 가격공시에 관한 법률」에 따라 국토교통부장관이 제공한 토지가격비준표를 사용하여 시장 · 군수 · 구청장이 산정한 가액을 말한다)
   ② 지목변경 전의 토지에 대한 시가표준액(지목변경으로 인한 취득일 현재 해당 토지의 변경 전 지목에 대한 개별공시지가를 말한다. 다만, 변경 전 지목에 대한 개별공시지가가 없는 경우에는 인근 유사토지의 가액을 기준으로 「부동산 가격공시에 관한 법률」에 따라 국토교통부장관이 제공한 토지가격비준표를 사용하여 시장 · 군수 · 구청장이 산정한 가액을 말한다)

2. ㉠ 선박의 선질(船質)·용도·기관·정원·최대적재량이나 ㉡ 차량 또는 기계장비의 원동기·승차정원·최대적재량·차체를 변경한 경우 : 시가표준액 ■

2) 개수하는 경우 : 건축물을 개수(改修)하는 경우 취득당시가액은 원시취득의 경우 과세표준 규정에 따른다.

3) 과점주주의 간주취득의 경우 : 과점주주가 취득한 것으로 보는 해당 법인의 과세대상자산의 취득당시가액은 다음의 금액으로 한다.

$$\text{취득당시가액} = \text{과세대상자산의 총가액} \times \frac{\text{과점주주가 취득한 주식(또는 출자)의 수}}{\text{그 법인의 주식(또는 출자)의 총수}}$$

여기서 '과세대상자산의 총가액'은 해당 법인의 결산서와 그 밖의 장부 등에 따른 가액으로 하며, 이 경우 과점주주는 조례로 정하는 바에 따라 취득당시가액과 그 밖에 필요한 사항을 신고해야 한다.

참고 시가인정액 수정신고시 가산세 부과제외

납세의무자가 취득세 신고기한까지 취득세를 시가인정액으로 신고한 후 지방자치단체의 장이 세액을 경정하기 전에 그 시가인정액을 수정신고한 경우에는 과소신고가산세를 부과하지 않는다. 그 취지는 부동산 취득과 동시에 소유권이전등기를 이행하기 위해 취득세를 우선 신고납부한 다음, 신고 당시보다 더 높은 시가인정액을 적용하여 자발적으로 수정신고하는 경우에는 이에 대한 과소신고가산세를 경감하여 성실납세를 유도하고 납세편의를 높이려는데 있다. ■

참고 적용되는 증여세 관련 자료의 통보

세무서장 또는 지방국세청장은 행정안전부령으로 정하는 통보서에 상증세법에 따른 부동산 증여세 결정 또는 경정에 관한 자료를 첨부하여 결정 또는 경정한 날이 속하는 달의 다음 달 말일까지 행정안전부장관 또는 지방자치단체의 장에게 통보해야 한다. 그 취지는 세무서장으로부터 증여세의 부과·징수에 관한 자료를 제공받아 취득세 부과·징수에 관한 자료와 상호 교차 검증함으로써 취득세의 불성실한 신고납부에 대한 부과징수를 쉽게 하려는데 있다. ■

Ⅵ. 취득세

1. 표준세율

취득세의 세율은 표준세율이다. 따라서 지방자치단체의 장은 조례로 정하는 바에 따라 표준세율의 50% 범위에서 가감할 수 있다. 이 경우 특별한 경우를 제외하고는 해당 물건을 취득하였을 때 사실상의 현황에 따라 부과한다.

(1) 부동산의 취득

부동산의 취득	표준세율(*주1)	비고
① 상속	2.8%(농지는 2.3%)	피상속인이 상속인에게 한 유증과 신탁재산의 상속도 포함
② 상속 외 무상취득	3.5%(비영리사업자의 취득은 2.8%)	증여 · 사인증여 · 이혼시 재산분할 · 시효취득
③ 원시취득(수용재결 등과 같이 이미 과세대상이 존재하는 상태에서의 취득은 제외)	2.8%	증축 · 개축 · 개수로 인해 건축물 면적이 증가한 경우 그 증가된 면적도 포함
④ 공유물의 분할	2.3%	법률에 따른 부동산의 공유권 해소를 위해 지분이전으로 인한 취득(단독소유로 등기하는 경우에 본인 지분을 초과하는 부분은 제외) 포함
⑤ 합유물 · 총유물의 분할	2.3%	
⑥ 그 밖의 원인에 따른 취득	4%(농지는 3%)	매매 · 교환 · 현물출자 · 수용재결 그 밖의 유상취득 * 법인이 합병 · 분할에 따라 부동산을 취득하는 경우에는 ⑥의 세율을 적용한다.
⑦ 유상거래를 원인으로 주택을 취득	취득 당시의 가액에 따라 1%~3%(*주2) (아래 도표 참조)	• 오피스텔은 실제 주거용으로 사용해도 제외(2013두6138)

(*주1) 위의 ①,②,⑥,⑦의 부동산이 공유물일 때에는 그 취득지분의 가액을 과세표준으로 하여 각각의 세율을 적용한다.

(*주2) 주택 유상거래 취득세율 특례 배제 : 주택을 신축(또는 증축)한 이후 해당 주거용 건축물의 소유자(배우자 및 직계존비속을 포함한다)가 해당 주택의 부속토지를 취득하는 경우에는 위 ⑦의 세율을 적용하지 않는다.

[도 표] 주택의 유상거래 취득세 표준세율

해당 주택의 취득 당시의 가액	표준세율	비고
6억원 이하	$\frac{1}{100}$ ➡ 1%	–
6억원 초과 9억원 이하	다음 계산식에 따라 산출한 세율 $(\text{취득 당시 가액} \times \frac{2}{3\text{억원}} - 3) \times \frac{1}{100}$ ➡ $1\% < \text{세율} \leq 3\%$	이 경우 소수점 이하 다섯째 자리에서 반올림하여 소수점 넷째 자리까지 계산한다.(*주)

9억원 초과	$\frac{3}{100}$ ➟ 3%	–

(*주) 세율 및 산출세액 계산사례

취득 당시의 가액	계산내용
6억1천만원	⑴ 세율 판단 : $(6.1억원 \times \frac{2}{3억원} - 3) \times \frac{1}{100} = 0.010666 ≒ 0.0107 \rightarrow 1.07\%$
	⑵ 취득세 산출세액 : ₩610,000,000×1.07% = ₩6,527,000
7억5천만원	⑴ 세율 판단 : $(7.5억원 \times \frac{2}{3억원} - 3) \times \frac{1}{100} = 0.02 \rightarrow 2\%$
	⑵ 취득세 산출세액 : ₩750,000,000×2% = ₩15,000,000
7억6천만원	⑴ 세율 판단 : $(7.6억원 \times \frac{2}{3억원} - 3) \times \frac{1}{100} = 0.020666 ≒ 0.0207 \rightarrow 2.07\%$
	⑵ 취득세 산출세액 : ₩760,000,000×2.07% = ₩15,732,000

참 고 주택의 유상거래 취득세 표준세율 개선

주택의 취득 당시의 가액이 6억원 또는 9억원에서 조금만 증가해도 세액이 큰 폭으로 증가하는 문턱효과를 해소하여 거래가격을 조작하려는 유인을 제거하고, 세부담의 형평을 높이기 위하여 주택의 취득 당시의 가격이 6억원 초과 9억원 이하인 구간의 취득세율을 '2%'에서 '(취득가액×2/3억원 – 3)%'로 조정하였다.

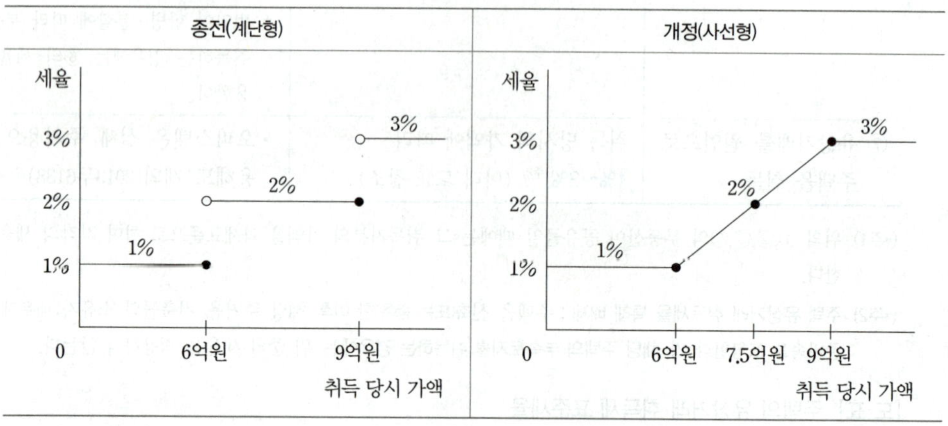

앞의 도표 ⑦에서 '주택'이란 주택법에 따른 주택(장기간 독립된 주거생활을 할 수 있는 구조로 된 건축물 및 그 부속토지)으로서 건축법에 따른 건축물대장 · 사용승인서 · 임시사용승인서 또는 부동산등기부에 주택으로 기재된 주거용 건축물과 그 부속토지를 말한다. 이 경우 지분으로 취득한 주택의 '취득 당시의 가액'은 다음의 계산식에 따라 계산한다.

$$전체\ 주택의\ 취득\ 당시의\ 가액 = 지분의\ 취득\ 당시의\ 가액 \times \frac{전체\ 주택의\ 시가표준액}{취득\ 지분의\ 시가표준액}$$

판례 부동산 취득에 대한 세율 적용

1. 사인증여 : 사인증여로 재산을 취득하는 경우 일반적인 증여로 인하여 취득하는 경우와 달리 취급할 합리적인 이유를 찾는 것이 어려운 점 등을 종합해 볼 때 상속인이 아닌 자로서 사인증여로 재산을 취득하는 경우에는 상속 이외에 무상취득으로 보아야 할 것이다(2013두6138).
2. 공유로 되어있는 부동산을 분할등기하는 경우에는 2.3%의 세율을 적용하고, 단독소유로 등기하는 경우 기존 본인지분을 초과하는 부분에 대해서는 4%(농지는 3%)의 세율을 적용한다.
3. 교환 : 부동산을 상호교환하여 소유권이전등기를 하는 경우 유상승계취득에 해당하므로 4%(농지는 3%)의 세율을 적용한다.

참고 농지의 범위

① 취득 당시 공부상 지목이 논 · 밭 · 과수원인 토지로서 실제 농작물의 경작이나 다년생식물의 재배지로 이용되는 토지. 이 경우 농지의 경영에 직접 필요한 농막 · 수로 등이 차지하는 토지의 부분도 농지에 포함된다.

② 취득 당시 공부상 지목이 목장용지인 토지로서 실제 축산용으로 사용되는 축사와 그 부대시설로 사용되는 토지, 초지 및 사료밭 ■

(2) 부동산 외의 취득

부동산 외의 취득	표준 세율
선박	3% 등
차량	7% 등
기계장비	3% 등
항공기	2% 등
임목	2%
광업권 · 어업권 · 양식업권 · 골프회원권 · 승마회원권 · 콘도미니엄회원권 · 종합체육시설이용회원권 · 요트회원권	2%

2. 일반자산 취득에 대한 중과세율

일정자산에 대해서는 취득세를 중과하는데 하나의 취득자산이 둘 이상의 중과세율 대상에 해당할 때[(4),(5)에 해당하는 경우는 제외]에는 그 중 높은 세율을 적용한다.

구분	중과세율
(1) 과밀억제권역에서 부동산 등 취득에 대한 중과세(종전 취득세 3배) * 취지 : 과밀억제권역 안에서의 인구팽창과 산업집중을 억제	[표준세율(4% 등) + 2%×2배] = 8% 등 * 2%(종전 취득세)×3배+2% 등(종전 등록세)

⑵ 대도시에서 부동산 취득에 대한 중과세 (종전 등록세 3배) * 취지 : 대도시 내로 인구유입에 따른 인구팽창의 억제와 대도시 내의 인구분산을 기여	[표준세율(4% 등)×3배 − 2%×2배] = 8% 등 * 2%(종전 취득세) + 2% 등(종전 등록세)×3배 * 유상거래를 원인으로 하는 주택의 경우에는 표준세율에 중과기준세율(2%)×2배를 더한 세율로 한다.
⑶ 사치성 재산에 대한 취득에 중과세 (종전 취득세 5배) * 취지 : 사치 · 향락적 소비시설의 유통을 억제	[표준세율(4% 등) + 2%×4배] = 12% 등 * 2%(종전 취득세)×5배 + 2% 등(종전 등록세)
⑷ 위 ⑴, ⑵가 동시에 중과세되는 경우 (종전 취득세와 등록세 3배 중과세)	[표준세율(4% 등)×3배] = 12% 등 * 2%(종전 취득세)×3배 + 2% 등(종전 등록세)×3배
⑸ 위 ⑵, ⑶이 동시에 중과세되는 경우 (종전 취득세 5배, 종전 등록세 3배 중과세)	[표준세율(4% 등)×3배 + 2%×2배] = 16% 등 * 2%(종전 취득세)×5배 + 2% 등(종전 등록세)×3배

(1) 과밀억제권역에서 부동산 등 취득에 대한 중과세

다음에 해당하는 경우 [표준세율 + 2%×2배]의 세율(8% 등)을 적용한다.

① 과밀억제권역에서 본점이나 주사무소의 사업용으로 신축하거나 증축하는 건축물과 그 부속토지*를 취득하는 경우. 여기서 '본점이나 주사무소의 사업용 부동산'이란 법인의 본점 또는 주사무소의 사무소로 사용하는 부동산과 그 부대시설용 부동산(기숙사, 합숙소, 사택, 연수시설, 체육시설 등 복지후생시설과 향토예비군 병기고 및 탄약고는 제외)을 말한다.

* 중과세 대상이 되는 '건축물과 그 부속토지'에는 신탁법에 따른 수탁자가 취득한 신탁재산 중 위탁자가 신탁기간 중(또는 신탁종료 후) 위탁자의 본점이나 주사무소의 사업용으로 사용하기 위하여 신축하거나 증축하는 건축물과 그 부속토지를 포함한다.

판례 과밀억제권역 안에서 본점·주사무소를 신축·증축하는 경우, 동일한 과밀억제권역 안에 있던 기존 본점·주사무소에서 이전해 오더라도 중과세 대상인지 여부

해당 중과세 규정은 과밀억제권역 안에서의 인구팽창과 산업집중을 억제하기 위한 것이고 이 취지에 따라 인구유입과 산업집중 효과가 뚜렷한 신축·증축의 경우에만 중과세 대상으로 규정함으로써 입법취지에 맞지 않는 승계취득 등은 미리 배제하였으므로 더 이상 함부로 축소해석하면 안되기 때문에 조세법률주의에 따라 특별한 사정이 없는 한 법문대로 해석해야 한다는 점과 전체적으로 보았을 때 동일한 과밀억제권역에서 이전해 오는 경우라 하더라도 인구유입이나 산업집중 효과가 없다고 할 수 없으므로 이러한 점 등을 종합해보면 동일한 과밀억제권역에서 이전해 오는 경우라도 해당 중과세 규정이 적용되는 것이다(2012두6551). ■

② 과밀억제권역(산업단지·유치지역·공업지역은 제외)에서 공장을 신설·증설하는 경우 다음 중 어느 하나에 해당하는 것

㉠ 신설·증설하는 공장용 건축물과 그 부속토지

㉡ 공장을 신설·증설한 날부터 5년 이내에 취득하는 공장용 차량·기계장비

(2) 대도시에서 부동산 취득에 대한 중과세

1) 개요 : 다음에 해당하는 부동산(신탁법에 따른 수탁자가 취득한 신탁재산*을 포함)을 취득하는 경우의 취득세는 [표준세율×3배－2%×2배]의 세율을 적용한다. 다만, 법인이 유상거래를 원인으로 주택을 취득하는 경우의 취득세는 [4%＋2%×4배＝12%]의 세율을 적용한다.

* 위의 중과세 규정을 적용할 때 신탁법에 따른 수탁자가 취득한 신탁재산의 경우 취득 목적, 법인 또는 사무소 등의 설립 · 설치 · 전입 시기 등은 위탁자를 기준으로 판단한다.

① 대도시('대도시'란 산업단지를 제외한 과밀억제권역을 말한다. 이하 같다)에서 법인을 설립(휴면법인 인수 포함)하거나 지점·분사무소를 설치하는 경우 및 법인의 본점·지점·주사무소·분사무소를 대도시 밖에서 대도시로 전입(수도권의 경우 서울특별시 외의 지역에서 서울특별시로 전입하는 경우도 포함)함에 따라 대도시의 부동산을 취득하는 경우. 여기서 중과세 대상이 되는 취득은 다음과 같다.

㉠ 법인의 설립, 사무실 · 사무소의 설치 · 전입 이전에 본점 · 주사무소 · 지점 · 분사무소로 직접 사용하기 위해 취득하는 부동산(채권의 보전 · 행사목적으로 취득하는 경우는 제외)

판 례 본점 부동산 취득의 범위

법인이 본점의 사무실 용도로 직접 사용하는 것뿐만 아니라 인적 · 물적 설비를 갖추어 본점의 사업활동 장소로 사용하기 위해 취득하는 부동산도 포함한다(2012두20984).

㉡ 법인의 설립(휴면법인 인수 포함), 사무실 · 사무소의 설치·전입 이후 5년 이내에 업무용 · 비업무용, 사업용 · 비사업용의 모든 부동산의 취득(공장의 신설 · 증설 · 승계취득, 공장의 이전 · 업종변경에 따라 취득하는 부동산 포함)

다만, 위 ①의 규정을 적용시 다음의 경우는 제외한다.

㉠ 분할등기일 현재 5년 이상 계속하여 사업을 한 대도시 내에 내국법인이 적격분할요건을 갖추어 법인을 설립하는 경우

㉡ 대도시 안에서 설립 후 5년이 경과한 법인(이하 기존법인)이 다른 기존법인과 합병하는 경우

➟ 기존법인 외의 법인이 존속하는 경우 기존법인의 자산비율에 해당하는 부분만 중과세를 적용하지 않는다.

② 유치 · 공업지역을 제외하는 대도시 내에서 공장을 신설·증설함에 따라 부동산을 취득하는 경우

참 고 휴면법인을 인수하는 경우

1. 휴면법인

• 상법에 따라 해산한 법인(이하 '해산법인')

지방 02

- 상법에 따라 해산한 것으로 보는 법인(이하 '해산간주법인')
- 부가가치세법 시행령에 따라 폐업한 법인(이하 '폐업법인')
- 법인 인수일 이전 1년 이내 계속등기를 한 해산법인 · 해산간주법인
- 법인 인수일 이전 1년 이내 다시 사업자등록을 한 폐업법인
- 법인 인수일 이전 2년 이상 사업의 실적이 없고, 인수일 전후 1년 이내에 인수법인의 임원을 50% 이상 교체한 법인

2. 휴면법인의 인수 : 위 휴면법인에서 그 법인의 과점주주가 되는 때 이루어지는 것으로 한다. ■

[도 표] 과밀억제권역과 대도시에서 취득에 대한 중과세의 차이점 비교

구분	(1) 과밀억제권역에서 부동산 등 취득에 대한 중과세	(2) 대도시에서 부동산 취득에 대한 중과세
중과세 범위	• 본점 · 주사무소 사용 • 건축물의 원시취득 • 복지후생시설은 제외	• 본점 · 주사무소, 지점 · 분사무소 사용 • 건축물의 원시취득 · 승계취득 • 사원의 주거용 부동산은 제외
중과세 기간	• 토지 · 건물 취득 후 5년 이내 본점용으로 사용하는 경우 중과세	• 법인 설립일부터 5년 이내에 취득하는 부동산*에 대해 중과세
공장 신증설	• 사업용 과세물건(건축물 · 부속토지, 차량, 기계장비)의 취득	• 부동산 취득

* 업무용 · 비업무용 또는 사업용 · 비사업용의 모든 부동산 취득

2) 대도시 법인 중과세의 예외

대도시에 설치가 불가피하다고 인정되는 중과세 제외 업종*에 직접 사용할 목적으로 부동산을 취득하는 경우에는 중과세율을 적용하지 않고 표준세율을 적용한다. 다만, 다음 중 어느 하나에 해당하는 경우에는 그 해당 부분에 대해서는 중과세율을 적용한다.

* 은행업, 의료업, 사회기반시설사업, 개인이 경영하던 제조업 등을 말한다.

① 취득한 부동산이 다음 중 어느 하나에 해당하는 경우
　㉠ 정당한 사유 없이 부동산 취득일부터 1년이 경과할 때까지 대도시 중과 제외 업종에 직접 사용하지 않는 경우
　㉡ 부동산 취득일부터 1년 이내에 다른 업종이나 다른 용도에 사용 · 겸용하는 경우

② 취득한 부동산이 다음 중 어느 하나에 해당하는 경우
　㉠ 부동산 취득일부터 2년 이상 해당 업종 또는 용도에 직접 사용하지 않고 매각하는 경우
　㉡ 부동산 취득일부터 2년 이상 해당 업종 또는 용도에 직접 사용하지 않고 다른 업종이나 다른 용도에 사용 · 겸용하는 경우

(3) 사치성재산의 취득에 대한 중과

다음에 해당하는 사치성재산을 취득하는 경우에는 [표준세율 + 2%×4배]의 세율(12% 등)을 적용한다.

① 골프장 : 회원제골프장용 부동산 중 구분등록의 대상이 되는 토지·건축물과 그 토지 위에 입목. 이 경우 골프장은 체육시설 설치·이용에 관한 법률에 따라 등록을 하거나 하지 않더라도 사실상 골프장으로 사용하면 중과세한다.

② 고급주택 : 주거용 건축물 및 그 부속토지(경계가 명확하지 않을 때는 건축물 바닥면적에 10배. 이하 같음)가 일정면적을 초과하거나 67제곱미터 이상의 수영장 등이 설치된 주거용 건축물과 그 부속토지를 말한다. 다만, 고급주택의 취득일(상속·실종의 경우 상속개시일·실종일이 속하는 달의 말일)부터 60일(상속·실종의 경우 6개월) 이내에 주거용이 아닌 용도로 사용하거나 고급주택이 아닌 용도로 사용하기 위해 용도변경공사를 착공하는 경우는 제외한다.

구분	고급주택의 범위	비고
단독주택	① 1구* 건축물의 연면적(주차장 면적 제외)이 331제곱미터(100평)를 초과하는 주거용 건축물과 그 부속토지 * 여기서 '1구'란 1세대가 독립하여 구분 사용할 수 있도록 구획된 부분을 말한다(이하 같다).	1구 건축물에 에스컬레이터 또는 67제곱미터 이상의 수영장이 설치된 경우를 제외(①,②,③,⑤만 해당)하고는 시가표준액이 9억원을 초과하는 경우만 고급주택에 해당
	② 1구 건축물의 대지면적이 662제곱미터(200평)를 초과하는 주거용 건축물과 그 부속토지	
	③ 1구 건축물에 엘리베이터(소형은 제외)가 설치된 주거용 건축물(공동주택은 제외)과 그 부속토지	
	④ 1구 건축물에 에스컬레이터 또는 67제곱미터 이상의 수영장이 설치된 주거용 건축물(공동주택은 제외)과 그 부속토지	
공동주택	⑤ 1구 공동주택의 연면적(공용면적 제외)이 245제곱미터(75평)를 초과하는 공동주택과 그 부속토지	

③ 고급오락장 : 도박장·유흥주점·특수목욕장 그 밖에 이와 유사한 용도로 사용되는 건축물과 그 부속토지(경계가 명확하지 않을 때는 건축물 바닥면적에 10배). 다만, 고급오락장의 취득일(상속·실종의 경우 상속개시일·실종일이 속하는 달의 말일)부터 60일(상속·실종의 경우 6개월) 이내에 고급오락장이 아닌 용도로 사용하기 위해 용도변경공사를 착공하는 경우는 제외한다.

판례 고급오락장의 판단기준 및 고급오락장이라도 취득세를 중과할 수 없는 경우

고급오락장에 해당하는지 여부는 해당 부동산을 취득한 때에 현황이 객관적으로 법령이 규정한 고급오락장으로서 실체를 갖추고 있는지에 따라 판단해야 한다. 다만, 고급오락장에 대한 중과세를 하는 취지가

사치 · 향락적 시설에 대한 소비시설의 유통을 억제하고자 하는 데 있다는 점 등을 고려하면 취득당시 현황이 고급오락장이더라도 그 취득 전후의 객관적인 사정에 비추어 취득자가 이를 취득 후 다른 용도로 이용하고자 함이 명확히 확인되는 경우뿐만 아니라 더 나아가 짧은 기간 안에 실제 고급오락장이 아닌 다른 용도로 사용하기 위해 현황을 변경시킨 경우까지 취득세를 중과할 수 없다고 보아야 한다.

이 사례의 경우 사건의 부동산을 취득할 당시 일부분이 고급오락장으로 사용되고 있었으나 해당 부동산을 취득한 원고가 ① 해당 부동산 소재지 일대에 주상복합건물을 신축 · 분양하기 위해 그 취득일부터 5개월 전에 평가서를 관할관청에게 제출하고 이에 적합하다는 통문을 받아 고급오락장이 아닌 다른 용도로 사용할 목적이 있음이 객관적으로 확인이 되었고, ② 해당 사업과 관련하여 부담한 대출금 채무 이행의 보장을 위해서 해당 부동산에 대한 담보설정계약이 체결되어있으며, ③ 해당 사업에 관해서는 설계용역계약을, 해당 부동산의 철거에 관해서는 철거공사계약을 각각 체결하였다. ④ 실제로 그 철거 공사까지 착공하여 시기는 명확하지 않지만 이를 모두 완료하였음을 알 수 있다. 따라서 이 경우 해당 취득세를 중과할 수 없다고 봄이 타당하다(2009두23938). ■

④ 고급선박 : 비업무용 자가용 선박으로서 시가표준액이 3억원을 초과하는 선박

(4) 중과세율의 적용례

① 토지 · 건축물을 취득한 후 5년 이내에 해당 토지 · 건축물이 중과세 대상에 해당하는 경우에 해당 중과세율을 적용한다.

② ㉠ 고급주택 · 골프장 · 고급오락장용 건축물을 증축 · 개축 · 개수한 경우와 ㉡ 일반건축물을 증축 · 개축 · 개수하여 고급주택 · 고급오락장용 건축물이 된 경우 기존 건축물보다 증가하는 가액에 대해 해당 중과세율을 적용한다.

③ 공장의 신설 · 증설의 경우 해당 과세물건의 소유자와 신설 · 증설한 자가 다를 때에는 소유자가 신설 · 증설한 것으로 보아 해당 중과세율을 적용한다. 다만, 취득일부터 5년이 경과한 후 신설 · 증설하는 경우는 제외한다.

④ 부동산 취득일부터 5년 이내에 대도시에서 법인 설립 등과 공장의 신설 · 증설에 따른 중과세대상이 되는 경우 해당 중과세율을 적용한다.

3. 주택 취득에 대한 중과세율

(1) 유상거래 취득에 대한 중과

1) 개요 : 주택*을 유상거래를 원인으로 취득하는 경우로서 다음 중 어느 하나에 해당하는 경우에는 취득 당시의 가액에 따라 1%~3%의 표준세율을 적용하는 규정에도 불구하고 다음의 중과세율을 적용한다.

* 이 경우 주택의 공유지분이나 부속토지만을 소유하거나 취득하는 경우에도 주택을 소유하거나 취득한 것으로 본다(이하 같다).

<table>
<tr><th colspan="2">구분</th><th>중과세율(*주)</th></tr>
<tr><td colspan="2">(1) 법인*이 주택을 취득하는 경우
* 여기서 '법인'에는 국세기본법에 따른 법인으로 보는 단체, 부동산등기법에 따른 법인 아닌 사단·재단 등 개인이 아닌 자를 포함한다(이하 같다).</td><td>12%
[4%+중과기준세율(2%)×4배]</td></tr>
<tr><td rowspan="2">(2) 개인이 주택을 취득하는 경우</td><td>① 1세대 2주택(일시적 2주택은 제외)에 해당하는 주택으로서 조정대상지역에 있는 주택을 취득하는 경우
② 1세대 3주택에 해당하는 주택으로서 조정대상지역 외의 지역에 있는 주택을 취득하는 경우</td><td>8%
[4%+중과기준세율(2%)×2배]</td></tr>
<tr><td>③ 1세대 3주택 이상에 해당하는 주택으로서 조정대상지역에 있는 주택을 취득하는 경우
④ 1세대 4주택 이상에 해당하는 주택으로서 조정대상지역 외의 지역에 있는 주택을 취득하는 경우</td><td>12%
[4%+중과기준세율(2%)×4배]</td></tr>
</table>

(*주) 위의 중과세율과 사치성재산의 취득에 대한 중과세율이 동시에 적용되는 과세물건에 대한 취득세율은 지방세법(제16조 ⑤ 같은 취득물건에 대하여 둘 이상의 세율이 해당되는 경우에는 그 중 높은 세율을 적용한다)의 규정에도 불구하고 [위의 중과세율(12%·8%)+중과기준세율(2%)×4배 = 20%·16%]의 세율을 적용한다.

위의 도표 (2)에서 개인이 주택을 유상거래를 원인으로 취득하는 경우 중과세율 적용의 기준이 되는 '1세대의 주택 수'는 주택 취득일 현재 취득하는 주택을 포함하여 1세대가 국내에 소유하는 주택, 조합원입주권, 주택분양권 및 주택으로 재산세를 과세하는 오피스텔의 수를 말한다.

참고 세대의 판단기준

'1세대'란 주택 취득일 현재 주택을 취득하는 사람과 세대별 주민등록표(또는 등록외국인기록표 및 외국인등록표)에 함께 기재되어 있는 가족(동거인은 제외)으로 구성된 세대를 말하며, 주택을 취득하는 사람의 배우자(사실혼은 제외하며, 법률상 이혼을 했으나 생계를 같이 하는 등 사실상 이혼한 것으로 보기 어려운 관계에 있는 사람을 포함한다. 이하 같다), 취득일 현재 미혼인 30세 미만의 자녀 또는 부모(주택을 취득하는 사람이 미혼이고 30세 미만인 경우로 한정한다)는 주택을 취득하는 사람과 같은 세대별 주민등록표 또는 등록외국인기록표 등에 기재되어 있지 않더라도 1세대에 속한 것으로 본다. ■

2) 일시적 2주택에 대한 중과세 배제 특례 : 일시적 2주택으로서 조정대상지역에 있는 주택의 취득에 대해서 중과세율(8%)을 적용하지 않고 취득당시가액에 따라 1%~3%의 세율을 적용한다. 여기서 '일시적 2주택'이란 국내에 주택, 조합원입주권, 주택분양권 또는 오피스텔을 1개 소유한 1세대가 그 주택, 조합원입주권, 주택분양권 또는 오피스텔(이하 '종전

주택 등')을 소유한 상태에서 이사 · 학업 · 취업 · 직장이전 및 이와 유사한 사유로 다른 1주택(이하 '신규 주택')을 추가로 취득한 후 3년(이하 '일시적 2주택 기간') 이내에 종전 주택 등(신규 주택이 조합원입주권 또는 주택분양권에 의한 주택이거나 종전 주택 등이 조합원입주권 또는 주택분양권인 경우에는 신규 주택을 포함한다)을 처분하는 경우 해당 신규 주택을 말한다.

[도 표] 일시적 2주택에 대한 중과세 배제 특례

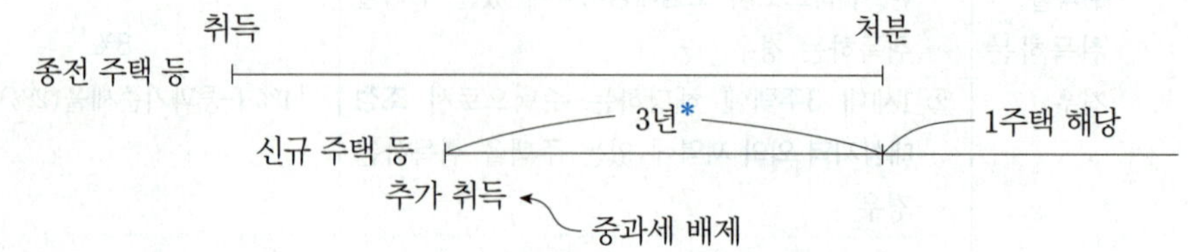

* 일시적 2주택 기간

참 고 일시적 2주택 신고 후 종전 주택 미처분시 부족세액의 징수

개인이 일시적 2주택으로 신고하였으나 신규 주택(종전 주택 등이 조합원입주권 또는 주택분양권인 경우에는 해당 입주권 또는 주택분양권에 의한 주택)을 취득한 날부터 3년 내에 종전 주택 등을 처분하지 못하여 1주택으로 되지 않은 경우에는 산출세액 또는 그 부족세액에 무신고가산세 · 과소신고가산세 및 납부지연가산세를 합한 금액을 세액으로 하여 보통징수의 방법으로 징수한다. ■

[도 표] 주택 취득에 대한 취득세율 요약

<table>
<tr><th colspan="2" rowspan="3">구분</th><th colspan="2">유상거래 주택 취득 : 취득세율</th></tr>
<tr><th colspan="2">어느 지역에 있는 주택을 취득하였는가?</th></tr>
<tr><th>조정대상지역</th><th>비조정대상지역</th></tr>
<tr><td colspan="2">(1) 법인이 주택을 취득하는 경우</td><td colspan="2">12%</td></tr>
<tr><td rowspan="4">(2) 개인이 주택을 취득하는 경우</td><td>1주택에 해당하는 주택을 취득하는 경우(무주택 ➡ 1주택 소유)</td><td colspan="2">취득 당시의 가액에 따라 1%~3%</td></tr>
<tr><td>2주택에 해당하는 주택을 취득하는 경우(1주택 소유 ➡ 2주택 소유)</td><td>8%(①)
* 일시적 2주택 : 취득 당시의 가액에 따라 1%~3%</td><td>취득 당시의 가액에 따라 1%~3%</td></tr>
<tr><td>3주택에 해당하는 주택을 취득하는 경우(2주택 소유 ➡ 3주택 소유)</td><td rowspan="2">12%(③)</td><td>8%(②)</td></tr>
<tr><td>4주택 이상에 해당하는 주택을 취득하는 경우(3주택 소유 ➡ 4주택 소유 등)</td><td>12%(④)</td></tr>
</table>

3) 주택 유상거래 취득 중과세의 예외 : 주택의 유상거래를 원인으로 취득하는 경우 취득세 중과세 규정을 적용할 때 다음 중 어느 하나에 해당하는 주택은 중과세 대상으로 보지 않는다.

① 시가표준액*이 1억원 이하인 주택. 다만, 「도시 및 주거환경정비법」에 따른 정비구역으로 지정 · 고시된 지역 또는 「빈집 및 소규모주택 정비에 관한 특례법」에 따른 사업시행구역에 소재하는 주택은 제외한다.

* 지분이나 부속토지만을 취득한 경우에는 전체 주택의 시가표준액을 말한다.

② 「공공주택 특별법」에 따라 지정된 공공주택사업자가 같은 법에 따라 공공매입임대주택으로 공급하기 위하여 취득하는 주택

③ 노인복지법에 따른 노인복지주택으로 운영하기 위하여 취득하는 주택

④ 「문화유산의 보존 및 활용에 관한 법률」에 따른 지정문화유산 · 등록문화유산 및 천연기념물등에 해당하는 주택

⑤ 「민간임대주택에 관한 특별법」에 따른 임대사업자가 공공지원민간임대주택으로 공급하기 위하여 취득하는 주택

⑥ 영유아보육법에 따른 가정어린이집으로 운영하기 위하여 취득하는 주택

⑦ 주택도시기금법에 따른 주택도시기금과 한국토지주택공사법에 따라 설립된 한국토지주택공사가 공동으로 출자하여 설립한 부동산투자회사 또는 「한국자산관리공사 설립 등에 관한 법률」에 따라 설립된 한국자산관리공사가 출자하여 설립한 부동산투자회사가 취득하는 주택으로서 취득 당시 일정 요건을 모두 갖춘 주택

⑧ 다음 중 어느 하나에 해당하는 주택으로서 멸실시킬 목적으로 취득하는 주택

㉠ 공공기관 또는 지방공기업이 공익사업을 위하여 취득하는 주택

㉡ 관련법에 따른 사업시행자, 사업시행자, 주택조합 또는 주택건설사업자가 주택건설사업을 위하여 취득하는 주택

㉢ 공공매입임대주택을 건설할 자(공공주택사업자와 공공매입임대주택을 건설하여 양도하기로 약정을 체결한 자로 한정한다)가 해당 공공매입임대주택을 건설하기 위하여 취득하는 주택

⑨ 주택의 시공자(주택법에 따른 시공자 및 건축법에 따른 공사시공자를 말한다)가 다음 중 어느 하나에 해당하는 자로부터 해당 주택의 공사대금으로 취득한 미분양 주택(주택법에 따른 사업주체가 같은 조에 따라 공급하는 주택으로서 입주자모집공고에 따른 입주자의 계약일이 지난 주택단지에서 취득일 현재까지 분양계약이 체결되지 않아 선착순의 방법으로 공급하는 주택을 말한다)

㉠ 건축법에 따른 허가를 받은 자

㉡ 주택법에 따른 사업계획승인을 받은 자

⑩ 은행, 농업협동조합 등이 저당권의 실행 또는 채권변제로 취득하는 주택

⑪ 다음의 요건을 모두 갖춘 농어촌주택

㉠ 지방자치법에 따른 읍 또는 면에 있을 것

㉡ 대지면적이 660제곱미터 이내이고 건축물의 연면적이 150제곱미터 이내일 것

㉢ 건축물의 가액이 6,500만원 이내일 것

㉣ 다음 중 어느 하나에 해당하는 지역에 있지 않을 것

- 광역시에 소속된 군지역 또는 수도권지역. 다만, 접경지역과 자연보전권역 중 행정자치부령으로 정하는 지역은 제외한다.
- 「국토의 계획 및 이용에 관한 법률」에 따른 도시지역 및 허가구역
- 소득세법에 따라 주택 및 토지의 투기지역으로 지정된 지역
- 그 밖에 관광단지 등 부동산가격안정이 필요하다고 인정되어 지정한 지역

⑫ 사원에 대한 임대용으로 직접 사용할 목적으로 취득하는 주택으로서 1구의 건축물의 연면적(전용면적을 말한다)이 60제곱미터 이하인 공동주택(다가구주택을 포함하되, 이 경우 건축물대장에 호수별로 전용면적이 구분 · 기재되어 있는 다가구주택을 말한다). 다만, 다음 중 어느 하나에 해당하는 주택은 제외한다.

㉠ 취득하는 자가 개인인 경우로서 친족관계인 사람에게 제공하는 주택

㉡ 취득하는 자가 법인인 경우로서 과점주주에게 제공하는 주택

㉢ 정당한 사유 없이 그 취득일부터 1년이 경과할 때까지 해당 용도에 직접 사용하지 않거나 해당 용도로 직접 사용한 기간이 3년 미만인 상태에서 매각 · 증여하거나 다른 용도로 사용하는 주택

⑬ 법인세법에 따른 적격분할로 인하여 분할신설법인이 분할법인으로부터 취득하는 미분양 주택 및 분양계약을 체결한 주택(다만, 분할등기일부터 3년 이내에 과세이연 중단사유가 발생하는 경우는 제외한다)

⑭ 형식적인 소유권의 취득에 따른 취득세율의 특례가 적용되는 법인의 합병으로 취득하는 주택 등

(2) 상속 외의 무상취득에 대한 중과

1) 개요 : 다음에 해당하는 경우에는 3.5%(비영리사업자의 취득은 2.8%)의 표준세율을 적용하는 규정에도 불구하고 다음의 중과세율을 적용한다.

요건	중과세율(*주)
① 조정대상지역에 있는 주택으로서 ② 취득 당시 시가표준액* 이 3억원 이상인 주택을 ③ 상속 외의 무상취득을 원인으로 취득하는 경우 * 지분이나 부속토지만을 취득한 경우에는 전체 주택의 시가표준액을 말한다.	12% [4% + 중과기준세율(2%) × 4배]

(*주) 위 중과세율과 사치성재산의 취득에 대한 중과세율이 동시에 적용되는 과세물건에 대한 취득세율은 같은 취득물건에 대하여 둘 이상의 세율이 해당되는 경우에는 그 중 높은 세율을 적용하는 규정에도 불구하고 [위의 중과세율(12%) + 중과기준세율(2%) × 4배 = 20%]의 세율을 적용한다.

2) 상속 외의 무상취득에 대한 중과 예외 : ① 1세대 1주택을 소유한 사람으로부터 해당 주택을 ② 배우자 또는 직계존비속이 ③ 상속 외의 무상취득을 원인으로 취득하는 경우에는 상속 외의 무상취득에 대한 중과세율을 적용하지 않는다.

4. 취득세율의 특례

(1) 형식적인 소유권의 취득(종전 취득세는 비과세, 종전 등록세만 과세)

다음 중 어느 하나에 해당하는 취득에 대한 취득세는 다음의 세율로 산출한 세액으로 한다.

취득세율 = 표준세율(4% 등) − 중과기준세율(2%) = 2% 등

* 여기에는 다음과 같은 예외가 있다.
  - 주택의 유상거래를 원인으로 한 취득에 대한 세율은 해당 세율(1%~3%)에 50%를 곱한 세율로 한다.
  - 취득물건이 대도시에서 법인의 설립 등과 공장의 신설·증설에 따른 취득세 중과대상에 해당하는 경우 표준세율에서 중과기준세율(2%)을 뺀 세율에 3배를 적용한다.

① 환매등기를 병행하는 부동산의 매매로서 환매기간 내에 매도자가 환매한 경우 그 매도자·매수자의 취득

② 상속으로 인한 취득 중 다음 중 어느 하나에 해당하는 취득

㉠ 1가구 1주택의 취득

㉡ 취득세의 감면대상이 되는 농지의 취득

③ 적격합병의 요건을 갖춘 법인의 합병으로 인한 취득. 다만, 합병으로 취득하는 물건이 중과세대상이 되거나 합병등기일부터 3년 이내에 폐업 등으로 인한 과세이연중단사유가 발생하는 경우는 제외

④ 공유물·합유물의 분할, 법률에서 규정하는 부동산의 공유권 해소를 위한 지분이전으로 인한 취득. 다만, 등기부등본상 본인의 지분을 초과하는 부분은 제외

⑤ 건물의 이전으로 인한 취득. 다만, 이전한 건축물의 가액이 종전 건축물의 가액을 초과하는 경우 그 초과하는 가액에 대해서는 그러지 않다.

⑥ 민법(협의·재판상 이혼한 자 일방의 재산분할청구권 행사)에 따른 재산분할로 인한 취득. 이는 이혼한 부부가 혼인생활 중 공동의 노력으로 이룩한 재산을 분할하는 것에 대해 통상보다 낮은 세율을 적용함으로써 실질적 부부공동재산의 청산으로의 성격인 점을 고려한 것이다.

판 례 취득세 특례세율이 사실혼 해소시 재산분할로 인한 취득에 대해서도 적용이 되는지 여부

사실혼 해소의 경우에도 민법상 재산분할의 규정이 적용된다는 점, 재산분할은 특별한 사정이 없는 한 결혼생활 전체기간 중에 쌍방의 협력에 의해 이룩한 재산을 모두 청산대상으로 한다는 점, 실질적으로

부부의 생활공동체로 인정되는 경우에 혼인신고의 유무와 상관없이 재산분할에 관하여 단일한 법리가 적용됨에도 불구하고 세법의 적용에 있어서 이와 다르게 적용하는 것이 합리적이라고 보기 어려운 점. 사실혼 관계에 대해서는 과세관청이 쉽게 파악할 수 없지만 객관적인 자료(재산분할청구소송 제기사실, 재산분할을 하기 위해 소유권이전등기를 한 사실 등)로 이를 증명한 사람에 대해서는 그에 대한 법률효과를 인정해줘야 한다는 점 등을 종합하여 고려하면 사실혼 해소시 재산분할에 대해서도 특례세율이 적용된다고 보는 것이 타당하다(2016두36864). ■

참 고 상속으로 인한 취득 중 1가구 1주택의 범위

'1가구 1주택'이란 상속인(주민등록법에 따른 재외국민은 제외. 이하 같다)과 세대별 주민등록표에 함께 기재되어 있는 가족(동거인은 제외)으로 구성된 1가구(상속인의 배우자, 상속인의 미혼인 30세 미만의 직계비속 또는 상속인이 미혼이고 30세 미만인 경우 그 부모는 각각 상속인과 같은 세대별 주민등록표에 기재되어 있지 않더라도 같은 가구에 속한 것으로 본다)가 국내에 1개의 주택*을 소유하는 경우를 말한다.

* '주택'이란 주택법에 따른 주택(장기간 독립된 주거생활을 할 수 있는 구조로 된 건축물 및 그 부속토지)으로서 건축법에 따른 건축물대장 · 사용승인서 · 임시사용승인서 또는 부동산등기부에 주택으로 기재된 주거용 건축물과 그 부속토지를 말하되, 고급주택은 제외한다. ■

(2) 등기 · 등록 대상이 아닌 취득(종전 취득세는 과세, 종전 등록세만 과세제외)

다음 중 어느 하나에 해당하는 경우는 중과기준세율(2%)을 적용하여 산출한 금액을 취득세로 한다.

취득세율 = 중과기준세율(2%)

* 다만, 취득물건이 과밀억제권역에서 공장 신설 · 증설 등에 대한 중과세대상에 해당하는 경우에는 중과기준세율(2%)에 3배를, 사치성재산에 해당하는 경우에는 중과기준세율(2%)에 5배를 각각 적용한다.

① 개수로 인한 취득(개수로 건축물 면적이 증가하여 원시취득으로 보는 경우는 제외)

② 선박 · 차량 · 기계장비 · 토지의 가액 증가

③ 과점주주의 간주취득

④ 외국인 소유의 취득세 과세 대상 물건(차량, 기계장비, 항공기 및 선박만 해당한다)을 소유권을 이전받는 조건으로 임차하여 수입하는 경우의 취득(연부로 취득하는 경우로 한정한다)

⑤ 시설대여사업자가 건설기계 · 차량을 시설대여를 하는 경우 비록 대여시설이용자의 명의로 등록하는 경우라도 시설대여사업자가 취득한 것으로 보는 경우 그 시설대여사업자의 취득

⑥ 기계장비 · 차량을 기계장비대여업체 · 운수업체의 명의로 등록하는 경우(영업용으로 한정)에 해당 기계장비 · 차량의 구매계약서 등에 따라 해당 기계장비 · 차량의 취득대금을 지급하는 자가 따로 있음이 입증되는 경우에는 그 취득대금을 지급하는 자가 취득한 것으로 볼 때 그 취득대금을 지급한 자의 취득

⑦ 그 밖의 레저시설의 취득 등의 취득

제3절 취득시기

Ⅱ-1 p.694

Ⅰ. 서설

취득세는 취득물건을 취득하는 때에 납세의무가 성립하며, 원칙적으로 그 취득한 날부터 60일 이내에 세액을 신고함으로써 납세의무가 확정된다. 지방세법 시행령에서는 취득물건의 취득 유형별로 취득시기를 정하고 있는데, 이하에서는 그 내용을 살펴본다.

Ⅱ. 승계취득의 경우

구분	취득의 시기
(1) 원칙	1) 무상취득 : 그 계약일(상속 · 유증으로 인한 취득은 상속 · 유증개시일)에 취득한 것으로 본다. 다만, 해당 취득물건을 등기 · 등록하지 않고 다음 중 어느 하나에 해당하는 서류로 계약이 해제된 사실이 입증되는 경우에는 취득한 것으로 보지 않는다. ① 화해조서 · 인낙조서(해당 조서에서 취득일이 속하는 달의 말일부터 3개월 이내에 계약이 해제된 사실이 입증되는 경우만 해당한다) ② 공정증서(공증인이 인증한 사서증서를 포함하되, 취득일이 속하는 달의 말일부터 3개월 이내에 공증받은 것만 해당한다) ③ 계약해제신고서(취득일이 속하는 달의 말일부터 3개월 이내에 시장 · 군수 · 구청장에게 제출된 것만 해당한다)
	2)-1 유상승계취득 : 사실상의 잔금지급일(신고인이 제출한 자료로 사실상의 잔금지급일을 확인할 수 없는 경우에는 계약상의 잔금지급일*)에 취득한 것으로 본다. 다만, 해당 취득물건을 등기 · 등록하지 않고 다음 중 어느 하나에 해당하는 서류로 계약이 해제된 사실이 입증되는 경우에는 취득한 것으로 보지 않는다(지방령 20 ②,⑤). * 계약상 잔금지급일이 명시되지 않은 경우에는 계약일부터 60일이 경과한 날을 말한다. ① 화해조서 · 인낙조서(해당 조서에서 취득일부터 60일 이내에 계약이 해제된 사실이 입증되는 경우만 해당한다) ② 공정증서(공증인이 인증한 사서증서를 포함하되, 취득일부터 60일 이내에 공증받은 것만 해당한다) ③ 계약해제신고서(취득일부터 60일 이내에 제출된 것만 해당한다) ④ 부동산 거래신고 관련 법령에 따른 부동산거래계약 해제 등 신고서(취득일부터 60일 이내에 등록관청에 제출한 경우만 해당한다) 2)-2 연부로 취득하는 것(취득가액의 총액이 면세점을 초과하는 것) : 그 사실상의 연부금 지급일

(2) 예외	1) 위 (1)의 취득일 전에 등기 또는 등록을 한 경우 : 그 등기일 또는 등록일에 취득한 것으로 본다. 2) 차량 · 기계장비 · 항공기 및 선박(이하 '차량 등'이라 한다)의 경우 : 다음에 해당하는 날을 최초의 취득일로 본다. ① 주문을 받거나 판매하기 위하여 차량 등을 제조 · 조립 · 건조하는 경우 : 실수요자가 차량 등을 인도받는 날과 계약서상의 잔금지급일 중 빠른 날 ② 차량 등을 제조 · 조립 · 건조하는 자가 그 차량 등을 직접 사용하는 경우 : 차량 등의 등기 또는 등록일과 사실상의 사용일 중 빠른 날 3) 다음의 유형별 취득의 경우 : 다음에 해당하는 날을 취득일로 본다. ① 수입에 따른 취득 : 해당 물건을 우리나라에 반입하는 날(보세구역을 경유하는 것은 수입신고필증 교부일) * 다만, 차량 등의 실수요자가 따로 있는 경우에는 실수요자가 차량 등을 인도받는 날과 계약상의 잔금지급일 중 빠른 날을 승계취득일로 보며, 취득자의 편의에 따라 수입물건을 우리나라에 반입하지 않거나 보세구역을 경유하지 않고 외국에서 직접 사용하는 경우에는 그 수입물건의 등기 또는 등록일을 취득일로 본다. ② 민법에 따른 점유취득시효(제245조 · 제247조)에 따른 점유로 인한 취득의 경우 : 취득물건의 등기일 또는 등록일 ③ 민법(협의상 이혼한 자 일방의 재산분할청구권 행사)에 따른 재산분할로 인한 취득 : 취득물건의 등기일 또는 등록일 4) 주택조합 등의 토지 취득의 경우 : 다음에 해당하는 날을 취득일로 본다. ① 주택조합이 주택건설사업을 하면서 조합원으로부터 취득하는 토지 중 조합원에게 귀속되지 않은 토지를 취득하는 경우 : 사용검사를 받은 날 ② 주택재건축조합이 주택재건축사업을 하면서 조합원으로부터 취득하는 토지 중 조합원에게 귀속되지 않은 토지를 취득하는 경우 : 소유권이전 고시일의 다음 날

판 례 계약의 합의해제와 취득세 납세의무(운영예규 7-1 (2))

유상 및 무상취득을 불문하고 적법하게 취득한 다음에는 그 후 합의에 의하여 계약을 해제하고 그 재산을 반환하는 경우에도 이미 성립한 조세채권의 행사에 영향을 줄 수 없다(① 무상취득은 취득일이 속하는 달의 말일부터 3개월 이내에 ② 유상취득은 취득일부터 60일 이내, 각각 계약해제 사실을 입증하는 경우는 제외. 다만, 소유권이전등기를 마치지 않은 경우에 한정한다). ■

참 고 민법 제245조(점유로 인한 부동산소유권의 취득기간)

① 20년간 소유의 의사로 평온, 공연하게 부동산을 점유하는 자는 등기함으로써 그 소유권을 취득한다.
② 부동산의 소유자로 등기한 자가 10년간 소유의 의사로 평온, 공연하게 선의이며 과실없이 그 부동산을 점유한 때에는 소유권을 취득한다. ■

판 례 무상승계취득의 취득시기

계약에 의한 무상승계취득의 경우에는 그 취득원인이 되는 계약이 성립하면 그 자체로 사실상의 취득이 있다고 볼 수 있다. 반면 상속 또는 유증으로 인한 무상승계취득의 경우에는 성질상 '계약일'을 상정할 수 없을 뿐만 아니라 그 소유권변동시기가 법률에 규정되어 있어서 그 시기 이전에는 사실상의 취득이 있다고 보기 어렵다. 위 규정은 이러한 점을 고려하여 상속 또는 유증으로 인한 무상승계취득의 경우에는 계약에 의한 무상승계취득의 경우와는 달리 그 취득시기를 소유권 변동시기로 규정한 것이다(2019두53075 판결). ■

판 례 매매의 경우 대금의 거의 전부가 지급되었다고 볼 수 있는 기준

'사실상의 취득'이란 일반적인 등기와 같은 형식적인 요건은 가지지 못하였으나 대금의 지급과 같은 실질적인 요건을 갖춘 경우를 말한다. 이는 매매의 경우에 있어서 사회통념상 대금의 거의 전부가 지급되었다고 볼 만한 정도의 대금지급이 이행되었음을 뜻한다고 보아야 하고, 대금이 거의 전부 지급되었다고 볼 수 있는지 여부는 개별적 · 구체적 사안에 따라 미지급 잔금의 액수와 그것이 전체 대금에서 차지하는 비율, 미지급 잔금이 남게 된 경위 등 제반 사정을 종합적으로 고려하여 판단한다(2008두8147).

이 사건의 경우 토지의 총인수금액이 378억원으로 그 중 370억원을 지급하여서 비록 잔금 8억원은 총인수금액 378억원에서 차지하는 비율이 낮으나 그 잔금 8억원 자체는 사회통념상 모두 지급되었다고 볼만한 정도의 적은 금액이라 할 수 없다. 따라서 이 사건의 토지에 대해서는 사실상 취득이 일어났다고 볼 수 없다(2013두18018). ■

참 고 계약의 합의해제와 취득세 납세의무

유상 및 무상취득을 불문하고 적법하게 취득한 다음에는 그 후 합의에 의하여 계약을 해제하고 그 재산을 반환하는 경우에도 이미 성립한 조세채권의 행사에 영향을 줄 수 없다. 다만, 소유권이전등기를 마치지 않은 경우로서 ① 무상취득은 취득일이 속하는 달의 말일부터 3개월 이내에 ② 유상취득은 취득일부터 60일 이내 각각 계약해제 사실을 입증하는 경우는 취득으로 보지 않는다. ■

판 례 법률에 따라 토지거래계약허가구역 내의 토지에 관해 장차 허가를 받을 것을 전제로 하여 대금을 지급한 경우 그 취득시기

토지거래허가구역 내에 장차 허가를 받을 것을 전제로 매매계약을 체결하여 대금을 지급한 경우에는 비록 그 매매계약의 허가를 받을 때까지는 법률상 미완성된 법률행위로서 효력이 발생하지 않지만, 그 후에 허가를 받거나 그 토지가 토지거래계약허가구역에서 해제가 된다면 그 매매계약은 당초로 소급하여 유효하게 되므로, 취득세 부과에 있어서의 토지의 취득시기는 잔금지급일이 될 것이다.

이 사건에서 주식회사 甲은 토지거래허가구역 내에서 토지의 매매계약을 체결하였고 2007년 4.19에 잔금을 지급하였다. 이후 2008년과 2009년에 일부분은 허가를 받고 나머지부분은 허가구역에서 해제가 되어 사법상 유효하게 소유권을 취득하였다. 이때 원고는 2007년 10.7에 주식회사 甲의 과점주주가 되었는데 2007년 10.7 당시에는 주식회사 甲이 이 사건의 토지에 대해 사법상 유효하게 소유권을 취득하지 못한 상태라도 이미 사실상 잔금이 지급된 상태로써 이 사건의 토지를 취득한 것으로 보아야 하므로 원고도 이 사건에 토지에 대해서 과점주주로서의 간주취득에 대한 납세의무가 성립했다고 보아야 한다(2012두19229). ■

Ⅲ. 원시취득의 경우

구분	취득시기
(1) 건축물	건축물을 건축 또는 개수하여 취득하는 경우 : 사용승인서*를 내주는 날**과 사실상의 사용일 중 빠른 날을 취득일로 본다. * 여기서 '사용승인서'에는 「도시개발법 제51조 ①」에 따른 준공검사 증명서, 「도시 및 주거환경정비법 시행령(제74조)」에 따른 준공인가증 및 그 밖에 건축 관계 법령에 따른 사용승인서에 준하는 서류를 포함한다(이하 같다). ** 사용승인서를 내주기 전에 임시사용승인을 받은 경우에는 그 임시사용승인일을 말하고, 사용승인서(또는 임시사용승인서)를 받을 수 없는 건축물의 경우에는 사실상 사용이 가능한 날을 말한다.
(2) 토지	관계법령에 따라 매립·간척 등으로 토지를 원시취득하는 경우 : 공사준공인가일을 취득일로 본다. * 다만, 공사준공인가일 전에 사용승낙·허가를 받거나 사실상 사용하는 경우에는 사용승낙일·허가일 또는 사실상 사용일 중 빠른 날을 취득일로 본다.

Ⅳ. 간주취득의 경우

구분	취득시기
(1) 차량 등의 종류변경	차량·기계장비 또는 선박의 종류변경에 따른 취득 : 사실상 변경한 날과 공부상 변경한 날 중 빠른 날을 취득일로 본다.
(2) 토지의 지목변경	토지의 지목변경에 따른 취득 : 토지의 지목이 사실상 변경된 날과 공부상 변경된 날 중 빠른 날을 취득일로 본다. * 다만, 토지의 지목변경일 이전에 사용하는 부분에 대해서는 그 사실상의 사용일을 취득일로 본다.

[도 표] 취득세의 취득시기와 양도소득세 양도·취득시기의 비교

유형	취득세 취득시기	양도소득세의 양도·취득시기
유상승계	① 원칙 : 사실상의 잔금지급일 ② 예외 • 신고인이 제출한 자료로 사실상의 잔금지급일을 확인할 수 없는 경우 : 계약상의 잔금지급일(계약상 잔금지급일이 명시되지 않은 경우에는 계약일부터 60일이 경과한 날) • 연부로 취득하는 경우 : 사실상의 연부금 지급일	① 원칙 : 대금청산일 ② 예외 • 대금청산일이 불분명한 경우 : 등기접수일 • 장기할부양도 : FAST [등기접수일, 인도일, 사용수익일] • 대금청산 중에 등기한 경우 : 등기접수일

	• 취득일 전에 등기한 경우 : 등기접수일	
무상승계	• 상속의 경우 : 상속개시일 • 증여의 경우 : 계약일(미리 등기한 경우 등기접수일)	• 상속의 경우 : 상속개시일 • 증여의 경우 : 등기접수일
건축물의 원시취득	• 사용승인서의 교부일(미리 사용하거나 사용승인을 얻은 경우 사실상 사용하거나 사용승인을 얻은 날) • 무허가 건축물 : 사실상 사용일	• 사용승인서의 교부일(미리 사용하거나 사용승인을 얻은 경우 사실상 사용하거나 사용승인을 얻은 날) • 무허가 건축물 : 사실상 사용일
부동산의 시효취득	• 등기일 · 등록일 ＊ 판례는 점유취득시효가 완성된 날	점유개시일

[도 표] 계약의 실효와 취득세 납세의무

구분	취득세 납세의무
계약의 무효 · 취소	(1) 당초의 취득자의 경우 : 계약당사자가 행위무능력자이거나 반사회적 행위 · 강행규정 위반으로 계약이 무효 · 취소가 되어 원래 소유자에게 소유권이 반환이 되는 경우 취득행위 자체가 처음부터 존재하지 않게 되어 취득세 납세의무는 발생하지 않고 이미 기납부한 취득세는 과오납금이 된다. (2) 당초 양도자의 경우 : 원인무효 등의 사유로 처음부터 거래가 없던 것이 되므로 양도자에게 소유권이 반환된다고 하여 새로운 취득세 납세의무가 발생하는 것은 아니다.
민법에 따른 계약해제 (법정해제 · 약정해제)	(1) 당초 취득자의 경우 1) 계약해제 인정기간 이내 계약의 해제사실이 입증되는 경우 : 취득일(잔금지급일 또는 증여계약일)부터 60일(증여는 취득일이 속하는 달의 말일부터 3개월) 이내에 계약이 해제된 사실이 입증되면 취득으로 보지 않는다. ＊ 본래 취득일 전에 등기하면 등기일이 취득일이 되므로 등기 후 계약이 해제되는 경우에는 계약해제의 시기에 관계없이 취득세 납세의무를 진다. 2) 계약해제 인정기간이 지난 후 계약의 해제사실이 입증되는 경우 : 이 경우에는 계약이 무효가 되거나 취소되지 않고 일단 유효한 이상 취득세 납세의무가 발생되는 것이다. (2) 당초 양도자의 경우 계약이 해제되는 경우에는 처음부터 거래가 없던 것이 되므로 양도자에게 소유권이 반환된다고 하여 새로운 취득세 납세의무가 발생하는 것은 아니다.

합의해제	'합의해제'는 당사자 간의 합의로 종전의 계약을 해소하여 원상으로 회복시키는 것으로 하는 새로운 계약이다. 민법에 따른 계약해제가 일방의 의사표시로 계약을 실효시키는 단독행위라는 점에서 이 둘은 차이가 있다. 하지만 취득세의 취득시기에 관해서는 이 둘의 적용 법리는 같다.

참 고 민법에 따른 계약해제

일단 유효하게 성립한 계약을 당사자 일방의 의사표시만으로 소급하여 소멸시키는 것을 말한다. 해제사유로는 법정해제와 약정해제가 있다. ■

판 례 매매대금을 지급하였으나 소유권이전등기가 만료되지 않은 상태에서 당초 계약을 합의해제하고 부동산을 반환한 경우

유상승계취득의 경우 실질적으로 완전한 소유권의 취득과는 관계가 없이 사실상의 취득행위를 과세대상으로 하는 것이므로 민법 등 관계 법령에 따라 등기·등록을 하지 않은 경우에도 잔금을 지급하게 되면 사실상의 취득행위가 존재하게 되어 그에 대한 조세채권이 성립하고, 그 후에 당사자 간의 합의에 의하여 당초 매매계약을 해제하고 부동산을 반환하더라도 이미 성립한 조세채권의 행사에는 영향을 미칠 수 없다(98두14228). ■

판 례 증여계약으로 수증자가 부동산을 취득한 후 이를 합의해제하고 부동산을 반환한 경우 이미 성립한 조세채권에 영향을 미치는지 여부와 착오를 이유로 한 증여계약의 취소가 실질적으로는 합의해제로 취소하는 경우와 같은 법리가 적용되는지 여부

무상승계취득의 경우 그 계약일이 취득일이 되고, 해당 부동산에 대한 증여계약이 성립이 되면 그 자체가 취득세의 과세대상이 되는 사실상의 취득행위가 존재하게 되어 그에 대한 조세채권이 성립하고, 증여계약으로 수증자가 적법하게 취득한 후에는 계약당사자 간의 당초 증여계약의 합의해제를 하고 그 부동산을 반환한다하더라도 이미 성립한 조세채권의 행사에는 영향을 미칠 수 없다.

이 사건의 경우 원고가 토지를 증여로 취득하고 소유권이전등기를 마쳤으며 구 지방세법에 따른 비과세를 적용받기 위해 사찰을 신축하려고 하였으나 해당 토지를 신축할 수 없음을 알고 그 동기의 착오(사찰을 신축할 수 있다고 믿었던)를 이유로 당초 증여계약을 해제하고, 부동산을 반환하는 경우에는 그 해제행위의 실질에 있어서 합의해제로 인하여 부동산을 반환하는 경우와 같은 법리가 적용되어 이미 성립한 조세채권의 행사에는 영향을 미칠 수 없다고 할 것이다(2013두2778). ■

제4절 취득세의 납세절차

Ⅱ-1 p.713

Ⅰ. 신고납부

1. 원칙적인 신고납부

취득세 과세물건을 취득한 자는 다음의 신고·납부기한 이내에 그 과세표준에 세율을 적용하여 산출한 세액(이하 '산출세액'이라 한다)을 신고납부해야 한다.

<table>
<tr><th>구분</th><th colspan="2">취득세의 신고납부기한</th></tr>
<tr><td>① 일반적인 취득의 경우</td><td colspan="2">• 취득한 날부터 60일 이내*
* 토지거래계약에 관한 허가구역에 있는 토지를 취득하는 경우로서 토지거래계약에 관한 허가를 받기 전에 거래대금을 완납한 경우에는 그 허가일이나 허가구역의 지정 해제일(또는 축소일)부터 60일 이내</td></tr>
<tr><td rowspan="2">② 무상취득</td><td>• 상속 외의 무상취득
• 증여자의 채무를 인수하는 부담부증여로 인한 취득</td><td>• 취득일이 속하는 달의 말일부터 3개월 이내</td></tr>
<tr><td>• 상속으로 인한 무상취득</td><td>• 상속개시일(또는 실종선고일)이 속하는 달의 말일부터 6개월 이내*
* 외국에 주소를 둔 상속인이 있는 경우에는 9개월 이내</td></tr>
</table>

한편 위 규정에 따른 취득세의 신고·납부기한 이내에 재산권과 그 밖의 권리의 취득·이전에 관한 사항을 공부(公簿)에 등기하거나 등록하려는 경우에는 등기·등록 신청서를 등기·등록관서에 접수하는 날까지 취득세를 신고납부해야 한다.

참고 「부동산등기 특별조치법」 제2조 (소유권이전등기 등 신청의무)

부동산의 소유권이전을 내용으로 하는 계약을 체결한 자는 다음에 해당하는 날부터 60일 이내에 소유권이전등기를 신청해야 한다. 다만, 그 계약이 취소·해제되거나 무효인 경우에는 그렇지 않다.

① 계약의 당사자가 서로 대가적인 채무를 부담하는 경우 : 반대급부의 이행이 완료된 날(즉 잔금지급일)

② 계약 당사자의 일방만이 채무를 부담하는 경우 : 그 계약의 효력이 발생한 날(즉 증여계약일) ■

참고 채권자대위권에 의한 등기신청을 하려는 채권자의 취득세 신고

부동산등기법(제28조)에 따라 채권자대위권에 의한 등기신청을 하려는 채권자(이하 '채권자대위자')는 납세의무자를 대위하여 부동산의 취득에 대한 취득세를 신고할 수 있다(이 경우 채권자대위자는 납부확인서를 발급받을 수 있다). 지방자치단체의 장은 이처럼 채권자대위자의 신고가 있는 경우 납세의무자에게 신고사실을 즉시 통보해야 한다. ■

참고 시가인정액을 수정신고한 경우 신고불성실가산세 부과 제외

납부의무자가 취득세 신고기한까지 취득세를 시가인정액으로 신고한 후 지방자치단체의 장이 세액을 경정하기 전에 그 시가인정액을 수정신고한 경우에는 무신고가산세 및 과소신고가산세를 부과하지 않는다. ■

판례 토지거래허가구역 내 토지의 취득세 신고납부기한의 기산일

원칙적으로 취득세의 납세의무는 취득한 날부터 60일 이내에 그 세액을 신고·납부하도록 규정하고 있다. 이 규정의 내용과 입법취지를 비추어 볼 때, 토지거래허가구역 내에서 허가를 받지 않아 매매계약이 유동적 무효상태에 있는 경우라면 지방세법에 따른 취득시기인 사실상·계약상 잔금지급일이 도래하였다고 하더라도 그 매매계약이 확정적으로 유효하게 되었다고 할 수 없으므로 취득세의 신고납부의무가 있다고 할 수 없어서 허가를 받거나 토지거래허가구역의 해제 등이 있어야 취득세의 신고납부의무가 있다고 할 것이다(2012두16695). ■

2. 예외적인 신고납부

1) 취득 후 중과세 대상이 된 경우 : 취득세 과세물건을 취득한 후에 그 과세물건이 중과세율의 적용대상이 되었을 때에는 중과세 대상에 해당하는 날부터 60일 이내에 중과세율을 적용하여 산출한 세액에서 이미 납부한 세액(가산세는 제외)을 공제한 금액을 세액으로 하여 신고납부해야 한다.

2) 부과대상 또는 추징대상이 된 경우 : 지방세법 또는 다른 법령에 따라 취득세를 비과세, 과세면제 또는 경감받은 후에 해당 과세물건이 취득세 부과대상 또는 추징대상이 되었을 때에는 위 원칙적인 신고 및 납부에도 불구하고 그 사유 발생일부터 60일 이내에 해당 과세표준에 취득세율을 적용하여 산출한 세액[경감받은 경우에는 이미 납부한 세액(가산세는 제외)을 공제한 세액을 말한다]을 신고납부해야 한다.

Ⅱ. 보통징수

취득세의 신고·납부의무를 다하지 않으면 산출세액 또는 그 부족세액에 무신고가산세·과소신고가산세·납부지연가산세를 합한 금액을 세액으로 하여 보통징수방식으로 징수한다.

한편 납세의무자가 사실상 취득세 과세물건을 취득한 후 그 산출세액을 신고하지 않고 매각하는 경우에는 무신고가산세와 납부지연가산세 규정에도 불구하고 취득세 산출세액에 80%를 가산한 금액(이하 중가산세)을 보통징수의 방법으로 징수한다. 다만, 다음의 경우는 중가산세를 적용하지 않는다.

① 등기·등록을 필요로 하지 않는 과세물건(골프회원권·승마회원권·콘도미니엄회원권·종합체육시설이용회원권·요트회원권은 제외)

② 간주취득으로 보는 과세물건

Ⅲ. 취득세의 면세점

취득가액이 50만원 이하일 때에는 취득세를 부과하지 않는다(이하 면세점). 이때 토지나 건축물의 취득에 있어서는 그 취득한 날부터 1년 이내에 인접한 토지나 건축물을 취득하는 경우에는 각각 전후의 취득을 기준으로 1건의 토지 취득 또는 1구의 건축물 취득으로 보아 면세점에 해당하는지 여부를 판단한다. 그리고 연부로 취득하는 경우도 취득가액의 총액을 기준으로 면세점 해당 여부를 판단한다.

[도 표] 면세점과 소액 징수면제

구분	면세점	소액 징수면제
의 의	과세표준이 일정한 금액 이하이면 세금을 부과하지 않는 것을 말한다.	과세표준 · 세액을 확정하였으나 고지에 의한 징수액이 소액이어서 이를 징수할 경우 징수비가 더 많아 비효율적일 때 이를 징수하지 않는 것을 말한다.
적 용 례	취득세 : 취득가액이 50만원 이하	재산세 : 고지서 1장당 2,000원 미만

Ⅳ. 법인의 장부 등 작성과 보존의무

취득세 납세의무가 있는 법인은 취득당시가액을 증명할 수 있는 장부와 관련 증거서류를 작성하여 갖춰 두어야 한다. 이러한 의무를 이행하지 않은 경우에는 지방자치단체의 장은 산출된 세액(또는 부족세액)의 10%에 상당하는 금액을 징수해야 할 세액에 가산한다.

$$\text{무기장가산세} = \text{산출세액(또는 부족세액)} \times 10\%$$

참 고 장부 및 증거서류

취득세 납세의무가 있는 법인은 취득당시가액을 증명할 수 있는 장부와 관련 증거서류를 작성하여 갖춰 두어야 하는데, 이 경우 다음의 장부 및 증거서류를 포함해야 한다.

① 사업의 재산 상태와 그 거래내용의 변동을 기록한 장부 및 증거서류
② 신탁법에 따른 수탁자가 위탁자로부터 취득세 과세대상 물건의 취득과 관련하여 지급받은 신탁수수료와 그 밖의 대가가 있는 경우 이를 종류 · 목적 · 용도별로 구분하여 기록한 장부 및 증거서류 ■

제5절 과점주주의 간주취득세

Ⅱ-1 p.721

Ⅰ. 서설

법인(유가증권시장·코스닥시장에 상장된 법인은 제외. 이하 같다)의 주식을 취득함으로써 과점주주가 되었을 때 그 과점주주가 해당 법인의 과세대상자산을 취득한 것으로 본다. 본래의 비상장법인의 주식을 취득함으로써 과점주주가 되는 것은 해당 법인의 재산을 직접적으로 취득하는 것은 아니지만, 취득으로 간주하는 취지는 다음과 같다.

① 과점주주가 되면 법인의 재산을 사실상 임의처분하거나 이를 관리·운용할 수 있는 지위에 서게 되어 실질적으로 그 재산을 직접 소유하는 것과 다를 것이 없으므로 이러한 점에서 담세력이 나타난다고 보고 취득세를 부담하게 하는 것이 간주취득세의 취지이다. 현행 지방세법은 과점주주의 간주취득 규정을 제외하면 부동산의 취득에 대해서만 취득세를 부과한다. 따라서 과점주주의 간주취득세 규정은 직접 부동산을 취득하지 않고 그 부동산을 취득하고 있는 법인의 주식 등을 인수하는 방법으로 취득세의 부담을 회피하면서 실질적으로 부동산을 취득하는 행위를 방지하려는데 그 취지가 있다.

② 비공개법인의 주식이나 지분을 특정인이 독과점하는 것을 억제하여 널리 일반인에게 분산을 유도하기 위해서는 과점주주에 대한 간주취득에 대한 취득세를 부과할 필요가 있다.

판례 과점주주의 요건으로 '법인의 운영을 실질적으로 지배할 수 있는 지위'의 의미

실제 법인의 경영지배를 통해 법인의 재산에 대하여 사용·수익·처분 등에 대한 권한을 행사하였을 것을 요구하는 것이 아니라 소유하고 있는 주식에 관하여 의결권행사 등을 통하여 주주권을 실질적으로 행사할 수 있는 지위에 있으면 족하다(2006두19501). ■

Ⅱ. 간주취득의 요건

1. 간주취득세 납세의무가 있는 과점주주의 범위

출자자의 제2차납세의무자인 '과점주주'란 주주(또는 유한책임사원) 1명과 그의 특수관계인으로서 그들의 소유주식수의 합계(또는 출자액의 합계)가 해당 법인의 발행주식총수(또는 출자총액)의 50%를 초과하면서 그에 관한 권리를 실질적으로 행사하는 자들을 말한다. 여기서 소유주식과 발행주식총수에는 '의결권이 없는 주식'은 제외하고 50%를 초과하는지의 여부를 판정한다. 이러한 과점주주 중 주주(또는 유한책임사원) 1명과 일정한 특수관계에 해당하는 자가 간주취득세 납세의무를 진다.

참고 간주취득세 납세의무가 있는 과점주주의 범위

간주취득세 납세의무가 있는 '과점주주'란 출자자의 제2차납세의무자인 과점주주 중 주주(또는 유한책임사원) 1인과 다음 중 어느 하나에 해당하는 특수관계에 있는 자를 말한다. 이 경우 본인도 그 특수관계인의 특수관계인으로 본다.

구분	특수관계인의 범위
(1) 친족관계	① 4촌 이내의 혈족 ② 3촌 이내의 인척 ③ 배우자(사실상의 혼인관계에 있는 사람을 포함한다) ④ 친생자로서 다른 사람에게 친양자로 입양된 사람 및 그 배우자 · 직계비속 ⑤ 본인이 민법에 따라 인지(認知)한 혼인 외 출생자의 생부(生父)나 생모(生母)
(2) 경제적 연관관계	임원과 그 밖의 사용인에 해당하는 사람으로서 ① 주주, ② 유한책임사원 * 주의할 점 ㉠ 본인의 임원 및 사용인에 해당하는 자이나 주주 및 유한책임사원이 아닌 경우에는 특수관계인에 해당하지 않는다. ㉡ 본인의 금전이나 그 밖의 재산으로 생계를 유지하는 자(이들과 생계를 함께하는 친족 포함)는 특수관계인에 해당하지 않는다. ㉢ 임원 및 사용인과 생계를 함께하는 친족도 특수관계인에 해당하지 않는다.
(3) 경영지배 관계	1) 본인이 개인인 경우 : 본인이 직접 또는 그와 친족관계 또는 경제적 연관관계에 있는 자를 통하여 법인의 경영에 대하여 지배적인 영향력을 행사하고 있는 경우 그 법인 중 본인이 직접 해당 법인의 경영에 대하여 지배적인 영향력을 행사하고 있는 경우 그 법인
	2) 본인이 법인인 경우 ① 개인 또는 법인이 직접 또는 그와 친족관계 또는 경제적 연관관계에 있는 자를 통하여 본인인 법인의 경영에 대하여 지배적인 영향력을 행사하고 있는 경우 그 개인 · 법인 중 해당 개인 · 법인이 직접 본인인 법인의 경영에 대하여 지배적인 영향력을 행사하고 있는 경우 그 개인 · 법인 ② 본인이 직접 또는 그와 경제적 연관관계 또는 위 ①의 관계에 있는 자를 통하여 어느 법인의 경영에 대하여 지배적인 영향력을 행사하고 있는 경우 그 법인 중 본인이 직접 또는 위 ①에 해당하는 자를 통해 어느 법인의 경영에 대하여 지배적인 영향력을 행사하고 있는 경우 그 법인
	※ 위 1) · 2)를 적용할 때 다음의 구분에 따른 요건에 해당하는 경우 해당 법인의 경영에 대하여 지배적인 영향력을 행사하고 있는 것으로 본다.

구분	경영지배기준
영리법인인 경우	법인의 발행주식총수(또는 출자총액)의 50% 이상을 출자한 경우 * 주의할 점 : 임원의 임면권(任免權)의 행사, 사업방침의 결정 등 법인의 경영에 대하여 사실상 영향력을 행사하고 있다고 인정되는 경우에는 경영지배기준에 해당하지 않는다.

지방 02

비영리법인인 경우	㉠ 법인의 이사의 과반수를 차지하는 경우 ㉡ 법인의 출연재산*의 50% 이상을 출연하고 그 중 1명이 설립자인 경우 * 설립을 위한 출연재산만 해당한다.

* 주의할 점 : 30% 이상 출자(또는 출연) 기준이 아닌 50% 이상 출자(또는 출연) 기준인 점에 주의해야 한다.

[도 표] 본인(주주 또는 유한책임사원) 1인의 특수관계인

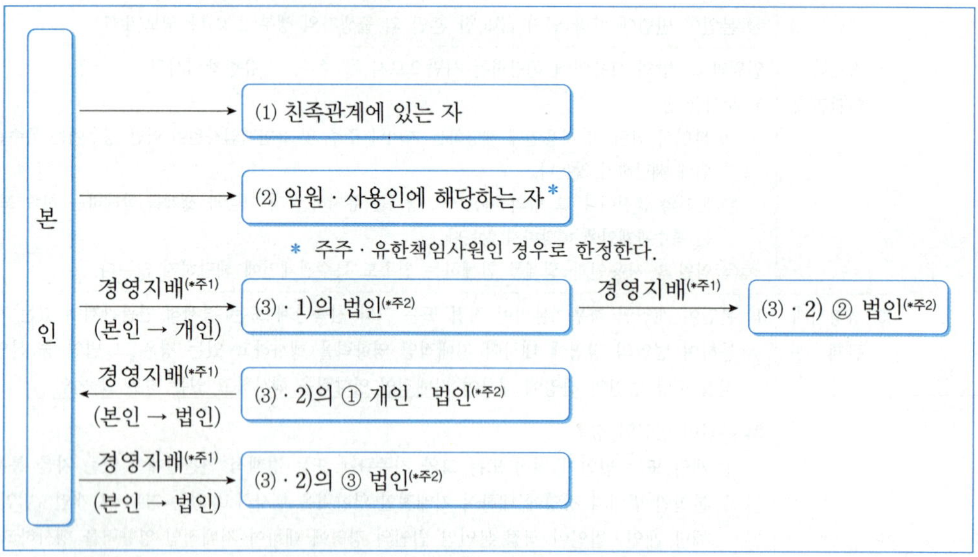

(*주1) 경영지배 : 50% 이상 출자한 경우 등

(*주2) 경영에 대하여 지배적인 영향력을 행사하고 있는 경우에 한정한다.

판례 간주취득세 납세의무 판단시 의결권 없는 주식에 해당하는지 판단기준

간주취득세 납세의무를 부담하는 과점주주에 해당하는지 여부는 주주명부상의 명의가 아니라 그 주식에 관한 의결권 등을 통해 주주권을 실질적으로 행사하여 법인의 운영을 지배하는지 여부를 기준으로 판단해야 한다. 지배권의 실질적 증가 여부는 주식 취득 전후의 제반 사정을 전체적으로 고려하여 종합적으로 판단해야 한다.

재무구조 악화에 따라 이 사건 회사의 과점주주들은 한국산업은행으로부터 현재 보유하고 있는 주식전부에 대해 양도, 담보설정 및 소각 등 처분에 관한 일체의 권한을 한국산업은행에게 일임을 하는 경영정상화계획을 이행하기 위해 해당 계획을 반대하는 주주들의 주식을 매수하였다. 이에 대해 과점주주들의 지분율이 증가하였다 하더라도 경영정상화계획을 통해 주식의 처분권을 위임하고 경영권포기각서를 제출하였으므로 그 증가한 지분만큼 지배권이 실질적으로 증가하였다고 보기 어렵다(2018두44753). ■

2. 주식취득의 원인

과점주주의 주식·지분의 취득원인은 원시취득·승계취득, 유상·무상을 불문한 모든 취득을 포함한다. 다만, 원시취득 중 법인설립시 발행하는 주식·지분을 취득함으로써 과점주주가 된 경우에는 간주취득세를 부과하지 않는다.

구분		간주취득세 부과 여부
(1) 주식의 원시취득	① 설립시 취득	×
	② 증자시 취득(불균등 증자 + 실권주 배정)	○
(2) 주식의 승계취득	매매·증여 등	○

한편 과점주주의 지분비율의 변동에 따른 간주취득세 부과의 적용례는 다음과 같다.

지방 02

1) 최초로 과점주주가 된 경우 : 법인의 과점주주가 아닌 주주가 다른 주주의 주식·지분(이하 주식 등)을 취득하거나 증자 등으로 최초로 과점주주가 된 경우에는 과점주주가 된 날 현재 과점주주가 소유하고 있는 법인의 주식 등을 모두 취득한 것으로 보아 취득세를 부과한다.

2) 최초로 과점주주가 된 이후에 과점주주의 지분비율이 증가한 경우에는 그 증가된 분을 취득으로 보아 취득세를 부과한다.* 다만, 증가 후 주식 등의 비율이 과거 해당 과점주주가 가지고 있었던 주식 등의 최고비율보다 증가되지 않은 경우에는 취득세를 부과하지 않는다.

3) 비과점주주가 된 후에 다시 과점주주가 되는 경우 : 과거 과점주주였으나 주식 등의 양도, 해당 법인의 증자 등으로 과점주주에 해당하지 않은 자가 해당 법인의 주식 등을 다시 취득하여 다시 과점주주가 된 경우 다시 과점주주가 된 당시의 주식 등의 비율이 그 이전에 과점주주였던 주식 등의 비율보다 증가된 경우에만 그 증가된 부분만을 취득으로 보아 취득세를 부과한다.

* 취득세의 납세의무를 부담하는 과점주주에 해당하는지 여부는 주주명부상의 주주 명의가 아니라 그 주식에 관하여 의결권 등을 통하여 주주권을 실질적으로 행사하여 법인의 운영을 지배하는지 여부를 기준으로 판단하여야 한다. 따라서 위 규정에 따라 과점주주의 주식 비율이 증가되었는지 여부 역시 주주권을 실질적으로 행사하는 주식을 기준으로 판단하여야 한다(2011두26046 판결).

판례 과점주주의 지위 취득시 기존 과점주주보다 소유한 총소유 주식의 비율이 변동하지 않은 경우 과점주주에 대한 간주취득세를 부과할 수 있는지 여부

간주취득세 납세의무를 부담하는 과점주주에 해당하는지는 과점주주 중 특정 주주 1명의 주식의 증가를 기준으로 판단하는 것이 아니라 과점주주 집단이 소유한 총주식 비율의 증가를 기준으로 판단하여야 한다. 따라서 과점주주 집단 내부에서 주식이 이전되거나 기존의 과점주주와 친족 기타 특수관계에 있으나 해당 법인의 주주가 아니었던 자가 기존의 과점주주로부터 그 주식의 일부 또는 전부를 이전받아 새로 과점주주가 되었더라도 기존의 과점주주와 새로운 과점주주가 소유한 총주식의 비율에 변동이 없다면 간주취득세의 과세대상이 될 수 없다.

법인인 원고가 원고의 임원 및 그 임원과 생계를 같이 하는 친족들이 보유하는 주식 전부를 양수하여 새로운 과점주주가 된 경우는 지방세기본법에 따라 본인의 '임원' 및 '임원과 생계를 함께하는 친족'을 특수관계인으로 보는 것처럼 기존의 과점주주(원고의 임원 및 생계를 같이하는 친족들)와 특수관계에 있으나 해당 법인의 주주가 아니었던 자(원고)가 기존의 과점주주로부터 그 주식의 전부를 이전받아 새로 과점주주가 된 경우이며 이때 과점주주로서 총주식 보유비율이 기존 과점주주들의 총주식 보유비율보다 증가하지 않았다면 간주취득세의 과세대상이 될 수 없다(2020두49324). ■

3. 간주취득세 과세대상자산

과점주주가 간주취득에 대한 납세의무 성립일 현재 해당 법인의 다음의 취득세 과세대상자산(법인이 신탁법에 따라 신탁한 재산으로서 수탁자의 명의로 되어 있는 재산도 포함)을 취득한 것으로 본다.

① 부동산 : 토지 · 건축물
② 준부동산 : 차량 · 기계장비 · 입목 · 항공기 · 선박
③ 각종 권리 : 광업권 · 어업권 · 양식업권 · 골프회원권 · 승마회원권 · 콘도미니엄회원권 · 종합체육시설이용회원권 · 요트회원권

[도 표] 제2차납세의무와 간주취득세 비교

구분	제2차납세의무	간주취득세
주식발행법인	비상장법인* * 주식을 유가증권시장 · 코스닥시장에 상장한 법인을 제외한 법인을 말한다.	
대상주주 등	과점주주와 무한책임사원	과점주주 중 일정한 자
납세의무의 성립시기	주된 납세의무자의 체납	과점주주로서 주식을 취득하는 때
연대납세의무 여부	×	○

Ⅲ. 과세표준 및 세율

1. 간주취득세 과세표준

과점주주가 취득한 것으로 보는 해당 법인의 과세대상자산의 취득당시가액은 다음의 금액으로 한다.

$$\text{취득당시가액} = \text{과세대상자산 총가액} \times \frac{\text{과점주주가 취득한 주식 또는 출자의 수}}{\text{그 법인의 주식 또는 출자의 총수}}$$

여기서 '과세대상자산의 총가액'은 해당 법인의 결산서와 그 밖의 장부 등에 따른 가액으로 하며, 이 경우 과점주주는 조례로 정하는 바에 따라 취득당시가액과 그 밖에 필요한 사항을 신고해야 한다.

2. 세율

과점주주에 대한 간주취득세의 과세표준에는 중과기준세율(2%)을 적용한다. 다만, ① 취득물건이 과밀억제권역에서 공장 신설·증설 등에 대한 중과세대상에 해당하는 경우에는 중과기준세율(2%)의 3배(6%)를, ② 취득물건이 사치성재산에 해당하는 경우에는 중과기준세율(2%)의 5배(10%)를 적용한다.

참 고 과점주주의 간주취득세의 납세의무

1. 과점주주에 대한 취득세를 과세할 때 과밀억제권역에서 본점·주사무소의 사업용부동산 등의 취득에 대해서는 중과세를 하지 않는다.
2. 과점주주의 간주취득세 납세의무 성립일 당시에 법인에게 취득시기가 도래하지 않은 과세물건에 대해서는 간주취득세에 대한 납세의무가 없으며, 연부로 취득 중인 과세물건에 대해서도 취득시기가 도래한 부분에 한하여 납세의무가 있다.
3. 과점주주 집단 내부 및 특수관계자 간의 주식거래가 발생하여 과점주주들이 소유한 총 주식의 비율에 변동이 없다면 간주취득세의 납세의무는 없다. 그 이유는 과점주주를 형성하는 자들이 실질적으로 해당 법인의 자산에 관하여 공동사업자·공유자의 지위에서 관리·처분할 수 있게 되므로 그 자산에 대한 권리와 의무(간주취득세에 대한 납세의무)도 과점주주들에게 실질적·경제적으로 공동으로 귀속이 되기 때문이다. 따라서 다음에 경우에는 간주취득에 해당하지 않는다. 이 조문은 대법원 판례의 내용을 구체화한 것이다.
   ① 과점주주 집단 내부에서 주식이 이전되는 경우
   ② ㉠ 해당 법인의 주주가 아니었던 자가 기존의 과점주주와 특수관계에 있거나 ㉡ 그러한 특수관계를 형성하면서 기존의 과점주주로부터 그 주식의 일부·전부를 이전받아 새로이 과점주주가 되는 경우 ■

Ⅳ. 납세절차

1. 개요

과점주주는 주식의 간주취득에 해당하는 날부터 60일 이내에 그 과세표준에 세율을 적용하여 산출한 세액을 신고·납부해야 한다. 그 신고·납부의무를 다하지 않으면 보통징수 방법으로 산출세액(또는 그 부족세액)과 가산세를 합한 금액을 징수한다. 다만, 과점주주의 간주취득세의 경우에는 중가산세가 부과되지 않는다.

판례 간주취득세 납부 후 과점주주가 그 법인의 자산을 실제 취득하는 경우

간주취득세는 과점주주가 실제 그 자산을 취득하지는 않았으나 그 자산에 대해서 법인의 지위를 빌려 임의처분하거나 관리 · 운용할 수 있는 지위를 취득한 것이므로 그 자산 자체를 취득한 것으로 의제하여 취득세를 부과하는 것이다. 이때 과점주주인 원고가 법인으로부터 자산을 실제 취득하여 취득세를 납부하였다면, 이미 과점주주로서 납부한 간주취득세는 동일한 물건의 취득의 이중과세가 된다(2006다81257). ■

2. 과점주주의 연대납세의무

간주취득세는 과점주주가 연대하여 납부할 의무를 진다. 이는 유한책임을 지는 주주의 재산권을 침해할 우려가 있으나 폐지하였다가 과점주주에 대한 간주취득세의 체납을 방지하기 위해 다시 신설하였다.

판례 간주취득세에 대한 과점주주의 연대납세의무의 취지 및 위헌 여부

과점주주를 형성하는 친족 및 기타 특수관계인에 있는 자들은 실질적으로 해당 법인의 자산에 관하여 공동사업자 · 공유자의 지위에서 관리 · 처분할 수 있게 되므로 그 자산에 대한 권리와 의무(간주취득세에 대한 납세의무)도 과점주주들에게 실질적 · 경제적으로 공동으로 귀속이 된다. 따라서 그 담세력도 공동으로 파악하는 것이 공평과세와 귀속에 관한 실질과세원칙에 더 부합한다고 할 것이다. 따라서 조세채권의 확보를 위해 과점주주들에게 연대납세의무를 부담하게 하는 것이 자기책임의 원칙이나 주주의 유한책임원칙을 부당하게 침해한다고 볼 수 없다. 또한 과점주주 상호간에는 구상권을 행사할 수 있으므로 그 피해를 최소화할 수 있어 조세채권의 확보라는 공익에 비해 과점주주들의 재산권을 과잉침해를 한다고 볼 수도 없을 것이다(2006두19501). ■

제3장 등록면허세

제1절 과세대상 · 납세의무자 및 비과세

Ⅱ-1 p.743

Ⅰ. 과세대상과 납세의무자

1. 과세대상

등록면허세는 등록하거나 면허를 받는 경우 그 등록 · 면허의 종류에 따라 부과하는 도세(특별시세 · 광역시세) 또는 구세(특별자치시세 · 특별자치도세)이다. 이 가운데 세법학 시험범위에 해당하는 등록에 대한 등록면허세는 재산권의 등록사실에 담세력을 인정하여 과세하는 조세로서 유통세 · 행위세에 해당한다.

여기서 '등록'이란 재산권과 그 밖의 권리의 취득 · 설정 · 변경 · 소멸에 관한 사항을 공부에 등기 · 등록하는 것을 말한다. 다만, 취득세의 과세대상이 되는 등기 · 등록은 제외하되, 다음 중 어느 하나의 경우는 포함한다.

① 광업권 · 어업권 · 양식업권 취득에 따른 등록(2% 취득세율 적용)

② 외국인 소유 취득세 과세대상물건(차량 · 기계장비 · 항공기 · 선박)의 연부취득에 따른 등기 · 등록(2% 취득세율 적용)

③ 취득가액이 면세점(취득가액이 50만원 이하)에 해당하는 물건의 등기 · 등록(취득세 부과 ×)

④ 취득세의 부과제척기간이 경과한 물건의 등기 · 등록(취득세 부과 ×)

위에 따른 '재산권'이란 금전적 가치가 있는 물건 · 채권 · 무체재산권 등을 말하며, '그 밖의 권리'란 재산 이외의 권리로서 부동산등기법 등에 따라 등기 · 등록하는 것을 말한다.

[도 표] 등록면허세의 연혁

종전			개정
등록세	부동산 취득 원인 등기*	→	취득세로 통합
등록세	기타 등기 · 등록	→	등록면허세로 통합
면허세		→	등록면허세로 통합

* 여기에는 '차량 · 기계장비 · 항공기 · 선박 취득 등기 · 등록'을 포함한다.

2. 납세의무자

등록을 하는 자는 등록면허세를 납부할 의무를 진다. '등록을 하는 자'란 등기·등록부상에 기재된 명의자를 말한다. 이때 실질 권리자와 명의상 권리자가 다를 때는 명의상 권리자가 납세의무자가 된다(형식주의). 따라서 법원의 판결 등으로 등기 · 등록이 말소된 경우에도 이미 납부한 등록면허세는 과오납금으로 환급할 수 없다.

판 례 등기가 원인무효 등 사유로 말소된 경우 등록세(현행 등록면허세) 부과 처분의 효력

등록세는 재산권 기타 권리의 취득 · 이전 · 변경 또는 소멸에 관한 사항을 공부에 등기 또는 등록하는 경우에 등기 또는 등록이라는 단순한 사실의 존재를 과세대상으로 하여 그 등기 또는 등록을 받는 자에게 부과하는 세금이다. 이러한 등록세는 등기 또는 등록의 유 · 무효나 실질적인 권리귀속 여부와는 관계가 없는 것이므로, 등기 또는 등록명의자와 실질적인 권리귀속 주체가 다르다거나 일단 공부에 등재되었던 등기 또는 등록이 뒤에 원인무효로 말소되었다고 하더라도 위와 같은 사유는 그 등기 또는 등록에 따른 등록세 납세의무에 아무런 영향이 없다(2000두7896).

판 례 취득을 원인으로 등기가 이루어진 후 등기의 원인이 무효로 밝혀져 취득세 과세대상에 해당하지 않게 된 경우, 등록면허세 납세의무가 성립하는 것은 아님

지방세법에서 취득세의 과세대상인 취득을 '매매 등과 그 밖에 이와 유사한 취득으로서 원시취득, 승계취득 또는 유상 · 무상의 모든 취득'으로 정의하고 있다. 그리고 등록면허세의 과세대상인 등록을 '재산권과 그 밖의 권리의 설정 · 변경 또는 소멸에 관한 사항을 공부에 등기하거나 등록하는 것'으로 정의하고, 그 단서에서 '취득을 원인으로 이루어지는 등기 또는 등록'을 제외하고 있다.

그런데 지방세법은 등록면허세의 과세대상인 등록에서 취득을 원인으로 이루어지는 등기 등을 제외하면서 법률상 유효한 취득을 원인으로 한 등기로 한정하고 있지는 않다. 따라서 등기의 원인이 무효인 경우라도 그 등기 자체가 등록면허세의 과세대상인 등록에서 제외되는 이른바 '취득을 원인으로 이루어지는 등기'가 해당한다. 그리고 등록에 대한 등록면허세의 신고납부기한을 '등록을 하기 전까지'로 규정하고 있는 등 취득을 원인으로 이루어지는 등기 등이 사후적으로 등록면허세의 과세대상이 되는 것을 예정하고 있지 않다.

한편 지방세법에서 취득세의 세율을 종래의 취득세와 등록세를 합산한 것으로 조정하고, 구 부동산 소유권이전등기에 대한 등록면허세의 세율을 규정하여 두고 있기는 하지만, 조세법률주의 원칙상 이러한 사

정만으로 등록면허세의 과세대상을 취득을 원인으로 등기가 이루어진 후 등기의 원인이 무효로 밝혀진 경우까지 확대할 수는 없다.

이를 종합해 보면, 취득세 과세대상인 취득이라면 취득세의 과세 여부만 문제될 뿐 등록면허세의 과세대상은 아니라고 할 것이고, 그 취득을 원인으로 등기가 이루어진 후 등기의 원인이 무효로 밝혀져 취득세 과세대상에 해당하지 않더라도 등록면허세 납세의무가 새롭게 성립하는 것은 아니라고 봄이 타당하다(2017두35684). ■

Ⅱ. 등록면허세의 비과세

구분	구체적인 비과세대상
(1) 국가 등에 대한 비과세	국가 · 지방자치단체 · 지방자치단체조합 · 외국정부 · 주한국제기구(다만, 대한민국 정부기관의 등록 · 면허에 과세하는 외국정부는 제외)의 등록 · 면허
(2) 형식적인 등록 · 면허에 대한 비과세	①「채무자 회생 및 파산에 관한 법률」에 따른 회생절차개시 또는 파산선고의 결정이 있는 경우 등의 각종 등기 또는 등록 ② 행정구역의 변경, 주민등록번호의 변경, 담당 공무원의 착오 등의 등기 · 등록 ③ 그 밖에 지목이 묘지인 토지의 등록 ④ 면허의 단순한 표기변경 등

지방 03

제2절 등록에 대한 등록면허세

Ⅱ-1 p.749

Ⅰ. 과세표준

등록에 대한 등록면허세 과세표준은 권리 등의 가액이나 채권금액 · 출자금액으로 한다. 그러나 가액이 아닌 건수를 과세표준으로 하는 경우도 있어 종가세와 종량세의 성격을 모두 가지고 있다.

여기서 '등록 당시의 가액'은 등록자의 신고에 따른다. 다만, 신고가 없거나 신고가액이 시가표준액보다 적은 경우에는 시가표준액을 과세표준으로 한다.

참 고 취득을 원인으로 하는 등기 · 등록에 대한 등록면허세 과세표준

등록 당시의 가액을 과세표준으로 하는 규정에도 불구하고 다음 중 어느 하나에 해당하는 취득을 원인으로 하는 등기 · 등록의 경우 다음의 구분에 따른 가액을 과세표준으로 한다.

구분	등록면허세 과세표준
① 광업권 및 어업권·양식업권의 취득에 따른 등록 ② 외국인 소유의 취득세 과세대상 물건(차량·기계장비·항공기 및 선박만 해당한다)의 연부취득에 따른 등기·등록 ③ 취득세 면세점(취득가액 50만원 이하)에 해당하는 물건의 등기·등록	취득당시가액
④ 취득세에 대한 부과제척기간이 경과한 물건의 등기·등록	Max(취득당시가액, 등록 당시의 가액)

Ⅱ. 세율

1. 일반적인 세율

지방세법은 부동산 등기(취득을 원인으로 하는 등기는 제외) 등 여러 가지 등록에 대해 세율을 규정하고 있다. 이하에서는 부동산 등기와 법인 등기의 세율에 관해서만 살펴본다.

<table>
<tr><th colspan="3">구분</th><th>과세표준</th><th>세율</th><th>비고</th></tr>
<tr><td rowspan="11">부동산 등기</td><td colspan="2">소유권의 보존 등기</td><td>부동산가액</td><td>0.8%</td><td rowspan="11">세액이 6천원 미만인 경우 6천원으로 하고, 지방자치단체의 장은 조례로 정하는 바에 따라 표준세율에 50% 범위에서 그 세율을 가감할 수 있다.</td></tr>
<tr><td colspan="2" rowspan="2">소유권의 이전 등기</td><td rowspan="2">부동산가액</td><td>유상이전 2%
* 주택은 0.5%~1.5%</td></tr>
<tr><td>무상이전 1.5% 등</td></tr>
<tr><td rowspan="5">소유권 외의 물권과 임차권의 설정 및 이전</td><td>지상권</td><td>부동산가액</td><td rowspan="7">0.2%</td></tr>
<tr><td>저당권</td><td>채권금액</td></tr>
<tr><td>지역권</td><td>요역가액</td></tr>
<tr><td>전세권</td><td>전세금액</td></tr>
<tr><td>임차권</td><td>월임대차금액</td></tr>
<tr><td colspan="2">경매신청·가압류·가처분</td><td>채권금액</td></tr>
<tr><td colspan="2">가등기</td><td>부동산가액
(또는 채권금액)</td></tr>
<tr><td colspan="2">그 밖의 등기</td><td>매 1건</td><td>6천원</td></tr>
<tr><td>법인 등기</td><td colspan="2">설립과 납입
자본·출자의 증가</td><td>납입액</td><td>0.4%
(비영리법인은 0.2%)</td><td>세액이 11만2천5백원 미만인 경우 11만2천5백원으로 한다.</td></tr>
</table>

본점·주사무소의 이전	매 1건	11만2천5백원	–
지점·분사무소의 설치		4만2백원	
그 밖의 등기		4만2백원	

2. 중과세율

(1) 개요

대도시(과밀억제권역에서 산업단지를 제외한 지역, 이하 같다) 안에서 다음 중 어느 하나에 부동산 등기와 법인등기에 대해서는 일반적인 세율의 3배로 한다.

① 대도시 안에서 법인을 설립(설립·휴면법인 인수 후 5년 이내에 자본·출자액을 증가하는 경우 포함)하거나 지점·분사무소를 설치함에 따른 등기

② 대도시 밖에 있는 법인의 본점·주사무소를 대도시로 전입(전입 후 5년 이내에 자본·출자액을 증가하는 경우도 포함하며, 수도권의 경우에는 서울특별시 외의 지역에서 서울특별시로의 전입도 전입한 것으로 본다)함에 따른 등기. 이 경우 전입은 법인의 설립으로 보아 세율을 적용한다.

(2) 중과세 제외

1) 대도시 중과 제외 업종 : 은행업 등 대도시에 설치가 불가피하다고 인정되는 업종에 대해서는 중과세 대상으로 보지 않는다. 다만, 정당한 사유 없이 중과 제외 업종 외의 업종으로 변경하거나 추가하는 경우에는 그 업종에 해당되는 부분에 대해 중과세를 적용한다.

2) 분할로 인한 법인설립 등

① 대도시 안에서 분할등기일 현재 5년 이상 계속하여 사업을 영위한 내국법인이 법인의 분할(적격분할의 경우로 한정)로 인해 법인을 설립하는 경우

② 조세특례제한법에 따른 과세이연요건을 모두 갖추어 주식의 포괄적 교환·이전에 따라 금융지주회사를 설립하는 경우

3) 법인간 합병 : 대도시에서 설립한 후 5년이 경과한 법인(이하 기존법인)이 다른 기존법인과 합병하는 경우에는 중과세 대상이 되지 않으며, 기존법인과 기존법인 외의 법인이 합병하는 경우라면 합병당시 기존법인의 자산비율에 해당하는 부분에 대해서만 중과세를 하지 않는다.

판례 '종전의 법인등기에 대하여 이미 납부한 등록면허세의 세액'을 '그 후 이루어진 본점 이전에 관한 법인등기에 대하여 중과세율을 적용한 등록면허세의 세액'에서 공제할 수는 없다는 사례

법인을 설립하고 자본을 증가할 당시 등록면허세를 납부한 후, 그 법인의 본점을 대도시로 전입함에 따라 그러한 본점 이전에 관한 법인등기에 대하여 설립 당시 중과세율을 적용하여 등록면허세를 납부하게

지방 03

되었다고 하더라도, 그 후 이루어진 본점 이전에 관한 법인등기에 대하여 이를 공제할 수는 없는데 그 이유는 다음과 같다.

1) 원고가 이미 납부한 등록면허세의 과세대상은 이 사건 등록면허세의 과세대상과 다르다.
   ① 등록면허세는 등기 · 등록이라는 단순한 사실의 존재를 과세대상으로 하여 부과하는 세금이다.
   ② 전입을 법인의 설립으로 보아 세율을 적용한다는 의미는 등록면허세 중과세대상인 법인 등에 대하여 그 세율적용에 관하여만 법인의 설립으로 보도록 하는 것이다.
   ③ 따라서 '본점 이전에 관한 법인등기'가 '법인설립에 관한 법인등기'로 간주되거나 등록면허세 과세대상이 동일한 것으로 간주되는 것은 아니다.

2) 등록면허세 신고 및 납부에 관한 규정을 살펴보더라도, 하나의 등록면허세 과세대상에 대하여 이미 납부한 세금이 있을 경우 이를 공제하도록 하는 것임을 알 수 있다.
   ① 과세물건을 등록한 후에 '해당 과세물건'이 사후적으로 중과세율의 적용대상이 되었을 때 산출한 세액에서 이미 납부한 등록면허세 세액을 공제한 금액을 세액으로 하여 신고 · 납부하도록 규정하므로 하나의 등록면허세 과세대상을 전제로 하고 있다는 점이 나타나 있다.
   ② 등기 · 등록에 대하여 접수일을 기준으로 등록면허세를 신고 · 납부하는 것을 원칙으로 하되, 일정한 사정변경이 생겨 해당 과세대상인 등기가 중과세대상이 된 경우라면, 동일한 과세대상인 등기에 대하여 추가적으로 납부해야 하는 세액을 신고 · 납부하도록 하는 취지이다(2017두31538). ■

Ⅲ. 납세절차

1. 신고납부

(1) 원칙적인 신고납부

등록을 하려는 자는 등록을 하기 전까지 관할지방자치단체의 장에게 등록면허세를 신고 · 납부해야 한다.

(2) 예외적인 신고납부

1) 등록 후 중과세 대상이 된 경우 : 과세대상물건을 등록한 후에 해당 과세물건이 중과세 대상이 된 경우 그 중과세 대상이 된 날부터 60일 이내에 중과세 세율로 산출한 세액에서 이미 납부한 세액(가산세 제외)을 공제한 세액으로 하여 신고 · 납부해야 한다.

2) 부과대상 · 추징대상이 된 경우 : 지방세법과 다른 법령에 따라 등록면허세를 비과세 · 면제 · 경감받은 해당 과세물건이 등록면허세 부과대상 · 추징대상이 되었을 때에는 원칙적인 신고 · 납부에도 불구하고 그 사유발생일부터 60일 이내에 해당 과세표준에서 산출한 세액[경감받은 세액의 경우 이미 납부한 세액(가산세는 제외)을 공제한 세액]을 신고 · 납부해야 한다.

2. 신고납부의 특례

위 규정에 따라 등록면허세를 신고 · 납부하지 않은 경우에도 등록면허세를 등록을 하기 전까지 납부하였을 때에는 이를 신고 · 납부한 것으로 보아 무신고가산세 · 과소신고가산세를 부과하지 않는다.

참 고 채권자대위권에 의한 등기신청을 하려는 채권자의 등록면허세 신고

부동산등기법에 따라 채권자대위권에 의한 등기신청을 하려는 채권자(이하 '채권자대위자')는 납세의무자를 대위하여 부동산의 등기에 대한 등록면허세를 신고할 수 있다(이 경우 채권자대위자는 납부확인서를 발급받을 수 있다). 지방자치단체의 장은 이처럼 채권자대위자의 신고가 있는 경우 납세의무자에게 신고사실을 즉시 통보해야 한다. ■

3. 보통징수

납세의무자가 신고 · 납부의무를 다하지 않으면 산출세액(또는 부족세액)에 무신고가산세 · 과소신고가산세 · 납부지연가산세를 합한 금액을 세액으로 하여 보통징수방식으로 징수한다.

제4장
재산세

제1절 재산세의 개요

Ⅱ-1 p.765

재산세는 토지 · 건축물 · 주택 · 선박 · 항공기의 보유에 대한 시군세 · 구세(특별자치시세 · 특별자치도세)이다. 여기서 재산세의 성격은 다음과 같다.

① 재산보유과세의 성격을 갖는다. 따라서 취득세는 재산의 취득단계에서 과세되는 거래세라는 점에서 차이가 있다.

② 과세대상재산을 중심으로 부과되는 물세이다. 그러나 일정한 토지의 경우 인별로 합산과세, 초과누진세율을 적용하는 등의 인세에 해당하는 요소도 반영이 되어 있다.

③ 재산이 소재하는 시 · 군 · 구(특별자치시 · 특별자치도)에 부과하므로 그 세원이 어느 시 · 군에나 보편적으로 존재하며, 고정이 되어 있어 안정적이다. 이는 지방세로서 적합하다고 할 수 있다.

④ 기본적으로 재산세는 응익부담의 원칙에 입각한 조세라고 할 수 있다. 즉 지방자치단체가 재산세를 재원으로 공공사업의 시행 등을 함으로써 해당 재산의 사용가치를 증가시키기 때문에 그 편익에 비례하여 조세를 부담해야 한다는 것이다.

재산세는 원칙상 시군세 · 구세(특별자치시세 · 특별자치도세)임에도 불구하고 특별시 자치구 간의 심각한 재정불균형을 해소하기 위하여 현행 지방세법은 특별시 관할구역 부동산에 대해서는 재산세를 다음과 같이 공동과세하고 있다.

구분	내용		
특별시의 관할 구역	재산세의 50%	특별시세	전액 관할구역 구에 교부
	재산세의 50%	구(區)세	
그 밖의 지역	시 · 군세 또는 구세(특별자치시세 · 특별자치도세)		

[도 표] 재산세의 요약

구분	내용	
과세요건	과 세 권 자	재산이 소재하는 시 · 군 · 구
	과 세 대 상	토지 · 건축물 · 주택 · 선박 · 항공기의 보유사실
	납세의무자	과세대상재산의 사실상 소유자
	과 세 표 준	① 토지 · 건축물 : 시가표준액×70% ② 주택 : 시가표준액×60% 등 ③ 선박 : 시가표준액
	세 율	과세대상 재산별로 일정률 (별도합산, 종합합산, 토지 · 주택은 초과누진세율 적용)
납세의무의 성립시기	과세기준일(매년 6월 1일)	
납세의무의 확정시기	과세표준 · 세율을 결정하는 때	
납세절차	보통징수방법(소액 징수면제 2,000원 미만)	

제2절 재산세의 과세요건

Ⅱ-1 p.767

Ⅰ. 재산세의 과세대상

1. 개요

재산세는 토지 · 건축물 · 주택 · 선박 · 항공기(이하 '재산')를 과세대상으로 한다.

구분	뜻	비고
① 토 지	지적공부상 등록대상이 되는 토지와 그 밖의 사용되고 있는 사실상의 토지(예 : 매립 · 간척 등으로 준공인가 전에 사실상 사용하는 토지)	주택은 제외
② 건 축 물	건축법에 따른 건축물과 토지에 정착하거나 지하 · 다른 구축물에 설치하는 레저시설 등의 독립시설물	
③ 주 택	주거생활을 영위할 수 있도록 구조된 건축물과 그 부속토지	–
④ 항 공 기	사람이 탑승 · 조종하는 비행기 등의 모든 비행기구	–
⑤ 선 박	기선 · 범선 · 부선 등 명칭과 관계없이 모든 배	–

[도 표] 재산세의 과세대상 구분

구분		과세대상별 재산세
① 토 지	분리과세대상 토지	토지에 대한 재산세
	별도합산과세대상 토지	
	종합합산과세대상 토지	
② 주 택(주거용 건축물 및 부속토지)		주택에 대한 재산세
③ 건축물 · 선박 · 항공기		건축물 · 선박 · 항공기에 대한 재산세

(1) 재산세 부과기준

재산세의 과세대상 물건이 ① 토지대장, 건축물대장 등 공부상 등재되지 않았거나 ② 공부상 등재현황과 사실상의 현황이 다른 경우에는 **사실상의 현황에 따라 재산세를 부과한다.** 다만, 다음 중 어느 하나에 해당하는 경우에는 **공부상 등재현황에 따라 재산세를 부과한다.**

① ㉠ 관계 법령에 따라 허가 등을 받아야 함에도 불구하고 허가 등을 받지 않고 재산세의 과세대상 물건을 이용하는 경우로서 ㉡ 사실상 현황에 따라 재산세를 부과하면 오히려 재산세 부담이 낮아지는 경우

② 재산세 과세기준일 현재의 사용이 일시적으로 공부상 등재현황과 달리 사용하는 것으로 인정되는 경우

(2) 주택의 범위 구분

1) 1구(構)의 건물이 주거와 주거 외의 용도로 사용되고 있는 경우

구분	과세대상 구분
겸용주택	주거용 사용면적 ≥ 전체면적×50% ➡ 전체면적 : 주택에 대한 재산세

2) 1동(棟)의 건물이 주거와 주거 외의 용도로 사용되는 경우

구분	과세대상 구분
① 건 물	㉠ 주거용으로 사용되는 부분 ➡ 주택에 대한 재산세 ㉡ 주거 외의 용도로 사용되는 부분 ➡ 건물에 대한 재산세
② 부 속 토 지	주거와 주거 외의 용도로 사용되고 있는 건물의 면적비율에 따라 각각 안분 ㉠ 주택의 부속토지 ➡ 주택에 대한 재산세 ㉡ 건축물의 부속토지 ➡ 토지에 대한 재산세

3) 무허가 주거용 건축물 면적이 있는 경우 : 건축물에서 허가 등이나 사용승인(임시사용승인을 포함. 이하 같다)을 받지 않고 주거용으로 사용하는 면적이 전체 건축물 면적(허가 등이

나 사용승인을 받은 면적을 포함)의 50% 이상인 경우에는, ① 그 건축물 전체를 주택으로 보지 않고, ② 그 부속토지는 종합합산과세대상에 해당하는 토지로 본다.

구분	과세대상 구분
① 건　물	무허가 주거용 건축물 면적 ≥ 전체 건축물 면적×50% ➡ 건축물 전체를 주택으로 보지 않음
② 부속토지	무허가 주거용 건축물 면적 ≥ 전체 건축물 면적×50% ➡ 부속토지는 종합합산과세대상 토지

4) 주택 부속토지의 경계가 명백하지 않은 경우

구분	과세대상 구분
주택의 부속토지 (경계가 불분명)	① 주택 바닥면적의 10배(주택의 부속토지) ➡ 주택에 대한 재산세 ② 위 ① 외의 면적 ➡ 토지에 대한 재산세

2. 토지에 대한 재산세 과세대상 구분

[도 표] 토지분 재산세의 개략적인 과세대상 구분

구분	분리과세	별도합산과세	종합합산과세
① 농지 · 목장용지 · 임야	○(0.07%)		
② 공장용지 · 공급목적소유 토지	○(0.2%)		
③ 골프장 · 고급오락장용 토지	○(4%)		
④ 위 외의 일반건축물 부속토지		○	
⑤ 그 밖의 모든 토지			○

* 분리과세 ➡ 별도합산과세 ➡ 종합합산과세 순서대로 적용한다.

(1) 분리과세대상

과세기준일 현재 납세의무자가 소유하고 있는 토지 중에서 국가의 보호 · 지원이 필요하거나 중과를 해야 할 필요가 있는 다음 중 어느 하나의 토지

1) 0.07% 저율분리과세대상

구분	범위
① 농지	전 · 답 · 과수원으로서 과세기준일 현재 실제 영농에 사용하고 있는 것으로 개인이 소유하고 있는 토지 등(특별시 · 광역시 · 시지역의 도시지역 안의 농지는 개발제한구역과 녹지지역 안에 있는 것으로 한정) 일정한 농지

② 목장용지	개인이나 법인이 축산용으로 사용하고 있는 목장용지로서 기준면적 이내의 범위에서 소유하는 토지(도시지역 안의 농지는 개발제한구역과 녹지지역 안에 있는 것으로 한정)
③ 임야	산림의 보호육성을 위하여 필요한 임야 및 종중소유 임야로서 일정한 임야

2) 0.2% 저율분리과세대상

구분	범위
① 공장용지	읍 · 면지역, 산업단지 및 공업지역에 있는 공장용 건축물의 부속토지로서 공장입지기준면적 범위의 토지 * 다만, 건축법 등 관계 법령에 따라 허가 등을 받아야 하는 건축물로서 허가 등을 받지 않은 공장용 건축물이나 사용승인을 받아야 하는 건축물로서 사용승인(임시사용승인을 포함)을 받지 않고 사용 중인 공장용 건축물의 부속토지는 제외한다.
② 기반시설용 · 개발사업용 등으로 사용되는 토지(다만, 사치성재산으로 사용되는 토지는 제외)	대표적인 것만 열거하면 다음과 같다. ㉠ 한국방송공사의 업무에 사용되는 일정한 토지 등 ㉡ 한국주택토지공사가 타인에게 토지 · 주택을 분양하거나 임대할 목적으로 소유하고 있는 토지 등 ㉢ 주택법에 따른 주택건설사업자의 주택건설사업에 사용되고 있는 토지 등

3) 4% 고율분리과세대상

구분	범위
① 골프장용 토지	관련 법률에 따른 회원제 골프장용 부동산 중 구분등록 대상이 되는 토지
② 고급오락장용 토지	도박장 · 유흥주점영업장 · 특수목욕장 그 밖의 이와 유사한 용도로 사용되는 건축물의 부속토지

참고 분리과세대상 토지 타당성 평가제도

1. 행정안전부장관은 ① **분리과세대상토지를 축소 · 정비 등을 하려는 경우** 또는 ② **분리과세대상토지를 확대 · 추가하려는 경우**에는 분리과세의 목적, 과세 형평성, 지방자치단체의 재정여건 및 다른 지원제도와의 중복 여부 등을 종합적으로 고려하여 분리과세의 타당성을 평가할 수 있다.
2. 위 1.에 따른 타당성 평가 결과에 따라 분리과세대상 토지를 확대 · 추가하려는 경우에는 「지방재정법」에 따른 지방재정부담심의위원회의 심의를 거쳐야 한다. ■

(2) 별도합산과세대상

별도합산과세대상은 과세기준일 현재 납세의무자가 소유하고 있는 일정한 건축물의 부속토

지 중 다음 기준면적 이내의 토지

기준면적 = 건축물 바닥면적(건축물 외의 시설의 경우 수평투영면적)×용도지역별 적용배율(3배~7배)

다만, 다음의 토지는 별도합산대상에서 제외한다.

별도합산과세대상에서 제외되는 토지	비고
① 읍·면지역, 산업단지·공업지역의 공장용 건축물의 부속토지	저율분리과세 등
② 골프장·고급오락장용 토지	고율분리과세
③ 건축물의 시가표준액이 토지의 시가표준액의 2%에 미달하는 건축물의 부수토지 중 건축물 바닥면적을 제외한 토지	종합합산과세
④ 법령에 따른 허가 등을 받아야 하는 건축물로서 허가 등을 받지 않거나, 사용승인을 받아야 하는 건축물로서 사용승인(임시사용승인 포함)을 받지 않은 건축물의 부속토지	종합합산과세

한편 ① 차고용·보세창고용·연구검사용 등 공지(公地)상태나 해당 토지의 이용에 필요한 시설 등을 설치하여 업무·경제활동에 활용되는 토지, ② 과세기준일 현재 건축물 또는 주택이 사실상 철거·멸실된 날부터 6개월(빈집정비사업 또는 생활환경정비사업의 시행으로 빈집이 철거된 경우에는 3년)이 지나지 않은 건축물 또는 주택의 부속토지도 별도합산대상토지에 포함한다.

지방 04

참 고 별도합산과세대상 판정시 건축물의 범위

별도합산과세대상은 과세기준일 현재 납세의무자가 소유하고 있는 일정한 건축물의 부속토지 중 일정한 기준면적 이내의 토지를 말하는데, 이 경우 건축물의 범위에는 다음에 해당하는 건축물을 포함한다.

① 건축허가를 받았으나 건축법에 따라 착공이 제한된 건축물

② 건축법에 따른 건축허가를 받거나 건축신고를 한 건축물로서 같은 법에 따른 공사계획을 신고하고 공사에 착수한 건축물로서 건축물의 부속토지로 사용하기 위하여 토지조성공사에 착수하여 준공검사 또는 사용허가를 받기 전까지의 토지에 건축이 예정된 건축물. 다만, 과세기준일 현재 정당한 사유 없이 6개월 이상 공사가 중단된 경우는 제외한다.

③ 가스배관시설 등 지상정착물 ■

판 례 별도합산대상이 되는 '건축 중인 건축물'의 부속토지의 범위

'건축 중인 건축물'이란 과세기준일 현재 공사에 착공하여 공사를 하고 있는 건축물을 말한다. 착공에 필요한 단순한 준비작업을 하고 있는 경우는 건축 중이라고 할 수 없지만, 터파기나 구조물의 공사와 같이 건물을 신축하기 위해 공사에 착수한 경우는 물론 그보다 앞서 건물의 신축에 필수적으로 전제되는 작업을 하는 경우에도 건물의 신축공사를 실질적으로 실행한 것으로 볼 수 있다면 그 시점에서 이미 공사를 착수한 것으로 보아야 한다(95누7857).

이 사건의 규준틀 설치 작업의 경우 이는 건물의 위치와 높이, 땅파기의 너비와 깊이 등을 현장에 표시

하기 위한 것으로서 이를 토대로 흙막이 작업 등이 공정에 따라 순차적으로 이루어진다. 이 규준틀에 따라 설치된 철제 가이드빔은 그 재료의 크기와 상태에 비추어 쉽게 이동하거나 분리할 수도 없고 실제로 이 규준틀 작업 이후 약 2개월 내에 정상적으로 흙막이 작업이 이루어졌다. 따라서 이 사건의 규준틀 설치 작업시점에 이미 신축공사가 시작되었다고 할 수 있으므로 그때부터 굴착이나 축조 등의 공사에 착수한 것으로 보아야 한다(2016두58406). ■

(3) 종합합산과세대상

종합합산과세대상은 과세기준일 현재 납세의무자가 소유하고 있는 토지 중 별도합산과세대상 또는 분리과세대상이 되는 토지를 제외한 토지

참 고 종합합산과세대상 토지의 범위

① 농지 · 목장용지 · 임야 · 공장용지(이하 농지 등) : 저율분리과세에 해당하지 않는 농지 등

② 일반 영업용 건축물 부속토지 : 별도합산과세의 기준을 충족하지 못한 경우에 한한다. ■

[도 표] 종합합산과세대상 토지

해당 지방자치단체 관할구역에 있는 모든 토지
− 별도합산과세대상
− 분리과세대상 토지
− 주거용 건축물 부속토지
= 종합합산과세대상 토지

3. 재산세의 비과세

구분	구체적인 비과세 대상
(1) 국가 등에 대한 비과세	① 국가 또는 지방자치단체, 지방자치단체조합, 외국정부 및 주한국제기구의 소유에 속하는 재산(㉠ 대한민국 정부기관의 재산에 대하여 과세하는 외국정부의 재산과 ㉡ 매수계약자에게 납세의무가 있는 재산은 제외) ② 국가 · 지방자치단체 · 지방자치단체조합이 1년 이상 공용(公用) · 공공용(公共用)으로 사용하는 재산(다만, 유료로 사용하는 경우는 제외)
(2) 용도구분에 의한 비과세	① 법률에 따른 도로 · 하천 · 제방 · 구거 · 유지 · 묘지로 사용하는 토지 ② 산림보호구역 및 그 밖에 재산세를 부과하지 않을 만한 타당한 이유가 있는 토지 ③ 임시로 사용하기 위한 건축물로서 과세기준일 현재 1년 미만의 것 ④ 비상재해구조용 등으로 사용하는 선박 ⑤ 과세기준일 현재 관할관청으로부터 철거명령을 받았거나 철거보상계약이 체결된 건축물 · 주택(다만, 부속토지 부분은 제외하고 부분 철거일 때는 철거되는 부분에 한정한다.)

Ⅱ. 납세의무자와 납세지

1. 납세의무자

(1) 원칙적인 납세의무자

재산세 납세의무자는 과세기준일(6월 1일) 현재 재산을 사실상 소유하고 있는 자이다. '사실상 소유하고 있는 자'란 취득세에서 살펴본 취득시기에 재산을 취득하여 소유하고 있는 자로서, 공부상 소유자로 등재한 여부를 불문하고 해당 재산에 대해 실질적으로 소유권을 가진 자를 말한다. 다만, 다음의 경우는 각 호에 따른 자를 재산세 납세의무자로 한다.

구분	납세의무자
① 공유재산인 경우	그 지분에 해당하는 부분*에 대해서는 그 지분권자 * 지분에 대한 표시가 없는 경우에는 지분이 균등한 것으로 본다.
② 주택의 건물과 부속토지의 소유자가 다른 경우	그 주택에 대한 산출세액을 건물과 부속토지의 시가표준액을 기준으로 안분계산한 부분에 대해서는 그 소유자

참 고 납세의무자 판단기준

1. 과세기준일 현재 소유자 : 과세기준일인 6월 1일(24시)에 소유권이 양도·양수된 때에는 양수인을 해당 연도의 재산세 납세의무자로 본다. 이 경우 양수인의 취득시기에 관해서는 재산세에 명문규정이 없기 때문에 취득세에 따른 취득시기로 한다.
2. 공유재산에 대한 연대납세의무 : 각자의 지분에 해당하는 부분에 대해서만 재산세 납세의무를 지고 연대납세의무는 지지 않는다. 다만, 상속의 경우에는 상속등기가 이루어지지 않고 사실상 소유자의 신고가 없을 때에는 상속인들 간의 공유재산임에도 불구하고 주된 상속자가 납세의무자가 된다.
3. 주택의 건물과 부속토지의 소유자가 다른 경우 : 주택의 건물과 부속토지의 소유자에게 각각의 소유부분을 구분하여 재산세를 계산하는 것이 아니라 먼저 주택 전체에 대한 산출세액을 계산한 다음, 그 산출세액을 주택에 대한 건물과 부속토지의 시가표준액을 기준으로 안분계산한다. ■

판 례 과세기준일 현재를 기준으로 1년간의 재산세를 부과하는 것이 재산권 침해 금지 원칙에 위배되는지 여부

세액결정, 납세고지서 작성·발송 등 일련의 징세사무를 매년 단기간에 처리해야 하고, 재산이나 소유자가 수시로 변동되는 사정을 감안하여 조세부과 행정의 편의상 일정한 날을 과세기준일로 정하여 재산세를 부과하는 것으로서, 이는 입법자의 입법형성권의 범위 내에 속한다고 할 것이므로, 헌법상의 평등권, 과잉입법 금지 원칙, 행복추구권, 재산권침해 금지 원칙에 위배된다고 할 수 없다(97누6186). ■

(2) 예외적인 납세의무자

위 (1)의 규정에도 불구하고 과세기준일 현재 다음 중 어느 하나에 해당하는 경우에는 재산세를 납부할 의무가 있다.

지방 04

사유	납세의무자
① 공부상의 소유자가 매매 등을 원인으로 소유권이 변동이 되었는데도 이를 신고하지 않아 사실상 소유자를 알 수 없는 경우	공부상 소유자
② 상속이 개시된 재산으로서 상속등기가 이행되지 않고 사실상 소유자를 신고하지 않는 경우	주된 상속자 * '지분이 가장 큰 자 ➡ 연장자' 순서
③ 공부상 개인의 명의로 되어있는 사실상의 종중재산으로 사실상의 소유자를 신고하지 않은 경우	공부상 소유자
④ 국가 · 지방자치단체 · 지방자치단체조합과 재산세 과세대상 재산을 연부로 매매계약을 체결하고 재산의 사용권을 무상으로 부여받은 경우	그 매수계약자
⑤ 신탁법에 따른 수탁자의 명의로 등기 또는 등록된 신탁재산의 경우	위탁자*. 이 경우 위탁자가 신탁재산을 소유한 것으로 본다.
⑥ 법률에 따른 도시개발사업 · 정비사업(주택개발사업과 도시환경정비사업만 해당)의 시행에 따른 환지계약에서 환지로 정하지 않고 체비지(替費地) · 보류지(保留地)로 정한 토지	사업시행자
⑦ 외국인 소유의 항공기 또는 선박을 임차하여 수입하는 경우	수입자
⑧ 「채무자 회생 및 파산에 관한 법률」에 따른 파산선고 이후 파산종결의 결정까지 파산재단에 속하는 재산의 경우	공부상 소유자 * 파산채무자를 말한다.

* 주택법에 따른 지역주택조합 및 직장주택조합이 조합원이 납부한 금전으로 매수하여 소유하고 있는 신탁재산의 경우에는 해당 지역주택조합 및 직장주택조합을 말한다.

참고 재산세 납세의무자 신고

다음 중 어느 하나에 해당하는 자는 과세기준일부터 15일 이내에 그 소재지를 관할하는 지방자치단체의 장에게 그 사실을 알 수 있는 증거자료를 갖추어 신고해야 한다.

① 재산의 소유권 변동 또는 과세대상 재산의 변동 사유가 발생하였으나 과세기준일까지 그 등기 · 등록이 되지 않은 재산의 공부상 소유자
② 상속이 개시된 재산으로서 상속등기가 되지 않은 경우에는 주된 상속자
③ 사실상 종중재산으로서 공부상에는 개인 명의로 등재되어 있는 재산의 공부상 소유자
④ 수탁자 명의로 등기 · 등록된 신탁재산의 수탁자
⑤ 1세대가 둘 이상의 주택을 소유하고 있음에도 불구하고 1세대 1주택에 대한 주택 세율 특례에 따른 세율을 적용받으려는 경우에는 그 세대원
⑥ 공부상 등재현황과 사실상의 현황이 다르거나 사실상의 현황이 변경된 경우 해당 재산의 사실상 소유자 ■

(3) 사실상 소유자를 확인할 수 없는 경우 납세의무자

과세기준일 현재 재산의 소유권이 분명하지 않아 사실상 소유자를 확인할 수 없는 경우

(예 : ① 소유권의 귀속에 대해 분쟁이 있어 소송 중에 있거나 ② 공부상 소유자가 행방불명인 경우 등)에는 그 재산의 사용자가 재산세를 납부할 의무가 있다. 이 경우 그 사실을 사용자에게 미리 통지해야 한다.

[도 표] 신탁재산에 대한 재산세 납세의무자 변천내용

종전	신탁재산에 대한 재산세 납세의무자	납세의무자 변경의 입법취지
(1) 2013.12.31. 이전 취득분	• 위탁자(수탁자는 납세관리인으로 함)	–
(2) 2014.1.1.~2020.12.31. 취득분	• 수탁자(위탁자별로 구분된 신탁재산에 대한 납세의무자는 각각 다른 납세의무자로 본다) * 신탁재산에 속하는 종합합산과세대상 토지 및 별도합산과세대상 토지의 합산 방법 ① 신탁재산에 속하는 토지는 수탁자의 고유재산에 속하는 토지와 서로 합산하지 않는다. ② 위탁자별로 구분되는 신탁재산에 속하는 토지의 경우 위탁자별로 각각 합산해야 한다.	수탁자의 소유인 신탁재산에서 재산세 징수권 확보
(3) 2021.1.1. 이후 취득분	• 위탁자(신탁재산의 위탁자가 재산세를 체납한 경우로서 그 위탁자의 다른 재산에 대하여 체납처분을 하여도 부족한 경우에 수탁자는 물적납세의무가 있음)	위탁자의 신탁을 통한 보유세(재산세와 종합부동산세)의 회피 방지(수탁자의 소유인 신탁재산에서 재산세 징수권 확보를 위해서 수탁자의 물적납세의무 신설 p.281 참조)

참 고 위 도표 (2) : 위탁자에서 수탁자에게로 재산세 납세의무자 변경의 입법취지

수탁자 명의로 등기된 신탁재산은 대내외적으로 소유권이 수탁자에게 완전히 귀속되고 위탁자와 내부관계에서 그 소유권이 위탁자에게 유보되는 것이 아니다. 따라서 수탁자 명의로 등기된 신탁재산에 대한 재산세에 대해서 위탁자를 재산세의 납세의무자로 할 경우 위탁자가 재산세를 체납한 경우에도 신탁재산을 압류할 수 없는 문제점이 있었다(납세의무자가 아닌 제3자의 재산을 대상으로 한 압류처분은 당연무효에 해당한다. 신탁법에서도 수탁자를 채무자로 하는 신탁사무의 처리상 발생한 권리 등에 대해서만 예외적으로 신탁재산에 대해서 강제집행 또는 경매할 수 있다고 명확히 규정하고 있다). 이러한 문제점을 해소하고 신탁재산에 대한 재산세 징수권을 확보하기 위해서 2014년부터 신탁재산에 대한 재산세에 납세의무자를 '위탁자'에서 '수탁자'로 변경하였다. ■

지방 04

2. 재산세의 납세지

과세대상재산	납세지
① 토 지	토지의 소재지
② 건축물	건축물의 소재지
③ 주 택	주택의 소재지
④ 선 박	선적항 소재지 등
⑤ 항공기	정치장 소재지 등

Ⅲ. 재산세의 과세표준과 세율

1. 재산세의 과세표준

<table>
<tr><th>과세대상 구분</th><th>과세표준</th></tr>
<tr><td>① 토지 · 건축물</td><td>• 시가표준액×70%(공정시장가액비율)</td></tr>
<tr><td>② 주택</td><td>• 1세대 2주택 이상
: 시가표준액×60%(공정시장가액비율)
• 1세대 1주택(시가표준액이 9억원을 초과하는 주택을 포함한다)
: 시가표준액×43% · 44% · 45%(2024년도 공정시장가액비율)
<table><tr><th>시가표준액</th><th>2024년도 공정시장가액비율</th></tr><tr><td>3억원 이하</td><td>43%</td></tr><tr><td>3억원 초과 6억원 이하</td><td>44%</td></tr><tr><td>6억원 초과</td><td>45%</td></tr></table></td></tr>
<tr><td>③ 선박 · 항공기</td><td>• 시가표준액</td></tr>
</table>

참 고 2024년부터 적용되는 주택 재산세의 과세표준상한액

주택의 과세표준[시가표준액×60%(공정시장가액비율)]이 다음 계산식에 따른 과세표준상한액보다 큰 경우에는 해당 주택의 과세표준은 과세표준상한액으로 한다.

> 과세표준상한액 = 직전 연도 해당 주택의 과세표준 상당액(직전 연도의 시가표준액×공정시장가액비율)
> \+ 과세기준일 당시 시가표준액으로 산정한 과세표준×과세표준상한율(5%)*

* 과세표준상한율 : 소비자물가지수, 주택가격변동률, 지방재정 여건 등을 고려하여 0%에서 5% 범위 이내로 대통령령으로 정하는 비율을 말하는데, 현재 정해진 과세표준상한율은 5%이다.

이러한 주택 재산세의 과세표준상한제 도입에 따라 2024년부터 주택에 대한 재산세 세부담의 상한은 폐지되었으나, 2024.1.1. 전에 주택 재산세가 과세된 주택에 대해서는 주택 세부담 상한제 폐지에 관한 개정 규정에도 불구하고 2028.12.31.까지는 종전의 규정(주택 공시가격별 세부담 상한 차등적용 규정을 말한다)에 따른다. ■

[도 표] 시가표준액

구분	시가표준액
① 가격이 공시되는 토지 · 주택	• 토지 : 개별공시지가 • 주택 : 개별주택가격 또는 공동주택가격 * 다만, 공시된 시가표준이 없는 경우에는 국토교통부장관 · 행정자치부장관이 제공하는 가격비준표에 따라 자치구의 구청장이 산정한 가액으로 한다.
② 건축물 · 선박 · 항공기	거래가격 · 수입가격 · 신축 · 건조 · 제조가격 등을 고려하여 정한 기준가격에 종류 · 구조 · 용도 · 경과연수 등 과세대상별 특성을 고려하여 지방자치단체의 장이 결정한 가액

2. 재산세의 세율

(1) 표준세율

재산세의 표준세율은 다음과 같다. 지방자치단체의 장은 특별한 재정수요나 재해 등의 발생으로 재산세의 세율조정이 불가피하다고 인정될 때에는 조례에서 정하는 바에 따라 표준세율의 50%의 범위에서 가감할 수 있다. 다만, 가감한 세율은 해당 연도에만 적용이 된다.

구분			표준세율
(1) 토 지	① 분리과세	㉠ 농지 · 목장용지 · 임야	0.07%
		㉡ 공장용지 · 공급목적 등의 토지	0.2%
		㉢ 골프장 · 고급오락장용 토지	4%
	② 별도합산과세		3단계 초과 누진세율(0.2%~0.4%)
	③ 종합합산과세		3단계 초과 누진세율(0.2%~0.5%)
(2) 주 택	주택(부속토지 포함)		4단계 초과 누진세율(0.1%~0.4% 등)
(3) 건축물	① 골프장 · 고급오락장용 건축물		4%
	② 특별시 · 광역시 · 시지역의 주거지역 및 조례로 정한 지역 내의 공장용 건축물 * '공장용 건축물'이란 제조 · 가공 · 수선 · 인쇄 등의 목적에 사용하도록 생산설비를 갖춘 것으로서 행정자치부령으로 정하는 건축물을 말한다.		0.5%
	③ 위 이외의 건축물		0.25%
(4) 선 박	① 고급선박		5%
	② ① 외의 선박		0.3%
(5) 항공기			

[도 표] 사치성 재산에 대한 지방세 과세상 취급

사치성 재산의 범위	보유단계 : 재산세	취득단계 : 취득세	비과세·감면
골프장· 고급오락장	• 토지분 : 4% 세율로 분리과세 • 건축물분 : 4% 고율세율로 과세	취득세 중과세 2%×5배+2% 등 =12% 등	배제됨
고 급 주 택	4단계 초과 누진세율		
고 급 선 박	5% 세율로 과세		

[도 표] 골프장 구분과 토지분 취득세와 재산세

골프장의 구분		취득단계 : 토지분 취득세	보유단계 : 토지분 재산세
회원제 골프장 (회원 모집 ○)		원시취득(등록시) : 중과세 승계취득 : 일반과세	4% 고율 분리과세
비회원제 골프장	비회원제 일반	일반과세	0.2%~0.5% 종합합산과세 * 종전에는 0.2%~0.4% 별도합산과세
	대중형 골프장	일반과세	0.2%~0.4% 별도합산과세

(2) 중과세율

과밀억제권역(산업단지·유치지역·공업지역은 제외)에서 공장을 신설·증설하는 경우 그 건축물에 대한 재산세 세율은 최초 과세기준일부터 5년간 위 표준세율 표의 (3)의 ③에 해당하는 표준세율(0.25%)의 5배에 해당하는 세율(1.25%)을 적용한다.

[도 표] 공장 관련 취득세·재산세 중과세

구분	중과세 내용
취득 단계	• 과밀억제권역*에서 공장 신증설을 위해서 사업용 과세물건 취득 : (표준세율 + 2%×2배) 취득세 중과세 * 산업단지·유치지역 및 공업지역은 제외
	• 대도시*에서 공장 신증설에 따라 부동산 취득 : (표준세율×3배 − 2%×2배) 취득세 중과세 * 산업단지·유치지역 및 공업지역은 제외
보유 단계	• 과밀억제권역*에서 공장 신증설로 건축물 소유 : 최초 과세기준일부터 5년간 0.25%×5배(1.25%) 재산세 중과세 * 산업단지·유치지역 및 공업지역은 제외
	• 특별시·광역시·시지역의 주거지역 및 조례로 정하는 지역 내 건축물 소유 : 0.5%(0.25%×2배) 재산세 중과세

[도 표] 부동산 관련 보유세

1차 시군구 : 재산세 과세		2차 국가 : 종합부동산세 과세
토지	별도합산과세대상(관내 합산과세)	공시가격 80억원 초과분 종합부동산세
	종합합산과세대상(관내 합산과세)	공시가격 5억원 초과분 종합부동산세
주택	주택별 과세	공시가격 9억원* 초과분 종합부동산세 * 1세대 1주택자는 12억원
위 외의 토지 및 건축물(개별 과세)		(과세 안함)

(3) 1세대 1주택에 대한 특례세율

주택에 대한 표준세율(0.1%~0.4%의 4단계 초과누진세율) 규정에도 불구하고 1세대 1주택(시가표준액이 9억원 이하인 주택에 한한다)에 대해서는 특례세율(0.05%~0.35%의 4단계 초과누진세율)을 적용한다. 이 규정은 2021년 1월 1일부터 6년이 되는 날까지 성립한 납세의무에 한정하여 적용한다(1세대 1주택에 대한 재산세 세율 특례의 유효기간).

참 고 1세대 1주택에 특례세율 적용례

1. 1세대 1주택의 해당 여부를 판단할 때 신탁법에 따라 신탁된 주택은 위탁자의 주택 수에 가산한다.
2. 1세대 1주택에 재산세 특례세율 규정에도 불구하고 지방자치단체의 장이 조례로 정하는 바에 따라 가감한 세율을 적용한 세액이 특례세율을 적용한 세액보다 작은 경우에는 특례세율을 적용하지 않는다.
3. 지방세특례제한법에도 불구하고 동일한 주택이 특례세율 규정과 지방세특례제한법에 따른 재산세 경감 규정의 적용대상이 되는 경우에는 중복하여 적용하지 않고 둘 중 경감 효과가 큰 것 하나만을 적용한다. ■

(4) 세율적용

1) 개요 : 다음과 같이 세율을 적용한다.

구분	세율적용	비고
(1) 토 지	① 분리과세대상이 되는 토지에 대해서는 비례세율을 적용한다.(*주)	대물개별과세
	② 관할구역에 별도합산과세대상이 있는 경우 이에 해당되는 토지의 가액을 모두 합한 가액을 과세표준으로 하여 3단계 초과 누진세율을 적용한다.(*주)	대인합산과세
	③ 관할구역에 종합합산과세대상이 있는 경우 이에 해당되는 토지의 가액을 모두 합한 가액을 과세표준으로 하여 3단계 초과 누진세율을 적용한다.(*주)	

⑵ 주 택	주택별로 표준세율(또는 특례세율)을 적용한다.	대물개별과세
⑶ 건축물 · 선박 · 항공기	해당 재산별로 비례세율을 적용한다.	

(*주) 다만, 지방세법 또는 관계법령에 따라 재산세를 경감할 때는 위 ①·②·③의 과세표준에서 경감대상 토지의 과세표준액에 경감비율(비과세 또는 면제의 경우에는 이를 100%로 본다)을 곱한 금액을 공제하여 세율을 적용한다. 이를 계산식으로 표현하면 다음과 같다.

> ① 분리과세대상 토지의 과세표준×[1 − 경감비율(비과세 · 면제는 100%)]×세율
> ② 별도합산과세대상 토지의 과세표준×[1 − 경감비율(비과세 · 면제는 100%)]×세율
> ③ 종합합산과세대상 토지의 과세표준×[1 − 경감비율(비과세 · 면제는 100%)]×세율

2) 주택에 대한 적용례 : ① 주택을 2명 이상이 공동으로 소유하거나 ② 토지와 건물의 소유자가 다를 경우 해당 주택에 대한 세율을 적용할 때에는, 해당 주택의 토지와 건물의 가액을 합산한 과세표준액에 표준세율(또는 특례세율)(0.1%~0.4% 또는 0.05%~0.35%의 4단계 초과누진세율)을 적용한다. ②의 경우 산출한 세액을 소유자들이 소유하고 있는 주택과 부속토지의 시가표준액을 기준으로 소유자에게 배분하여 각각 납세의무를 이행한다. 이는 소유자들이 주택을 분산하여 취득하는 방법으로 재산세의 초과누진세 부담을 회피하는 행위를 방지하려는 데 그 취지가 있다.

3. 재산세 도시지역분

지방자치단체의 장은 도시지역 중에 지방의회의 의결을 거쳐 고시한 지역(이하 재산세 도시지역분 적용대상 지역) 안에 있는 토지 등에 대해서는 조례에서 정하는 바에 따라 다음의 재산세를 부과할 수 있다.

> 재산세액 = 토지 등의 과세표준×재산세율(또는 특례세율) + 토지 등의 과세표준×0.14%*
> (종전 도시계획세 반영분)

* 조례에서 정하는 바에 따라 0.23%를 한도로 하여 다르게 정할 수 있다.

여기서 '재산세 도시지역분 적용대상 지역 안에 있는 토지 등'이란 다음에 해당하는 것을 말한다.

구분	재산세 도시지역분 적용대상 지역 안에 있는 토지 등
① 토 지	전·답·과수원·목장용지·임야를 제외한 토지와 법에 따른 도시개발구역의 토지로서 환지처분 공고가 된 모든 토지 * 공공시설용지·개발제한구역으로 지정된 토지 중 지상건축물·골프장 등 그 밖의 이용시설이 없는 토지는 제외

② 건축물	재산세 과세대상 건축물
③ 주 택	재산세 과세대상 주택을 말하며, 개발제한구역(GB)에서는 고급주택만 해당하게 된다.

제3절 재산세의 납세절차

Ⅱ-1 p.807

Ⅰ. 과세기준일 및 납기

재산세의 과세기준일은 매년 6월 1일로 하고, 재산세의 납기는 다음과 같다.

구분		납기	
(1) 토 지		매년 9월 16일부터 9월 30일까지	
(2) 주 택	해당 연도에 부과할 세액의 1/2	매년 7월 16일부터 7월 31일까지	해당 연도에 부과할 세액이 20만원 이하인 경우 조례에서 정하는 바에 따라 7월 16일부터 7월 31일까지 한 번에 징수할 수 있다.
	해당 연도에 부과할 세액의 1/2	매년 9월 16일부터 9월 30일까지	
(3) 건축물 · 선박 · 항공기		매년 7월 16일부터 7월 31일까지	

한편 지방자치단체의 장은 과세대상 누락, 위법 · 착오 등으로 인하여 이미 부과한 세액을 변경하거나 수시부과 사유가 발생한 경우에는 수시로 부과 · 징수할 수 있다.

Ⅱ. 징수방법

1. 보통징수

관할지방자치단체 장이 세액을 산정하여 보통징수 방법으로 징수할 수 있다. 이때 재산세를 징수하려면 토지 · 건축물 · 주택 · 선박 · 항공기로 구분한 납세고지서에 과세표준과 세액을 적어 늦어도 납기개시 5일 전까지 발급해야 한다.

2. 세부담의 상한

해당 재산에 대한 재산세의 산출세액[과세표준×재산세율, 과세표준×0.14%(도시지역분) 각각의 세액을 말한다]이 직전 연도의 해당 재산에 대한 재산세액 상당액의 150%를 초과하는 경우에는 150%에 해당하는 금액을 해당 연도에 징수할 세액으로 한다.

세부담의 상한 = 직전연도 해당 재산에 대한 재산세액 상당액의 150%

한편 주택의 경우에는 2024년부터 주택 재산세의 과세표준 상한제 도입에 따라 이러한 세부담의 상한은 적용되지 않는다. 다만, 2024.1.1. 전에 주택 재산세가 과세된 주택에 대해서는 주택 세부담 상한제 폐지에 관한 개정규정에도 불구하고 2028.12.31.까지는 종전의 규정(아래 세부사항 주택 공시가격별 세부담 상한 차등적용 규정을 말한다)에 따른다.

참 고 종전의 규정에 따른 주택 공시가격별 세부담 상한 차등적용 규정

해당 주택[법인(법인으로 보는 단체 포함) 소유의 주택은 제외]에 대한 재산세의 산출세액이 다음의 세부담 상한을 초과하는 경우 그 세부담 상한에 해당하는 금액을 해당 연도에 징수할 세액으로 한다(주택 공시가격별 세부담 상한 차등적용).

주택 공시가격		세부담 상한
개인	3억원 이하	직전연도 해당 재산에 대한 재산세 상당액의 105%
	3억원 초과 6억원 이하	직전연도 해당 재산에 대한 재산세 상당액의 110%
	6억원 초과	직전연도 해당 재산에 대한 재산세 상당액의 130%
법인	(주택 공시가격에 관계없음)	직전연도 해당 재산에 대한 재산세 상당액의 150%

3. 물납

(1) 개요

지방자치단체의 장은 재산세 납부세액이 1천만원을 초과하는 경우에는 납세의무자의 신청을 받아 관할구역에 있는 부동산에 대해서만 물납을 허가할 수 있다.

(2) 물납의 신청 및 허가

재산을 물납하려는 자는 행정자치부령에서 정하는 서류를 구비하여 납부기한 10일 전까지 납세지 관할시장 · 군수에게 신청을 해야 하며, 신청을 받은 시장 · 군수는 납부기한 5일 전까지 허가여부를 서면으로 통지해야 한다.

(3) 관리처분이 부적당한 부동산의 처리

물납신청을 받은 부동산이 관리 · 처분하기가 부적당하다고 인정되는 경우에는 허가하지 않을 수 있으며, 불허가 통지를 받은 당초 물납신청인이 그 통지를 받은 날부터 10일 이내에 관할구역 내에 있는 관리 · 처분이 가능한 다른 부동산을 변경 신청하는 경우 이를 변경하여 허가할 수 있다.

(4) 물납허가 부동산의 평가

물납 허가하는 부동산의 가액은 과세기준일 현재의 시가로 한다. 여기서 '시가'란 다음 중 어느 하나에서 정하는 가액을 말한다.

구분	시가
① 토지 및 주택	시가표준액(토지는 개별공시지가, 주택은 개별주택가격 · 공동주택가격)
② 건축물	시가표준액

다만, 과세기준일 전 6개월부터 과세기준일 현재까지의 기간 중 확정된 가액으로서 다음 중 어느 하나에 해당하는 것은 시가로 본다.

구분	시가로 인정되는 부동산가액
① 해당 부동산에 대하여 수용 · 공매사실이 있는 경우	그 보상가액 · 공매가액
② 해당 부동산에 대하여 둘 이상의 감정평가업자가 평가한 감정가액이 있는 경우	그 감정가액 평균액
③ 국가 · 지방자치단체 · 지방자치단체조합으로부터의 취득으로서 그 사실상의 취득가액이 있는 경우	그 취득가액
④ 판결문 · 법인장부 등에 따라 취득가액이 증명되는 취득으로서 그 사실상의 취득가액이 있는 경우	그 취득가액

4. 분할납부

(1) 개요

지방자치단체의 장은 재산세의 납부세액이 250만원을 초과하는 경우에는 납부할 세액의 일부를 납부기한이 지난 날부터 3개월 이내에 다음과 같이 분할납부하게 할 수 있다.

구분	분할납부세액
① 납부할 세액이 250만원 초과 500만원 이하인 경우	250만원을 초과하는 금액
② 납부할 세액이 500만원 초과하는 경우	그 세액의 50% 이하의 금액

(2) 분할납부신청

분할납부하려는 자는 재산세의 납부기한까지 분할납부신청서를 시장 · 군수에게 제출해야 한다. 분할납부신청서를 받은 시장 · 군수는 이미 고지한 납세고지서가 있다면 ① 납부기한까지 납부해야 할 납세고지서와 ② 분할납부기한까지 납부해야 할 납세고지서를 구분하여 수정고지해야 한다.

5. 주택 재산세 납부유예

(1) 개 요

지방자치단체의 장은 다음의 요건을 모두 충족하는 납세의무자가 1세대 1주택(시가표준액이 9억원을 초과하는 주택을 포함한다)에 대한 재산세액(해당 재산세를 징수하기 위해 함께 부과하는 지방세를 포함하며, 이하 '주택 재산세'라 한다)의 납부유예를 그 납부기한 만료 3일 전까지 신청하는 경우 이를 허가할 수 있다. 이 경우 납부유예를 신청한 납세의무자는 그 유예할 주택 재산세에 상당하는 담보를 제공해야 한다.

① 과세기준일 현재 1세대 1주택의 소유자일 것

② 과세기준일 현재 만 60세 이상이거나 해당 주택을 5년 이상 보유하고 있을 것

③ 다음 중 어느 하나에 해당하는 소득 기준을 충족할 것

㉠ 직전 과세기간의 총급여액이 7,000만원 이하일 것(직전 과세기간에 근로소득만 있거나 근로소득 및 종합소득과세표준에 합산되지 않는 종합소득이 있는 자로 한정한다)

㉡ 직전 과세기간의 종합소득과세표준에 합산되는 종합소득금액이 6,000만원 이하일 것(직전 과세기간의 총급여액이 7,000만원을 초과하지 않는 자로 한정한다)

④ 해당 연도의 납부유예 대상 주택에 대한 재산세의 납부세액이 100만원을 초과할 것

⑤ 지방세, 국세 체납이 없을 것

한편 지방자치단체의 장은 주택 재산세 납부유예 신청을 받은 경우 납부기한 만료일까지 납세의무자에게 납부유예 허가 여부를 통지하여야 한다.

(2) 납부유예 허가 취소

지방자치단체의 장은 주택 재산세의 납부가 유예된 납세의무자가 다음 중 어느 하나에 해당하는 경우에는 그 납부유예 허가를 취소해야 한다.

① 해당 주택을 타인에게 양도하거나 증여하는 경우

② 사망하여 상속이 개시되는 경우

③ 1세대 1주택자의 요건을 충족하지 않게 된 경우

④ 담보의 변경 또는 그 밖에 담보 보전에 필요한 지방자치단체의 장의 명령에 따르지 않은 경우

⑤ 지방세징수법에 따른 납부기한 전 징수의 사유 중 어느 하나에 해당되어 그 납부유예와 관계되는 세액의 전액을 징수할 수 없다고 인정되는 경우

⑥ 납부유예된 세액을 납부하려는 경우

지방자치단체의 장은 주택 재산세 납부유예의 허가를 취소하는 경우 납세의무자(납세의무자가 사망한 경우에는 그 상속인 또는 상속재산관리인을 말한다)에게 그 사실을 즉시 통지해야 한다. 한편 지방자치단체의 장은 주택 재산세의 납부유예 허가를 취소한 경우에는 해당 납세의무자에게 납부를 유예받은 세액과 이자상당가산액을 징수해야 한다. 다만, 상속인(또는 상

속재산관리인)은 상속으로 받은 재산의 한도에서 납부를 유예받은 세액과 이자상당가산액을 납부할 의무를 진다.

(3) 납부유예 기간 중 납부지연가산세 부과제외

지방자치단체의 장은 주택 재산세 납부유예를 허가한 날부터 납부유예 허가 취소 규정에 따라 징수할 세액의 고지일까지의 기간 동안에는 지방세기본법(제55조)에 따른 납부지연가산세를 부과하지 않는다.

6. 소액 징수면제

고지서 1장당 징수해야 할 재산세가 2,000원 미만인 경우에는 해당 재산세를 징수하지 않는다.

7. 신탁재산에 대한 수탁자의 물적납세의무

(1) 의의

신탁재산의 위탁자가 다음 중 어느 하나에 해당하는 재산세·가산금 또는 체납처분비(이하 '재산세 등')를 체납한 경우로서 그 위탁자의 다른 재산에 대하여 체납처분을 하여도 징수할 금액에 미치지 못할 때에는 해당 신탁재산의 수탁자는 그 신탁재산으로써 위탁자의 재산세 등을 납부할 의무가 있다.

① 신탁 설정일 이후에 지방세기본법에 따른 법정기일이 도래하는 재산세 또는 가산금(재산세에 대한 가산금으로 한정한다)으로서 해당 신탁재산과 관련하여 발생한 것

② 위 ①의 금액에 대한 체납처분 과정에서 발생한 체납처분비

(2) 수탁자에 대한 납부고지

수탁자로부터 납세의무자의 재산세 등을 징수하려는 지방자치단체의 장은 납부통지서를 수탁자에게 고지해야 한다. 이처럼 고지가 있은 후 납세의무자인 위탁자가 신탁의 이익을 받을 권리를 포기 또는 이전하거나 신탁재산을 양도하는 등의 경우에도 고지된 부분에 대한 납세의무에는 영향을 미치지 않는다.

제5장
지방세특례제한법

제1절 지방세특례제한법 총칙

Ⅱ-1 p.819

Ⅰ. 지방세특례제한법의 목적과 연혁

지방세 감면 및 특례에 관한 사항과 이의 제한에 관한 사항들을 규정하여 지방세 정책을 효율적으로 수행함으로써 건전한 지방재정 운영과 공평과세의 실현을 목적으로 한다.
원래는 지방세법에서 지방세 감면·특례 및 그 제한에 관한 사항들을 함께 다루었으나 지방세법의 분법화에 따라 지방세특례제한법으로 이관하게 되었다.

Ⅱ. 용어의 뜻

① 고유업무 : 법령에서 개별적으로 정한 업무와 법인등기부상 목적사업으로 정한 업무

② 수익사업 : 법인세법에 따른 비영리법인의 수익사업

③ 직접 사용 : 부동산·차량·건설기계·선박·항공기 등의 소유자가 해당 부동산차량·건설기계·선박·항공기 등을 사업 또는 업무의 목적이나 용도에 맞게 사용(지방세특례제한법에서 임대를 목적 사업 또는 업무로 규정한 경우 외에는 임대하여 사용하는 경우는 제외)하는 것을 말한다.

④ 공동주택 : 주택법에 따른 공동주택, 기숙사는 제외

⑤ 지방세 특례 : 세율의 경감, 세액감면, 세액공제 등

Ⅲ. 지방세 특례의 제한 및 조례에 따른 지방세 감면

1. 지방세 특례의 제한

지방세특례제한법·지방세법·조세특례제한법에 따르지 않고서는 지방세법에서 정한 일반과

세에 대한 특례를 정할 수 없다. 그리고 관계 행정기관의 장은 특례에 관한 법률을 개정하려면 미리 행정자치부장관과 협의를 해야 한다.

2. 조례에 따른 지방세 감면

지방자치단체는 주민의 복리 증진 등 효율적인 정책 추진을 위하여 필요하다고 인정될 경우 3년의 기간 이내에서 지방세의 세율경감, 세액감면 및 세액공제(이하 '지방세 감면'이라 한다)를 할 수 있다.

① 서민생활 지원, 농어촌 생활환경 개선, 대중교통 확충 지원 등 공익목적
② 특정지역 개발, 특정사업 · 특정시설 지원목적
③ 감염병의 발생으로 인하여 지방세의 감면이 필요
④ 사치성재산에 해당하는 부동산 등의 감면 제외대상에 대한 지방세 감면

조례에 따른 지방세 감면규정에도 불구하고, 천재지변 및 특수한 사항에 관해서는 지방의회의 의결을 얻어 감면을 할 수 있다.

Ⅳ. 그 밖의 사항

1) 감면 제외대상 : 사치성 재산에 해당하는 부동산에 대해서는 감면대상에서 제외한다.

2) 감면된 세액의 추징 등 : 부동산에 대한 감면을 적용할 때에는 지방세특례제한법에서 특별히 정한 경우를 제외하고는 취득일부터 1년 이내 정당한 사유 없이 직접 사용하지 않거나, 그 사용일부터 2년 이상 직접 사용하지 않고 매각 · 증여하거나 다른 용도로 사용하는 경우에는 해당 부분에 감면된 취득세를 추징한다.

3) 토지에 대한 재산세의 경감율 적용 : 지방세특례제한법 및 다른 법령에서 토지에 대한 재산세 경감규정을 둔 경우에는 해당 경감비율을 곱한 만큼 경감대상 토지의 과세표준을 경감한다.

4) 중복 감면의 배제 : 동일한 과세대상에 대해서 둘 이상의 감면 규정이 적용되는 경우에는 그 중 감면율이 높은 하나만 선택한다.

제2절 지방세 감면

Ⅱ-1 p.822

Ⅰ. 농어업을 위한 지원

1. 자경농민의 농지 등에 대한 감면

1) 농업을 주업으로 하는 사람으로서 2년 이상 영농에 종사한 사람 또는 후계농업경영인(이하 자경농민)이 직접 경작할 목적으로 취득하는 농지를 조성하기 위해 취득하는 임야에 대해서는 취득세의 50%를 경감한다. 다만, 다음 중 어느 하나에 해당하는 경우 경감된 세액을 추징한다.

   ① 정당한 사유 없이 그 취득일부터 2년이 경과 될 때까지 자경농민으로서 직접경작하지 않거나 농지조성을 시작하지 않은 경우

   ② 해당 농지를 직접 경작한 기간이 2년 미만인 상태에서 매각·증여하거나 다른 용도로 사용하는 경우

2) 자경농민이 농업용으로 사용하기 위해 취득하는 축사·창고 등에 해당하는 농업용 시설에 대해서는 취득세의 50%를 경감한다.

3) 자경농민이 경작할 목적으로 받는 도로점용·하천점용·공유수면점용의 면허에 대해서는 등록면허세를 면제한다.

4) 농어촌지역으로 이주하는 귀농인이 직접 경작 또는 직접 사용할 목적으로 귀농일부터 3년 이내에 취득하는 농지, 관계 법령에 따라 농지를 조성하기 위하여 취득하는 임야 및 농업용 시설(농지, 임야 및 농업용 시설을 취득한 사람이 그 취득일부터 60일 이내에 귀농인이 되는 경우 그 농지, 임야 및 농업용 시설을 포함한다)에 대해서는 취득세의 50%를 경감한다.

2. 농지확대개발을 위한 면제 등

1) 농업생산기반 개량사업의 시행으로 취득하는 농지 및 농지확대 개발사업의 시행으로 취득하는 개간농지에 대해서는 취득세를 면제한다.

2) 교환·분합하는 농지에 대해서는 취득세를 면제한다.

3) 임업을 주로 하는 사람 또는 임업후계자가 직접 임업을 하기 위하여 교환·분합하는 임야의 취득에 대해서는 취득세를 면제하며, 법률에 따라 지정된 일정한 면적의 보전산지를 취득하는 경우에는 취득세의 50%를 경감한다.

4) 공유수면의 매립 · 간척으로 취득하는 농지에 대해서는 원칙상 원시취득시 세율인 2.8%가 아닌 0.8%를 적용한다. 다만, 취득일부터 2년 이내 다른 용도로 사용하는 경우에는 경감된 세액을 추징한다.

3. 농업법인에 대한 감면

1) 영농조합법인과 농업회사법인(이하 '농업법인')이 영농에 사용하기 위하여 법인설립등기일부터 2년 이내(청년농업법인의 경우에는 4년 이내)에 취득하는 농지, 관계 법령에 따라 농지를 조성하기 위하여 취득하는 임야 및 농업용 시설에 대해서는 취득세의 75%를 경감한다.

2) 농업법인이 영농 · 유통 · 가공에 직접 사용하기 위하여 취득하는 부동산에 대해서는 취득세의 50%를, 과세기준일 현재 해당 용도에 직접 사용하는 부동산에 대해서는 재산세의 50%를 경감한다.

3) 농업법인의 설립등기에 대해서는 등록면허세를 면제한다.

Ⅱ. 사회복지를 위한 지원

1. 장애인 자동차에 대한 감면

장애인(국가유공자는 제외)이 보철용 · 생업활동용으로 취득하는 다음 중 어느 하나의 자동차에 대해서는 취득세와 자동차세를 면제한다.

① 다음 중 어느 하나의 승용자동차
  ㉠ 배기량 2천cc 이하인 승용자동차
  ㉡ 승차 정원이 7명 이상 10명 이하인 승용자동차
  ㉢ 화물자동차에서 2006년 1월 1일부터 승용자동차에 해당하게 되는 자동차
② 승차 정원이 15명 이하인 승합자동차
③ 최대적재량 1톤 이하인 화물자동차
④ 배기량 250cc 이하인 이륜자동차

2. 유치원 및 노인복지시설에 대한 감면

1) 어린이집 및 유치원으로 직접 사용하기 위하여 취득하는 부동산 및 직장어린이집을 법인 · 단체 또는 개인에게 위탁하여 운영하기 위하여 취득하는 부동산에 대해서는 취득세를 면제한다.

2) 다음에 해당하는 부동산에 대해서는 재산세(도시지역분 부과액 포함)를 면제한다.

① 과세기준일 현재 소유자가 유치원 등에 직접 사용하는 부동산

② 과세기준일 현재 유치원 등에 사용하는 부동산으로서 다음 중 어느 하나의 것

㉠ 소유자가 해당 부동산을 유치원 등으로 사용하는 자(이하 사용자)의 배우자 · 직계혈족으로서 그 유치원 등의 운영에 직접 종사하는 경우

㉡ 사용자가 배우자 · 직계혈족과 공동으로 해당 부동산을 소유하는 경우

㉢ 소유자가 종교단체이면서, 사용자가 그 종교단체의 대표자이거나 종교법인인 경우

3) 노인복지시설로 직접 사용하기 위하여 취득하는 부동산에 대해서는 다음에서 정하는 바에 따라 지방세를 감면한다.

① 무료 노인복지시설로 직접 사용하기 위하여 취득하는 부동산에 대해서는 취득세를 면제하고, 과세기준일 현재 노인복지시설로 직접 사용(종교단체의 경우 해당 부동산의 소유자가 아닌 그 대표자 또는 종교법인이 해당 부동산을 노인복지시설로 사용하는 경우를 포함한다)하는 부동산에 대해서는 재산세의 50%를 경감한다. 다만, 노인의 여가선용을 위하여 과세기준일 현재 경로당으로 사용하는 부동산(부대시설을 포함한다)에 대해서는 재산세 및 지역자원시설세를 각각 면제한다.

② 위 ① 외의 노인복지시설로 직접 사용(종교단체의 경우 해당 부동산의 소유자가 아닌 그 대표자 또는 종교법인이 해당 부동산을 노인복지시설로 사용하는 경우를 포함한다)하기 위하여 취득하는 부동산에 대해서는 취득세의 25%를 경감하고, 과세기준일 현재 ① 외의 노인복지시설로 직접 사용하는 부동산에 대해서는 재산세의 25%를 각각 경감한다.

3. 사회복지법인 등에 대한 면제

1) 사회복지사업법에 따른 사회복지사업*을 목적으로 하는 법인 또는 단체가 해당 사회복지사업에 직접 사용하기 위하여 취득하는 부동산에 대해서는 다음에서 정하는 바에 따라 취득세를 감면한다.

① 사회복지사업법에 따른 사회복지법인** 또는 한센인의 권익 · 복지 증진 · 개선 등을 목적으로 설립된 법인 · 단체 : 취득세 면제

② 사회복지사업법에 따른 사회복지시설을 설치 · 운영하는 법인 또는 단체 : 취득세의 25% 경감(다만, 사회복지시설의 입소자 및 이용자가 입소 및 이용에 대한 비용을 부담하지 않는 사회복지시설의 경우에는 취득세 면제)

* '사회복지사업'이란 각종 법률에 따른 보호 · 선도(善導) 또는 복지에 관한 사업과 사회복지상담, 직업지원, 무료 숙박, 지역사회복지, 의료복지, 재가복지(在家福祉), 사회복지관 운영, 정신질환자 및 한센병력자의 사회복귀에 관한 사업 등 각종 복지사업과 이와 관련된 자원봉사활동 및 복지시설의 운영 또는 지원을 목적으로 하는 사업을 말한다.

** '사회복지법인'이란 사회복지사업을 할 목적으로 설립된 법인을 말하며, '사회복지시설'이란 사회복지사업을 할 목적으로 설치된 시설을 말한다.

2) 위 1)에 따라 취득세를 감면받은 법인 또는 단체가 다음 중 어느 하나에 해당하는 경우 그 해당 부분에 대해서는 감면된 취득세를 추징한다.

① 부동산을 취득한 날부터 5년 이내에 수익사업에 사용하는 경우

② 정당한 사유 없이 부동산의 취득일부터 3년이 경과할 때까지 해당 용도로 직접 사용하지 않는 경우

③ 해당 용도로 직접 사용한 기간이 2년 미만인 상태에서 부동산을 매각·증여하거나 다른 용도로 사용하는 경우

3) 사회복지법인 등(위 1)의 ①·②에 해당하는 법인 또는 단체를 말한다)이 과세기준일 현재 해당 사회복지사업에 직접 사용(종교단체의 경우 해당 부동산의 소유자가 아닌 그 대표자 또는 종교법인이 해당 부동산을 사회복지사업의 용도로 사용하는 경우를 포함한다)하는 부동산(일정한 건축물의 부속토지*를 포함한다)에 대해서는 다음에서 정하는 바에 따라 지방세를 각각 감면한다. 다만, ㉠ 수익사업에 사용하는 경우와 해당 재산이 유료로 사용되는 경우의 그 재산 및 ㉡ 해당 재산의 일부가 그 목적에 직접 사용되지 않는 경우의 그 일부 재산에 대해서는 감면하지 않는다.

① 사회복지법인 또는 한센인의 권익·복지 증진·개선 등을 목적으로 설립된 법인·단체에 해당하는 법인 또는 단체 : 재산세(재산세 도시지역분 부과액 포함) 및 지역자원시설세 각각 면제

② 사회복지시설을 설치·운영하는 법인 또는 단체 : 재산세의 25% 경감(다만, 사회복지시설의 입소자 및 이용자가 입소 및 이용에 대한 비용을 부담하지 않는 사회복지시설의 경우에는 재산세의 50% 경감)

* '일정한 건축물의 부속토지'란 해당 사업에 직접 사용할 건축물을 건축 중인 경우와 건축허가 후 행정기관의 건축규제조치로 건축에 착공하지 못한 경우의 건축 예정 건축물의 부속토지를 말한다.

4) 지방자치단체의 장은 1) 또는 3)에 따라 취득세 또는 재산세를 감면하는 경우 해당 지역의 재정 여건 등을 고려하여 50%의 범위에서 조례로 정하는 율을 추가로 경감할 수 있다.

5) 사회복지법인 등이 그 사회복지사업에 직접 사용하기 위한 면허에 대해서는 등록면허세를, 사회복지법인 등(「장애인활동 지원에 관한 법률」에 따른 활동지원기관을 설치·운영하는 법인·단체 포함)에 대해서는 주민세 사업소분 및 종업원분을 각각 면제한다(다만, 수익사업에 관계되는 주민세 사업소분 및 종업원분은 면제하지 않는다)

6) 사회복지법인의 설립등기 및 합병등기에 대한 등록면허세와 사회복지시설을 경영하는 자에 대하여 해당 사회복지시설 사업장에 과세되는 주민세 사업소분을 각각 면제한다.

7) 위 1)부터 6)까지의 규정에도 불구하고 사회복지법인이 의료기관을 경영하기 위하여 취득하거나 사용하는 부동산에 대해서는 다음에 따라 취득세와 재산세를 각각 경감한다.

① 의료업에 직접 사용하기 위하여 취득하는 부동산 : 취득세의 30%(감염병전문병원은 40%) 경감

② 과세기준일 현재 의료업에 직접 사용하는 부동산 : 재산세의 50%(감염병전문병원은 60%) 경감

판 례 구 지방세법상 취득세 등의 비과세를 적용받은 부동산에 대해서 2년 이상 공익사업에 직접 사용 후 임대 등 수익사업에 사용된다면 당초 비과세를 적용받은 취득세 등이 추징될 수 있는지 여부

구 지방세법에서는 자선·기예·종교 등 공익목적에 사용하는 부동산에 대해서 취득세 등의 비과세 적용에 대한 사후관리 규정으로 수익사업에 사용하는 경우와 취득·등록일부터 3년 이내에 정당한 사유 없이 그 용도에 직접 사용하지 아니한 경우 또는 그 사용일부터 2년 이상 해당 용도에 사용하지 않고 매각하거나 다른 용도로 사용하는 경우 그 해당 부분에 대한 취득세 등을 부과한다고 되어 있다.

원심은 사후관리 규정 중 수익사업에 사용하는 경우와 2년 이상 해당 용도에 사용하지 않는 경우를 별개의 규정으로 보아 이 사건에서 원고가 2년 이상 해당 용도에 사용했다 하더라도 그 후에 수익사업 행위인 임대를 하였으므로 취득세 등을 부과해야 한다고 보았다.

조세법률주의에 따르면 원칙상 조세법규의 해석은 특별한 사정이 없는 한 법문대로 해석해야 하고 합리적인 이유 없이 이를 확장해석하거나 유추해석하는 것은 허용하지 않지만, 법규 상호 간의 해석을 통해 그 의미를 명확하게 할 필요가 있는 경우에는 법정안정성과 예측가능성을 해치지 않는 범위에서 입법의 취지나 목적을 고려한 합목적적 해석이 불가피하다고 할 것이고, 지방세법에서도 이 법(지방세법)을 해석·적용할 때에는 과세의 형평과 합목적성에 비추어 납세의무자의 재산권을 부당하게 침해하지 않도록 해야 된다고 되어 있다.

사후관리 규정 중 '2년 이상 해당 용도에 사용하지 않는 경우'의 당초 도입 취지는 해당 부동산의 취득일부터 3년 이내 공익사업에 사용한 직후 수익사업에 사용하지 않고 매각 등을 할 경우 비과세만 적용받고 공익사업에는 얼마 사용하지 않는 문제점을 방지하기 위해 도입된 규정이고 '수익사업에 사용하는 경우'라는 규정에 일정기간을 부여하지 않은 이유는 재산세처럼 매년 부과되는 지방세에 대해서 적용하기 위함이다. 따라서 '수익사업에 사용하는 경우'가 독립적으로 적용해야 하는 규정이 아니기 때문에 위와 같은 조문 개정의 경위와 부과사유 규정 상호 간에 관계에 어울러서 해석을 하게 되면 해당 부동산을 2년간 공익사업에 사용하면 취득세 등에 대한 비과세목적이 달성된다고 보아야 한다(2012두26678). ■

판 례 해당 부동산을 취득하기 1년 내에 고유업무에 사용할 수 있는 없는 법령상 정당한 사유가 있음을 알거나 조금의 주의를 기울였다면 알 수 있었을 경우

지방세법에서 정하는 '정당한 사유'란 ① 법령에 의한 금지·제한 등으로 비영리단체가 마음대로 할 수 없는 외부적인 사유와 ② 고유업무에 사용하기 위해 정상적인 노력을 다하였으나 시간적인 여유가 없어 유예기간을 넘긴 내부사유도 포함한다. 정당한 사유를 판단함에 있어서는 사업의 공익성을 감안하여 취득세를 부과하지 않는 입법취지를 충분히 고려하여 그 고유업무에 사용하는데 걸리는 준비기간의 장단, 고유업무에 사용할 수 없는 법령상·사실상의 장애사유·정도, 비영리단체가 해당 부동산을 고유업무에

사용하기 위해 진지한 노력을 다했는지 여부 등을 아울러 참작하여 구체적인 사항에 따라 개별적으로 적용해야 한다(95누13104).

그러나 해당 부동산을 취득할 당시 1년 내에 법령에 의한 금지 · 제한 등 법령상 장애사유가 있음을 알았거나, 몰랐다고 할지라도 조금만 주의를 기울였다면 쉽게 알 수 있었던 상황에서 취득하였다면, 그 취득 후 1년 내에 동일한 법령상의 장애사유로 그 고유업무에 직접 사용하지 못할 경우에는 그 장애사유가 해소될 가능성이 존재하여 실제 그 해소를 위해 노력을 하여 이를 해소하였는데도 예측하지 못한 다른 사유로 그 고유업무에 사용하지 못하였다는 등의 특별한 사정이 없는 한, 그 법령상의 장애사유는 해당 부동산을 고유업무에 사용하지 못한 데에 있어서 정당한 사유라고 볼 수 없다.

원고는 이 사건의 토지를 취득할 목적이 미술관을 건축하려는 목적이었고 취득 당시 그 지목이 임야로서 이를 미술관의 부지로 이용하려면 법령에 따라 인허가를 받아야 한다는 것은 누구나 쉽게 예측할 수 있었을 것이고, 이에 대해 별다른 제한이 없을 것으로 추측하는 것이 아니라 전문가나 행정관청에 문의하는 등 법령상 요건을 면밀히 검토해야 했을 것이다. 따라서 경사가 17.5도 이상이고, 녹색지역에 인접한 토지이기 때문에 미술관의 부지로 사용할 수 없는 이 사건의 사유는 원고가 몰랐다고 하더라도 조금만 주의를 기울이면 사전에 충분히 알 수 있었을 사유임으로 해당 고유업무에 사용하지 못한 데에 있어 정당한 사유라고 볼 수 없다(2011두1948). ■

지방 05

4. 사회적기업에 대한 감면

1) 사회적기업 육성법에 따른 사회적기업(회사의 경우 중소기업법에 따른 중소기업에 한정)에 대해서는 다음의 지방세를 경감한다.

① 고유업무에 직접 사용하기 위해 취득하는 부동산에 대한 취득세는 50% 경감한다. 다만, 다음 중 어느 하나에 해당하는 경감된 세액을 추징한다.

㉠ 취득일부터 3년 이내에 사회적기업의 인증이 취소되는 경우

㉡ 정당한 사유 없이 그 취득일부터 1년이 경과할 때까지 해당 용도에 직접 사용하지 않은 경우

㉢ 해당 용도에 직접 사용한 기간이 2년 미만인 상태에서 매각 · 증여하거나 다른 용도로 사용하는 경우

2) 그 밖에 사회적기업의 법인등기에 대해서 등록면허세의 50% 경감한다.

3) 과세기준일 현재 해당 업무에 사용하고 있는 부동산에 대해서 재산세의 25%를 경감한다.

5. 임대주택 등에 대한 감면

1) 「공공주택 특별법」에 따른 공공주택사업자 및 「민간임대주택에 관한 특별법」에 따른 임대사업자(임대용 부동산 취득일부터 60일 이내에 해당 임대용 부동산을 임대목적물로 하여 임대사업자로 등록한 경우를 말하되, 토지에 대해서는 주택법에 따른 사업계획승인을 받은 날 또는 건축

법에 따른 건축허가를 받은 날부터 60일 이내로서 토지 취득일부터 1년 6개월 이내에 해당 임대용 부동산을 임대목적물로 하여 임대사업자로 등록한 경우를 포함한다. 이하 '임대사업자'라 한다)가 임대할 목적으로 공동주택을 건축하는 경우 그 공동주택에 대해서는 다음에서 정하는 바에 따라 지방세를 감면한다. 다만, 토지를 취득한 날부터 정당한 사유 없이 2년 이내에 공동주택을 착공하지 않은 경우는 제외한다.

① 전용면적 60제곱미터 이하인 공동주택을 취득하는 경우 : 취득세 면제

②「민간임대주택에 관한 특별법」 또는「공공주택 특별법」에 따라 10년 이상의 장기임대 목적으로 전용면적 60제곱미터 초과 85제곱미터 이하인 임대주택(이하 '장기임대주택')을 20호(戶) 이상 취득하거나, 20호 이상의 장기임대주택을 보유한 임대사업자가 추가로 장기임대주택을 취득하는 경우(추가로 취득한 결과로 20호 이상을 보유하게 되었을 때에는 그 20호부터 초과분까지를 포함한다) : 취득세의 50% 경감

한편 임대사업자가 임대할 목적으로 건축주로부터 공동주택 또는 준주택 중 오피스텔(그 부속토지를 포함한다. 이하 '오피스텔')을 최초로 분양받은 경우 그 공동주택 또는 오피스텔에 대해서는 다음에서 정하는 바에 따라 지방세를 감면한다. 다만, 취득 당시의 가액이 3억원(수도권은 6억원으로 한다)을 초과하는 경우에는 감면 대상에서 제외한다.

① 전용면적 60제곱미터 이하인 공동주택 또는 오피스텔을 취득하는 경우 : 취득세 면제

② 10년 이상의 장기임대 목적으로 전용면적 60제곱미터 초과 85제곱미터 이하인 임대주택(이하 '장기임대주택')을 20호(戶) 이상 취득하거나, 20호 이상의 장기임대주택을 보유한 임대사업자가 추가로 장기임대주택을 취득하는 경우(추가로 취득한 결과로 20호 이상을 보유하게 되었을 때에는 그 20호부터 초과분까지를 포함한다) : 취득세의 50% 경감

위 규정을 적용할 때「민간임대주택에 관한 특별법」 또는「공공주택 특별법」 임대의무기간에 정당한 경우가 아닌 사유로 다음 중 어느 하나에 해당하는 경우에는 감면된 취득세를 추징한다.

① 임대 외의 용도로 사용하거나 매각 · 증여하는 경우

②「민간임대주택에 관한 특별법」에 따라 임대사업자 등록이 말소된 경우

2) 임대사업자 등이 국내에서 임대용 공동주택 또는 오피스텔을 과세기준일 현재 2세대 이상 임대 목적으로 직접 사용하는 경우에는 다음에서 정하는 바에 따라 재산세를 감면한다. 다만, 공시된 가액 또는 시장 · 군수가 산정한 가액이 3억원[수도권은 6억원(민간건설임대주택 또는 공공건설임대주택인 경우에는 9억원으로 한다)을 초과하는 공동주택과 시가표준액이 2억원(수도권은 4억원으로 한다)]을 초과하는 오피스텔은 감면 대상에서 제외한다.

① 전용면적 40제곱미터 이하인 30년 이상 임대 목적의 공동주택 : 재산세 면제

② 전용면적 60제곱미터 이하인 임대 목적의 공동주택(위 ①에 따른 공동주택은 제외) 또는 오피스텔 : 재산세의 50% 경감

③ 전용면적 60제곱미터 초과 85제곱미터 이하인 임대 목적의 공동주택 또는 오피스텔 : 재산세의 25% 경감

위 규정을 적용할 때 「민간임대주택에 관한 특별법」에 따른 임대의무기간에 정당한 경우가 아닌 사유로 임대사업자 등록이 말소되거나 임대의무기간에 임대용 공동주택 또는 오피스텔을 매각·증여하는 경우에는 그 등록이 말소된 날부터 소급하여 5년 이내에 감면된 재산세를 추징한다.

6. 장기일반민간임대주택 등에 대한 감면

「민간임대주택에 관한 특별법」에 따른 공공지원민간임대주택 및 장기일반민간임대주택을 임대하려는 자가 국내에서 임대 목적의 공동주택 2세대 이상 또는 다가구주택(모든 호수의 전용면적이 40제곱미터 이하인 경우를 말하며, 이하 '다가구주택')을 과세기준일 현재 임대 목적에 직접 사용하는 경우 또는 준주택 중 오피스텔(이하 '오피스텔')을 2세대 이상 과세기준일 현재 임대 목적에 직접 사용하는 경우에는 다음에서 정하는 바에 따라 지방세를 감면한다. 다만, 지방세법에 따라 공시된 가액 또는 시장·군수가 산정한 가액이 3억원[수도권은 6억원(민간건설임대주택인 경우에는 9억원)으로 한다]을 초과하는 공동주택과 시가표준액이 2억원(수도권은 4억원으로 한다)을 초과하는 오피스텔은 감면 대상에서 제외한다.

① 전용면적 40제곱미터 이하인 임대 목적의 공동주택, 다가구주택 또는 오피스텔 : 재산세 면제

② 전용면적 40제곱미터 초과 60제곱미터 이하인 임대 목적의 공동주택 또는 오피스텔 : 재산세의 75% 경감

③ 전용면적 60제곱미터 초과 85제곱미터 이하인 임대 목적의 공동주택 또는 오피스텔 : 재산세의 50% 경감

위 규정을 적용할 때 「민간임대주택에 관한 특별법」에 따른 정당한 경우가 아닌 사유로 임대사업자 등록이 말소되거나 임대의무기간 내에 매각·증여하는 경우에는 그 등록이 말소된 날부터 소급하여 5년 이내에 감면된 재산세를 추징한다.

7. 생애최초 주택 구입에 대한 취득세 감면

1) 주택 취득일 현재 본인 및 배우자가 주택을 소유한 사실이 없는 경우로서 취득당시가액이 12억원 이하인 주택을 유상거래(부담부증여는 제외)로 취득하는 경우에는 다음의 구분에 따라 지방세를 감면(이 경우 다주택자의 주택 취득에 대한 중과세율은 적용하지 않음)한다. 다만, 취득자가

미성년자인 경우는 제외한다.

① 다음 중 어느 하나에 해당하는 주택에 대해서는 유상거래를 원인으로 주택을 취득하는 경우에 적용되는 (1%~3%)의 세율을 적용하여 산출한 취득세액(이하 '산출세액'이라 한다)이 300만원 이하인 경우에는 취득세를 면제하고, 산출세액이 300만원을 초과하는 경우에는 산출세액에서 300만원을 공제한다.

㉠ 전용면적이 60제곱미터 이하이고 취득당시가액이 3억원(수도권은 6억원으로 한다) 이하인 공동주택(아파트는 제외)

㉡ 전용면적이 60제곱미터 이하이고 취득당시가액이 3억원(수도권은 6억원으로 한다) 이하인 주택법에 따른 도시형 생활주택

㉢ 취득당시가액이 3억원(수도권은 6억원으로 한다) 이하인 주택법에 따른 단독주택 중 다가구주택으로서 건축법에 따른 건축물대장에 호수별로 전용면적이 구분되어 기재되어 있는 다가구주택(전용면적이 60제곱미터 이하인 호수 부분으로 한정한다)

② ① 외의 주택에 대해서는 산출세액이 200만원 이하인 경우에는 취득세를 면제하고, 산출세액이 200만원을 초과하는 경우에는 산출세액에서 200만원을 공제한다.

한편 2인 이상이 공동으로 주택을 취득하는 경우에는 해당 주택에 대한 위 ①에 따른 총 감면액은 300만원 이하로 하고, ②에 따른 총 감면액은 200만원 이하로 한다.

2) 위 1)에 따라 취득세를 감면받은 사람이 다음 중 어느 하나에 해당하는 경우에는 감면된 취득세를 추징한다.

① 정당한 사유 없이 주택을 취득한 날부터 3개월 이내에 상시 거주(취득일 이후 「주민등록법」에 따른 전입신고를 하고 계속하여 거주하거나 취득일 전에 같은 법에 따른 전입신고를 하고 취득일부터 계속하여 거주하는 것을 말한다. 이하 같다)를 시작하지 않는 경우

② 주택을 취득한 날부터 3개월 이내에 추가로 주택을 취득(주택의 부속토지만을 취득하는 경우를 포함한다)하는 경우(다만, 상속으로 인한 추가 취득은 제외)

③ 해당 주택에 상시 거주한 기간이 3년 미만인 상태에서 해당 주택을 매각·증여(배우자에게 지분을 매각·증여하는 경우는 제외)하거나 다른 용도(임대 포함)로 사용하는 경우

8. 출산·양육을 위한 주택 취득에 대한 취득세 감면

1) 자녀를 출산한 부모(미혼모 또는 미혼부를 포함한다)가 해당 자녀와 상시 거주할 목적으로 출산일부터 5년 이내에 취득 당시의 가액이 12억원 이하인 1주택을 취득하는 경우(출산일 전 1년 이내에 주택을 취득한 경우를 포함한다)로서 다음의 요건을 모두 충족하는 경우에는 ① 그 산출세액이 500만원 이하인 경우에는 취득세를 면제하고, ② 500만원을 초과하는 경우에는 산출세액에서 500만원을 공제한다.

① 가족관계등록부에서 자녀의 출생 사실이 확인될 것

② 해당 주택이 1가구 1주택에 해당할 것(해당 주택을 취득한 날부터 3개월 이내에 1가구 1주택이 되는 경우를 포함한다)

2) 위 1)에 따라 취득세를 감면받은 사람이 다음 중 어느 하나에 해당하는 경우에는 감면된 취득세를 추징한다.

① 정당한 사유 없이 주택의 취득일(출산일 전에 취득한 경우에는 출산일)부터 3개월 이내에 해당 자녀와 상시 거주를 시작하지 않은 경우

② 해당 자녀와의 상시 거주 기간이 3년 미만인 상태에서 주택을 매각 · 증여(배우자에게 지분을 매각 · 증여하는 경우는 제외한다)하거나 다른 용도(임대를 포함한다)로 사용하는 경우

Ⅲ. 교육 및 과학기술 등에 대한 지원

1. 학교 및 외국교육기관에 대한 면제

1) 학교 등이 해당 사업에 직접 사용하기 위해 취득하는 부동산에 대해서는 취득세를 면제한다. 다만, 다음 중 어느 하나에 해당하는 면제된 세액을 추징한다.

① 해당 부동산을 취득한 날부터 5년 이내에 수익사업에 사용하는 경우

② 정당한 사유 없이 그 취득일부터 3년이 경과할 때까지 해당 용도에 직접 사용하지 않은 경우

③ 해당 용도에 직접 사용한 기간이 2년 미만인 상태에서 매각 · 증여하거나 다른 용도로 사용하는 경우

2) 학교 등이 과세기준일 현재 해당 사업에 직접 사용하는 부동산에 대해서는 재산세 · 지역자원시설세를 각각 면제한다. 다만, 수익사업에 사용하는 경우와 유료로 사용하는 경우 또는 그 목적에 직접 사용되지 않는 부분에 대해서는 면제하지 않는다.

2. 기숙사 등에 대한 감면

1) 학교 등이 기숙사로 사용하기 위해 취득하는 부동산에 대해서는 취득세를, 과세기준일 현재 해당 용도로 사용하는 부동산에 대해서는 재산세(도시지역분 부과액 포함) · 지역자원시설세를, 해당 학교에 대해서는 주민세 재산분을 각각 면제한다. 다만, 다음 중 어느 하나에 해당하는 면제된 세액을 추징한다.

① 정당한 사유 없이 그 취득일부터 3년이 경과할 때까지 해당 용도에 직접 사용하지 않은 경우

② 해당 용도에 직접 사용한 기간이 2년 미만인 상태에서 매각 · 증여하거나 다른 용도로 사용하는 경우

2) 학교 등을 설치 · 경영하는 자가 학생 등의 실험 · 실습용으로 취득하는 차량 · 기계장비 · 임목 · 선박에 대해서는 취득세를, 과세기준일 현재 실험 · 실습용으로 사용하는 항공기 · 선박에 대해서는 재산세를 각각 면제한다. 다만, 다음 중 어느 하나에 해당하는 면제된 세액을 추징한다.

① 정당한 사유 없이 그 취득일부터 1년이 경과할 때까지 해당 용도에 직접 사용하지 않은 경우

② 해당 용도에 직접 사용한 기간이 2년 미만인 상태에서 매각 · 증여하거나 다른 용도로 사용하는 경우

3) 법에 따른 설립 · 운영하는 산학협력단이 그 고유업무를 위해 취득하는 부동산에 대해서는 취득세의 75%를, 과세기준일 현재 그 고유업무에 사용하는 부동산에 대해서는 재산세의 75%를 각각 감면한다.

3. 연구개발 지원을 위한 감면

1) 기업이 기업부설연구소에 직접 사용하기 위하여 취득하는 부동산(부속토지는 건축물 바닥면적의 7배 이내인 것으로 한정한다. 이하 같다)에 대해서는 취득세의 35%(신성장동력 · 원천기술 관련 기업부설연구소의 경우에는 50%), 과세기준일 현재 기업부설연구소에 직접 사용하는 부동산에 대해서는 재산세의 35%(신성장동력 · 원천기술 관련 기업부설연구소의 경우에는 50%)를 각각 경감한다.

2) 위 1)에도 불구하고 「독점규제 및 공정거래에 관한 법률」에 따른 상호출자제한기업집단 등이 과밀억제권역 외에 설치하는 기업부설연구소에 직접 사용하기 위하여 취득하는 부동산에 대해서는 취득세의 35%(신성장동력 · 원천기술 관련 기업부설연구소의 경우에는 50%)를, 과세기준일 현재 기업부설연구소에 직접 사용하는 부동산에 대해서는 재산세의 35%(신성장동력 · 원천기술 관련 기업부설연구소의 경우에는 50%)를 각각 경감한다.

3) 위 1)에도 불구하고 중견기업이 기업부설연구소에 직접 사용하기 위하여 취득하는 부동산에 대해서는 취득세의 50%(신성장동력 · 원천기술 관련 기업부설연구소의 경우에는 65%)를, 과세기준일 현재 기업부설연구소에 직접 사용하는 부동산에 대해서는 재산세의 50%(신성장동력 · 원천기술 관련 기업부설연구소의 경우에는 65%)를 경감한다.

4) 위 1)에도 불구하고 중소기업기본법에 따른 중소기업이 기업부설연구소에 직접 사용하기 위하여 취득하는 부동산에 대해서는 취득세의 60%(신성장동력 · 원천기술 관련 기업부설연구

소의경우에는 75%), 과세기준일 현재 기업부설연구소에 직접 사용하는 부동산에 대해서는 재산세의 50%(신성장동력 · 원천기술 관련 기업부설연구소의 경우에는 65%)를 각각 경감한다.

5) 위 1)~4)의 규정을 적용할 때 다음 중 어느 하나에 해당하는 경우 그 해당 부분에 대해서는 경감된 취득세 및 재산세를 추징한다.

① 토지 또는 건축물을 취득한 후 1년(건축법에 따른 신축 · 증축 또는 대수선을 하는 경우에는 2년) 이내에 「기초연구진흥 및 기술개발지원에 관한 법률(제14조의2)」에 따른 기업부설연구소로 인정받지 못한 경우

② 기업부설연구소 설치 후 4년 이내에 정당한 사유 없이 연구소를 폐쇄하거나 다른 용도로 사용하는 경우

판례 기업부설연구소를 설치하지 못한 경우 당초 경감 받은 취득세가 추징되는지 여부

기업의 과학기술연구를 장려하고, 고도의 기술혁신을 이룩하려는 이 법률의 입법취지를 실현하기 위해서는 기업부설연구소의 설치가 필수적인 점 등에 비추어 볼 때 해당 법률에 의해서 취득세가 경감되기 위한 사후관리 요건으로 기업부설연구소의 설치와 그 인적 · 물적 시설의 기준 등을 정한 것으로 봄이 타당하다(2011두27551). ■

4. 종교단체 또는 향교에 대한 면제

지방 05

1) 종교단체 또는 향교가 종교행위 또는 제사에 직접 사용할 목적으로 취득하는 부동산에 대해서는 취득세를 면제한다. 다만, 다음 중 어느 하나에 해당하는 경우 면제된 세액을 추징한다.

① 해당 부동산을 취득한 날부터 5년 이내에 수익사업에 사용하는 경우

② 정당한 사유 없이 그 취득일부터 3년이 경과할 때까지 해당 용도에 직접 사용하지 않은 경우

③ 해당 용도에 직접 사용한 기간이 2년 미만인 상태에서 매각 · 증여하거나 다른 용도로 사용하는 경우

2) 종교단체 또는 향교가 과세기준일 현재 종교행위 또는 제사에 직접 사용할 목적으로 취득하는 부동산에 대해서는 재산세 · 지역자원시설세를 각각 면제한다. 다만, 수익사업에 사용하는 경우와 유료로 사용하는 경우 또는 그 목적에 직접 사용되지 않는 부분에 대해서는 면제하지 않는다.

판례 비영리단체가 구성원에게 사택 · 숙소를 제공하는 것이 목적사업에 사용하는 것이라고 볼 수 있는지 여부

법률에 따른 면제요건 중 '그 사업에 사용'하는 범위는 해당 사업의 목적과 해당 부동산의 취득목적을 고려하여 실제의 사용관계를 기준으로써 객관적으로 판단해야 한다(2009두4708). 비영리단체가 구성원에게 사택 · 숙소를 제공한 것이 단지 구성원에게 편의를 제공한 것이거나, 직무 수행과 크게 관련 없는 경우

라면 목적사업으로 직접 사용되는 것으로 볼 수 없으나 그 구성원이 비영리단체의 목적사업에 필요불가결한 존재이고, 그 사택 · 숙소에 체류하는 것이 직무의 성격도 겸비한다면 그 목적사업에 직접 사용되는 것으로 볼 수 있다.

이 사건에서 ① 주임사제의 보좌목적으로 수녀들을 파견하는 것은 종교 사업의 일환으로 이루어지는 것에 해당하고, ② 해당 성당에 종교사업 지원 역시 원고가 수녀들을 파견하는 등의 방법으로 수행하게 되기 때문에 그 성당에 파견된 수녀들이 종교 사업에 있어서 필요불가결한 존재이며, ③ 파견된 수녀들의 숙소로 제공되는 이 사건의 아파트는 수녀들의 공동수도생활 및 전도생활의 공간으로 사용되는 점 등을 고려해보면 이 사건의 아파트는 목적사업에 직접 사용되는 부동산으로 보아야 한다(2014두557).

Ⅳ. 기업구조 및 재무조정 등에 대한 지원

1. 기업합병 · 분할 등에 대한 감면

1) 법인세법에 따른 적격합병으로서 중소기업 간 합병 및 기술혁신형사업법인과의 합병에 따라 양수하는 사업용 재산을 취득하는 경우에는 [표준세율 – 중과기준세율(2%)]의 세율로 산출한 취득세의 60%를 경감한다. 다만, 법인의 합병으로 인하여 취득한 과세물건이 합병 후에 중과세대상에 해당하는 경우 또는 합병등기일부터 3년 이내에 폐업 등으로 인한 과세이연의 중단사유가 발생한 경우에는 감면된 취득세를 추징한다.

2) 다음 중 어느 하나에 해당하는 재산을 취득하는 경우에는 취득세의 75%를 경감한다(다만, ①의 경우 취득세의 25%를 각각 경감하고, ⑤의 경우에는 취득세를 면제한다).

① 국유재산법에 따라 현물출자한 재산

② 법인세법(제46조 · 제47조)에 따른 적격분할의 요건을 갖춘 분할(부동산임대업을 주업으로 하는 사업부문 등을 분할하는 경우는 제외)로 인하여 취득하는 재산. 다만, 분할등기일부터 3년 이내에 폐업 등으로 인한 과세이연 중단사유가 발생하는 경우에는 경감받은 취득세를 추징한다.

③ 법인세법에 따른 적격현물출자에 따라 취득하는 재산. 다만, 취득일부터 3년 이내에 폐업 등으로 인한 과세이연 중단사유가 발생한 경우에는 경감받은 취득세를 추징한다.

④ 조세특례제한법에 따른 중소기업 간의 통합에 따라 설립되거나 존속하는 법인이 양수하는 해당 사업용 재산(부동산 임대 및 공급업에 해당하는 중소기업이 양수하는 재산은 제외). 다만, 사업용 재산을 취득한 날부터 5년 이내에 과세이연 중단사유가 발생하는 경우에는 경감받은 취득세를 추징한다.

⑤ 특별법에 따라 설립된 법인 중 「공공기관의 운영에 관한 법률」에 따른 공공기관이 그 특별법의 개정 또는 폐지로 인하여 상법상의 회사로 조직변경됨에 따라 취득하는 사업용 재산

3) 조세특례제한법에 따른 현물출자 또는 사업 양도 · 양수에 따라 취득하는 사업용 고정자산에 대해서는 취득세의 75%를 경감(부동산 임대 및 공급업은 제외)한다. 다만, 취득일부터 5년 이내에 법률에 따른 수용 등 정당한 사유 없이 해당 사업을 폐업하거나 해당 재산을 처분(임대 포함) 또는 주식을 처분하는 경우에는 경감받은 취득세를 추징한다.

2. 벤처기업 등에 대한 과세특례

1) 「벤처기업육성에 관한 특별조치법」에 따라 지정된 벤처기업집적시설 또는 신기술창업집적지역을 개발 · 조성하여 분양 또는 임대하거나 직접 사용(벤처기업에 해당하여 벤처기업집적시설을 직접 사용하는 경우로 한정한다)하기 위하여 취득하는 부동산에 대해서는 취득세 및 재산세의 35%(수도권 외의 지역에 소재하는 부동산의 재산세는 60%)를 각각 경감한다. 다만, 그 취득일부터 3년 이내에 정당한 사유 없이 벤처기업집적시설 또는 신기술창업집적지역을 개발 · 조성하지 않는 경우 또는 부동산의 취득일부터 5년 이내에 벤처기업집적시설 또는 신기술창업집적지역의 지정이 취소되거나 요건을 갖춘 날부터 5년 이내에 부동산을 다른 용도로 사용하는 경우에 해당 부분에 대해서는 경감된 취득세와 재산세를 추징한다.

2) 「벤처기업육성에 관한 특별조치법」에 따라 지정된 벤처기업집적시설 또는 「산업기술단지 지원에 관한 특례법」에 따라 조성된 산업기술단지에 입주하는 자에 대하여 취득세, 등록면허세 · 재산세를 과세할 때에는 중과세율을 적용하지 않는다.

3) 「벤처기업육성에 관한 특별조치법」에 따라 지정된 벤처기업집적시설에 입주하는 벤처기업이 해당 사업에 직접 사용하기 위하여 취득하는 부동산에 대해서는 취득세의 50%를, 과세기준일 현재 해당 사업에 직접 사용하는 부동산에 대해서는 재산세의 50%(수도권 외의 지역에 소재하는 부동산의 경우에는 60%)를 각각 경감한다.

4) 「벤처기업육성에 관한 특별조치법」에 따라 지정된 신기술창업집적지역에서 산업용 건축물 · 연구시설 및 시험생산용 건축물을 신축하거나 증축하려는 자(공장용 부동산을 중소기업자에게 임대하려는 자를 포함한다)가 취득하는 부동산에 대해서는 취득세의 50%를 경감하고, 그 부동산에 대한 재산세의 납세의무가 최초로 성립하는 날부터 3년간 재산세의 50%(수도권 외의 지역에 소재하는 부동산의 경우에는 60%)를 경감한다. 다만, 다음 중 어느 하나에 해당하는 경우 그 해당 부분에 대해서는 경감된 취득세 및 재산세를 추징한다.

① 정당한 사유 없이 그 취득일부터 3년이 경과할 때까지 해당 용도로 직접 사용하지 아니하는 경우

② 해당 용도로 직접 사용한 기간이 2년 미만인 상태에서 매각 · 증여하거나 다른 용도로 사용하는 경우

5) 벤처기업에 대해서는 다음에서 정하는 바에 따라 지방세를 경감한다.

① 벤처기업육성촉진지구에서 그 고유업무에 직접 사용하기 위하여 취득하는 부동산에 대해서는 취득세의 50%를 경감한다.

② 과세기준일 현재 벤처기업육성촉진지구에서 그 고유업무에 직접 사용하는 부동산에 대해서는 재산세의 35%를 경감한다. 이 경우 지방자치단체의 장은 해당 지역의 재정 여건 등을 고려하여 15%의 범위에서 조례로 정하는 율을 추가로 경감할 수 있다.

3. 창업중소기업 등에 대한 감면

1) 과밀억제권역 외의 지역에서 창업하는 중소기업(이하 '창업중소기업')이 창업일부터 4년 이내(청년창업기업의 경우에는 5년 이내)에 창업일 당시 업종의 사업을 계속 영위하기 위하여 취득하는 사업용 재산(비영업용 승용자동차는 제외)에 대해서는 다음과 같이 지방세를 경감한다.

① 창업일 당시 업종의 사업을 계속 영위하기 위하여 취득하는 부동산에 대해서는 취득세의 75%를 경감한다.

② 창업일 당시 업종의 사업에 과세기준일 현재 직접 사용(임대는 제외)하는 부동산(건축물 부속토지인 경우에는 공장입지기준면적 이내 또는 용도지역별 적용배율 이내의 부분만 해당한다)에 대해서는 창업일부터 3년간 재산세를 면제하고, 그 다음 2년간은 재산세의 50%를 경감한다.

2) 창업하는 벤처기업으로서 창업일부터 3년 이내에 벤처기업으로 확인받은 기업(이하 '창업벤처중소기업')이 최초로 확인받은 날(이하 '확인일')부터 4년 이내(청년창업벤처기업의 경우에는 5년 이내)에 취득하는 부동산에 대해서는 다음과 같이 지방세를 경감한다.

① 창업일 당시 업종의 사업을 계속 영위하기 위하여 취득하는 부동산에 대해서는 취득세의 75%를 경감한다.

② 창업일 당시 업종의 사업에 과세기준일 현재 직접 사용(임대는 제외)하는 부동산(건축물 부속토지인 경우에는 공장입지기준면적 이내 또는 용도지역별 적용배율 이내의 부분만 해당한다)에 대해서는 확인일부터 3년간 재산세를 면제하고, 그 다음 2년간은 재산세의 50%를 경감한다.

4. 창업보육센터에 대한 감면

① 창업보육센터사업자의 지정을 받은 자가 창업보육센터용으로 직접 사용하기 위하여 취득하는 부동산에 대해서는 취득세의 50%를, 과세기준일 현재 창업보육센터용으로 직접 사용하는 부동산에 대해서는 재산세의 50%(수도권 외의 지역에 소재하는 부동산의 경우에는

60%)를 경감한다.

② 창업보육센터에 입주하는 자에 대해서는 취득세 · 등록면허세 · 재산세를 중과세하지 않는다.

V. 국토 및 지역개발에 대한 지원

1. 토지수용 등으로 인한 대체취득에 대한 감면

1) 관계법령에 따라 토지를 수용할 수 있는 자에게 부동산(선박 · 어업권 · 광업권 포함)이 매수 · 수용 · 철거된 자가 그 수용된 부동산에 대체할 부동산을 취득하는 경우 그 취득에 대한 취득세를 면제한다. 다만, 종전 수용된 부동산의 가액을 초과하는 부분에 대한 취득세는 면제하지 않고, 사치성 재산을 취득하는 경우와 부재(不在)부동산 소유자가 대체 취득하는 경우에는 취득세를 부과한다.

2) 법률에 따른 환매권을 행사하여 매수하는 부동산에 대해서는 취득세를 면제한다.

2. 도시개발사업 등에 대한 감면

1) 「도시개발법」에 따른 도시개발사업의 사업시행자가 해당 도시개발사업의 시행으로 취득하는 체비지 또는 보류지에 대해서는 취득세의 75%를 경감한다.

2) 「도시 및 주거환경정비법」에 따른 주거환경개선사업의 시행에 따라 취득하는 주택에 대해서는 다음의 구분에 따라 취득세를 감면한다. 다만, 그 취득일부터 5년 이내에 사치성 재산에 해당하는 부동산이 되거나 관계 법령을 위반하여 건축한 경우에는 감면된 취득세를 추징한다.

① 주거환경개선사업의 시행자가 주거환경개선사업의 대지조성을 위하여 취득하는 주택 : 취득세의 75% 경감

② 「도시 및 주거환경정비법」에 따른 주거환경개선사업의 정비구역지정 고시일 현재 부동산의 소유자가 같은 법에 따라 스스로 개량하는 방법으로 취득하는 주택 또는 주거환경개선사업의 시행으로 취득하는 전용면적 85제곱미터 이하의 주택 : 취득세 면제

3) 「도시 및 주거환경정비법」에 따른 재개발사업의 시행에 따라 취득하는 부동산에 대해서는 다음의 구분에 따라 취득세를 경감한다. 다만, 그 취득일부터 5년 이내에 사치성재산에 해당하는 부동산이 되거나 관계 법령을 위반하여 건축한 경우 및 일시적 2주택자에 해당하여 취득세를 경감받은 사람이 그 취득일부터 3년 이내에 1가구 1주택이 되지 않은 경우에는 감면된 취득세를 추징한다.

① 재개발사업의 시행자가 재개발사업의 대지조성을 위하여 취득하는 부동산 : 취득세의 50% 경감
② 재개발사업의 시행자가 해당 사업의 관리처분계획에 따라 취득하는 주택 : 취득세의 50% 경감
③ 「도시 및 주거환경정비법」에 따른 재개발사업의 정비구역지정 고시일 현재 부동산의 소유자가 재개발사업의 시행으로 주택을 취득함으로써 1가구 1주택이 되는 경우(취득 당시 일시적으로 2주택이 되는 경우를 포함한다)에는 다음에서 정하는 바에 따라 취득세를 경감한다.
　㉠ 전용면적 60제곱미터 이하의 주택을 취득하는 경우 : 취득세의 75% 경감
　㉡ 전용면적 60제곱미터 초과 85제곱미터 이하의 주택을 취득하는 경우 : 취득세의 50% 경감

3. 인구감소지역에 대한 감면

「인구감소지역 지원 특별법」에 따라 지정된 인구감소지역에서 일정한 업종을 창업하기 위하여 취득하는 부동산이나 일정한 사업장을 신설(기존 사업장을 이전하는 경우를 포함한다)하기 위하여 취득하는 부동산에 대해서는 다음과 같이 지방세를 감면한다.

① 취득하는 부동산 : 취득세 면제
② 과세기준일 현재 해당 용도로 직접 사용하는 부동산 : 재산세 납세의무가 최초로 성립한 날부터 5년간 재산세를 면제, 그 다음 3년간은 재산세의 50% 경감

4. 법인의 지방 이전에 대한 감면

1) 대도시에 본점 또는 주사무소를 설치하여 사업을 직접하는 법인이 해당 본점 또는 주사무소를 매각하거나 임차를 종료하고 과밀억제권역 외의 시역으로 본점 또는 주사무소를 이전하는 경우에 해당 사업을 직접하기 위하여 취득하는 부동산에 대해서는 취득세를 면제하고, 재산세의 경우 그 부동산에 대한 재산세의 납세의무가 최초로 성립하는 날부터 5년간 면제하며 그 다음 3년간 재산세의 50%를 경감한다. 다만, 다음 중 어느 하나에 해당하는 경우에는 감면한 취득세 및 재산세를 추징한다.
　① 법인을 이전하여 5년 이내에 법인이 해산된 경우(합병, 분할 또는 분할합병으로 인한 경우는 제외)와 법인을 이전하여 과세감면을 받고 있는 기간에 과밀억제권역에서 이전 전에 생산하던 제품을 생산하는 법인을 다시 설치한 경우
　② 해당 사업에 직접 사용한 기간이 2년 미만인 상태에서 매각·증여하거나 다른 용도로 사용하는 경우

2) 대도시에 등기되어 있는 법인이 과밀억제권역 외 지역으로 본점 또는 주사무소를 이전하는 경우에 그 이전에 따른 법인등기 및 부동산등기에 대해서는 등록면허세를 면제한다.

5. 해외진출기업의 국내복귀에 대한 감면

1) 「해외진출기업의 국내복귀 지원에 관한 법률」에 따라 선정된 지원대상 국내복귀기업(이하 '지원대상 국내복귀기업'이라 한다)으로서 다음의 요건을 모두 충족하는 지원대상 국내복귀기업이 아래 ③에 따른 업종을 영위하기 위하여 취득하는 사업용 부동산에 대해서는 취득세의 50%를 경감하고, 과세기준일 현재 해당 용도로 직접 사용하는 부동산에 대해서는 재산세 납세의무가 최초로 성립한 날부터 5년간 재산세의 75%를 경감한다.

① 해외 사업장을 청산 · 양도할 것
② 과밀억제권역 외의 지역에서 사업장을 신설 또는 증설할 것
③ 해외 사업장에서 영위하던 업종과 동일한 업종을 영위할 것

2) 지방자치단체의 장은 위 1)에 따라 취득세를 경감하는 경우 해당 지역의 재정여건 등을 고려하여 50%의 범위에서 조례로 정하는 율을 추가로 경감할 수 있다.

3) 위 1) 및 2)에 따라 지방세를 경감받은 자가 다음 중 어느 하나에 해당하는 경우 그 해당 부분에 대해서는 경감된 취득세 및 재산세를 추징한다.

① 정당한 사유 없이 그 취득일부터 1년이 경과할 때까지 해당 용도로 직접 사용하지 않는 경우
② 해당 용도로 직접 사용한 기간이 2년 미만인 상태에서 매각 · 증여하거나 다른 용도로 사용하는 경우
③ 지원대상 국내복귀기업으로 선정된 날부터 4년 이내에 해외 사업장을 청산 · 양도하지 않는 경우
④ 지원대상 국내복귀기업으로 선정된 날부터 5년 이내에 국내 사업장 신설 또는 증설을 완료하지 않는 경우
⑤ 해당 사업용 부동산의 취득일부터 5년 이내에 지원대상 국내복귀기업 선정이 취소된 경우

6. 공장의 지방 이전에 따른 감면

대도시에서 공장시설을 갖추고 사업을 직접하는 자가 그 공장을 폐쇄하고 과밀억제권역 외 지역으로서 공장 설치가 금지되거나 제한되지 않은 지역으로 이전한 후 해당 사업을 계속하기 위하여 취득하는 부동산에 대해서는 취득세를 면제하고, 재산세의 경우 그 부동산에 대한 납세의무가 최초로 성립하는 날부터 5년간 면제하고 그 다음 3년간 재산세의 50%를 경감한다. 다만, 다음 중

어느 하나에 해당하는 경우에는 감면한 취득세 및 재산세를 추징한다.

① 공장을 이전하여 지방세를 감면받고 있는 기간에 대도시에서 이전 전에 생산하던 제품을 생산하는 공장을 다시 설치한 경우

② 해당 사업에 직접 사용한 기간이 2년 미만인 상태에서 매각·증여하거나 다른 용도로 사용하는 경우

7. 기회발전특구로의 이전 등에 대한 감면

1) 기회발전특구에서 창업하는 기업에 대해서는 다음에서 정하는 바에 따라 지방세를 감면한다.

① 창업하기 위하여 취득하는 사업용 부동산에 대해서는 취득세의 50%를 경감하고, 과세기준일 현재 해당 용도로 직접 사용하는 그 사업용 부동산에 대해서는 재산세 납세의무가 최초로 성립한 날부터 5년간 재산세를 면제(수도권 지역에 있는 기회발전특구의 경우에는 3년간 재산세를 면제하며, 그 다음 2년간은 재산세의 50%를 경감)한다. 다만, 다음 중 어느 하나에 해당하는 경우 감면한 취득세를 추징한다.

㉠ 정당한 사유 없이 부동산 취득일부터 3년이 경과할 때까지 해당 사업에 직접 사용하지 않거나 다른 용도로 사용하는 경우

㉡ 해당 사업에 직접 사용한 기간이 2년 미만인 상태에서 매각·증여하거나 다른 용도로 사용하는 경우

② 지방자치단체의 장은 해당 지역의 재정 여건 등을 고려하여 ①에 따라 취득세를 감면하는 경우에는 50%(수도권 지역에 있는 기회발전특구의 경우에는 25%) 범위에서 조례로 정하는 율을 추가로 경감할 수 있고, 재산세를 감면하는 경우에는 5년간 감면기간을 연장하여 50%(수도권 지역에 있는 기회발전특구는 제외한다)의 범위에서 조례로 정하는 율에 따라 경감할 수 있다.

2) 수도권(인구감소지역 또는 접경지역을 제외한다)에서 본점 또는 주사무소를 설치하거나 공장시설을 갖추고 사업을 영위하는 기업이 해당 본점이나 주사무소 또는 공장을 폐쇄하고 수도권 외의 기회발전특구로 이전하는 경우 다음에서 정하는 바에 따라 지방세를 감면한다.

① 해당 사업에 직접 사용하기 위하여 취득하는 사업용 부동산에 대해서는 2026년 12월 31일까지 취득세의 50%를 경감하고, 과세기준일 현재 해당 용도로 직접 사용하는 그 사업용 부동산에 대해서는 재산세 납세의무가 최초로 성립한 날부터 5년간 재산세를 면제한다. 다만, 다음 중 어느 하나에 해당하는 경우 감면한 취득세와 재산세를 추징한다.

㉠ 본점이나 주사무소 또는 공장을 이전하여 감면받고 있는 기간에 수도권에서 이전하기 전에 하던 사업과 동일한 사업을 수행하는 본점, 주사무소, 공장을 다시 설치

하는 경우

㉡ 본점이나 주사무소 또는 공장을 이전하여 취득한 날부터 5년 이내에 해당 사업을 폐업한 경우

㉢ 정당한 사유 없이 부동산 취득일부터 3년이 경과할 때까지 해당 사업에 직접 사용하지 않거나 다른 용도로 사용하는 경우

㉣ 해당 사업에 직접 사용한 기간이 2년 미만인 상태에서 매각 · 증여하거나 다른 용도로 사용하는 경우

② 지방자치단체의 장은 해당 지역의 재정 여건 등을 고려하여 ①에 따라 취득세를 감면하는 경우에는 50%의 범위에서 조례로 정하는 율을 추가로 경감할 수 있고, 재산세를 감면하는 경우에는 5년간 감면기간을 연장하여 50%의 범위에서 조례로 정하는 율에 따라 경감할 수 있다.

3) 기회발전특구에서 공장을 신 · 증설하는 기업에 대해서는 다음에서 정하는 바에 따라 지방세를 감면한다.

① 해당 사업에 직접 사용하기 위하여 취득하는 사업용 부동산에 대해서는 취득세의 50%를 경감하고, 과세기준일 현재 해당 용도로 직접 사용하는 그 사업용 부동산에 대해서는 재산세 납세의무가 최초로 성립한 날부터 5년간 재산세의 75%(수도권 지역에 있는 기회발전특구의 경우에는 35%)를 경감한다. 다만, 다음 중 어느 하나에 해당하는 경우 감면한 취득세 및 재산세를 추징한다.

㉠ 공장을 신 · 증설하여 취득한 날부터 5년 이내에 해당 사업을 폐업한 경우

㉡ 정당한 사유 없이 부동산 취득일부터 3년이 경과할 때까지 취득한 부동산을 해당 사업에 직접 사용하지 않거나 다른 용도로 사용하는 경우

㉢ 해당 사업에 직접 사용한 기간이 2년 미만인 상태에서 매각 · 증여하거나 다른 용도로 사용하는 경우

② 지방자치단체의 장은 해당 지역의 재정 여건 등을 고려하여 ①에 따라 취득세를 경감하는 경우 25%의 범위에서 조례로 정하는 율을 추가로 경감할 수 있다.

Ⅵ. 공공행정 등에 대한 지원

1. 마을회 등에 대한 감면

1) 마을회 등이 주민 공동소유를 위한 부동산 · 선박을 취득하는 경우에는 취득세를 면제한다. 다만, 다음 중 어느 하나에 해당하는 면제된 세액을 추징한다.

① 해당 부동산을 취득한 날부터 5년 이내에 수익사업에 사용하는 경우

② 정당한 사유 없이 그 취득일부터 1년이 경과할 때까지 해당 용도에 직접 사용하지 않은 경우

③ 해당 용도에 직접 사용한 기간이 2년 미만인 상태에서 매각 · 증여(국가 · 지방자치단체에 기부채납하는 경우는 제외)하거나 다른 용도로 사용하는 경우

2) 마을회 등이 소유하는 부동산 · 임야에 대해서는 재산세 등을 면제한다. 다만, 수익사업에 사용하는 경우와 유료로 사용하는 경우 또는 그 목적에 직접 사용되지 않는 부분에 대해서는 면제하지 않는다.

2. 천재지변 등으로 인한 대체취득에 대한 감면

1) 천재지변 등으로 멸실 · 파손된 건축물 · 선박 · 자동차 · 기계장비를 그 멸실일 · 파손일부터 2년 이내에 다음에 중 어느 하나에 해당하는 취득을 하는 경우에는 취득세를 면제한다. 다만, 종전 면적 · 톤수 · 가액을 초과하는 부분에 대해서는 취득세를 부과한다.

① 복구를 위해 건축물을 건축 · 개수하는 경우

② 선박을 건조하거나 종류변경을 하는 경우

③ 건축물 · 선박 · 자동차 · 기계장비를 대체취득하는 경우

2) 천재지변 등으로 멸실 · 파손된 건축물 · 선박 · 자동차 · 기계장비의 말소등기 · 등록과 멸실 · 파손된 건축물의 복구를 위해 그 멸실일 · 파손일부터 2년 이내에 신축 · 개축을 위한 면허에 대해서는 등록면허세를 면제한다.

3) 천재지변 등으로 멸실 · 파손된 자동차를 회수할 수 없거나 사용할 수 없는 것으로 시장 · 군수가 인정하는 자동차에 대해서는 자동차세를 면제한다.

제4편
조세특례제한법

제1장
조세특례제한법 총설

제1절 조세특례제한법 총칙

Ⅱ-2 p.5

조특 01

Ⅰ. 조세특례제한법의 목적과 내용

조세특례제한법은 ① 조세의 감면·중과 등의 조세특례와 ② 이의 제한에 관한 사항을 규정하여 과세의 공평을 기하고, 조세정책을 효율적으로 수행함으로써 국민경제의 건전한 발전에 이바지함을 목적으로 한다.

조세특례제한법은 종전 일시적이었던 조세감면규제법과는 달리 영구법(永久法)이다. 그 대신에 특정한 조세감면이 지속되어 기득권화되는 것을 방지하기 위하여 개별적인 조세감면사항마다 별도의 적용시한을 규정하고 있는데, 이것을 개별일몰법(sunset : 個別日沒法)이라고도 부른다.

Ⅱ. 용어의 뜻

이하에서 정의한 용어 외의 용어에 관해서는 조세특례제한법에서 특별히 정한 경우를 제외하고 관련 법률에서 사용하는 용어의 예에 따른다.

① 내국인 : 소득세법에 따른 거주자 및 법인세법에 따른 내국법인
② 과세연도 : 소득세법 · 법인세법에 따른 사업연도
③ 과세표준신고 : 소득세법 · 법인세법에 따른 과세표준신고
④ 익금 : 소득세법에 따른 총수입금액 또는 법인세법에 따른 익금
⑤ 손금 : 소득세법에 따른 필요경비 또는 법인세법에 따른 손금
⑥ 이월과세와 과세이연 : 이에 관하여는 조세특례의 개관에서 후술하기로 한다.

⑦ 조세특례 : 일정한 요건에 해당하는 경우의 특례세율의 적용, 세액감면 · 세액공제 · 소득공제 등의 조세감면과 특정목적을 위한 익금산입 · 손금불산입 등의 중과세를 말한다.

⑧ 연구개발 : 과학적 · 기술적 진전 또는 새로운 서비스 및 서비스전달체계 개발을 위한 체계적이고 창의적인 활동을 말한다.

⑨ 인력개발 : 내국인이 고용하고 있는 임원 또는 사용인을 교육 · 훈련시키는 활동을 말한다.

⑩ 수도권과 수도권과밀억제권역 : 수도권정비계획법의 규정에 따른 수도권과 수도권과밀억제권역을 말한다.

⑪ 인구감소지역 : 인구감소로 인한 지역 소멸이 우려되는 광역시, 특별자치시 및 시 · 군 · 구 중에서 65세 이상 고령인구, 인구감소율 등을 고려하여 지방시대위원회의 심의 · 의결을 거쳐 행정안전부장관이 지정 · 고시하는 지역을 말한다. 2024년 8월 기준 인구감소지역 지정 현황은 다음과 같다.

구분	인구감소지역(89개)	
부산(3)	동구, 서구, 영도구	
대구(3)	남구, 서구, 군위군	
인천(2)	강화군, 옹진군	수도권의 인구감소지역
경기(2)	가평군, 연천군	
지방	고성군 등 강원(12), 괴산군 등 충북(6), 공주시 등 충남(9), 고창군 등 전북(10), 강진군 등 전남(16), 고령군 등 경북(15), 거창군 등 경남(11)	

제2절 조세특례의 개관

Ⅱ-2 p.8

Ⅰ. 서설

'조세특례(special tax treatment)'란 ① 일정한 요건에 해당하는 경우의 세액감면 · 세액공제 · 소득공제 · 특례세율 적용 등의 조세감면(preferential tax treatment)과 ② 특정목적을 위한 익금산입 · 손금불산입 등의 중과세(heavy tax treatment)를 말한다. 여기서 조세감면은 세부담의 영구적인 감소를 가져오는 직접감면과 세부담을 미루어 줌으로써 이자상당액만큼의 세부담 절감효과를 가져오는 간접감면으로 구분된다. 이하에서는 법인세와 소득세에 관한 조세특례제도를 개관해 보고자 한다.

[도 표] 조세감면제도의 개관

구분	감면의 유형
(1) 직접감면	영구적인 세부담의 감소효과를 가져오는 감면 • 과세표준 계산단계 : 소득공제 · 비과세 • 세액 계산단계 : 세액감면 · 세액공제 · 경감세율 · 분리과세
(2) 간접감면	납부시기의 이연효과를 가져오는 감면 • 일시상각충당금 등의 손금산입 • 특정 양도차익의 3년(5년)거치 3년(5년)간 분할익금산입 • 양도소득세의 이월과세 · 과세이연

Ⅱ. 조세감면제도

1. 직접감면

(1) 소득공제

'소득공제(tax deductions)'란 각 과세연도의 소득금액에서 일정액을 공제하는 것을 말한다. 즉 과세표준이 되는 소득의 일부를 공제하는 것이다. 이러한 소득공제로 인한 세부담 절감효과의 크기는 그 공제액에 한계세율을 곱한 금액으로서, 같은 소득공제액이라도 한계세율이 높은 납세의무자가 보다 큰 공제의 혜택을 누릴 수 있다.

법인의 경우 소득공제는 과세연도의 소득금액에서 이월결손금의 공제 및 비과세소득을 차감한 금액을 한도로 하며, 이월공제는 허용되지 않는다.

(2) 세액감면

'세액감면(exemption)'이란 특정소득에 실효세율을 곱하여 계산한 금액의 일부 · 전부(전부인 경우는 면제)를 해당 과세연도 산출세액에서 공제하는 것을 말한다. 그 조세부담 절감효과의 크기는 감면대상소득에 실효세율을 곱하여 계산한 금액에 감면비율을 곱한 것과 같다. 감면세액은 다음과 같이 계산한다.

$$\text{법인세 세액감면} = \text{산출세액} \times \frac{(\text{감면소득} - \text{이월결손금 등 공제})}{\text{과세표준}} \times \text{감면율}$$

$$\text{소득세 세액감면} = \text{산출세액} \times \frac{\text{감면대상소득금액}}{\text{종합소득금액}} \times \text{감면율}$$

1) 기간제한이 있는 세액감면 : 감면대상소득이 최초로 발생한 과세연도와 그 후 일정한 과

세연도까지 발생한 경우에 한정하여 감면하는 유형으로 창업중소기업 등에 대한 세액감면 등 대부분의 세액감면에 기간제한이 있다.

2) 기간제한이 없는 세액감면 : 감면대상소득이 발생하면 시기의 제한이 없이 감면하는 유형이며, 대표적으로 중소기업 특별세액감면이 있다.

(3) 세액공제

'세액공제(tax credits)'란 해당 과세연도의 산출세액(개인사업자의 경우 사업소득에 대한 산출세액)에서 일정한 금액을 공제하는 것을 말한다. 즉 특정소득의 발생여부에 관계없이 일정한 투자액의 일정비율에 해당하는 금액을 산출세액에서 공제하는 것을 말한다. 그 세부담 절감효과의 크기는 세액공제액 그 자체가 된다. 그러므로 직면하는 한계세율이 서로 다르더라도 같은 세부담의 절감효과가 나타난다.

(4) 그 밖의 직접감면

1) 비과세 : 일정한 소득에 대하여 과세소득에서 제외하는 것을 말한다. 처음부터 국가가 과세권을 포기한 것이므로 비과세를 받기 위한 신청절차를 필요로 하지 않는다. 이러한 비과세되는 소득은 과세표준에 합산되지 않으며, 그 세금혜택의 크기는 비과세금액에 한계세율을 곱하여 계산한 금액이 된다.

2) 경감세율 및 분리과세 : 일정한 이자 · 배당소득에 대한 저율과세 · 분리과세, 농업협동조합법인 등에 대한 당기순이익과세 등이 있다.

2. 간접감면

(1) 일시상각충당금과 압축기장충당금의 손금산입

본래 자산의 양도차익은 익금에 해당한다. 그러나 일정한 자산의 양도차익은 일시상각충당금 · 압축기장충당금을 설정하여 손금에 산입할 수 있다. 이처럼 손금에 산입한 금액은 나중에 감가상각비와 상계되거나 처분이익에 포함되어 세부담의 증가를 초래하므로 법인세의 부담을 이연하는 제도라고 할 수 있다.

(2) 3년거치 3년간 등 분할 익금산입

법인이 자산을 양도함으로써 발생하는 양도차익은 해당 양도일이 속하는 사업연도의 익금에 해당한다. 그런데 조세특례제한법은 일정한 자산의 양도차익에 대해 3년(4년 · 5년)거치 3년간 분할하여 익금산입하는 방법으로 과세이연을 받을 수 있는 제도를 두고 있다.

(3) 양도소득세 이월과세

1) 의의 : '이월과세'란 개인이 해당 사업에 사용되는 사업용고정자산 등(이하 '종전사업용고정

자산 등')을 현물출자 등을 통하여 법인에게 양도하는 경우, 이를 양도하는 개인에게는 양도소득세를 과세하지 않고, 그 대신 이를 양수한 법인이 그 사업용고정자산 등을 양도하는 때에 양도소득산출세액 상당액*을 법인세로 납부하는 것을 말한다.

* 여기서 '양도소득산출세액 상당액'은 개인이 종전사업용고정자산 등을 그 법인에 양도한 날이 속하는 과세기간에 다른 양도자산이 없다고 계산한다.

2) 양도소득세 이월과세의 적용례

종류	적용대상
중소기업간 통합에 대한 양도소득세의 이월과세	중소기업간 통합으로 인해 소멸되는 중소기업(거주자가 경영)이 사업용고정자산을 신설 · 존속법인에게 양도하는 경우
법인전환에 대한 양도소득세의 이월과세	거주자가 사업용고정자산을 현물출자하거나 사업양수도방법에 따라 법인으로 전환하는 경우
농업인의 현물출자에 대한 이월과세	농업인이 영농조합법인 · 농업회사법인에게 농작물생산업 · 축산업 · 임업에 직접 사용되는 부동산(농지 · 초지는 제외)을 현물출자하는 경우

(4) 양도소득세 과세이연

1) 의의 : '과세이연'이란 공장의 이전 등을 위해 개인이 해당 사업에 사용되는 사업용고정자산 등(이하 '종전사업용고정자산 등')을 2023년 12월 31일까지 양도하고 양도일부터 1년 이내에 그 양도가액으로 다른 사업용고정자산 등(이하 '신사업용고정자산 등')을 대체 취득한 경우, 종전사업용고정자산 등의 양도에 따른 양도차익 중 다음의 과세이연금액에 대해서는 양도소득세를 과세하지 않되, 신사업용고정자산 등을 양도할 때의 신사업용고정자산 등의 취득가액에서 과세이연금액을 뺀 금액을 취득가액으로 보고 양도소득세를 과세하는 것을 말한다.

$$\text{과세이연금액} = \begin{array}{c}\text{종전사업용고정자산 등의} \\ \text{양도에 따른 양도차익}\end{array} \times \frac{\text{신사업용고정자산 등의 취득가액}}{\text{종전사업용고정자산 등의 양도가액}}$$

2) 과세이연의 적용례 : 사업전환 무역조정지원기업에 대한 과세특례(종전 규정)

사업전환 무역조정지원기업을 영위하는 거주자가 제조업 등으로 전환하기 위해 전환전 사업용고정자산을 양도하고 그 양도가액으로 전환사업의 사업장 건물 및 그 부속토지를 취득한 경우에는 전환전 사업용고정자산을 양도함에 따라 발생하는 양도차익에 대해 과세이연을 받을 수 있다.

조특 01

Ⅲ. 조세중과제도

1. 임대보증금 등의 간주익금

차입금이 자기자본의 2배를 초과하는 영리내국법인으로서 부동산임대업을 주업으로 하는 법인이 주택을 제외한 부동산 등을 대여하고 보증금 · 전세금을 받은 경우에는, 간주임대료 상당액을 익금에 가산한다.

2. 정부투자기관 등의 접대비 한도 축소

정부투자기관 · 정부출자기관 등의 법인에 대해서는 각 사업연도 소득금액의 계산에 있어서 손금에 산입하는 접대비는 그 한도액의 70%에 상당하는 금액으로 한다.

제2장 중소기업 및 연구인력개발에 대한 조세특례

제1절 중소기업에 대한 조세특례

Ⅱ-2 p.17

조특 02

Ⅰ. 서설

우리나라 기업환경에 있어서 중소기업은 자금력이나 인적자원측면에서 대기업에 비해 취약하다고 할 수 있다. 하지만 중소기업은 급변하는 기업환경에 능동적으로 대처할 수 있는 기업형태이며, 국민경제의 기반이자 국제경쟁력의 원천이라고 할 수 있으므로, 중소기업의 육성 · 발전은 우리 경제의 매우 중요한 과제이다.

Ⅱ. 중소기업의 범위

'중소기업'이란 다음의 요건을 모두 갖춘 기업을 말한다. 다만, 자산총액이 5천억원 이상인 경우에는 중소기업으로 보지 않는다(이하 '중소기업 졸업기준').

(1) 규모기준

매출액이 업종별로 정한 중소기업기준 이내인 기업이어야 한다.

(2) 실질적 독립성기준

소유 · 경영의 실질적인 독립성이 다음 모두의 기준에 적합해야 한다.

① 공시대상기업집단에 속하는 회사에 해당하지 않을 것. 여기서 '공시대상기업집단'은 해당 기업집단에 속하는 국내 회사들의 공시대상기업집단 지정 직전 사업연도의 재무상태표상 자산총액의 합계액이 5조원 이상인 기업집단으로 한다.

② 자산총액이 5천억원 이상인 법인(외국법인을 포함하되, 비영리법인 및 벤처투자회사 등은 제외)이 주식 등(의결권 없는 주식은 제외)의 30% 이상을 직접 · 간접적으로 소유한 경우로서 최다출자자인 기업이 아닐 것

③ 관계기업에 속하는 기업의 경우에는 관계기업의 매출액이 중소기업기준에 해당하는 기업일 것

(3) 제외업종 및 제외법인 기준

1) 제외업종 : 다음 사업을 주된 사업으로 영위하지 않아야 한다.

① 부동산임대업

② 소비성서비스업 : 다음 중 어느 하나에 해당하는 사업을 말한다.

㉠ 호텔업 및 여관업(관광진흥법에 따른 관광숙박업은 제외)

㉡ 주점업[일반유흥주점업, 무도유흥주점업 및 「식품위생법 시행령(제21조)」에 따른 단란주점 영업만 해당하되, 관광진흥법에 따른 외국인전용유흥음식점업 및 관광유흥음식점업은 제외]

㉢ ⓐ 무도장 운영업, ⓑ 기타 사행시설 관리 및 운영업(관광진흥법 또는 「폐광지역 개발 지원에 관한 특별법」에 따라 허가를 받은 카지노업은 제외), ⓒ 유사 의료업 중 안마를 시술하는 업, ⓓ 마사지업

2) 제외법인 : 부동산임대업을 주된 사업으로 하는 등의 요건을 갖춘 소규모 법인*이 아닌 법인이어야 한다.

* 업무추진비 한도액 50% 축소 대상 법인과 같다.

참 고 중소기업의 판정특례

1. 규모확대 등의 경우 : 중소기업이 그 규모의 확대 등으로 중소기업 졸업기준에 해당되거나 중소기업기준(또는 관계기업 매출액의 중소기업기준) 요건을 갖추지 못하게 되어 중소기업에 해당하지 않게 된 때에는 **최초로 그 사유가 발생한 날이 속하는 과세연도와 그 다음 5개 과세연도**(최초로 그 사유가 발생한 날이 속하는 과세연도 종료일부터 5년이 되는 날이 속하는 과세연도 종료일 현재 유가증권시장 및 코스닥시장에 상장되어 있는 경우에는 7개 과세연도)**까지는 이를 중소기업으로 보고**, 해당 기간(이하 '유예기간'이라 한다)이 경과한 후에는 과세연도별로 중소기업 해당 여부를 판정한다. 다만, 중소기업이 다음 중 어느 하나의 사유로 중소기업에 해당하지 않게 된 경우에는 유예기간을 적용하지 않고, 유예기간 중에 있는 기업에 대해서는 해당 사유가 발생한 날(아래 ②에 따른 유예기간 중에 있는 기업이 중소기업과 합병하는 경우에는 합병일)이 속하는 과세연도부터 유예기간을 적용하지 않는다.

① 중소기업기본법에 따른 중소기업 외의 기업과 합병하는 경우

② 유예기간 중에 있는 기업과 합병하는 경우

③ 실질적 독립성 요건(관계기업 매출액의 중소기업기준 요건은 제외)을 갖추지 못하게 되는 경우

④ 창업일이 속하는 과세연도 종료일부터 2년 이내의 과세연도 종료일 현재 중소기업기준을 초과하는 경우

	최초		←─── 5년			───→		
A기업	×1	×2	×3	×4	×5	×6	×7	×8	×9
	900	1,100	1,200	1,300	1,400	1,340	1,250	940	1,300
중소기업 (식료품 제조업)	○	○	○	○	○	○	○	○	×

5년 유예기간(딱 한번만 적용)
중소기업(간주)

2. 범위기준이 개정되는 경우 : 기업이 중소기업기본법 시행령 별표의 개정으로 인하여 새로이 중소기업에 해당하게 되는 때에는 그 사유가 발생한 날이 속하는 과세연도부터 중소기업으로 보고, 중소기업에 해당하지 않게 되는 때에는 그 사유가 발생한 날이 속하는 과세연도와 그 다음 3개 과세연도까지 중소기업으로 본다. ■

Ⅲ. 조세특례의 내용

1. 창업중소기업 등에 대한 세액감면

(1) 개요

창업중소기업 · 창업보육센터사업자 · 창업벤처중소기업에 대해서는 일정기간 동안 법인세 · 소득세의 50%~100%에 상당하는 세액을 감면한다. 그 취지는 중소기업의 창업을 촉진하여 우리 경제의 경쟁력을 높이는 데 있다.

(2) 감면대상기업의 범위

1) '창업중소기업'이란 제조업 등의 업종으로 창업한 중소기업을 말한다.

여기서 '창업'이란 중소기업을 새로이 설립하여 사업을 개시하는 것을 말하는데, 다음에 해당하는 경우에는 창업으로 보지 않는다.

① 합병 · 분할 · 현물출자 또는 사업의 양수를 통해 종전의 사업을 승계하거나 종전의 사업에 사용되던 자산을 인수 · 매입하여 같은 종류의 사업을 하는 경우. 다만, 다음 중 어느 하나에 해당하는 경우는 제외한다.

㉠ 종전의 사업에 사용되던 자산을 인수 · 매입하여 같은 종류의 사업을 하는 경우 그 자산가액의 합계가 사업개시 당시 사업용자산(토지 · 감가상각자산)의 총가액에서 차지하는 비율이 30% 이하인 경우

㉡ 사업의 일부를 분리하여 해당 기업의 임직원이 사업을 개시하는 경우로서 다음의 요건을 모두 갖춘 경우

• 기업과 해당 임직원 간에 사업 분리에 관한 계약을 체결할 것

• 사업을 개시하는 임직원이 새로 설립되는 기업의 대표자로서 지배주주 등에 해당

하는 해당 법인의 최대주주 · 최대출자자(이하 최대주주 등, 개인사업자의 경우에는 대표자)일 것

② 거주자가 하던 사업을 법인으로 전환하여 새로운 법인을 설립하는 경우

③ 폐업 전의 사업과 같은 종류의 사업을 하는 경우

④ 사업을 확장하거나 다른 업종을 추가하는 경우 등 새로운 사업을 최초로 개시하는 것으로 보기 곤란한 경우

판 례 창업의 범위에서 제외하는 취지 및 그 범위

폐업 전 사업과 같은 종류의 사업을 영위하거나, 사업의 확장, 업종추가 등 새로운 사업을 최초로 개시하였다고 보기 어려운 경우에는 창업의 범위에서 제외하고 있는데, 그 취지는 새로운 사업을 최초로 개시함으로써 원시적인 사업 창출의 효과가 있는 경우에만 세액감면혜택을 주려는 데 있다고 봄이 상당하다. 이러한 관련 규정의 취지 등에 비추어 보면, 종전의 사업에 사용되던 자산을 인수 · 매입하여 같은 종류의 사업을 하는 경우에는 그것이 설령 종전 사업체의 유휴설비를 이용하거나 사실상 폐업한 업체의 자산을 이용하여 사업을 개시하는 경우에 해당하더라도 원시적인 사업창출의 효과가 없으므로, 이는 창업의 범위에서 제외한 '종전의 사업에 사용되던 자산을 인수 · 매입한 경우'에 해당한다고 봄이 타당하다. 그리고 여기에서 말하는 '자산을 인수한 경우'에는 자산을 임차하여 사용하는 경우도 포함된다(2011두11549). ■

2) '창업벤처중소기업'이란 벤처기업 중 다음에 해당하는 기업으로서 창업 후 3년 이내에 벤처기업으로 확인받은 기업을 말하며, 그 업종은 창업중소기업의 업종과 같다.

① 법률에 따른 벤처캐피털투자기업 · 기술우수평가기업

② 연구 · 인력개발을 위한 비용이 해당 과세연도 수입금액의 5% 이상인 중소기업(벤처기업으로 확인을 받은 날이 속하는 과세연도부터 연구개발비의 비율이 5% 이상 계속 유지되어야 함)

3) '에너지신기술중소기업'이란 창업일이 속하는 과세연도와 그 다음 3개 과세연도가 지나지 않은 중소기업으로서 지정받은 에너지신기술중소기업(고효율제품 등을 제조하는 중소기업)을 말한다.

[도 표] 창업중소기업 등에 대한 세액감면

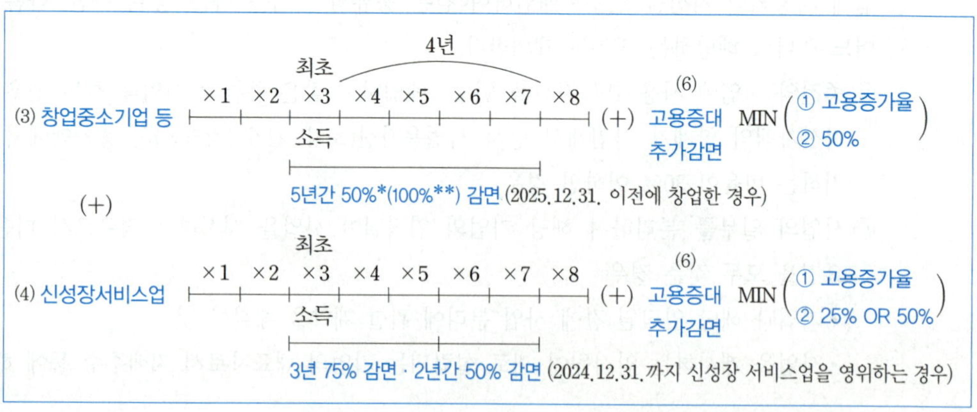

* 창업벤처중소기업 · 에너지신기술중소기업은 창업지역에 관계없이 50% 감면

** 100% 감면대상기업 : ① OR ②

① 수도권 과밀억제권역 외의 지역에서 창업한 청년창업중소기업

② 수도권 과밀억제권역 외의 지역에서 창업한 생계형 창업중소기업

(3) 세액감면의 내용

1) 창업중소기업에 대한 세액감면 : 창업중소기업과 창업보육센터사업자로 지정받은 내국인에 대해서는 해당 사업에서 최초로 소득이 발생한 과세연도*와 그 다음 과세연도의 개시일부터 4년 이내에 끝나는 과세연도까지 해당 사업에서 발생한 소득에 대한 법인세 또는 소득세에 다음의 구분에 따른 비율을 곱한 금액에 상당하는 세액을 감면한다(5년간 100% · 50% 감면, 감면한도 연간 5억원 적용).

* 만일 사업개시일부터 5년이 되는 날이 속하는 과세연도까지 해당 사업에서 소득이 발생하지 않은 경우에는 5년이 되는 날이 속하는 과세연도부터 감면기간을 기산한다.

(1) 창업중소기업의 경우 : 다음의 구분에 따른 비율

구분		감면비율
2025.12.31. 이전에 창업한 경우	① 수도권 과밀억제권역 외의 지역에서 창업한 청년창업중소기업(과밀 외 + 청년)	100%(*주) * 5년간 100% 감면
	② 수도권 과밀억제권역에서 창업한 청년창업중소기업(과밀 + 청년) ③ 수도권 과밀억제권역 외의 지역에서 창업한 창업중소기업(과밀 외 + 일반)	50% * 5년간 50% 감면
2026.1.1. 이후에 창업한 경우	① 수도권 외의 지역 또는 수도권의 인구감소지역에서 창업한 청년창업중소기업(수도권 외 or 수도권 인구감소 + 청년)	100%(*주) * 5년간 100% 감면
	② 수도권(수도권 과밀억제권역과 인구감소지역은 제외)에서 창업한 청년창업중소기업[수도권(과밀 · 인구감소 제외) + 청년]	75% * 5년간 75% 감면
	③ ㉠ 수도권 과밀억제권역에서 창업한 청년창업중소기업과 수도권 외의 지역 또는 ㉡ 수도권의 인구감소지역에서 창업한 창업중소기업[(과밀 + 청년), (수도권 외 or 수도권 인구감소 + 일반)]	50% * 5년간 50% 감면
	④ 수도권(수도권 과밀억제권역과 인구감소지역은 제외)에서 창업한 창업중소기업[수도권(과밀 · 인구감소 제외) + 청년]	25% * 5년간 25% 감면

(*주) 이처럼 100% 감면받은 과세연도의 경우 최저한세를 배제한다.

⑵ 창업보육센터사업자*의 경우 : 50%

* 중소기업 창업의 성공가능성을 높이기 위하여 창업기업에게 시설 및 장소 등의 지원을 주된 목적으로 하는 사업을 영위하는 사업자로서, 중소기업창업지원법 규정에 따라 지정받은 내국인을 말한다.

[도 표] 창업중소기업 등에 대한 감면

<table>
<tr><th rowspan="2">2025.12.31. 이전에
창업한 창업중소기업의 구분</th><th colspan="2">창업한 지역</th></tr>
<tr><th>수도권 과밀억제권역 외의 지역</th><th>수도권 과밀억제권역</th></tr>
<tr><td>청년</td><td>5년간 100% 감면
(위 도표 ①)</td><td>5년간 50% 감면
(위 도표 ②)</td></tr>
<tr><td>일반</td><td>5년간 50% 감면
(위 도표 ③)</td><td>(감면 없음)</td></tr>
</table>

<table>
<tr><th rowspan="3">2026.1.1. 이후에
창업한 창업중소기업의 구분</th><th colspan="3">창업한 지역</th></tr>
<tr><th colspan="2">수도권 과밀억제권역 외의 지역</th><th rowspan="2">수도권
과밀억제권역</th></tr>
<tr><th>수도권 외 지역
수도권 인구감소지역</th><th>수도권
(성장관리+자연보전)</th></tr>
<tr><td>청년</td><td>5년간 100% 감면
(위 도표 ①)</td><td>5년간 75% 감면
(위 도표 ②)</td><td>5년간 50% 감면
(위 도표 ③·㉠)</td></tr>
<tr><td>일반</td><td>5년간 50% 감면
(위 도표 ③·㉡)</td><td>5년간 25% 감면
(위 도표 ④)</td><td>(감면 없음)</td></tr>
</table>

참 고 청년창업중소기업의 범위와 적용례

1. '청년창업중소기업'이란 2027년 12월 31일 이전에 창업한 중소기업으로서 대표자[소득세법에 따른 공동사업장의 경우에는 손익분배비율이 가장 큰 사업자(손익분배비율이 가장 큰 사업자가 둘 이상인 경우에는 그 모두를 말한다. 이하 같다)를 말한다]가 다음의 구분에 따른 요건을 충족하는 기업을 말한다.

① 개인사업자로 창업하는 경우 : **창업 당시 15세 이상 34세 이하인 사람**. 다만, 병역을 이행한 경우에는 그 기간(6년을 한도로 한다)을 창업 당시 현재 연령에서 빼고 계산한 연령이 34세 이하인 사람을 포함한다.

② 법인으로 창업하는 경우 : 다음의 요건을 모두 갖춘 사람

㉠ 위 ①의 요건을 갖출 것

㉡ 「법인세법 시행령(제43조 ⑦)」에 따른 지배주주 등으로서 해당 법인의 최대주주(또는 최대출자자)일 것

2. 청년창업중소기업의 대표자가 감면기간 중 위 ②·㉡의 요건을 충족하지 못하게 되거나 개인사업자로서 손익분배비율이 가장 큰 사업자가 아니게 된 경우에는 해당 사유가 발생한 날이 속하는 과세연도부터 남은 감면기간 동안 해당 사업에서 발생한 소득에 대한 법인세 또는 소득세에 다음의 구분에 따른 비율을 곱한 금액에 상당하는 세액을 감면한다.

구분		감면비율
2025.12.31. 이전에 창업한 경우	수도권과밀억제권역 외의 지역에서 창업한 경우	50%
	수도권과밀억제권역에서 창업한 경우	0%
2026.1.1. 이후에 창업한 경우	수도권 외의 지역 또는 수도권의 인구감소지역에서 창업한 경우	50%
	수도권(수도권과밀억제권역과 인구감소지역은 제외)에서 창업한 경우	25%
	수도권과밀억제권역에서 창업한 경우	0%

2) 창업벤처중소기업에 대한 세액감면 : 창업벤처중소기업의 경우에는 그 벤처기업으로 확인받은 날 이후 최초로 소득이 발생한 과세연도*와 그 다음 과세연도의 개시일부터 4년 이내에 끝나는 과세연도까지 해당 사업에서 발생한 소득에 대한 법인세 또는 소득세의 50%에 상당하는 세액을 감면한다(5년간 50% 감면). 다만, 창업중소기업에 대한 세액감면을 적용받는 경우는 제외하며, 감면기간 중 다음 중 어느 하나의 사유가 있는 경우에는 다음 구분에 따른 날이 속하는 과세연도부터 감면을 적용하지 않는다.

* 만일 벤처기업으로 확인을 받은 날부터 5년이 되는 날이 속하는 과세연도까지 해당 사업에서 소득이 발생하지 않는 경우에는 5년이 되는 날이 속하는 과세연도부터 감면기간을 기산한다.

① 벤처기업의 확인이 취소된 경우 : 취소일

② 「벤처기업육성에 관한 특별법(제25조 ②)」에 따른 벤처기업확인서의 유효기간이 만료된 경우(해당 과세연도 종료일 현재 벤처기업으로 재확인받은 경우는 제외) : 유효기간 만료일

3) 에너지신기술중소기업에 대한 감면 : 에너지신기술중소기업에 해당하는 경우에는 그 해당하는 날 이후 최초로 해당 사업에서 소득이 발생한 과세연도와 그 다음 과세연도의 개시일부터 4년 이내에 끝나는 과세연도까지 해당 사업에서 발생한 소득에 대한 법인세 · 소득세의 50%에 상당하는 세액을 감면한다(5년간 50% 감면). 다만, 창업중소기업 · 창업벤처중소기업에 대한 세액감면을 적용받는 경우는 제외하며, 감면기간 중 에너지신기술중소기업에 해당하지 않게 되는 경우에는 그 날이 속하는 과세연도부터 감면하지 않는다.

* 만일 에너지신기술중소기업에 해당하는 날부터 5년이 되는 날이 속하는 과세연도까지 해당 사업에서 소득이 발생하지 않는 경우에는 5년이 되는 날이 속하는 과세연도부터 감면기간을 기산한다.

(4) 신성장서비스업에 대한 세액감면 우대

(3)의 세액감면 규정에도 불구하고 ① 2024년 12월 31일 이전에 수도권과밀억제권역 외의 지역에서 창업한 창업중소기업(청년창업중소기업은 제외), ② 2024년 12월 31일까지 벤처기업으로 확인받은 창업벤처중소기업 및 ③ 2024년 12월 31일까지 에너지신기술중소기업에 해당하는 경우로서, 신성장서비스업을 영위하는 기업의 경우에는 최초로 세액을 감면받는 과세연도와 그 다음 과세연도의 개시일부터 2년 이내에 끝나는 과세연도에는 법인세 또는 소득세의 75%에 상당하는 세액을 감면하고, 그 다음 2년 이내에 끝나는 과세연도에는 법인세 또

는 소득세의 50%에 상당하는 세액을 감면한다(3년간 75% 감면 → 2년간 50% 감면, 감면한도 연간 5억원 적용).

(5) 생계형 창업중소기업에 대한 세액감면 우대

(3)의 1)과 (4)의 세액감면 규정에도 불구하고 2027년 12월 31일 이전에 창업한 창업중소기업(청년창업중소기업은 제외)에 대해서는 최초로 소득이 발생한 과세연도와 그 다음 과세연도의 개시일부터 4년 이내에 끝나는 과세연도까지의 기간에 속하는 과세연도의 수입금액* 이 8,000만원 이하인 경우(이른바 '생계형 창업중소기업'인 경우) 그 과세연도에 대한 법인세 또는 소득세에 다음의 구분에 따른 감면비율을 곱한 금액에 상당하는 세액을 감면한다(5년간 100%·50% 감면, 감면한도 연간 5억원 적용). 다만, 창업벤처중소기업에 대한 세액감면 또는 에너지신기술중소기업에 대한 세액감면을 적용받는 경우는 제외한다.

* 과세기간이 1년 미만인 과세연도의 수입금액은 1년으로 환산한 총수입금액을 말한다.

구분		감면비율
2025.12.31. 이전에 창업한 경우	① 수도권 과밀억제권역 외의 지역에서 창업한 경우(과밀 외 + 생계형)	100%(*주) * 5년간 100% 감면
	② 수도권 과밀억제권역에서 창업한 경우(과밀 + 생계형)	50% * 5년간 50% 감면
2026.1.1. 이후에 창업한 경우	① 수도권 외의 지역 또는 수도권의 인구감소지역에서 창업한 경우(수도권 외 or 수도권 인구감소 + 생계형)	100%(*주) * 5년간 100% 감면
	② 수도권(수도권 과밀억제권역과 인구감소지역은 제외)에서 창업한 경우[수도권(과밀·인구감소 제외) + 생계형]	75% * 5년간 75% 감면
	③ 수도권 과밀억제권역에서 창업한 경우(과밀 + 생계형)	50% * 5년간 50% 감면

(*주) 이처럼 100% 감면받은 과세연도의 경우 최저한세를 배제한다.

(6) 고용증대에 따른 추가 세액감면

앞의 (3), (4) 및 (5)에 따라 감면을 적용받는 업종별최소고용인원 이상을 고용하는 창업중소기업, 창업보육센터사업자, 창업벤처중소기업 및 에너지신기술중소기업의 앞의 (3), (4) 및 (5)의 감면기간 중 해당 과세연도의 상시근로자 수가 직전 과세연도의 상시근로자 수*보다 큰 경우에는 다음의 금액을 (3), (4) 및 (5)에 따른 감면세액에 더하여 감면한다(추가 세액감면, 감면한도 연간 5억원 적용). 다만, (3)·(5)에 따라 100%에 상당하는 세액을 감면받는 과세연도에는 고용증대에 따른 추가 세액감면을 적용하지 않는다.

* 직전 과세연도의 상시근로자 수가 업종별최소고용인원에 미달하는 경우에는 업종별최소고용인원을 직전 과세연도의 상시근로자 수로 한다.

추가 세액감면* = 해당 사업에서 발생한 소득에 대한 법인세 또는 소득세×감면율[MIN(①, ②)]
* 추가 감면받은 부분은 최저한세를 적용하지 않는다(조특법 132 ① (4), ② (4)).

① 고용 증가율* = $\dfrac{\text{(해당 과세연도의 상시근로자 수} - \text{직전 과세연도의 상시근로자 수)}}{\text{직전 과세연도의 상시근로자 수}}$

* 1% 미만의 부분은 없는 것으로 한다.

② 한도율 = 50% [(3) · (4) · (5)에 따라 75% 세액감면받은 과세연도의 경우에는 25%]

여기서 '업종별최소고용인원'이란 다음의 업종 구분에 따른 상시근로자 인원수를 말한다.

① 광업 · 제조업 · 건설업 및 물류산업의 경우 : 10명
② 그 밖의 업종의 경우 : 5명

(7) 감면한도

각 과세연도에 (3)~(6)에 따라 감면받는 세액의 합계액이 5억원을 초과하는 경우에는 그 초과하는 금액은 감면하지 않는다.

각 과세연도 감면받은 세액의 합계액 − 5억원(감면한도) = 초과액 → 감면배제

2. 중소기업에 대한 특별세액감면

제조업 등 감면업종을 경영하는 중소기업에 대해서는 다음의 세액상당액을 감면한다.

세액감면액 = MIN(①, ②)

① 해당 사업장에서 발생한 소득에 대한 법인세 · 소득세×감면비율(아래 도표)
② 감면한도 : 다음의 구분에 따른 금액
㉠ 해당 과세연도의 상시근로자 수가 직전 과세연도의 상시근로자 수보다 감소한 경우 : [1억원 − (감소한 상시근로자 수×1명당 500만원)]
㉡ 그 밖의 경우 : 1억원

규모	사업장 소재	일반적인 감면업종	도 · 소매업, 의료업	출판업
소기업	수도권	20%	10%	−
	수도권 외의 지역	30%		
중기업	수도권	−	−	10%
	수도권 외의 지역	15%	5%	−
성실중소기업	위 도표에 따른 감면비율에 '1.1'을 곱한 감면비율 적용			

여기서 감면비율은 사업장 소재지에 따라 적용하는 것이 원칙이지만, 내국법인의 본점·주사무소가 수도권에 있는 경우에는 모든 사업장이 수도권에 있는 것으로 보고 감면비율을 적용한다.

3. 상생결제 지급금액에 대한 세액공제

(1) 개요

① 중소기업 및 중견기업을 경영하는 내국인이 ② 중소기업 및 중견기업에 지급한 구매대금 중 상생결제제도를 통하여 지급한 금액이 있는 경우로서 ③ 해당 과세연도에 지급한 구매대금 중 약속어음으로 결제한 금액이 차지하는 비율이 직전 과세연도보다 증가하지 않는 경우에는, (2)에 따라 계산한 금액을 법인세 또는 사업소득(부동산임대업에서 발생하는 소득은 포함하지 않는다. 이하 같다)에 대한 소득세에서 공제한다.

(2) 세액공제액

상생결제 지급금액에 대한 세액공제액 = MIN((1), (2))
(1) ① (상생결제제도를 통한 지급금액 중 지급기한이 세금계산서 등의 작성일부터 15일 이내인 금액 − 해당연도 현금성결제금액 감소액)×0.5% + ② (상생결제제도를 통한 지급금액 중 지급기한이 세금계산서 등의 작성일부터 15일 초과 30일 이내인 금액 − 해당연도 현금성결제금액 감소액 중 ①에서 공제한 후 잔액)×0.3% + ③ (상생결제제도를 통한 지급금액 중 지급기한이 세금계산서 등의 작성일부터 30일 초과 60일 이내인 금액 − 해당연도 현금성결제금액 감소액 중 ①·②에서 순서대로 공제한 후 잔액)×0.15% * 위 ①·②·③의 해당 금액이 0보다 작은 경우에는 0으로 한다.
(2) 공제한도 : 해당 과세연도의 법인세·소득세×10%

여기서 '세금계산서 등'란 세금계산서·계산서 및 영수증을 말하며, 해당연도 현금성결제금액 감소액은 다음과 같이 계산한다.

해당연도 현금성결제금액 감소액[(㉠ > ㉡) → (㉠ − ㉡)을 말한다] = (㉠ 직전 과세연도의 지급한 현금성결제금액 − ㉡ 해당 과세연도에 지급한 현금성결제금액)

* 현금성 결제 감소액을 공제대상에서 제외하는 이유 : 어음결제는 유지한 채 현금성 결제를 상생결제로 대체하여 세제혜택을 받는 경우를 방지하기 위해 현금성 결제 감소분을 공제대상에서 제외하는 것이다.

참 고 조세특례제한법상 중견기업의 요건

조세특례제한법에 따른 '중견기업'이란 다음의 요건을 모두 갖춘 기업을 말한다.

① 중소기업이 아닐 것

①-2 「공공기관의 운영에 관한 법률(제4조)」에 따른 공공기관 및 지방공기업법에 따른 지방공기업에 해당하는 기관이 아닐 것

② 다음 중 어느 하나에 해당하는 업종을 주된 사업으로 영위하지 않을 것. 이 경우 둘 이상의 서로 다른 사업을 영위하는 경우에는 사업별 사업수입금액이 큰 사업을 주된 사업으로 본다.

㉠ 소비성서비스업

㉡ 금융업, 보험·연금업, 금융·보험 관련 서비스업

㉢ 부동산임대업

③ 소유와 경영의 실질적인 독립성이 다음 중 어느 하나에 해당하지 않는 기업일 것

㉠ 상호출자제한기업집단에 속하는 기업

㉡ 상호출자제한기업집단 지정기준 자산총액 이상인 기업 또는 법인(외국법인 포함)이 해당 기업의 주식(의결권 없는 주식은 제외)의 30% 이상을 직접·간접적으로 소유하면서 최다출자자인 기업

④ 직전 3개 과세연도의 매출액(과세연도가 1년 미만인 과세연도의 매출액은 1년으로 환산한 매출액을 말한다)의 평균금액이 3,000억원(연구·인력개발비에 대한 세액공제 적용시 중견기업은 5,000억) 미만인 기업일 것

구분	위 ④의 매출액 기준
조세특례제한법상 일반적인 조세특례	직전 3개 과세연도의 매출액의 평균금액 < 3,000억원
연구·인력개발비에 대한 세액공제	직전 3개 과세연도의 매출액의 평균금액 < 5,000억원

⑤ 부동산임대업을 주된 사업으로 하는 등의 요건을 갖춘 소규모 법인*이 아닐 것

* 업무추진비 한도액 50% 축소 대상 법인과 같다. ■

[도 표] 상생결제 지급금액에 대한 세액공제

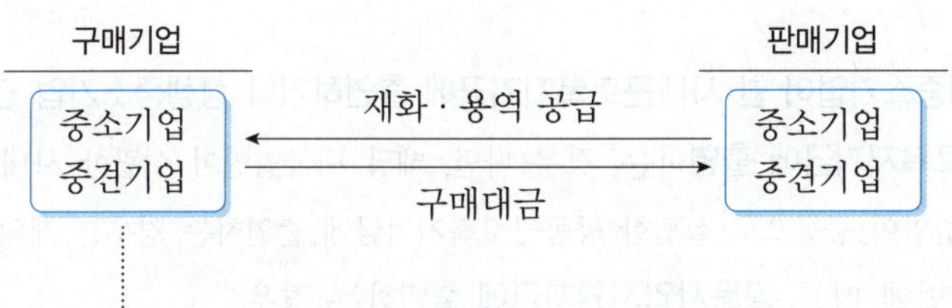

세액공제

세액공제액 = MIN(①, ②)

① (상생결제제도를 통한 지급금액－현금성결제금액 감소액)×0.5%·0.3%·0.15%

② 법인세·소득세×10%

참 고 상생결제 지급금액에 대한 세액공제에 대한 용어정의

1. 구매대금 : 구매기업이 그 기업의 사업 목적에 맞는 경상적 영업활동과 관련하여 판매기업으로부터 재화·용역을 제공받고 그 대가로 지급하는 금액

2. 상생결제제도 : 다음의 요건을 모두 충족하는 결제방법을 말한다.

① 판매기업이 구매기업으로부터 판매대금으로 받은 외상매출채권을 담보로 다른 판매기업에 새로운 외상매출채권을 발행하여 구매대금을 지급할 것

② 여러 단계의 하위 판매기업들이 구매기업이 발행한 외상매출채권과 동일한 금리조건의 외상매출채권으로 판매대금을 지급할 것

③ 외상매출채권의 지급기한이 세금계산서 등의 작성일부터 60일 이내일 것

④ 금융기관이 판매기업에 대해 상환청구권을 행사할 수 없는 것으로 약정될 것

3. 현금성결제 금액 : 환어음 등 지급금액(환어음·판매대금추심의뢰서로 결제한 지급금액은 대금결제기한이 세금계산서 등의 작성일부터 60일 이내이고 금융기관이 판매기업에 대해 상환청구권을 행사할 수 없는 것으로 약정된 것에 한정)을 말한다. ■

4. 상생협력을 위한 기금 출연시 세액공제

(1) 개요

1) 출연금에 대한 세액공제 : 내국법인이 상생협력을 위하여 다음 중 어느 하나에 해당하는 출연을 하는 경우에는 해당 출연금의 10%에 상당하는 금액을 출연한 날이 속하는 사업연도의 법인세에서 공제한다. 다만, 해당 출연금이 특수관계인을 지원하기 위해 사용된 경우 그 금액에 대해서는 공제하지 않는다.

① 법률에 따른 협력중소기업에 대한 보증·대출지원을 목적으로 신용보증기금·기술보증기금에 출연하는 경우

② 법률에 따른 대·중소기업·농어업협력재단·농어촌상생협력기금(이하 '협력재단')에 출연하는 경우

③ 법률에 따른 상생중소기업이 한 사내근로복지기금에 출연하거나 상생중소기업 간에 공동으로 설립한 공동근로복지기금에 출연하는 경우(다만, 해당 내국법인이 설립한 사내근로복지기금 또는 해당 내국법인이 공동으로 설립한 공동근로복지기금에 출연하는 경우는 제외)

④ 중소기업협동조합법에 따른 공동사업지원자금에 출연하는 경우

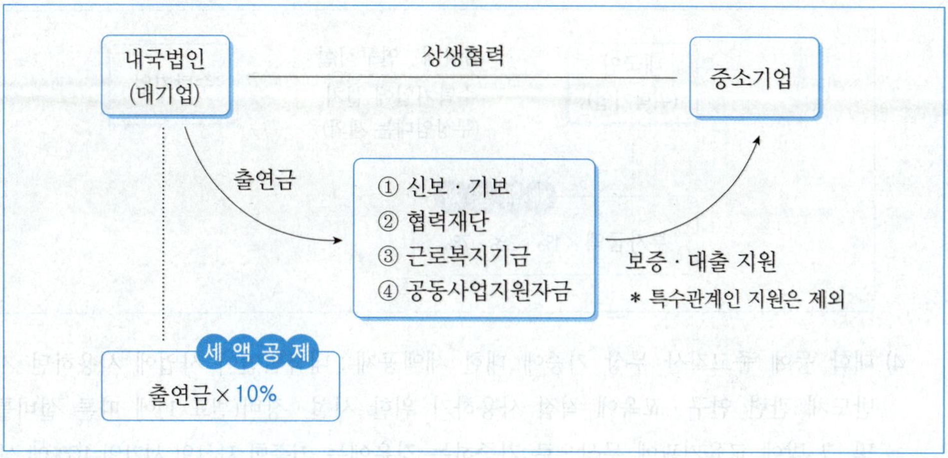

2) 무상임대에 대한 세액공제 : 내국법인이 협력중소기업(해당 내국법인의 특수관계인인 경우는 제외)을 지원하기 위해 유형고정자산(연구개발을 위한 연구 · 시험용 자산)을 무상으로 임대하는 경우에는 유형고정자산 장부가액의 3%에 상당하는 금액을 무상임대를 개시하는 날이 속하는 사업연도의 법인세에서 공제한다.

이 규정에 따라 내국법인이 유형고정자산을 무상으로 임대하는 경우에는 창업보육센터 등과 연계하여 지원하는 창업기업에 유형고정자산을 무상으로 5년 이상 계속 임대해야 한다.

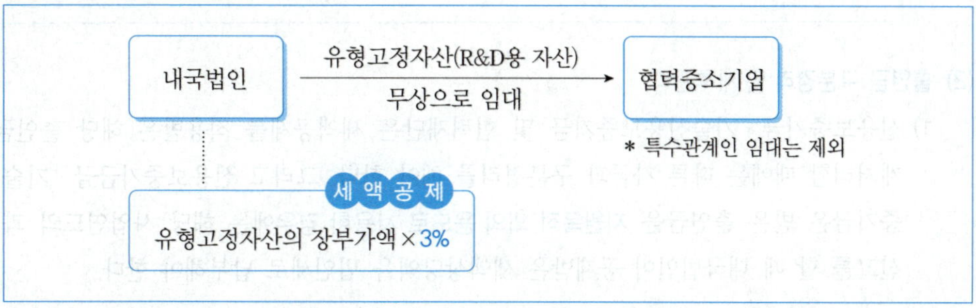

3) 수탁기업에 설치하는 시설에 대한 세액공제 : 내국인(위탁기업)이 법률에 따른 수탁 · 위탁 거래의 상대방인 수탁기업에 검사대 · 연구시설을 설치(위에 따라 무상임대하는 경우는 제외)하는 경우에는 그 투자금액의 1%(중견기업은 3%, 중소기업은 7%)에 상당하는 금액을 법인세 또는 사업소득에 대한 소득세에서 공제한다.

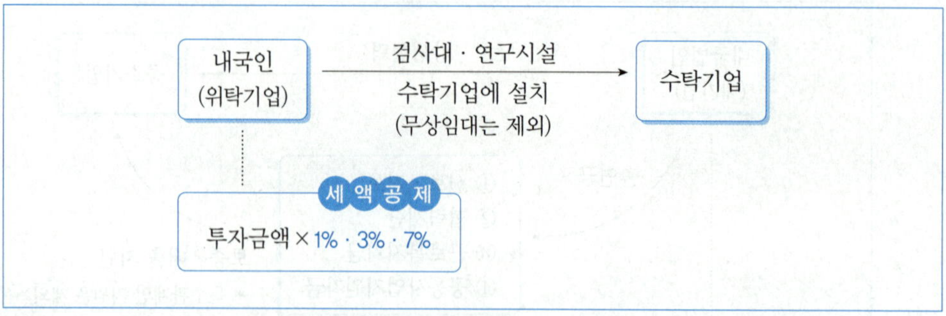

4) 대학 등에 중고자산 무상 기증에 대한 세액공제 : 내국법인이 사업에 사용하던 자산 중 반도체 관련 연구 · 교육에 직접 사용하기 위한 시설 · 장비(별표 1)에 따른 설비를 대학 및 그 밖에 교육기관에 무상으로 기증하는 경우에는 기증한 자산의 시가의 10%에 상당하는 금액을 기증하는 날이 속하는 사업연도의 법인세에서 공제한다.

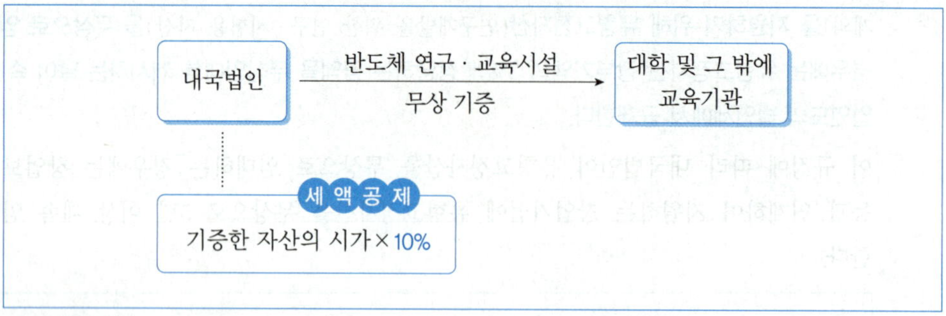

(2) 출연금 구분경리 및 사후관리

1) 신용보증기금 · 기술신용보증기금 및 협력재단은 세액공제를 적용받은 해당 출연금을 회계처리할 때에는 다른 자금과 구분경리를 해야 한다. 그리고 신용보증기금금 · 기술신용보증기금은 받은 출연금을 지원목적 외의 용도로 사용한 경우에는 해당 사업연도의 과세표준신고를 할 때 내국법인이 공제받은 세액상당액을 법인세로 납부해야 한다.

2) 내국법인이 무상임대 개시일 이후 5년 이내에 해당 유형고정자산의 무상임대를 종료하는 경우에는 해당 사업연도의 과세표준신고를 할 때 내국법인이 공제받은 세액상당액을 법인세로 납부해야 한다.

참 고 일반기업보다 우대되는 그 밖의 중소기업에 대한 세제지원

1) 통합투자세액공제 적용시 높은 공제율 적용
2) 통합고용세액공제 적용시 높은 공제율 적용
3) 연구 · 인력개발비 세액공제 전액에 대해 최저한세 적용배제
4) 일반기업에서는 허용하지 않는 기술이전소득에 대한 세액감면 및 기술취득에 대한 세액공제 적용

5) 구조조정을 위한 조세특례

• 중소기업간 통합에 대한 사업용 고정자산에 대한 양도소득세 이월과세

6) 수도권 과밀억제권역 밖으로 이전하는 중소기업에 대한 세액감면 적용

7) 조세특례의 제한 완화

① 중소기업의 경우 대체투자에 대한 세액공제 허용

② 감면전 과세표준에 대한 법인세 최저한세 적용세율을 일반기업은 최저세율이 10%인데 반해 중소기업은 7%를 적용한다. ■

제2절 연구 및 인력개발에 대한 조세특례

Ⅱ-2 p.44

Ⅰ. 서설

세계화 · 정보화시대에 우리나라 기업이 국제경쟁력을 갖기 위해서는 무엇보다 연구 · 인력개발에 대한 투자가 절실히 필요하다. 이를 위해 현행 조세특례제한법에서는 연구 · 인력개발에 대해서 여러 가지 세제상 지원제도를 마련하고 있다.

[도 표] 연구 및 인력개발에 대한 조세특례 개관

구분	조세특례
Ⅱ. 연구 · 인력개발 지원특례	1. 연구 · 인력개발비에 대한 세액공제 2. 연구개발 관련 출연금 등의 과세특례
Ⅲ. 기술이전 등 지원특례	1. 기술이전에 대한 과세특례 2. 연구개발특구에 입주하는 첨단기술기업 등에 대한 세액감면 3. 기술혁신형 합병에 대한 세액공제 4. 기술혁신형 주식취득에 대한 세액공제
Ⅳ. 창업자금 등 지원특례	1. 벤처투자회사 등의 주식양도차익 등에 대한 비과세 2. 내국법인의 벤처기업 등에의 출자에 대한 과세특례 3. 내국법인의 소재 · 부품 · 장비전문기업 등에의 출자 · 인수에 대한 과세특례 3-2. 벤처투자회사 등의 소재 · 부품 · 장비전문기업 주식양도차익 등에 대한 비과세 4. 창업기업 등에의 출자에 대한 과세특례 5. 벤처투자조합 출자 등에 대한 소득공제

	6. 벤처기업 주식매수선택권 행사이익에 대한 비과세특례 7. 벤처기업 주식매수선택권 행사이익 납부특례 8. 벤처기업 주식매수선택권 행사이익에 대한 과세특례 9. 벤처기업 출자자의 제2차납세의무 면제
Ⅴ. 외국인기술자 등 지원특례	1. 외국인기술자에 대한 소득세 감면 2. 외국인근로자에 대한 과세특례 3. 내국인 우수 인력의 국내복귀에 대한 소득세 감면 4. 성과공유 중소기업의 경영성과급에 대한 세액공제 등

Ⅱ. 연구 · 인력개발 지원특례

1. 연구 · 인력개발비에 대한 세액공제

내국인이 연구 · 인력개발비가 있는 경우에는 다음의 금액을 해당 과세연도의 법인세 또는 사업소득에 대한 소득세에서 공제한다. 이 경우 아래 (1) · (2)는 2029.12.31.((2)의 국가전략기술 중 반도체 분야 기술의 경우 2031.12.31.)까지 발생한 해당 연구 · 인력개발비에 대해서만 적용하며, (1) · (2)를 동시에 적용받을 수 있는 경우에는 납세의무자의 선택에 따라 그 중 하나만을 적용한다(중소기업의 연구 · 인력개발비에 대한 세액공제액은 최저한세 배제).

세액공제액 = (1) + (2) + (3)

(1) 해당 과세연도에 발생한 신성장 · 원천기술 연구개발비 × 공제율

구분	공제율
(1) 중소기업	30% + MIN(해당 과세연도의 $\frac{\text{신성장 · 원천기술 연구개발비}}{\text{수입금액*}}$ × 3배, 10%)
(2) 중소기업 졸업 후 3년 이내 기업(*주)	25% + MIN(해당 과세연도의 $\frac{\text{신성장 · 원천기술 연구개발비}}{\text{수입금액*}}$ × 3배, 10%)
(3) 위 (1)·(2)에 해당하지 않는 일반기업	20% + MIN(해당 과세연도의 $\frac{\text{신성장 · 원천기술 연구개발비}}{\text{수입금액*}}$ × 3배, 10%)

* 수입금액 : 기업회계기준에 따라 계산한 매출액을 말한다(이하 같다).

(*주) 최초로 중소기업에 해당하지 않게 된 과세연도의 개시일부터 3년 이내에 끝나는 과세연도까지의 기업을 말한다.

(2) 해당 과세연도에 발생한 국가전략기술 연구개발비×공제율

구분	공제율
(1) 중소기업	$40\% + \text{MIN}\left(\text{해당 과세연도의 } \dfrac{\text{국가전략기술 연구개발비}}{\text{수입금액}} \times 3\text{배},\ 10\%\right)$
(2) 중소기업 졸업 후 3년 이내 기업(*주)	$35\% + \text{MIN}\left(\text{해당 과세연도의 } \dfrac{\text{국가전략기술 연구개발비}}{\text{수입금액}} \times 3\text{배},\ 10\%\right)$
(3) 위 (1)·(2)에 해당하지 않는 일반기업	$30\% + \text{MIN}\left(\text{해당 과세연도의 } \dfrac{\text{국가전략기술 연구개발비}}{\text{수입금액}} \times 3\text{배},\ 10\%\right)$

(*주) 최초로 중소기업에 해당하지 않게 된 과세연도의 개시일부터 3년 이내에 끝나는 과세연도까지의 기업을 말한다.

(3) 위 (1) 및 (2)에 해당하지 않거나 (1)·(2)를 선택하지 않은 내국인의 연구·인력개발비(이하 '일반연구·인력개발비'라 한다)의 경우 : MAX(①, ②)(다만, ㉠ 해당 과세연도의 개시일부터 소급하여 4년간 일반연구·인력개발비가 발생하지 않거나 ㉡ 직전 과세연도에 발생한 일반연구·인력개발비가 '소급 4년간 발생한 일반연구·인력개발비의 연평균 발생액'보다 적은 경우에는 ②에 해당하는 금액)

① $\underbrace{\left(\begin{matrix}\text{해당 과세연도에 발생한}\\\text{일반연구·인력개발비}\end{matrix} - \begin{matrix}\text{직전 과세연도에 발생한}\\\text{일반연구·인력개발비}\end{matrix}\right)}_{\text{초과발생분}} \times \text{공제율}\begin{pmatrix}\text{중소기업은 }50\%\\\text{중견기업은 }40\%\\\text{일반기업은 }25\%\end{pmatrix}$

② 해당 과세연도에 발생한 일반연구·인력개발비×공제율

구분	공제율(*주)
(1) 중소기업	25%
(2) 중소기업 졸업 후 5년 이내 기업	① 최초로 중소기업에 해당하지 않게 된 과세연도의 개시일부터 3년 이내에 끝나는 과세연도까지 : 20% ② 위 ①의 기간 이후부터 2년 이내에 끝나는 과세연도까지 : 15%
(3) 위 (2)에 해당하지 않는 중견기업	8%
(4) 위 (1)~(3)에 해당하지 않는 일반기업	$\text{MIN}\left(2\%,\ \text{해당 과세연도의 } \dfrac{\text{일반연구·인력개발비}}{\text{수입금액}} \times 50\%\right)$

(*주) 위 도표 (1)~(4)의 공제율 요약

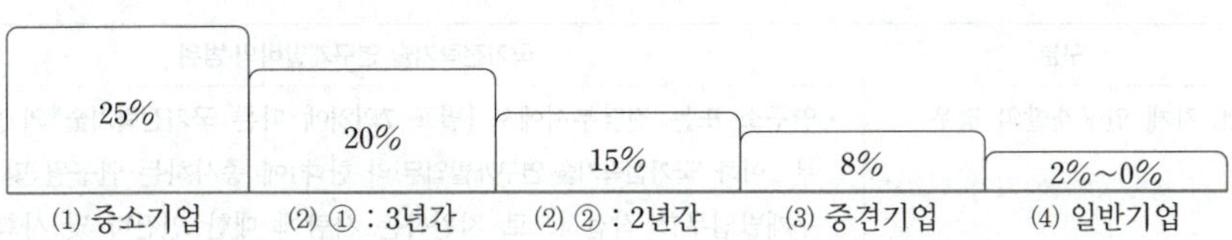

참고 연구 및 인력개발비의 범위

1. 연구 및 인력개발비의 범위 : 연구개발 및 인력개발을 위한 비용으로서 [별표 6]의 연구 · 인력개발비 세액공제를 적용받는 비용을 말한다. 다만, 다음 중 어느 하나에 해당하는 비용은 제외한다.

① 연구개발출연금 등을 지급받아 연구개발비로 지출하는 금액

② 국가, 지방자치단체, 공공기관 및 지방공기업으로부터 출연금 등의 자산을 지급받아 연구개발비 또는 인력개발비로 지출하는 금액

2. 신성장 · 원천기술 연구개발비의 범위 : 신성장 · 원천기술을 얻기 위한 연구개발비로서 다음 구분에 따른 비용을 말한다.

구분	신성장 · 원천기술 연구개발비의 범위(*주1)
① 자체 연구개발의 경우(*주2)	• 연구소 또는 전담부서에서 [별표 7]에 따른 신성장 · 원천기술*의 연구개발업무(이하 '신성장 · 원천기술 연구개발업무'라 한다)에 종사하는 연구원 및 이들의 연구개발업무를 직접적으로 지원하는 사람에 대한 인건비 및 사회보험료 상당액 • 신성장 · 원천기술 연구개발업무를 위하여 지출하는 견본품, 부품, 원재료와 시약류 구입비 및 소프트웨어(인사, 급여 등 일반 사무에 사용하는 소프트웨어는 제외) · 서체 · 음원 · 이미지의 대여 · 구입비 등 • 신성장 · 원천기술 연구개발업무를 위하여 지출하는 종업원 또는 종업원 외의 자에 대한 직무발명 보상금 지급으로 발생한 금액, 기술정보비 또는 도입기술의 소화개량비 등 * 신성장 · 원천기술 : ① 자율 주행차, ② 인공지능, ③ 사물인터넷(IoT : Internet of Things), ④ 반도체 등 소재 · 부품, ⑤ 3D프린팅 등을 말한다.
② 위탁 및 공동연구개발의 경우	• 대학(또는 전문대학), 국공립연구기관 · 정부출연연구기관 등에 신성장 · 원천기술 연구개발업무를 위탁(재위탁 포함)함에 따라 발생하는 비용(전사적 기업자원 관리설비, 판매시점 정보관리 시스템 설비 등 기업의 사업운영 · 관리 · 지원 활동과 관련된 시스템 개발을 위한 위탁비용은 제외) 및 이들 기관과의 공동연구개발을 수행함에 따라 발생하는 비용

(*주1) 다만, ① 연구개발출연금 등을 지급받아 연구개발비로 지출하는 금액, ② 국가, 지방자치단체, 공공기관 및 지방공기업으로부터 출연금 등의 자산을 지급받아 연구개발비 또는 인력개발비로 지출하는 금액은 신성장 · 원천기술 연구개발비의 범위에서 제외한다.

(*주2) 자체 연구개발을 위한 연구개발비가 기업부설연구소 또는 연구개발전담부서의 인정이 취소되는 경우 등의 사유로 인하여 연구개발비에 해당하지 않게 되는 경우에는 인정일이 속하는 과세연도 개시일 등 이후 발생하는 비용에 대하여 연구 · 인력개발비에 대한 세액공제를 적용하지 않는다.

3. 국가전략기술 연구개발비의 범위 : 국가전략기술을 얻기 위한 연구개발비는 다음의 구분에 따른 비용을 말한다.

구분	국가전략기술 연구개발비의 범위
① 자체 연구개발의 경우	• 연구소 또는 전담부서에서 [별표 7의2]에 따른 국가전략기술*의 연구개발업무 (이하 '국가전략기술 연구개발업무'라 한다)에 종사하는 연구원 및 이들의 연구개발업무를 직접적으로 지원하는 사람에 대한 인건비 및 사회보험료 상당액

	• 국가전략기술 연구개발업무를 위하여 지출하는 본품, 부품, 원재료와 시약류 구입비 및 소프트웨어(인사, 급여 등 일반 사무에 사용하는 소프트웨어는 제외) · 서체 · 음원 · 이미지의 대여 · 구입비 등 • 국가전략기술 연구개발업무를 위하여 지출하는 종업원 또는 종업원 외의 자에 대한 직무발명 보상금 지급으로 발생한 금액, 기술정보비 또는 도입기술의 소화개량비 등 * 국가전략기술 : ① 첨단 메모리 반도체 설계 제조 기술, ② 2차전지(배터리) 부품 제조기술, 방어 항원(백신) 제조 기술, ③ 디스플레이 제조 기술, 수소, ④ 미래형 운송 및 이동수단, ⑤ 바이오 의약품, ⑥ 인공지능(AI) 및 ⑦ 그 밖에 분야와 관련된 기술을 말한다.
② 위탁 및 공동연구개발의 경우	• 대학(또는 전문대학), 국공립연구기관 · 정부출연연구기관 등에 국가전략기술 연구개발업무를 위탁(재위탁을 포함한다)함에 따라 발생하는 비용(전사적 기업자원 관리설비, 판매시점 정보관리 시스템 설비 등 기업의 사업운영 · 관리 · 지원 활동과 관련된 시스템 개발을 위한 위탁비용은 제외) 및 이들 기관과의 공동연구개발을 수행함에 따라 발생하는 비용

조특 02

2. 연구개발 관련 출연금 등의 과세특례

(1) 익금불산입

내국인이 연구개발 등을 목적으로 국가, 지방자치단체, 공공기관 또는 지방공기업으로부터 출연금 등의 자산(이하 '연구개발출연금 등'이라 한다)을 받아 구분경리하는 경우에는 연구개발출연금 등에 상당하는 금액을 해당 과세연도의 소득금액을 계산할 때 익금에 산입하지 않을 수 있다.

(2) 익금산입

익금에 산입하지 않은 금액은 다음의 방법에 따라 익금에 산입해야 한다. 이때 그 과세이연 받은 기간에 대한 이자상당액도 익금에 산입해야 한다.

1) 연구개발출연금 등을 해당 연구개발비로 지출하는 경우 : 해당 지출액에 상당하는 금액을 해당 지출일이 속하는 과세연도의 소득금액을 계산할 때 익금에 산입하는 방법

2) 연구개발출연금 등으로 해당 연구개발에 사용되는 자산을 취득하는 경우

① 감가상각자산 : 해당 과세연도의 소득금액을 계산할 때 손금에 산입하는 감가상각비에 상당하는 금액을 익금에 산입하는 방법. 다만, 해당 자산을 처분하는 경우에는 당초 익금에 산입하지 않은 금액 중 이미 익금에 산입하고 남은 잔액을 그 처분한 날이 속하는 과세연도에 전액 익금에 산입한다.

② 위 ① 외의 자산 : 해당 자산을 처분한 날이 속하는 과세연도의 소득금액을 계산할 때 당초 익금에 산입하지 않은 금액 전액을 익금에 산입하는 방법

(3) 사후관리

연구개발출연금 등에 상당하는 금액을 익금에 산입하지 않은 내국인이 그 연구개발출연금 등을 해당 연구개발 목적 외의 용도로 사용하거나 해당 연구개발에 사용하기 전에 폐업·해산하는 경우에는 그 사용하지 않은 금액을 해당 사유가 발생한 날이 속하는 과세연도의 소득금액을 계산할 때 익금에 산입한다.

Ⅲ. 기술이전 등 지원특례

1. 기술이전에 대한 과세특례

(1) 기술이전소득에 대한 세액감면

중소기업·중견기업이 자체 연구·개발한 특허권·실용신안권·기술비법·기술(이하 '특허권 등')을 내국인에게 이전(특수관계인에게 이전한 경우는 제외)함으로써 발생하는 소득에 대해서는 해당 소득에 대한 법인세·소득세의 50%에 상당하는 세액을 감면한다.

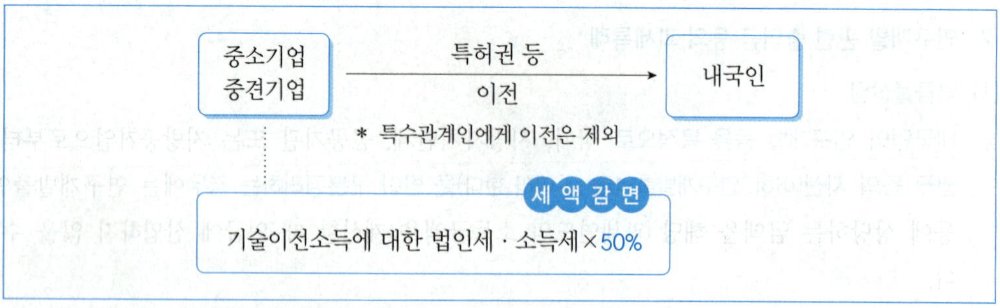

(2) 기술대여소득에 대한 세액감면

중소기업·중견기업이 자체 연구·개발한 특허권 등을 대여(특수관계인에게 대여한 경우는 제외)함으로써 발생하는 소득에 대해서는 해당 소득에 대한 법인세·소득세의 25%에 상당하는 세액을 감면한다.

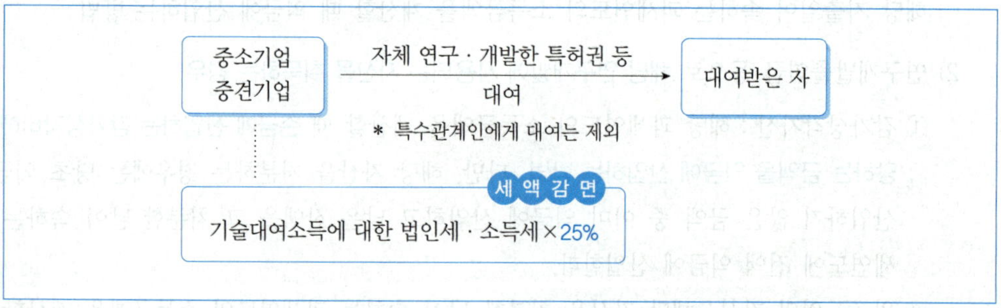

2. 연구개발특구에 입주하는 첨단기술기업 등에 대한 세액감면

대덕연구개발특구에 입주한 기업으로서 첨단기술기업 · 연구소기업이 해당 구역의 사업장에서 생명공학산업 · 정보통신산업 · 정보통신서비스업을 제공하는 산업 및 첨단기술 · 첨단제품산업과 관련된 사업을 하는 경우에는 일정한 한도금액 이내에서 감면대상사업에서 발생한 소득에 대한 법인세 · 소득세를 최초로 소득이 발생한 과세연도의 개시일부터 3년 이내에 끝나는 과세연도까지는 100%에 상당하는 세액을 감면하고, 그 다음 2년 이내에 끝나는 과세연도는 50%에 상당하는 세액을 감면한다(3년간 100% 감면 ➡ 2년간 50% 감면).

3. 기술혁신형 주식취득에 대한 세액공제

(1) 세액공제

내국법인(이하 '인수법인'이라 한다)이 기술혁신형 중소기업(이하 '피인수법인'이라 한다)의 주식 또는 출자지분(이하 '주식 등'이라 한다)을 다음의 요건을 모두 갖추어 취득(특수관계인으로부터 취득한 경우는 제외)하는 경우 매입가액 중 기술가치 금액의 5%에 상당하는 금액을 그 취득한 주식 등이 기준지분비율(50% · 30%)을 최초로 초과하는 사업연도(이하 '기준충족사업연도'이라 한다)의 법인세에서 공제한다.

① 인수법인이 피인수법인의 주식 등을 최초 취득한 날*(이하 '최초취득일'이라 한다) 현재 1년 이상 사업을 계속하던 내국법인 간의 취득일 것

* '최초 취득한 날'이란 인수법인이 피인수법인의 주식 등을 취득일부터 직전 2년 이내의 기간동안 보유한 적이 없는 경우를 말한다. 다만, 인수법인이 「법인세법 시행령(제50조 ②)」에 따른 소액주주 등에 해당하는 기간은 주식 등을 보유한 것으로 보지 않는다.

② ㉠ 인수법인이 최초취득일부터 2년이 되는 날이 속하는 사업연도의 종료일까지 취득한 주식 등이 해당 사업연도의 종료일 현재 피인수법인의 발행주식총수의 50%(인수법인이 피인수법인의 최대출자자로서 피인수법인의 경영권을 실질적으로 지배하는 경우는 30%로 하고, 이하 '기준지분비율'이라 한다)를 초과하고, ㉡ 인수법인이 해당 주식 등을 기준충족사업연도의 종료일까지 보유할 것

③ 인수법인이 최초취득일부터 기준충족사업연도의 종료일까지 취득한 주식 등의 매입가액이 다음의 금액 이상일 것

기준충족사업연도의 피인수법인의 순자산시가*의 130% × 취득한 당초 지분비율**

* '피인수법인의 순자산시가'란 기준충족사업연도의 피인수법인의 자산총액(특허권 등의 가액을 제외한다)에서 부채총액을 뺀 금액을 말한다.

** 최초취득일부터 기준충족사업연도의 종료일까지 취득한 주식 등이 기준충족사업연도의 종료일 현재 피인수법인의 발행주식총수(또는 출자총액)에서 차지하는 비율(이하 '당초 지분비율'이라 한다)을 말한다.

조특 02

④ 피인수법인의 일정한 지배주주 등*이 기준충족사업연도의 종료일에 인수법인 또는 피인수법인의 지배주주 등에 해당하지 않을 것

* '일정한 지배주주 등'이란 피인수법인의 지배주주 등(법인령 43③·⑦) 중 다음 중 어느 하나에 해당하는 자를 제외한 주주 등을 말한다.

① 친족 중 4촌인 혈족

② 최초취득일 현재 피인수법인에 대한 지분비율이 1% 미만이면서 시가로 평가한 그 지분가액이 10억원 미만인 자

③ 최초취득일 기준 피인수법인의 지배주주 등이 기준충족사업연도 종료일 이후 인수법인의 임원에 해당하게 되는 경우로서 인수법인에 대한 지분비율이 1% 미만이면서 피인수법인에 대한 지분비율이 20% 미만인 자

⑤ 피인수법인이 기준충족사업연도의 종료일까지 종전에 영위하던 사업을 계속할 것

[도 표] 기술혁신형 주식취득에 대한 세액공제

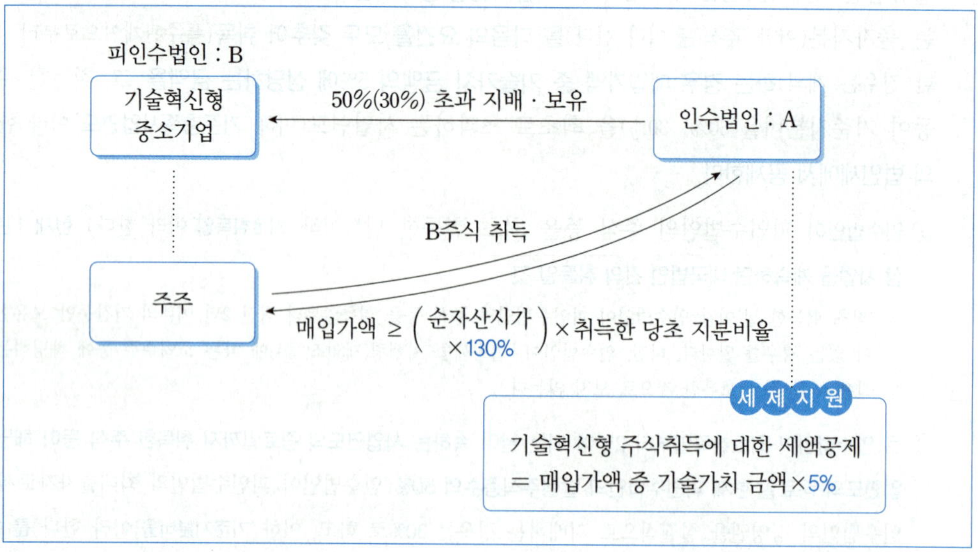

참 고 기술혁신형 중소기업과 기술가치 금액

1. '기술혁신형 중소기업'이란 다음 중 어느 하나에 해당하는 기업을 말한다.

① 최초취득일까지 「벤처기업육성에 관한 특별법(제25조)」에 따라 벤처기업으로 확인받은 기업

② 최초취득일까지 「중소기업 기술혁신 촉진법(제15조)」에 따라 기술혁신형 중소기업으로 선정된 기업

③ 최초취득일이 속하는 사업연도의 직전 사업연도의 연구 · 인력개발비가 매출액의 5% 이상인 중소기업

④ 최초취득일까지 다음 중 어느 하나의 인증 등을 받은 중소기업

- 「산업기술혁신 촉진법(제15조의2)」에 따른 신기술 인증
- 「보건의료기술 진흥법(제8조)」에 따른 보건신기술 인증
- 「산업기술혁신 촉진법(제16조)」에 따른 신제품 인증
- 「제약산업 육성 및 지원에 관한 법률(제7조)」에 따른 혁신형 제약기업 인증

• 「중견기업 성장촉진 및 경쟁력 강화에 관한 특별법(제8조)」에 따른 유망기업 선정

2. '기술가치 금액'이란 벤처기업 평가기관(기술신용보증기금, 중소기업진흥공단, 한국산업기술진흥원, 기술평가기관 및 정보통신산업진흥원)이 최초취득일 전후 3개월 이내에 피인수법인이 보유한 특허권 등을 평가한 금액의 합계액에 기준충족사업연도 종료일 현재의 지분비율을 곱하여 계산한 금액을 말한다. 이 경우 그 계산한 금액은 인수법인이 피인수법인에 지급한 매입가액에서 기준충족사업연도의 피인수법인의 순자산시가에 해당 지분비율을 곱하여 계산한 금액을 뺀 금액을 한도로 한다.

기술가치 금액 = MIN(①, ②)
① 피인수법인이 보유한 특허권 등을 평가한 금액의 합계액 × 지분비율 ② 한도 = [피인수법인에 지급한 매입가액 − (피인수법인의 순자산시가 × 지분비율)]*

* [ ]의 금액이 음수(陰數)인 경우에는 영으로 본다. ■

(2) 사후관리

조특 02

법인세를 공제받은 내국법인이 기준충족사업연도가 속하는 사업연도의 다음 사업연도의 개시일부터 2년(아래 ③의 경우는 기준충족사업연도의 다음 사업연도의 개시일부터 4년) 이내에 다음 중 어느 하나에 해당하는 사유가 발생하는 경우에는 그 사유가 발생한 날이 속하는 사업연도의 과세표준신고를 할 때 공제받은 세액*에 이자상당액을 더한 금액을 법인세로 납부해야 한다.

① 피인수법인의 일정한 지배주주 등이 인수법인 또는 피인수법인의 지배주주 등에 해당하는 경우

② 피인수법인이 종전에 영위하던 사업을 폐지하는 경우

③ 현재 지분비율이 당초 지분비율보다 낮아지는 경우

* 위 ③에 해당하는 경우로서 각 사업연도 종료일 현재 인수법인의 피인수법인 지분비율(이하 '현재 지분비율'이라 한다)이 기준지분비율을 초과하는 경우 : 다음의 금액(지분비율 감소로 이미 납부한 공제세액은 제외)을 말한다.

$$\text{공제받은 세액} \times \frac{(\text{당초 지분비율} - \text{현재 지분비율})}{\text{당초 지분비율}}$$

참고 이자상당액의 계산

$$\text{이자상당액} = \text{공제받은 세액} \times \text{기간}^{*} \times 1\text{일}\ \frac{2.2}{10{,}000}$$

* 기간 : 공제받은 사업연도 종료일의 다음 날부터 납부사유가 발생한 날이 속하는 사업연도의 종료일까지의 기간 ■

Ⅳ. 창업자금 등 지원특례

1. 벤처투자회사 등의 주식양도차익 등에 대한 비과세

(1) 주식양도차익에 대한 법인세 비과세

벤처투자회사 등이 다음 중 어느 하나에 해당하는 주식·출자지분을 양도함으로써 발생하는 양도차익에 대해서는 법인세를 부과하지 않는다.

① 벤처투자회사·창업기획자가 창업기업·벤처기업·신기술창업전문회사(중소기업에 한정. 이하 같다)에 출자함으로써 취득한 주식 등

② 신기술사업금융업자가 신기술사업자·벤처기업·신기술창업전문회사에 출자함으로써 취득한 주식 등

③ 벤처투자회사·창업기획자·벤처기업출자유한회사·신기술사업금융업자가 개인투자조합 및 벤처투자조합·신기술사업투자조합·전문투자조합·농식품투자조합(이하 '벤처투자조합 등')을 통해 창업기업·신기술사업자·벤처기업·신기술창업전문회사에 출자함으로써 취득한 주식 등

④ 기금을 관리·운용하는 법인 또는 공제사업을 하는 법인(이하 '기금운용법인 등')이 벤처투자조합 등을 통해 창업기업·신기술사업자·벤처기업·신기술창업전문회사에 출자함으로써 취득한 주식 등

⑤ 벤처투자회사·신기술사업금융업자가 코넥스시장에 상장한 중소기업(이하 '코넥스상장기업')에 출자함으로써 취득한 주식 등

⑥ 벤처투자회사·벤처기업출자유한회사·신기술사업금융업자가 창투조합 등을 통해 코넥스상장기업에 출자함으로써 취득한 주식 등

⑦ 민간재간접벤처투자조합의 업무집행조합원이 민간재간접벤처투자조합을 통하여 창업기업, 신기술사업자, 벤처기업 또는 신기술창업전문회사에 2025년 12월 31일까지 출자함으로써 득한 주식 또는 출자지분

[도 표] 창투사 등의 출자에 대한 세제지원

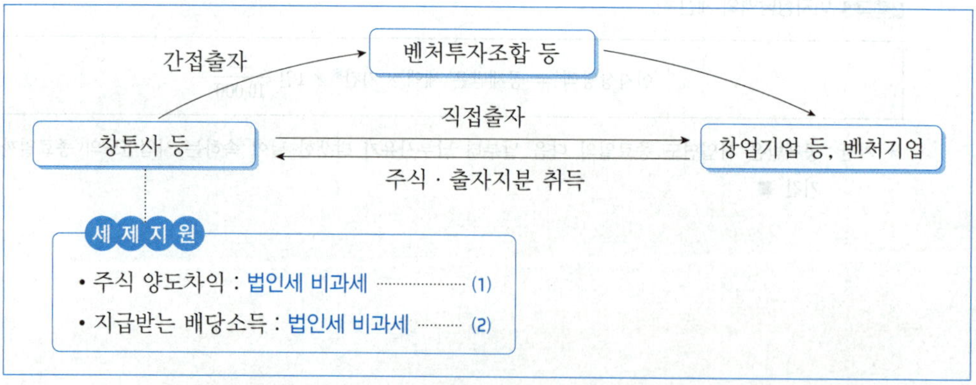

(2) 배당소득에 대한 법인세 비과세

벤처투자회사 · 창업기획자 · 벤처기업출자유한회사 · 신기술사업금융업자가 주식양도차익의 비과세규정에 따른 출자로 인해 창업기업 · 신기술사업자 · 벤처기업 · 신기술창업전문회사 또는 코넥스 상장기업으로부터 받는 배당소득에 대해서는 법인세를 부과하지 않는다.

2. 내국법인의 벤처기업 등에의 출자에 대한 과세특례

(1) 세액공제

내국법인이 다음 중 어느 하나에 해당하는 주식 등을 취득하는 경우 주식 등 취득가액의 5%에 상당하는 금액을 해당 사업연도의 법인세에서 공제한다. 다만, 특수관계인의 주식 등을 취득하는 경우 그 금액에 대해서는 공제하지 않는다.

① 창업기업 · 신기술사업자 · 벤처기업 · 신기술창업전문회사에 출자함으로써 취득한 주식 등

② 창업 · 벤처전문사모집합투자기구 또는 벤처투자조합 등(민간재간접벤처투자조합은 제외)을 통하여 창업기업, 신기술사업자, 벤처기업 또는 신기술창업전문회사에 출자함으로써 취득한 주식 또는 출자지분

세액공제액 = 세액공제 대상 주식 등 취득가액×5%

한편 내국법인이 민간재간접벤처투자조합을 통하여 창업기업, 신기술사업자, 벤처기업 또는 신기술창업전문회사에 출자함으로써 주식 또는 출자지분을 취득하는 경우 다음의 금액을 해당 사업연도의 법인세에서 공제한다. 다만, 특수관계인의 주식 또는 출자지분을 취득하는 경우 그 금액에 대해서는 공제하지 않는다.

세액공제액 = ⑴ + ⑵
⑴ MAX(①, ②) × 5% ① 해당 주식 · 출자지분의 취득가액 ② 민간재간접벤처투자조합에 투자한 금액 × 60% ⑵ 직전 3개 사업연도의 해당 주식 · 출자지분 취득가액의 평균 초과금액* × 3%

* 직전 3개 사업연도의 해당 주식 · 출자지분 취득가액의 평균 초과금액

= (해당 사업연도에 취득한 해당 주식 · 출자지분의 취득가액 − 직전 3개 사업연도의 해당 주식 · 출자지분 취득가액의 평균액)

(2) 주식 또는 출자지분 취득방법

세액공제 대상인 출자는 내국법인이 다음 중 어느 하나에 해당하는 방법으로 주식 등을 취득하는 것으로 하되, 타인 소유의 주식 등을 매입에 의해 취득하는 경우는 제외한다.

조특 02

① 해당 기업의 설립시에 자본금으로 납입하는 방법

② 해당 기업이 설립된 후 7년 이내에 유상증자하는 경우로서 증자대금을 납입하는 방법

(3) 사후관리

법인세를 공제받은 내국법인이 주식 등을 취득한 후 5년 이내에 피출자법인의 지배주주 등에 해당하는 경우에는 지배주주 등이 되는 날이 속하는 사업연도의 과세표준신고를 할 때 주식 등에 대한 세액공제액 상당액에 이자상당가산액을 더해서 법인세로 납부해야 하며, 해당 세액은 과세표준 신고기한까지 납부해야 할 세액으로 본다.

[도 표] 내국법인의 벤처기업 등에의 출자에 대한 세제지원

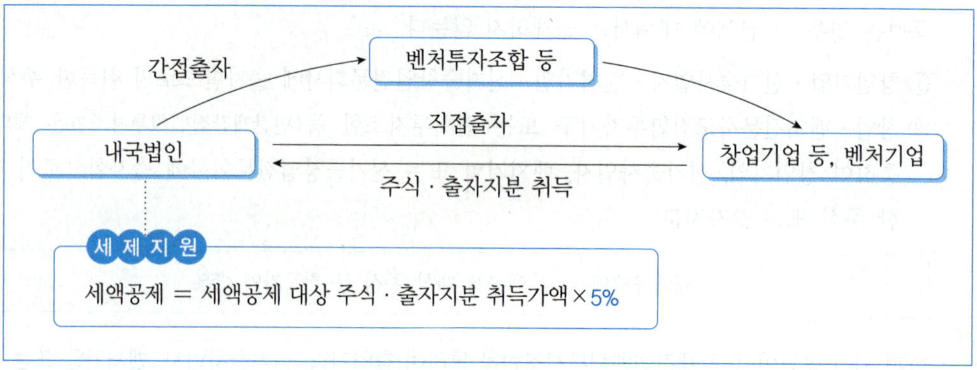

3. 내국법인의 소재 · 부품 · 장비전문기업 등에의 출자 · 인수에 대한 과세특례

(1) 출자에 대한 과세특례

1) 세액공제 : 둘 이상의 내국법인(이하 '투자기업')이 다음의 요건을 모두 갖추어 소재 · 부품 · 장비 관련 중소기업 · 중견기업(이하 '투자대상기업')의 주식 또는 출자지분(이하 '주식 등')을 공동으로 취득(이하 '공동투자')하는 경우에는 주식 등의 취득가액의 5%에 상당하는 금액을 각 내국법인의 해당 사업연도의 법인세에서 공제한다.

① 투자대상기업의 소재 · 부품 · 장비 관련 연구개발 · 인력개발 · 시설투자(이하 '소재 · 부품 · 장비 관련 연구 · 인력개발 등')를 통하여 투자기업의 제품 생산에 도움을 받기 위한 목적일 것

② 투자대상기업이 유상증자하는 경우로서 증자대금을 납입하는 방법으로 주식 등을 취득할 것

③ 투자기업 간, 투자기업과 투자대상기업의 관계가 특수관계인이 아닐 것. 다만, 이 규정에 따른 공동투자로 특수관계인이 된 경우는 제외한다.

세액공제액 = 주식 등의 취득가액×5%

[도 표] 내국법인의 소재·부품·장비 전문기업에의 출자에 대한 세액공제

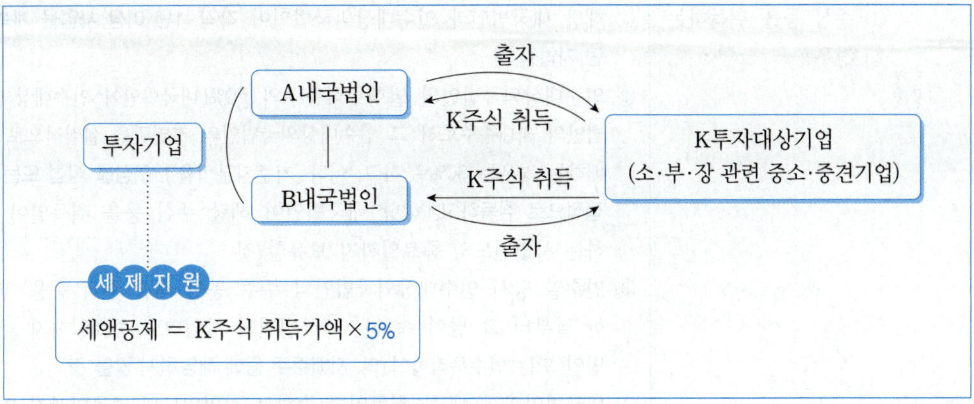

2) 사후관리 : 투자기업이 법인세를 공제받은 후에 다음 중 어느 하나에 해당하는 사유가 발생하는 경우에는 그 사유가 발생한 날이 속하는 사업연도의 과세표준신고를 할 때 주식 등에 대한 세액공제액 상당액에 이자상당가산액을 더하여 법인세로 납부해야 하며, 해당 세액은 과세표준 신고기한까지 납부해야 할 세액으로 본다.

① 법인세를 공제받은 투자기업이 주식 등을 취득한 후 5년 이내에 투자대상기업의 지배주주 등에 해당하는 경우

② 투자대상기업이 유상증자일부터 3년이 되는 날이 속하는 사업연도 종료일까지 투자기업이 납입한 증자대금의 80%에 상당하는 금액 이상을 소재·부품·장비 관련 연구·인력개발 등에 지출하지 않은 경우

③ 법인세를 공제받은 투자기업이 주식 등을 취득한 후 4년 이내에 해당 주식 등을 처분하는 경우. 이 경우 처분되는 주식 등은 먼저 취득한 주식 등이 먼저 처분되는 것으로 본다.

(2) 인수에 대한 과세특례

1) 세액공제 : 내국법인(외국법인이 특수관계인인 법인과 금융 및 보험업을 영위하는 법인은 제외. 이하 같다)이 다음의 구분에 따라 정한 요건을 모두 갖추어 ① 소재·부품·장비 또는 국가전략기술 관련 외국법인(내국법인이 특수관계인인 경우는 제외하며, 이하 '인수대상외국법인')의 주식 등을 취득하거나 ② 인수대상외국법인의 소재·부품·장비 또는 국가전략기술 관련 사업의 양수 또는 사업의 양수에 준하는 자산의 양수(이하 '인수')를 하는 경우[인수대상외국법인을 인수할 목적으로 설립된 특수목적법인(이하 '인수목적법인')을 통해 간접적으로 인수하는 경우 포함], ① 주식 등 취득가액 또는 ② 사업자산의 양수가액(이하 '인수가액')의 5%(중견기업의 경우에는 7%, 중소기업의 경우에는 10%)에 상당하는 금액을 해당 사업연도의 법인세에서 공제한다.

구분	다음의 요건
(1) 주식 등을 취득하는 경우	① 해당 내국법인과 인수대상외국법인이 각각 1년 이상 사업을 계속하던 기업일 것 ② 인수대상외국법인의 발행주식총수의 50%(내국법인이 인수대상외국법인의 최대주주로서 그 인수대상외국법인의 경영권을 실질적으로 지배하는 경우는 30%로 하고, 이하 '기준지분비율') 이상을 직접 또는 간접적으로 취득하고, 해당 내국법인이 해당 주식 등을 취득일이 속하는 사업연도의 종료일까지 보유할 것 ③ 인수일 당시 인수대상외국법인의 주주 등이 해당 주식 등을 양도한 날부터 그 날이 속하는 내국법인의 사업연도 종료일까지 내국법인(또는 인수목적법인)의 지배주주 등에 해당하지 않을 것 ④ 내국법인의 주식 등 취득일이 속하는 사업연도의 종료일까지 인수대상외국법인이 종전에 영위하던 사업을 계속할 것
(2) 사업 또는 자산을 양수하는 경우	① 해당 내국법인과 인수대상외국법인이 각각 1년 이상 사업을 계속하던 기업일 것 ② 인수대상외국법인의 주주 등이 사업 또는 자산을 양도한 날부터 그날이 속하는 내국법인의 사업연도 종료일까지 내국법인(또는 인수목적법인)의 지배주주 등에 해당하지 않을 것 ③ 내국법인의 사업자산의 양수일이 속하는 사업연도의 종료일까지 양수를 통하여 승계된 종전의 사업을 계속할 것

세액공제액 = MIN(인수가액, 5천억원*) × 5%(중견기업은 7%, 중소기업은 10%)

* 이 경우 인수건별 인수가액이 5천억원을 초과하는 경우 그 초과하는 금액은 없는 것으로 본다. 여기서 '인수건별 인수가액'이란 인수대상기술 관련 외국법인의 인수대상기술 관련 사업·자산의 양수일부터 3년 이내에 그 외국법인으로부터 인수대상기술 관련 사업·자산의 인수가 있는 경우 그 각각의 인수가액을 합한 금액을 말한다.

[도 표] 내국법인의 인수대상외국법인의 인수에 대한 세액공제

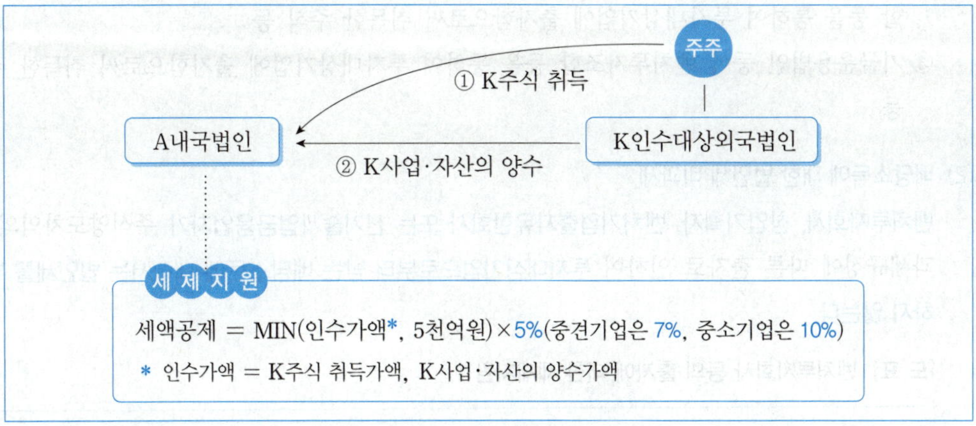

2) 사후관리 : 앞의 1)에 따라 법인세를 공제받은 내국법인은 인수일이 속하는 사업연도의 다음 사업연도의 개시일부터 4년 이내에 다음 중 어느 하나의 사유가 발생하는 경우에는 그 사유가 발생한 날이 속하는 사업연도의 과세표준신고를 할 때 공제받은 세액에 이자상당액을 더한 금액을 법인세로 납부해야 하며, 해당 세액은 과세표준 신고기한까지 납부해야 할 세액으로 본다. 다만, 사업 또는 자산을 양수한 경우에는 아래 ③은 적용하지 않는다.

① 인수일 당시 인수대상외국법인의 주주 등이 내국법인 또는 인수목적법인의 지배주주 등에 해당하는 경우

② 인수대상외국법인이 종전에 영위하던 사업을 폐지하거나 양수를 통하여 승계된 종전의 사업을 폐지하는 경우

③ 각 사업연도 종료일 현재 내국법인이 직접 또는 간접적으로 보유하고 있는 인수대상외국법인의 지분비율(이하 '현재 지분비율')이 주식 등의 취득일 당시 지분비율(이하 '당초 지분비율')보다 낮아지는 경우

3-2. 벤처투자회사 등의 소재 · 부품 · 장비전문기업 주식양도차익 등에 대한 비과세

(1) 주식양도차익에 대한 법인세 비과세

벤처투자회사 등이 다음 중 어느 하나에 해당하는 주식 또는 출자지분(이하 '주식 등')을 양도함으로써 발생하는 양도차익에 대해서는 법인세를 부과하지 않는다. 다만, 벤처투자회사 등의 주식양도차익에 대한 비과세대상 주식 등에 해당하는 경우에는 제외한다.

① 벤처투자회사, 창업기획자 또는 신기술사업금융업자가 소재 · 부품 · 장비 관련 중소기업(이하 '투자대상기업')에 출자함으로써 취득한 주식 등

② 벤처투자회사, 창업기획자, 벤처기업출자유한회사 또는 신기술사업금융업자가 벤처투자조합 등을 통하여 투자대상기업에 출자함으로써 취득한 주식 등

③ 기금운용법인 등이 벤처투자조합 등을 통하여 투자대상기업에 출자함으로써 취득한 주식 등

(2) 배당소득에 대한 법인세 비과세

벤처투자회사, 창업기획자, 벤처기업출자유한회사 또는 신기술사업금융업자가 주식양도차익의 비과세규정에 따른 출자로 인하여 투자대상기업으로부터 받는 배당소득에 대해서는 법인세를 부과하지 않는다.

[도 표] 벤처투자회사 등의 출자에 대한 세제지원

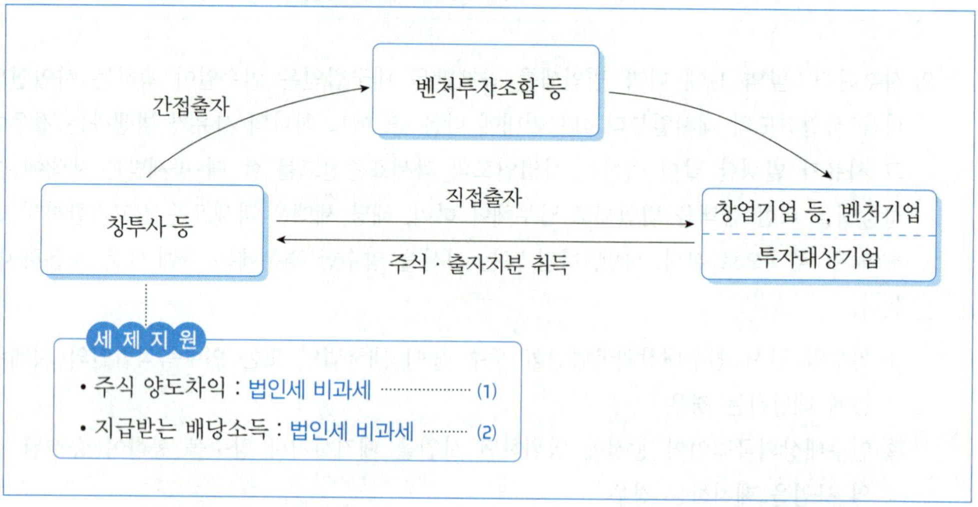

4. 창업기업 등에의 출자에 대한 과세특례

(1) 양도소득세 비과세

다음에 해당하는 주식 또는 출자지분을 양도하는 경우에는 그 양도소득에 대하여 양도소득세를 과세하지 않는다. 이 경우 주식 또는 출자지분은 전술한 창업기업 등의 주식 및 출자지분 취득방법으로 취득한 경우에만 해당한다.

① 벤처투자회사 또는 신기술사업금융전문회사에 출자함으로써 취득한 주식 등

② 벤처투자조합, 민간재간접벤처투자조합 및 농식품투자조합이 창업기업, 벤처기업 또는 신기술창업전문회사에 출자함으로써 취득한 주식 또는 출자지분

③ 신기술사업투자조합이 신기술사업벤처기업 · 신기술창업전문회사에 출자함으로써 취득한 주식 등

④ 벤처기업에 출자함으로써 취득(개인투자조합을 통하여 벤처기업에 출자함으로써 취득하는 경우를 포함한다)한 주식 등(다음 ㉠ 및 ㉡에 적합한 출자에 따른 주식 등으로서 그 출자일로부터 3년이 경과된 것을 말한다)

㉠ 창업 후 5년 이내인 벤처기업 또는 벤처기업으로 전환한지 3년 이내인 벤처기업에 대한 출자일 것

㉡ 개인이 특수관계가 없는 벤처기업에 대하여 행한 출자이거나 개인들로 구성된 조합이 그 조합원과 특수관계가 없는 벤처기업에 대하여 행한 출자일 것

⑤ 창업기획자에 출자함으로써 취득한 주식 등

⑥ 전문투자조합이 창업기업 · 신기술사업자 · 벤처기업 · 신기술창업전문회사에 출자함으로써 취득한 주식 등

⑦ 장외주식 호가중개시장(프리보드 ; Free Board)에서 거래되는 벤처기업의 주식[소득세법에 따른 대주주(소유주식의 비율 4% 이상 또는 시가총액 40억원 이상)가 아닌 자가 양도하는 것에 한정한다.]

⑧ 온라인 소액투자중개의 방법으로 모집(crowd-funding)하는 창업 후 3년 이내의 기술우수 중소기업 등에 출자함으로써 취득하는 주식 등

조특 02

(2) 원천징수 및 소득금액계산의 특례

1) 다음에 해당하는 배당소득에 대해서는 해당 조합이 조합원에게 그 소득을 지급할 때 소득세를 원천징수한다.

① 벤처투자조합, 민간재간접벤처투자조합 및 농식품투자조합이 창업기업, 벤처기업 또는 신기술창업전문회사에 출자함으로써 발생하는 배당소득

② 신기술사업투자조합이 신기술사업자 · 벤처기업 · 신기술창업전문회사에 출자함으로써 발생하는 배당소득

③ 전문투자조합이 창업기업 · 신기술사업자 · 벤처기업 · 신기술창업전문회사에 출자함으로써 발생하는 배당소득

2) 벤처투자조합, 민간재간접벤처투자조합, 농식품투자조합 또는 전문투자조합에 귀속되는 소득으로서 이자소득 및 집합투자기구로부터의 이익에 대해서는 해당 조합이 조합원에게 그 소득을 지급할 때 소득세 또는 법인세를 원천징수한다.

3) 위 1), 2)의 소득의 경우에는 소득세법의 규정에 불구하고 총수입금액에서 해당 조합이 지출한 비용(총수입금액에 대응되는 것에 한함)을 뺀 금액을 이자 · 배당소득금액으로 한다.

[도 표] 거주자 및 벤처투자조합원 등에 대한 세제지원

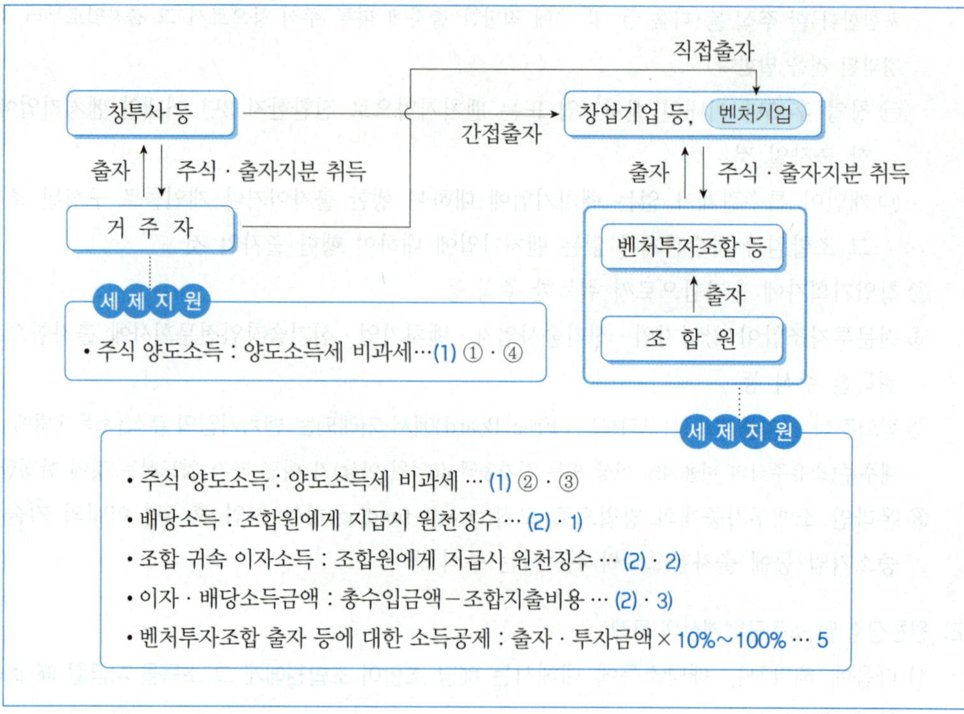

5. 벤처투자조합 출자 등에 대한 소득공제

(1) 소득공제

거주자가 벤처투자조합 등에 출자·투자를 하는 경우에는 다음의 금액을 그 출자일(또는 투자일)이 속하는 과세연도의 종합소득금액에서 공제한다. 다만, 거주자가 출자일 또는 투자일이 속하는 과세연도부터 출사 또는 투자 후 2년이 되는 날이 속하는 과세연도까지 하나의 과세연도를 선택하여 공제시기 변경을 신청하는 경우에는 신청한 과세연도의 종합소득금액에서 공제한다.

> 소득공제액 = MIN(①, ②)
>
> ① 소득공제대상 출자 · 투자금액 × 공제율
>
> ② 해당 과세연도의 종합소득금액 × 50%

여기서 소득공제 대상 출자 · 투자와 공제율은 다음과 같다. 다만, 타인의 출자지분 · 투자지분 · 수익증권을 양수하는 방법으로 출자 · 투자하는 경우에는 소득공제 대상에서 제외한다.

소득공제 대상 출자·투자	공제율
① 거주자가 벤처투자조합, 민간재간접벤처투자조합, 신기술사업투자조합 또는 전문투자조합에 출자하는 경우	• 10%
② 거주자가 벤처기업투자신탁의 수익증권에 투자하는 경우 * 다만, 소득공제를 적용받을 수 있는 투자액(투자한 모든 벤처기업투자신탁의 합계액)은 거주자 1명당 3천만원을 한도로 한다.	
③ 거주자가 창업·벤처전문사모집합투자기구에 투자하는 경우	
④ 거주자로부터 출자받은 금액을 벤처기업 개인투자조합이 해당 출자일이 속하는 과세연도의 다음 과세연도 종료일까지 벤처기업 등(창업 후 3년 이내의 중소기업으로서 기술성이 우수한 것으로 평가받은 기업을 포함)에 투자(이른바 '엔젤투자 angel investment')하는 경우	• 3,000만원 이하분 : 100% • 3,000만원 초과 5,000만원 이하분 : 70% • 5,000만원 초과분 : 30%
⑤ 거주자가 벤처기업 등(창업 후 3년 이내의 중소기업으로서 기술성이 우수한 것으로 평가받은 기업을 포함)에 투자하는 경우	
⑥ 온라인 소액투자중개의 방법으로 모집하는 창업 후 7년 이내의 중소기업으로서 기술성이 우수한 것으로 평가받은 기업의 지분증권에 투자하는 경우	

(2) 사후관리

소득공제를 적용받은 거주자가 출자일·투자일부터 3년이 지나기 전에 다음 중 어느 하나에 해당하게 되면 관할세무서장이나 원천징수의무자 또는 벤처기업투자신탁을 취급하는 금융기관은 거주자가 이미 공제받은 소득금액에 해당하는 세액을 추징한다. 다만, 출자자·투자자의 사망·해외이주로 세대전원이 출국하는 경우 등에는 그렇지 않다.

① 벤처기업투자조합 등 또는 창업·벤처전문사모집합투자기구에 대한 출자지분·투자지분을 이전·회수하는 경우

② 벤처기업투자신탁의 수익증권을 양도·환매(일부환매 포함)하는 경우

③ 벤처기업 등 및 온라인소액투자중개의 방법으로 모집하는 창업 후 7년 이내의 중소기업으로서 기술성이 우수한 것으로 평가받은 기업에 대한 출자지분·투자지분을 이전·회수하는 경우

6. 벤처기업 주식매수선택권 행사이익에 대한 비과세특례

벤처기업(또는 벤처기업이 발행주식총수의 30% 이상을 인수한 기업)의 임원 또는 종업원(이하 '벤처기업 임원 등')이 해당 벤처기업으로부터 부여받은 주식매수선택권을 행사(벤처기업 임원 등으로서

부여받은 주식매수선택권을 퇴직 후 행사하는 경우 포함)함으로써 얻은 이익 중 연간 2억원 이내의 금액에 대해서는 소득세를 과세하지 않는다. 다만, 소득세를 과세하지 않는 벤처기업 주식매수선택권 행사이익의 벤처기업별 총 누적금액은 5억원을 초과하지 못한다.

> 근로소득(또는 기타소득*)에 대한 소득세 비과세금액 = MIN(①, ②)
> ① 벤처기업 주식매수선택권 행사이익**
> = 주식매수선택권 행사 당시의 시가 − 실제 매수가액(행사가액)
> ② 비과세 한도액 : 연간 2억원(벤처기업별 총 누적금액 5억원)

* 벤처기업의 임원 또는 종업원이 부여받은 주식매수선택권을 퇴직 후 행사하는 경우에는 기타소득에 해당한다(여기서 주식에는 신주인수권을 포함한다).

** '행사이익'이란 주식매수선택권 행사 당시의 시가와 실제 매수가액과의 차액을 말하며, 주식에는 신주인수권을 포함한다.

이러한 비과세특례 적용대상 주식매수선택권은 ①「벤처기업 육성에 관한 특별조치법(제16조의3)」에 따라 벤처기업으로부터 부여받은 주식매수선택권 및 ② 상법(제340조의2 또는 제542조의3)에 따라 코넥스상장기업으로부터 부여받은 주식매수선택권으로 한정한다.

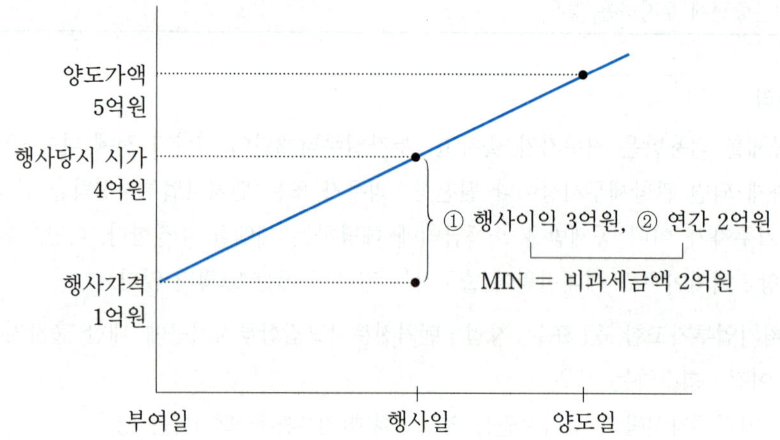

				과세
• 행사당시 : A주식 4억원	현 금	1억원		
	근로소득	3억원	1억원	○
			2억원	×
• 양도당시 : 현 금 5억원	A 주 식	4억원		
	양도소득	1억원		

7. 벤처기업 주식매수선택권 행사이익 납부특례

(1) 개요

벤처기업에 근무하는 임원 · 종업원이 주식매수선택권을 부여받아 행사하는 경우 그 행사이익에 대해서는 5년간 분할하여 소득세를 납부할 수 있다. 그 취지는 우수인력이 벤처기업에 근무하는 것을 세제상 지원하려는데 있다.

(2) 납부특례의 내용

벤처기업 임원 등(벤처기업 또는 벤처기업이 발행주식총수의 30% 이상을 인수한 기업의 임원 · 종업원을 말한다)이 부여받은 주식매수선택권을 행사함으로써 발생한 벤처기업 주식매수선택권 행사이익(앞의 6.의 비과세특례 규정에 따라 비과세되는 금액은 제외)*에 대한 소득세는 다음과 같이 5년간 분할하여 소득세를 납부할 수 있다. 다만, 주식매수선택권의 행사가격과 시가와의 차액을 현금으로 교부받는 경우에는 그렇지 않다.

* 여기서 '행사이익'이란 주식매수선택권 행사 당시의 시가와 실제 매수가액과의 차액을 말하며, 주식에는 신주인수권을 포함한다. 한편 분할납부 특례대상 주식매수선택권은 ①「벤처기업 육성에 관한 특별조치법(제16조의3)」에 따라 벤처기업으로부터 부여받은 주식매수선택권 및 ② 상법(제340조의2 또는 제542조의3)에 따라 코넥스상장기업으로부터 부여받은 주식매수선택권으로 한다.

① 벤처기업 주식매수선택권 행사이익에 대해 벤처기업 임원 등이 원천징수의무자에게 납부특례의 적용을 신청하는 경우 근로소득 · 기타소득에 대한 소득세를 원천징수하지 않는다.

② 위 ①에 따라 원천징수를 하지 않은 경우 벤처기업 임원 등은 주식매수선택권을 행사한 날이 속하는 과세기간의 종합소득금액에 대한 종합소득과세표준 확정신고 · 납부시 벤처기업 주식매수선택권 행사이익을 포함하여 종합소득 과세표준을 신고하되, 벤처기업 주식매수선택권 행사이익에 관련한 소득세액의 4/5에 해당하는 금액(이하 '분할납부세액')은 제외하고 납부할 수 있다.

③ 위 ②에 따라 소득세를 납부한 경우 벤처기업 임원 등은 주식매수선택권을 행사한 날이 속하는 과세기간의 다음 4개 연도의 종합소득과세표준 확정신고 및 확정신고납부시 분할납부세액의 1/4에 해당하는 금액을 각각 납부해야 한다. 한편 벤처기업 임원 등이 이처럼 소득세를 분할납부하는 중 출국하는 경우에는 출국일이 속하는 과세기간의 과세표준을 출국일의 전날까지 납부해야 한다.

[도 표] 벤처기업 주식매수선택권 행사이익 납부특례

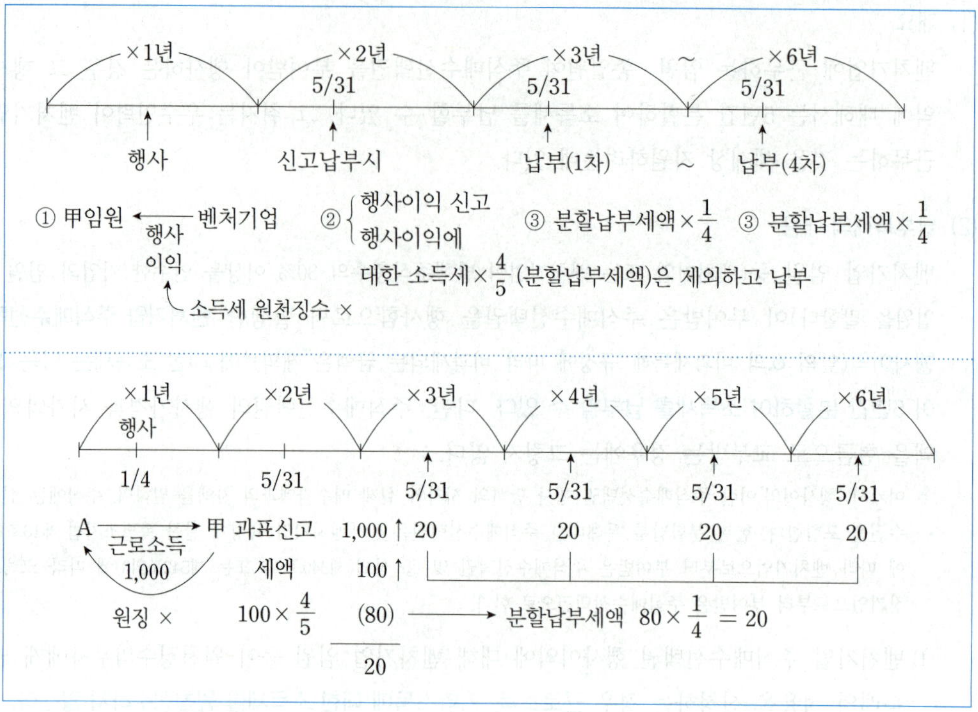

8. 벤처기업 주식매수선택권 행사이익에 대한 과세특례

(1) 적격주식매수선택권

적격주식매수선택권에 대해서는 주식매수선택권 '행사단계에서 근로소득 · 기타소득으로 과세하는 방법' 대신에 주식매수선택권 행사로 취득한 주식의 '양도단계에서 양도소득으로 과세하는 방법'을 선택할 수 있다. 여기서 '적격주식매수선택권'이란 다음의 요건을 갖춘 것을 말한다.

① 벤처기업(또는 벤처기업이 발행주식총수의 30% 이상을 인수한 기업)의 임원 또는 종업원(이하 '벤처기업 임직원')이 해당 벤처기업으로부터 부여받은 주식매수선택권일 것

② 다음의 요건을 갖춘 주식매수선택권일 것

㉠ 벤처기업이 주식매수선택권을 부여하기 전에 주식매수선택권의 수량 · 매수가액 · 대상자 · 기간 등에 관해 주주총회의 결의를 거쳐 벤처기업 임직원과 약정할 것

㉡ 주식매수선택권을 다른 사람에게 양도할 수 없을 것

㉢ 사망 · 정년 등 불가피한 사유가 있는 경우를 제외하고는 주식매수선택권 부여를 위한 주주총회의 결의가 있는 날부터 2년 이상 해당 법인에 재임 · 재직한 후에 주식매수선택권을 행사할 것

③ 해당 벤처기업으로부터 부여받은 주식매수선택권의 행사일부터 역산하여 2년이 되는 날이 속하는 과세기간부터 해당 행사일이 속하는 과세기간까지 전체 행사가액의 합계(이하 '전체 행사가액')가 5억원 이하일 것

(2) 적격주식매수선택권 과세특례

1) 행사단계 과세특례 : 근로소득 · 기타소득 과세제외

벤처기업 임직원이 해당 벤처기업으로부터 부여받은 적격주식매수선택권을 행사함으로써 발생한 벤처기업 주식매수선택권 행사이익에 대해서 벤처기업 임직원이 '행사 후 주식 양도단계 과세방법'을 신청한 경우에는 그 행사이익이 소득세법에 따른 근로소득 · 기타소득에 해당함에도 불구하고 주식매수선택권 행사단계에서 소득세를 과세하지 않을 수 있다.

행사이익 = [주식매수선택권 행사* 당시의 시가 − 실제 매수가액(행사가격)]

* 여기서 '행사이익'이란 주식매수선택권 행사 당시의 시가와 실제 매수가액과의 차액을 말하며, 주식에는 신주인수권을 포함한다.

다만, 주식매수선택권의 행사 당시 실제 매수가액(행사가격)이 해당 주식매수선택권 부여당시의 시가보다 낮은 경우 그 차액(이하 '시가 이하 발행이익')에 대해서는 주식매수선택권 행사시에 소득세법에 따라 근로소득(또는 기타소득)으로 소득세를 과세한다.

2) 행사 후 주식 양도단계 : 양도소득세 과세

적격주식매수선택권 행사단계에서 근로소득(또는 기타소득)으로 소득세를 과세하지 않은 경우 적격주식매수선택권 행사에 따라 취득한 주식을 양도하여 발생하는 양도소득(앞의 6.의 비과세특례 규정에 따라 비과세되는 금액은 제외)에 대해서는 무조건 양도소득세 과세대상주식에 해당하는 것으로 보아 양도소득세를 과세한다.

이처럼 양도소득세를 과세하는 경우에는 양도소득금액은 다음과 같이 계산한 금액으로 한다.

양도소득금액 = $[P_2 - P_0] - (\pi - b)$
P_2 : 적격주식매수선택권 행사에 따라 취득한 주식의 양도가액 P_0 : MAX (적격주식매수선택권 행사 당시의 실제 매수가액, 적격주식매수선택권 부여 당시의 시가) π : 주식매수선택권 행사당시 근로소득(기타소득)으로 비과세되는 금액 b : 시가 이하 발행이익에 대하여 주식매수선택권 행사당시 근로소득(기타소득)으로 비과세를 적용받은 금액(즉 비과세를 취소하고 근로소득으로 과세하는 금액을 말한다)

조특 02

3) 벤처기업의 주식매수선택권 행사비용 : 손금불산입

행사단계 과세특례에 따라 근로소득 · 기타소득으로 소득세를 과세하지 않은 경우에는 해당 주식매수선택권의 행사에 따라 발생하는 비용(약정된 주식매수시기에 주식의 시가와 약정된 매수가액과의 차액*)은 법인세법 규정에도 불구하고 손금에 산입하지 않는다.

* 약정된 매수가액이 주식매수선택권 부여당시 시가보다 낮은 경우 그 시가 이하 발행이익은 제외한다.

[도 표] 주식매수선택권의 행사가격을 부여 당시 시가보다 낮게 정한 경우의 과세

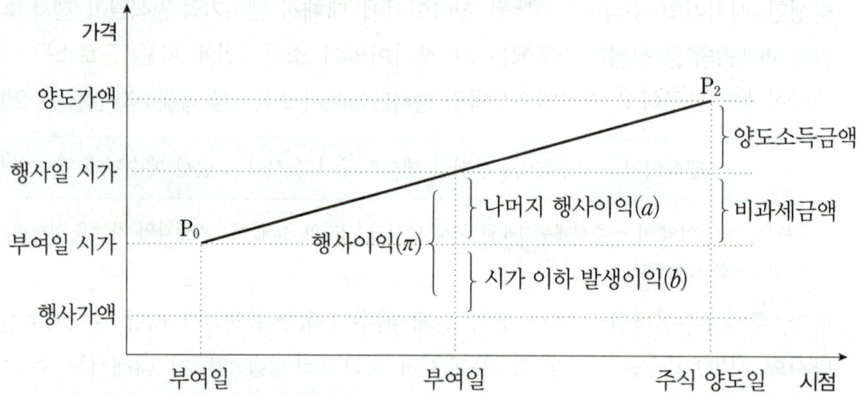

구분	과세특례 ×	과세특례 ○
행사단계	행사이익(π)은 근로소득(또는 기타소득)으로 과세됨	• 나머지 행사이익(a)은 비과세금액 • 시가 이하 발행이익(b)은 근로소득(또는 기타소득)으로 과세됨
양도단계		

(3) 사후관리

벤처기업 임직원이 다음 중 어느 하나에 해당하는 경우 행사단계 과세특례[근로소득(기타소득) 과세제외]에도 불구하고 전체 행사기간(해당 벤처기업으로부터 부여받은 주식매수선택권의 행사일부터 역산하여 2년이 되는 날이 속하는 과세기간부터 해당 행사일이 속하는 과세기간을 말한다) 내에 주식매수선택권을 행사함으로써 얻은 모든 이익(아래 ①의 경우에는 증여 또는 처분한 주식에 대한 벤처기업 주식매수선택권 행사이익)을 소득세법에 따라 근로소득(또는 기타소득)으로 소득세를 과세하며, 이 경우 소득의 귀속시기는 다음의 구분에 따른 날이 속하는 과세연도로 한다.

① 적격주식매수선택권 행사로 취득한 주식을 증여하거나 행사일부터 1년이 지나기 전에 처분하는 경우(해당 벤처기업의 파산 등 대통령령으로 정하는 부득이한 사유가 있는 경우는 제외한다) : 증여일 또는 처분일

② 전체 행사가액이 5억원을 초과하는 경우 : 전체 행사가액이 5억원을 초과한 날

③ 과세특례 주식매수선택권 행사로 취득한 주식만을 거래하는 전용계좌를 통해 주식매수선택권 행사로 취득한 주식 외의 주식을 거래한 경우 : 주식매수선택권 행사로 취득한 주식 외의 주식을 최초로 거래한 날

[도 표] 적격주식매수선택권 과세특례 이해도

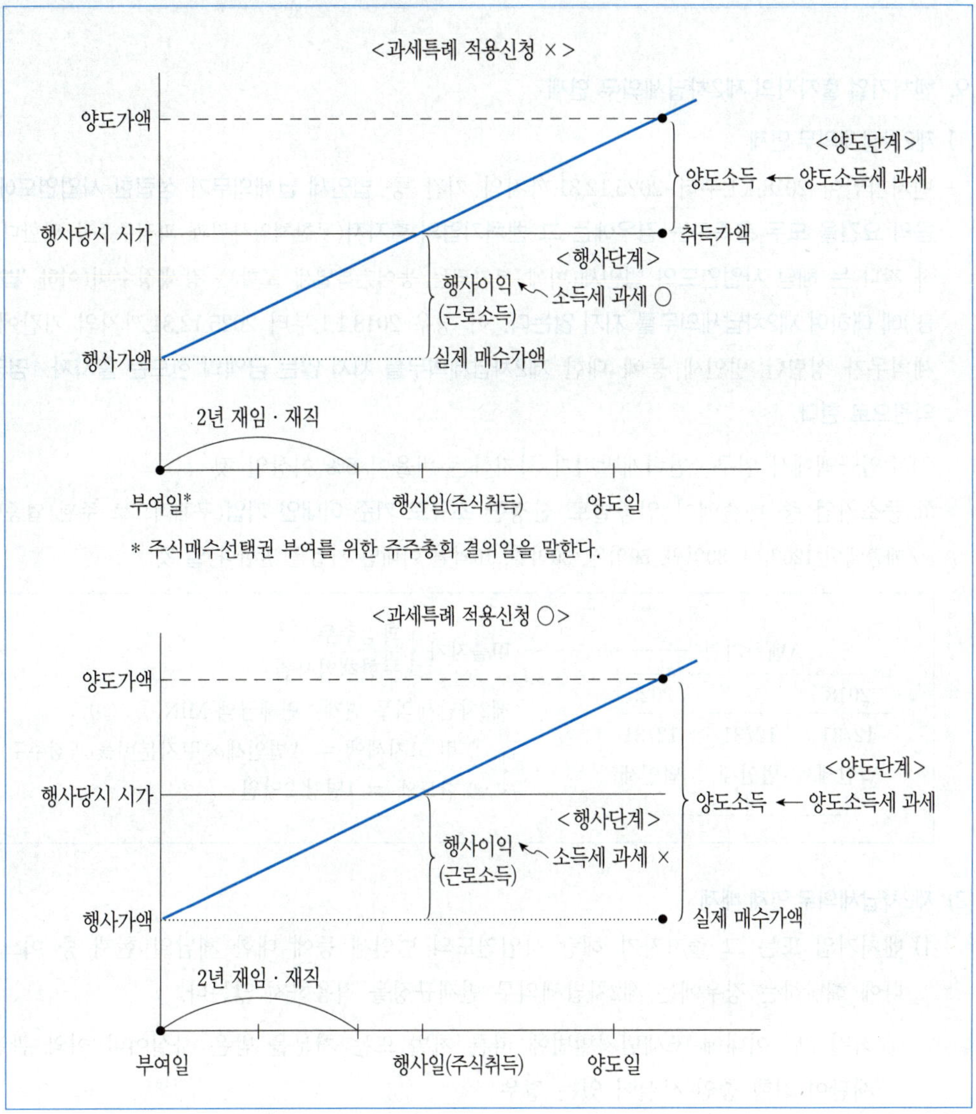

구분	과세특례 적용신청 ×	과세특례 적용신청 ○
행사 당시	A 주 식 120 / { 현 금 100 근로소득 20 (과세)	A 주 식 100 / { 현 금 100 근로소득 ϕ (20 과세이연)
양도 당시	현 금 150 / { A 주 식 120 양도소득 30	현 금 150 / { A 주 식 100 양도소득 50

9. 벤처기업 출자자의 제2차납세의무 면제

(1) 제2차납세의무 면제

벤처기업이 2018.1.1.부터 2025.12.31.까지의 기간 중 법인세 납세의무가 성립한 사업연도에 다음의 요건을 모두 충족하는 경우에는 그 벤처기업의 출자자(무한책임사원과 과점주주를 말한다. 이하 같다)는 해당 사업연도의 법인세(이에 부가되는 농어촌특별세 포함)·강제징수비(이하 '법인세 등')에 대하여 제2차납세의무를 지지 않는다. 이 경우 2018.1.1.부터 2025.12.31.까지의 기간에 납세의무가 성립한 법인세 등에 대한 제2차납세의무를 지지 않는 금액의 한도는 출자자 1명당 2억원으로 한다.

① 수입금액에서 연구·인력개발비가 차지하는 비율이 5% 이상일 것

② 중소기업 중 매출액이 업종별로 산정한 소규모 기준 이내인 기업(구체적으로 주된 업종별로 매출액이 120억원, 80억원, 50억원, 30억원, 10억원 이내인 기업을 말한다)일 것

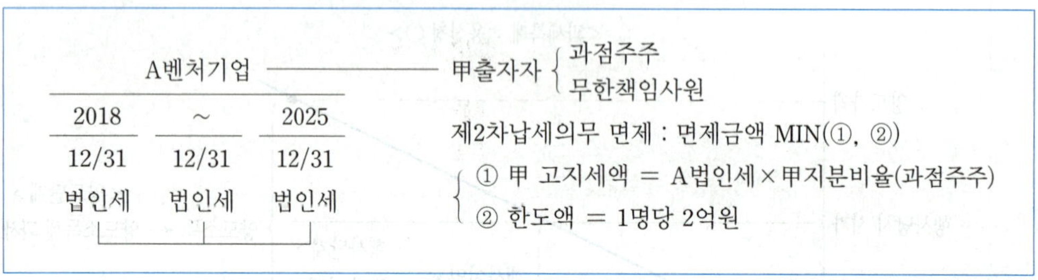

(2) 제2차납세의무 면제 배제

1) 벤처기업 또는 그 출자자가 해당 사업연도의 법인세 등에 대한 체납일 현재 중 어느 하나에 해당하는 경우에는 제2차납세의무 면제규정을 적용하지 않는다.

① 직전 3년 이내에 조세범처벌법에 따른 처벌 또는 처분을 받은 사실이나 이와 관련된 재판이 진행 중인 사실이 있는 경우

② 조세범처벌법에 따른 범칙사건에 대한 조사가 진행 중인 사실이 있는 경우

③ 직전 3년 이내에 조세범처벌법에 따른 사기나 그 밖의 부정한 행위로 국세를 포탈하거나 환급 또는 공제받은 사실이 있는 경우

2) 벤처기업이 그 출자자가 제2차납세의무를 지지 않는 해당 사업연도의 법인세를 조세범처벌법에 따른 사기나 그 밖의 부정한 행위로 포탈하거나 환급 또는 공제받은 사실이 확인되는 경우에는 해당 사업연도의 법인세 등에 대하여 제2차납세의무 면제규정을 적용하지 않는다.

(3) 면제의 절차

1) 제2차납세의무 면제를 적용받으려는 출자자는 국세징수법에 따른 제2차 납세의무자에 대한 납부 고지(납부통지서로 고지하는 것을 말한다)를 받은 날부터 90일 이내에 「제2차 납세의무 면제신청서」를 관할세무서장에게 제출해야 한다.

2) 세무서장은 1)에 따른 제2차납세의무 면제신청을 받은 날부터 1개월 이내에 면제 여부를 해당 출자자에게 통지해야 한다.

3) 세무서장은 2)에 따라 면제 결정을 통지한 이후 제2차 납세의무 면제배제에 해당하여 제2차납세의무 면제를 적용하지 않게 된 경우에는 해당 출자자에게 그 사실을 통지해야 한다.

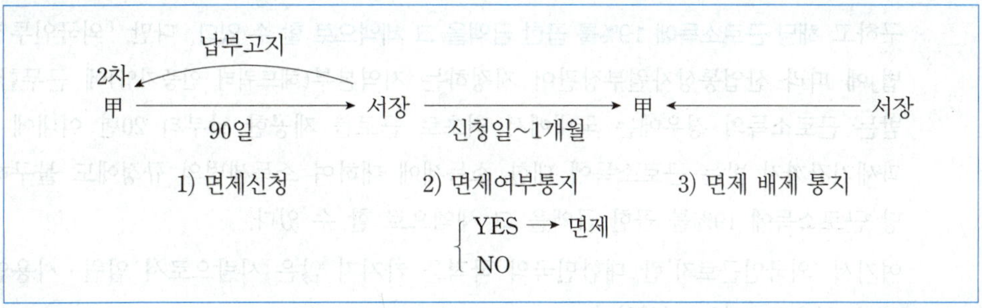

V. 외국인기술자 등 지원특례

1. 외국인기술자에 대한 소득세 감면

(1) 세액감면

외국인기술자가 국내에서 내국인에게 근로를 제공하고 받는 근로소득으로서 그 외국인기술자가 국내에서 최초로 근로를 제공한 날부터 10년이 되는 날이 속하는 달까지 발생한 근로소득에 대해서는 소득세의 50%에 상당하는 세액을 감면한다.*

* 다만, 외국인기술자 중 소재 · 부품 · 장비 관련 외국인기술자의 경우에는 국내에서 내국인에게 근로를 제공하고 받는 근로소득으로서 그 외국인기술자가 국내에서 최초로 근로를 제공한 날(2022년 12월 31일 이전인 경우만 해당한다)부터 3년이 되는 날이 속하는 달까지 발생한 근로소득에 대해서는 소득세의 70%에 상당하는 세액을 감면하고, 그 다음 날부터 2년이 되는 날이 속하는 달까지 발생한 근로소득에 대해서는 소득세의 50%에 상당하는 세액을 감면한다.

일반 외국인기술자에 대한 소득세 감면 : 근로제공일부터 10년간 근로소득세 50% 감면*

* 소재·부품·장비 관련 외국인기술자에 대한 소득세 감면 : 근로제공일부터 3년간 근로소득세 70% 감면
➡ 그 다음 2년간 근로소득세 50% 감면

(2) 감면소득 지급시 원천징수세액

원천징수의무자가 소득세가 감면되는 근로소득을 지급할 때에는 소득세법에 따라 원천징수할 소득세에서 위 규정에 따라 감면하는 세액을 제외한 금액을 원천징수한다.

2. 외국인근로자에 대한 과세특례

(1) 과세특례의 내용

1) 단일세율 적용특례 : 외국인근로자가 국내에서 최초로 근로를 제공하기 시작하는 경우 국내에서 근무(외국인투자기업을 제외한 특수관계기업에게 근로를 제공하는 경우는 제외)함으로써 받는 근로소득으로서 국내에서 최초로 근로를 제공한 날부터 20년 이내에 끝나는 과세기간까지 받는 근로소득에 대한 소득세는 소득세법의 규정(산출세액 = 과세표준×기본세율)에도 불구하고 해당 근로소득에 19%를 곱한 금액을 그 세액으로 할 수 있다. 다만, 「외국인투자 촉진법」에 따라 산업통상자원부장관이 지정하는 지역본부(헤드쿼터 인증기업)에 근무함으로써 받는 근로소득의 경우에는 국내에서 최초로 근로를 제공한 날부터 20년 이내에 끝나는 과세기간까지 받는 근로소득에 대한 소득세에 대하여 소득세법의 규정에도 불구하고 해당 근로소득에 19%를 곱한 금액을 그 세액으로 할 수 있다.

   여기서 '외국인근로자'란 대한민국의 국적을 가지지 않은 사람으로서 임원·사용인을 말하되, 일용근로자는 제외한다.

2) 비과세 등의 배제 및 분리과세 특례 : 위 특례를 적용할 때 소득세법 및 조세특례제한법에 따른 소득세와 관련된 비과세(복리후생적 성질의 급여 중 사택을 제공받음으로써 얻은 이익에 대한 비과세는 제외), 공제, 감면 및 세액공제에 관한 규정은 적용하지 않는다. 그리고 해당 근로소득은 종합소득과세표준에 합산하지 않는다.

외국인근로자 19% 단일세율 분리과세 특례 : 외국인근로자의 소득세액 = 최초 근로제공일부터 20년간 근로소득×19% (비과세 등 배제 및 분리과세)

3) 매월분 근로소득에 대한 원천징수 특례 : 원천징수의무자는 외국인근로자에게 매월분의 근로소득을 지급할 때 ① 근로소득간이세액표에 의한 세액과 ② 해당 근로소득의 19% 중 선택한 금액을 원천징수할 수 있다.

3. 내국인 우수 인력의 국내복귀에 대한 소득세 감면

(1) 세액감면

내국인 우수 인력이 국내에 거주하면서 연구기관 등에 취업하여 받는 근로소득으로서 취업일부터 10년이 되는 날이 속하는 달까지 발생한 근로소득에 대해서는 소득세의 50%에 상당하는 세액을 감면한다. 이 경우 소득세 감면기간은 소득세를 감면받은 사람이 다른 연구기관 등에 취업하는 경우에 관계없이 소득세를 감면받은 최초 취업일부터 계산한다.

• 내국인 우수 인력*의 국내복귀에 대한 소득세 감면 : 취업일부터 10년간 근로소득세 50% 감면

* 여기서 '내국인 우수 인력'이란 학위 취득 후 국외에서 5년 이상 거주하면서 연구 및 기술개발 경험을 가진 사람을 말한다.

(2) 감면소득 지급시 원천징수

원천징수의무자가 소득세가 감면되는 근로소득을 지급할 때에는 소득세법에 따라 원천징수할 소득세의 50%에 상당하는 세액을 원천징수한다.

4. 성과공유 중소기업의 경영성과급에 대한 세액공제 등

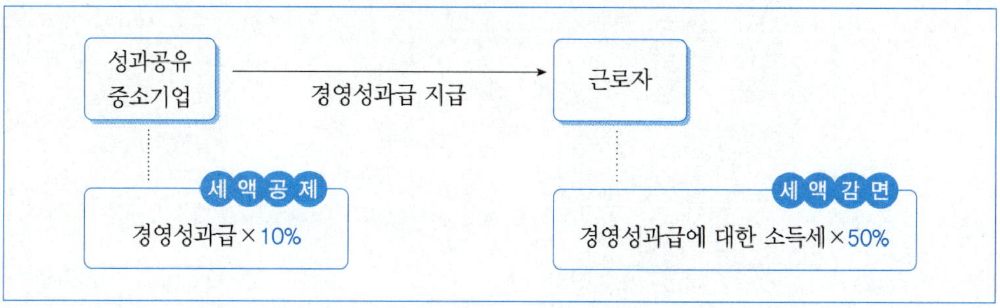

(1) 성과공유 중소기업에 대한 세액공제

성과공유 중소기업이 상시근로자에게 경영성과급을 지급하는 경우 그 경영성과급의 10%에 상당하는 금액을 해당 과세연도의 법인세 또는 사업소득에 대한 소득세에서 공제한다. 다만, 성과공유 중소기업의 해당 과세연도의 상시근로자 수가 직전 과세연도의 상시근로자 수보다 감소한 경우에는 공제하지 않는다.

세액공제액 = 경영성과급×10%

(2) 성과공유 중소기업의 근로자에 대한 세액감면

성과공유 중소기업의 근로자 중 일정한 근로자가 해당 중소기업으로부터 경영성과급을 지급받는 경우 그 경영성과급에 대한 소득세의 50%에 상당하는 세액을 감면한다.

감면세액 = 경영성과급에 대한 소득세 × 50%

여기서 '일정한 근로자'란 다음 중 어느 하나에 해당하는 사람을 제외한 근로자를 말한다.

① 해당 기업의 최대주주 또는 최대출자자(개인사업자의 경우에는 대표자를 말한다)와 그 배우자

② 위 ①에 해당하는 자의 직계존비속(그 배우자를 포함한다) 또는 위 ①에 해당하는 사람과 친족관계에 있는 사람

제3장
투자촉진 등을 위한 조세특례

제1절 투자촉진을 위한 조세특례

Ⅱ-2 p.97

조특 03

Ⅰ. 서설

기업의 지속적인 투자는 국민경제의 성장 잠재력을 확충하고 국제 경쟁력을 제고하는데 있어서 매우 중요하다. 그리하여 현행 조세특례제한법에서는 투자촉진 및 고용증대를 위해 투자세액공제와 창업자금에 대한 증여세 과세특례를 마련하고 있다.

Ⅱ. 투자촉진을 위한 조세특례

1. 통합투자세액공제

(1) 개요

내국인이 통합투자세액공제 대상자산(중고품 및 임대용 자산*은 제외)에 투자(금융리스 외의 리스에 의한 투자는 제외)하는 경우에는 (① 기본공제 금액 + ② 추가공제 금액)의 금액을 해당 투자가 이루어지는 과세연도의 법인세(또는 사업소득에 대한 소득세)에서 공제한다.

* '임대용 자산'이란 임대사업용 자산, 그 밖에 타인에게 임대할 목적으로 취득한 자산을 말한다(조특령 21 ① 후단).

(2) 적용요건

1) 적용대상자 : ① 소비성서비스업, ② 부동산임대 및 공급업에 해당하는 업종 외의 사업을 영위하는 내국인이 통합투자세액공제를 적용받을 수 있다.

2) 공제 대상자산 : 다음의 자산에 투자하는 경우에 통합투자세액공제를 적용한다.

통합투자세액공제 대상자산	통합투자세액공제 적용 제외대상자산
(1) 기계장치 등 사업용 유형자산	토지와 건축물 등 사업용 유형자산 (시행규칙 별표 1)
(2) 다음 중 어느 하나에 해당하는 자산 • ① 연구·시험, ② 직업훈련, ③ 에너지 절약, ④ 환경보전 또는 ⑤ 근로자복지 증진 등의 목적으로 사용되는 사업용자산 • 운수업을 경영하는 자가 사업에 직접 사용하는 차량 및 운반구 등 • 중소기업 및 중견기업이 취득한 ① 특허권, ② 실용신안권, ③ 디자인권에 해당하는 자산(특수관계인으로부터 취득한 자산은 제외) * 내국인이 국내에서 연구·개발하여 관련법에 따라 최초로 설정등록받은 것에 한정한다.	–

(3) 공제금액

통합투자세액공제액은 일반 투자세액공제액 또는 임시 투자세액공제액을 공제한다. 이 경우 일반 투자세액공제액 및 임시 투자세액공제액을 동시에 적용받을 수 있는 경우에는 납세의무자의 선택에 따라 그 중 하나만을 적용한다.

> 통합투자세액공제* = MAX[(1) 일반 투자세액공제액, (2) 임시 투자세액공제액]

* 투자가 2개 이상의 과세연도에 걸쳐서 이루어지는 경우에는 그 투자가 이루어지는 과세연도마다 해당 과세연도에 투자한 금액에 대하여 세액공제를 적용한다.

(1) 일반 투자세액공제액
= ① 기본공제 금액(해당연도 투자분 공제) + ② 추가공제 금액(투자증가분 추가공제)

> ① 기본공제 금액 = 해당 과세연도 투자금액 × 기본공제율

1) 신성장사업화시설 및 신성장연구개발시설에 투자하는 경우

구분	기본공제율
(1) 중소기업의 경우	12%
(2) 중소기업 졸업 후 3년 이내 기업*의 경우	9%
(3) 위 (2)에 해당하지 않는 중견기업의 경우	6%

(4) 위 (1)~(3) 외의 경우	3%

* 중소기업이 최초로 중소기업에 해당하지 않게 된 경우로서 최초로 중소기업에 해당하지 않게 된 과세연도의 개시일부터 3년 이내에 끝나는 과세연도까지의 기업을 말한다(이하 같다).

2) 국가전략기술사업화시설 및 국가전략기술연구개발시설에 2029.12.31.까지 투자하는 경우 [3)에 해당하는 경우는 제외한다]

구분	기본공제율
(1) 중소기업의 경우	25%
(2) 중소기업 졸업 후 3년 이내 기업의 경우	20%
(3) 위 (1)·(2) 외의 일반기업의 경우	15%

3) 반도체 분야 국가전략기술사업화시설 및 반도체 분야 국가전략기술연구개발시설에 2029.12.31.까지 투자하는 경우

구분	기본공제율
(1) 중소기업의 경우	30%
(2) 중소기업 졸업 후 3년 이내 기업의 경우	25%
(3) 위 (1)·(2) 외의 경우	20%

4) 위 1)~3) 외의 일반적인 자산에 투자하는 경우

구분	기본공제율
(1) 중소기업의 경우	10%
(2) 중소기업 졸업 후 3년 이내 기업의 경우	7.5%
(3) 위 (2)에 해당하지 않는 중견기업의 경우	5%
(4) 위 (1)~(3) 외의 경우	1%

② 추가공제 금액 = 해당 과세연도 초과 투자금액* × 추가공제율(10%)
[다만, (추가공제 금액 > 기본공제 금액)인 경우에는 (기본공제 금액×2배)를 그 한도로 한다]

* 해당 과세연도 초과 투자금액

$$\left(\text{해당 과세연도에 투자한 금액} - \text{해당 과세연도의 직전 3년간 연평균 투자금액}^{(*주)}\right) = (+)\ \text{해당 과세연도 초과 투자금액}$$

(*주) '해당 과세연도의 직전 3년간 연평균 투자금액'은 다음과 같이 계산한다. 이처럼 계산한 '해당 과세연도의 직전 3년간 연평균 투자금액'이 없는 경우에는 추가공제 금액이 없는 것으로 한다.

$$\frac{\text{해당 과세연도의 개시일부터 소급하여 3년간 투자한 금액의 합계액}}{3} \times \frac{\text{해당 과세연도의 개월 수}}{12}$$

조특 03

(2) 임시 투자세액공제액
= ① 기본공제 금액(해당연도 투자분 공제) + ② 추가공제 금액(투자증가분 추가공제)

① 기본공제 금액 = 해당 과세연도 투자금액 × 기본공제율

• 2024.12.31.이 속하는 과세연도

1) 신성장사업화시설에 투자하는 경우

구분	기본공제율
(1) 중소기업의 경우	14%
(2) 중견기업의 경우	8%
(3) 일반기업의 경우	3%

2) 국가전략기술사업화시설에 투자하는 경우 : (1) 일반 투자세액공제의 2) 도표 기본공제율(25% · 20% · 15%) 적용

3) 위 1) · 2) 외의 일반적인 자산에 투자한 경우

구분	기본공제율
(1) 중소기업의 경우	12%
(2) 중견기업의 경우	7%
(3) 일반기업의 경우	1%

• 2025.12.31.이 속하는 과세연도

1) 신성장사업화시설 및 신성장연구개발시설에 투자하는 경우

구분	기본공제율
(1) 중소기업의 경우	14%
(2) 중견기업의 경우	8%
(3) 일반기업의 경우	3%

2) 국가전략기술사업화시설 및 국가전략기술연구개발시설에 투자하는 경우[3)에 해당하는 경우는 제외] : (1) 일반 투자세액공제의 2) 도표 기본공제율(25% · 20% · 15%) 적용

3) 반도체 분야 국가전략기술사업화시설 및 반도체 분야 국가전략기술연구개발시설에 투자하는 경우 : (1) 일반 투자세액공제의 3) 도표 기본공제율(30% · 25% · 20%) 적용

4) 위 1)～3) 외의 일반적인 자산에 투자하는 경우

구분	기본공제율
(1) 중소기업의 경우	12%
(2) 중견기업의 경우	7%
(3) 일반기업의 경우	1%

② 추가공제 금액 = 각 과세연도 초과 투자금액 × 추가공제율(10%)
[다만, (추가공제 금액 > 기본공제 금액)인 경우에는 (기본공제 금액×2배)를 그 한도로 한다]

참고 기본공제율이 우대 적용되는 시설의 범위

구분	기본공제율이 우대 적용되는 시설의 범위
① 신성장사업화시설	㉠ 신성장·원천기술을 사업화하는 시설(신성장·원천기술을 사용하여 생산하는 제품 외에 다른 제품의 생산에도 사용되는 시설을 포함한다) ㉡ 5G 이동통신 기지국 장비 기술, 5G 이동통신 코어네트워크의 기술이 적용된 5세대 이동통신 기지국(이와 연동된 교환시설을 포함한다)을 운용하기 위해 필요한 전기통신설비 중 교환설비, 전송설비 및 전원설비
② 국가전략기술사업화시설	국가전략기술을 사업화하는 시설(국가전략기술을 사용하여 생산하는 제품 외에 다른 제품의 생산에도 사용되는 시설을 포함한다)

이처럼 기본공제율이 우대되는 세액공제를 공제받았거나 받으려는 자는 공제대상 투자시설이 ① 신성장사업화시설 또는 ② 국가전략기술사업화시설인지 여부에 관하여 연구개발세액공제기술심의위원회의 심의를 받아야 한다. ■

참고 해당 과세연도의 직전 3년간 연평균 투자금액의 계산

'해당 과세연도의 직전 3년간 연평균 투자금액'은 다음과 같이 계산한다. 이 경우 내국인의 투자금액이 최초로 발생한 과세연도의 개시일부터 세액공제를 받으려는 해당 과세연도 개시일까지의 기간이 36개월 미만인 경우에는 그 기간에 투자한 금액의 합계액을 36개월로 환산한 금액을 해당 과세연도의 개시일부터 소급하여 3년간 투자한 금액의 합계액으로 본다.

$$\frac{\text{해당 과세연도의 개시일부터 소급하여 3년간 투자한 금액의 합계액}}{3} \times \frac{\text{해당 과세연도의 개월 수}}{12}$$

이처럼 계산한 '해당 과세연도의 직전 3년간 연평균 투자금액'이 없는 경우에는 추가공제 금액이 없는 것으로 한다. ■

참고 투자금액의 계산

통합투자세액공제를 적용할 때 투자금액은 다음의 금액으로 한다.

투자금액 = (1) − (2)
(1) MAX(총투자금액×작업진행률, 해당 과세연도까지 실제로 지출한 금액) (2) (① 해당 과세연도 전에 통합투자세액공제를 적용받은 투자금액 + ② 해당 과세연도 전의 투자분으로서 ①의 금액을 제외한 투자분에 대하여 위 (1)을 준용하여 계산한 금액)

(4) 사후관리

법인세 또는 소득세를 공제받은 자가 투자완료일부터 (① 사업용 자산으로서 건축물은 5년, ② 신성장사업화시설 및 국가전략기술 사업화시설 중 해당 기술을 사용하여 생산하는 제품 외의 다른 제품의 생산에도 사용되는 자산은 투자완료일이 속한 과세연도의 다음 3개 과세연도의 종료일까지의 기간, ③ 그 외의 사업용자산은 2년) 이내에 그 자산을 다른 목적으로 전용하는 경우에는 공제받은 세액공제액 상당액에 다음과 같이 계산한 이자상당가산액을 가산하여 법인세 또는 소득세로 납부해야 한다. 이 경우 해당 세액은 과세표준 신고기한까지 납부해야 할 세액으로 본다.

$$\text{이자상당가산액} = \text{공제받은 세액} \times \text{기간}^{*} \times 1\text{일}\ \frac{2.2}{10,000}$$

* 여기서 '기간'이란 공제받은 과세연도의 과세표준신고일의 다음 날부터 납부사유가 발생한 날이 속하는 과세연도의 과세표준신고일까지의 기간을 말한다.

2. 영상콘텐츠 제작비용에 대한 세액공제

내국인(영상콘텐츠 제작자를 말한다)이 영상콘텐츠의 제작을 위하여 국내외에서 발생한 비용(이하 '영상콘텐츠 제작비용'이라 한다)이 있는 경우에는 다음 금액을 해당 영상콘텐츠가 처음으로 방송되거나 영화상영관에서 상영 또는 온라인 동영상 서비스를 통하여 시청에 제공된 과세연도의 법인세 또는 사업소득에 대한 소득세에서 공제한다.

세액공제액 = ① + ②
① 기본공제 금액 = 해당 영상콘텐츠 제작비용 × 기본공제율(5%·10%·15%) ② 추가공제 금액 = 추가공제 대상 영상콘텐츠의 제작비용 × 추가공제율(10%·15%)

구분	일반기업	중견기업	중소기업
기본공제율	5%	10%	15%
추가공제율	10%	10%	15%

참 고 세액공제 대상 영상콘텐츠의 범위

① 다음 중 어느 하나에 해당하는 방송법에 따른 방송프로그램
 ㉠ 오락에 관한 방송프로그램
 ㉡ 교양에 관한 방송프로그램 중 다큐멘터리
 ㉢ 애니메이션 중 방송사업자의 텔레비전방송으로 방송된 애니메이션
②「영화 및 비디오물의 진흥에 관한 법률」에 따른 영화로서 영화상영관에서 일정기간 이상 연속하여 상영된 것(이하 '영화'라 한다)
③「영화 및 비디오물의 진흥에 관한 법률」에 따른 비디오물로서 다음 중 어느 하나에 해당하는 등급분류를 받고 온라인 동영상 서비스(OTT : Over The Top)를 통해 시청에 제공된 비디오물
 ㉠「영화 및 비디오물의 진흥에 관한 법률(제50조)」에 따른 영상물등급위원회의 등급분류
 ㉡「영화 및 비디오물의 진흥에 관한 법률(제50조의2)」에 따른 자체등급분류사업자의 등급분류 ■

참 고 추가공제 대상 영상콘텐츠의 범위

'추가공제 대상 영상콘텐츠'란 다음의 요건을 모두 충족하는 영상콘텐츠를 말한다.

① 촬영제작 비용 중 국내에서 지출한 비용의 비율이 80% 이상일 것
② 다음의 요건 중 3개 이상 요건을 충족할 것
 ㉠ 작가 및 주요 스태프에게 지급한 인건비 중 내국인에게 지급한 인건비의 비율이 80% 이상일 것
 ㉡ 배우 출연료 중 내국인에게 지급한 출연료의 비율이 80% 이상일 것
 ㉢ 후반제작 비용 중 국내에서 지출한 비용의 비율이 80% 이상일 것
 ㉣ 저작권법에 따른 공연권, 복제권, 배포권, 2차적저작물작성권, 공중송신권 중 저작물을 방송할 권리와 전송할 권리 중에서 영상콘텐츠 제작자가 보유한 권리의 수가 3개 이상일 것 ■

3. 내국법인의 문화산업전문회사에의 출자에 대한 세액공제

중소기업 또는 중견기업(문화산업전문회사로부터 위탁을 받아 영상콘텐츠를 제작하여 영상콘텐츠 제작비용에 대한 세액공제를 적용받는 중소기업 또는 중견기업은 제외)이 영상콘텐츠를 제작하는 문화산업전문회사에 출자하는 경우 다음의 금액을 영상콘텐츠의 최초 방송·상영·제공일과 해당 문화산업전문회사의 청산일 중 빠른 날이 속하는 사업연도의 법인세에서 공제한다.

$$\text{세액공제액} = \text{세액공제 대상 출자금액} \times 3\%$$

세액공제 대상 출자금액

$$= \frac{\text{해당 중소기업 또는 중견기업이}}{} \text{문화산업전문회사에 출자한 금액} \times \frac{\left(\begin{array}{c}\text{해당 영상콘텐츠 제작을 위하여}\\ \text{국내외에서 발생한 비용 중 영상콘텐츠 제작비용}\end{array}\right)}{\text{해당 문화산업전문회사의 총출자금액}}$$

제2절 고용지원을 위한 조세특례

Ⅱ-2 p.107

Ⅰ. 서설

근로자의 고용 안정과 소득보장은 양극화 해소와 균형발전을 위해서 매우 중요하다. 그리하여 조세특례제한법은 고용 취약계층을 고용하는 기업과 고용을 증대 기업 등을 지원하기 위한 여러 가지 조세특례를 마련하고 있다.

Ⅱ. 고용지원을 위한 조세특례

1. 근로소득을 증대시킨 기업에 대한 세액공제(근로소득 증대세제)

(1) 세액공제

중소기업 또는 중견기업이 근로소득을 증대시킨 기업에 해당하는 경우에는 다음 금액을 해당 과세연도의 법인세 또는 사업소득에 대한 소득세에서 공제한다.

> 세액공제액 = 직전 3년 평균 초과 임금증가분 × [20%(중소기업) / 10%(중견기업)]

(2) 해당 요건

1) '근로소득을 증대시킨 기업'이란 다음의 요건을 모두 충족하는 기업을 말한다.

① 상시근로자의 해당 과세연도의 평균임금 증가율이 직전 3개 과세연도의 평균임금 증가율의 평균(이하 '직전 3년 평균임금 증가율의 평균')보다 클 것. 여기서 '상시근로자'란 근로기준법에 따라 근로계약을 체결한 근로자를 말하되, 다음 중 어느 하나에 해당하는 자는 제외한다.

㉠ 법인세법에서 정하는 임원

㉡ 소득세법에 따른 근로소득(일반급여와 잉여금처분에 따른 상여)이 7,000만원 이상인 근로자

㉢ 해당 기업의 최대주주 등(개인사업자의 경우에는 대표자) 및 그와 친족관계인 근로자

㉣ 근로소득원천징수부에 의해 근로소득세를 원천징수한 사실이 확인되지 않는 근로자

㉤ 근로계약기간이 1년 미만인 근로자(다만, 근로계약의 연속된 갱신으로 인해 그 근로계약의 총 기간이 1년 이상인 근로자는 제외)

㉥ 근로기준법에 따른 단시간근로자

② 해당 과세연도의 상시근로자 수가 직전 과세연도의 상시 근로자 수보다 크거나 같을 것

2) 그리고 '직전 3년 평균 초과 임금증가분'은 다음 계산식에 따라 계산한 금액으로 한다.

> [해당 과세연도 상시근로자의 평균임금 − 직전 과세연도 상시근로자의 평균임금 ×(1 + 직전 3년 평균임금 증가율의 평균)]×직전 과세연도 상시근로자 수

(3) 정규직 전환 근로자에 대한 임금증가분에 대한 세액공제

1) 세액공제 : 중소기업 또는 중견기업이 다음의 요건을 모두 충족하는 경우에는 해당 세액공제액을 해당 과세연도의 법인세 또는 사업소득에 대한 소득세에서 공제한다.

① 해당 과세연도에 정규직 전환 근로자가 있을 것

② 해당 과세연도의 상시근로자 수가 직전 과세연도의 상시 근로자 수보다 크거나 같을 것

$$세액공제액 = \frac{정규직\ 전환\ 근로자에\ 대한}{임금증가분\ 합계액} \times \begin{bmatrix} 20\%(중소기업) \\ 10\%(중견기업) \end{bmatrix}$$

2) 사후관리 : 세액공제를 받은 중소기업 또는 중견기업이 공제를 받은 과세연도 종료일부터 1년이 되는 날이 속하는 과세연도의 종료일까지의 기간 중 정규직 전환 근로자와의 근로관계를 종료하는 경우에는 근로관계가 종료한 날이 속하는 과세연도의 과세표준신고를 할 때 다음과 같이 계산한 세액을 법인세 또는 소득세로 납부해야 한다.

$$납부세액 = 세액공제액 \times \frac{공제받은\ 과세연도의\ 정규직\ 전환\ 근로자\ 중\ 근로관계를\ 끝낸\ 근로자\ 수}{공제받은\ 과세연도의\ 정규직\ 전환\ 근로자\ 수}$$

(4) 중소기업에 대한 평균임금증가분을 초과하는 임금증가분에 대한 세액공제

(1)의 규정에도 불구하고 중소기업이 다음의 요건을 모두 충족하는 경우에는 전체 중소기업의 평균임금증가분을 초과하는 임금증가분의 20%에 상당하는 금액을 (1)에 따른 금액 대신 해당 과세연도의 법인세 또는 사업소득에 대한 소득세에서 공제할 수 있다.

① 상시 근로자의 해당 과세연도의 평균임금 증가율이 전체 중소기업 임금증가율(3.2%)보다 클 것

② 해당 과세연도의 상시근로자 수가 직전 과세연도의 상시근로자 수보다 크거나 같을 것

③ 직전 과세연도의 평균임금 증가율이 음수가 아닐 것

> 세액공제액 = 전체 중소기업의 평균임금증가분을 초과하는 임금증가분×20%

* 전체 중소기업의 평균임금증가분을 초과하는 임금증가분
[해당 과세연도 상시근로자의 평균임금 − 직전 과세연도 상시근로자의 평균임금×(1 + 전체 중소기업 임금증가율)]×직전 과세연도 상시근로자 수

[도 표] 근로소득을 증대시킨 기업에 대한 세액공제 사례(전체 중소기업 임금증가율은 3.2%로 가정한다)

(1) 세액공제액 : [50 − 40×(1 + 10%)]×10명 ×20%(중소기업) = 12
직전 3년 평균 초과 임금증가분

(4) 세액공제액 : [50 − 40×(1 + 3.2%)]×10명 ×20%(중소기업) = 17.44
전체 중소기업의 평균임금증가분을 초과하는 임금증가분

2. 중소기업 청년근로자 및 핵심인력 성과보상기금 수령액에 대한 소득세 감면 등

(1) 근로소득세 부과와 세액감면

중소기업 청년근로자 및 핵심인력* 성과보상기금(이하 '성과보상기금')의 공제사업[이른바 '내일채움공제사업']에 가입한 중소기업·중견기업의 근로자(해당 기업의 최대주주 등에 해당하는 사람은 제외. 이하 '핵심인력')가 공제납입금을 3년 이상 납입하고 그 성과보상기금으로부터 공제금을 수령하는 경우에 해당 공제금 중 해당 기업이 부담한 기여금(이하 '기여금') 부분에 대해서는 소득세법에 따른 근로소득으로 보아 소득세를 부과하되, 소득세에 다음의 구분에 따른 비율을 곱한 금액에 상당하는 세액을 감면한다.

구분	감면율
중소기업 근로자의 경우	50%(청년은 90%)
중견기업 근로자의 경우	30%(청년은 50%)

* '핵심인력'이란 직무 기여도가 높아 해당 중소기업의 대표자가 장기재직이 필요하다고 지정하는 근로자를 말한다. 핵심인력에는 ① 해당 기업의 최대주주 등(개인사업자의 경우에는 대표자)과 그 배우자, ② ①에 해당하는 자의 직계존비속(그 배우자 포함) 및 친족관계인 사람은 제외한다.

(2) 이자소득으로 소득세 부과

공세금 중 핵심인력이 납부한 공제납입금과 기여금을 제외한 금액은 이자소득으로 보아 소득세를 부과한다.

[도 표] 청년근로자 및 핵심인력 성과보상기금(내일채움공제)

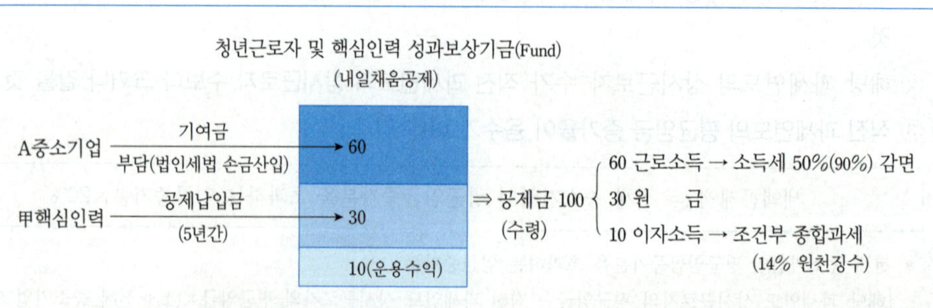

3. 고용을 증대시킨 기업에 대한 세액공제(고용증대세제)

(1) 세액공제

내국인(소비성서비스업을 경영하는 내국인은 제외. 이하 같다)의 2024.12.31.이 속하는 과세연도까지의 기간 중 해당 과세연도의 상시근로자의 수가 직전 과세연도의 상시근로자의 수보다 증가한 경우에는 다음의 금액을 해당 과세연도와 해당 과세연도의 종료일부터 1년(중소기업 및 중견기업의 경우에는 2년)이 되는 날이 속하는 과세연도까지의 법인세 또는 사업소득에 대한 소득세에서 공제한다.

고용을 증대시킨 기업에 대한 세액공제액 = (1) + (2)

(1) ① 청년 정규직 근로자, ② 장애인 근로자 등 상시근로자, ③ 60세 이상인 근로자(이하 '청년 등 상시근로자')의 증가한 인원 수(증가한 상시근로자의 인원 수를 한도로 한다)
×1인당 연간 공제액

구분	1인당 연간 공제액	
	수도권 내에서 증가한 경우	수도권 밖의 지역에서 증가한 경우
중소기업	1,100만원	1,200만원
중견기업	800만원	800만원
일반기업	400만원	400만원

(2) 청년 등 상시근로자 외 상시근로자의 증가한 인원 수(증가한 상시근로자의 인원 수를 한도로 한다)
×1인당 연간 공제액

구분	1인당 연간 공제액	
	수도권 내에서 증가한 경우	수도권 밖의 지역에서 증가한 경우
중소기업	700만원	770만원
중견기업	450만원	450만원
일반기업	0원	0원

조특 03

[도 표] 고용을 증대시킨 기업에 대한 세액공제

A중소기업	×1	×2	×3	×4
상시근로자 수	7명	10명	10명	10명
(청년)	(2명)	(4명)	(4명)	(4명)

(1) 세액공제

		×2	×3	×4
(+) 3명*	① 청년 : 2명×1,100 =	2,200	2,200	2,200
	② 일반 : 1명× 700 =	700	700	700
* 수도권 내 증가		2,900	2,900	2,900

(2) 사후관리 ㉠ *if* ×3 상시근로자 수가 9명인 경우 : ×3부터 (①+②) 적용 × (청년 4명)

㉡ *if* ×3 청년근로자 수가 3명인 경우 : ×3부터 ① 적용 × (전체 상시근로자 수 10명)

* 납부세액 사후관리 ㉠ : 일반 1명× 700 = 700

㉡ : 청년 1명×1,100 = 1,100

참고 청년 등 상시근로자의 범위

'청년 등 상시근로자'란 상시근로자 중 다음 중 어느 하나에 해당하는 사람을 말한다.

① **청년 정규직 근로자** : 15세 이상 29세 이하인 사람 중 다음 중 어느 하나에 해당하는 사람을 제외한 사람. 다만, 해당 근로자가 병역을 이행한 경우에는 그 기간(6년을 한도로 한다)을 현재 연령에서 빼고 계산한 연령이 29세 이하인 사람을 포함한다.

㉠ 「기간제 및 단시간근로자 보호 등에 관한 법률」에 따른 기간제근로자 및 단시간근로자

㉡ 「파견근로자보호 등에 관한 법률」에 따른 파견근로자

㉢ 「청소년 보호법(제2조 (5))」에 따른 업소에 근무하는 청소년

② **장애인 근로자 등** : 장애인복지법의 적용을 받는 장애인과 「국가유공자 등 예우 및 지원에 관한 법률」에 따른 상이자, 「5 · 18민주유공자예우에 관한 법률」에 따른 5 · 18민주화운동 부상자, 「고엽제후유의증 등 환자지원 및 단체설립에 관한 법률」에 따른 고엽제후유의증환자로서 장애등급 판정을 받은 사람

③ **60세 이상인 근로자** : 근로계약 체결일 현재 연령이 60세 이상인 사람 ■

(2) 사후관리

법인세 또는 소득세를 공제받은 내국인이 공제를 받은 과세연도의 종료일부터 2년이 되는 날이 속하는 과세연도의 종료일까지의 기간 중 ㉠ 전체 상시근로자의 수가 최초로 공제를 받은 과세연도에 비하여 감소한 경우에는 감소한 과세연도부터 고용을 증대시킨 기업에 대한 세액공제(① + ②)를 적용하지 않고, ㉡ 청년 등 상시근로자의 수가 최초로 공제를 받은 과세연도에 비하여 감소한 경우에는 감소한 과세연도부터 고용을 증대시킨 기업에 대한 세액공제(①)를 적용하지 않는다. 이 경우 공제받은 세액에 상당하는 금액을 법인세 또는 소득

세로 납부해야 한다.

4. 통합고용세액공제

(1) 개요

통합고용세액공제 = [+ (1) 고용증대기업 기본세액공제 / (2) 고용증대기업 추가세액공제] (+ ① 정규직 근로자로의 전환 추가세액공제 / ② 육아휴직 복귀자 복직 추가세액공제)

(2) 고용증대기업 기본세액공제

1) 개요 : 내국인(소비성서비스업을 경영하는 내국인은 제외. 이하 같다)이 해당 과세연도의 상시근로자의 수가 직전 과세연도의 상시근로자의 수보다 증가한 경우에는 다음의 금액을 해당 과세연도와 해당 과세연도의 종료일부터 1년(중소기업 및 중견기업의 경우에는 2년)이 되는 날이 속하는 과세연도까지의 법인세 또는 사업소득에 대한 소득세에서 공제한다.

고용증대기업 기본세액공제 = [(1) + (2)]

(1) ① 청년 정규직 근로자, ② 장애인 근로자, ③ 60세 이상인 근로자 또는 ④ 경력단절 근로자 등(이하 '청년등상시근로자')의 증가 인원 수(전체 상시근로자의 증가 인원 수를 한도로 한다)×1인당 연간 공제액

구분	1인당 연간 공제액	
	수도권 내에서 증가한 경우	수도권 밖에서 증가한 경우
중소기업	1,450만원	1,550만원
중견기업	800만원	800만원
일반기업	400만원	400만원

(2) 청년등상시근로자를 제외한 상시근로자의 증가 인원 수(전체 상시근로자의 증가 인원 수를 한도로 한다)×1인당 연간 공제액

구분	1인당 연간 공제액	
	수도권 내에서 증가한 경우	수도권 밖에서 증가한 경우
중소기업	850만원	950만원
중견기업	450만원	450만원
일반기업	0원	0원

참 고 청년등상시근로자의 범위

'청년등근로자'란 상시근로자 중 다음 중 어느 하나에 해당하는 사람을 말한다.

① **청년 정규직 근로자** : 15세 이상 34세 이하인 사람 중 다음 중 어느 하나에 해당하는 사람을 제외한 사람. 다만, 해당 근로자가 병역을 이행한 경우에는 그 기간(6년을 한도로 한다)을 현재 연령에서 빼고 계산한 연령이 34세 이하인 사람을 포함한다.

㉠ 「기간제 및 단시간근로자 보호 등에 관한 법률」에 따른 기간제근로자 및 단시간근로자

㉡ 「파견근로자보호 등에 관한 법률」에 따른 파견근로자

㉢ 「청소년 보호법」에 따른 청소년유해업소에서 근무하는 19세 미만인 청소년

② **장애인 근로자** : 「장애인복지법」의 적용을 받는 장애인, 「국가유공자 등 예우 및 지원에 관한 법률」에 따른 상이자, 「5 · 18민주유공자예우 및 단체설립에 관한 법률」에 따른 5 · 18민주화운동부상자와 「고엽제후유의증 등 환자지원 및 단체설립에 관한 법률」에 따른 고엽제후유의증환자로서 장애등급 판정을 받은 사람

③ **60세 이상 근로자** : 근로계약 체결일 현재 연령이 60세 이상인 사람

④ **경력단절 근로자** : 다음의 요건을 모두 충족하는 근로자를 말한다.

㉠ 임금을 목적으로 같은 기업에서 1년 이상 계속하여 근로를 제공*한 후 결혼 · 임신 · 출산 · 육아 · 자녀교육 · 가족돌봄의 사유로 퇴직하였을 것

* 경력단절 근로자의 근로소득세가 원천징수되었던 사실이 확인되는 경우로 한정한다.

㉡ 위 ㉠에 따른 사유로 퇴직한 날부터 2년 이상 15년 미만의 기간이 지났을 것

㉢ 내국인의 최대주주(개인사업자의 경우에는 대표자를 말한다) 또는 그와 특수관계인이 아닐 것

⑤ 「북한이탈주민의 보호 및 정착 지원에 관한 법률」에 따른 북한이탈주민 ■

참 고 결혼 · 임신 · 출산 · 육아 및 자녀교육 및 가족돌봄의 사유의 범위

① 퇴직한 날부터 1년 이내에 혼인한 경우(가족관계기록사항에 관한 증명서를 통하여 확인되는 경우에 한정한다)

② 퇴직한 날부터 2년 이내에 임신하거나 난임시술을 받은 경우(의료기관의 진단서 또는 확인서를 통하여 확인되는 경우에 한정하다)

③ 퇴직일 당시 8세 이하의 자녀가 있는 경우

④ 퇴직일 당시 「초 · 중등교육법(제2조)」에 따른 학교에 재학 중인 자녀가 있는 경우

⑤ ㉠ 퇴직일 당시 장애인복지법의 적용을 받는 장애인 자녀가 있는 경우, ㉡ 퇴직일 당시 다음 중 어느 하나에 해당하는 직계존속(배우자의 직계존속을 포함한다)을 동거봉양 하기 위하여 같은 세대를 이루고 있는 경우

- 70세 이상
- 장애인복지법의 적용을 받는 장애인 ■

2) 사후관리 : 위 1)에 따라 세액공제를 받은 내국인이 ① 최초로 공제를 받은 과세연도의 종료일부터 2년이 되는 날이 속하는 과세연도의 종료일까지의 기간 중 전체 상시근로자의 수가 최초로 공제를 받은 과세연도에 비하여 감소한 경우에는 감소한 과세연도부터 고

용증대기업 기본세액공제[(1)+(2)]를 적용하지 않고, ② 청년등상시근로자의 수가 최초로 공제를 받은 과세연도에 비하여 감소한 경우에는 감소한 과세연도부터 고용증대기업 기본세액공제[(1)]를 적용하지 않는다. 이 경우 공제받은 세액에 상당하는 금액(세액공제금액 중 이월공제 규정에 따라 공제받지 못하고 이월된 금액이 있는 경우에는 그 금액을 차감한 후의 금액을 말한다)을 법인세 또는 소득세로 납부해야 한다.

3) 고용 관련 세액공제 상호간 중복지원 배제 : 통합고용세액공제 중 고용증대기업 기본세액공제(제29조의8 ①)는 ① 고용을 증대시킨 기업에 대한 세액공제(제29조의7) 또는 ② 중소기업 사회보험료 세액공제(제30조의4)를 받지 않은 경우에만 적용한다.

(3) 고용증대기업 추가세액공제

1) 정규직 근로자로의 전환 추가세액공제 : 중소기업 또는 중견기업이 다음의 ① 또는 ②와 같이 비정규직 근로자를 정규직 근로자로의 전환하는 경우에는 추가세액공제액을 해당 과세연도의 법인세 또는 사업소득에 대한 소득세에서 공제한다. 다만, 해당 과세연도에 해당 중소기업 또는 중견기업의 상시근로자의 수가 직전 과세연도의 상시근로자의 수보다 감소한 경우에는 공제하지 않는다.

① 2023.6.30. 당시 고용하고 있는 기간제근로자 및 단시간근로자, 파견근로자를 2024.1.1.부터 2024.12.31.까지 기간의 정함이 없는 근로계약을 체결한 근로자로 전환하는 경우

② 2023.6.30. 당시 고용하고 있는 수급사업자에게 고용된 기간제근로자 및 단시간근로자를 2024.1.1.부터 2024.12.31.까지 사용사업주가 직접 고용하거나 원사업자가 기간의 정함이 없는 근로계약을 체결하여 직접 고용하는 경우

> 추가세액공제액 = 정규직 근로자로의 전환에 해당하는 인원* × [중소기업은 1,300만원 / 중견기업은 900만원]

* 위 '정규직 근로자로의 전환에 해당하는 인원'에는 해당 기업의 최대주주 또는 최대출자자(개인사업자의 경우에는 대표자를 말한다)나 그와 친족관계인 사람은 제외한다.

2) 육아휴직 복귀자 복직 추가세액공제 : 중소기업 또는 중견기업이 육아휴직 복귀자를 복직시키는 경우에는 다음의 금액을 해당 과세연도의 법인세 또는 사업소득에 대한 소득세에서 공제한다. 다만, 해당 과세연도에 해당 중소기업 또는 중견기업의 상시근로자 수가 직전 과세연도의 상시근로자 수보다 감소한 경우에는 공제하지 않는다.

> 추가세액공제액 = 육아휴직 복귀자 인원 × [중소기업은 1,300만원 / 중견기업은 900만원]

여기서 '육아휴직 복귀자'란 다음의 요건을 모두 충족하는 사람을 말한다.

① 해당 기업에서 1년 이상 근무하였을 것(해당 기업이 육아휴직 복귀자의 근로소득세를 원천징수하였던 사실이 확인되는 경우로 한정한다)

② 「남녀고용평등과 일·가정 양립 지원에 관한 법률(제19조 ①)」에 따라 육아휴직한 경우로서 육아휴직기간이 연속하여 6개월 이상일 것

③ 해당 기업의 최대주주(개인사업자의 경우에는 대표자를 말한다)나 그와 특수관계인(친족관계인 사람을 말한다)이 아닐 것

한편 이처럼 육아휴직자를 복직시킨 기업에 대한 세액공제는 육아휴직 복귀자의 자녀 1명당 한차례에 한정하여 적용한다.

3) 사후관리 : 위 1)·2)에 따라 세액공제를 받은 자가 각각 정규직 근로자로의 전환일 또는 육아휴직 복직일부터 2년이 지나기 전에 해당 근로자와의 근로관계를 종료하는 경우에는 근로관계가 종료한 날이 속하는 과세연도의 과세표준신고를 할 때 공제받은 세액에 상당하는 금액(위 1)·2)에 따른 세액공제금액 중 이월공제 규정에 따라 공제받지 못하고 이월된 금액이 있는 경우에는 그 금액을 차감한 후의 금액을 말한다)을 법인세 또는 소득세로 납부해야 한다.

5. 중소기업 취업자에 대한 소득세 감면

(1) 세액감면

① 청년, ② 60세 이상인 사람, ③ 장애인 및 ④ 경력단절 근로자 등이 중소기업체[중소기업기본법에 따른 중소기업(비영리기업을 포함)]에 취업하는 경우 그 중소기업체로부터 받는 근로소득으로서 취업일(경력단절 근로자의 경우에는 재취업일. 이하 같다)부터 받는 근로소득으로서 취업일부터 3년(청년의 경우 5년)이 되는 날이 속하는 달까지 발생한 소득에 대해서는 소득세의 70%(청년의 경우 90%)에 상당하는 세액을 감면(과세기간별로 200만원을 한도)한다.

세액감면 = MIN(①, ②)
① 취업일부터 3년(청년은 5년)이 되는 날이 속하는 달까지 발생하는 근로소득에 대한 소득세 ×70%(청년은 90%) ② 한도액 : 과세기간별로 200만원

이 경우 소득세 감면기간은 소득세를 감면받은 사람이 다른 중소기업체에 취업하거나 해당 중소기업체에 재취업하는 경우 또는 합병·분할·사업 양도 등으로 다른 중소기업체로 고용이 승계되는 경우에 관계없이 소득세를 감면받은 최초 취업일부터 계산한다.

(2) 청년 및 중소기업체

1) '청년'이란 근로계약 체결일 현재 연령이 15세 이상 34세 이하인 사람을 말한다. 다만, 병역

을 이행한 경우에는 그 기간(6년을 한도)을 근로계약 체결일 현재 연령에서 빼고 계산한 연령이 34세 이하인 사람을 포함한다.

2) '중소기업체'란 중소기업기본법에 따른 중소기업(비영리기업 포함)으로서 제조업, 사회복지 서비스업 등의 일정한 사업을 주된 사업으로 하는 기업을 말한다. 다만, 국가 등은 제외한다.

6. 고용유지중소기업 등에 대한 과세특례

(1) 고용유지중소기업의 범위

'고용유지중소기업[일자리나누기(Job sharing) 중소기업]'이란 중소기업기본법에 따른 중소기업으로서 다음의 요건을 모두 충족하는 기업을 말한다.

① 해당 과세연도의 상시근로자(해당 과세연도 중에 근로관계가 성립한 상시근로자는 제외) 1인당 시간당 임금이 직전 과세연도에 비해 감소하지 않은 경우(1인당 시간당 임금 유지)

② 해당 과세연도의 상시근로자 수가 직전 과세연도의 상시근로자수와 비교하여 0% 이상 감소하지 않은 경우(고용 유지)

③ 해당 과세연도의 상시근로자(해당 과세연도 중에 근로관계가 성립한 상시근로자는 제외) 1인당 연간 임금총액이 직전 과세연도에 비해 감소한 경우(1인당 연간 임금 감소)

(2) 고용유지중소기업 등에 대한 세액공제

고용유지중소기업 및 중견기업(위기지역 안의 사업장만 해당)은 다음의 금액을 각 법인세 또는 사업소득에 대한 소득세에서 공제한다.

세액공제액 = ① + ②

① 임금감소분 공제 :

$$\left(\begin{array}{c}\text{직전 과세연도}\\\text{상시근로자 1인당}\\\text{연간 임금총액}\end{array} - \begin{array}{c}\text{해당 과세연도}\\\text{상시근로자 1인당}\\\text{연간 임금총액}\end{array}\right) \times \left(\begin{array}{c}\text{해당 과세연도}\\\text{상시근로자 수}\end{array}\right) \times 10\%$$

② 임금보전분 공제 :

$$\left(\begin{array}{c}\text{해당 과세연도}\\\text{상시근로자 1인당}\\\text{시간당 임금}\end{array} - \begin{array}{c}\text{직전 과세연도}\\\text{상시근로자 1인당}\\\text{시간당 임금}\end{array} \times 105\%\right) \times \begin{array}{c}\text{해당 과세연도}\\\text{전체 상시근로자의}\\\text{근로시간 합계}\end{array} \times 15\%$$

(3) 고용유지중소기업의 상시근로자에 대한 소득공제

고용유지중소기업 및 중견기업(위기지역 안의 사업장만 해당)에 근로를 제공하는 상시근로자에 대해 다음의 금액을 해당 과세연도의 근로소득금액에서 공제할 수 있다.

> 소득공제액 = MIN(①, ②)
>
> ① (직전 과세연도의 해당 근로자 연간 임금총액 − 해당 과세연도의 해당 근로자 연간 임금총액) × 50%
>
> ② 공제한도 : 1,000만원

(4) 위기지역 중견기업의 사업장에 과세특례 적용

고용유지중소기업 등에 대한 과세특례는 위기지역 내 중견기업의 사업장에 대하여 위기지역으로 지정 또는 선포된 기간이 속하는 과세연도에도 적용한다.

참 고 위기지역의 범위

'위기지역'이란 다음 중 어느 하나에 해당하는 지역을 말한다[현재 고용위기지역 또는 산업위기대응특별지역(9개 지역) : 군산시, 거제시, 통영시, 고성군, 창원시 진해구, 울산시 동구, 목포시, 영암군, 해남군)]

① 「고용정책 기본법」에 따라 지원할 수 있는 지역으로서 고용노동부장관이 고용위기지역으로 지정한 지역

② 「고용정책 기본법」에 따라 선포된 고용재난지역

③ 「지역 산업위기 대응 및 지역경제 회복을 위한 특별법」에 따라 지정된 산업위기대응특별지역 ■

[도 표] 고용유지중소기업 등에 대한 과세특례

전연도	해당연도		
20,000/hr	22,000/hr	① 요건충족	고용유지중소기업
×8시간	×6시간		
160,000/일	132,000/일		
×250일	×250일		
40	33	③ 요건충족	
×10명	×10명	② 요건충족	
400	330		

• 고용유지중소기업에 대한 세액공제 : ①+② = 9.25

① 임금감소분 세액공제

(40 − 33)×10명×10% = 7

② 임금보전분 세액공제

(22,000/hr − 20,000/hr×1.05)×(6시간×250일×10명)×15% = 2.25

• 고용유지중소기업의 상시근로자에 대한 소득공제 : MIN(①, ②) = 3.5

① (40 − 33)×50% = 3.5

② 공제한도 : 10

7. 중소기업 사회보험료 세액공제

(1) 세액공제

중소기업이 2024.12.31.이 속하는 과세기간까지의 기간 중 해당 과세연도의 상시근로자 수가 직전 과세연도의 상시근로자 수보다 증가한 경우에는 다음 금액을 과세연도와 해당 과세연도의 종료일부터 1년이 되는 날이 속하는 과세연도까지의 법인세 또는 사업소득에 대한 소득세에서 공제한다.

> 세액공제 = ① + ②
>
> ① 청년 등 상시근로자 고용증가 인원에 대해 사용자가 부담하는 사회보험료 상당액×100%
>
> ② 청년 등 외 상시근로자 고용증가 인원에 대해 사용자가 부담하는 사회보험료 상당액 ×50%(신성장서비스업을 영위하는 중소기업은 75%)

* 청년 등 상시근로자'는 15세 이상 29세 이하인 상시근로자(병역을 이행한 경우에는 그 기간을 근로계약 체결일 현재 연령에서 빼고 계산한 연령이 29세 이하인 사람 포함)로 하고, '청년 등 외의 상시근로자'는 청년 상시근로자가 아닌 상시근로자로 한다.

(2) 사후관리

법인세 또는 소득세를 공제받은 중소기업이 최초로 공제를 받은 과세연도의 종료일부터 1년이 되는 날이 속하는 과세연도의 종료일까지의 기간 중 ㉠ 전체 상시근로자의 수가 최초로 공제를 받은 과세연도에 비하여 감소한 경우에는 감소한 과세연도에 대하여 세액공제(①+②)를 적용하지 않고, ㉡ 청년 등 상시근로자의 수가 최초로 공제를 받은 과세연도에 비하여 감소한 경우에는 감소한 과세연도에 대하여 세액공제(①)를 적용하지 않는다. 이 경우 공제받은 세액에 상당하는 금액을 법인세 또는 소득세로 납부해야 한다.

[도 표] 중소기업 사회보험료 세액공제

	2023	2024
상시근로자 수	50명	60명

(+)10명 ─ { ① 청년 등 : 4명×100×100% = 400
② 일 반 : 6명×100× 50% = 300

고용증가 연도 세액공제 (2024) 700

2024	2025
60명	60명
(청년 등 20명)	(청년 등 ?)

고용유지

고용유지 연도(2025)		청년 등 유지	청년 등 감소*
고용유지	① 청년 등	400	×
	② 일 반	300	300
고용유지 연도 세액공제 (2025)		700	300

* 이 경우 2024년도 공제받은 세액을 납부해야 한다.

제3절 창업 및 가업승계 지원을 위한 증여세 과세특례

Ⅱ-2 p.131

Ⅰ. 서설

고령화 시대에 대응하고 가업의 원활한 승계를 지원하기 위해서 조세특례제한법은 ① 창업자금에 대한 증여세 과세특례, ② 가업승계에 대한 증여세 과세특례, ③ 가업승계시 증여세의 납부유예 제도를 마련하고 있다.

Ⅱ. 창업자금에 대한 증여세 과세특례

1. 개요

'창업자금에 대한 증여세 과세특례'란 거주자가 노부모로부터 창업자금을 증여받은 경우 10%의 낮은 세율로 증여세를 부과하고, 증여한 직계존속의 사망시 창업자금을 상속재산가액에 가산하여 상속세로 정산하여 과세하는 제도(창업자금 사전상속제도)를 말한다. 이 제도는 고령화 시대에 대응하여 젊은 세대로의 부(富)의 조기이전을 촉진하여 경제활력의 증진을 도모하려는데 그 취지가 있다.

2. 증여세 과세특례

(1) 과세특례의 요건

18세 이상인 거주자가 창업중소기업 해당 업종을 영위하는 중소기업을 창업할 목적으로 60세 이상의 부모(증여당시 부모가 사망한 경우에는 사망한 부모의 부모. 이하 같다)로부터 창업자금을 증여받아야 하는데, 구체적인 내용은 다음과 같다.

1) '창업자금'이란 양도소득세 과세대상재산을 제외한 재산을 증여받은 경우로서 해당 증여받은 재산의 가액 중 창업자금[증여세 과세가액 50억원(창업을 통해 10명 이상을 신규 고용한 경우에는 100억원)을 한도]을 말한다.

* '창업자금'이란 창업에 직접 사용되는 사업용자산의 취득자금과 사업장의 임차보증금(전세금) · 임차료 지급액을 말한다.

2) 창업자금을 증여받은 자는 증여받은 날부터 2년 이내에 창업(관할세무서장에게 사업자등록하는 것)해야 한다. 이 경우 사업을 확장하기 위해 사업용자산을 취득하거나 확장한 사업자의 임차보증금 · 임차료를 지급하는 경우에는 창업으로 보며, 다음 중 어느 하나에 해당하는 경우는 창업으로 보지 않는다.

① 합병 · 분할 · 현물출자 또는 사업의 양수를 통해 종전의 사업을 승계하거나 종전의 사

업에 사용되던 자산을 인수·매입하여 같은 종류의 사업을 하는 경우

①-2 종전의 사업에 사용되던 자산을 인수 또는 매입하여 같은 종류의 사업을 하는 경우로서 인수 또는 매입한 자산가액의 합계액이 사업개시일이 속하는 과세연도의 종료일 또는 그 다음 과세연도의 종료일 현재 사업용자산의 총가액에서 차지하는 비율이 30%를 초과하는 경우

② 거주자가 하던 사업을 법인으로 전환하여 새로운 법인을 설립하는 경우

③ 폐업 후 사업을 다시 개시하여 폐업 전의 사업과 같은 종류의 사업을 하는 경우

④ 사업을 확장하거나 다른 업종을 추가하는 등 새로운 사업을 최초로 개시하는 것으로 보기 곤란한 경우 그 밖에 창업자금을 증여받기 이전부터 영위한 사업의 운용자금과 대체설비자금 등으로 사용하는 경우

이처럼 창업자금을 증여받아 창업한 자가 새로 창업자금을 증여받아 당초 창업한 사업과 관련하여 사용하는 경우에는 창업으로 보지 않는 위 ③·④의 규정을 적용하지 않는다.

3) 창업자금을 증여받은 자는 증여받은 날부터 4년이 되는 날까지 창업자금을 모두 해당 목적에 사용해야 한다.

4) 창업자금에 대한 증여세 과세특례를 적용받으려는 자는 증여세과세표준 신고기한까지 창업자금 특례신청을 해야 한다. 이 경우 그 신고기한까지 특례신청을 하지 않은 경우에는 이 특례규정을 적용하지 않는다.

(2) 과세특례의 내용

1) 거주자가 증여받은 창업자금에 대해서는 상속세및증여세법 규정에 불구하고 다음과 같이 증여세를 부과한다.

창업자금에 대한 증여세액 = [증여세과세가액 − 5억원(사전증여특별공제)] × 10%

이 경우 창업자금을 2회 이상 증여받거나 부모로부터 각각 증여받는 경우에는 각각의 증여세과세가액을 합산하여 적용한다.

2) 창업자금에 대해 증여세를 부과하는 경우에는 상속세및증여세법의 동일인(그 배우자 포함)으로부터 증여받은 창업자금 외의 다른 증여재산의 가액은 창업자금에 대한 증여세 과세가액에 가산하지 않으며, 창업자금에 대한 증여세과세표준을 신고하는 경우에도 신고세액공제를 적용하지 않는다.

(3) 창업자금명세 제출

창업자금을 증여받은 자가 창업하는 경우 다음에 정하는 날에 창업자금 사용명세(증여받은 창업자금이 50억원을 초과하는 경우에는 고용명세 포함)를 관할세무서장에게 제출해야 한다.

① 창업일이 속하는 달의 다음 달 말일

② 창업일이 속하는 과세연도부터 4년 이내의 과세연도(창업자금을 모두 사용한 경우에는 그 날이 속 하는 과세연도)까지 매 과세연도의 과세표준신고기한

(4) 창업자금에 대한 사후관리

창업자금에 대한 증여세 과세특례를 적용받은 경우로서 다음 중 어느 하나에 해당하는 경우에는 창업자금 등에 대해 상속세및증여세법에 따라 증여세·상속세를 각각 부과한다. 이 경우에는 이자상당액을 그 부과하는 증여세에 가산하여 부과한다.

부과사유	부과대상 금액
① 증여받은 날부터 2년 이내에 창업하지 않는 경우	창업자금
② 창업자금으로 창업중소기업 해당 업종 외의 업종을 경영하는 경우	해당 업종 외의 업종에 사용된 창업자금
③ 창업자금을 증여받아 창업을 한 자가 새로 증여받은 창업자금을 당초 창업한 사업에 사용하지 않은 경우	해당 목적에 사용되지 않은 창업자금
④ 창업자금 전부를 증여받은 날부터 4년이 되는 날까지 해당 목적에 사용하지 않은 경우	
⑤ 증여받은 후 10년 이내에 창업자금 등(창업으로 인한 가치증가분 포함. 이하 같다)을 해당 사업용도 외의 용도로 사용한 경우	해당 사업용도 외의 용도로 사용된 창업자금 등
⑥ 창업 후 10년 이내에 수증자의 사망 및 해당 사업을 휴·폐업한 경우	창업자금(창업으로 인한 가치 증가분을 포함)
⑦ 증여받은 창업자금이 50억원을 초과하는 경우로서 창업한 날이 속하는 과세연도의 종료일부터 5년 이내에 각 과세연도의 근로자 수가 다음 계산식에 따라 계산한 수보다 적은 경우 창업한 날의 근로자 수 – (창업을 통해 신규 고용한 인원 수 – 10명)	50억원을 초과하는 창업자금

3. 창업자금에 대한 상속세 정산과세

(1) 창업자금의 합산과세

창업자금은 상속재산에 가산하는 증여재산으로 본다. 이 경우 창업자금은 증여받은 날부터 상속개시일까지의 기간과 관계없이 상속세과세가액에 가산하되, 상속공제의 종합한도를 계산할 때에는 상속세과세가액에서 차감하는 증여재산가액으로 보지 않는다.

(2) 창업자금에 대한 증여세액공제

창업자금에 대한 증여세액에 대해 증여세액공제를 적용하는 경우에는 그 공제한도액의 규정

에 불구하고 상속세산출세액에서 창업자금에 대한 증여세액을 공제한다. 이 경우 공제할 증여세액이 상속세산출세액보다 많은 경우 그 차액에 상당하는 증여세액은 환급하지 않는다.

4. 준용규정 및 중복적용 배제

증여세 · 상속세를 과세하는 경우 창업자금에 대한 증여세 과세특례에서 달리 정하지 않은 것은 상속세및증여세법에 따른다. 한편 창업자금에 대한 증여세 과세특례를 적용받는 거주자는 가업의 승계에 대한 증여세 과세특례를 적용하지 않는다.

[도 표] 창업자금에 대한 증여세 과세특례

	父母 → 甲(자) (증여)		父母 → 상속인 (상속)	
창업자금	10억	무조건 합산과세 →	20억	상속재산
증여공제	(5억)		(10억)	상속공제
과세표준	5억		10억	과세표준
×세율	×10%		×세율	×세율(10%~50%)
증여세액	50	→	240	상속세액
신고세액공제(3%)	×		(50)	증여세액공제(한도 ×)
			190	납부세액

Ⅲ. 가업의 승계에 대한 증여세 과세특례

1. 개요

'가업의 승계에 대한 증여세 과세특례'란 거주자가 노부모로부터 중소기업 · 중견기업의 주식을 증여받아 가업을 승계하는 경우 10%의 낮은 세율로 증여세를 부과하고, 증여한 노부모의 사망 시 중소기업 · 중견기업 주식가액을 상속재산가액에 가산하여 상속세로 정산하여 과세하는 제도(사전상속제도)를 말한다. 그 취지는 중소기업 · 중견기업의 사전상속에 대한 세부담을 완화하여 중소기업 · 중견기업의 계속성을 유지하고 경제활력을 높이는데 있다.

2. 증여세 과세특례

(1) 과세특례의 요건

18세 이상인 거주자가 60세 이상의 부모*로부터 가업의 승계를 목적으로 해당 가업의 주식 또는 출자지분(이하 '주식 등')을 증여받고 가업을 승계해야 하는데, 구체적인 내용은 다음과 같다.

* '부모'에는 증여 당시 아버지나 어머니가 사망한 경우에는 그 사망한 아버지나 어머니의 부모를 포함한다(이하 같다).

1) '주식 등'이란 거주자가 부모로부터 해당 가업의 승계를 목적으로 증여받은 주식 등의 가액 중 가업자산상당액에 대한 증여세 과세가액을 말한다. 여기서 ① '가업'이란 중소기업 또는 중견기업(증여받은 날이 속하는 법인세 사업연도의 직전 3개 법인세 사업연도의 매출액 평균금액이 5천억원 이상인 기업은 제외)으로서 부모가 10년 이상 계속하여 경영한 기업을 말하며, ② 가업자산상당액에 대한 증여세 과세가액은 다음의 구분에 따른 금액을 한도로 한다.

① 부모가 10년 이상 20년 미만 계속하여 경영한 경우 : 300억원
② 부모가 20년 이상 30년 미만 계속하여 경영한 경우 : 400억원
③ 부모가 30년 이상 계속하여 경영한 경우 : 600억원

2) 거주자가 가업을 승계해야 하는데, 여기서 '가업을 승계한 경우'란 해당 가업의 주식 또는 출자지분(이하 '주식 등')을 증여받은 자(이하 '수증자') 또는 그 배우자가 ① 증여세 과세표준 신고기한까지 가업에 종사하고 ② 증여일부터 3년 이내에 대표이사에 취임하는 경우를 말한다.

3) 가업승계 주식 등에 대한 증여세 과세특례를 적용받고자 하는 자는 증여세 과세표준신고 기한까지 주식 등 특례신청을 해야 한다. 이 경우 그 신고기한까지 특례신청을 하지 않은 경우에는 이 특례규정을 적용하지 않는다.

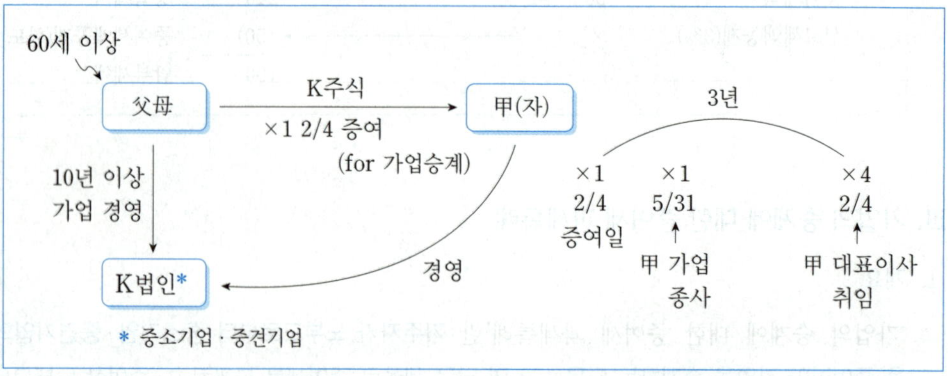

(2) 과세특례의 내용

1) 거주자가 가업승계 목적으로 증여받은 주식 등에 대해서는 상증세법 규정에 불구하고 다음과 같이 증여세를 부과한다.

> 주식 등에 대한 증여세액
> = [증여세과세가액 − 10억원(사전증여특별공제)]×10%(과세표준 120억원 초과분은 20%)

* 다만, 가업의 승계 후 가업의 승계 당시 최대주주에 해당하는 자(가업의 승계 당시 해당 주식 등의 증여자 및 해당 주식 등을 증여받은 자는 제외)로부터 증여받는 경우에는 과세특례를 적용하지 않는다.

참고 조세포탈 또는 회계부정시 가업의 승계에 대한 증여세 과세특례 배제

거주자 또는 부모가 가업의 경영과 관련하여 조세포탈 또는 회계부정 행위[조세범처벌법(제3조 ①)에 따른 조세포탈범 또는 「주식회사 등의 외부감사에 관한 법률(제39조 ①)」에 따른 죄를 범하는 것을 말하며, 증여일 전 10년 이내 또는 증여일부터 5년 이내의 기간 중의 행위로 한정한다]로 징역형 또는 벌금형을 선고받고 그 형이 확정된 경우에는 다음의 구분에 따른다.

① 관할세무서장의 과세표준과 세율의 결정이 있기 전에 피상속인 또는 상속인에 대한 형이 확정된 경우 : 가업의 승계에 대한 증여세 과세특례를 적용하지 않을 것

② 가업의 승계에 대한 증여세 과세특례를 적용받은 후에 거주자 또는 부모에 대한 형이 확정된 경우 : 증여받은 주식 등의 가액에 대하여 증여세를 부과한다. 이 경우 이자상당액을 증여세에 가산하여 부과한다. ■

2) 주식 등에 대하여 증여세를 부과하는 경우에는 상증세법의 동일인(그 배우자 포함)으로부터 증여받은 주식 등 외의 다른 증여재산의 가액은 주식 등에 대한 증여세 과세가액에 가산하지 않으며, 주식 등에 대한 증여세과세표준을 신고하는 경우에도 신고세액공제를 적용하지 않는다.

한편 증여세 과세특례 적용대상 주식 등을 증여받은 후 해당 주식 등의 증여에 대한 상증세법의 주식의 상장에 따른 이익의 증여규정 또는 합병에 따른 상장이익의 증여규정에 따른 증여이익은 증여세 과세특례 대상 주식 등의 과세가액과 증여이익을 합하여 100억원까지 납세자의 선택에 따라 가업의 승계에 대한 증여세 과세특례를 적용받을 수 있다. 이 경우 증여세 과세특례 적용을 받은 증여이익은 상속세 과세가액에 가산한다.

(3) 사후관리

주식 등을 증여받은 자가 다음 중 어느 하나에 해당하는 경우에는 그 주식 등의 가액에 대하여 상증세법에 따라 증여세를 부과한다. 이 경우 이자상당액을 증여세에 가산하여 부과한다.

① 가업을 승계하지 않은 경우. 이는 과세특례의 요건 중 2)에 따라 가업을 승계하지 않은 경우를 말한다.

② 가업을 승계한 후 주식 등을 증여받은 날부터 5년 이내에 정당한 사유 없이 다음 중 어느 하나에 해당하게 된 경우

㉠ 가업에 종사하지 않거나 가업을 휴업하거나 폐업하는 경우. 여기에는 다음 중 어느 하나에 해당하는 경우를 포함한다.

- 수증자(수증자의 배우자 포함)가 주식 등의 증여를 받은 날부터 5년까지 대표이사직을 유지하지 않은 경우
- 가업의 주된 업종을 변경하는 경우(다만, 한국표준산업분류에 따른 대분류 내에서 업종을 변경하는 경우와 그 외의 경우로서 평가심의위원회의 심의를 거쳐 업종의 변경을 승인하는 경우는 제외)

- 가업을 1년 이상 휴업(실적이 없는 경우 포함)하거나 폐업하는 경우

㉡ 증여받은 주식 등의 지분이 줄어드는 경우. 여기에는 다음 중 어느 하나에 해당하는 경우를 포함한다.

- 수증자가 증여받은 주식 등을 처분하는 경우(다만, 합병 · 분할 등 조직변경에 따른 처분으로서 수증자가 최대주주 등에 해당하는 경우와 '자본시장과 금융투자업에 관한 법률'에 따른 상장규정의 상장요건을 갖추기 위하여 지분을 감소시킨 경우는 제외)
- 증여받은 주식 등을 발행한 법인이 유상증자 등을 하는 과정에서 실권 등으로 수증자의 지분율이 낮아지는 경우(다만, 해당 법인의 시설투자 · 사업규모의 확장 등에 따른 유상증자로서 수증자의 특수관계인 외의 자에게 신주를 배정하기 위하여 실권하는 경우로서 수증자가 최대주주 등에 해당하는 경우, 해당 법인의 채무가 출자전환됨에 따라 수증자의 지분율이 낮아지는 경우로서 수증자가 최대주주 등에 해당하는 경우는 제외)
- 수증자와 특수관계에 있는 자의 주식처분 또는 유상증자시 실권 등으로 지분율이 낮아져 수증자가 최대주주 등에 해당되지 않은 경우
- 해당 법인의 감자(지분비율에 따라서 무상으로 균등하게 감자하는 경우는 제외)로 인하여 수증자의 보유주식 수가 감소한 경우

앞 사후관리에 해당하는 거주자는 그 사유 중 어느 하나에 해당하게 되는 날이 속하는 달의 말일부터 3개월 이내에 관할세무서장에게 신고하고 해당 증여세와 이자상당액을 납세지 관할세무서, 한국은행 또는 체신관서에 납부해야 한다. 다만, 위 규정에 따라 이미 증여세와 이자상당액이 부과되어 납부된 경우에는 그렇지 않다.

3. 가업승계 주식 등에 대한 상속세 정산과세

(1) 주식 등의 합산과세

주식 등은 상속재산에 가산하는 증여재산으로 본다. 이 경우 주식 등은 증여받은 날부터 상속개시일까지의 기간과 관계없이 상속세과세가액에 가산하되, 상속공제의 종합한도를 계산할 때에는 상속세과세가액에 차감하는 증여재산가액으로 보지 않는다. 따라서 주식 등은 증여재산의 합산기간(10년)과 관계없이 상속세과세가액에 합산하여 과세한다.

(2) 주식 등에 대한 증여세액공제

주식 등에 대한 증여세액에 대하여 상증세법에 따른 증여세액공제를 하는 경우에는 그 공제한도액의 규정에 불구하고 상속세산출세액에서 주식 등에 대한 증여세액을 공제한다. 이 경우 공제할 증여세액이 상속세산출세액보다 많은 경우 그 차액에 상당하는 증여세액은 환급하지 않는다.

상속세산출세액 – 주식 등에 대한 증여세액 = ┌ (+) 상속세 납부 ○
└ (–) 증여세 환급 ×

4. 준용규정 및 중복적용 배제

증여세 및 상속세를 과세하는 경우 기업의 승계에 대한 증여세 과세특례에서 달리 정하지 않은 것은 상증세법에 따른다. 한편 가업의 승계에 대한 증여세 과세특례를 적용받는 거주자는 창업자금에 대한 증여세 과세특례를 적용하지 않는다.

[도 표] 가업상속공제와 가업승계 증여세 과세특례의 비교

구분		가업상속공제(상증세법)	가업승계 증여세 과세특례(조특법)
적용 요건		중소기업 또는 중견기업(매출액 5천억원 미만)으로서 피상속인이 10년 이상 계속하여 경영한 기업의 상속	중소기업 또는 중견기업(매출액 5천억원 미만)으로서 부모가 10년 이상 계속하여 경영한 기업의 승계를 목적으로 주식을 증여받고 가업을 승계
적용 혜택		가업상속공제 : MIN(①, ②) ① 가업상속 재산가액 ② 한도액 : 피상속인의 가업영위기간에 따라 300억원 · 400억원 · 600억원 가업영위기간 : 한도액 10년 이상 : 300억원 20년 이상 : 400억원 30년 이상 : 600억원	사전증여특별공제(10억원) 10% · 20% 저율과세 가업영위기간 : 한도액 10년 이상 : 300억원 20년 이상 : 400억원 30년 이상 : 600억원
사후관리 기간		5년	5년
사후관리	지분유지	상속받은 지분 유지	증여받은 지분 유지
	고용유지	5년간 정규직 근로자 수의 평균의 90%	(없음)

Ⅳ. 가업승계시 증여세의 납부유예

1. 개요

중소기업의 원활한 가업승계를 위해서 중소기업에 해당하는 가업의 주식을 증여받은 경우 증여세의 납부유예하는 제도를 2023년부터 도입하였다.

조특 03

2. 증여세의 납부유예

(1) 납부유예의 요건

관할세무서장은 거주자가 다음의 요건을 모두 갖추어 증여세의 납부유예를 신청하는 경우에는 가업승계에 대한 증여세액에 대해 납부유예를 허가할 수 있다.

① 18세 이상인 거주자가 60세 이상의 부모로부터 가업(중소기업으로 한정한다)의 승계를 목적으로 해당 가업의 주식 또는 출자지분(이하 '주식 등'이라 한다)을 증여받았을 것. 여기서 '가업을 승계한 경우'란 해당 가업의 주식 등을 증여받은 자 또는 그 배우자가 증여세 과세표준 신고기한까지 가업에 종사하고 증여일부터 3년 이내에 대표이사에 취임하는 경우를 말한다.

② 창업자금에 대한 증여세 과세특례(제30조의5) 또는 가업의 승계에 대한 증여세 과세특례(제30조의6)를 적용받지 않았을 것

이러한 가업승계에 대한 증여세의 납부유예 허가를 받으려는 자는 담보를 제공해야 한다.

참 고 납부유예할 수 있는 금액

$$\text{납부유예할 수 있는 증여세 납부세액} = \text{증여세 납부세액} \times \frac{\text{가업자산상당액}}{\text{총증여재산가액}}$$

참 고 가업승계 대상 중소기업의 범위

'중소기업'이란 상속개시일이 속하는 소득세 과세기간(또는 법인세 사업연도)의 직전 소득세 과세기간(또는 법인세 사업연도) 말 현재 다음의 요건을 모두 갖춘 기업을 말한다.

① 별표(가업상속공제를 적용받는 중소·중견기업의 해당 업종)에 따른 업종을 주된 사업으로 영위할 것
② 「조세특례제한법 시행령(제2조)」의 규모기준 요건과 실질적인 독립성기준 요건을 충족할 것
③ 자산총액이 5천억원 미만일 것 ■

(2) 증여세 납부유예 절차

1) 납부유예 신청 : 증여세의 납부유예를 신청하려는 자는 증여세 과세표준신고를 하는 경우(국세기본법에 따른 수정신고 또는 기한후신고를 하는 경우 포함)에는 납부해야 할 세액에 대하여 「납부유예신청서」를 증여세 과세표준신고와 함께 관할세무서장에게 제출해야 한다. 다만, 증여세 과세표준과 세액의 결정통지를 받은 자는 해당 납부고지서의 납부기한*까지 납부유예신청서를 제출할 수 있다.

* 상증세법에 따른 수증자가 납부할 증여세를 연대하여 납부할 의무가 있는 증여자인 연대납세의무자가 세무서장으로부터 연대납부의무 사유에 대해 통지를 받은 경우에는 해당 납부고지서상의 납부기한을 말한다.

2) 납부유예 허가 여부 결정·통지 : 납부유예신청서를 받은 세무서장은 다음 기간 이내에 신청인에게 허가 여부를 서면으로 결정·통지해야 한다. 이 경우 해당 기간까지 허가 여부에 대한 서면을 발송하지 않은 때에는 허가를 한 것으로 본다.

납부유예 신청시기	납부유예 허가 여부 결정·통지 기간
① 증여세 과세표준신고시	증여세 과세표준신고기한이 경과한 날부터 6개월
② 수정신고 또는 기한후신고시	신고한 날이 속하는 달의 말일부터 6개월
③ 증여세 과세표준과 세액 결정통지시	납부고지서에 따른 납부기한이 경과한 날부터 14일

이 경우에 위 ③에 따라 납부기한을 경과하여 납부유예 허가 여부를 통지하여 그 납부유예세액을 징수할 때에는 납부유예 허가여부 통지일 이전에 한정하여 ① 1일당 2.2/10,000의 지연일수분(납부고지서에 따른 납부기한의 다음 날부터 성립하는 부분으로 한정한다) 납부지연가산세와 ② 체납분(미납세액의 3%) 납부지연가산세를 부과하지 않는다.

(3) 사후관리

관할세무서장은 거주자가 정당한 사유 없이 다음 중 어느 하나에 해당하는 경우 가업승계시 증여세의 납부유예 허가를 취소하거나 변경하고, 해당 호에 따른 세액과 이자상당액을 징수한다.

징수사유	납부세액
① 해당 거주자가 가업에 종사하지 않게 된 경우	납부유예된 세액의 전부
② 주식 등을 증여받은 거주자의 지분이 감소한 경우	다음의 구분에 따른 세액 ㉠ 증여일부터 5년 이내에 감소한 경우 : 납부유예된 세액의 전부 ㉡ 증여일부터 5년 후에 감소한 경우 : 납부유예된 세액×(감소한 지분율/증여일 현재 지분율)
③ 다음 ㉠·㉡ 모두 해당하는 경우 ㉠ 증여일부터 5년간 정규직 근로자 수의 전체 평균이 증여일이 속하는 사업연도의 직전 2개 사업연도의 정규직근로자 수의 평균의 70%에 미달하는 경우 ㉡ 증여일부터 5년간 총급여액의 전체 평균이 증여일이 속하는 사업연도의 직전 2개 사업연도의 총급여액 평균의 70%에 미달하는 경우	납부유예된 세액의 전부
④ 해당 거주자가 사망하여 상속이 개시되는 경우	납부유예된 세액의 전부

한편 가업승계시 증여세의 납부유예 허가를 받은 자는 위 징수사유 중 어느 하나에 해당하는 경우 그날이 속하는 달의 말일부터 3개월 이내에 관할세무서장에게 신고하고 해당 증여세와 이자상당액을 납세지 관할세무서, 한국은행 또는 체신관서에 납부해야 한다. 다만, 위의 징수규정에 따라 이미 증여세와 이자상당액이 징수된 경우에는 그렇지 않다.

3. 증여세의 징수

관할세무서장은 가업승계에 대한 증여세의 납부유예 허가를 받은 자가 다음 중 어느 하나에 해당하는 경우 그 허가를 취소하거나 변경하고, 납부유예된 세액의 전부 또는 일부와 이자 상당액을 징수할 수 있다.

① 담보의 변경 또는 그 밖의 담보 보전에 필요한 관할세무서장의 명령에 따르지 않은 경우

② 국세징수법에 따른 납부기한 전 징수사유 중 어느 하나에 해당되어 납부유예된 세액의 전액을 징수할 수 없다고 인정되는 경우

[도 표] 가업승계 증여세 과세특례와 가업승계시 증여세 납부유예의 비교

구분		가업승계 증여세 과세특례(조특법)	가업승계시 증여세의 납부유예(조특법)
적용 요건		중소기업 또는 중견기업(매출액 5천억원 미만)으로서 부모가 10년 이상 계속하여 경영한 기업의 승계를 목적으로 주식을 증여받고 가업을 승계	거주자가 중소기업인 가업의 승계를 목적으로 주식을 증여
적용 혜택		사전증여특별공제(10억원) 10%·20% 저율과세	수증자가 양도·상속·증여하는 시점까지 확정된 증여세 금액 납부유예
		가업영위기간 / 한도액 10년 이상 : 300억원 20년 이상 : 400억원 30년 이상 : 600억원	(없음)
사후관리 기간		5년	5년
사후관리	업종변경	대분류 내 허용	(없음)
	지분유지	증여받은 지분 유지	증여받은 지분 유지
	고용유지	(없음)	5년간 정규직 근로자 수의 평균의 70%

제4장
기업구조조정을 위한 조세특례

제1절 중소기업의 구조조정을 위한 조세특례

Ⅱ-2 p.155

Ⅰ. 중소기업 간의 통합에 대한 세제지원

1. 개요

중소기업 간 통합으로 인해 소멸되는 중소기업이 사업용고정자산을 통합법인(통합으로 설립된 법인 또는 통합 후 존속하는 법인)에게 양도하는 경우 그 사업용고정자산에 대해서는 이월과세 등의 세제지원을 적용받을 수 있다.

[도 표] 중소기업 간 통합에 대한 항구적 세제지원

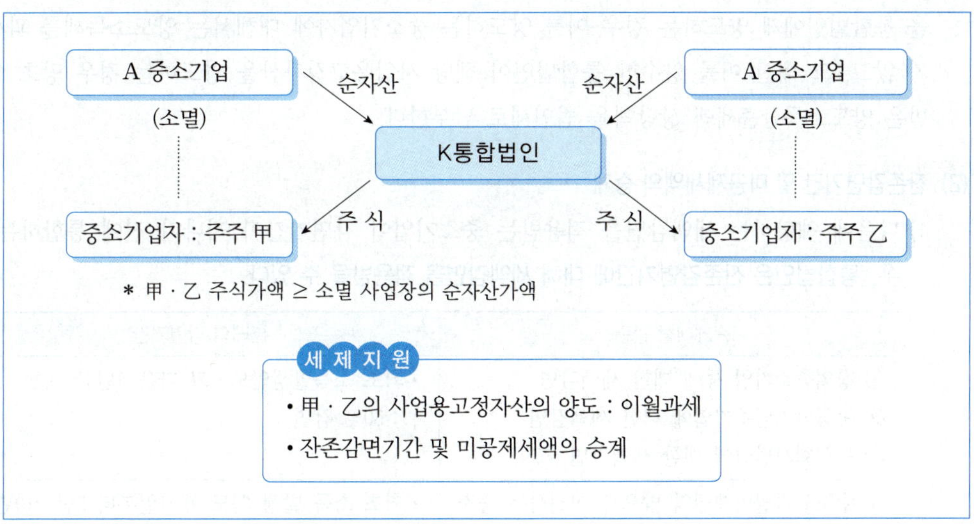

2. 요건

1) 소비성서비스업을 제외한 사업을 하는 중소기업기본법에 따른 중소기업 간에 통합을 해야 한다.

2) '중소기업 간 통합'이란 통합법인이 사업장별로 그 사업에 관한 주된 자산을 모두 승계하여 사업의 동일성이 유지되는 것으로서 다음의 요건을 갖춘 것을 말한다. 이 경우 설립 후 1년이 경과되지 않은 법인이 국세기본법에 따른 과점주주의 사업을 승계하는 것은 통합으로 보지 않는다.

   ① 통합으로 인해 소멸되는 사업장의 중소기업자가 통합법인의 주주 등일 것

   ② 통합으로 인해 소멸하는 사업장의 중소기업자가 해당 통합으로 인하여 취득하는 주식 등의 가액이 통합으로 인해 소멸하는 사업장의 순자산가액 이상일 것. 여기서 '순자산가액'은 통합일 현재의 시가로 평가한 자산의 합계액에서 부채(충당금 포함)의 합계액을 공제한 금액으로 한다.

3) 이월과세 적용대상이 되는 사업용고정자산은 해당 사업에 직접 사용하는 유형·무형자산(업무와 관련없는 부동산은 제외)으로 한다.

3. 조세특례의 내용

(1) 양도소득세의 이월과세

중소기업 간의 통합으로 인해 소멸되는 중소기업이 사업용고정자산을 통합법인에 양도하는 경우 그 사업용고정자산에 대해서는 이월과세를 적용받을 수 있다. 즉 중소기업자가 사업용고정자산을 통합법인에게 양도하는 경우 이를 양도하는 중소기업자에 대해서는 양도소득세를 과세하지 않고, 그 대신 이를 양수한 통합법인이 해당 사업용고정자산을 양도하는 경우 당초 이연받은 양도소득산출세액 상당액을 법인세로 납부한다.

(2) 잔존감면기간 및 미공제세액의 승계

1) 다음에 해당하는 세액감면을 적용받는 중소기업이 감면기간이 지나기 전에 통합하는 경우, 통합법인은 잔존감면기간에 대해 세액감면을 적용받을 수 있다.

승계대상 감면	본래의 감면기간
① 창업중소기업 등에 대한 세액감면 ② 농공단지입주기업에 대한 세액감면 ③ 농업회사법인에 대한 세액감면	• 최초 소득발생연도 · 그 다음 4년간 : 50% 감면
④ 수도권과밀억제권역 밖으로 이전하는 중소기업에 대한 세액감면	• 최초 소득 발생 연도 개시일부터 5년 · 10년(7년간) : 100% 감면 → 그 다음 2년(3년간) : 50% 감면

2) 조세특례제한법에 따른 세액공제의 규정에 따라 공제할 세액 중 해당 과세연도에 납부할 세액이 없거나 최저한세의 적용으로 공제받지 못한 미공제세액이 있는 중소기업이 통합하는 경우, 통합법인은 중소기업의 미공제세액을 승계하여 이월공제잔여기간에 대해 세액공제를 받을 수 있다.

4. 이월과세의 중단

이월과세를 적용받은 내국인이 사업용고정자산을 양도한 날부터 5년 이내에 다음 중 어느 하나에 해당하는 사유가 발생하는 경우에는 해당 내국인은 사유발생일이 속하는 달의 말일부터 2개월 이내에 이월과세액(통합법인이 이미 납부한 세액을 제외한 금액)을 양도소득세로 납부해야 한다.

① 통합법인이 소멸되는 중소기업으로부터 승계받은 사업을 폐지하는 경우(사업의 계속성 중단)

② 이월과세를 적용받은 내국인이 통합으로 취득한 통합법인의 주식 등의 50% 이상을 처분하는 경우(지분의 연속성 중단)

판례 중소기업 간 통합에 대한 양도소득세 이월과세의 적용범위

중소기업 간 통합에 대한 양도소득세 이월과세의 취지는 개인이 중소기업 간의 통합을 위해 사업용 고정자산을 양도함으로써 발생하는 소득에 대한 과세시기를 통합법인이 이를 양도하는 시점으로 늦추고 아울러 그 납세의무자도 개인이 아닌 통합법인으로 변경함으로써 중소기업 간의 원활한 구조조정을 지원하려는 데 있다는 점, 장래에 통합법인이 납부해야 할 세액은 '소득세법에 따른 양도소득 산출세액 전부'로 해석되는 점 등을 종합하여 보면, 양도소득세 이월과세가 적용되는 경우에는 그 사업용 고정자산의 양도에 따른 양도소득세 전부에 대해 이월과세가 적용된다고 봄이 타당하고, 양도인이 양도소득 과세표준 · 양도소득세액을 적게 신고하였다고 하여 달리 볼 것은 아니다.

따라서 원고가 양도소득세를 과소 신고하여 이월과세를 신청하였다고 하더라도 그 이월과세가 적용되는 범위가 과소 신고한 세액에 한정되는 것은 아니라고 할 것이다(2014두40661).

Ⅱ. 법인전환에 대한 세제지원

1. 개요

거주자가 사업용고정자산을 현물출자하거나 사업양수도방법에 따라 법인(소비성서비스업을 경영하는 법인은 제외)으로 전환하는 경우 해당 사업용고정자산에 대해서는 이월과세 등의 세제지원을 적용받을 수 있다.

[도 표] 법인전환에 대한 항구적 세제지원

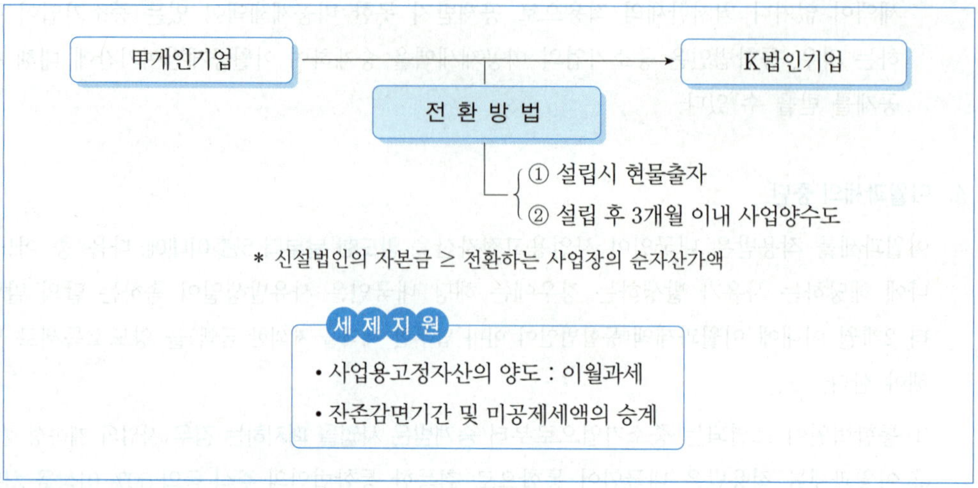

2. 요건

1) 거주자가 소비성서비스업을 제외한 사업을 하는 법인으로 전환해야 한다.

2) 거주자가 ① 사업용고정자산을 현물출자하거나 ② 사업양수도방법에 따라 법인으로 전환해야 한다. 여기서 ② '사업양수도방법'이란 해당 사업을 영위하던 자가 발기인이 되어 전환하는 사업장의 순자산가액 이상을 출자하여 법인을 설립하고, 그 법인 설립등기일부터 3개월 이내에 해당 법인에게 사업에 관한 모든 권리 · 의무를 포괄적으로 양도하는 것을 말한다.

3) 새로 설립되는 법인의 자본금이 사업용자산을 현물출자하거나 사업양수도하여 법인으로 전환하는 사업장의 순자산가액 이상인 경우에만 적용한다. 여기서 '순자산가액'은 전환일 현재의 시가로 평가한 사업용자산의 합계액에서 부채(충당금 포함)의 합계액을 공제한 금액을 말한다.

4) 이월과세 적용대상이 되는 사업용고정자산은 해당 사업에 직접 사용하는 유형자산 및 무형자산(업무와 관련없는 부동산은 제외)으로 한다. 다만, 해당 사업용고정자산이 주택 또는 주택을 취득할 수 있는 권리인 경우는 제외한다.

3. 조세특례의 내용

(1) 양도소득세의 이월과세

이상의 요건을 충족하여 법인으로 전환하는 경우 해당 사업용고정자산에 대해서는 양도소득세의 이월과세를 적용받을 수 있다. 즉 거주자가 사업용고정자산을 법인에게 양도하는 경우 이를 양도하는 거주자에 대해서는 양도소득세를 과세하지 않고, 그 대신 이를 양수한 법인이 해당 사업용고정자산을 양도하는 경우(거주자가 사업용고정자산을 법인에게 양도한 날이 속하는 과세기간에 다른 양도자산은 없다고 보아 계산한) 양도소득산출세액상당액을 법인세로 납부한다.

(2) 잔존감면기간 및 미공제세액의 승계

다음에 해당하는 세액감면을 적용받는 거주자가 감면기간이 지나기 전에 법인으로 전환하는 경우 신설법인은 잔존감면기간에 대해 세액감면을 적용받을 수 있다.

① 창업중소기업 등에 대한 세액감면
② 농공단지입주기업에 대한 세액감면
③ 수도권과밀억제권역 밖으로 이전하는 중소기업에 대한 세액감면

한편 조세특례제한법에 따른 세액공제의 규정에 따라 공제할 세액 중 해당 과세연도에 납부할 세액이 없거나 최저한세의 적용으로 공제받지 못한 미공제세액이 있는 거주자가 법인으로 전환하는 경우 신설법인은 거주자의 미공제세액을 승계하여 이월공제잔여기간에 대해 세액공제를 받을 수 있다.

4. 이월과세의 중단

신설법인의 설립등기일부터 5년 이내에 다음 중 어느 하나에 해당하는 사유가 발생하는 경우에는 이월과세를 적용받은 거주자가 사유발생일이 속하는 달의 말일부터 2개월 이내에 이월과세액(해당 법인이 이미 납부한 세액을 제외한 금액)을 양도소득세로 납부해야 한다.

① 신설법인이 이월과세를 적용받은 거주자로부터 승계받은 사업을 폐지하는 경우(사업의 계속성 중단)
② 이월과세를 적용받은 거주자가 법인전환으로 취득한 주식 등의 50% 이상을 처분하는 경우(지분의 연속성 중단)

판례 '법인으로 전환하는 사업장의 순자산가액'의 의미

실질적으로 동일한 사업주가 사업의 운영 형태만 바꾼 것으로 평가되기 위해서는 사업양수도 대상의 순자산가액이 신설 법인에 그대로 승계되어야 한다. 사업양도인의 출자에 따른 신설법인의 자본금이 그 순자산가액에 미달하면 신설법인으로서는 사업양수도 대가를 지급할 재원이 부족하여 그 순자산가액의 일부가 사업양수도 대가 지급을 위해 유출될 수밖에 없어 신설법인이 사업양수도대상의 순자산가액을 그대로 승계할 수 없게 되는 점 등을 고려해 보면, '법인으로 전환하는 사업장의 순자산가액'이란 기존 사업장의 순자산가액이 아니라 사업양수도 대상이 되는 순자산가액(시가로 평가한 자산의 합계액에서 충당금을 포함한 부채의 합계액을 공제한 금액)을 의미한다고 보는 것이 타당하다(2012두17865 판결). ■

Ⅲ. 내국법인의 금융채무 상환을 위한 자산매각에 대한 과세특례

1. 개요

내국법인이 재무구조를 개선하기 위해 재무구조개선계획에 따라 자산을 양도하는 경우에는 해당 자산을 양도함으로써 발생하는 양도차익상당액에 대해서는 과세이연을 받을 수 있다.

2. 과세이연의 요건

내국법인이 자산을 양도한 날부터 3개월 이내에 채무를 상환한다는 내용이 포함되어 있는 재무구조개선계획에 따라 자산을 양도해야 한다.

참 고 재무구조개선계획 및 금융채권자채무

1. '재무구조개선계획'이란 법률에 따른 약정 등으로서 금융채권자채무의 총액·내용·상환계획 및 양도할 자산의 내용, 양도계획을 명시한 것을 말한다.

2. 재무구조개선계획을 이행할 때 채무의 범위는 재무구조개선계획에 채무의 내용 및 자산의 양도를 통한 상환계획이 명시되어 있는 것으로서 다음 중 어느 하나에 해당하는 금액(금융채권자채무)으로 한다.

① 금융채권자로부터 사업과 관련하여 차입한 차입금

② 위 ①의 차입금에 대한 이자

③ 해당 기업이 자금조달의 목적으로 발행한 회사채로서 금융채권자가 매입하거나 보증한 것

④ 해당 기업이 자금조달의 목적으로 발행한 기업어음으로서 금융채권자가 매입한 것 ■

3. 과세이연 방법

내국법인이 해당 자산을 양도함으로써 발생하는 다음의 양도차익상당액에 대해서는 해당 사업연도와 해당 사업연도의 종료일 이후 3개 사업연도의 기간 중 익금에 산입하지 않고 그 다음 3개 사업연도의 기간 동안 균분한 금액 이상을 익금에 산입한다(4년거치 3년간 분할익금산입).

$$\text{양도차익상당액} = (\text{해당 자산의 양도차익} - \text{이월결손금}) \times \frac{\text{채무상환액}}{\text{양도가액}}$$

4. 사후관리

과세이연을 적용받은 내국법인이 다음 중 어느 하나에 해당하게 된 경우에는 해당 사유가 발생한 사업연도의 소득금액을 계산할 때 익금에 산입하지 않은 금액을 익금에 산입해야 한다. 이 경우 이자상당가산액을 법인세에 가산하여 납부해야 하며 해당 세액은 과세표준 신고기한까지 납부해야 할 세액으로 본다.

① 재무구조개선계획에 따라 채무를 상환하지 않은 경우

② 자산을 양도한 내국법인의 부채비율이 자산 양도 후 3년 이내의 기간 중 기준부채비율보다 증가하게 된 경우

③ 해당 자산을 양도한 날부터 3년 이내에 폐업·해산한 경우로서 합병법인·분할신설법인, 분할합병의 상대방 법인이 해당 사업을 승계한 경우가 아닌 경우. 다만, 파산 등 부득이한 사유가 있는 경우에는 이자상당가산액을 가산하지 않는다.

제2절 조직개편을 위한 조세특례

II-2 p.172

Ⅰ. 주식의 포괄적 교환·이전에 대한 과세특례

1. 개요

'주식의 포괄적 교환·이전'이란 B회사의 주주가 보유하는 B회사 주식 전부를 A회사에 양도하고 그 대가로 A회사의 주식 등을 배정받는 것을 말한다(A회사가 기존회사이면 주식의 포괄적 교환이고, 주식을 이전받고 A회사가 새로 설립되면 주식의 포괄적 이전에 해당). 이때 B회사는 '완전자회사'라고 하고, A회사는 '완전모회사'라고 한다.

그런데 주식의 포괄적 교환·이전은 형식적인 주식의 종목교체에 불과한 점을 고려하여 과세이연요건을 갖춘 경우에는 주식양도차익에 대한 과세를 이연하는 특례를 두고 있다. 이때 지방세특례제한법에서도 위에 해당할 때 과점주주의 간주취득세를 면제한다.

2. 주식의 포괄적 교환·이전에 대한 과세이연요건

다음의 요건을 갖추어 주식의 포괄적 교환·이전하는 경우 그로 인해 발생한 완전자회사 주주의 주식양도차익에 대한 법인세·양도소득세는 완전자회사의 주주가 완전모회사(또는 그 완전모회사의 완전모회사)의 주식을 처분할 때까지 과세를 이연받을 수 있다.

① 사업목적의 교환·이전 : 주식의 포괄적 교환·이전일 현재 1년 이상 계속하여 사업을 하던 내국법인 간의 주식의 포괄적 교환·이전일 것. 다만, 주식의 포괄적 이전으로 신설되는 완전모회사는 제외

② 지분의 연속성 : 완전자회사의 주주가 완전모회사로부터 교환·이전대가를 받은 경우 그 교환·이전대가의 총합계액 중 완전모회사 주식의 가액이 80% 이상(또는 그 완전모회사의 완전모회사 주식의 가액이 80% 이상)이고, 완전모회사·완전자회사의 일정한 지배주주 등이 주

식의 포괄적 교환 등으로 취득한 주식의 50% 이상을 교환·이전일이 속하는 사업연도 종료일까지 처분하지 않을 것

③ 사업의 계속성 : 완전자회사가 교환 · 이전일이 속하는 사업연도의 종료일까지 사업을 계속할 것

[도 표] 주식의 포괄적 교환·이전에 대한 과세문제

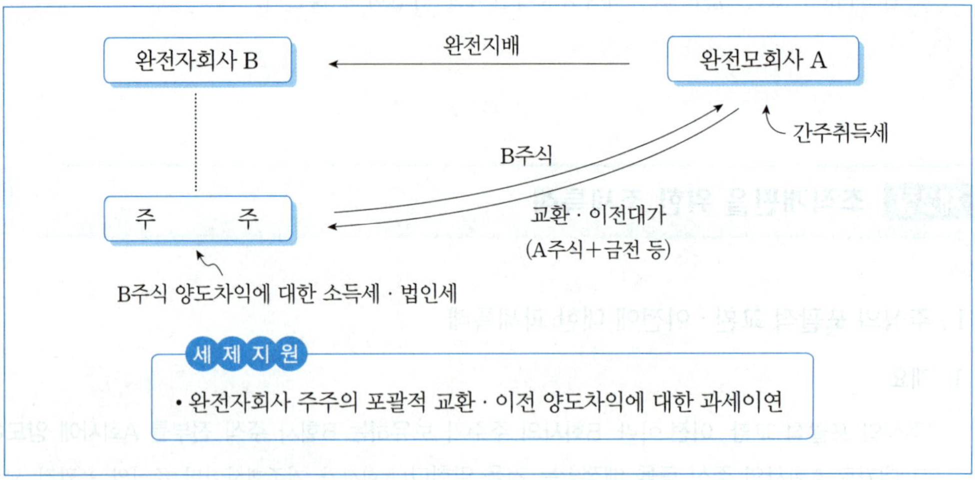

참 고 부득이한 사유가 있는 경우 과세이연

다음 중 어느 하나에 해당하는 부득이한 사유로 취득한 주식을 보유할 수 없거나 사업을 계속할 수 없는 경우에는 지분의 연속성요건 또는 또는 사업의 계속성요건을 갖추지 못한 경우에도 취득한 주식을 처분할 때까지 과세를 이연받을 수 있다.

(1) 지분의 연속성요건에 대한 부득이한 사유 : 다음 중 어느 하나에 해당하는 경우.

① 완전모회사 및 완전자회사의 일정한 지배주주 등이 주식의 포괄적 교환 · 이전으로 교부받은 전체 주식의 50% 미만을 처분한 경우

② 완전자회사의 일정한 지배주주 등이 사망하거나 파산하여 주식을 처분한 경우

③ 완전자회사의 일정한 지배주주 등이 과세이연을 받는 적격합병, 적격분할, 적격물적분할 또는 적격현물출자에 따라 주식을 처분한 경우 등

(2) 사업의 계속성요건에 대한 부득이한 사유 : 다음 중 어느 하나에 해당하는 경우.

① 완전자회사가 파산함에 따라 자산을 처분한 경우

② 완전자회사가 과세이연을 받는 적격합병, 적격분할, 적격물적분할 또는 적격현물출자에 따라 사업을 폐지한 경우

③ 완전자회사가 기업개선계획의 이행을 위한 약정 또는 기업개선계획의 이행을 위한 특별약정에 따라 승계받은 자산을 처분한 경우 등 ■

3. 완전자회사의 주주에 대한 과세이연

(1) 법인주주인 경우

1) 손금산입 : 완전자회사의 주주인 법인(내국법인 및 국내원천소득이 종합과세되는 외국법인. 이하 같다)이 주식의 포괄적 교환·이전으로 취득한 완전모회사 주식의 가액 중 다음의 금액을 주식의 포괄적 교환·이전일이 속하는 사업연도의 소득금액을 계산할 때 손금에 산입할 수 있다. 이 경우 손금에 산입하는 금액은 해당 주식의 압축기장충당금으로 계상해야 한다.

> 손금산입액 = ① − ②
>
> ① 실현된 양도차익 = 교환·이전대가* − 양도한 완전자회사의 주식의 취득가액
>
> * 교환·이전대가 : 포괄적 교환·이전으로 취득한 완전모회사 주식 및 금전, 그 밖의 재산가액의 합계액
>
> ② 과세되는 금액 = MIN (①의 실현된 양도차익, 받은 금전 등*)
>
> * 받은 금전 등 : 교환·이전대가로 받은 완전모회사의 주식 외의 금전, 그 밖의 재산가액의 합계액. 이하 같다.

조특 04

2) 익금산입 : 위 1)에 따라 계상한 압축기장충당금은 법인이 해당 완전모회사의 주식을 처분하는 사업연도에 다음의 금액을 익금에 산입한다.

$$\text{익금산입액} = \text{압축기장충당금} \times \frac{\text{처분한 주식 수}}{\text{주식의 포괄적 교환·이전으로 취득한 주식 수}}$$

(2) 개인주주인 경우

1) 교환·이전시 과세 : 완전자회사의 주주인 거주자 등(비거주자 또는 국내원천소득이 분리과세되는 외국법인을 포함)이 보유주식을 완전모회사에 주식의 포괄적 교환·이전하는 경우에는 다음의 금액을 양도소득으로 보아 양도소득세를 과세한다.

> 양도소득 = MIN (①, ②)
>
> ① 실현된 양도차익 = 교환·이전대가 − 양도한 완전자회사 주식의 취득가액
>
> ② 받은 금전 등

2) 완전모회사의 주식 양도시 과세 : 거주자 등이 완전모회사의 주식의 전부·일부를 양도하는 때에는 다음의 금액을 취득가액으로 보아 양도소득세를 과세한다.

$$\text{취득가액} = \left(\frac{\text{완전자회사}}{\text{주식의 취득가액}} + \frac{\text{1)의}}{\text{양도소득}} - \text{받은 금전 등}\right) \times \frac{\text{처분한 주식수}}{\text{주식의 포괄적 교환·이전으로 취득한 주식 수}}$$

4. 완전모회사 : 완전자회사 주식의 취득가액(시가)

완전자회사의 주주가 과세이연을 받은 경우 완전모회사는 완전자회사 주식을 시가로 취득한다.

5. 완전자회사의 주주에 대한 과세이연의 중단

(1) 개요

주식의 포괄적 교환·이전일이 속하는 사업연도의 다음 사업연도 개시일부터 2년 이내에 다음 중 어느 하나의 사유가 발생하는 경우 완전모회사는 해당 사유의 발생 사실을 발생일부터 1개월 이내에 완전자회사의 주주에게 알려야 하며, 완전자회사의 주주는 과세이연을 받은 법인세·양도소득세를 납부해야 한다.

① 완전자회사가 사업을 폐지하는 경우(사업의 계속성 중단)

② 완전모회사·완전자회사의 일정한 지배주주 등이 주식의 포괄적 교환·이전으로 주식의 50% 이상을 처분하는 경우(지분의 연속성 중단)

다만, ① 사업의 계속성요건과 ② 지분의 연속성요건에 대한 부득이한 사유가 있는 경우에는 과세이연을 계속 적용한다.

(2) 과세이연받은 세액의 납부

1) 완전자회사의 주주가 법인인 경우 : 과세이연 중단사유가 발생한 날이 속하는 사업연도의 소득금액을 계산할 때 당초 압축기장충당금으로 손금에 산입한 금액 중 완전모회사의 주식 처분으로 익금에 산입하고 남은 금액을 익금에 산입한다.

2) 완전자회사의 주주가 거주자인 경우 : 과세이연 중단사유가 발생한 날이 속하는 반기의 말일부터 2개월 이내에 과세이연받은 세액(이연받은 세액 중 이미 납부한 부분과 완전모회사의 주식 처분으로 납부한 세액은 제외)을 납부해야 한다. 이 경우 완전모회사의 주식을 양도하는 경우에는 그 주식의 취득가액을 주식의 포괄적 교환·이전일 현재 완전모회사 주식의 시가로 한다.

Ⅱ. 지주회사의 설립 등에 대한 과세특례

내국법인의 내국인 주주가 다음의 요건을 모두 갖추어 주식을 현물출자함에 따라 지주회사(금융지주회사 포함)를 새로 설립하거나 기존의 내국법인을 지주회사로 전환하는 경우 그 현물출자로 인해 취득한 주식의 가액 중 그 현물출자로 인해 발생한 양도차익에 상당하는 금액에 대해서는 그 주주가 해당 지주회사의 주식을 처분할 때까지 법인세·양도소득세의 과세를 이연받을 수 있다.

① 지주회사 및 현물출자를 한 주주 중 일정한 지배주주가 현물출자로 취득한 주식을 현물출자일이 속하는 사업연도의 종료일까지 보유할 것

② 현물출자로 인해 지주회사의 자회사로 된 내국법인(이하 '자회사')이 현물출자일이 속하는 사업연도의 종료일까지 사업을 계속할 것

제3절 재무구조개선을 위한 조세특례

II-2 p.186

I. 채무의 인수·변제에 대한 과세특례

1. 개요

모기업이 부실 자회사를 다른 기업에 양도하기 위해 부실 자회사의 채무를 인수·변제하는 경우, ① 채무를 인수·변제한 모기업은 그 채무 인수·변제금액을 손금에 산입하고 ② 부실 자회사는 채무감소액을 4년거치 3년간 분할 익금산입한다.

조특 04

[도 표] 채무의 인수·변제에 대한 과세특례(p.407 참조)

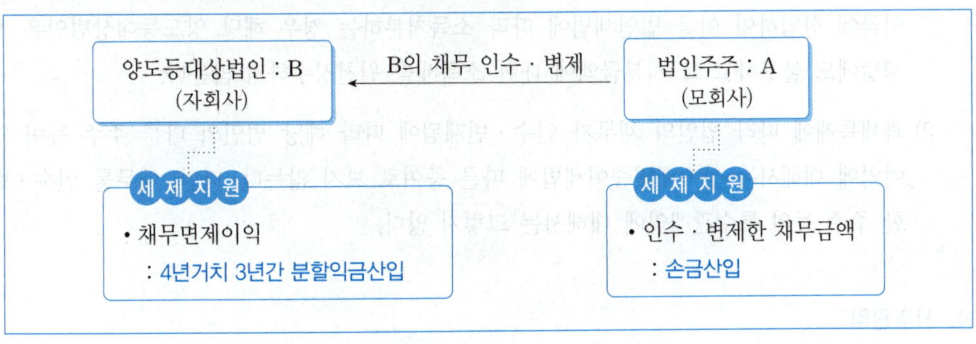

2. 과세특례의 요건

내국법인의 주주(법인인 경우에 한정. 즉 모회사)가 해당 법인(즉 자회사)의 채무를 인수·변제하는 경우로서 다음 중 어느 하나에 해당하는 요건을 갖추어야 한다.

① 재무구조개선계획에 따라 해당 내국법인의 지배주주·출자자 및 그 특수관계인(이하 '지배주주 등')의 소유주식·출자지분을 특수관계인 외의 자에게 전부 양도할 것

② 법인청산계획서를 해당 내국법인의 관할세무서장에게 제출하고 해당 내국법인의 청산을 종결할 것

3. 과세특례의 내용

(1) 채무를 인수·변제한 법인인 주주(모회사)

내국법인의 주주 또는 출자자(법인인 경우에 한정. 이하 '주주 등')가 해당 법인의 채무를 인수·변제하는 경우로서 과세특례의 요건을 갖춘 경우에는 해당 법인의 채무금액 중 해당 주주 등이 인수·변제한 금액은 해당 연도 주주 등의 소득금액을 계산할 때 해당 주주 등이 인수·변제한 양도등대상법인의 금융채권자채무 금액(이하 '채무인수·변제액')을 한도로 손금에 산입한다.

(2) 양도등대상법인

채무가 인수·변제되어 채무가 감소한 법인(이하 '양도등대상법인')은 소득금액을 계산할 때 채무의 감소액(이월결손금을 초과하는 금액에 한정. 이하 '채무감소액')을 해당 사업연도와 해당 사업연도의 종료일 이후 3개 사업연도의 기간 중 익금에 산입하지 않고 그 다음 3개 사업연도의 기간 동안 균분한 금액 이상을 익금에 산입한다(4년거치 3년간 분할익금산입). 다만, 과세특례의 ②의 요건에 해당되는 양도등대상법인의 경우에는 해산하는 날이 속하는 사업연도의 소득금액을 계산할 때 채무감소액을 익금에 산입한다.

(3) 그 밖의 특례

1) 과세특례의 요건 ①에 따른 법인의 양도·양수에 있어서 양도등대상법인의 자산부족액을 익금에 산입하여 이를 법인세법에 따라 소득처분하는 경우 해당 양도등대상법인은 소득세법에도 불구하고 그 처분금액에 대한 소득세를 원천징수하지 않는다.

2) 과세특례에 따라 법인의 채무가 인수·변제됨에 따라 해당 법인의 다른 주주 등이 얻는 이익에 대해서는 상속세및증여세법에 따른 증여로 보지 않는다. 다만, 채무를 인수·변제한 주주 등의 특수관계인에 대해서는 그렇지 않다.

4. 사후관리

과세특례를 적용받은 양도등대상법인이 다음 중 어느 하나에 해당하게 된 경우에는 해당 사유가 발생한 과세연도에 양도등대상법인의 소득금액을 계산할 때 익금에 산입하지 않은 금액을 익금에 산입해야 한다. 이 경우 주주 등이 감면받은 법인세액에 이자상당가산액을 가산하여 납부해야 한다.

① 양도등대상법인의 부채비율이 채무 인수·변제 후 3년 이내의 기간 중 기준부채비율보다 증가하게 된 경우(과세특례 요건 ①에 해당되는 양도등대상법인에 한정)

② 채무를 인수·변제한 날부터 3년 이내에 폐업·해산한 경우로서 합병법인, 분할로 인해 신설되는 법인 또는 분할합병의 상대방 법인이 해당 사업을 승계한 경우가 아닌 경우(과

세특례 요건 ①에 해당되는 양도등대상법인에 한정)

③ 과세특례의 요건을 충족하지 못한 경우

Ⅱ. 주주 등의 자산양도에 관한 법인세 등 과세특례

1. 과세특례의 요건

내국법인이 주주 등으로부터 다음의 요건을 모두 갖추어 자산을 무상으로 받은 경우에 과세특례를 적용받을 수 있다.

① 재무구조개선계획에 따라 주주 등의 자산증여 및 법인의 채무상환이 이루어질 것

② 재무구조개선계획에는 ㉠ 금전의 경우 법인이 해당 금전을 받은 날부터 3개월이 되는 날까지, ㉡ 금전 외의 자산의 경우에는 해당 자산을 양도한 날부터 3개월까지 그 양도대금을 금융채권자에 대한 부채의 상환에 전액 사용한다는 내용이 포함되어 있을 것

[도 표] 주주 등의 자산양도에 대한 과세특례(p.409 참조)

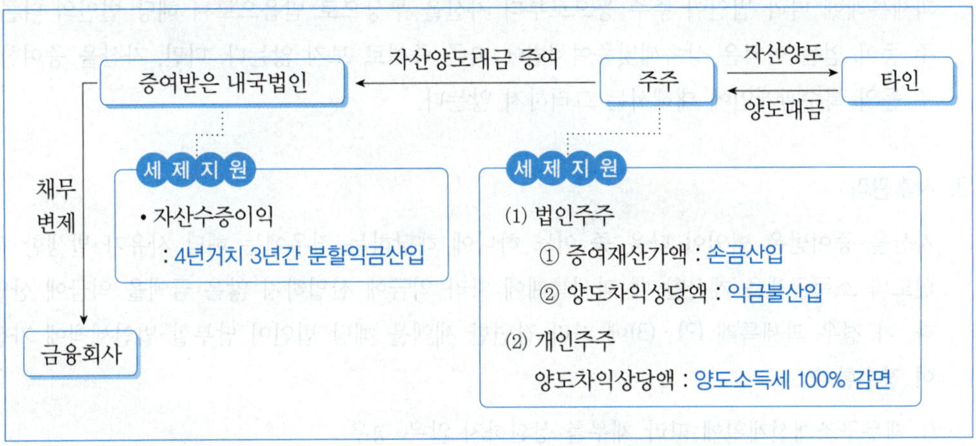

2. 과세특례의 내용

(1) 증여받은 내국법인

내국법인이 과세특례의 요건을 갖추어 주주 등으로부터 자산을 무상으로 받은 경우에는 해당 사업연도의 소득금액을 계산할 때 해당 자산가액은 자산을 증여받은 날이 속하는 사업연도의 종료일 이후 3개 사업연도의 기간 중 익금에 산입하지 않고 그 다음 3개 사업연도의 기간 중 균분한 금액 이상을 익금에 산입해야 한다(4년거치 3년간 분할익금산입).

(2) 증여한 주주인 법인

자산을 증여한 주주 등(법인인 경우에 한정)의 경우 증여한 자산의 장부가액을 해당 사업연도의 소득금액을 계산할 때 손금에 산입한다.

(3) 증여한 주주 등(거주자 · 내국법인)

주주 등이 법인에 자산을 증여할 때 소유하던 자산을 양도하고 그 양도대금을 해당 법인에 증여하는 경우에는 해당 자산을 양도함으로써 발생하는 양도차익 중 증여금액에 상당하는 금액(이하 '양도차익상당액')은 다음에 해당하는 방법으로 양도소득세를 감면하거나 같은 금액을 익금에 산입하지 않을 수 있다.

① 거주자 : 양도차익상당액에 대한 양도소득세의 100% 상당하는 세액을 감면하는 방법

② 내국법인 : 양도차익상당액을 해당 사업연도의 소득금액을 계산할 때 익금에 산입하지 않는 방법

(4) 그 밖의 과세특례

과세특례에 따라 법인이 주주 등으로부터 자산을 무상으로 받음으로써 해당 법인의 다른 주주 등이 얻는 이익은 상속세및증여세법에 따른 증여로 보지 않는다. 다만, 자산을 증여한 주주 등의 특수관계인에 대해서는 그러하지 않는다.

3. 사후관리

자산을 증여받은 법인이 다음 중 어느 하나에 해당하는 경우에는 해당 사유가 발생한 사업연도의 소득금액을 계산할 때 과세특례에 따라 익금에 산입하지 않은 금액을 익금에 산입한다. 이 경우 과세특례 (2) · (3)에 따라 감면한 세액을 해당 법인이 납부할 법인세액에 가산하여 징수한다.

① 재무구조개선계획에 따라 채무를 상환하지 않은 경우

② 해당 법인의 부채비율이 채무 상환 후 3년 이내의 기간 중 기준부채비율보다 증가하게 된 경우

③ 과세특례 (1)에 따라 자산을 증여받은 날부터 3년 이내에 폐업 · 해산한 경우로서 합병법인, 분할로 인해 신설되는 법인 또는 분할합병의 상대방 법인이 해당 사업을 승계한 경우가 아닌 경우. 다만, 파산 등 부득이한 사유가 있는 경우에는 과세특례 (2), (3)에 따라 감면한 세액을 가산하지 않는다.

Ⅲ. 채무구조개선계획 등에 따른 기업의 채무면제익에 대한 과세특례

1. 과세특례의 요건

내국법인이 금융채권자로부터 채무의 일부를 면제받은 경우로서 다음 중 어느 하나에 해당해야 한다.

① 법률에 따른 회생계획인가의 결정을 받은 법인이 금융채권자로부터 채무의 일부를 면제받은 경우로서 그 결정에 채무의 면제액이 포함된 경우

② 법률에 따른 기업개선계획의 이행을 위한 약정을 체결한 부실징후기업이 같은 법에 따른 금융채권자로부터 채무의 일부를 면제받은 경우로서 그 약정에 채무의 면제액이 포함된 경우 및 같은 법에 따른 반대채권자의 채권매수청구권의 행사와 관련하여 채무의 일부를 면제받은 경우

③ 내국법인이 채권을 보유한 금융채권자 간의 합의에 따라 채무를 면제받은 경우(경영정상화계획 이행을 위한 특별약정에 따라 채무를 면제받은 경우)

④ 그 밖에 내국법인이 관계 법률에 따라 채무를 면제받은 경우로서 적기시정조치에 따라 채무를 면제받은 경우

조특 04

[도 표] 채무면제에 대한 과세특례(p.411 참조)

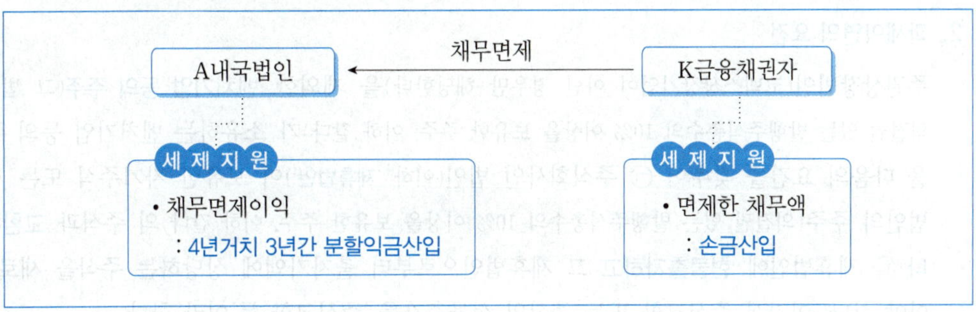

2. 과세특례의 내용

1) 채무를 면제받은 법인 : 내국법인이 금융채권자로부터 채무의 일부를 면제받은 경우 소득금액을 계산할 때 그 면제받은 채무에 상당하는 금액(이월결손금을 초과하는 금액에 한정. 이하 '채무면제익')은 해당 사업연도와 해당 사업연도의 종료일 이후 3개 사업연도의 기간 중 익금에 산입하지 않고 그 다음 3개 사업연도의 기간 중 균분한 금액 이상을 익금에 산입한다.

한편 법률에 따른 약정체결기업이 기업구조조정투자회사로부터 채무를 출자로 전환받는 과정에서 채무의 일부를 면제받는 경우 그 채무면제익은 위 규정을 준용하여 익금에 산입한다.

2) 채무를 면제한 채권금융자 : 이러한 채무를 면제(채무의 출자전환으로 채무를 면제한 경우를 포함)한 금융채권자(기업구조조정투자회사는 제외)는 해당 사업연도의 소득금액을 계산할 때 그 면제한 채무에 상당하는 금액을 손금에 산입한다.

3. 사후관리

채무를 면제받은 법인이 채무면제익 전액을 익금에 산입하기 전에 폐업 · 해산하는 경우에는 그 사유가 발생한 날이 속하는 사업연도의 소득금액을 계산할 때 익금에 산입하지 않은 금액 전액을 익금에 산입한다.

Ⅳ. 전략적 제휴를 위한 비상장 주식교환 등에 대한 과세특례

1. 개요

개인주주가 벤처기업 등과 제휴법인 간의 전략적 제휴를 위해서 벤처기업 등의 주주가 주식교환 등으로 인해 취득한 제휴법인의 주식을 처분할 때까지 양도소득세의 과세를 이연받을 수 있다.

2. 과세이연의 요건

주권상장법인(코넥스상장기업이 아닌 경우만 해당한다)을 제외한 벤처기업 등의 주주(그 법인의 의결권 있는 발행주식총수의 10% 이상을 보유한 주주. 이하 같다)가 소유하는 벤처기업 등의 주식을 다음의 요건을 갖추어 ㉠ 주식회사인 법인(이하 '제휴법인')이 보유한 자기주식 또는 제휴법인의 주주(의결권 있는 발행주식총수의 10% 이상을 보유한 주주. 이하 같다)의 주식과 교환하거나 ㉡ 제휴법인에 현물출자하고 그 제휴법인으로부터 출자가액에 상당하는 주식을 새로 받아야 한다. 여기서 주식교환 또는 주식의 현물출자를 '주식교환 등'이라 한다.

① 벤처기업 등과 제휴법인 간의 전략적 제휴계획을 추진하고 그 계획에 따라 주식교환 등이 이루어질 것

② 벤처기업 등의 주주 1인과 특수관계인이 제휴법인의 최대주주와 특수관계에 있지 않을 것

③ 벤처기업 등의 주주가 주식교환 등으로 인해 취득한 주식과 제휴법인 또는 제휴법인의 주주가 주식교환 등으로 취득한 주식을 각각 1년 이상 보유하도록 하는 계약을 벤처기업 등과 제휴법인 간에 체결할 것

3. 양도소득세의 과세이연

벤처기업 등의 주주가 주식교환 등으로 인해 취득한 제휴법인의 주식을 처분할 때까지 양도소득세의 과세를 이연받을 수 있다. 즉 벤처기업 등의 주주가 제휴법인 또는 제휴법인의 주주와 주식교환 등을 함에 따라 발생하는 소득(이하 '주식과세이연금액')에 대해서는 양도소득세를 과세하지 아니하되, 주식교환 등으로 인하여 취득한 제휴법인의 주식을 양도한 때에는 주식교환 등으로 취득한 주식의 취득가액에서 과세이연금액을 차감한 금액을 취득가액으로 보아 양도소득세를 과세한다.

4. 사후관리

벤처기업 등의 주주, 제휴법인 또는 제휴법인의 주주가 주식교환 등으로 취득한 주식을 취득 후 1년 내에 양도한 때에는 주식과세이연금액에 주식교환 등으로 취득한 주식 중에서 해당 사유가 발생한 날 현재 남아 있는 주식이 차지하는 비율을 곱한 금액에 해당 주식교환 등을 한 당시의 양도소득세율을 곱하여 계산한 금액을 해당 사유발생일이 속하는 과세연도의 과세표준신고와 함께 납부해야 한다.

V. 벤처기업 복수의결권주식 취득에 대한 과세특례

1. 개 요

「벤처기업육성에 관한 특별법(제16조의11 ⑤)」의 창업주가 복수의결권주식에 대한 납입을 함으로써 발생하는 양도차익에 대해서는 해당 복수의결권주식이 보통주식으로 전환될 때까지 양도소득세의 과세를 이연받을 수 있다.

참 고 복수의결권주식과 창업주

1. 복수의결권주식은 다음의 요건을 모두 갖춘 주주(이하 '창업주'라 한다)에게 발행한다(벤처기업육성에 관한 특별법 16의11 ⑤).

① 주식회사인 벤처기업 설립 당시 상법에 따라 작성된 정관에 기재된 발기인일 것

② 상법에 따라 주주총회에서 선임되고 복수의결권주식 발행 당시 회사의 상무(常務)에 종사하는 이사일 것

③ 금고 이상의 실형을 선고받고 그 집행이 끝나거나 면제된 날부터 2년이 지나지 않은 자에 해당하지 않을 것

④ 주식회사인 벤처기업 설립 당시부터 가장 나중의 투자를 받기 전까지 계속하여 의결권 있는 발행주식 총수의 30% 이상으로서 가장 많은 주식을 소유한 자일 것

2. 복수의결권주식의 의결권의 수는 1주마다 1개 초과 10개 이하의 범위에서 정관으로 정해야 한다(벤처기업육성에 관한 특별법 16의11 ⑦). ■

2. 창업주가 보통주식으로 현물출자함으로서 발생한 양도차익에 대한 과세이연

(1) 과세이연

창업주가 보통주식으로 복수의결권주식에 대한 납입(이하 '현물출자'라 한다)을 함으로써 발생하는 양도차익(이하 '과세이연금액'이라 한다)에 대해서는 양도소득세를 과세하지 않되, 창업주가 복수의결권주식을 양도*한 경우에는 다음 계산식에 따라 계산한 금액을 취득가액으로 보아 양도소득세를 과세한다.

* 현물출자 외의 다른 방법으로 취득한 복수의결권주식이 있는 경우에는 현물출자로 취득한 복수의결권주식을 먼저 양도한 것으로 본다.

> 현물출자로 취득한 전체 복수의결권주식 중 양도한 복수의결권주식의 취득가액
>
> $$(-)\ \text{과세이연금액} \times \frac{\text{현물출자로 취득한 전체 복수의결권주식 중 양도한 복수의결권주식 수}}{\text{현물출자로 취득한 전체 복수의결권주식 수}}$$
>
> = 취득가액

(2) 과세이연 중단

양도소득세의 과세를 이연받은 후 다음 중 어느 하나에 해당하는 사유가 발생하여 복수의결권주식이 보통주식으로 전환된 경우에는 해당 호의 구분에 따라 양도소득세를 납부해야 한다.

1) 다음 중 어느 하나에 해당하는 사유가 발생하는 경우 : 해당 목의 구분에 따른 날을 양도일로 보아 양도소득과세표준 예정신고와 함께 다음 계산식에 따라 계산한 금액을 양도소득세로 납부할 것

> 양도소득세로 납부할 세액
>
> $$= \text{과세이연금액} \times \frac{\text{보통주식으로 전환된 복수의결권주식 수}}{\text{현물출자로 취득한 전체 복수의결권주식 수}} \times \text{현물출자 한 당시의 양도소득세율}$$

① 복수의결권주식의 존속기간이 만료된 경우 : 만료일의 다음 날

② 창업주가 「벤처기업육성에 관한 특별법(제16조의11 ⑤ (2))」에 따른 이사의 직을 상실한 경우 : 상실일

③ 주식회사인 벤처기업이 자본시장법(제8조의2 ④ (1))에 따른 증권시장에 상장된 경우 : 해당 벤처기업이 상장된 날부터 3년이 지난 날(복수의결권주식의 존속기간이 그 전에 만료되는 경우에는 그 만료일의 다음 날)

④ 주식회사인 벤처기업이 공정거래법(제31조 ①)에 따라 공시대상기업집단 지정 사실의 통지를 받거나 같은 법(제32조 ①)에 따라 공시대상기업집단 국내 계열회사 편입의 통지를 받은 경우 : 통지일

⑤ 주식회사인 벤처기업이 공정거래법(제32조 ①)에 따라 공시대상기업집단의 국내 계열회사로 편입되어야 할 사유가 있음에도 불구하고 「벤처기업육성에 관한 특별법 시행령(제11조의9 ①)」의 경우에 해당하여 제외 통지를 받은 경우 : 통지일

2) 복수의결권주식에 대한 상속이 이루어지는 경우 : 상속인은 상속개시일이 속하는 달의 말일부터 6개월 이내에 위 1)의 계산식에 따른 계산한 금액을 양도소득세로 납부할 것

3. 과세이연의 신청

양도소득세의 과세이연 신청을 하려는 자는 양도소득과세표준 예정신고와 함께 「벤처기업 복수의결권주식 취득에 따른 양도차익 과세이연신청서」에 과세특례 대상 여부를 확인할 수 있는 서류를 첨부하여 관할세무서장에게 제출해야 한다.

조특 04

제4절 사업재편계획을 위한 조세특례

Ⅱ-2 p.196

Ⅰ. 내국법인의 금융채무 상환 및 투자를 위한 자산매각에 대한 과세특례

1. 개요

내국법인이 금융채무 상환 및 투자를 위하여 사업재편계획에 따라 자산을 양도하는 경우에는 해당 자산을 양도함으로써 발생하는 양도차익상당액에 대해서는 과세이연을 받을 수 있다.

참 고 사업재편과 사업재편계획

1. '사업재편'이란 기업이 사업의 전부 또는 일부의 생산성을 상당 정도 향상시키는 것을 목적으로 하는 활동으로서 다음 요건을 모두 갖춘 것을 말한다.
   ① 합병, 분할, 주식의 이전 · 취득 · 소유, 회사의 설립 등의 방식에 따라 사업의 전부 또는 일부의 구조를 변경하는 것
   ② 기업이 사업의 전부 또는 일부의 분야나 방식을 변경하여 신사업에 진출하거나 신기술을 도입하는 등 사업의 혁신을 추진하는 활동
2. '사업재편계획'이란 기업이 사업재편을 추진하기 위하여 주무부처의 장으로부터 승인을 받을 목적으로 작성한 계획을 말한다. ■

2. 과세이연의 요건

내국법인이 금융채무 상환 및 투자를 위하여 다음 중 어느 하나에 해당하는 내용이 포함되어 있는 사업재편계획에 따라 자산을 양도해야 한다.

① 자산을 양도한 날*부터 3개월** 이내에 채무를 상환한다는 내용

② 자산양도일부터 1년 이내에 통합투자세액공제 대상자산에 투자한다는 내용

* 장기할부조건의 경우에는 각 회의 할부금(계약금은 첫 회의 할부금에 포함되는 것으로 한다)을 받은 날을 말하며, 금융채권자가 금융채권자채무를 상환한 금액(이하 '채무상환액')을 수령할 수 없는 사정이 있어서 상환이 불가능한 경우에는 그 부득이한 사유가 종료된 날을 말한다.

** 위의 부득이한 사유가 있는 경우로서 그 사유가 종료된 날이 자산을 양도한 날(이하 '자산양도일')부터 3개월이 되는 날보다 나중에 오는 경우에는 '그 사유가 종료된 날의 다음 날'을 말한다.

여기서 '사업재편계획'이란 다음의 내용이 포함되어 있는 것으로서 주무부처의 장이 승인한 계획을 말한다.

① 자산의 양도를 통하여 상환할 금융채권자채무 총액 및 내용

② 자산의 양도를 통하여 투자할 자산 총액 및 내용

③ 위 ①에 따른 금융채권자채무 상환계획 또는 ②에 따른 투자계획

④ 양도할 자산의 내용 및 양도계획

3. 과세이연 방법

내국법인이 해당 자산을 양도함으로써 발생하는 다음의 양도차익상당액에 대해서는 해당 사업연도와 해당 사업연도의 종료일 이후 3개 사업연도의 기간 중 익금에 산입하지 않고 그 다음 3개 사업연도의 기간 동안 균분한 금액 이상을 익금에 산입할 수 있다(4년거치 3년간 분할익금산입).

참고 양도차익상당액의 계산

$$① \text{ 양도차익상당액} = (\text{해당 자산 양도차익} - \text{이월결손금}^{①}) \times \frac{(\text{계획채무상환액} - \text{계획투자금액}^{②})}{\text{양도가액}}$$

① 이월결손금 : 자산양도일이 속하는 과세연도의 직전 사업연도 종료일 현재 이월결손금(과세표준 계산을 할 때 공제대상이 되는 금액)을 말한다. 이 경우 해당 기업이 자산수증이익이나 채무면제이익으로 먼저 이월결손금을 보전하는 경우에는 이월결손금에서 그 보전액을 뺀 금액으로 한다.

② (계획채무상환액 + 계획투자금액) : [양도가액 중 채무상환 및 투자(계획)명세서의 계획채무상환액 + 양도가액 중 채무상환 및 투자(계획)명세서의 계획투자금액] ■

4. 사후관리

과세이연을 적용받은 내국법인이 다음 중 어느 하나에 해당하게 된 경우에는 해당 사유가 발생한 사업연도의 소득금액을 계산할 때 과세이연받은 금액을 익금에 산입해야 한다. 이

경우 이자상당가산액을 법인세에 가산하여 납부해야 하며, 해당 세액은 과세표준 신고기한까지 납부해야 할 세액으로 본다.

① 사업재편계획에 따라 채무를 상환하지 않거나 투자가 이루어지지 않은 경우

② 자산을 양도한 내국법인의 부채비율이 자산 양도 후 3년[둘 이상의 내국법인이 공동으로 수립한 사업재편계획(이하 '공동사업재편계획')에 따라 자산을 양도하는 경우에는 1년] 이내의 기간 중 기준부채비율보다 증가하게 된 경우*

* 이 규정은 자산을 양도한 날부터 3개월 이내에 채무를 상환한다는 내용이 포함되지 않은 사업재편계획에 따라 자산을 양도하고 금융채무 상환을 위한 자산매각에 대한 과세특례를 적용받은 내국법인에 대해서는 적용하지 않는다.

③ 사업재편계획에 따른 투자로 취득한 자산을 제1항에 따른 자산 양도 후 4년 이내에 처분한 경우

④ 해당 자산을 양도한 날부터 3년 이내에 해당 사업을 폐업하거나 해산한 경우로서 합병법인 등이 해당 사업을 승계한 경우가 아닌 경우. 다만, 파산 등 부득이한 사유가 있는 경우에는 이자상당가산액을 가산하지 않는다.

⑤ 사업재편계획의 승인이 취소된 경우

Ⅱ. 채무의 인수 · 변제에 대한 과세특례

1. 개요

모기업이 부실 자회사를 다른 기업에 양도하기 위하여 부실 자회사의 채무를 인수 · 변제하는 경우, ① 채무를 인수 · 변제한 모기업은 그 채무 인수 · 변제금액을 손금에 산입하고 ② 부실 자회사는 채무감소액을 4년거치 3년간 분할 익금산입한다.

[도 표] 채무의 인수 · 변제에 대한 과세특례(p.397 참조)

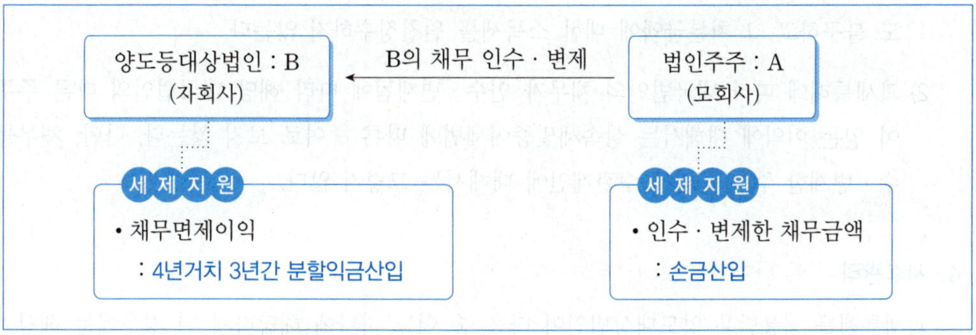

2. 과세특례의 요건

내국법인의 주주 또는 출자자(법인인 경우로 한정한다. 이하 '주주 등'이라 한다. 즉 모회사)가 해당 내국법인(즉 자회사)의 채무를 인수·변제하는 경우로서 사업재편계획에 따라 해당 내국법인(즉 자회사)의 지배주주 및 그 특수관계인(이하 '지배주주 등')의 소유 주식을 특수관계인 외의 자에게 전부 양도해야 한다.

3. 과세특례의 내용

(1) 채무를 인수·변제한 법인인 주주(모회사) : 채무인수·변제액 손금산입

과세특례의 요건을 갖춘 경우에는 해당 내국법인(즉 자회사)의 채무금액 중 해당 주주 등(즉 모회사)이 인수·변제한 금액은 해당 연도 주주 등의 소득금액을 계산할 때 채무가 인수·변제되어 채무가 감소한 내국법인(이하 '양도대상법인')의 금융채권자채무 중 해당 주주 등이 인수·변제한 금액(이하 '채무인수·변제액')을 한도로 손금에 산입한다.

(2) 양도대상법인 : 채무감소액 과세이연

채무가 인수·변제되어 채무가 감소한 내국법인(이하 '양도대상법인')은 소득금액을 계산할 때 채무의 감소액(이월결손금을 초과하는 금액에 한정한다. 이하 '채무감소액')을 해당 사업연도와 해당 사업연도의 종료일 이후 3개 사업연도의 기간 중 익금에 산입하지 아니하고 그 다음 3개 사업연도의 기간 동안 균분한 금액 이상을 익금에 산입한다(4년거치 3년간 분할익금산입).

채무감소액(과세이연금액) = (채무인수·변제를 받은 금액 − 이월결손금)

(3) 그 밖의 특례

1) 과세특례의 요건에 따른 법인의 양도·양수에 있어서 양도대상법인의 자산부족액을 익금에 산입하여 이를 법인세법에 따라 소득처분하는 경우 해당 양도대상법인은 소득세법에도 불구하고 그 처분금액에 대한 소득세를 원천징수하지 않는다.

2) 과세특례에 따라 내국법인의 채무가 인수·변제됨에 따라 해당 내국법인의 다른 주주 등이 얻는 이익에 대해서는 상속세및증여세법에 따른 증여로 보지 않는다. 다만, 채무를 인수·변제한 주주 등의 특수관계인에 대해서는 그렇지 않다.

4. 사후관리

과세특례를 적용받은 양도대상법인이 다음 중 어느 하나에 해당하게 된 경우에는 해당 사유가 발생한 사업연도에 양도대상법인의 소득금액을 계산할 때 과세이연받은 금액을 익금에 산입해야 한다. 이 경우 주주 등이 감면받은 법인세액 및 이자상당가산액을 법인세에 가산하여 납부해야 하며, 해당 세액은 과세표준 신고기한까지 납부해야 할 세액으로 본다.

① 양도대상법인의 부채비율이 채무 인수 · 변제 후 3년 이내의 기간 중 기준부채비율보다 증가하게 된 경우

② 채무를 인수 · 변제한 날부터 3년 이내에 해당 사업을 폐업하거나 해산한 경우로서 합병법인 등이 해당 사업을 승계한 경우가 아닌 경우. 다만, 파산 등 부득이한 사유가 있는 경우에는 주주 등이 감면받은 법인세액 및 이자상당가산액을 가산하지 않는다.

③ 사업재편계획에 따라 지배주주 등의 소유 주식 또는 출자지분을 특수관계인 외의 자에게 전부 양도하지 않은 경우

④ 사업재편계획의 승인이 취소된 경우

Ⅲ. 주주 등의 자산양도에 관한 법인세 등 과세특례

1. 과세특례의 요건

내국법인이 주주 또는 출자자(이하 '주주 등')로부터 다음의 요건을 모두 갖추어 자산을 무상으로 받은 경우에는 과세특례를 적용받을 수 있다.

① 사업재편계획에 따라 주주 등의 자산증여 및 법인의 채무상환이 이루어질 것

② 사업재편계획에는 ㉠ 금전의 경우 법인이 해당 금전을 받은 날부터 3개월이 되는 날까지, ㉡ 금전 외의 자산의 경우에는 해당 자산을 양도한 날부터 3개월이 되는 날까지 그 양도대금을 금융채권자에 대한 부채의 상환에 전액 사용한다는 내용이 포함되어 있을 것

[도 표] 주주 등의 자산양도에 대한 과세특례(p.399 참조)

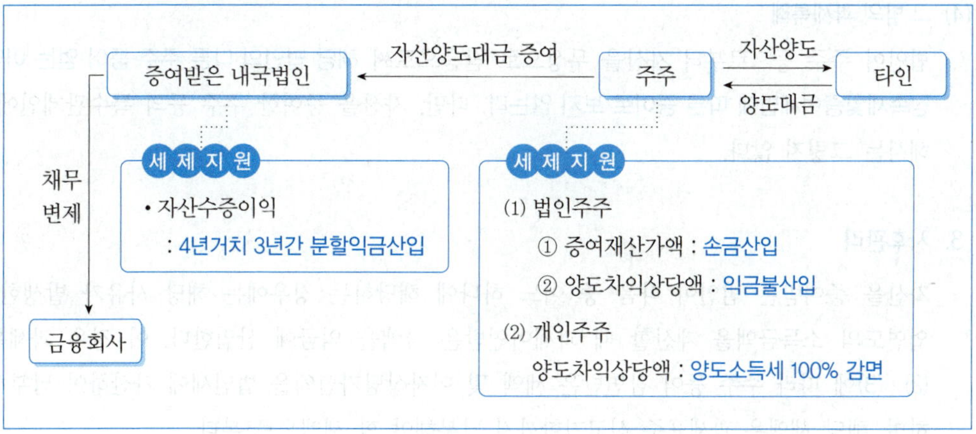

조특 04

2. 과세특례의 내용

(1) 증여받은 내국법인 : 자산수증이익 과세이연

내국법인이 과세특례의 요건을 갖추어 주주 등으로부터 자산을 무상으로 받은 경우에는 해당 사업연도의 소득금액을 계산할 때 해당 자산가액(이월결손금을 초과하는 금액으로 한정한다)은 자산을 증여받은 날이 속하는 사업연도의 종료일 이후 3개 사업연도의 기간 중 익금에 산입하지 않고 그 다음 3개 사업연도의 기간 동안 균분한 금액 이상을 익금에 산입해야 한다(4년거치 3년간 분할익금산입).

자산수증이익 = (증여받은 자산가액 – 이월결손금)

(2) 증여한 주주인 법인 : 증여한 재산가액 손금산입

자산을 증여한 주주 등(법인인 경우로 한정한다)의 경우 증여한 자산의 장부가액(이하 '자산증여액')을 해당 사업연도의 소득금액을 계산할 때 손금에 산입한다.

(3) 양도대금을 증여한 주주 등(거주자 또는 내국법인) : 양도차익상당액 세액감면 또는 익금불산입

주주 등이 법인에 자산을 증여할 때 소유하던 자산을 양도하고 그 양도대금을 해당 법인에 증여하는 경우에는 해당 자산을 양도함으로써 발생하는 양도차익 중 증여금액에 상당하는 금액(이하 '양도차익상당액')은 다음의 구분에 따라 양도소득세를 감면하거나 같은 금액을 익금에 산입하지 않을 수 있다.

① 거주자 : 양도차익상당액에 대한 양도소득세의 100%에 상당하는 세액감면

② 내국법인 : 양도차익상당액을 해당 사업연도의 소득금액을 계산할 때 익금에 불산입

(4) 그 밖의 과세특례

법인이 주주 등으로부터 자산을 무상으로 받음으로써 해당 법인의 다른 주주 등이 얻는 이익은 상속세및증여세법에 따른 증여로 보지 않는다. 다만, 자산을 증여한 주주 등의 특수관계인에 대해서는 그렇지 않다.

3. 사후관리

자산을 증여받은 법인이 다음 중 어느 하나에 해당하는 경우에는 해당 사유가 발생한 사업연도의 소득금액을 계산할 때 과세이연받은 금액을 익금에 산입한다. 이 경우 과세특례 (2)·(3)에 따라 주주 등이 감면받은 세액 및 이자상당가산액을 법인세에 가산하여 납부해야 하며, 해당 세액은 과세표준 신고기한까지 납부해야 할 세액으로 본다.

① 사업재편계획에 따라 채무를 상환하지 않은 경우

② 해당 법인의 부채비율이 채무 상환 후 3년 이내의 기간 중 기준부채비율보다 증가하게 된 경우

③ 자산을 증여받은 날부터 3년 이내에 해당 사업을 폐업하거나 해산한 경우로서 합병법인 등이 해당 사업을 승계한 경우가 아닌 경우. 다만, 파산 등 부득이한 사유가 있는 경우에는 과세특례 (2)·(3)에 따라 감면한 세액 및 이자상당가산액을 가산하지 않는다.

④ 사업재편계획의 승인이 취소된 경우

Ⅳ. 사업재편계획에 따른 기업의 채무면제익에 대한 과세특례

1. 과세특례의 요건

사업재편계획을 이행 중인 내국법인이 금융채권자로부터 채무의 일부를 면제받아야 한다.

[도 표] 채무면제에 대한 과세특례(p.401 참조)

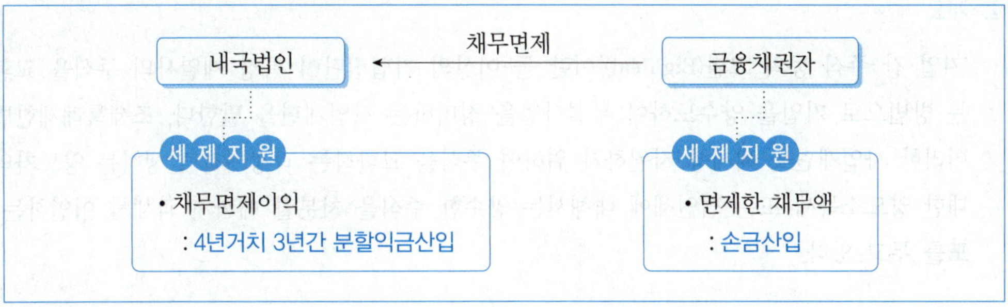

2. 과세특례의 내용

1) 채무를 면제받은 법인 : 내국법인이 금융채권자로부터 채무의 일부를 면제받은 경우 그 면제받은 채무에 상당하는 금액(이월결손금을 초과하는 금액에 한정한다. 이하 '채무면제이익')은 소득금액을 계산할 때 해당 사업연도와 해당 사업연도의 종료일 이후 3개 사업연도의 기간 중 익금에 산입하지 않고 그 다음 3개 사업연도의 기간 동안 균분한 금액 이상을 익금에 산입한다(4년거치 3년간 분할익금산입).

채무면제이익(과세이연금액) = (금융채권자로부터 면제받은 채무에 상당하는 금액 − 이월결손금)

2) 채무를 면제한 금융채권자 : 채무를 면제(채무의 출자전환으로 채무를 면제한 경우를 포함한다)한 금융채권자는 해당 사업연도의 소득금액을 계산할 때 그 면제한 채무에 상당하는 금액을 손금에 산입한다.

3. 사후관리

채무를 면제받은 내국법인이 다음 중 어느 하나에 해당하는 경우에는 그 사유가 발생한 날이 속하는 사업연도의 소득금액을 계산할 때 과세이연받은 금액을 전액을 익금에 산입한다. 이 경우 이자상당가산액을 법인세에 가산하여 납부해야 하며, 해당 세액은 과세표준 신고기한까지 납부해야 할 세액으로 본다.

① 채무면제이익 전액을 익금에 산입하기 전에 사업을 폐업하거나 해산하는 경우로서 합병법인 등이 해당 사업을 승계한 경우가 아닌 경우. 다만, 파산 등 부득이한 사유가 있는 경우에는 이자상당가산액을 가산하지 않는다.

② 사업재편계획의 승인이 취소된 경우

Ⅴ. 기업 간 주식 등의 교환에 대한 과세특례

1. 개요

'기업 간 주식 등의 교환(Big deal)'이란 둘 이상의 기업집단이 특정 계열사의 주식을 교환하는 방법으로 기업을 양수도하여 부실사업을 정비하는 사업재편을 말한다. 조세특례제한법은 이러한 사업재편을 세제상 지원하기 위하여 주식을 교환하는 과정에서 발생하는 양도차익에 대한 양도소득세 또는 법인세에 대해서는 양수한 주식을 처분할 때까지 과세를 이연하는 제도를 두고 있다.

2. 과세이연의 요건

내국법인(이하 '교환대상법인')의 지배주주·출자자 및 그 특수관계인(이하 '지배주주등')이 사업재편계획에 따라 그 소유 주식 또는 출자지분(이하 '주식 등') 전부를 양도하고 교환대상법인의 특수관계인이 아닌 다른 내국법인(이하 '교환양수법인')의 주식 등을 다음 중 어느 하나에 해당하는 방법으로 그 소유비율에 따라 양수해야 한다.

① 교환양수법인이 이미 보유하거나 새롭게 발행한 주식 등을 양수하는 방법

② 교환양수법인의 지배주주 등이 보유한 주식 등의 전부를 양수하는 방법(교환대상법인 및 교환양수법인이 서로 다른 기업집단에 소속되어 있는 경우로 한정한다)

[도 표] 기업 간 주식 등 교환에 대한 조세특례

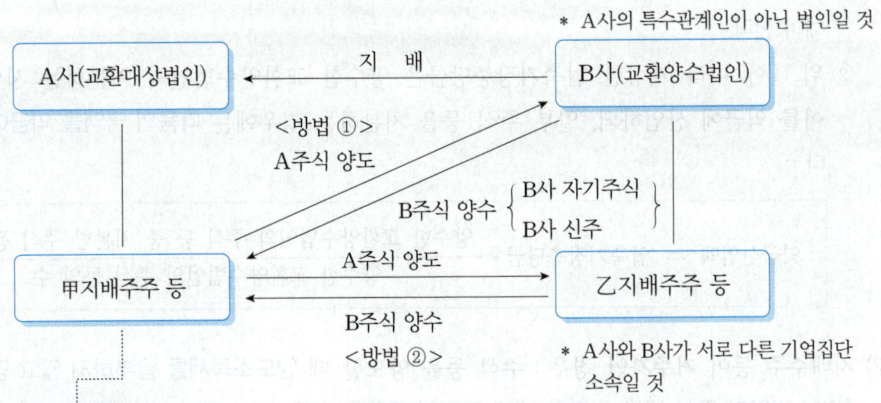

세 제 지 원

(1) 甲지배주주 : 법인인 경우

	차변		대변		
• (차)	B 주 식	100	(대) A 주 식	80	
			양도차익	20 (익금)	과세 × → 과세이연
	전 입	20	압 · 충(B)	20 (손금)	
• (차)	현 금	100	(대) B 주 식	100	
	압 · 충(B)	20	환 입	20 (익금)	– 과세 ○

(2) 甲지배주주 : 거주자인 경우

• A주식 양도소득 : 20(100 − 80) ← 양도소득세 과세 ×

(과세이연금액)

• B주식 양도시 : 양도가액 100 − 취득가액 80(100 − 20)

→ 양도소득 20 ← 양도소득세 과세 ○

3. 과세이연의 내용

(1) 주식양도차익에 대한 과세이연

과세이연의 요건을 갖춘 경우에는 주식 등을 양도함에 따라 발생한 양도차익(교환양수법인 및 교환양수법인의 지배주주 등에 발생하는 양도차익을 포함한다)에 상당하는 금액에 대한 법인세 또는 양도소득세에 대해서는 양수한 주식 등을 처분(상속 · 증여를 포함한다)할 때까지 과세를 이연받을 수 있는데, 그 구체적인 방법은 다음과 같다.

1) 지배주주 등이 법인인 경우 : 다음과 같이 과세를 이연받는 방법을 말한다.

① 주식 등을 양도함에 따라 발생한 양도차익은 주식 등의 [양도 당시의 시가 − 양도일

전일의 장부가액]의 금액(양수한 교환양수법인의 주식 등의 가액을 한도로 한다. 이하 '과세이연금액')으로 하되, 그 금액은 양수한 교환양수법인의 주식등의 압축기장충당금으로 계상해야 한다.

② 위 ①에 따라 계상한 압축기장충당금은 양수한 교환양수법인의 처분하는 사업연도에 이를 익금에 산입하되, 일부 주식 등을 처분하는 경우에는 다음의 금액을 익금에 산입한다.

$$\text{익금산입액} = \text{압축기장충당금} \times \frac{\text{양수한 교환양수법인의 주식 등 중 처분한 주식 등의 수}}{\text{양수한 교환양수법인의 주식 등의 수}}$$

2) 지배주주 등이 거주자인 경우 : 주식 등을 양도할 때 양도소득세를 납부하지 않고 양수한 교환양수법인의 주식 등을 처분할 때에 다음의 금액을 취득가액으로 보아 양도소득세를 납부하는 방법을 말한다.

이연취득가액

= 양수한 교환양수법인의 주식 등 중 양도한 주식 등의 취득가액

$$= -\left\{\begin{array}{c}\text{주식 등을 양도할 때 발생하는 소득}\\ \text{(이하 '과세이연소득')}\end{array}\right\} \times \frac{\text{양도한 교환양수법인의 주식 등의 수}}{\text{양수한 교환양수법인의 주식 등의 수}}$$

(2) 그 밖의 과세특례

1) 교환대상법인의 양도·양수에 있어서 나타난 해당 법인의 자산부족액을 익금에 산입하여 이를 법인세법에 따라 소득처분하는 경우 해당 법인은 소득세법에도 불구하고 그 처분금액에 대한 소득세를 원천징수하지 않는다.

2) 과세이연의 요건에 따라 주권을 양도하는 경우에는 증권거래세를 면제한다.

4. 사후관리

주식 등을 양도한 교환대상법인의 주주 등이 다음 중 어느 하나에 해당하게 된 경우에는 ① 내국법인은 해당 사유가 발생한 사업연도의 소득금액을 계산할 때 손금에 산입한 금액을 익금에 산입해야 하며, ② 거주자는 해당 사유 발생일이 속하는 반기의 말일부터 2개월 이내에 납부하지 않은 세액을 납부해야 한다. 이 경우 이자상당가산액을 가산하여 법인세 또는 양도소득세로 납부해야 하며, 해당 세액은 과세표준 신고기한까지 납부해야 할 세액으로 본다.

① 주식 등을 양도한 사업연도의 종료일 이후 5년 이내에 교환대상법인이 속하였던 기업집단에 교환대상법인과 동일한 업종을 경영하는 법인이 속하게 되는 경우

② 주식 등을 양도한 사업연도의 종료일 이후 5년 이내에 지배주주 등이 교환대상법인의 주식 등을 다시 보유하게 되는 경우

③ 사업재편계획의 승인이 취소된 경우

VI. 합병에 따른 중복자산의 양도에 대한 과세특례

1. 과세특례의 요건

사업재편계획에 따라 내국법인 간에 합병(분할합병을 포함하며, 같은 업종 간의 합병으로 한정한다)함에 따라 중복자산이 발생한 경우로서 합병법인이 합병등기일부터 1년 이내에 그 중복자산을 양도해야 한다.

2. 과세특례의 내용

과세특례의 요건에 따라 중복자산을 양도함에 따라 발생하는 양도차익(그 중복자산에 대한 합병평가차익 및 분할평가차익을 포함한다)에 대해서는 다음의 금액을 해당 사업연도의 소득금액을 계산할 때 익금에 산입하지 않을 수 있다. 이 경우 해당 금액은 양도일이 속하는 사업연도의 종료일 이후 3년이 되는 날이 속하는 사업연도부터 3개 사업연도의 기간 동안 균분한 금액 이상을 익금에 산입해야 한다(3년거치 3년간 분할익금산입).

과세이연금액 = ① + ②
① [중복자산의 (양도가액 − 장부가액) − 이월결손금*] ② 합병법인으로부터 승계받은 중복자산의 경우 해당 자산에 대한 합병평가차익 상당액 및 분할평가차익 상당액

* 중복자산의 양도일이 속하는 사업연도의 직전 사업연도 종료일 현재 이월결손금을 말한다.

3. 사후관리

과세특례를 적용받은 내국법인이 다음 중 어느 하나에 해당하는 경우에는 그 사유가 발생한 날이 속하는 사업연도의 소득금액을 계산할 때 익금에 산입하지 않은 금액 전액을 익금에 산입한다. 이 경우 이자상당가산액을 법인세에 가산하여 납부해야 하며, 해당 세액은 과세표준 신고기한까지 납부해야 할 세액으로 본다.

① 합병등기일부터 3년 이내에 해당 사업을 폐업하거나 해산한 경우

② 사업재편계획의 승인이 취소된 경우

제5장 지역간의 균형개발을 위한 조세특례

제1절 공장 및 본사의 수도권 밖 이전에 대한 지원제도 Ⅱ-2 p.217

Ⅰ. 공장의 대도시 밖 이전에 대한 법인세 과세특례

1. 개요

대도시에서 공장시설을 갖추고 사업을 하는 내국법인이 대도시에 있는 공장을 대도시 밖(이하 '지방')으로 이전(수도권 밖에 있는 공장을 수도권으로 이전하는 경우는 제외)하기 위해 해당 공장의 대지·건물을 양도함으로써 발생하는 양도차익에 대해서는 5년거치 5년간 분할 익금산입하여 과세이연을 받을 수 있다.

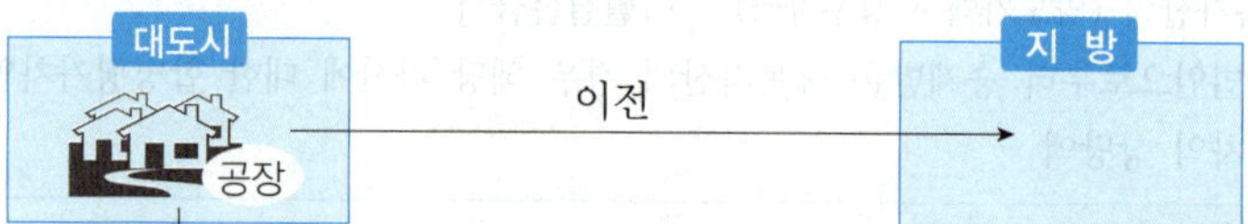

공장 대지 · 건물의 (양도차익 − 이월결손금) × 이전비율
: 과세이연(5년거치 5년간 분할 익금산입)

2. 과세특례의 요건

(1) 대상법인

대도시에서 공장시설을 갖추고 사업을 하는 내국법인이어야 한다. 여기서 '대도시'란 ① 수도권 과밀억제권역과 ② 5대 광역시 지역[부산(기장군은 제외) · 대구(달성군은 제외) · 광주 · 대전 및 울산의 관할구역을 말한다. 다만, 산업단지는 제외한다]을 말한다. 한편 '공장'이란 제조장 또는 자동차종합정비업 · 소형자동차정비업의 사업장으로서 제조 또는 사업단위로 독립된 것을 말한다.

(2) 이전요건

지방(광역시로 이전하는 경우에는 산업단지에 한함)으로의 이전은 다음 중 어느 하나에 해당해야 한다.

① 지방으로 공장을 이전하여 사업을 개시한 날부터 2년 이내에 대도시 공장을 양도하는 경우(선이전 후양도)

② 대도시 공장을 양도한 날부터 1년(준공의 경우 3년) 이내에 지방에서 기존공장을 취득하여 사업을 개시할 것(선양도 후이전)

다만, 위 이전요건을 갖춘 경우라도 공장의 대지가 공장입지기준면적을 초과하는 경우 그 초과하는 부분에 대해서는 과세이연에 관한 규정을 적용하지 않는다.

(3) 이전 후 같은 업종 영위

과세특례를 적용받으려는 내국법인은 한국표준산업분류표상의 세분류를 기준으로 이전 전의 공장에서 영위하던 업종과 이전 후의 공장에서 영위하는 업종이 같아야 한다.

3. 과세특례의 내용

(1) 익금불산입

내국법인이 대도시 공장의 대지·건물을 양도함으로써 발생한 양도차익에 대해서는 다음의 금액을 해당 사업연도의 소득금액을 계산할 때 익금에 산입하지 않을 수 있다.

$$\text{과세이연금액} = (\text{양도차익} - \text{이월결손금}) \times \frac{\text{지방이전에 소요된 금액}}{\text{대도시 공장의 양도가액}} \quad (100\% \text{ 한도})$$

* 양도차익 : '대도시 공장의 양도가액 − 해당 공장의 장부가액'

** 지방이전에 소요된 금액 : (이전한 공장건물 및 그 부속토지와 기계장치 취득에 소요된 금액 + 공장시설의 이전비용), 선양도 후 이전의 경우에는 지방 공장의 사업개시일까지는 이전계획서상 예정가액에 따른다.

(2) 익금산입

이처럼 익금불산입한 과세이연금액은 양도일이 속하는 사업연도 종료일 이후 5년이 되는 날이 속하는 사업연도부터 5개 사업연도의 기간 동안 균분한 금액 이상을 익금에 산입해야 한다(5년 거치 5년간 분할익금산입).

[도 표] 5년거치 5년간 분할익금산입

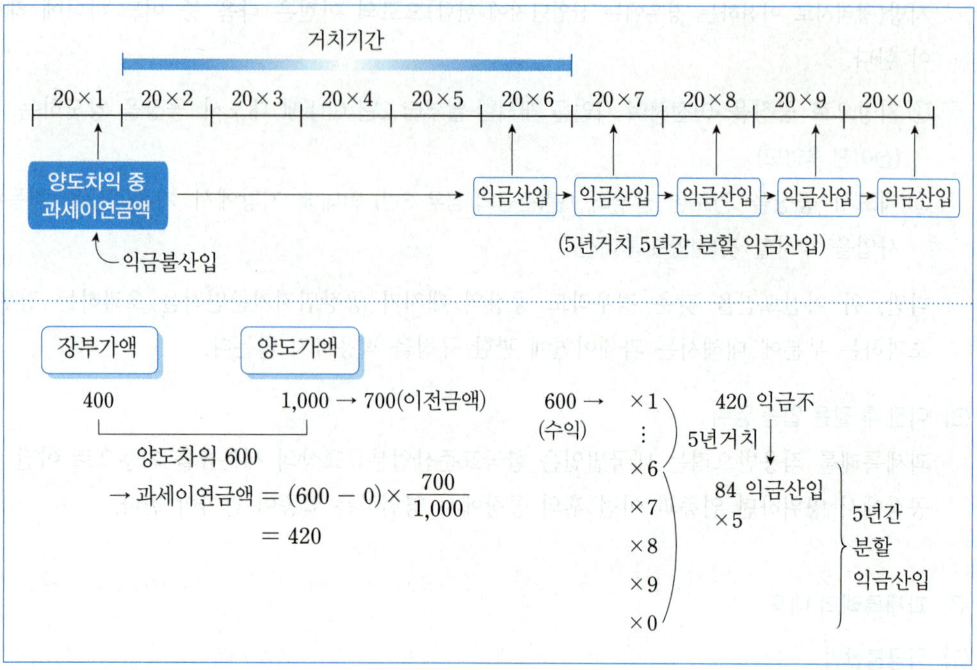

4. 과세이연의 중단

과세이연을 적용받은 내국법인이 해당 익금불산입액의 전액을 익금에 산입하기 전에 다음에 해당하는 사유가 발생한 때에는 그 사유발생일이 속하는 사업연도의 소득금액을 계산할 때 익금에 산입하지 않은 금액 중 다음 금액을 익금에 산입한다.

중단사유	익금산입액
① 지방에 공장을 취득하여 사업을 개시하지 않은 때	익금에 산입하지 않은 금액
② 예정가액에 따른 과세이연금액이 실제사용액에 따른 과세이연금액을 초과하는 때	(당초 과세이연금액) − (실제사용액에 따른 과세이연금액)
③ 폐업 · 해산한 때	당시 익금에 산입하지 않은 금액

이 경우 익금에 산입한 금액(합병 · 분할에 의해 폐업 · 해산함으로써 익금에 산입한 금액은 제외)에 대해서는 이자상당액을 가산하여 법인세로 납부해야 한다.

Ⅱ. 법인본사의 수도권과밀억제권역 밖 이전에 따른 양도차익에 대한 법인세 과세특례

1. 개요

수도권과밀억제권역에 본점 · 주사무소를 둔 내국법인이 그 본점 · 주사무소를 수도권과밀억제권역 밖으로 이전하기 위해 해당 본점 · 주사무소의 대지 · 건물을 양도함으로써 발생하는 양도차익에 대해서는 5년거치 5년간 분할 익금산입하여 과세이연을 받을 수 있다.

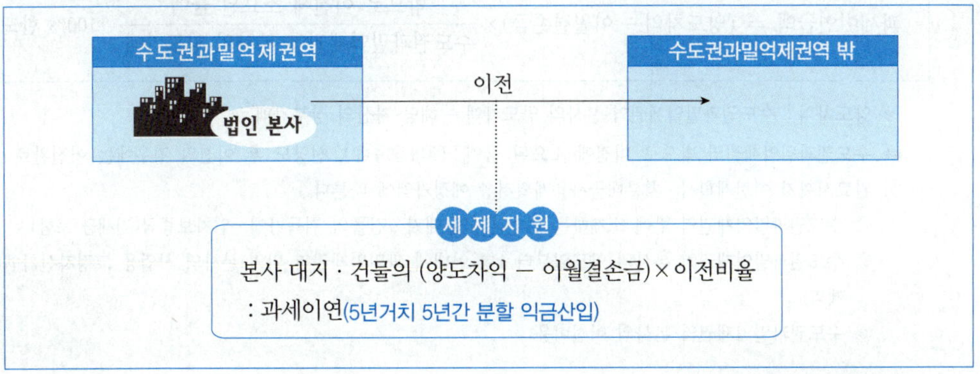

2. 과세특례의 요건

(1) 대상법인

수도권과밀억제권역에 본점 · 주사무소(이하 '수도권과밀억제권역 본사')를 둔 내국법인에 대해서 적용한다.

(2) 이전요건

수도권과밀억제권역 밖으로의 이전은 다음 중 어느 하나에 해당하는 경우로 한다.

① 수도권과밀억제권역 밖으로 수도권과밀억제권역 본사를 이전한 날부터 2년 이내에 수도권과밀억제권역 본사의 대지 · 건물을 양도하는 경우(선이전 후양도)

② 수도권과밀억제권역 본사의 대지 · 건물을 양도한 날부터 3년 이내에 수도권과밀억제권역 밖으로 본사를 이전하는 경우(선양도 후이전)

(3) 이전 후 같은 업종 영위

과세특례를 적용받으려는 내국법인은 한국표준산업분류표상의 세분류를 기준으로 이전 전의 영위하던 업종과 이전 후 영위하는 업종이 같아야 한다.

3. 과세특례의 내용

(1) 익금불산입

내국법인이 수도권과밀억제권역 본사의 대지·건물을 양도하여 발생한 양도차익에 대해서는 다음의 금액을 해당 사업연도의 소득금액을 계산할 때 익금에 산입하지 않을 수 있다.

$$\text{과세이연금액} = (\text{양도차익} - \text{이월결손금}) \times \frac{\text{수도권과밀억제권역 밖으로 이전에 소요된 금액}}{\text{수도권과밀억제권역 본사의 양도가액}} \ (100\% \text{ 한도})$$

* 양도차익 : '수도권과밀억제권역 본사의 양도가액 – 해당 자산의 장부가액'

** 수도권과밀억제권역 밖으로 이전에 소요된 금액 : (①+②+③), 선양도 후 이전의 경우에는 이전완료·사용완료시까지 이전계획서·처분대금사용계획서상 예정가액에 따른다.

① 수도권과밀억제권역 밖에 소재하는 법인본사의 대지·건물의 취득가액·임차보증금(전세금 포함)

② 수도권과밀억제권역 본사의 양도일부터 1년 이내에 과밀억제권역 외의 본사의 사업용 고정자산가액(①은 제외)

③ 수도권과밀억제권역 본사의 이전비용

(2) 익금산입

이처럼 익금불산입한 과세이연금액은 양도일이 속하는 사업연도 종료일 이후 5년이 되는 날이 속하는 사업연도부터 5개 사업연도의 기간 동안 균분한 금액 이상을 익금에 산입해야 한다(5년 거치 5년간 분할익금산입).

4. 과세이연의 중단

과세이연을 적용받은 내국법인이 익금불산입액의 전액을 익금에 산입하기 전에 다음에 해당하는 사유가 발생하는 경우에는 해당 사유발생일이 속하는 사업연도의 소득금액을 계산할 때 익금에 산입하지 않은 금액 중 다음 금액을 익금에 산입한다.

중단사유	익금산입액
① 본사의 이전요건을 갖추지 않은 때 ② 수도권과밀억제권역에 일정기준 이상의 사무소를 둔 경우	해당 사유발생일 현재 익금에 산입하지 않은 금액
③ ㉠ 수도권과밀억제권역 본사의 대지·건물의 처분대금을 수도권과밀억제권역 밖으로의 이전에 사용하지 않은 경우 및 ㉡ 선양도 후 이전의 경우 예정가액에 따른 당초 과세이연금액이 실제사용액에 따른 과세이연금액을 초과하는 경우	(당초 과세이연금액) – (실제사용액에 따른 과세이연금액)
④ 폐업·해산한 때	당시 익금에 산입하지 않은 금액

이 경우 익금에 산입한 금액(합병 · 분할에 의해 폐업 · 해산함으로써 익금에 산입한 금액은 제외)에 대해서는 이자상당액을 가산하여 법인세로 납부해야 한다.

[도 표] 공장 · 본사의 이전에 대한 과세이연제도의 비교

구분		공장의 지방이전	법인본사의 수도권과밀억제권역 밖으로 이전
요건	대상법인	대도시에 공장을 갖추고 사업을 하는 내국법인 * 사업기간 불문	수도권과밀억제권역에 본사를 둔 내국법인 * 본사를 둔 기간 불문
	이전요건	대도시 ➡ 지방 • 선이전 후 2년 내 양도 • 선양도 후 1년(준공의 경우 3년) 내 이전	수도권과밀억제권역 ➡ 수도권과밀억제권역 밖 • 선이전 후 2년 내 양도 • 선양도 후 3년 내 이전
	업종요건	이전 후 동일업종 영위	
과 세 이 연		(공장 · 본사의 양도차익 − 이월결손금) × 이전비율 = 과세이연금액 ➡ 익금불산입(최저한세 적용) 후 5년거치 5년간 분할 익금산입	

III. 수도권 밖으로 공장을 이전하는 기업에 대한 세액감면 등

1. 개요

수도권 밖으로 공장을 이전하는 기업은 이전 후 공장에서 발생하는 소득에 대하여 법인세 또는 소득세의 100% 또는 50%를 감면한다.

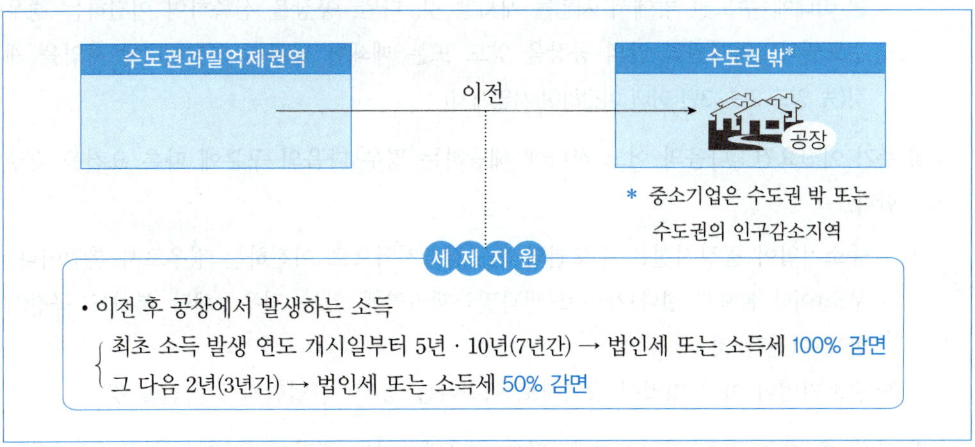

2. 세액감면의 요건

다음의 요건을 모두 갖춘 내국인(이하 '공장이전기업')이 공장을 이전하여 2025년 12월 31일까지 사업을 개시하는 경우*에 세액감면을 적용한다.

* 공장을 신축하는 경우로서 공장의 부지를 2025.12.31.까지 보유하고 2025.12.31.이 속하는 과세연도의 과세표준 신고를 할 때 이전계획서를 제출하는 경우에는 2028.12.31.까지 사업을 개시하는 경우에 세액감면을 적용한다.

1) 이전대상기업 : 수도권과밀억제권역에 3년(중소기업은 2년) 이상 계속하여 공장시설을 갖추고 사업을 한 기업*이어야 한다. 다만, 공장시설을 이전하기 위하여 조업을 중단한 날이 속하는 과세연도 개시일부터 소급하여 10년 이내에 수도권 밖으로 공장을 이전하는 기업에 대한 세액감면을 적용받은 기업은 제외한다.

* 이는 수도권과밀억제권역 안에 소재하는 공장시설을 수도권 밖(중소기업의 경우 수도권 밖 또는 수도권의 인구감소지역을 말한다. 이하 같다)으로 이전하기 위하여 조업을 중단한 날부터 소급하여 3년(중소기업의 경우 2년) 이상 계속 조업한 실적이 있을 것을 말한다.

2) 이전요건 : 공장시설의 전부를 이전하는 기업은 다음 중 어느 하나의 요건을 갖추어야 한다.

① 수도권 밖(중소기업은 수도권 밖 또는 수도권의 인구감소지역. 이하 같다)으로 공장을 이전하여 사업을 개시한 날부터 2년 이내에 수도권과밀억제권역 안의 공장을 양도하거나 수도권과밀억제권역 안에 남아 있는 공장시설의 전부를 철거 또는 폐쇄하여 해당 공장시설에 의한 조업이 불가능한 상태일 것(先 이전 2년 이내 양도 등)

② 수도권과밀억제권역 안의 공장을 양도 또는 폐쇄한 날(공장의 대지 또는 건물을 임차하여 자기공장시설을 갖추고 있는 경우에는 공장이전을 위하여 조업을 중단한 날을 말한다)부터 2년 이내에 수도권 밖에서 사업을 개시할 것. 다만, 공장을 신축하여 이전하는 경우에는 수도권과밀억제권역 안의 공장을 양도 또는 폐쇄한 날부터 3년 이내에 사업을 개시할 것(先 양도 2년·3년 이내 이전하여 사업개시)

3) 추가 이전요건 : 다음의 어느 하나에 해당하는 경우 다음의 구분에 따른 요건을 갖추어야 한다.

① 중소기업이 공장시설을 수도권의 인구감소지역으로 이전하는 경우로서 본점이나 주사무소(이하 '본사'라 한다)가 수도권과밀억제권역에 있는 경우 : 해당 본사도 공장시설과 함께 이전할 것

② 중소기업이 아닌 기업이 광역시로 이전하는 경우 : 산업단지로 이전할 것

4) 이전 후 같은 업종 영위 : 세액감면을 적용받으려는 공장이전기업은 한국표준산업분류표상의 세분류를 기준으로 이전 전의 공장에서 공장시설을 이전하기 위하여 조업을 중단한 날부터 소급하여 2년(중소기업은 1년) 이상 계속 영위하던 업종과 이전 후의 공장에서 영위하는 업종이 같아야 한다.

3. 세액감면의 내용

이상의 요건을 갖춘 공장이전기업은 이전 후의 공장에서 발생한 소득*에 대해서 다음의 구분에 따라 법인세 또는 소득세를 감면한다.

* '감면대상소득'에는 공장이전기업이 이전 후 합병·분할·현물출자 또는 사업의 양수를 통하여 사업을 승계하는 경우 승계한 사업장에서 발생한 소득은 제외한다.

감면기간	감면세액
(1) 공장 이전일 이후 해당 공장에서 최초로 소득이 발생한 과세연도*의 개시일부터 다음의 구분에 따른 기간 이내에 끝나는 과세연도 ① 수도권 인접지역(*주1)으로 이전하는 경우 : 5년 ② 수도권 밖에 소재하는 광역시 등 지역(*주2)으로 이전하는 경우 ㉠ 위기지역, 성장촉진지역 또는 인구감소지역(이하 '성장촉진지역등')으로 이전하는 경우 : 7년 ㉡ 위 ㉠의 지역 외의 지역으로 이전하는 경우 : 5년 ③ 위 ①·②의 지역 외의 지역으로 이전하는 경우 ㉠ 성장촉진지역등으로 이전하는 경우 : 10년 ㉡ 위 ㉠의 지역 외의 지역으로 이전하는 경우 : 7년 * 공장 이전일부터 5년이 되는 날이 속하는 과세연도까지 소득이 발생하지 아니한 경우에는 이전일부터 5년이 되는 날이 속하는 과세연도부터 감면기간을 기산한다.	법인세 또는 소득세의 100%에 상당하는 세액
(2) 위 (1)에 따른 과세연도의 다음 2년(위 (1)의 ②·㉠ 또는 ③·㉡에 해당하는 경우에는 3년) 이내에 끝나는 과세연도	법인세 또는 소득세의 50%에 상당하는 세액

(*주1) 수도권 인접지역 : 다음 ①·②의 지역을 말한다. 다만, ②의 수도권의 인구감소지역은 해당 지역으로 이전하는 기업이 중소기업인 경우로 한정한다.

① 당진시, 아산시, 원주시, 음성군, 진천군, 천안시, 춘천시, 충주시, 홍천군(내면은 제외) 및 횡성군의 관할구역

② 수도권의 인구감소지역

(*주2) 광역시 등 지역 : 수도권 밖의 지역에 소재하는 광역시 또는 구미시, 김해시, 전주시, 제주시, 진주시, 창원시, 청주시 및 포항시의 관할구역을 말한다.

참고 중소기업 유예기간 적용배제 사유 발생시 감면배제

세액감면을 적용받은 중소기업이 다음 중 어느 하나에 해당하는 사유로 중소기업에 해당하지 않게 된 경우에는 해당 사유발생일이 속하는 과세연도부터 감면하지 않는다.

① 중소기업기본법에 따른 중소기업이 아닌 기업과 합병하는 경우

② 유예기간 중에 있는 기업과 합병하는 경우

③ 실질적 독립성 요건(관계기업 매출액의 중소기업기준 요건은 제외)을 갖추지 못하게 되는 경우

④ 창업일이 속하는 과세연도 종료일부터 2년 이내의 과세연도 종료일 현재 중소기업기준을 초과하는 경우 ■

4. 사후관리

세액감면을 적용받은 공장이전기업이 다음 중 어느 하나에 해당하는 경우에는 그 사유가 발생한 과세연도의 과세표준신고를 할 때 다음의 세액을 법인세 또는 소득세로 납부해야 한다.

납부사유	납부세액
① 공장을 이전하여 사업을 개시한 날부터 3년 이내에 해당 사업을 폐업하거나 해산한 경우(합병·분할 또는 분할합병으로 인한 경우는 제외)	폐업일 또는 법인해산일부터 소급하여 3년 이내에 감면된 세액
② 공장을 수도권 밖(중소기업은 수도권 밖 또는 수도권의 인구감소지역)으로 이전하여 사업을 개시하지 않은 경우(공장의 이전요건을 갖추지 않게 된 경우를 말한다)	공장 이전요건을 갖추지 못하게 된 날부터 소급하여 5년 이내에 감면된 세액
③ 수도권(중소기업은 수도권 중 인구감소지역을 제외한 지역)에 이전한 공장에서 생산하는 제품과 같은 제품을 생산하는 공장(중소기업이 수도권의 인구감소지역으로 이전한 경우에는 공장 또는 본사)을 설치한 경우	공장설치일(중소기업이 본점·주사무소를 이전한 경우에는 본점·주사무소 설치일 포함)부터 소급하여 5년 이내에 감면된 세액

이처럼 감면받은 법인세액 또는 소득세액을 납부하는 경우에는 이자상당가산액을 법인세 또는 소득세에 가산하여 납부해야 하며, 해당 세액은 과세표준신고기한 내에 납부해야 할 세액으로 본다.

5. 공장이전법인에 대한 그 밖의 특례

(1) 공장 양도차익에 대한 과세이연

공장이전기업 중 법인(이하 '공장이전법인')이 공장을 수도권 밖으로 이전한 경우에는 수도권과밀억제권역에 있는 공장을 양도함으로써 발생한 양도차익에 대한 법인세에 관하여는 공장의 대도시 밖 이전에 따른 양도차익에 대한 5년거치 5년간 분할 익금산입 및 과세이연의 중단에 관한 규정을 준용한다. 이 규정은 수도권과밀억제권역 안의 공장을 양도하는 경우로 한정한다.

(2) 재산세 저율 분리과세

공장을 수도권 밖으로 이전한 공장이전법인이 소유(합병·분할 또는 분할합병으로 소유권이 이전된 경우 포함)하는 이전 전 공장용 건축물의 부속토지로서 공장 이전일 현재 저율분리과세대상 토지(공장용지)는 공장을 전부 이전한 날부터 5년간 저율 분리과세대상 토지(공장용지)로 본다. 다만, 공장을 이전하여 사업을 개시한 후 그 사업을 폐업한 이후에는 그렇지 않다.

Ⅳ. 수도권 밖으로 본사를 이전하는 법인에 대한 세액감면 등

1. 개요

수도권 밖으로 본사를 이전하는 법인은 본사 이전 후 발생하는 소득에 대하여 법인세의 100% 또는 50%를 감면한다.

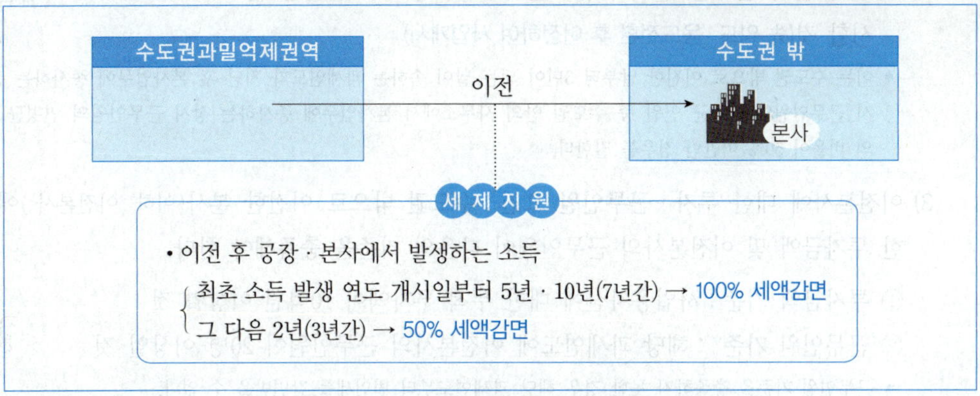

2. 세액감면의 요건

다음의 요건을 모두 갖추어 본사를 이전하여 2025년 12월 31일까지 사업을 개시하는 법인*(이하 '본사이전법인')에 대해서 세액감면을 적용한다.

* 본사를 신축하는 경우로서 본사의 부지를 2025.12.31.까지 보유하고 2025.12.31.이 속하는 과세연도의 과세표준 신고를 할 때 이전계획서를 제출하는 경우에는 2028.12.31.까지 사업을 개시하는 법인에 대해서 세액감면을 적용한다.

1) 이전대상법인 : 수도권과밀억제권역에 3년 이상 계속하여 본점 또는 주사무소(이하 '본사'라 한다)를 둔 법인*이어야 한다. 다만, 본사의 이전등기일이 속하는 과세연도 개시일부터 소급하여 10년 이내에 수도권 밖으로 본사를 이전하는 법인에 대한 세액감면을 받은 법인은 제외한다. 한편 ① 부동산임대업, 부동산중개업, 부동산매매업, 건설업[한국표준산업분류에 따른 주거용 건물 개발 및 공급업(구입한 주거용 건물을 재판매하는 경우는 제외)을 포함], ② 소비성서비스업, ③ 무점포판매에 해당하는 사업, ④ 해운중개업을 경영하는 내국인인 경우에는 감면규정을 적용하지 않는다(다만, 이전공공기관은 예외로 한다).

* 이는 본사의 이전등기일부터 소급하여 3년 이상 계속하여 수도권과밀억제권역 안에 본사를 두고 사업을 경영한 실적이 있을 것을 말한다.

2) 이전요건 : 본사를 수도권 밖으로 이전하는 법인은 다음 중 어느 하나의 요건을 갖추어야 한다.

① 수도권 밖으로 본사를 이전하여 사업을 개시한 날부터 2년 이내에 수도권과밀억제권역의 본

사를 양도하거나 본사 외의 용도(일정기준 미만의 사무소로 사용하는 경우*를 포함한다)로 전환할 것(先 이전 후 2년 이내 양도·용도 전환)

② 수도권과밀억제권역 안의 본사를 양도하거나 본사 외의 용도로 전환한 날부터 2년 이내에 수도권 밖에서 사업을 개시할 것. 다만, 본사를 신축하여 이전하는 경우에는 수도권과밀억제권역 안의 본사를 양도하거나 본사 외의 용도로 전환한 날부터 3년 이내에 사업을 개시할 것(先 양도·용도전환 후 이전하여 사업개시)

* 이는 수도권 밖으로 이전한 날부터 3년이 되는 날이 속하는 과세연도가 지난 후 본사업무에 종사하는 총 상시 근무인원의 연평균 인원 중 수도권 안의 사무소에서 본사업무에 종사하는 상시 근무인원의 연평균 인원의 비율이 50% 미만인 경우를 말한다.

3) 이전본사에 대한 투자·근무인원 요건 : 수도권 밖으로 이전한 본사(이하 '이전본사')에 대한 투자금액 및 이전본사의 근무인원이 다음의 기준을 충족해야 한다.

① 투자금액 기준 : 사업용자산에 대한 누적 투자액이 10억원 이상일 것

② 근무인원 기준* : 해당 과세연도에 이전본사의 근무인원이 20명 이상일 것

* 근무인원 기준을 충족하지 못한 경우 해당 과세연도부터 법인세를 감면받을 수 없다.

4) 이전 후 같은 업종 영위 : 본사이전법인은 한국표준산업분류표상의 세분류를 기준으로 이전 전의 본사에서 본사의 이전등기일부터 소급하여 2년 이상 영위하던 업종과 이전 후의 본사에서 영위하는 업종이 각각 같아야 한다.

3. 세액감면의 내용

(1) 감면세액

이상의 요건을 갖춘 본사이전법인은 그 감면대상소득에 대하여 다음의 구분에 따라 법인세를 감면한다.

감면기간	감면세액
(1) 본사 이전일 이후 본사이전법인에서 최초로 소득이 발생한 과세연도*의 개시일부터 다음의 구분에 따른 기간 이내에 끝나는 과세연도 ① 수도권 인접지역(*주1)으로서 수도권 밖의 지역으로 이전하는 경우 : 5년 ② 수도권 밖에 소재하는 광역시 등 지역(*주2)으로 이전하는 경우 ㉠ 위기지역, 성장촉진지역 또는 인구감소지역(이하 '성장촉진지역등')으로 이전하는 경우 : 7년 ㉡ 위 ㉠의 지역 외의 지역으로 이전하는 경우 : 5년 ③ 위 ①·②의 지역 외의 지역으로서 수도권 밖의 지역으로 이전하는 경우 ㉠ 성장촉진지역등으로 이전하는 경우 : 10년	감면대상소득에 대한 법인세의 100%에 상당하는 세액

㉡ 위 ㉠의 지역 외의 지역으로 이전하는 경우 : 7년 * 본사 이전일부터 5년이 되는 날이 속하는 과세연도까지 소득이 발생하지 않은 경우에는 이전일부터 5년이 되는 날이 속하는 과세연도부터 감면기간을 기산한다.	
(2) 위 (1)에 따른 과세연도의 다음 2년(위 (1)의 ②·㉠ 또는 ③·㉡에 해당하는 경우에는 3년) 이내에 끝나는 과세연도	감면대상소득에 대한 법인세의 50%에 상당하는 세액

(*주1) 수도권 인접지역 : 당진시, 아산시, 원주시, 음성군, 진천군, 천안시, 춘천시, 충주시, 홍천군(내면은 제외) 및 횡성군의 관할구역(중소기업의 경우 수도권 성장관리권역·자연보전권역을 포함한다)을 말한다.

(*주2) 광역시 등 지역 : 수도권 밖의 지역에 소재하는 광역시 또는 구미시, 김해시, 전주시, 제주시, 진주시, 창원시, 청주시 및 포항시의 관할구역을 말한다.

(2) 감면대상소득

본사이전법인의 감면대상소득은 다음과 같이 산출한 금액에 상당하는 금액으로 한다.

$$\text{감면대상 소득}^{(*주1)} = \left(\text{해당 과세연도의 과세표준} - \text{토지·건물 및 부동산을 취득할 수 있는 권리의 양도차익 등}^{(*주2)}\right) \times (\text{① 비율} \times \text{② 비율})$$

$$\text{① 비율} = \text{해당 과세연도의} \frac{\text{수도권 밖으로 이전한 본사(이전본사)의 근무인원}}{\text{법인 전체 근무인원}}$$

* 감면기간 중 다음의 이전본사 근무임원비율이 50%에 미달하게 된 경우에는 해당 과세연도부터 감면을 받을 수 없다.

> 이전본사 임원비율 = (이전본사 근무임원)/(수도권 본사 임원 + 이전본사 근무임원)

$$\text{② 비율} = \text{해당 과세연도의} \left[\frac{\text{(전체 매출액} - \text{위탁가공무역에서 발생한 매출액 등)}^{(*주3)}}{\text{전체 매출액}}\right]$$

(*주1) '감면소득'에는 이전 후 합병·분할·현물출자 또는 사업의 양수를 통하여 사업을 승계하는 경우 승계한 사업장에서 발생한 소득은 제외한다.

(*주2) 여기에는 (① 고정자산처분익, 유가증권처분익, 수입이자, 수입배당금 및 자산수증익을 합한 금액 – ② 고정자산처분손, 유가증권처분손 및 지급이자를 합한 금액)(이 경우 그 차액이 음수일 경우에는 0원으로 본다)을 포함한다.

(*주3) '위탁가공무역'이란 가공임을 지급하는 조건으로 외국에서 가공(제조, 조립, 재생 및 개조를 포함)할 원료의 전부 또는 일부를 거래 상대방에게 수출하거나 외국에서 조달하여 가공한 후 가공물품 등을 수입하거나 외국으로 인도하는 것을 말한다.

한편 공장과 본사를 함께 이전하는 경우에는 다음의 금액을 감면대상소득으로 한다.

> 감면대상소득
> = [이전공장에서 발생하는 소득 + 본사이전법인의 감면대상소득]
> (한도액 : 해당 과세연도 소득금액)

4. 사후관리

세액감면을 적용받는 본사이전법인이 다음 중 어느 하나에 해당하는 경우에는 그 사유가 발생한 과세연도의 과세표준신고를 할 때 다음의 세액을 법인세로 납부해야 한다.

납부사유	납부세액
① 본사를 이전하여 사업을 개시한 날부터 3년 이내에 그 사업을 폐업하거나 법인이 해산한 경우(합병·분할 또는 분할합병으로 인한 경우는 제외)	폐업일 또는 법인해산일부터 소급하여 3년 이내에 감면된 세액
② 본사를 수도권 밖으로 이전하여 사업을 개시하지 않은 경우(본사의 이전요건을 갖추지 않은 경우를 말한다)	본사의 이전요건을 갖추지 못한 날부터 소급하여 5년 이내에 감면된 세액
③ 본사를 이전한 경우로서 수도권에 일정기준 이상의 사무소를 둔 경우(*주1)	본사설치일 또는 일정기준 이상의 사무소를 둔 날부터 소급하여 5년 이내에 감면된 세액
④ 감면기간에 이전본사 근무 임원비율(이전본사의 근무 임원 수/수도권 안의 사무소에서 근무하는 임원과 이전본사 근무 임원의 합계 인원)이 50%에 미달하게 되는 경우(*주2)	이전본사 근무 임원비율에 미달하게 되는 날부터 소급하여 5년 이내에 감면된 세액

(*주1) '일정기준 이상'이란 본사를 수도권 밖으로 이전한 날부터 3년이 되는 날이 속하는 과세연도가 지난 후 본사업무에 종사하는 총 상시 근무인원의 연평균 인원 중 수도권 안의 사무소에서 본사업무에 종사하는 상시 근무인원의 연평균 인원의 비율이 50% 이상인 경우를 말한다.

(*주2) 여기서 '임원'이란 법인세법에 따른 임원을 말한다. 다만, 상시 근무하지 않는 임원을 제외한다.

이처럼 감면받은 법인세액을 납부하는 경우에는 이자상당가산액을 가산하여 법인세로 납부해야 한다. 이때 해당 세액은 과세표준신고기한 내에 납부해야 할 세액으로 본다.

5. 본사이전법인의 본사 양도차익에 대한 과세이연

본사이전법인이 수도권과밀억제권역에 있는 본사를 양도함으로써 발생한 양도차익에 대한 법인세에 관하여는 법인본사의 수도권과밀억제권역 밖 이전에 따른 양도차익에 대한 5년거치 5년간 분할 익금산입 및 과세이연의 중단에 관한 규정을 준용한다. 이 규정은 수도권과밀억제권역 안의 본사를 양도하는 경우로 한정한다.

[도 표] 수도권 밖으로 공장 또는 본사를 이전하는 경우 세액감면

<table>
<tr><th colspan="2">구분</th><th>수도권 밖으로 공장을 이전하는 기업에 대한 법인세·소득세 감면 등</th><th>수도권 밖으로 본사를 이전하는 법인에 대한 법인세 세액감면 등</th></tr>
<tr><td rowspan="3">감면요건</td><td>대상자</td><td>수도권과밀억제권역에 3년(중소기업은 2년) 이상 계속하여 공장시설을 갖추고 사업을 한 기업</td><td>수도권과밀억제권역에 3년 이상 계속하여 본사를 둔 법인</td></tr>
<tr><td rowspan="2">이전요건</td><td rowspan="2">수도권과밀억제권역
➡ 수도권 밖(중소기업은 수도권 밖 또는 수도권의 인구감소지역)
• 이전 후 2년 이내 양도·철거·폐쇄
• 양도·폐쇄 후 2년(공장신축시 3년) 이내 사업개시</td><td>수도권과밀억제권역
➡ 수도권 밖
• 이전 후 2년 이내 양도·용도전환
• 양도·용도전환 후 2년(본사신축시 3년) 이내 사업개시</td></tr>
<tr><td>이전 본사에 대한 투자·근무인원 요건 추가</td></tr>
<tr><td colspan="2">감면대상소득</td><td>이전 후의 공장에서 발생한 소득</td><td>이전 후 본사 이전비율에 따라 계산한 소득(공장도 함께 이전시 이전공장에서 발생한 소득 포함)</td></tr>
<tr><td rowspan="2">조세특례</td><td>세액감면</td><td colspan="2">이전 후 최초 소득 발생 연도 개시일부터 5년·10년(7년간) : 100% 세액감면
➡ 그 다음 2년(3년간) : 50% 세액감면</td></tr>
<tr><td>그 밖의 특례</td><td>• 수도권과밀억제권역에 있는 공장을 양도함으로써 발생한 양도차익 : 5년거치 5년간 분할 익금산입
• 이전 전 공장용 건축물의 부속토지 : 이전 후 5년간 저율 분리과세대상</td><td>• 수도권과밀억제권역에 있는 본사를 양도함으로써 발생한 양도차익 : 5년거치 5년간 분할 익금산입</td></tr>
<tr><td colspan="2">세액감면 최저한세 적용</td><td>• 공장을 수도권 밖으로 이전 : 적용 ×
• 중소기업이 공장을 수도권의 인구감소지역으로 이전 : 적용 ○</td><td>• 본사 수도권 밖으로 이전 : 적용 ×</td></tr>
</table>

[도 표] 공장·본사의 지방이전에 대한 조세특례

종류	과세특례의 내용
공장의 대도시 밖 이전에 대한 법인세 과세특례	공장의 대지와 건물의 양도차익 : 5년거치 5년간 분할 익금산입(과세이연)
법인본사의 수도권과밀억제권역 밖 이전에 따른 양도차익에 대한 법인세 과세특례	본사의 대지와 건물의 양도차익 : 5년거치 5년간 분할 익금산입(과세이연)
수도권 밖으로 공장을 이전하는 기업에 대한 세액감면 등	(1) 법인세 세액감면 이전 후 최초 소득 발생 연도 개시일부터 5년·10년(7년간) : 100% ➡ 그 다음 2년(3년간) : 50% (2) 그 밖의 특례 • 공장의 수도권 밖 이전에 따른 양도차익 : 5년거치 5년간 분할 익금산입 • 이전 전 공장용 건축물의 부속토지 : 이전 후 5년간 저율 분리과세대상
수도권 밖으로 본사를 이전하는 법인에 대한 세액감면 등	(1) 법인세 세액감면 이전 후 최초 소득 발생 연도 개시일부터 5년·10년(7년간) : 100% ➡ 그 다음 2년(3년간) : 50% (2) 그 밖의 특례 수도권과밀억제권역에 있는 본사를 양도함으로써 발생한 양도차익에 : 5년거치 5년간 분할 익금산입

Ⅴ. 고향사랑 기부금에 대한 세액공제

1. 개요

'고향사랑 기부금'이란 지방자치단체가 주민복리 증진 등의 용도로 사용하기 위한 재원을 마련하기 위하여 해당 지방자치단체의 주민이 아닌 사람으로부터 자발적으로 제공받거나 모금을 통하여 취득하는 금전을 말하며, 개인별 고향사랑 기부금의 연간 상한액은 500만원(2025년부터는 2,000만원)으로 한다(「고향사랑 기부금에 관한 법률」 2 (1), 8 ③). 조세특례제한법은 고향에 대한 건전한 기부문화를 조성하기 위해서 고향사랑 기부금에 대한 세액공제 제도를 도입하였다.

2. 세액공제

(1) 개요

거주자가 고향사랑 기부금을 지방자치단체에 기부한 경우 이를 지출한 해당 과세연도에 다음과 같이 처리한다.

구분	고향사랑 기부금에 대한 조세특례
① 10만원 이하의 금액을 기부한 경우	• 세액공제 = 고향사랑 기부금 × $\frac{100}{110}$ * 사업자인 거주자의 경우에도 10만원 이하의 금액에 대해서는 위 금액을 세액공제한다.
② 10만원 초과 500만원 이하의 금액을 기부한 경우	• 일반 거주자의 경우 : 세액공제 = 10만원 × $\frac{100}{110}$ + (고향사랑 기부금 − 10만원) × 15%(30%*) * 특별재난지역으로 선포된 지방자치단체에 특별재난지역 선포일부터 3개월 이내에 기부한 경우에는 '30%'로 한다. • 사업자인 거주자의 경우 : (고향사랑 기부금 − 10만원)에 대해서는 필요경비산입 필요경비산입 한도액 = (기준소득금액 − 이월결손금) × 100%

위 규정에 따라 세액공제 받는 금액은 해당 과세기간의 종합소득산출세액을 한도로 하며, 사업자인 거주자가 필요경비에 산입하는 경우 해당 과세기간의 소득금액에서 이월결손금을 뺀 금액을 한도로 한다.

(2) 중복적용 배제

위 규정에 따라 세액공제 받거나 필요경비에 산입한 고향사랑 기부금과 세액공제 · 필요경비 산입 한도를 초과한 고향사랑 기부금에 대해서는 소득세법에 따른 특례기부금 필요경비산입 또는 기부금 세액공제를 적용하지 않는다.

제2절 농어촌소득원 창출을 위한 지원제도 Ⅱ-2 p.237

Ⅰ. 서설

지역간 균형적 발전을 위해서는 기업이 농공단지 등에 입주하여 사업을 함으로써 농어촌지역의 소득원을 창출하고, 농어업을 법인형태로 영위하도록 함으로써 농어업의 경쟁력을 제고할 필요가 있다. 이를 세제상 지원하기 위해 다음과 같은 조세지원제도를 두고 있다.

Ⅱ. 지원의 내용

1. 농공단지 입주기업 등에 대한 세액감면

(1) 감면대상자

다음 중 어느 하나에 해당하는 자에 대해서는 감면대상사업에서 발생한 소득에 대한 법인세 또는 소득세를 감면한다.

① 농공단지에 입주하여 농어촌소득원개발사업을 하는 내국인. 다만, 농공단지 개발사업의 준공인가를 받은 날부터 3년 이내에 입주한 기업만 해당한다.

②「지역균형개발 및 지방중소기업 육성에 관한 법률」에 따른 지방중소기업 특별지원지역*에 입주하여 사업을 하는 중소기업

* 수도권과밀억제권역 외의 지역으로서 중소기업 특별지원지역의 지정일 현재 인구 20만 이상인 시지역 외의 지역에 소재하는 중소기업 특별지원지역을 말한다.

(2) 세액감면

감면대상자의 감면대상사업에서 발생한 소득에 대해서는 해당 감면대상사업에서 최초로 소득이 발생한 과세연도의 개시일부터 5년 이내에 끝나는 과세연도까지 법인세 또는 소득세의 50%에 상당하는 세액을 감면한다(5년간 50% 감면).

(3) 감면한도

위의 감면규정이 적용되는 감면기간 동안 감면받는 법인세 또는 소득세의 총합계액은 다음 금액을 한도로 한다.

> 감면한도** = ① 투자기준 감면한도 + ② 고용기준 감면한도
> ① 투자누계액* × 50%
> ② 해당 과세연도의 감면대상사업장의 상시근로자 수 × 1,500만원(청년 및 서비스업 상시근로자는 2,000만원)

* 법인세 또는 소득세를 감면받는 해당 과세연도까지의 사업용자산에 대한 투자 합계액을 말한다.

** 각 과세연도에 감면받을 법인세 또는 소득세에 대하여 감면한도를 적용할 때에는 ①의 금액을 먼저 적용한 후 ②의 금액을 적용한다.

2. 영농조합법인 등에 대한 지원

[도 표] 영농조합법인에 대한 지원

영농조합법인 ← 농지 · 초지 등 현물출자 ← 농업인

조합원

세 제 지 원

- 농지 · 초지 현물출자
  : 양도소득세 100% 감면 → (4)
- 농지 · 초지 외 부동산 현물출자
  : 양도소득세 이월과세 → (5)

세 제 지 원

- 식량작물재배업소득 전액 : 법인세 면제 → (1)
- 식량작물재배업소득 외의 소득 중 영농조합법인의 사업에서 발생한 소득금액
  - 기타작물재배업소득 : 법인세 면제 (6억원×조합원 수×소득률 한도) → (1) · ①
  - 작물재배업소득 외의 소득 : 법인세 면제 (1,200만원×조합원 수 한도) → (1) · ②

  * 이들 법인세 면제는 최저한세 배제

세 제 지 원

- 식량작물재배업소득에서 발생한 배당소득 전액과 식량작물재배업소득 외의 소득에서 발생한 배당소득(1,200만원 한도) : 소득세 면제 → (2)
- 소득세 면제금액 외의 배당소득 : 5% 원천징수 · 분리과세 → (3)

(1) 법인세 면제

영농조합법인에 대해서는 곡물 및 기타식량작물재배업에서 발생하는 소득(이하 '식량작물재배업소득') 전액과 식량작물재배업소득 외의 소득 중 영농조합법인의 사업에서 발생한 소득으로서 다음 중 어느 하나에 해당하는 소득금액에 대해 법인세를 면제한다.

① 식량작물재배업 외의 작물재배업에서 발생하는 소득금액으로서 각 사업연도별로 다음의 계산식에 따라 계산한 금액 이하의 금액

$$6억원 \times 조합원\ 수 \times \left(\frac{사업연도\ 월\ 수}{12}\right) \times \frac{식량작물재배업\ 외의\ 작물재배업에서\ 발생하는\ 소득금액}{식량작물재배업\ 외의\ 작물재배업에서\ 발생하는\ 수입금액}$$

② 작물재배업에서 발생하는 소득을 제외한 소득금액으로서 각 사업연도별로 다음의 계산식에 따라 계산한 금액 이하의 금액

$$1{,}200만원 \times 조합원\ 수 \times \frac{사업연도\ 월\ 수}{12}$$

(2) 배당소득에 대한 소득세 면제

영농조합법인의 조합원이 영농조합법인으로부터 받는 배당소득 중 ① 식량작물재배업소득에서 발생한 배당소득 전액과 ② 식량작물재배업소득 외의 소득에서 발생한 배당소득 중 다음 범위의 금액에 대해서는 소득세를 면제한다.

㉠ 식량작물재배업 외의 작물재배업에서 발생하는 소득금액으로서 법인세가 면제된 소득에서 발생한 배당소득의 경우 : 배당소득 전액

㉡ 영농조합법인의 전체 소득에서 식량작물재배업에서 발생하는 소득과 식량작물재배업 외의 작물재배업에서 발생하는 소득금액으로서 법인세가 면제된 소득을 제외한 소득에서 발생한 배당소득의 경우 : 그 배당소득 중 과세연도별로 1,200만원 이하의 금액

(3) 원천징수세율의 특례

영농조합법인이 조합원에게 지급하는 배당소득 중 위의 소득세가 면제되는 금액을 제외한 배당소득으로서 받는 소득에 대한 소득세의 원천징수세율은 소득세법에 따른 규정에도 불구하고 5%로 하고 그 배당소득은 종합소득과세표준에 합산하지 않는다.

(4) 양도소득세 감면

농업인이 농지 또는 초지조성허가를 받은 초지를 영농조합법인에 현물출자함으로써 발생하는 소득에 대해서는 양도소득세의 100%에 상당하는 세액을 감면한다. 다만, 해당 농지·초지가 주거지역·상업지역·공업지역(이하 '주거지역 등')에 편입되거나 법률에 따라 환지처분 전에 농지·초지 외의 토지로 환지예정지 지정을 받은 경우에는 주거지역 등에 편입되거나, 환지예정지 지정을 받은 날까지 발생한 다음의 소득(이하 같다)에 대해서만 양도소득세의 100%에 상당하는 세액을 감면한다.

$$\text{감면대상소득} = \text{양도소득금액} \times \frac{(\text{편입·환지예정지 지정을 받은 날 기준시가} - \text{취득당시의 기준시가})}{(\text{양도당시의 기준시가} - \text{취득당시의 기준시가})}$$

이처럼 양도소득세를 감면받은 자가 그 출자지분을 출자일부터 3년 이내에 다른 사람에게 양도하는 경우에는 해당 양도일이 속하는 과세연도의 과세표준신고를 할 때 그 감면받은 세액을 양도소득세(이자상당액 가산)로 납부해야 한다.

(5) 양도소득세 이월과세

농업인이 영농조합법인에게 농작물재배업·축산업·임업에 직접 사용되는 부동산(농지·초지는 제외)을 현물출자하는 경우에는 이월과세를 적용받을 수 있다. 이러한 이월과세를 적용받은 농업인이 현물출자로 취득한 주식 등의 50% 이상을 출자일부터 3년 이내에 처분하는 경우에는 처분일이 속하는 달의 말일부터 2개월 이내에 이월과세액(해당 영농조합법인이 이미 납부한 세액을 제외한 금액)을 양도소득세(이자상당액 가산)로 납부해야 한다.

3. 영어조합법인 등에 대한 지원

(1) 법인세 면제

영어조합법인에 대해서는 각 사업연도 소득 중 영어조합법인의 사업에서 발생한 소득으로서 각 사업연도별로 다음 중 어느 하나에 해당하는 소득금액에 대하여 법인세를 면제한다.

① 한국표준산업분류에 따른 연근해어업·내수면어업 및 양식어업에서 발생하는 소득금액(이하 '어로어업소득')으로서 각 사업연도별로 다음의 금액 이하의 금액

$$3{,}000\text{만원} \times \text{조합원 수} \times \frac{\text{사업연도 월수}}{12}$$

② 어로어업소득을 제외한 소득금액으로서 각 사업연도별로 다음의 금액 이하의 금액

$$1{,}200\text{만원} \times \text{조합원 수} \times \frac{\text{사업연도 월수}}{12}$$

(2) 배당소득에 대한 소득세 면제

영어조합법인의 조합원이 영어조합법인으로부터 받는 배당소득(과세연도별로 1,200만원 이하의 금액)에 대해서는 소득세를 면제한다.

(3) 원천징수세율의 특례

영어조합법인이 조합원에게 지급하는 배당소득 중 위의 소득세가 면제되는 금액을 제외한 배당소득으로서 받는 소득에 대한 소득세의 원천징수세율은 소득세법의 규정에도 불구하고 5%로 하고, 그 배당소득은 종합소득과세표준에 합산하지 않는다.

[도 표] 영어조합법인 등에 대한 지원

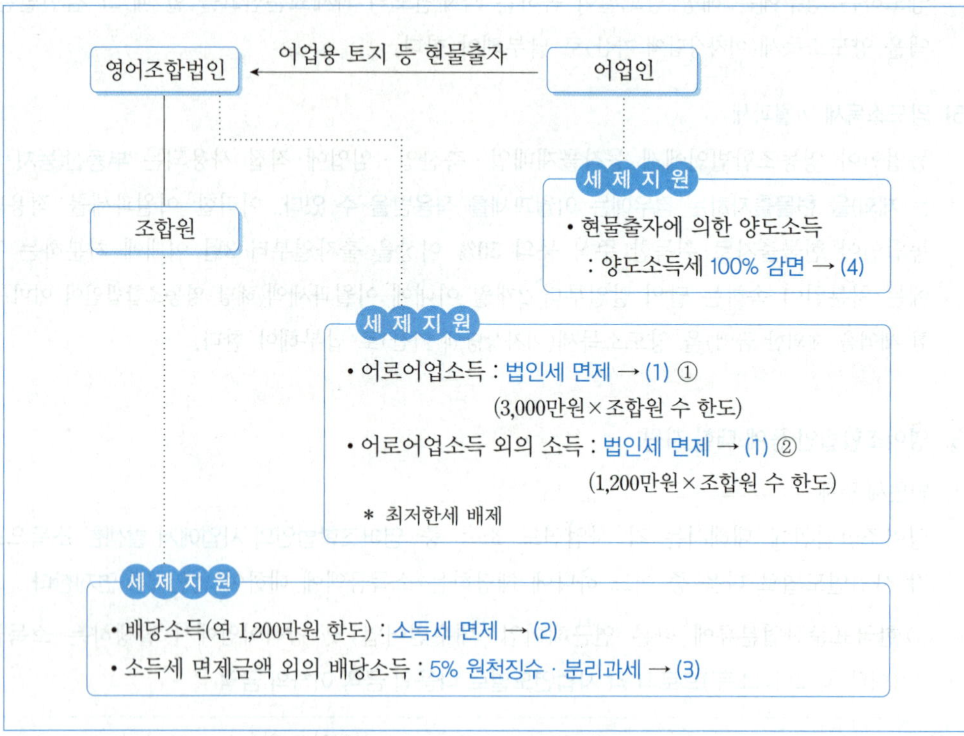

(4) 양도소득세 감면

어업인이 어업용 토지 등(토지·건물)을 영어조합법인과 어업회사법인에 현물출자함으로써 발생하는 소득에 대해서는 양도소득세의 100%에 상당하는 세액을 감면한다. 다만, 해당 어업용 토지 등이 주거지역 등에 편입되거나 법률에 따라 환지처분 전에 어업용 토지 등 외의 토지로 환지예정지 지정을 받은 경우에는 주거지역 등에 편입되거나, 환지예정지 지정을 받은 날까지 발생한 소득에 대해서만 양도소득세의 100%에 상당하는 세액을 감면한다.

이처럼 양도소득세를 감면받은 자가 그 출자지분을 출자일부터 3년 이내에 다른 사람에게 양도하는 경우에는 그 양도일이 속하는 과세연도의 과세표준신고를 할 때 그 감면받은 세액을 양도소득세(이자상당액 가산)로 납부해야 한다.

4. 농업회사법인에 대한 지원

[도 표] 농업회사법인에 대한 지원

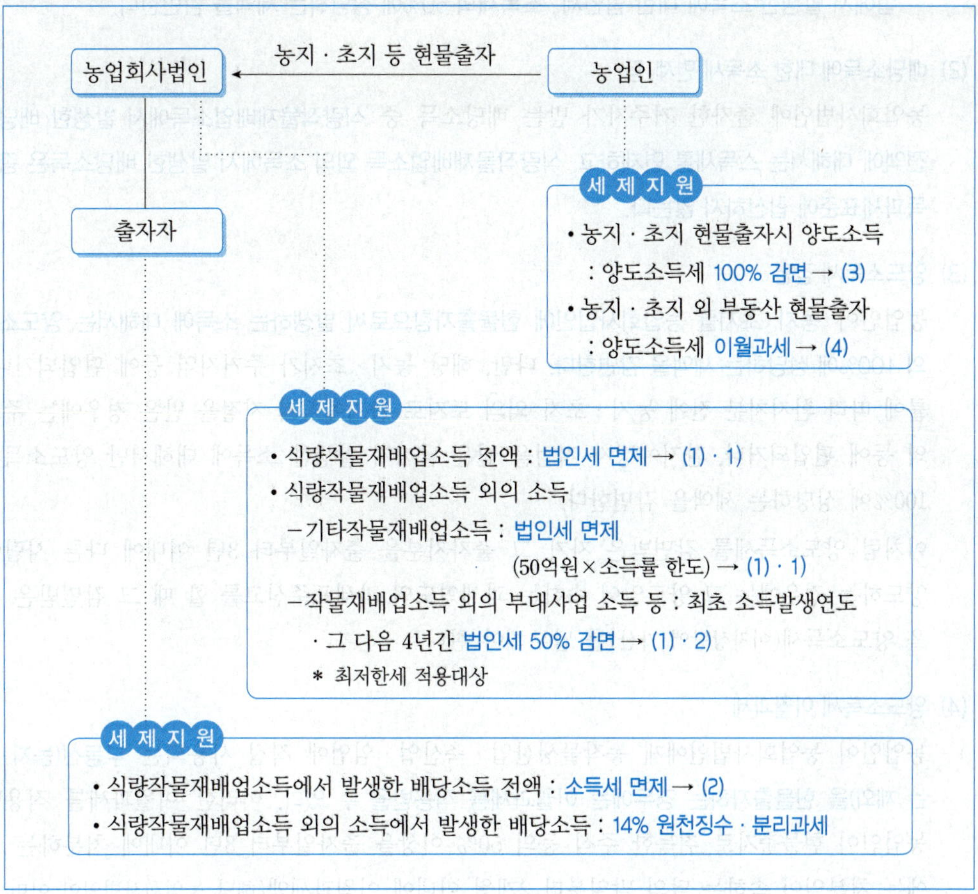

(1) 법인세 면제

1) 농업회사법인에 대해서는 식량작물재배업소득 전액과 식량작물재배업소득 외의 작물재배업에서 발생하는 소득 중 다음의 계산식에 따라 계산한 금액 이하의 금액에 대하여 법인세를 면제한다.

$$50억원 \times \frac{사업연도\ 월\ 수}{12} \times \frac{식량작물재배업\ 외의\ 작물재배업에서\ 발생하는\ 소득금액}{식량작물재배업\ 외의\ 작물재배업에서\ 발생하는\ 수입금액}$$

2) 한편 농업회사법인에 대해서는 작물재배업에서 발생하는 소득 외의 소득 중 부대사업 등 소득 [축산업 · 임업에서 발생한 소득, 농업회사법인의 부대사업에서 발생한 소득, 농산물 유통 · 가공 · 판

매 및 농작업 대행에서 발생한 소득(수입 농산물의 유통·판매 소득은 제외)]에 대해서는 최초 소득이 발생한 과세연도와 그 다음 과세연도 개시일부터 4년 이내에 끝나는 과세연도까지 해당 사업에서 발생한 소득에 대한 법인세·소득세의 50%에 상당하는 세액을 감면한다.

(2) 배당소득에 대한 소득세 면제 등

농업회사법인에 출자한 거주자가 받는 배당소득 중 식량작물재배업소득에서 발생한 배당소득 전액에 대해서는 소득세를 면제하고, 식량작물재배업소득 외의 소득에서 발생한 배당소득은 종합소득과세표준에 합산하지 않는다.

(3) 양도소득세 감면

농업인이 농지·초지를 농업회사법인에 현물출자함으로써 발생하는 소득에 대해서는 양도소득세의 100%에 상당하는 세액을 감면한다. 다만, 해당 농지·초지가 주거지역 등에 편입되거나 법률에 따라 환지처분 전에 농지·초지 외의 토지로 환지예정지 지정을 받은 경우에는 주거지역 등에 편입되거나, 환지예정지 지정을 받은 날까지 발생한 소득에 대해서만 양도소득세의 100%에 상당하는 세액을 감면한다.

이처럼 양도소득세를 감면받은 자가 그 출자지분을 출자일부터 3년 이내에 다른 사람에게 양도하는 경우에는 그 양도일이 속하는 과세연도의 과세표준신고를 할 때 그 감면받은 세액을 양도소득세(이자상당액 가산)를 납부해야 한다.

(4) 양도소득세 이월과세

농업인이 농업회사법인에게 농작물생산업·축산업·임업에 직접 사용되는 부동산(농지·초지는 제외)을 현물출자하는 경우에는 이월과세를 적용받을 수 있다. 이러한 이월과세를 적용받은 농업인이 현물출자로 취득한 주식 등의 50% 이상을 출자일부터 3년 이내에 처분하는 경우에는 처분일이 속하는 달의 말일부터 2개월 이내에 이월과세액(해당 농업회사법인이 이미 납부한 세액을 세외한 금액)을 양도소득세(이자상당액 가산)로 납부해야 한다.

5. 자경농지에 대한 양도소득세 감면

(1) 개요

농지소재지에서 거주하는 거주자가 8년 이상 직접 경작한 농지의 양도로 인해 발생하는 소득에 대해서는 양도소득세의 100%에 상당하는 세액을 감면한다.

(2) 감면의 요건

1) 감면대상자 : 농지소재지가 소재하는 시·군·구(자치구인 구) 안의 지역(이와 연접한 시·군·구 안의 지역과 해당 농지로부터 직선거리 30km 이내의 지역 포함)에서 거주하면서 경작한 자로서 농지 양도일 현재 거주자인 자(비거주자가 된 날부터 2년 이내인 자를 포함)를 말한다.

2) 감면대상 농지의 범위 : 거주자가 농지를 취득한 때부터 양도한 때까지의 사이에 8년(경영이양 직접지불보조금의 지급대상이 되는 농지를 한국농어촌공사·농업법인에게 양도하는 경우에는 3년) 이상 자기가 직접 경작한 사실이 있는 농지를 말한다.

한편 농지의 경작기간을 계산할 때 다음과 같은 특례가 적용된다.

① 농지를 교환·분합·대토한 경우로서 새로이 취득하는 농지가 법률에 따른 협의매수·수용되는 경우에 있어서는 교환·분합·대토 전의 농지에서 경작한 기간을 해당 농지에서 경작한 기간으로 본다.

② 경작한 기간을 계산할 때 상속인이 상속받은 농지를 1년 이상 계속하여 경작하는 경우 다음의 기간은 상속인이 이를 경작한 기간으로 본다.

㉠ 피상속인이 취득하여 경작한 기간

㉡ 피상속인이 배우자로부터 상속받아 경작한 사실이 있는 경우에는 피상속인의 배우자가 취득하여 경작한 기간

다만, 상속인이 상속받은 농지를 1년 이상 계속하여 경작하지 않더라도 상속받은 날부터 3년이 되는 날까지 양도하거나 법률에 따라 협의매수·수용되는 경우로서 상속받은 날부터 3년이 되는 날까지 택지개발예정지구·산업단지로 지정(관계 행정기관의 장이 관보·공보에 고시한 날)되는 경우(상속받은 날 전에 지정된 경우를 포함)에는 위 ㉠,㉡의 경작기간을 상속인이 경작한 기간으로 본다.

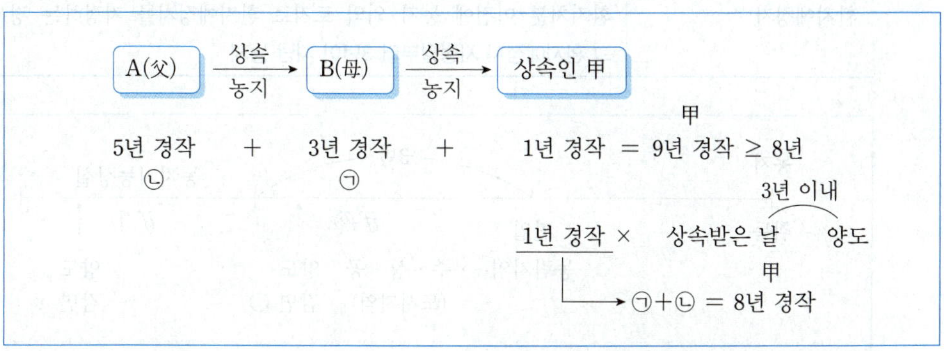

3) 직접 경작의 범위 : '직접 경작'이란 다음 중 어느 하나에 해당하는 것을 말한다.

① 거주자가 그 소유농지에서 농작물의 경작 또는 다년생식물의 재배에 상시 종사하는 것

② 거주자가 그 소유농지에서 농작업의 1/2 이상을 자기의 노동력에 의해 경작·재배하는 것

4) 자경기간에서 제외되는 기간 : 경작한 기간 중 해당 피상속인(그 배우자 포함) 또는 거주자의 각각에 대하여 다음 중 어느 하나에 해당하는 경우 과세기간이 있는 경우 그 기간은 해당

피상속인 또는 거주자가 경작한 기간에서 제외한다.

① 소득세법에 따른 총급여액과 사업소득금액(농업 · 임업에서 발생하는 소득, 부동산임대업에서 발생하는 소득과 비과세되는 농가부업소득은 제외)의 합계액이 3,700만원 이상인 과세기간이 있는 경우(이 경우 사업소득금액이 음수인 경우에는 해당 금액을 0으로 본다)

② 소득세법에 따른 사업소득 총수입금액(농업 · 임업에서 발생하는 소득, 부동산임대업에서 발생하는 소득과 비과세되는 농가부업소득은 제외)이 복식부기의무자 수입금액 기준금액(3억원 · 1억5천만원 · 7천5백만원) 이상인 과세기간이 있는 경우

판 례 공무원으로 재직 중인 자라하더라도 실제경작을 할 수 있다고 인정할 수 있는 경우

공무원으로 근무하였다고 하여도 토지와 원고의 주거지 및 근무지 간 거리가 그리 멀지 아니한 점과 재배하였던 작물의 종류나 작업 내용 등에 비추어 볼 때, 반드시 일정한 정도의 노동력을 매일 또는 일정한 주기로 상시적으로 투여해야 하는 것도 아니어서 자기 노동력의 2분의1 이상으로 경작을 한다는 것이 사회통념상 어려운 것으로 단정할 수 없다(2009두17087). ■

5) 감면배제 : 다음에 해당하는 농지는 감면대상에서 제외한다.

구분	감면대상 제외
주거지역 등 편입농지	양도일 현재 특별시 · 광역시 또는 시에 있는 농지 중 주거지역 · 상업지역 · 공업지역(이하 '주거지역 등') 안에 있는 농지로서 이들 지역에 편입된 날부터 3년이 지난 농지
환지예정지	환지처분 이전에 농지 외의 토지로 환지예정지를 지정하는 경우에는 그 환지예정지 지정일부터 3년이 지난 농지

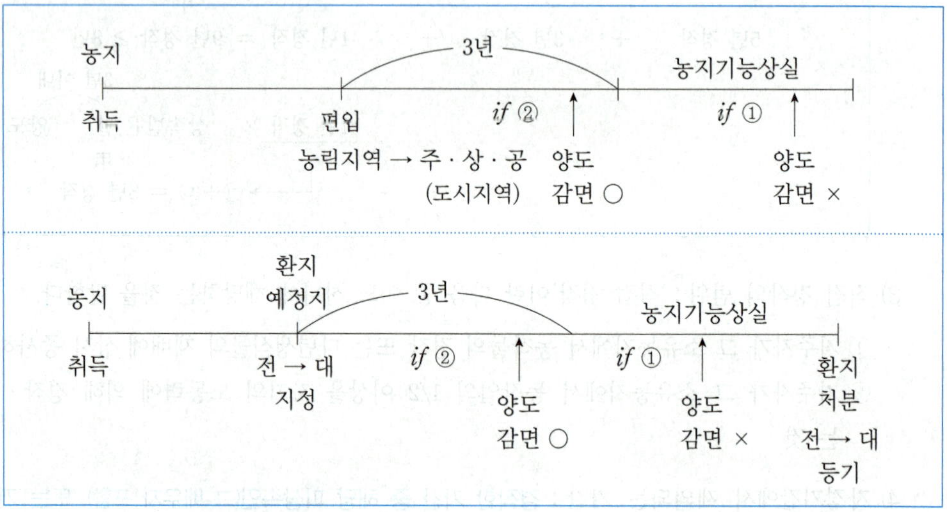

판 례 농작물 경작 또는 다년생 식물 재배에 상시 종사하거나 농작업의 1/2 이상을 자기의 노동력으로 경작 또는 재배하지 않았다고 보는 규정이 위임한계를 벗어나지 않는다고 본 사례

'대통령령에 따른 직접 경작'이란 '거주자가 그 소유농지에서 농작물의 경작 또는 다년생 식물의 재배에 상시 종사하거나 농작업의 2분의 1 이상을 자기의 노동력에 의해 경작 · 재배하는 것을 말한다.'라고 규정하고, '자경'이란 '농업인이 그 소유 농지에서 농작물 경작 또는 다년생 식물 재배에 상시 종사하거나 농작업의 2분의 1 이상을 자기의 노동력으로 경작 · 재배하는 것과 농업법인이 그 소유 농지에서 농작물을 경작하거나 다년생 식물을 재배하는 것을 말한다.'라고 규정하고 있다.

이러한 위임규정은 법률에 따라 8년 이상 직접 경작한 토지를 양도소득세 면제 대상으로 선언하면서 그 구체적인 범위를 대통령령에서 정하도록 위임하고 있는바, 그 위임을 받은 대통령령에서 8년 이상 자기가 경작한 농지 중 제외되는 대상을 규정하고, 자경 규정과 동일한 내용으로 '직접 경작'의 의미를 구체화하여 규정한 것이므로, 해당 위임에 근거 규정이 없다거나 위임입법의 한계를 벗어난 것으로 볼 수 없다(2010두8423). ■

(3) 감면의 내용

감면대상 농지의 양도로 인해 발생하는 소득에 대해서는 양도소득세의 100%에 상당하는 세액을 감면한다. 다만, 해당 농지가 주거지역 등에 편입되거나 환지처분 전에 농지 외의 토지로 환지예정지 지정을 받은 경우에는 주거지역 등에 편입되거나 환지예정지 지정을 받은 날까지 발생한 소득에 대해서만 양도소득세의 100%에 상당하는 세액을 감면한다.

[도 표] 편입 · 지정일부터 3년 내 양도하는 농지

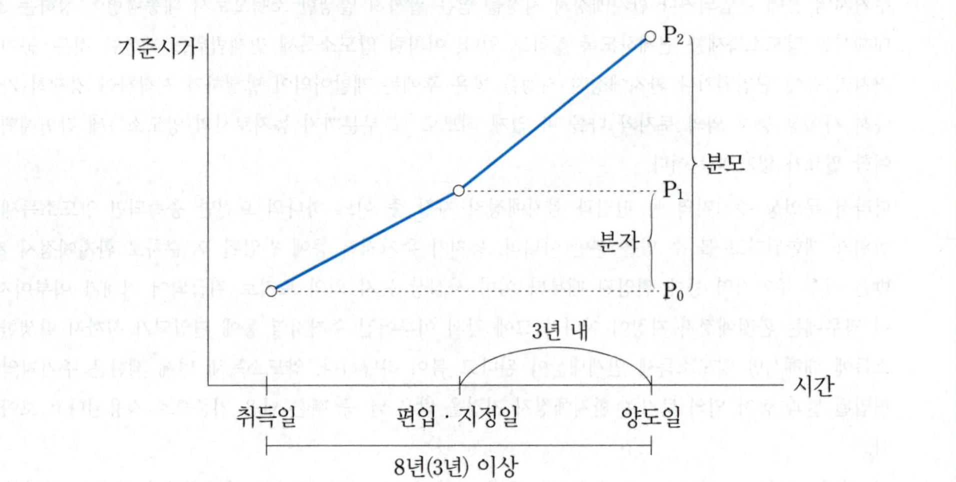

(4) 사후관리

농업법인에게 다음에 해당하는 사유가 발생한 경우에는 그 법인이 그 사유가 발생한 과세연도의 과세표준신고를 할 때 감면된 세액에 상당하는 금액을 법인세로 납부해야 한다.

① 해당 토지를 취득한 날부터 3년 이내에 해당 토지를 양도한 경우
② 해당 토지를 취득한 날부터 3년 이내에 휴업·폐업·해산하는 경우
③ 해당 토지를 3년 이상 경작하지 않고 다른 용도로 사용하는 경우

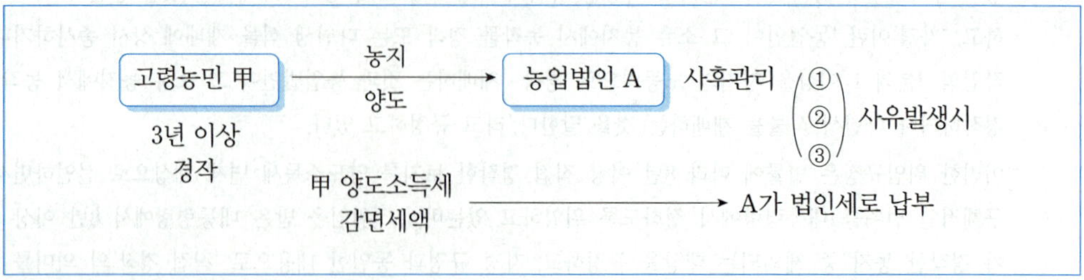

(5) 감면신청

양도소득세의 감면을 받으려는 자는 해당 농지를 양도한 날이 속하는 과세연도의 과세표준 신고(예정신고 포함)와 함께 세액감면신청서를 관할세무서장에게 제출해야 한다. 이 경우 농업법인에게 양도한 경우에는 해당 양수인과 함께 세액감면신청서를 제출해야 한다.

판례 농지가 주거지역 등에 편입되거나, 환지처분 전에 농지 외의 토지로 환지예정지 지정을 받은 경우, 양도소득세 면제 제한이 적용되는 시점

농지소재지에 거주하는 자가 8년 이상 직접 경작한 토지의 양도로 발생하는 소득에 대해서는 양도소득세를 전부 면제한다고 규정하면서도, 환지처분 전에 농지 외의 토지로 환지예정지 지정을 받은 경우에는 주거지역 등에 편입되거나 환지예정지 지정을 받은 날까지 발생한 소득으로서 대통령령이 정하는 소득에 대해서만 양도소득세를 면제하도록 정하고 있다. 이처럼 양도소득세 면제범위를 제한한 것은, 농지가 주거지역 등에 편입되거나 환지예정지 지정을 받은 후에는 개발이익이 발생하기 시작하여 경제적 가치 면에서 사실상 농지 외의 토지와 다를 바 없게 되므로 그 부분까지 농지로서의 양도소득세 감면혜택을 부여할 필요가 없기 때문이다.

따라서 문언상 주거지역 등 편입과 환지예정지 지정 중 어느 하나의 요건만 충족되면 양도소득세 면제범위가 제한된다고 볼 수 있을 뿐만 아니라, 농지가 주거지역 등에 편입된 후 순차로 환지예정지 지정을 받은 경우 주거지역 등에 편입된 때부터 이미 사실상 농지 외의 토지로 취급되어 거래가 이루어지므로, 이 경우에는 환지예정지 지정이 아니라 그에 앞서 이루어진 주거지역 등에 편입되기 전까지 발생한 양도소득에 대해서만 양도소득세 면제대상이 된다고 봄이 타당하다. 양도소득세 면제 제한은 주거지역 등에 편입된 날과 농지 외의 토지로 환지예정지 지정을 받은 날 중 빠른 날을 기준으로 적용된다고 보아야 한다.

이 사건 토지는 2013.6.21. 도시개발법 등에 따라 농지 외의 토지로 환지예정지 지정을 받기에 앞서 2011.12.28. 이미 국토계획법에 따른 공업지역으로 편입되었으므로, 원고의 이 사건 토지 양도소득 중 공업지역 편입일인 2011.12.28.까지 발생한 부분에 대해서만 양도소득세 면제대상이 될 수 있다고 보아야 한다(2016두57038). ■

6. 축사용지 등에 대한 양도소득세 감면

(1) 축사용지에 대한 양도소득세의 감면

축사용지 소재지에 거주하는 거주자가 8년 이상 직접 축산에 사용한 축사용지를 폐업을 위하여 양도함에 따라 발생하는 소득에 대하여는 양도소득세의 100%에 상당하는 세액을 감면한다. 다만, 해당 토지가 주거지역 등에 편입되거나 법률에 따라 환지처분 전에 해당 축사용지 외의 토지로 환지예정지 지정을 받은 경우에는 주거지역 등에 편입되거나, 환지예정지 지정을 받은 날까지 발생한 소득에 대해서만 양도소득세의 100%에 상당하는 세액을 감면한다.

이처럼 양도소득세를 감면받은 거주자가 해당 축사용지 양도 후 5년 이내에 축산업을 다시 하는 경우에는 감면받은 세액을 추징한다. 다만, 축사용지에 대한 양도소득세 감면을 받은 사람이 그 이후에 상속으로 인하여 축산업을 하게 되는 경우에는 그렇지 않다.

(2) 어업용 토지 등에 대한 양도소득세 감면

어업용 토지 등 소재지에 거주하는 거주자가 8년 이상 직접 어업에 사용 한 어업용 토지 등을 양도함에 따라 발생하는 소득에 대해서는 양도소득세의 100%에 상당하는 세액을 감면한다. 다만, 해당 어업용 토지 등이 주거지역 등에 편입되거나 법률에 따라 환지처분 전에 해당 어업용 토지 등 외의 토지로 환지예정지 지정을 받은 경우에는 주거지역 등에 편입되거나 환지예정지 지정을 받은 날까지 발생한 소득에 대해서만 양도소득세의 100%에 상당하는 세액을 감면한다.

(3) 자경산지에 대한 양도소득세의 감면

산지 소재지에 거주하는 거주자가 산림경영계획인가를 받아 10년 이상 직접 경영한 산지를 양도함에 따라 발생하는 소득에 대해서는 양도소득세의 10%~50%에 상당하는 세액을 감면한다. 다만, 해당 산지가 주거지역 등에 편입되거나 법률에 따라 환지처분 전에 산지 외의 토지로 환지예정지 지정을 받은 경우에는 주거지역 등에 편입되거나 환지예정지 지정을 받은 날까지 발생한 소득에 대해서만 세액을 감면한다.

7. 농지대토에 대한 양도소득세 감면

(1) 개요

거주자가 경작상 필요에 의해 농지를 대토(代土)함으로써 발생하는 소득에 대해서는 양도소득세의 100%를 감면한다. 지가상승 요인인 농지의 대토수요를 억제하여 지가안정을 도모하고자 이러한 양도소득세의 감면제도로 개정하였다.

(2) 감면의 요건

1) 감면대상자 : 대토 전의 농지 양도일 현재 4년 이상 농지소재지[해당 농지가 소재하는 시·군·구(자치구인 구) 안의 지역(이와 연접한 시·군·구 안의 지역과 해당 농지로부터 직선거리 30km 이내의 지역 포함)]에 거주하고 있는 자로서 농지대토일 현재 거주자인 자(비거주자가 된 날부터 2년 이내인 자를 포함)를 말한다.

2) 직접 경작의 범위 : '직접 경작'이란 다음 중 어느 하나에 해당하는 것을 말한다.
① 거주자가 그 소유농지에서 농작물의 경작 또는 다년생식물의 재배에 상시 종사하는 것
② 거주자가 그 소유농지에서 농작업의 1/2 이상을 자기의 노동력에 의하여 경작·재배하는 것

3) 대토의 요건 : '대토'란 종전 농지를 양도하고 새로운 농지를 취득하는 것을 말하는데, 감면을 받기 위해서는 다음 중 어느 하나에 해당하는 요건을 갖추어야 한다.

구분	대체취득의 요건
(1) 선양도 후취득	감면대상자가 종전의 농지의 양도일부터 1년(법률에 따른 협의매수·수용의 경우에는 2년) 내에 새로운 농지를 취득(상속·증여받은 경우는 제외. 이하 같다)한 후 1년 내에 새로운 농지소재지에 거주하면서 경작을 개시하고, 그 후 계속하여 경작한 기간이 종전의 농지 경작기간과 합산하여 8년 이상인 경우로서 다음 중 어느 하나에 해당하는 경우 ① 새로 취득하는 농지의 면적이 양도하는 농지의 면적의 2/3 이상일 것 ② 새로 취득하는 농지의 가액이 양도하는 농지의 가액의 1/2 이상일 것
(2) 선취득 후양도	감면대상자가 새로운 농지의 취득일부터 1년 내에 종전의 농지를 양도한 후 종전의 농지 양도일부터 1년 내에 새로운 농지 소재지에 거주하면서 경작을 개시하고, 그 후 계속하여 경작한 기간이 종전의 농지 경작기간과 합산하여 8년 이상인 경우로서 다음 중 어느 하나에 해당하는 경우 ① 새로 취득하는 농지의 면적이 양도하는 농지의 면적의 2/3 이상일 것 ② 새로 취득하는 농지의 가액이 양도하는 농지의 가액의 1/2 이상일 것

위 새로운 농지의 경작요건을 적용할 때에는 다음과 같은 특례가 있다.

① 새로운 농지를 취득한 후 4년 이내에 법률에 따른 협의매수·수용되는 경우에는 4년 동안 농지소재지에 거주하면서 경작한 것으로 본다.
② 새로운 농지를 취득한 후 3년 이내에 농지 소유자가 사망한 경우로서 상속인이 농지 소재지에 거주하면서 계속 경작한 때에는 피상속인의 경작기간과 상속인의 경작기간을 통산한다.

4) 자경기간에서 제외되는 기간 규정 준용 : 앞의 1)을 적용할 때 종전의 농지 경작기간과 새로운 농지 경작기간의 계산에 관하여는 자경농지에 대한 양도소득세 감면규정에서 살펴본 2)의 자경기간에 제외되는 기간에 관한 규정을 준용한다. 이 경우 새로운 농지의 경작기간을 계산할 때 새로운 농지의 경작을 개시한 후 종전의 농지 경작기간과 새로운 농지 경작기간을 합산하여 8년이 지나기 전에 자경기간에서 제외되는 기간이 있는 경우에는 새로운 농지를 계속하여 경작하지 않은 것으로 본다.

5) 감면배제 : 다음 중 어느 하나에 해당하는 농지의 경우에는 대토로 인한 양도소득세의 감면규정을 적용하지 않는다.

구분	감면대상 제외
주거지역 등 편입농지	양도일 현재 특별시 · 광역시 또는 시지역에 있는 농지 중 주거지역 · 상업지역 · 공업지역 안의 농지로서 이들 지역에 편입된 날부터 3년이 지난 농지
환지예정지	환지처분 이전에 농지 외의 토지로 환지예정지의 지정이 있는 경우로서 그 환지예정지 지정일부터 3년이 지난 농지

(3) 감면의 내용

감면대상 농지를 대토(代土)함으로써 발생하는 소득에 대해서는 양도소득세의 100%에 상당하는 세액을 감면한다. 다만, 해당 토지가 주거지역 등에 편입되거나 환지처분(換地處分) 전에 농지 외의 토지로 환지예정지 지정을 받은 경우에는 주거지역 등에 편입되거나, 환지예정지 지정을 받은 날까지 발생한 소득에 대해서만 양도소득세를 감면한다.

(4) 사후관리

양도소득세의 감면을 적용받은 거주자가 다음 중 어느 하나에 해당하는 사유가 발생하여 감면요건을 충족하지 못하는 경우에는 그 사유가 발생한 날이 속하는 달의 말일부터 2개월 이내에 감면받은 양도소득세(이자상당액 가산)를 납부해야 한다.

① 종전의 농지의 양도일부터 1년 내에 새로운 농지를 취득하지 않거나, 새로이 취득하는 농지의 면적 · 가액이 그 요건에 해당하지 않는 경우

② 새로운 농지의 취득일부터 1년(선취득 후 양도에 해당하는 경우에는 종전의 농지의 양도일부터 1년) 이내에 새로운 농지소재지에 거주하면서 경작을 개시하지 않는 경우

조특 05

[도 표] 자경농지와 농지대토에 대한 양도소득세 감면

구분	자경농지	농지대토
감면요건	(1) 감면대상 8년(농업법인 등에 양도하는 경우 3년) 이상 직접 경작한 농지의 대한 양도소득 (2) 감면대상자 농지소재지가 소재하는 시·군·구 등에 거주하여 경작하는 거주자 등일 것 (3) 직접 경작 경작 또는 다년생식물 재배에 상시 종사하거나, 1/2 이상을 자기 노동력에 의해 경작·재배할 것	(1) 감면대상자 4년 이상 농지소재지에서 거주하는 자하는 거주자 등일 것 (2) 직접 경작 경작 또는 다년생식물 재배에 상시 종사하거나, 1/2 이상을 자기 노동력에 의해 경작·재배할 것 (3) 대토요건 종전 농지면적의 2/3 이상이거나 종전 농지가액의 1/2 이상인 농지를 대체 취득하고, 종전 경작기간과 합하여 8년간 경작할 것
감면내용	주거지역 등에 편입되거나 환지예정지 지정을 받은 날까지 발생한 소득에 대해서 양도소득세의 100%에 상당하는 세액을 감면	
사후관리	농업법인이 양도받은 경우 취득일부터 3년 이내에 이를 양도하거나, 휴업 등을 하지 않을 것	① 종전 농지 양도일부터 1년 이내에 새로운 농지를 취득할 것 ② 새로운 농지의 취득일부터 1년 이내에 농지소재지에 거주하면서 경작을 개시할 것

8. 개발제한구역 지정에 따른 매수대상 토지등에 대한 양도소득세의 감면

(1) 개발제한구역 내 토지등에 대한 감면

개발제한구역 내의 해당 토지등(토지 또는 건물을 말한다. 이하 같다)을 토지매수의 청구 또는 협의매수를 통하여 양도함으로써 발생하는 소득에 대해서는 다음의 구분에 따른 세액을 감면한다.

구분	감면세액
① 개발제한구역 지정일 이전에 해당 토지등을 취득하여 취득일*부터 매수청구일 또는 협의매수일까지 해당 토지등의 소재지에서 거주하는 거주자가 소유한 토지등	양도소득세의 40%에 상당하는 세액
② 매수청구일 또는 협의매수일부터 20년 이전에 취득하여 취득일*부터 매수청구일 또는 협의매수일까지 해당 토지등의 소재지에서 거주하는 거주자가 소유한 토지등	양도소득세의 25%에 상당하는 세액

* 상속받은 토지등은 피상속인이 해당 토지등을 취득한 날을 해당 토지등의 취득일로 본다.

참고 토지등의 소재지에서 거주하는 거주자의 범위

'해당 토지등의 소재지에서 거주하는 거주자'란 다음 중 어느 하나에 해당하는 지역에 거주한 자를 말한다.

① 해당 토지등이 소재하는 시 · 군 · 구 안의 지역

② 위 ①의 지역과 연접한 시 · 군 · 구 안의 지역

③ 해당 토지등으로부터 직선거리 30킬로미터 이내의 지역 ■

(2) 개발제한구역에서 해제된 해당 토지등에 대한 감면

개발제한구역에서 해제된 해당 토지등을 토지보상법 및 그 밖의 법률에 따른 협의매수 또는 수용을 통하여 양도함으로써 발생하는 소득에 대해서는 다음의 구분에 따른 세액을 감면한다. 다만, 개발제한구역 해제일부터 1년(개발제한구역 해제 이전에 경제자유구역 등의 지역으로 지정이 된 경우에는 5년) 이내에 토지보상법 및 그 밖의 법률에 따라 사업인정고시가 된 경우에 한정한다.

구분	감면세액
① 개발제한구역 지정일 이전에 해당 토지등을 취득하여 취득일*부터 사업인정고시일까지 해당 토지등의 소재지에서 거주하는 거주자가 소유한 토지등	양도소득세의 40%에 상당하는 세액
② 사업인정고시일부터 20년 이전에 취득하여 취득일*부터 사업인정고시일까지 해당 토지등의 소재지에서 거주하는 거주자가 소유한 토지등	양도소득세의 25%에 상당하는 세액

* 상속받은 토지등은 피상속인이 해당 토지등을 취득한 날을 해당 토지등의 취득일로 본다.

9. 경영회생 지원을 위한 농지 매매 등에 대한 양도소득세 과세특례

농업인이 자연재해 · 병충해 등의 사유로 일시적으로 경영위기에 처한 경우 조세특례제한법에 따라 농지 등을 한국농어촌공사에 양도한 다음 다시 환매(還買)하는 경우 당초 납부한 양도소득세를 환급받을 수 있다.

10. 영농자녀 등이 증여받는 농지 등에 대한 증여세의 감면

(1) 개요

자경농민이 농지 등을 영농자녀에게 증여하는 경우에는 해당 농지 등의 가액에 대한 증여세의 100%에 상당하는 세액을 감면한다. 그 취지는 영농자녀 등의 영농승계를 세제상 지원하려는 데 있다.

조특 05

(2) 감면의 요건

1) 감면대상 농지 등 : 일정한 요건을 모두 충족하는 농지 등(해당 농지 등을 영농조합법인 · 영어조합법인에 현물출자하여 취득한 출자지분을 포함한다. 이하 '농지 등')을 감면대상으로 한다.

2) 증여자와 수증자의 관계 : 농지 등의 소재지에 거주하면서 영농[양축 · 영어 · 영림을 포함. 이하 같다]에 종사하는 거주자(이하 '자경농민 등')가 직계비속(이하 '영농자녀 등')에게 증여해야 한다. 여기서 자경농민 등과 영농자녀 등은 다음의 요건을 갖춘 자를 말한다.

구분	요건
자경농민 등	① 농지 등이 소재하는 시 · 군 · 구(자치구), 그와 연접한 시 · 군 · 구 또는 해당 농지 등으로부터 직선거리 30km 이내에 거주할 것 ② 농지 등의 증여일부터 소급하여 3년 이상 계속하여 직접 영농에 종사하고 있을 것
영농자녀 등	① 농지 등의 증여일 현재 18세 이상인 직계비속일 것 ② 증여세 과세표준 신고기한까지 위 ①의 요건을 갖추고 증여받은 농지 등에서 직접 영농에 종사할 것

(3) 사후관리

1) 증여세 감면세액의 징수 : 증여세를 감면받은 농지 등을 ① 영농자녀 등이 사망하는 등 정당한 사유 없이 해당 농지 등을 증여받은 날부터 5년 이내에 양도하거나 ② 질병 · 취학 등 해당 농지 등에서 정당한 사유 없이 직접 영농에 종사하지 않게 된 경우에는 즉시 그 농지 등에 대한 증여세의 감면세액에 상당하는 금액을 징수한다. 이 경우에는 이자상당가산액을 가산하여 징수한다.

참 고 조세포탈 또는 회계부정시 영농자녀 등이 증여받는 농지 등에 대한 증여세의 감면 배제

영농자녀 등 또는 자경농민 등이 영농과 관련하여 조세포탈 또는 회계부정 행위로 징역형 또는 벌금형을 선고받고 그 형이 확정된 경우에는 다음의 구분에 따른다.

① 관할세무서장의 과세표준과 세율의 결정이 있기 전에 영농자녀 등 또는 자경농민 등에 대한 형이 확정된 경우 : 영농자녀 등이 증여받는 농지 등에 대한 증여세의 감면을 적용하지 않는다.

② 영농자녀 등이 증여받는 농지 등에 대한 증여세를 감면받은 후에 영농자녀 등 또는 자경농민 등에 대한 형이 확정된 경우 : 증여받은 농지 등에 대한 증여세의 감면세액에 상당하는 금액에 이자상당액을 가산하여 징수한다. ■

2) 양도소득세 이월과세 : 증여세를 감면받은 농지 등을 양도하여 양도소득세를 부과하는 경우 소득세법의 규정에 불구하고 ① 취득시기는 자경농민 등이 그 농지 등을 취득한 날로 하고, ② 필요경비는 자경농민 등의 취득 당시 필요경비로 한다.

3) 합산배제증여재산 : ① 증여세를 감면받은 농지 등은 상속재산에 가산하는 증여재산으로 보지 않는다. 따라서 상속세 과세가액에 가산하는 증여재산가액에 포함시키지 않는다. 한편 ② 증여세를 감면받은 농지 등은 해당 증여일 전 10년 이내에 자경농민 등(자경농민 등의 배우자 포함)으로부터 증여받아 합산하는 증여재산가액에 포함시키지 않는다.

11. 인구감소지역 주택 취득자에 대한 양도소득세 및 종합부동산세 과세특례

(1) 양도소득세 과세특례

주택, 조합원입주권 또는 분양권 중 1채 또는 1개를 보유한 1세대가 인구감소지역 주택 1채를 취득한 후 인구감소지역 주택을 취득하기 전에 보유한 주택, 조합원입주권 또는 분양권을 양도하는 경우에는 그 인구감소지역 주택을 해당 1세대의 소유주택이 아닌 것으로 보아 1세대 1주택 비과세규정 (또는 1세대 1조합원입주권 비과세규정)*을 적용한다. 그 취지는 인구감소지역 지역경제 활성화를 지원하려는 데 있다.

* 1세대 1주택에 대한 장기보유특별공제 최대 80% 공제 적용

[도 표] 인구감소지역 주택 취득자에 대한 특례

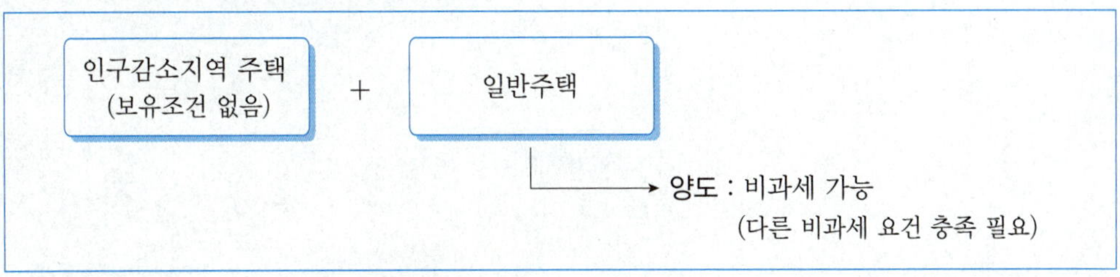

여기서 '인구감소지역 주택'이란 1세대가 2024.1.4.부터 2026.12.31.까지의 기간 중에 취득한 다음 요건을 모두 갖춘 주택을 말한다.

구분	인구감소지역 주택의 범위
소재지역	① 취득 당시 인구감소지역에 소재할 것. 다만, 다음 중 어느 하나에 해당하는 지역에 소재하는 주택은 제외한다. ㉠ 수도권(접경지역은 제외) ㉡ 광역시(광역시에 있는 군을 제외) ㉢ 해당 주택 취득 전에 보유한 주택*과 동일한 시 · 군 · 구 * 해당 주택 취득 전에 조합원입주권 또는 분양권을 보유한 경우에는 해당 조합원입주권 또는 분양권을 통해 공급하는 주택을 말한다.
금액기준	② 주택 및 이에 딸린 토지의 가액(기준시가를 말한다)의 합계액이 해당 주택 취득일(종합부동산세는 과세기준일) 현재 4억원을 초과하지 않을 것

(2) 종합부동산세 과세특례

1주택을 보유한 1세대가 인구감소지역 주택 1채를 취득한 경우에는 종합부동산세법상 1세대 1주택자*로 본다.

* 1세대 1주택에 기본공제 12억원(다주택자 9억원) 및 1세대 1주택에 대한 고령자 · 장기보유 세액공제(최대 80%) 적용

제6장
그 밖의 직접국세의 특례

제1절 공익사업지원을 위한 조세특례

II-2 p.269

I. 공익사업용 토지 등에 대한 양도소득세 감면

1. 개요

공익사업용 토지를 양도함으로써 발생하는 소득에 대해서는 양도소득세의 다음 감면비율에 상당하는 세액을 감면한다.

<table>
<tr><th>구분</th><th colspan="2">감면율</th></tr>
<tr><td>① 현금보상의 경우</td><td colspan="2">15%</td></tr>
<tr><td rowspan="5">② 채권보상의 경우</td><td colspan="2">20%</td></tr>
<tr><td colspan="2">채권을 만기까지 보유하기로 특약을 체결한 경우</td></tr>
<tr><td>채권 만기</td><td>감면율</td></tr>
<tr><td>3년 이상 5년 미만</td><td>35%</td></tr>
<tr><td>5년 이상</td><td>45%</td></tr>
<tr><td></td><td colspan="2">* 공익사업을 위한 토지의 양도 · 수용은 양도자의 자유로운 의사결정에 따라 양도가 아닌 점을 고려하여 15% 세액감면을 두는 것이고, 현금보상과 달리 채권보상은 환금성에 제약이 있는 점을 고려하여 감면비율을 높인 것이다.</td></tr>
</table>

2. 감면대상소득

'감면대상소득'이란 해당 토지 등이 속한 사업지역에 대한 사업인정고시일(고시일 전에 양도하는 경우에는 양도일)로부터 2년 이전에 취득한 토지 등을 양도함으로써 발생하는 다음의 소득을 말한다.

조특 06

① 법률이 적용되는 공익사업에 필요한 토지 등을 그 공익사업의 시행자에게 양도함으로써 발생하는 소득

② 법률에 따른 정비구역(정비기반시설을 수반하지 않는 정비구역은 제외)의 토지 등을 사업시행자에게 양도함으로써 발생하는 소득

③ 법률에 따른 토지 등의 수용으로 인해 발생하는 소득

이러한 세액감면을 적용하는 경우 상속받거나 소득세법에 따른 이월과세가 적용되는 증여받은 토지 등은 피상속인·증여자가 해당 토지 등을 취득한 날을 해당 토지 등의 취득일로 본다.

3. 감면신청

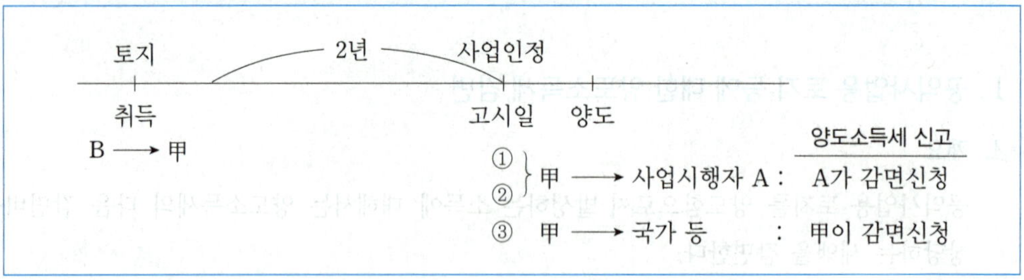

(1) 사업시행자에게 양도하는 경우

해당 공익사업·정비사업의 시행자는 해당 토지 등을 양도한 날이 속하는 과세연도의 과세표준신고와 함께 세액감면신청서에 해당 공익사업·정비사업의 시행자임을 확인할 수 있는 서류(특약체결자의 경우에는 특약체결 사실 및 보상채권 예탁사실을 확인할 수 있는 서류 포함. 이하 같다)를 첨부하여 양도자의 관할세무서장에게 제출해야 한다.

(2) 토지 등이 수용되는 경우

감면을 적용받고자 하는 자는 해당 토지 등을 양도한 날이 속하는 과세연도의 과세표준신고(예정신고)와 함께 세액감면신청서에 수용된 사실을 확인할 수 있는 서류를 첨부하여 관할세무서장에게 제출해야 한다.

4. 사후관리

1) 다음에 해당하는 경우 해당 사업시행자는 감면된 세액에 상당하는 금액을 그 사유가 발생한 과세연도의 과세표준신고를 할 때 소득세·법인세로 납부해야 한다.

① 공익사업의 시행자가 사업시행인가 등을 받은 날부터 3년 이내에 그 공익사업에 착수하지 아니하는 경우

② 정비사업시행자가 다음의 기한까지 법률에 따른 사업시행인가를 받지 않거나 그 사업을 완료하지 않는 경우

㉠ 사업시행인가의 경우 사업시행자의 지정을 받은 날부터 1년이 되는 날

㉡ 사업완료의 경우 사업인가를 받은 사업시행계획서상 공사완료일

이 경우 이자상당액을 가산하여 납부해야 한다. 이때 납부할 세액은 법인세 과세표준신고시 자진납부해야 할 세액으로 본다.

2) 채권을 만기까지 보유하기로 특약을 체결하고 양도소득세의 35%(만기가 5년 이상인 경우 45%)에 상당하는 세액을 감면받은 자가 그 특약을 위반하게 된 경우에는 즉시 감면받은 세액 중 양도소득세의 15%(만기가 5년 이상인 경우 25%)에 상당하는 금액을 징수한다.

Ⅱ. 대토보상에 대한 양도소득세 과세특례

1. 개요

거주자가 공익사업에 필요한 토지 등을 사업시행자에게 양도하여 대토보상받는 부분에 대해서는 ① 양도소득세의 40%에 상당하는 세액을 감면받거나 ② 양도소득세의 과세를 이연받을 수 있다. 그 취지는 공익사업의 시행에 따른 현금보상의 규모를 축소함으로써 부동산 시장에 미치는 영향을 최소화하려는데 있다.

2. 과세특례의 요건

1) 거주자가 법률에 따른 공익사업의 시행으로 해당 사업지역에 대한 사업인정고시일(사업인정고시일 전에 양도하는 경우에는 양도일)부터 소급하여 2년 이전에 취득한 토지 등을 해당 공익사업의 시행자에게 양도하고 토지 등의 양도대금을 해당 공익사업의 시행으로 조성한 토지로 보상(이하 '대토보상')받아야 한다.

2) 공익사업의 시행자는 거주자가 양도소득세의 세액을 감면받거나 해당 과세를 이연받으려는 경우에는 대토보상 명세를 보상계약체결일이 속하는 다음 달 말일까지 국세청에 통보해야 한다.

3. 과세특례의 내용

거주자가 토지 등을 사업시행자에게 양도하고 토지 등의 양도대금 전부·일부를 해당 공익사업의 시행으로 조성한 토지(이하 '대토')로 보상받은 경우에는 다음의 구분에 따라 양도소득세 과세특례를 적용한다.

1) 세액의 감면을 신청하는 경우 : 거주자가 해당 토지 등을 사업시행자에게 양도하여 발생하는 양도차익 중 다음의 금액에 대한 양도소득세의 40%에 상당하는 세액을 감면한다.

$$\text{감면대상소득} = (\text{해당 토지 등의 양도차익} - \text{장기보유특별공제}) \times \frac{\text{대토보상 상당액}}{\text{총보상액}}$$

2) 과세이연을 신청하는 경우 : 거주자가 해당 토지 등을 사업시행자에게 양도하여 발생하는 양도차익 중 다음의 금액(이하 '과세이연금액')에 대해서는 양도소득세를 과세하지 않되, 해당 대토를 양도할 때에 대토의 취득가액에서 과세이연금액을 뺀 금액을 취득가액으로 보아 양도소득세를 과세한다. 이 경우 대토를 양도할 때에는 장기보유특별공제액을 계산할 때의 보유기간을 대토의 취득시로부터 양도시까지로 본다.

$$\text{과세이연금액} = (\text{해당 토지 등의 양도차익} - \text{장기보유특별공제}) \times \frac{\text{대토보상 상당액}}{\text{총보상액}}$$

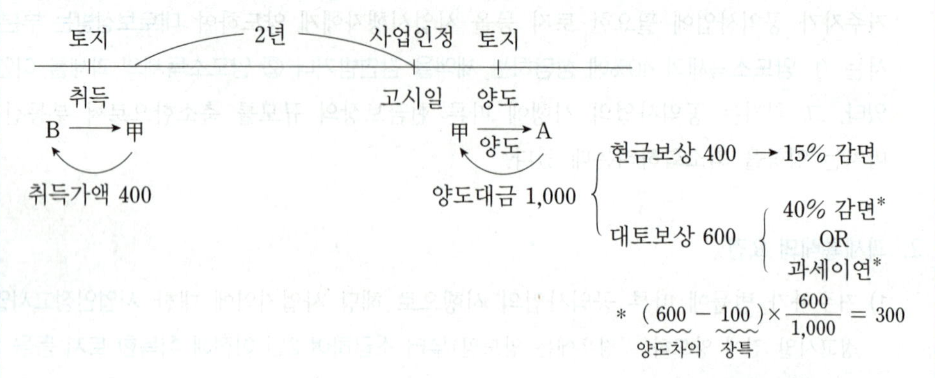

4. 사후관리

1) 양도소득세를 감면 · 과세이연을 받은 거주자는 다음 중 어느 하나에 해당하면 양도소득세 감면세액 전액(과세이연을 받은 경우에는 과세이연금액에 상당하는 세액)에 이자상당액을 가산하여 해당 사유가 발생한 날이 속하는 달의 말일부터 2개월 이내에 양도소득세로 신고 · 납부해야 한다.

① 법률에 따른 전매금지를 위반하여 현금보상으로 전환된 경우

② 해당 대토에 대한 소유권 이전등기를 완료한 후 3년 이내에 해당 대토를 양도하는 경우. 다만, 대토를 취득한 후 3년 이내에 법률에 따라 협의매수 · 수용되는 경우에는 그렇지 않다.

2) 양도소득세를 감면 · 과세이연을 받은 거주자(아래 ③의 상속의 경우에는 해당 거주자의 상속인)는 다음 중 어느 하나에 해당하면 대토보상과 현금보상(④는 만기보유특약을 체결하지 않은 경우의 채권보상)의 양도소득세 감면세액의 차액(과세이연을 받은 경우에는 과세이연금액 상당 세액)을 사유가 발생한 날이 속하는 달의 말일부터 2개월(증여의 경우에는 3개월, 상속의 경우에는 6개월) 이내에 양도소득세로 신고 · 납부해야 한다.

① 해당 대토에 관한 소유권 이전등기의 등기원인이 대토보상으로 기재되지 않는 경우(④를 적용받는 경우는 제외)

② 위 1) ① 외의 사유로 현금보상으로 전환된 경우

③ 해당 대토에 대한 소유권 이전등기를 완료한 후 3년 이내에 해당 대토를 증여하거나 그 상속이 이루어지는 경우

④「공익사업을 위한 토지 등의 취득 및 보상에 관한 법률」에 따라 토지로 보상받기로 결정된 권리를 부동산투자회사에 현물출자하는 경우

[도 표] 공익사업용 토지 등 또는 대토보상에 대한 양도소득세 과세특례

구분	공익사업용 토지 등	대토보상
감면요건	(1) 사업인정고시일 · 양도일부터 2년 내에 취득한 토지 등을 법률에 따른 공익사업시행자 등에게 양도할 것 (2) 감면신청 1) 사업시행자에게 양도 사업시행자가 과세표준신고와 함께 감면신청 2) 수용 감면을 적용받고자 하는 자가 과세표준신고와 함께 감면신청	1) 사업인정고시일 · 양도일부터 2년 내에 취득한 토지 등을 법률에 따른 공익사업시행자에게 양도하고 해당 공익사업 시행에 따라 토지로 보상을 받을 것 2) 대토보상 명세를 보상계약체결일이 속하는 다음 달 말일까지 국세청에 통보할 것
감면내용	(1) 현금보상 15% 세액감면 (2) 채권보상 1) 3년 이상 : 35% 세액감면 2) 5년 이상 : 45% 세액감면	양도소득세의 40%에 상당하는 세액을 감면받거나 양도소득세의 과세를 이연받을 수 있다.

사후관리	① 사업시행인가 등을 받은 날부터 3년 내에 그 공익사업에 착수할 것 ② 일정기간 내에 사업시행인가를 받고 그 사업을 완료할 것	① 현금보상으로 전환되지 않을 것 ② 소유권 이전등기일부터 3년 내에 해당 대토를 양도하지 않을 것. 다만, 법률에 따라 협의매수·수용되는 경우에는 그렇지 않다. ③ 소유권 이전등기의 등기원인이 대토보상으로 기재될 것 ④ 대토를 증여·상속하지 않을 것

Ⅲ. 조합법인 등에 대한 법인세 과세특례

농협·수협·산림조합·새마을금고·신협 등에 해당하는 법인의 각 사업연도의 소득에 대한 법인세는 법인세법 규정에도 불구하고 수익사업과 관련된 일정한 세무조정만하고 특례세율 9%(20억원 초과분 12%)를 적용하는 당기순이익과세를 한다. 다만, 해당 법인이 당기순이익과세를 포기한 경우에는 그 이후의 사업연도에 대해 당기순이익과세를 하지 않는다. 이처럼 당기순이익과세를 적용받는 법인에 대해서는 조세특례제한법에 따른 대부분의 조세혜택을 적용하지 않는다.

Ⅳ. 기부장려금 제도

1. 개요

소득세법에 따라 기부금 세액공제를 신청할 수 있는 거주자(이하 '기부자')는 본인이 기부금 세액공제를 받는 대신 그 기부금에 대한 세액공제 상당액(이하 '기부장려금')을 당초 기부금을 받은 자가 지급받을 수 있도록 기부장려금을 신청할 수 있다. 이러한 기부장려금 제도는 진정한 기부문화를 정착시키고 기부금 단체의 재정을 확충하기 위해 마련된 제도이다.

이처럼 기부자가 기부금에 대한 세액공제 상당액을 당초 기부금을 받은 기부장려금단체가 지급받을 수 있도록 하기 위해서는 기부장려금 신청서를 해당 기부장려금단체에 제출해야 한다.

[도 표] 기부장려금 지급

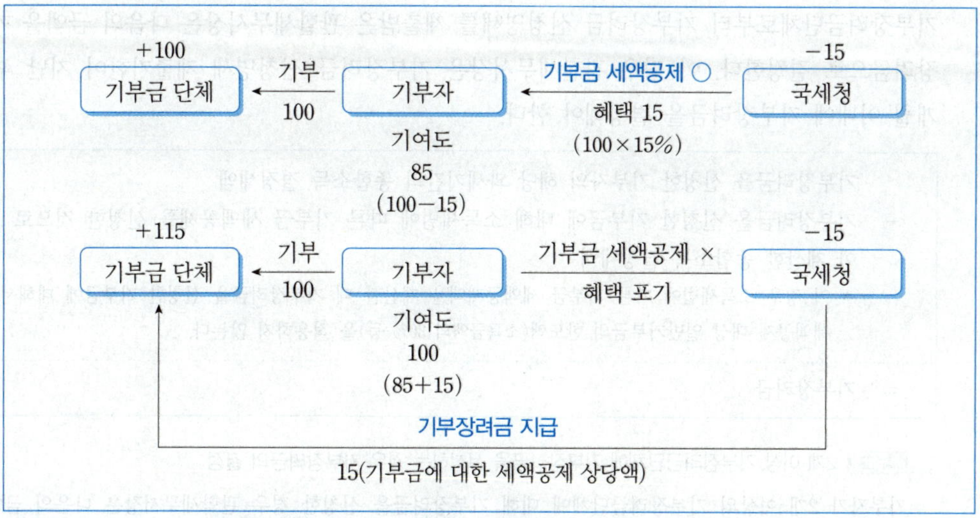

2. 기부장려금단체의 지정 및 기부장려금 신청명세 제출

기획재정부장관은 기부금영수증을 발급하는 자로서 기부금영수증 발급명세서의 작성 · 보관 의무 등 납세협력의무의 이행과 회계 투명성 등 요건을 갖춘 것으로 인정되어 국세청장이 추천하는 자를 기부장려금단체로 지정할 수 있다. 지정된 기부장려금단체는 기부자에게 기부금영수증을 발급할시 기부장려금 신청 여부를 확인하여 기부금영수증 발급명세서를 관할 세무서장에게 제출할 때 기부장려금 신청명세를 제출해야 한다.

[도 표] 기부장려금 절차

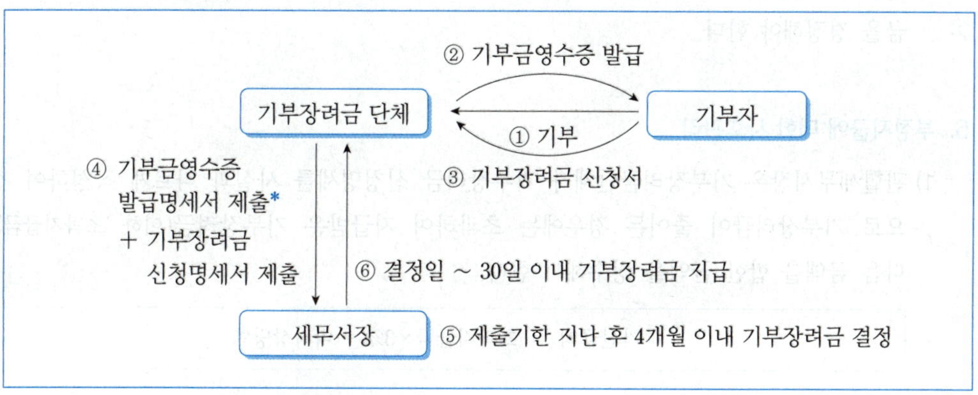

* 해당 과세기간의 다음 연도 6월 30일까지 제출

3. 기부장려금 결정

기부장려금단체로부터 기부장려금 신청명세를 제출받은 관할세무서장은 다음의 금액을 기부장려금으로 결정한다. 이 경우 관할세무서장은 기부장려금 신청명세 제출기한이 지난 후 4개월 이내에 기부장려금을 결정해야 한다.

	기부장려금을 신청한 기부자의 해당 과세기간의 종합소득 결정세액
−	기부장려금을 신청한 기부금에 대해 소득세법에 따른 기부금 세액공제를 신청한 것으로 보아 계산한 종합소득 결정세액 * 이 경우 소득세법에 따른 기부금 세액공제액을 계산할 때 기부장려금을 신청한 기부금에 대해서는 세액공제 대상 일반기부금의 한도액(소득금액의 30% 등)을 적용하지 않는다.
=	기부장려금

참고 2개 이상 기부장려금단체에 기부장려금을 신청하는 경우 기부장려금의 결정

기부자가 2개 이상의 기부장려금단체에 대해 기부장려금을 신청한 경우 관할세무서장은 다음의 금액을 해당 기부장려금단체의 기부장려금으로 각각 결정한다.

$$\text{위의 기부장려금} \times \frac{\text{기부자의 해당 기부장려금단체에 대한 기부장려금 신청 기부금액}}{\text{기부자의 기부장려금 신청 기부금 총액}}$$

4. 기부장려금 지급 및 경정

1) 관할세무서장은 결정된 기부장려금을 기부장려금단체에 국세환급금에 관한 국세기본법을 준용하여 지급한다. 이 경우 '국세환급금'은 '기부장려금'으로, '환급'은 '지급'으로 본다.

2) 관할세무서장은 기부장려금을 결정한 후 그 결정에 탈루 · 오류가 있을 때에는 기부장려금을 경정해야 한다.

5. 부정지급에 대한 사후관리

1) 관할세무서장은 기부장려금단체가 기부장려금 신청명세를 사실과 다르게 작성하여 경정으로 기부장려금이 줄어든 경우에는 초과하여 지급받은 기부장려금(이하 '초과지급금')에 다음 금액을 합한 금액을 징수해야 한다.

$$\text{가산금액} = \text{초과지급금} \times 3\% + \text{이자상당액}$$

2) 기획재정부장관은 기부장려금단체가 다음 중 어느 하나에 해당하는 경우에는 기부장려금단체의 지정을 취소할 수 있다.

① 기부장려금단체가 기부장려금 신청명세를 사실과 다르게 작성한 경우
② 국세기본법에 따라 불성실기부금수령단체로 명단이 공개된 경우
③ 기부장려금단체가 해산한 경우
④ 그 밖에 법령을 위반하거나 목적 외 사업을 하는 등 사유가 있는 경우

위 ①·② 및 ④에 따라 기부장려금단체의 지정이 취소된 경우 그 지정이 취소된 날이 속하는 과세연도부터 5년간 기부장려금단체로 지정하지 않는다.

6. 기부금 세액공제와 기부장려금을 중복신청한 경우

기부자가 소득세법에 따른 기부금 세액공제와 기부장려금을 중복하여 신청한 경우에는 기부금 세액공제를 신청한 것으로 보아 소득세법에 따른 기부금 세액공제 규정을 적용한다. 다만, 기부장려금을 신청한 기부자가 기부장려금 신청명세 제출기한이 지난 후에 기부금 세액공제를 중복하여 신청한 경우에는 기부장려금을 신청한 것으로 보아 기부장려금의 규정을 적용한다.

V. 정치자금의 손금산입특례 등

1. 정치자금의 손금산입특례 등

거주자가 정치자금법에 따라 정당(같은 법에 따른 후원회 및 선거관리위원회 포함)에 기부한 정치자금은 이를 지출한 해당 과세연도에 ① 10만원까지는 그 기부금액의 100/110을, ② 10만원을 초과한 금액에 대해서는 해당 금액의 15%(해당 금액이 3천만원을 초과하는 경우 그 초과분에 대해서는 25%)에 해당하는 금액을, 종합소득산출세액에서 공제한다. 다만, 사업자인 거주자가 정치자금을 기부한 경우 10만원을 초과한 금액에 대해서는 이월결손금을 뺀 후의 소득금액의 범위에서 필요경비에 산입한다.

2. 정치자금 기부금의 상속세및증여세 비과세

거주자가 정치자금법에 따라 정당에 기부하는 정치자금에 대해서는 상속세·증여세를 부과하지 않는다. 그러나 불법정치자금에 대해서는 상속세·증여세를 부과한다.

3. 고유목적사업준비금 손금산입특례

법인세법에 따른 고유목적사업준비금의 손금산입범위액은 소득금액의 50% 수준으로 하지만, 다음에 해당하는 경우에는 50% 대신에 다음의 특례비율을 적용한다.

구분	특례비율
① 사립학교법인 · 산학협력단 등 일정한 교육기관, 사회복지법인, 국립대학교병원, 서울대학교(치과)병원, 대한적십자사가 운영하는 병원, 등 일정한 의료기관, 도서관 · 박물관 · 미술관 운영법인(해당 사업과 해당 사업시설에서 그 시설을 이용하는 자를 대상으로 영위하는 수익사업사업에만 해당함), 문화예술단체 등, 공익법인 등으로서 해당 과세연도의 고유목적사업이나 일반기부금에 대한 지출액 중 80% 이상의 금액을 장학금으로 지출한 법인(장학재단)	100%
② 공무원연금공단 · 사립학교교직원연금공단	
③ 수도권 과밀억제권역 및 광역시를 제외하고 인구 등을 고려하여 지정한 지역에 의료기관을 개설하여 의료업을 영위하는 비영리내국법인(위 ①이 적용되는 비영리내국법인은 제외)	

Ⅵ. 그 밖의 공익사업지원을 위한 과세특례

1. 사회적기업 및 장애인 표준사업장에 대한 법인세 등의 감면

(1) 감면내용

1) 사회적기업에 대한 감면 : 법률에 따라 사회적기업으로 인증받은 내국인은 ① 해당 사업에서 최초로 소득이 발생한 과세연도와 그 다음 과세연도의 개시일부터 2년 이내에 끝나는 과세연도까지 해당 사업에서 발생한 소득에 대한 법인세 · 소득세의 100%에 상당하는 세액을 감면하고, ② 그 다음 2년 이내에 끝나는 과세연도에는 법인세 · 소득세의 50%에 상당하는 세액을 감면한다(3년간 100% 감면 ➡ 2년간 50% 감면).

* '사회적기업'이란 취약계층에게 사회서비스 또는 일자리를 제공하여 지역주민의 삶의 질을 높이는 등의 사회적 목적을 추구하면서 재화 · 서비스의 생산 · 판매 등 영업활동을 수행하는 기업으로서 노동부장관의 인증을 받은 자를 말한다.

2) 장애인 표준사업장에 대한 감면 : 법률에 따라 장애인 표준사업장으로 인증받은 내국인은 ① 해당 사업에서 최초로 소득이 발생한 과세연도와 그 다음 과세연도의 개시일부터 2년 이내에 끝나는 과세연도까지 해당 사업에서 발생한 소득에 대한 법인세 · 소득세의 100%에 상당하는 세액을 감면하고, ② 그 다음 2년 이내에 끝나는 과세연도에는 법인세 · 소득세의 50%에 상당하는 세액을 감면한다(3년간 100% 감면 ➡ 2년간 50% 감면).

(2) 감면한도

위의 감면기간 동안 해당 과세연도에 감면받는 법인세 또는 소득세는 다음의 금액을 한도로 한다.

구분	감면한도
① 사회적기업으로 인증받은 내국인의 경우	1억원 +「사회적기업 육성법」에 따른 취약계층에 해당하는 상시근로자 수×2,000만원
② 장애인 표준사업장으로 인증받은 내국인의 경우	1억원 +「장애인고용촉진 및 직업재활법」에 따른 장애인에 해당하는 상시근로자 수×2,000만원

(3) 감면배제

1) 사회적기업의 경우 : 세액감면기간 중 거짓이나 그 밖의 부정한 방법으로 인증받거나, 관련법령에 따른 인증요건을 갖추지 못하여 사회적기업의 인증이 취소되었을 때에는 해당 과세연도부터 법인세 · 소득세를 감면받을 수 없다.

2) 장애인 표준사업장의 경우 : 세액감면기간 중 해당 장애인 표준사업장이 다음 중 어느 하나에 해당하는 경우에는 해당 과세연도부터 법인세 · 소득세를 감면받을 수 없다.

① 장애인 고용 사업주와 장애인 표준사업장에 대한 융자 · 지원을 거짓이나 그 밖의 부정한 방법으로 받은 경우

② 사업주가 받은 융자금 · 지원금을 장애인 고용 등의 용도에 사용하지 않은 경우

③「장애인고용촉진 및 직업재활법」에 따라 인증이 취소된 경우

(4) 감면세액의 납부

세액감면받은 내국인이 거짓이나 그 밖의 부정한 방법으로 인증 등을 받은 경우에는 그 사유가 발생한 과세연도의 과세표준신고를 할 때 감면받은 세액에 이자상당액을 가산하여 납부해야 한다.

(5) 최저한세 배제

사회적기업 및 장애인 표준사업장에 대한 법인세 등의 감면에 대해서는 최저한세를 적용하지 않는다.

2. 공익사업을 위한 수용 등에 따른 공장이전에 대한 과세특례

법률에 따른 공익사업의 시행으로 해당 공익사업지역에서 그 사업인정고시일(사업인정고시일 전에 양도하는 경우에는 양도일)부터 소급하여 2년 이상 가동하거나 양도일 현재 1년 이상 가동한 공장의 토지로서 사업인정고시일부터 소급하여 5년 이상 보유한 토지를 공익사업 시행지역 밖의 지역으로서 다음에 해당하는 지역 외의 지역(이하 '지방')으로 이전하기 위해 그 공장의 대지 · 건물을 그 공익사업의 사업시행자에게 양도(공장의 대지의 일부만 양도하는 경우를 포함)함으로써 발생하는 양도차익에 상당하는 금액은 과세이연을 적용받을 수 있다.

① 수도권과밀억제권역

② 부산광역시(기장군은 제외)·대구광역시(달성군은 제외)·광주광역시·대전광역시 및 울산광역시의 관할구역. 다만, 산업단지는 제외

③ 행정중심복합도시 등

3. 중소기업의 공장이전에 대한 과세특례

① 10년 이상 계속하여 공장시설을 갖추고 사업을 하는 중소기업이 수도권 과밀억제권역(산업단지는 제외) 외의 지역으로 공장을 이전하거나 ② 산업단지에서 3년 이상 계속하여 공장시설을 갖추고 사업을 하는 중소기업이 동일한 산업단지 내 다른 공장으로 이전하는 경우, 해당 공장의 대지·건물을 양도함으로써 발생하는 양도차익에 상당하는 금액은 과세이연을 받을 수 있다.

제2절 저축지원을 위한 조세특례

Ⅱ-2 p.288

Ⅰ. 주요 조세특례

1. 소기업·소상공인 공제부금에 대한 소득공제 등

(1) 공제부금에 대한 소득공제

거주자가 중소기업협동조합법에 따른 소기업·소상공인공제(이른바 '노란우산공제')에 가입하여 납부하는 공제부금(共濟賦金, 분기별로 300만원 이하의 공제부금을 납입하는 공제를 말한다)에 대해서는 다음의 금액을 해당 과세연도의 사업소득금액(법인의 대표자로서 해당 과세기간의 총급여액이 8천만원 이하인 거주자의 경우에는 근로소득금액으로 한다. 이하 같다)에서 공제한다.

공제부금에 대한 소득공제액 = MIN[공제대상금액 $\times \left(1 - \dfrac{\text{부동산임대업의 소득금액}}{\text{사업소득금액}}\right)$, 공제한도 = 사업소득금액 − 부동산임대업의 소득금액]

해당 과세연도의 사업소득금액		공제대상금액
	4천만원 이하	MIN(해당 연도 공제부금 납부액, 600만원)
4천만원 초과	6천만원 이하	MIN(해당 연도 공제부금 납부액, 500만원)
6천만원 초과	1억원 이하	MIN(해당 연도 공제부금 납부액, 400만원)
1억원 초과		MIN(해당 연도 공제부금 납부액, 200만원)

(2) 소득의 귀속시기

소기업 · 소상공인공제에서 발생하는 소득은 소기업 · 소상공인 공제가입자가 실제로 그 소득을 받을 때 발생한 것으로 본다.

(3) 소득세 과세

1) 퇴직소득 : 폐업 등 사유가 발생하여 소기업 · 소상공인 공제에서 공제금(共濟金)을 지급받는 경우에는 다음과 같이 계산한 금액을 소득세법상 퇴직소득으로 보아 소득세를 부과한다. 이 경우 퇴직소득공제(근속연수에 따른 공제) 및 퇴직소득산출세액을 계산할 때 '근속연수'는 공제부금 납입월수를 12로 나누어 계산한 납입연수(1년 미만의 기간은 1년으로 본다)로 한다. 이 규정은 2016.1.1. 이후 가입분부터 적용된다.

퇴직소득* = (공제금 − 실제 소득공제받은 금액을 초과하여 납입한 금액의 누계액)

* 2015.12.31. 이전에 가입한 소기업 · 소상공인 공제에서 발생하는 소득은 소득세법에 따른 이자소득으로 보아 소득세를 과세한다.

여기서 '폐업 등 사유'란 다음 중 어느 하나에 해당하는 것을 말한다.

① 소기업 · 소상공인이 폐업(개인사업자의 지위에서 공제에 가입한 자가 법인을 설립하기 위하여 현물출자를 함으로써 폐업한 경우와 개인사업자의 지위에서 공제에 가입한 자가 그 배우자 또는 자녀에게 사업의 전부를 양도함으로써 폐업한 경우를 포함한다) 또는 해산(법인에 한정한다)한 때

② 공제 가입자가 사망한 때

③ 법인의 대표자의 지위에서 공제에 가입한 자가 그 법인의 대표자의 지위를 상실한 때

④ 만 60세 이상으로 공제부금 납입월수가 120개월 이상인 공제 가입자가 공제금의 지급을 청구한 때

⑤ ㉠ 자연재난 또는 사회재난으로 인해 사업장에 피해를 입은 소기업 · 소상공인공제 가입자가 소기업 · 소상공인공제금의 지급을 청구한 경우, ㉡ 질병이나 부상으로 인해 6개월 이상 요양을 필요로 하는 소기업 · 소상공인공제 가입자가 소기업 · 소상공인공제금의 지급을 청구한 경우, ㉢ 회생절차개시의 결정을 받은 소기업 · 소상공인공제 가입자가 소기업 · 소상공인공제금의 지급을 청구한 경우

2) 기타소득 : 거주자가 폐업 등 사유가 발생하기 전에 소기업 · 소상공인공제계약이 해지된 경우에는 다음의 금액을 소득세법에 따른 기타소득으로 보고 소득세를 부과한다.

$$\text{해지일시금} = \left(\begin{array}{c}\text{해지로 인하여}\\ \text{받은 환급금}\end{array} - \begin{array}{c}\text{실제 소득공제받은 금액을}\\ \text{초과하여 납입한 금액의 누계액}\end{array}\right)$$

다만, 다음의 사유에 해당하는 경우에는 1)의 퇴직소득 과세 규정을 적용한다.

① 공제부금 납입월수가 120개월 이상인 소기업·소상공인 공제 가입자가 경영악화를 사유로 계약을 해지한 경우

② 해지 전 6개월 이내에 다음 중 어느 하나의 사유로 계약이 해지된 경우

㉠ 천재·지변의 발생

㉡ 공제가입자의 해외이주

㉢ 공제가입자의 3개월 이상의 입원치료 또는 요양을 요하는 상해·질병의 발생

㉣ 중소기업협동조합법에 따른 중소기업중앙회의 해산

㉤ 공제가입자가 특별재난지역으로 선포된 지역의 재난으로 15일 이상의 입원 치료가 필요한 피해를 입은 경우

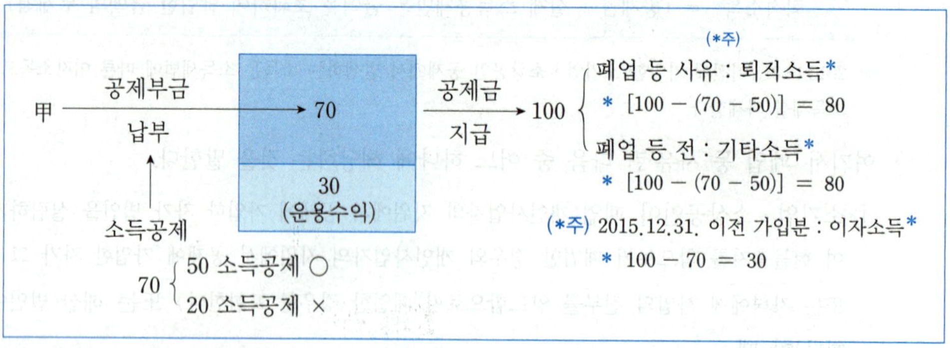

[도 표] 소기업·소상공인공제(共濟)에 대한 과세체계

구분		취급
① 소기업·소상공인공제에 납부하는 공제부금		해당 연도 공제부금 납부액 소득공제
② 나중에 공제금·해지일시금을 받는 경우	폐업 등 사유로 공제금을 지급받는 경우	지급받은 공제금 ➡ 퇴직소득으로 과세* * 2015.12.31. 이전 가입분 : 소기업·소상공인 공제에서 발생하는 소득을 이자소득으로 과세
	폐업 등 사유가 발생하기 전에 공제계약이 해지된 경우	해지일시금 ➡ 기타소득으로 과세(*주)

(*주) 해지 전 6개월 이내에 천재·지변의 발생 등의 사유로 해지된 경우에는 퇴직소득으로 과세한다.

2. 주택청약종합저축 등에 대한 소득공제

(1) 소득공제

근로소득이 있는 거주자(일용근로자는 제외)로서 해당 과세기간의 총급여액이 7천만원 이하이며 해당 과세기간 중 주택을 소유하지 않은 세대의 세대주 또는 세대주의 배우자(이하 '세대주 등'이라

한다)가 해당 과세기간에 청약저축·주택청약종합저축에 납입한 금액이 있는 경우에는 800만원을 한도로 다음 금액을 해당 과세기간의 근로소득금액에서 공제한다.

* 한도 적용의 경우 소득세법상 다른 주택자금공제가 중복하여 적용되는 경우에는 그 합계를 기준으로 연 400만원 등을 한도로 적용한다.

주택청약저축 소득공제액 = 주택청약저축 납입액 × 40%

(2) 청년우대형 주택청약종합저축 이자소득에 대한 비과세

청년우대형 주택청약종합저축에 가입하는 경우 해당 저축에서 발생하는 이자소득의 합계액에 대해서는 500만원까지 소득세를 부과하지 않는다. 이 경우 비과세를 적용받을 수 있는 납입금액은 모든 금융회사에 납입한 금액을 합하여 연 600만원을 한도로 한다.

3. 우리사주조합원 등에 대한 과세특례

우리사주제도는 근로자로 하여금 우리사주조합을 통해 자사주를 취득하게 하고 이를 장기간 보유하게 하는 제도로서, 근로자의 재산 형성, 기업 생산성 향상, 협력적 노사관계 조성 등 근로자 복지와 기업발전을 목적으로 한다. 이러한 목적을 달성하기 위해 다음과 같은 과세특례를 마련하고 있다.

(1) 우리사주조합 출자금액에 대한 소득공제

우리사주조합원이 자사주(自社株)를 취득하기 위하여 우리사주조합에 출자하는 경우에는 다음의 금액을 해당 연도의 근로소득금액에서 공제한다.

소득공제액 = MIN [① 해당 연도의 출자금액
② 공제한도 : 400만원(벤처기업*의 우리사주조합원의 경우에는 1,500만원)]

* '벤처기업'에는 창업 후 3년 이내 중소기업으로서 기술성이 우수한 것으로 평가받은 기업을 포함한다.

(2) 우리사주조합기부금에 대한 특례

1) 거주자가 우리사주조합에 지출하는 기부금(우리사주조합원이 지출하는 기부금은 제외)은 다음의 구분에 따른 금액을 한도로 하여 ① 해당 과세연도의 사업소득금액을 계산할 때 해당 기부금을 필요경비에 산입하거나 ② 해당 기부금에 대하여 해당 과세연도의 종합소득 산출세액에서 기부금세액공제를 할 수 있다.

구분	한도액
① 필요경비산입의 경우	필요경비 산입한도액 = (기준 소득금액* − 이월 결손금 − 특례기부금 필요경비산입액) × 30% * 기준소득금액 = 기부금을 필요경비에 산입하기 전의 소득금액

② 기부금세액공제의 경우	세액공제 대상 기부금의 한도액 = (기준 소득금액* − 한도 내의 특례기부금) × 30% * 기준소득금액 = 종합소득금액 + 필요경비에 산입한 기부금 − 원천징수세율 금융소득금액

2) 법인이 우리사주조합에 지출하는 기부금은 다음의 금액을 한도로 하여 해당 과세연도의 소득금액을 계산할 때 손금에 산입할 수 있다.

손금산입한도액 = (기준소득금액* − 이월결손금 공제액** − 특례기부금 손금산입액) × 30%

* 기준소득금액 = 기부금을 손금에 산입하기 전의 소득금액

** 이월결손금 공제액

일반기업	MIN (① 공제대상 이월결손금, ② 기준소득금액×80%)
중소기업과 회생계획을 이행 중인 기업 등	MIN (① 공제대상 이월결손금, ② 기준소득금액×100%)

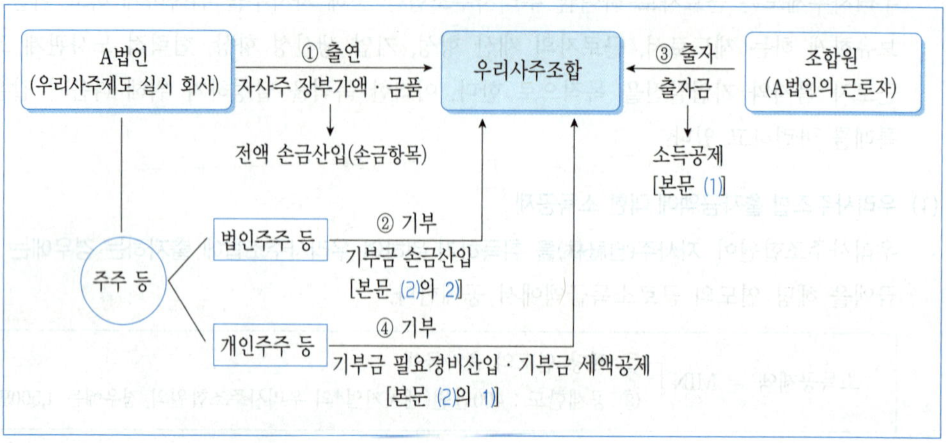

(3) 조합기금 및 조합보유 자사주 소득 비과세

우리사주조합기금에서 발생하거나 우리사주조합이 보유하고 있는 자사주에서 발생하는 소득에 대해서는 소득세를 부과하지 않는다.

(4) 법인의 출연으로 배정받은 자사주에 대한 소득세 비과세

우리사주조합원이 ㉠ 법인(법인의 대주주 포함)이 우리사주조합에 출연한 자사주, ㉡ 법인의 출연금으로 우리사주조합이 증권시장 등에서 매입으로 취득한 자사주를 우리사주조합을 통해서 배정받은 경우에는 소득세를 부과하지 않는다. 다만, 우리사주조합원이 우리사주조합을 통해 배정받은 자사주가 해당 법인이 출연하거나 해당 법인의 출연금으로 취득한 것으로서 다음의 한도를 초과하는 부분에 대해서는 소득세를 부과한다.

비과세 한도액 (자사주 매입가액 등 기준)	= MAX (조합원의 직전연도 총급여액×20%, 연간 500만원)

이처럼 우리사주조합원이 소득세를 부과받은 자사주를 양도하는 경우에는 해당 자사주의 매입가액 등을 양도소득세 양도차익을 계산할 때 취득가액으로 한다.

(5) 인출한 자사주에 대한 소득세 부과

1) 인출시 근로소득에 대한 소득세 부과 : 우리사주조합원이 우리사주조합으로부터 배정받은 자사주를 인출하는 경우에는 다음에 따른 과세인출주식에 대한 인출금을 소득세법에 따른 근로소득으로 보고 소득세를 부과한다. 이 경우 근로소득의 수입시기는 그 자사주의 인출일로 하고, 해당 법인은 해당 인출금에 소득세법에 따른 기본세율을 적용하여 계산한 금액을 원천징수해야 한다.

우리사주조합원이 인출하는 자사주
(−) 출연금액 중 소득공제받지 않은 출자금액으로 취득한 자사주 배정받은 자사주에 대한 소득세 비과세 한도초과분에 대한 자사주 잉여금을 자본전입함에 따라 우리사주조합원에게 무상주로 지급된 자사주
(=) 과세인출주식에 대한 인출금 = MIN (주식의 매입가액 등, 주식 인출일 현재 시가) * 과세인출주식은 과거에 세제혜택을 받은 유상으로 취득한 자사주를 말하며, 소득공제를 받은 출연금으로 자사주를 취득하지 않고 인출한 경우에는 해당 인출금에 포함한다.

2) 2년 이상 보유 후 인출시 비과세 : 우리사주조합원의 과세인출주식에 대한 인출금의 경우 우리사주의 보유기간과 법인의 규모에 따라 다음의 구분에 따른 금액에 대해서는 소득세를 부과하지 않는다.

과세인출주식의 보유기간	비과세 금액	
	중소기업 우리사주	일반기업 우리사주
2년 이상 4년 미만	인출금의 50%	인출금의 50%
4년 이상 6년 미만	인출금의 75%	인출금의 75%
6년 이상	인출금의 100%	인출금의 75%

(6) 자사주 저가취득에 대한 소득세 부과

우리사주조합원이 우리사주조합에 출자하고 그 조합을 통해 자사주를 취득하는 경우 그 주식의 시가와 취득가액의 차액에 대한 소득세 과세는 다음에 따른다.

구분	소득세 과세
① 출자금액이 400만원(벤처기업의 우리사주조합원의 경우에는 1,500만원) 이하인 경우	해당 차액에 대해 과세하지 않는다.
② 출자금액이 400만원(벤처기업의 우리사주조합원의 경우에는 1,500만원)을 초과하는 경우	그 초과금액으로 취득한 자사주의 취득가액이 기준가액(자사주 취득일 현재 시가의 70%)보다 낮은 경우에는 기준가액과 해당 취득가액의 차액에 대해 근로소득으로 보아 과세한다.

(7) 자사주 배당소득에 대한 소득세 비과세

우리사주조합원이 우리사주조합을 통해 취득한 후 증권금융회사에 예탁한 우리사주의 배당소득에 대해서는 다음의 요건을 갖춘 경우에는 소득세를 과세하지 않는다. 다만, 예탁일부터 1년 이내에 인출하는 경우 그 인출일 이전에 지급된 배당소득에 대해서는 인출일에 배당소득이 지급된 것으로 보아 소득세를 과세한다.

① 증권금융회사가 발급한 주권예탁증명서에 의해 우리사주조합원이 보유하고 있는 자사주가 배당지급 기준일 현재 증권금융회사에 예탁되어 있음이 확인될 것

② 우리사주조합원이 소액주주에 해당할 것

③ 우리사주조합원이 보유하고 있는 자사주의 액면가액의 개인별 합계액이 1,800만원 이하일 것

(8) 자사주 양도소득에 대한 소득세 비과세

우리사주조합원이 보유하고 있는 자사주로서 다음의 요건을 갖춘 주식을 해당 조합원이 퇴직을 원인으로 인출하여 우리사주조합에 양도하는 경우 그 양도차익에 대해서는 양도소득세를 과세하지 않는다. 이 경우 양도차익이 3,000만원을 초과할 때에는 그 초과금액에 대해서는 그러하지 않는다.

① 우리사주조합원이 자사주를 우리사주조합을 통해 취득한 후 1년 이상 보유할 것

② 우리사주조합원이 보유하고 있는 자사주가 양도일 현재 증권금융회사에 1년 이상 예탁된 것일 것

③ 우리사주조합원이 보유하고 있는 자사주의 액면가액 합계액이 1,800만원 이하일 것

4. 개인종합자산관리계좌에 대한 과세특례

(1) 개요

조세특례제한법은 저금리 시대에 종합적 자산관리를 통한 근로자 · 자영업자의 재산형성을 지원하기 위해서 적용시한이 정해지지 않은 항구적 조세특례로서 개인종합자산관리계좌

(ISA ; Individual Savings Account)에서 발생하는 이자 · 배당소득에 대해서 ① 소득세 비과세와 ② 저율 분리과세 특례를 규정하고 있다.

(2) 가입자 및 개인종합자산관리계좌의 요건

구분	내용
가입자 요건	다음 중 어느 하나에 해당하는 거주자가 개인종합자산관리계좌에 가입하거나 계약기간을 연장해야 한다. ① 가입일(또는 연장일) 기준 19세 이상인 자 ② 가입일(또는 연장일) 기준 15세 이상인 자로서 가입일(또는 연장일)이 속하는 과세기간의 직전 과세기간에 근로소득이 있는 자(비과세소득만 있는 자는 제외. 이하 같다)
계좌 요건	'개인종합자산관리계좌'란 다음의 요건을 모두 갖춘 계좌를 말한다. ① 1명당 1개의 계좌만 보유할 것 ② 계좌의 명칭이 개인종합자산관리계좌이고 다음 중 어느 하나에 해당하는 계좌일 것 • 투자중개업자와 위탁매매계약(또는 매매계약)을 체결하여 개설한 계좌 • 투자일임업자와 자산구성형 개인종합자산관리계약을 체결하여 개설한 계좌 • 신탁업자와 특정금전신탁계약을 체결하여 개설한 신탁계좌 ③ 다음의 재산으로 운용할 것 • 예금 · 적금 · 예탁금 및 그 밖에 이와 유사한 것으로서 금융기관에의 예치금, 환매수 · 환매도하는 조건으로 매매하는 채권 · 증권 • 집합투자기구의 집합투자증권 • 파생결합증권 또는 파생결합사채 • 소득세법상 배당소득에 대한 유형별 포괄주의 규정에 따라 과세되는 증권증서(주가연계증권 · 파생결합증권 및 상장지수증권 등) • 주권상장법인의 주식 • 부동산투자회사의 주식 • 개인종합자산관리계좌에 보유하고 있는 투자대상자산을 통해 취득한 신주인수권증서 • 국가나 지방자치단체가 발행한 채권 또는 증권, 내국법인이 발행한 채권 또는 증권 • 한국금융투자협회가 행하는 장외매매거래를 통해(K-OTC) 거래되는 개인종합자산관리계좌 편입일 현재 중소기업 · 중견기업에 해당하는 기업의 주식 ④ 계약기간이 3년 이상일 것(개인종합자산관리계좌의 계좌보유자는 계약기간 만료일 전에 해당 계좌의 계약기간을 연장할 수 있다).(주) ⑤ 총납입한도가 1억원(재형저축 또는 장기집합투자증권저축에 가입한 거주자는 재형저축 및 장기집합투자증권저축의 계약금액 총액을 뺀 금액으로 한다) 이하이고, 연간 납입한도가 다음의 금액일 것 연간 납입한도 = 2,000만원×[1 + 가입 후 경과한 연수(최대 4년*)] − 누적 납입금액 * 경과한 연수가 4년 이상인 경우에는 4년으로 한다.

조특 06

(*주) 개인종합자산관리계좌의 계좌보유자가 최초로 계약을 체결한 날부터 3년이 되는 날 이후에 소득세법에 따라 해당 계좌 잔액의 전부 또는 일부를 연금계좌로 납입한 경우에는 해당 개인종합자산관리계좌의 계약기간이 만료된 것으로 본다.

(3) 과세특례의 내용 : 비과세와 저율 분리과세 특례

개인종합자산관리계좌에서 발생하는 이자소득과 배당소득의 합계액에 대해서는 ① 비과세 한도금액까지는 소득세를 부과하지 않으며, ② 비과세 한도금액을 초과하는 금액에 대해서는 9%의 원천징수세율을 적용하고 종합소득과세표준에 합산하지 않는다.

개인종합자산관리계좌 이자 · 배당소득의 합계액(*주1)	① 비과세 한도금액(400만원 · 200만원) 이하 금액 : 소득세 비과세 ② 비과세 한도금액(400만원 · 200만원) 초과하는 금액 : 9% 세율로 분리과세(*주2)

(*주1) 이자 · 배당소득의 합계액은 개인종합자산관리계좌의 계약 해지일을 기준으로 하여 운용 재산에서 발생한 이자 · 배당소득에서 운용 재산에서 발생한 손실을 차감하여 계산한다.

(*주2) 신탁업자, 투자일임업자 및 투자중개업자(이하 '신탁업자 등')는 소득세법에 따른 원천징수시기(지급할 때 원천징수)에 관한 규정에도 불구하고 계약 해지일에 이자 · 배당소득에 대한 소득세를 원천징수해야 한다.

여기서 개인종합자산관리계좌의 '비과세 한도금액'은 가입일(또는 연장일)을 기준으로 다음의 구분에 따른 금액으로 한다.

구분	비과세 한도금액
(1) 다음 중 어느 하나에 해당하는 자(서민형 · 농어민형) ① 직전 과세기간의 총급여액이 5,000만원 이하인 거주자(직전 과세기간에 근로소득만 있거나 근로소득 및 종합소득과세표준에 합산되지 않는 종합소득이 있는 자로 한정한다) ② 직전 과세기간의 종합소득과세표준에 합산되는 종합소득금액이 3,800만원 이하인 거주자(직전 과세기간의 총급여액이 5천만원을 초과하지 않는 자로 한정한다) ③ 사업소득 · 근로소득이 없는 농어민(직전 과세기간의 종합소득과세표준에 합산되는 종합소득금액이 3,800만원을 초과하는 자는 제외)	400만원
(2) 위 (1)에 해당하지 않는 자(일반형)	200만원

5. 청년형 장기집합투자증권저축에 대한 소득공제

(1) 소득공제

청년으로서 소득기준을 충족하는 거주자가 청년형 장기집합투자증권저축(이른바 '청년형 장기펀드')에 가입하는 경우 계약기간 동안 각 과세기간에 납입한 금액의 40%에 해당하는 금액을 해당 과세기간의 종합소득금액에서 공제한다.

소득공제 = 각 과세기간에 납입한 금액(연 600만원 한도)×40%

(2) 소득공제 대상자와 저축의 요건

청년으로서 다음의 소득기준을 충족하는 거주자가 다음의 요건을 모두 갖춘 저축에 가입하는 경우에 소득공제를 적용한다.

청년	'청년'이란 청년형 장기집합투자증권저축 가입일 현재 19세 이상 34세 이하인 사람*을 말한다. * 병역을 이행한 경우에는 그 기간(6년을 한도로 한다)을 청년형 장기집합투자증권저축 가입일 현재 연령에서 빼고 계산한 연령이 34세 이하인 사람을 포함한다.
소득기준	다음 중 어느 하나에 해당하는 소득기준을 충족할 것 ① 직전 과세기간의 총급여액이 5,000만원 이하일 것(직전 과세기간에 근로소득만 있거나 근로소득과 종합소득과세표준에 합산되지 않는 종합소득만 있는 경우로 한정한다) ② 직전 과세기간의 종합소득과세표준에 합산되는 종합소득금액이 3,800만원 이하일 것(직전 과세기간에 근로소득 또는 사업소득이 있고, 직전 과세기간의 총급여액이 5,000만원을 초과하지 않는 경우로 한정한다)
청년형 장기집합투자증권저축	다음의 요건을 모두 갖춘 저축 ① 자산총액의 40% 이상을 주권상장법인의 주식에 투자하는 집합투자기구의 집합투자증권을 취득하기 위한 저축일 것 ② 계약기간이 3년 이상 5년 이하일 것 ③ 적립식 저축으로서 1인당 납입금액이 연 600만원(해당 거주자가 가입한 모든 청년형 장기집합투자증권저축의 합계액을 말한다) 이내일 것

(3) 소득공제의 배제

청년형 장기집합투자증권저축에 가입한 거주자(이하 '가입자')가 다음 중 어느 하나에 해당하는 경우에는 해당 과세기간에 위의 소득공제를 하지 않는다.

① 해당 과세기간에 근로소득만 있거나 근로소득과 종합소득과세표준에 합산되지 않는 종합소득만 있는 경우로서 총급여액이 8,000만원을 초과하는 경우

② 해당 과세기간의 종합소득과세표준에 합산되는 종합소득금액이 6,700만원을 초과하는 경우

③ 해당 과세기간에 근로소득 및 종합소득과세표준에 합산되는 종합소득금액이 없는 경우

④ 청년형 장기집합투자증권저축을 해지하고 다른 청년형 장기집합투자증권저축에 가입(이하 '전환가입'이라 한다)한 경우. 이 경우 소득공제 대상에서 제외되는 금액은 그 다른 청년형 장기집합투자증권저축에 납입된 금액 중 전환가입에 따라 종전의 청년형 장기집합투자증권저축에서 이체된 금액으로 한정한다.

6. 청년도약계좌에 대한 비과세

(1) 이자소득과 배당소득 비과세

청년으로서 소득기준을 충족하는 거주자가 청년도약계좌에 가입하는 경우 해당 계좌에서 발생하는 이자소득과 배당소득(이하 '이자소득 등')의 합계액에 대해서는 소득세를 부과하지 않는다. 그 취지는 청년의 자산형성을 지원하려는데 있다.

(2) 가입대상자와 청년도약계좌의 요건

청년으로서 다음의 소득기준을 충족하는 거주자가 청년도약계좌에 가입하는 경우에 이자소득과 배당소득에 대한 비과세를 적용한다.

청년	'청년'이란 청년도약계좌의 가입일 현재 19세 이상 34세 이하인 사람[병역을 이행한 경우에는 그 기간(6년을 한도로 한다)을 가입일 현재 연령에서 빼고 계산한 연령이 34세 이하인 사람을 포함한다]을 말한다.
소득기준	다음 중 어느 하나에 해당하는 소득기준을 충족할 것 ① 직전 과세기간의 총급여액이 7,500만원 이하일 것(직전 과세기간에 근로소득만 있거나 근로소득과 종합소득과세표준에 합산되지 않는 종합소득만 있는 경우로 한정하고, 비과세소득만 있는 경우는 제외) ② 직전 과세기간의 종합소득과세표준에 합산되는 종합소득금액이 6,300만원 이하일 것(직전 과세기간의 총급여액이 7,500만원을 초과하는 근로소득이 있는 자 및 비과세소득만 있는 경우는 제외)
청년도약계좌	다음의 요건을 모두 갖춘 계좌로서 금융회사 등이 서민금융진흥원과 협약을 체결하여 취급하고 계약기간이 5년 이상인 것을 말한다. ① 1명당 1개의 계좌만 보유할 것 ② 다음의 재산으로 운용할 것 • 예금 · 적금 · 예탁금 및 환매수 · 환매도하는 조건으로 매매하는 채권 또는 증권 • 집합투자기구의 집합투자증권 • 파생결합증권 또는 파생결합사채 • 유형별 포괄주의 이자소득으로 과세되는 증권 또는 증서 • 주권상장법인의 주식 • 부동산투자회사의 주식 • 청년도약계좌에 보유하고 있는 투자대상자산을 통해 취득한 신주인수권증서 ③ 납입한도가 연 840만원 이하일 것

(3) 계약 해지시 처리

금융회사 등은 청년도약계좌의 계좌보유자가 최초로 계약을 체결한 날부터 5년이 되는 날 이전에 청년도약계좌로부터 계약을 해지하는 경우에는 비과세를 적용받은 소득세에 상당하는 세액을 이자소득 비과세의 추징규정(제146조의2)에 따라 추징해야 한다. 다만, 다음 중 어느 하나에 해당하는 사유로 계약을 해지하는 경우에는 그렇지 않다.

① 가입자의 사망 · 해외이주

② 계약 해지일 전 6개월 이내에 발생한 ㉠ 천재지변, ㉡ 가입자의 퇴직, ㉢ 사업장의 폐업, ㉣ 가입자의 3개월 이상의 입원치료 또는 요양이 필요한 상해 · 질병의 발생, ㉤ 저축취급기관의 영업의 정지, 영업인가 · 허가의 취소, 해산결의 또는 파산선고, ㉥ 주택을 소유한 사실이 없는 가입자가 본인이 거주할 목적으로 주택(국민주택규모의 주택으로서 취득일 당시 기준시가가 5억원 이하인 경우로 한정한다)을 취득, ㉦ 가입자의 혼인 · 출산(배우자의 출산을 포함한다)

Ⅱ. 그 밖의 저축지원을 위한 조세특례

구분	조세특례의 내용
장병내일준비적금에서 발생한 이자소득에 대한 비과세	가입 당시 현역병* 등이 장병내일준비적금에 가입하는 경우 가입일부터 복무기간 종료일까지 해당 적금(모든 금융회사에 납입한 금액의 합계액 기준으로 월 40만원을 한도로 한다)에서 발생하는 이자소득에 대해서는 소득세를 부과하지 않는다. 다만, 복무기간이 24개월을 초과하는 경우 비과세 적용기간은 24개월을 초과하지 못한다. * '현역병 등'이란 현역병 · 사회복무요원 · 상근예비역 및 전환복무를 하는 사람 및 대체복무요원으로서 적금 가입 당시 잔여 복무기간이 1개월 이상인 자를 말한다.
청년희망적금에 대한 비과세	청년*으로서 다음 중 어느 하나에 해당하는 거주자가 전용계좌를 통하여 2022.12.31.까지 청년희망적금에 가입하여 2024.12.31.까지 받는 이자소득에 대해서는 소득세를 부과하지 않는다. * '청년'이란 청년희망적금 가입일 현재 19세 이상 34세 이하인 사람을 말하며, 병역을 이행한 경우에는 그 기간(6년을 한도로 한다)을 청년희망적금 가입일 현재 연령에서 빼고 계산한 연령이 34세 이하인 사람을 포함한다. ① 직전 과세기간의 총급여액이 3,600만원 이하인 경우(직전 과세기간에 근로소득만 있거나 근로소득과 종합소득과세표준에 합산되지 않는 종합소득만 있는 경우로 한정한다) ② 직전 과세기간의 종합소득과세표준에 합산되는 종합소득금액이 2,600만원 이하인 경우(직전 과세기간에 근로소득 또는 사업소득이 있고, 직전 과세기간의 총급여액이 3,600만원을 초과하지 않는 경우로 한정한다) * 위 조세특례는 다음의 요건을 모두 갖춘 계좌(이하 '전용계좌'라 한다)에 납입하는 경우에 적용한다. ① 1명당 1개만 가입할 수 있는 계좌일 것 ② 납입한도가 연 600만원일 것

조특 06

[도 표] 청년의 자산형성 지원 관련 조세특례

구분	조세특례의 내용	근거규정
(1) 청년우대형 주택청약저축에 대한 이자소득 비과세	청년우대형 주택청약종합저축에서 발생하는 이자소득의 합계액에 대해서 500만원까지 소득세 비과세	조특법 87 ③
(2) 장병내일준비적금에 대한 이자소득 비과세	가입 당시 현역병 등이 장병내일준비적금에 가입하는 경우 가입일부터 복무기간 종료일까지 해당 적금[모든 금융회사에 납입한 금액의 합계액 기준으로 월 40만원(2025.1.1. 이후에 납입하는 금액은 월 55만원)을 한도로 한다]에서 발생하는 이자소득에 대해서는 소득세 비과세 * 복무기간이 24개월을 초과하는 경우 비과세 적용기간은 24개월을 초과하지 못한다.	조특법 91의19
(3) 청년형 장기집합투자증권저축에 대한 소득공제	청년형 장기집합투자증권저축(이른바 '청년형 장기펀드')에 가입하는 경우 계약기간 동안 각 과세기간에 납입한 금액(연 600만원 한도)의 40%에 해당하는 금액을 해당 과세기간의 종합소득금액에서 공제	조특법 91의20
(4) 청년도약계좌에 대한 비과세	청년도약계좌에서 발생하는 이자소득과 배당소득에 대해서 소득세 비과세	조특법 91의22

제3절 국민생활안정을 위한 조세특례

Ⅱ-2 p.308

Ⅰ. 혼인세액공제

1. 개요

거주자가 2026.12.31. 이전에 혼인신고를 한 경우에는 1회에 한정하여 혼인신고를 한 날이 속하는 과세기간의 종합소득산출세액에서 50만원을 공제한다.

2. 사후관리

혼인세액공제를 받은 거주자가 혼인이 무효가 된 경우로서 혼인무효의 소에 대한 판결이 확정된 날이 속하는 달의 다음 달부터 3개월이 되는 날까지 수정신고(또는 기한후신고)를 한 경우에는 다음과 같이 ① 가산세를 부과하지 아니하되 ② 이자상당액을 소득세에 가산하여 부과한다.

구분	세무처리
① 가산세 부과제외	• 일반적인 무신고가산세 · 과소신고가산세 부과제외 * 부정행위로 인한 무신고가산세 · 과소신고가산세는 부과한다. • 납부지연가산세 부과제외
② 이자상당액 부과	• 가산하는 이자상당액 = 소득세액 × 기간* × $\frac{2.2}{10,000}$ * 기간 : 소득세 과세표준 신고기한의 다음 날부터 수정신고(또는 기한후신고)를 한 날까지의 기간

Ⅱ. 근로소득자의 월세 세액공제

과세기간 종료일 현재 주택을 소유하지 않는 세대의 세대주(세대주가 월세 세액공제 및 주택자금 소득공제를 받지 않은 경우에는 세대의 구성원을 말하며, 외국인을 포함한다)로서 해당 과세기간의 총급여액이 8천만원 이하인 근로소득이 있는 거주자(해당 과세기간에 종합소득과세표준을 계산할 때 합산하는 종합소득금액이 7천만원을 초과하는 사람은 제외)가 월세액을 지급하는 경우 다음 금액을 해당 과세기간의 종합소득산출세액에서 공제한다.

> 월세 세액공제액 = [MIN (주택을 임차하기 위하여 지급한 월세액(*주), 1,000만원)]×공제율(17% · 15%)

(*주) 월세 세액공제액 = $\frac{\text{임대차계약증서상 주택임차 기간 중 지급해야 할 월세액의 합계액}}{} \times \frac{\text{해당 과세기간의 임차일수}}{\text{주택임대차 계약기간에 해당하는 일수}}$

구분	공제율
① 해당 과세기간의 총급여액이 5,500만원 이하인 근로소득이 있는 근로자(해당 과세기간의 종합소득금액이 4,500만원을 초과하는 사람은 제외)	17%
② 해당 과세기간의 총급여액이 5,500만원 초과 8,000만원 이하인 근로소득이 있는 근로자(해당 과세기간의 종합소득금액이 7,000만원을 초과하는 사람은 제외)	15%

여기서 '주택을 임차하기 위하여 지급한 월세액'이란 다음의 요건을 충족하는 주택(오피스텔 및 고시원업의 시설 포함)을 임차하기 위하여 지급하는 월세액(사글세액 포함)을 말한다.

① 주택법에 따른 ㉠ 국민주택규모이거나 ㉡ 기준시가가 4억원 이하인 주택일 것(이 경우 해당 주택이 다가구주택이면 가구당 전용면적을 기준으로 한다)

② 주택 및 오피스텔에 딸린 토지가 도시지역의 토지는 5배(그 밖의 토지는 10배)를 초과하지 않을 것

③ 임대차계약증서의 주소지와 주민등록표 등본의 주소지가 같을 것

④ 해당 거주자 또는 해당 거주자의 기본공제대상자가 임대차계약을 체결할 것

Ⅲ. 임대주택의 임대 및 양도에 대한 과세특례

1. 소형주택 임대사업자에 대한 세액감면

(1) 개요

내국인이 임대주택을 1호 이상 임대하는 경우에는 해당 임대사업에서 발생한 소득에 대해서는 다음과 같이 세액을 감면한다.

구분	감면세액
① 임대주택을 1호 임대하는 경우*	법인세 또는 소득세의 30%(임대주택 중 장기일반민간임대주택 등의 경우에는 75%)에 상당하는 세액
② 임대주택을 2호 이상 임대하는 경우*	법인세 또는 소득세 20%(임대주택 중 장기일반민간임대주택 등의 경우에는 50%)에 상당하는 세액

* 임대사업자가 임대하는 임대주택의 수를 계산할 때에는 해당 과세연도 종료일 현재 임대주택 수를 기준으로 한다.

(2) 감면요건

1) 감면대상자 : 다음의 요건을 모두 충족하는 내국인이 임대주택을 1호 이상 임대해야 한다.

① 소득세법 또는 법인세법에 따른 사업자등록을 하였을 것

② 관련 법률에 따른 임대사업자등록을 하였거나 법에 따른 공공주택사업자로 지정되었을 것

2) 임대주택의 요건 : 내국인이 임대주택으로 등록한 관련 법률에 따른 건설임대주택, 매입임대주택, 공공지원민간임대주택 또는 장기일반민간임대주택으로서 다음의 요건을 모두 충족하는 임대주택을 말한다.

① 주택법에 따른 국민주택규모*의 주택**일 것

* 해당 주택이 다가구주택일 경우에는 가구당 전용면적을 기준으로 한다.

** 주거에 사용하는 오피스텔과 주택 및 오피스텔에 딸린 토지를 포함하며, 그 딸린 토지가 건물이 정착된 면적에 지역별로 5배(도시지역)·10배(그 밖의 토지)를 곱하여 산정한 면적을 초과하는 경우 해당 주택 및 오피스텔은 제외한다.

② 주택 및 이에 부수되는 토지의 기준시가의 합계액이 해당 주택의 임대개시일* 당시 6억원을 초과하지 않을 것

* 임대개시 후 감면대상자의 ①·②의 요건을 모두 충족하는 경우 그 요건을 모두 충족한 날을 말한다.

③ 임대보증금 또는 임대료(이하 '임대료')의 증가율이 5%를 초과하지 않을 것. 이 경우 임대료 증액 청구는 임대차계약 또는 약정한 임대료의 증액이 있은 후 1년 이내에는 하지 못하고, 임대사업자가 임대료의 증액을 청구하면서 임대보증금과 월임대료를 상호 간에 전환하는 경우에는 「민간임대주택에 관한 특별법」의 전환 규정을 준용한다.

(3) 사후관리

법인세 또는 소득세를 감면받은 내국인이 1호 이상의 임대주택을 4년[장기일반민간임대주택 등의 경우에는 8년(2020.8.18. 이후 임대사업등록 신청분부터는 10년)] 이상 임대하지 않은 경우 그 사유가 발생한 날이 속하는 과세연도의 과세표준신고를 할 때 감면받은 세액을 법인세 또는 소득세로 납부해야 한다. 다만, 「민간임대주택에 관한 특별법」에 해당하여 등록이 말소되는 경우*에는 그렇지 않다.

* 장기일반민간임대주택 중 아파트를 임대하는 민간매입임대주택 또는 단기민간임대주택에 대하여 임대사업자가 임대의무기간 내 등록 말소를 신청(신청 당시 체결된 임대차계약이 있는 경우 임차인의 동의가 있는 경우로 한정한다)하는 경우 등을 말한다.

이처럼 감면받은 법인세 또는 소득세를 납부하는 경우에는 이자상당가산액을 법인세 또는 소득세에 가산하여 납부해야 한다. 다만, 다음 중 어느 하나에 해당하는 부득이한 사유가 있는 경우에는 그렇지 않다.

① 파산, 강제집행에 따라 임대주택을 처분하거나 임대를 할 수 없는 경우
② 법령상 의무를 이행하기 위하여 임대주택을 처분하거나 임대를 할 수 없는 경우
③ 관련 법률에 따른 회생절차에 따라 법원의 허가를 받아 임대주택을 처분한 경우

2. 상가임대료를 인하한 임대사업자에 대한 세액공제

(1) 개요

상가건물에 대한 부동산임대업의 사업자등록을 한 자(이하 '상가임대인')자가 상가건물에 대한 임대료를 임차인(임차소상공인에 한정한다)으로부터 2020년 1월 1일부터 2023년 12월 31일까지(이하 '공제기간') 인하하여 지급받는 경우 다음의 금액을 법인세 또는 소득세에서 공제한다.

세액공제액 = 임대료 인하액×70%(기준소득금액*이 1억원을 초과하는 경우에는 50%)

* 기준소득금액 = 해당 과세기간의 (종합소득과세표준 + 임대료 인하액)

임대료 인하액 = (① − ②)의 금액(이 경우 보증금을 임대료로 환산한 금액은 제외한다)
① 임대료를 인하하기 직전의 임대상가건물 임대차계약에 따른 임대료를 기준으로 계산한 해당 과세연도의 임대료(*주)
② 임대상가건물의 임대료로 지급했거나 지급하기로 하여 해당 과세연도에 상가임대인의 수입금액으로 발생한 임대료

(*주) 다만, 공제기간 중 임대상가건물의 임대차계약을 동일한 임차소상공인과 갱신하거나 재계약(이하 '갱신 등')하고 갱신 등의 임대차계약에 따른 임대료가 인하된 경우 갱신 등에 따른 임대차계약이 적용되는 날부터 2023.12.31.까지는 갱신 등에 따른 임대료를 기준으로 계산한 임대료를 말한다.

(2) 임차소상공인의 범위

'임차소상공인'이란 다음의 요건을 모두 갖춘 자를 말한다.

① 소상공인

② 임대상가건물을 2020.1.31. 이전부터 계속하여 임차하여 영업용 목적으로 사용하고 있는 자

③ 별표 14(상가임대료를 인하한 임대사업자에 대한 세액공제를 적용받지 못하는 임차소상공인의 업종, 즉 세액공제 적용배제 업종*)에 따른 업종을 영위하지 않는 자

* 도박게임기 제조업 등, 금융 및 보험업, 부동산업, 개별소비세 과세유흥장소를 경영하는 사업을 말한다.

④ 상가임대인과 국세기본법에 따른 특수관계인이 아닌 자

⑤ 소득세법, 법인세법 또는 부가가치세법에 따라 사업자등록을 한 자

(3) 세액공제 배제

임대료를 인하하기 직전의 임대차계약에 따른 임대료나 보증금보다 인상*한 경우에는 세액공제를 적용하지 않거나 이미 공제받은 세액을 추징한다.

* 임대차계약의 갱신 등을 한 경우에는 갱신 등에 따른 임대료나 보증금이 임대료를 인하하기 직전의 임대차계약에 따른 금액의 5%를 초과한 것을 말한다(추징요건). 만약 해당 과세연도 중 앞의 추징요건에 해당하는 경우에는 세액공제를 적용하지 않으며, 해당 과세연도 종료일 이후 6개월 이내 추징요건에 해당하는 경우에는 이미 공제받은 세액을 추징한다.

3. 수도권 밖의 지역에 있는 준공후미분양주택 취득자에 대한 양도소득세 및 종합부동산세 과세특례

(1) 양도소득세 과세특례

1주택을 보유한 1세대가 2024. 1. 10.부터 2025. 12. 31.까지의 기간 중에 준공후미분양주택을 취득한 후 준공후미분양주택을 취득하기 전에 보유한 주택을 양도하는 경우에는 그 준공후미분양주택을 해당 1세대의 소유주택이 아닌 것으로 보아 1세대 1주택 비과세규정*을 적용한다. 그 취지는 원활한 주택 공급을 지원하려는 데 있다.

* 1세대 1주택에 대한 장기보유특별공제 최대 80% 공제 적용

[도 표] 수도권 밖의 지역에 있는 준공후미분양주택 취득에 대한 과세특례

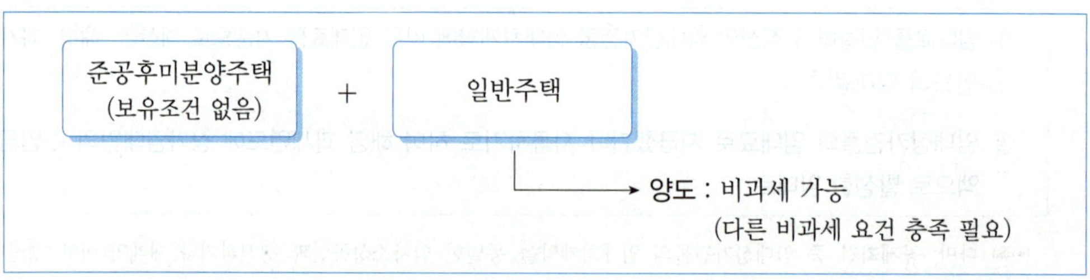

여기서 '준공후미분양주택'이란 다음의 요건을 모두 충족하는 준공 후 미분양주택을 말한다.

<table>
<tr><th>구분</th><th>준공후미분양주택의 범위</th></tr>
<tr><td>소재지역</td><td>① 수도권 밖의 지역에 소재할 것</td></tr>
<tr><td>면적 · 가액 기준</td><td>② 전용면적이 85제곱미터 이하일 것
③ 취득가액이 6억원 이하일 것</td></tr>
<tr><td rowspan="2">양도자와 양수자</td><td>④ 양도자가 다음 중 어느 하나에 해당할 것
㉠ 주택법(제54조 ①)에 따른 사업주체
㉡ 「건축물의 분양에 관한 법률(제2조 (3))」에 따른 분양사업자
㉢ 위 ㉠에 따른 사업주체 또는 ㉡에 따른 분양사업자로부터 주택의 공사대금으로 해당 주택을 받은 시공자</td></tr>
<tr><td>⑤ 양수자가 해당 주택에 대한 매매계약(주택공급계약 및 분양계약 포함)을 최초로 체결한 자일 것</td></tr>
<tr><td>준공후미분양</td><td>⑥ 주택법(제49조)에 따른 사용검사(임시 사용승인 포함) 또는 건축법(제22조)에 따른 사용승인을 받은 날까지 분양계약이 체결되지 않아 선착순의 방법으로 공급하는 것일 것</td></tr>
</table>

(2) 종합부동산세 과세특례

1주택을 보유한 1세대가 2024.1.10.부터 2025.12.31.까지의 기간 중에 준공후미분양주택을 취득한 경우에는 종합부동산세법상 1세대 1주택자*로 본다.

* 1세대 1주택에 대한 ① 기본공제 12억원(다주택자 9억원) 및 ② 고령자 · 장기보유 세액공제(최대 80%) 적용

4. 그 밖의 임대주택의 임대 및 양도에 대한 과세특례

구분	과세특례	사후관리
상가건물 장기 임대사업자에 대한 세액감면	해당 과세연도의 부동산임대업에서 발생하는 수입금액(과세기간이 1년 미만인 과세연도의 수입금액은 1년)이 7천5백만원 이하인 내국인이 소득세법 · 부가가치세법에 따라 사업자등록을 한 개인사업자(이하 임차인)에게 상가건물을 영업용으로 임대하는 경우에는 해당 과세연도의 상가건물임대사업에서 발생한 소득에 대한 소득세 · 법인세의 5%를 감면한다.	① 해당 과세연도 개시일 현재 동일한 임차인에게 계속하여 임대한 기간이 5년을 초과할 것 ② 동일한 임차인에 대한 해당 과세연도 종료일 이전 2년간의 연평균 임대료 인상률이 법률에 따른 차임 · 보증금의 증액 청구기준의 3% 이내일 것

장기일반민간임대주택 등에 대한 양도소득세의 과세특례	거주자가 법률에 따른 공공지원민간임대주택·장기일반민간임대주택을 등록하여 다음의 요건을 모두 충족하는 경우 이를 양도함으로써 발생하는 소득에 대해서는 장기보유특별공제를 계산할 때 소득세법 규정에도 불구하고 50% 공제율을 적용한다. 다만, 10년 이상 계속하여 임대한 후 양도하는 경우에는 70%의 공제율을 적용한다. ① 8년 이상 계속하여 임대한 후 양도할 것 ② 법률에 따른 임대보증금·임대료 등의 증액 제한요건을 충족할 것 * 장기임대주택에 대한 양도소득세의 과세특례와 중복하여 적용하지 않는다.	–
장기임대주택에 대한 양도소득세의 과세특례	거주자·비거주자가 민간건설임대주택·민간매입임대주택·공공건설임대주택·공공매입임대주택을 6년 이상 임대한 후 양도하는 경우 그 주택을 양도함으로써 발생하는 소득에 대해서는 소득세법에 따른 장기보유특별공제액을 계산할 때 보유기간별 공제율(6%~30%)에 해당 주택의 임대기간에 따른 추가공제율(2%~10%)을 더한 공제율을 적용한다. 다만, 1세대 1주택으로서 24%~80%의 보유기간별 공제율을 적용받은 경우는 제외	–

Ⅳ. 농어촌주택 등 취득자에 대한 양도소득세 과세특례

1. 개요

1세대가 1개의 농어촌주택 등을 취득하여 3년 이상 보유하고 그 농어촌주택 등의 취득 전에 보유하던 다른 주택(이하 '일반주택')을 양도하는 경우에는, 그 농어촌주택 등을 1세대의 소유주택이 아닌 것으로 보아 1세대 1주택 비과세규정을 적용한다. 그 취지는 농어촌지역 등에 도시자금을 유입하여 농어촌지역 등의 경제 활성화를 도모하고 귀농·귀촌을 장려하려는 데 있다.

[도 표] 농어촌주택 등 소유에 관한 특례

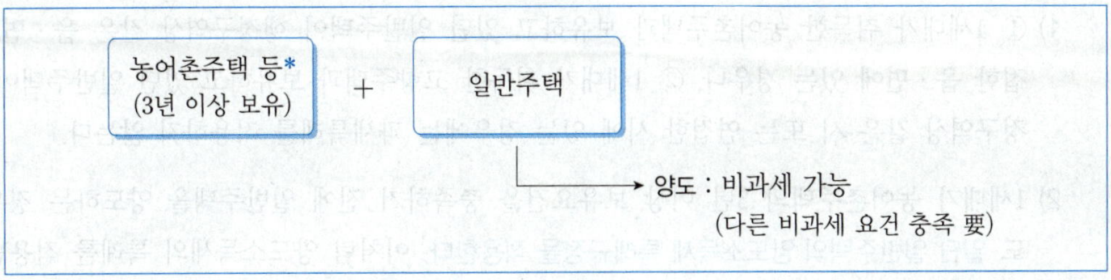

* 일정요건을 갖춘 농어촌주택은 지방세법을 적용할 때 별장에서 제외하므로 취득세 중과세대상으로 취급하지 않는다.

2. 농어촌주택 등의 범위

'농어촌주택 등'이란 1세대가 2003. 8. 1.(고향주택은 2009. 1. 1.)부터 2025. 12. 31.까지의 기간(이하 '농어촌주택 등 취득기간') 중에 다음의 ① 농어촌주택 또는 ② 고향주택의 요건을 갖춘 1채의 주택을 취득(자가 건설하는 경우 포함)한 경우 해당 주택을 말한다.

구분	농어촌주택	고향주택
소재지역	① 취득 당시 다음의 ㉠ 또는 ㉡의 지역에 소재할 것 ㉠ 기회발전특구. 다만, 인구감소지역, 접경지역이 아닌 수도권과밀억제권역 안의 기회발전특구는 제외한다. ㉡ 읍·면 또는 동. 다만, 다음에 해당하는 지역은 제외한다. • 수도권지역(㉠ 경기도 연천군, ㉡ 인천광역시 강화군 및 옹진군은 제외) • 도시지역(㉠ 영암·해남 관광레저형 기업도시개발구역, ㉡ 태안 관광레저형 기업도시개발구역은 제외) • 소득세법에 따른 조정대상지역 • 토지거래계약 허가구역 • 그 밖에 관광단지 등 부동산 가격안정이 필요하다고 인정되는 지정지역	다음의 요건을 모두 갖춘 고향에 소재하는 주택일 것 ㉠ 가족관계등록부 기준지 소재지로서 10년 이상 거주사실이 있는 시 지역 ㉡ 취득 당시 인구 20만명 이하의 26개 시 지역에 소재할 것. 다만, 다음에 해당하는 지역은 제외한다. • 수도권 지역 • 소득세법에 따른 조정대상지역 • 그 밖에 관광단지 등 부동산 가격안정이 필요하다고 인정되는 지정지역
금액기준	주택 및 그 부수토지의 가액(기준시가)의 합계액이 해당 주택의 취득 당시 3억원(한옥은 4억원)을 초과하지 않을 것	

3. 비과세의 적용례

1) ① 1세대가 취득한 농어촌주택과 보유하고 있던 일반주택이 행정구역상 같은 읍·면, 연접한 읍·면에 있는 경우나, ② 1세대가 취득한 고향주택과 보유하고 있던 일반주택이 행정구역상 같은 시 또는 연접한 시에 있는 경우에는 과세특례를 적용하지 않는다.

2) 1세대가 농어촌주택의 3년 이상 보유요건을 충족하기 전에 일반주택을 양도하는 경우에도 일단 일반주택의 양도소득세 특례규정을 적용한다. 이처럼 양도소득세의 특례를 적용받은 1세대가 농어촌주택을 3년 이상 보유하지 않게 된 경우에는 과세특례를 적용받은 자가 과세특례를 적용받지 않았을 경우 납부하였을 세액에 상당하는 세액을 납부해야 한다. 다만, 법률에 의한 수용 등 부득이한 사유가 있는 경우에는 그러하지 않는다.

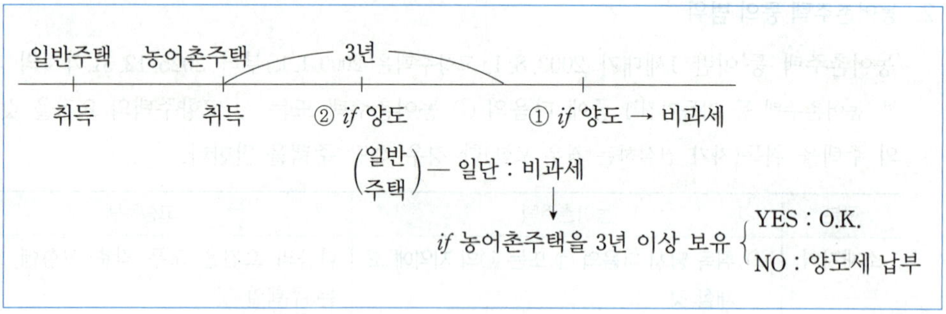

Ⅴ. 위기지역 창업기업에 대한 법인세 등의 감면

1. 개요

위기지역에 창업중소기업 해당 업종(이하 '감면대상사업')으로 창업하거나 사업장을 신설(기존 사업장을 이전하는 경우는 제외하며, 위기지역으로 지정 또는 선포된 기간에 창업하거나 사입장을 신설하는 경우로 한정한다)하는 기업에 대해서는 법인세 또는 소득세를 감면한다.

* 창업의 범위에 관해서는 창업중소기업 등에 대한 세액감면 규정을 준용한다.

참고 위기지역

고용위기지역 또는 산업위기대응특별지역(현재 9개 지역) : 군산시, 거제시, 통영시, 고성군, 창원시 진해구, 울산시 동구, 목포시, 영암군, 해남군 ■

2. 세액감면의 내용

(1) 세액감면

위기지역 창업기업은 감면대상사업에서 발생한 소득에 대하여 감면대상사업에서 최초로 소득이 발생한 과세연도의 개시일부터 5년 이내에 끝나는 과세연도*까지 감면대상사업에서 발생한 소득에 대한 법인세 또는 소득세의 100%에 상당하는 세액을 감면하고, 그 다음 2년 이내에 끝나는 과세연도까지는 법인세 또는 소득세의 50%에 상당하는 세액을 감면한다(5년간 100% 감면 ➟ 2년간 50% 감면).

(2) 감면한도

중소기업 외의 기업이 감면규정이 적용되는 감면기간 동안 감면받는 법인세 또는 소득세의 총합계액은 다음 금액을 한도로 한다.

감면한도** = ① 투자기준 감면한도 + ② 고용기준 감면한도
① 투자누계액*× 50% ② 해당 과세연도의 감면대상사업장의 상시근로자 수 × 1,500만원(청년 및 서비스업 상시근로자는 2,000만원)

* 법인세 또는 소득세를 감면받는 해당 과세연도까지의 사업용자산에 대한 투자 합계액을 말한다.

** 각 과세연도에 감면받을 법인세 또는 소득세에 대하여 감면한도를 적용할 때에는 ①의 금액을 먼저 적용한 후 ②의 금액을 적용한다.

참고 사후관리

감면받은 기업이 다음 중 어느 하나에 해당하는 경우에는 그 사유가 발생한 과세연도의 과세표준신고를 할 때 다음의 세액을 법인세·소득세로 납부해야 한다. 이 경우 납부할 세액에 이자상당액을 가산하여 납부해야 한다.

사유	납부해야 할 세액
① 감면대상사업장의 사업을 폐업하거나 법인이 해산한 경우. 다만, 법인의 합병·분할 또는 분할합병으로 인한 경우는 제외	폐업일·법인해산일부터 소급하여 3년 이내에 감면된 세액
② 감면대상사업장을 위기지역 외의 지역으로 이전한 경우	이전일부터 소급하여 5년 이내에 감면된 세액

조특 06

Ⅵ. 연금계좌 납입에 대한 양도소득세의 과세특례

1. 개 요

기초연금 수급자가 장기보유한 부동산을 양도하고, 양도가액을 연금계좌에 납입하는 경우에 납입액의 10%에 해당하는 금액을 양도소득세 산출세액에서 공제한다. 그 취지는 부동산 연금화를 통해 노후생활 안정 지원하려는 데 있다.

2. 특례요건

(1) 특례적용 거주자

다음의 요건을 모두 충족하는 거주자에게 과세특례를 적용한다.

① 부동산 양도 당시 기초연금 수급자*일 것

* 기초연금은 65세 이상인 사람으로서 소득인정액이 보건복지부장관이 정하여 고시하는 금액(이하 '선정기준액'이라 한다) 이하인 사람에게 지급한다(기초연금법 3 ①). 2025년 선정기준액은 ① 배우자가 없는 노인가구의 경우 월 소득인정액 2,280,000원, ② 배우자가 있는 노인가구의 경우 월 소득인정액 3,648,000원으로 한다(보건복지부고시 제2025-4호, 2025.1.13.).

② 부동산 양도 당시 1주택 또는 무주택 세대의 구성원일 것

(2) 특례대상 부동산

'특례대상 부동산'이란 국내에 있는 토지 또는 건물로서 10년 이상 보유한 것(이하 '연금부동산'이라 한다)을 말한다.

(3) 연금계좌 납입요건

특례대상 부동산을 양도하고, 그 양도일부터 6개월 이내에 양도가액의 전부 또는 일부를 연금계좌에 납입해야 한다.

3. 특례내용

이상 요건을 갖춘 경우에는 연금계좌 납입액의 10%에 상당하는 금액을 해당 부동산의 양도소득 산출세액에서 공제한다. 이 경우 공제세액은 산출세액을 한도로 한다.

연금계좌 납입 세액공제액 = MIN(①, ②) ① 공제세액 = 연금계좌 납입액(1억원 한도*) × 10% ② 한도 = 양도소득산출세액

* 연금주택 및 연금부동산 납입액의 총 누적금액은 1억원을 한도로 한다.

4. 사후관리

양도소득세의 과세특례를 적용받은 거주자가 부동산연금 납입액을 연금계좌에 납입한 날부터 5년 이내에 그 연금계좌에서 연금외수령하는 경우에는 그 공제받은 세액에 상당하는 금액을 양도소득세로 납부해야 한다.

참고 연금계좌의 인출순서

양도소득세의 과세특례를 적용받은 거주자의 연금계좌에서 일부 금액이 인출되는 경우에는 「소득세법 시행령」 제40조의3(연금계좌의 인출순서)의 각 호의 순서대로 연금보험료가 인출될 때 해당 호의 연금보험료 중 부동산연금 납입액이 먼저 인출된 것으로 본다. ■

제4절 근로 · 자녀 장려를 위한 조세특례

Ⅱ-2 p.328

Ⅰ. 근로장려세제(EITC)

1. 의의

현재 사회안전망은 ① 일반국민을 대상으로 하는 사회보험제도(국민연금 · 건강보험 · 고용보험)와 ② 극빈층을 위주로 하는 국민기초생활보장제도로 구성되어 있어 차상위계층은 기존사회보장망의 보호가 취약한 실정이다. 이러한 점을 고려하여 저소득자의 근로를 장려하고 소득을 지원하기 위해 근로장려세제(EITC : Earned Income Tax Credit)를 적용하여 과세연도의 총급여액에 따라 근로장려금을 결정 · 환급한다.

2. 근로장려금의 신청자격

거주자가 다음의 요건을 모두 갖춘 경우 해당 소득세 과세기간의 근로장려금을 신청할 수 있다.

1) 대상 거주자 요건 : 소득세 과세기간 중에 사업소득, 근로소득 또는 종교인소득이 있는 거주자로서 다음 중 어느 하나에 해당하는 자(그 배우자를 포함한다)를 제외한 자를 말한다.

① 해당 소득세 과세기간 중 간이과세 배제대상 전문직 사업서비스업을 영위하는 자

② 해당 소득세 과세기간 종료일 현재 계속 근무하는 상용근로자(일용근로자가 아닌 근로자를 말한다)로서 월평균 근로소득이 500만원 이상인 자

2) 총소득요건 : 거주자(그 배우자를 포함한다. 이하 같다)의 연간 총소득의 합계액이 거주자를 포함한 1세대(이하 '가구'라 한다)의 구성원 전원(이하 '가구원')의 구성에 따라 정한 다음 표의 총소득기준금액 미만일 것

가구원 구성	총소득기준금액
① 단독 가구	2,200만원
② 홑벌이 가구	3,200만원
③ 맞벌이 가구	4,400만원

여기서 '연간 총소득의 합계액'이란 해당 소득세 과세기간의 소득세법에 따른 이자소득의 합계액, 배당소득의 합계액, 사업소득×조정률(업종별로 20%~90%), 근로소득의 합계액, 연금소득의 합계액, 기타소득금액(종교인소득은 제외), 종교인소득의 합계액을 모두 합한 금액(비과세소득은 제외)을 말한다.

3) 재산요건 : 가구원이 소유하고 있는 토지 · 건물 · 자동차 · 예금 등 재산의 합계액(이하 '가구

조특 06

원 재산의 합계액')이 2억4천만원 미만일 것

참 고 가구원 구성의 뜻

(1) 단독가구 : 배우자, 부양자녀 및 (2)의 ②에 따른 직계존속이 없는 가구

(2) 홑벌이 가구 : 다음 중 어느 하나에 해당하는 가구

① 배우자의 아래 (3)에 따른 총급여액 등이 300만원 미만인 가구

② 배우자 없이 부양자녀가 있는 가구 또는 배우자 없이 다음의 요건을 모두 갖춘 직계존속(사망한 종전 배우자의 직계존속을 포함하고, 직계존속이 재혼한 경우에는 해당 직계존속의 배우자를 포함한다. 이하 같다)이 있는 가구

- 직계존속 각각의 연간 소득금액의 합계액이 100만원 이하일 것
- 해당 소득세 과세기간 종료일 현재 주민등록표상의 동거가족으로서 해당 거주자의 주소나 거소에서 현실적으로 생계를 같이 할 것. 다만, 해당 소득세 과세기간 종료일 전에 사망한 직계존속에 대해서는 사망일 전일을 기준으로 하며, 장애인이 질병의 치료, 요양 등으로 본래의 주소나 거소를 일시 퇴거한 경우에는 생계를 같이한 것으로 본다.
- 70세 이상일 것. 다만, 장애인의 경우에는 연령의 제한을 받지 않는다.

(3) 맞벌이 가구 : 거주자 및 그 배우자의 소득세 과세기간 중에 다음 금액을 모두 합한 금액(비과세소득 등은 제외하며, 이하 '총급여액 등')이 각각 300만원 이상인 가구

㉠ 소득세법에 따른 사업소득×조정률(업종별로 20%~90%)

㉡ 소득세법에 따른 근로소득의 금액

㉢ 소득세법에 따른 종교인소득의 금액 ■

3. 근로장려금의 산정

1) 가구별 근로장려금 : 근로장려금은 총급여액 등을 기준으로 다음 구분에 따라 계산한 금액으로 한다.

① 단독가구인 경우

목별	총급여액 등		근로장려금
가		400만원 미만	총급여액 등×165/400
나	400만원 이상	900만원 미만	165만원
다	900만원 이상	2,200만원 미만	165만원 − (총급여액 등 − 900만원)×165/1,300

② 홑벌이 가구인 경우

목별	총급여액 등		근로장려금
가		700만원 미만	총급여액 등×285/700
나	700만원 이상	1,400만원 미만	285만원
다	1,400만원 이상	3,200만원 미만	285만원 − (총급여액 등 − 1,400만원)×285/1,800

③ 맞벌이 가구인 경우

목별	총급여액 등	근로장려금
가	800만원 미만	총급여액 등×330/800
나	800만원 이상 1,700만원 미만	330만원
다	1,700만원 이상 4,400만원 미만	330만원 – (총급여액 등 – 1,700만원)×330/2,700

한편 근로장려금을 계산할 경우 거주자의 배우자(비거주자는 제외)가 사업소득, 근로소득 또는 종교인소득이 있을 때에는 해당 거주자와 그 배우자 중 근로장려금을 신청한 자의 총급여액 등에 그 배우자의 총급여액 등을 합산하여 총급여액 등을 산정한다.

2) 예외 : 위 1)의 규정에도 불구하고 가구원 재산의 합계액이 1억7천만원 이상인 경우에는 위 1)에 따라 계산한 금액의 50%에 해당하는 금액을 근로장려금으로 한다.

[도 표] 근로장려금 지급액

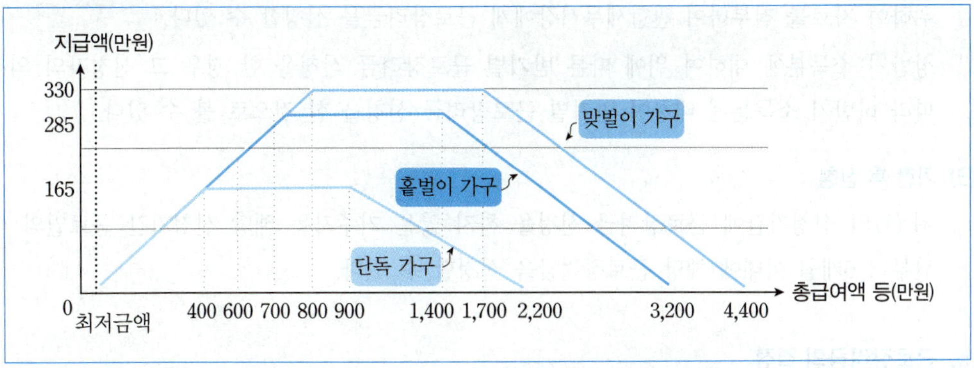

참 고 총급여액 등

'총급여액 등'은 비과세소득과 다음의 근로소득, 사업소득 또는 종교인소득을 제외한 금액을 말한다.

① 본인 및 배우자의 직계존비속(그 배우자 포함)에게 받은 원천징수대상 사업소득 및 근로소득

② 사업자 외의 자로부터 지급받은 근로소득

③ 법인세법에 따라 상여로 처분된 근로소득(인정상여)

④ 사업자등록을 하지 않은 자의 사업소득(다만, 인적용역의 공급에서 발생하는 소득으로 기획재정부령으로 정하는 사업자로부터 받은 소득은 제외한다)

⑤ 부동산임대업에서 발생하는 소득 ■

4. 근로장려금의 신청

(1) 일반적인 근로장려금 신청

거주자는 종합소득과세표준 확정신고기간(이하 '신청기간')에 신청자격, 산정한 근로장려금이

포함된 근로장려금신청서에 근로소득이 있음을 입증할 수 있는 근로소득원천징수영수증 등 증빙자료를 첨부하여 납세지 관할세무서장에게 근로장려금을 신청해야 한다.

위 규정은 거주자가 종합소득과세표준 확정신고기간에 종합소득과세표준 확정신고(그 배우자의 종합소득과세표준 확정신고를 포함한다)와 근로장려금 신청을 한 경우에만 적용한다. 다만, 종합소득과세표준 확정신고기간에 종합소득과세표준 확정신고를 하지 않은 자가 근로장려금의 결정일까지 종합소득과세표준을 국세기본법에 따라 기한후신고(그 배우자의 종합소득과세표준 기한후신고를 포함한다)를 한 경우에는 종합소득과세표준 확정신고기간에 종합소득과세표준 확정신고를 한 것으로 본다.

(2) 근로소득만 있는 거주자의 반기별 근로장려금 신청

위 (1)의 일반적인 근로장려금 신청규정에도 불구하고 반기(半期) 동안 근로소득만 있는 거주자는 ① 상반기 소득분에 대하여 9월 1일부터 9월 15일까지, ② 하반기 소득분에 대하여 다음연도 3월 1일부터 3월 15일까지 근로장려금신청서에 근로장려금 신청자격을 확인하기 위하여 자료를 첨부하여 관할세무서장에게 근로장려금을 신청할 수 있다.

상반기 소득분에 대하여 위에 따른 반기별 근로장려금 신청을 한 경우 그 신청자의 의사에 따라 하반기 소득분에 대하여 반기별 근로장려금 신청을 한 것으로 볼 수 있다.

(3) 기한 후 신청

위 (1)의 신청기간에 근로장려금 신청을 하지 않은 거주자는 해당 신청기간 종료일의 다음날부터 6개월 이내에 해당 근로장려금을 신청할 수 있다.

5. 근로장려금의 결정

관할세무서장은 다음 중 어느 하나에 해당하는 신청을 받은 경우에는 해당 호에서 정한 기한이 지난 후 3개월 이내에 근로장려금을 결정해야 한다. 다만, 3개월 이내에 근로장려금을 결정하기 어려운 사유에 해당할 때에는 근로장려금의 결정기한을 2개월의 범위에서 연장할 수 있다.

구분	해당 호에서 정한 기한
① 일반적인 근로장려금의 신청을 받은 경우	종합소득과세표준 확정신고기한(근로장려금의 기한 후 신청의 경우에는 그 신청일이 속하는 달의 말일)
② 근로소득만 있는 거주자의 반기 신청을 받은 경우	반기별 신청기한

한편 관할세무서장이 근로장려금의 기한 후 신청을 받은 경우에는 근로장려금의 95%에 해당하는 금액을 근로장려금으로 결정한다.

Ⅱ. 자녀장려세제

1. 개요

저소득자의 자녀양육비를 지원하기 위해 자녀장려세제(CTC : Children Tax Credit)를 적용하여 자녀장려금을 결정·환급한다. 그 취지는 저소득가구의 자녀양육을 지원하고 출산을 장려하려는 데 있다.

2. 자녀장려금의 신청자격

소득세 과세기간 중 근로소득·사업소득·종교인소득이 있는 거주자(간이과세 배제대상 전문직 사업서비스업을 영위하는 자 및 그 배우자를 제외한 자)는 다음의 요건을 모두 갖춘 경우 해당 소득세 과세기간의 자녀장려금을 신청할 수 있다.

① 부양자녀가 있을 것

② 거주자(그 배우자를 포함. 이하 같다)의 연간 총소득의 합계액이 7,000만원 미만(이하 '총소득기준금액')일 것

③ 가구원 재산의 합계액이 2억4천만원 미만일 것

3. 자녀장려금의 산정

자녀장려금은 총급여액 등을 기준으로 다음의 구분에 따라 계산한 금액으로 한다.

1) 홑벌이 가족가구인 경우

목별	총급여액 등	자녀장려금
가	2,100만원 미만	부양자녀의 수×100만원
나	2,100만원 이상 7,000만원 미만	부양자녀의 수 ×[100만원 − (총급여액 등 − 2,100만원)×50/4,900]

2) 맞벌이 가구인 경우

목별	총급여액 등	자녀장려금
가	2,500만원 미만	부양자녀의 수×100만원
나	2,500만원 이상 7,000만원 미만	부양자녀의 수 ×[100만원 − (총급여액 등 − 2,500만원)×50/4,500]

[도 표] 자녀장려금 지급액

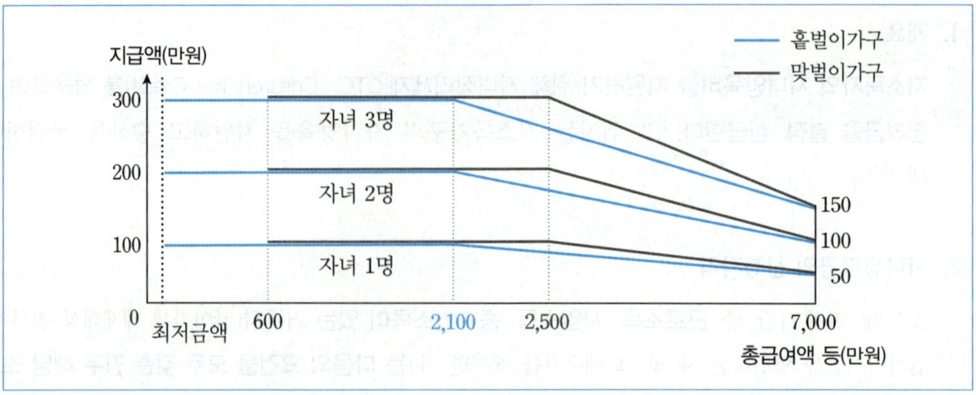

4. 자녀장려금의 신청 등

(1) 신청

거주자는 종합소득과세표준 확정신고기간에 자녀장려금신청서에 자녀장려금 신청자격을 확인하기 위하여 필요한 증거자료를 첨부하여 납세지 관할세무서장에게 자녀장려금을 신청해야 한다.

(2) 중복적용 배제

자녀장려금은 소득세법에 따른 자녀세액공제와 중복하여 적용할 수 없다.

제5절 투자 · 상생협력 촉진을 위한 조세특례

Ⅱ-2 p.338

Ⅰ. 의의

상호출자제한기업집단에 속하는 내국법인이 투자 · 임금 등으로 환류하지 않은 소득이 있는 경우에는 다음과 같이 계산한 세액을 미환류소득에 대한 법인세로 하여 일반적인 법인세에 추가하여 납부해야 한다.

미 환 류 소 득	• 기업소득×70% · 15% − 환류액
− 차 기 환 류 적 립 금	• 당기 미환류소득을 차기 · 차차기에 환류를 위해 적립한 금액
− 이 월 된 초 과 환 류 액	• 전기 · 전전기 초과환류액 중 당기로 이월된 금액
= 과 세 대 상 미 환 류 소 득 × 20%(세율)	
= 미환류소득에 대한 법인세	• 일반적인 법인세에 추가하여 납부

우리나라 경제가 저성장이 지속되는 상황인데, 대기업들은 그동안 축적한 유보이익을 투자하는데 소극적이고 기업소득과 가계소득의 격차가 갈수록 확대되어 경제성장의 걸림돌로 작용하고 있다. 정부는 저성장 경제상황에 대처하고 기업부문의 투자 활성화와 가계부문의 소득증대를 위하여 2015년부터 기업소득 환류세제를 도입하였다.

이 제도는 기업의 유보이익이 투자로 이어지고 기업소득이 임금증가와 상생협력 증진을 위해 흘러가는 선순환(善循環) 구조를 유도하려는 데 그 취지가 있다(기업소득 ➡ 투자 ↑ & 임금↑ ➡ 고용 ↑ & 가계소득 ↑ ➡ 가계소비 ↑ ➡ 기업소득 ↑).

Ⅱ. 납세의무자

미환류소득에 대한 법인세는 각 사업연도 종료일 현재 「독점규제 및 공정거래에 관한 법률(제31조 ①)」에 따른 상호출자제한기업집단에 속하는 내국법인에 대해서만 과세한다. 여기서 '상호출자제한기업집단'은 해당 기업집단에 속하는 국내 회사들의 상호출자제한기업집단 지정 직전 사업연도의 재무상태표상 자산총액이 국내총생산액(GDP)의 0.5%에 해당하는 금액(예 : 국내총생산액이 2천조원이면 2천조원×0.5% = 10조원) 이상인 기업집단으로 한다. 다만, 금융업 또는 보험업만을 영위하는 기업집단 등은 상호출자제한기업집단에서 제외한다[「독점규제 및 공정거래에 관한 법률 시행령」(제38조 ②)].

Ⅲ. 미환류소득

1. 개요

'미환류소득[다음의 금액이 (−)일 때에는 초과환류액]'이란 다음의 방법 중 어느 하나의 방법을 선택하여 산정한 금액을 말한다.

<table>
<tr><th>선택가능 산정방법</th><th colspan="5">계산식</th></tr>
<tr><td>투자포함방법</td><td>환류기준액
기업소득×70%</td><td>−</td><td>환류액
투자 환류액
임금증가 환류액
상생협력 환류액</td><td>=</td><td>(+) 미환류소득
(−) 초과환류액</td></tr>
<tr><td>투자제외방법</td><td>환류기준액
기업소득×15%</td><td>−</td><td>환류액
임금증가 환류액
상생협력 환류액</td><td>=</td><td>(+) 미환류소득
(−) 초과환류액</td></tr>
</table>

[도 표] 미환류소득 또는 초과환류액

<table>
<tr><th>환류기준액</th><th>미환류소득(또는 초과환류액)</th></tr>
<tr><td rowspan="2">기업소득 ××× { 환류기준액* ×××
적정유보액 ×××

* 환류기준액 = 기업소득×70%·15%</td><td>• 환류기준액 > 환류액
환류기준액 ××× { 환류액 ×××
미환류소득 ×××</td></tr>
<tr><td>• 환류기준액 < 환류액
{ 환류기준액 ××× 환류액 ×××
초과환류액 ×××</td></tr>
</table>

2. 미환류소득의 신고와 산정방법 등

1) 미환류소득의 신고 : 납세의무자인 내국법인은 미환류소득·초과환류액을 각 사업연도의 종료일이 속하는 달의 말일부터 3개월 이내에 관할세무서장에게 신고해야 한다.

2) 신고한 산정방법의 적용 : 납세의무자인 내국법인이 미환류소득 산정방법으로 투자포함방법과 투자제외방법 중 어느 하나의 방법을 선택하여 신고한 경우 다음의 구분에 따른 기간까지는 그 선택한 방법을 계속 적용해야 한다.

구분	계속 적용해야 하는 기간
① 내국법인이 투자포함방법을 선택하여 신고한 경우	해당 사업연도의 개시일부터 3년이 되는 날이 속하는 사업연도
② 내국법인이 투자제외방법을 선택하여 신고한 경우	해당 사업연도의 개시일부터 1년이 되는 날이 속하는 사업연도

3) 무신고시 산정방법 : 미환류소득 산정방법 중 어느 하나의 방법을 선택하지 않는 내국법인의 경우에는 해당 법인이 최초로 납세의무자인 법인에 해당되는 사업연도에 미환류소득이 적게 산정되거나 초과환류액이 많게 산정되는 방법을 선택하여 신고한 것으로 본다. 그리고 이처럼 신고한 것으로 보는 방법은 위에 해당하는 기간 동안 계속 적용해야 한다.

4) 산정방법의 변경 : 미환류소득 산정방법을 선택하여 신고한 경우 그 선택한 방법을 계속 적용해야 하는 법인이 합병을 하거나 사업을 양수하는 경우로서 합병법인 · 사업양수법인이 해당 사업연도에 합병 · 사업양수의 대가로 기업소득의 50%를 초과하는 금액을 금전으로 지급하는 경우에는 그 선택한 방법을 변경할 수 있다.

5) 미환류소득의 승계 : 합병 · 분할에 따라 피합병법인 · 분할법인이 소멸하는 경우 합병법인 · 분할신설법인은 미환류소득 · 초과환류액을 승계할 수 있다.

Ⅳ. 기업소득과 환류액

1. 기업소득(세무상 환류가능소득)

'기업소득'이란 해당 사업연도(2025.12.31.이 속하는 사업연도까지를 말한다. 다만, 차기환류적립금을 적립한 경우에는 2027.12.31.이 속하는 사업연도까지를 말한다)의 소득 중 다음과 같이 계산한 금액으로 한다. 따라서 미환류소득에 대한 법인세는 2027.12.31.까지 한시적으로 적용되며, 기업소득은 각 사업연도 소득금액 중 투자, 임금증가, 상생협력을 위해 환류할 수 있는 최대금액을 의미한다.

> 기업소득 = MIN (①, ②)
> ① 차가감 기업소득 = 각 사업연도의 소득금액 + 가산항목의 합계액 − 차감항목의 합계액
> ② 한도액 = 3,000억원

[도 표] 차가감 기업소득의 계산

	각 사업연도 소득금액
(+)	가산항목의 합계액 ① 국세 · 지방세의 과오납금의 환급금이자 ② 기부금 한도초과 이월액의 손금산입액 ③ 해당 사업연도에 투자 합계액에 포함하는 자산에 대한 감가상각비로서 해당 사업연도에 손금에 산입한 금액(기업소득을 투자포함방법으로 계산하는 경우만 해당)

(−)	차감항목의 합계액 ① 해당 사업연도의 법인세액(과세표준×세율 − 공제·감면세액+가산세)(외국법인세액 포함), 법인세 감면액에 대한 농어촌특별세 및 법인지방소득세액[(과세표준×세율)×10%] ② 상법에 따라 해당 사업연도에 의무적으로 적립하는 이익준비금 ③ 관련법령에 따라 의무적으로 적립하는 적립금 ④ 과세표준을 계산할 때 해당 사업연도에 공제할 수 있는 이월결손금(소득금액의 80% 한도는 적용하지 않음) ⑤ 과세이연요건을 충족하지 않는 경우 피합병법인 법인주주의 합병으로 인한 의제배당금액(합병대가 중 주식으로 받은 부분만 해당)으로서 해당 사업연도에 익금에 산입한 금액(일반법인 수입배당금액 익금불산입을 적용하기 전의 금액) ⑥ 과세이연요건을 충족하지 않는 경우 분할법인 법인주주의 분할로 인한 의제배당금액(분할대가 중 주식으로 받은 부분만 해당한다)으로서 해당 사업연도에 익금에 산입한 금액(일반법인 수입배당금액 익금불산입을 적용하기 전의 금액) ⑦ 해당 사업연도 기부금 한도초과액의 손금불산입액 ⑧ 비적격합병시 피합병법인의 양도차익 익금산입액 ⑨ 비적격분할시 분할법인의 양도차익 익금산입액 ⑩ 지급배당 소득공제를 적용받는 유동화전문회사 등이 지급한 배당 금액 ⑪ 법률에 따라 공적자금의 상환과 관련하여 지출하는 금액
(=)	차가감 기업소득(그 수가 음수인 경우에는 '0')

2. 환류액

(1) 투자 환류액

사업용자산과 벤처기업 주식에 대한 투자 합계액(해당 사업연도에 실제로 지출한 금액의 합계)을 말한다. 이 경우 투자가 2개 사업연도에 걸쳐서 이루어지는 경우에는 그 투자가 이루어지는 사업연도마다 해당 사업연도에 실제 지출한 금액을 기준으로 투자 합계액을 계산한다.

여기서 '사업용자산'이란 국내사업장에서 사용하기 위해 새로이 취득하는 사업용자산(중고품 및 금융리스 외의 리스자산은 제외)으로서 다음의 자산을 말한다. 다만, 사업용 유형자산(해당 사업연도 이전에 취득한 자산을 포함)에 대한 자본적 지출을 포함하되, 소액자산·어구 등의 취득가액의 손금 인정 특례에 따라 해당 사업연도에 즉시상각된 자산은 제외한다.

한편 '벤처기업 주식'이란 벤처기업에 다음 중 어느 하나에 해당하는 방법으로 출자하여 취득한 주식을 말한다.

① 해당 기업의 설립시에 자본금으로 납입하는 방법

② 해당 기업이 설립된 후 유상증자하는 경우로서 증자대금을 납입하는 방법

(2) 임금증가 환류액

상시근로자의 해당 사업연도 임금증가금액으로서 다음 구분에 따른 금액이 있는 경우 그 금액을 합한 금액을 말한다.

1) 상시근로자의 해당 사업연도 임금이 증가한 경우
   ① 해당 사업연도의 상시근로자 수가 직전 사업연도의 상시근로자 수보다 증가하지 않는 경우 : 해당 상시근로자 임금증가금액
   ② 해당 사업연도의 상시근로자 수가 직전 사업연도의 상시근로자 수보다 증가한 경우 : 기존 상시근로자 임금증가금액×1.5배 + 신규 상시근로자 임금증가금액×2배

2) 해당 사업연도에 청년 정규직 근로자 수가 직전 사업연도의 청년 정규직 근로자 수보다 증가한 경우 : 해당 사업연도의 청년 정규직 근로자에 대한 임금증가금액

3) 해당 사업연도에 정규직 전환 근로자가 있는 경우 : 정규직 전환 근로자(청년 정규직 근로자는 제외)에 대한 임금증가금액

앞의 도표에서 '임금증가금액'은 해당 사업연도의 매월 말 기준 상시근로자에게 지급한 근로소득(일반급여와 잉여금처분에 따른 상여를 말하며, 해당 법인이 손금으로 산입한 금액에 한정한다)의 합계액(이하 '임금지급액'이라 한다)으로서 직전 사업연도 대비 증가한 금액으로 한다.

(3) 상생협력 환류액

해당 사업연도에 상생협력을 위해 지출한 법률에 따른 출연금에 3배를 곱한 금액을 말한다. 다만, 해당 금액이 특수관계인을 지원하기 위해 사용된 경우는 제외한다.

조특 06

V. 차기환류적립금과 초과환류액

1. 차기환류적립금의 적립과 사후관리

납세의무자인 내국법인(미환류소득을 신고하지 않은 법인은 제외)은 해당 사업연도 미환류소득의 전부·일부를 다음 2개 사업연도의 투자·임금 등으로 환류하기 위한 금액(이하 '차기환류적립금')으로 적립하여 해당 사업연도의 미환류소득에서 차기환류적립금을 공제할 수 있다.

미환류소득(×1)	×××	차기환류적립금(×1)	×××	(적립 여부, 금액 선택)
		과세대상 미환류소득(×1)	×××	→ 20% 미환류소득 법인세

그 취지는 납세의무자인 내국법인이 미환류소득이 있더라도 차기환류적립금을 적립하면 그 적립금에 대해서는 미환류소득에 대한 법인세를 면제해 주고 다음 2개 사업연도에 환류할 수 있는 기회를 주려는데 있다.

한편 위와 같이 차기환류적립금을 적립한 경우 다음 금액을 그 다음다음 사업연도의 법인세액에 추가하여 납부해야 한다.

(차기환류적립금 – 해당 사업연도의 초과환류액)* × 20%

* 괄호 (금액)이 음수인 경우 영(0)으로 본다.

차기환류적립금(×1)	×××	초과환류액(×2)	×××	
		초과환류액(×3)	×××	
		전기이전미환류소득(×1)	×××	→ 20% 미환류소득 법인세*

* 차기환류적립금을 적립하여 미환류소득에서 공제한 내국법인이 다음 2개 사업연도 내에 미환류소득에 대한 법인세 납세의무자인 법인에 해당하지 않게 되는 경우에도 미환류소득에 대한 법인세를 납부해야 한다.

2. 초과환류액의 처리

해당 사업연도에 초과환류액(초과환류액으로 차기환류적립금을 공제한 경우에는 그 공제 후 남은 초과환류액을 말한다)이 있는 경우에는 그 초과환류액을 그 다음 2개 사업연도까지 이월하여 그 다음 2개 사업연도 동안 미환류소득에서 공제할 수 있다.

차기환류적립금(×1)	×××	초과환류액(×2)	×××
이월할 초과환류액(×2)	×××		

미환류소득(×3)	×××	이월된 초과환류액(×2)	×××	
미환류소득(×4)	×××	과세대상 미환류소득(×4)	×××	→ 20% 미환류소득 법인세

Ⅵ. 투자금액 공제분에 대한 사후관리

내국법인이 기업소득에서 자산에 대한 투자 합계액으로 공제받은 자산을 처분한 경우 등 다음에 해당하는 경우에는 자산에 대한 투자금액의 공제로 인해 납부하지 않은 세액에 이자상당액을 가산하여 납부해야 한다.

① 사업용 유형자산의 투자완료일, 무형자산(매입한 자산에 한정)의 매입일 또는 벤처기업 주식의 취득일부터 2년이 지나기 전에 해당 자산을 양도·대여하는 경우. 다만, 다음 중 어느 하나에 해당하는 경우는 제외한다.

㉠ 현물출자·합병·분할·분할합병, 과세이연을 적용받는 자산교환·통합·사업전환 또는 사업의 승계로 인해 당해 자산의 소유권이 이전되는 경우, 내용연수가 경과된 자산

을 처분하는 경우, 국가 등에 기부하고 그 자산을 사용하는 경우

㉡ 사업용 유형자산을 법률에 따른 수탁기업(특수관계인은 제외)에 무상으로 양도 · 대여하는 경우

㉢ 임대업이 주된 사업인 법인이 해당 자산을 대여하는 경우

② 해당 법인이 업무용신증축건축물을 준공 후 2년 이내에 임대 · 위탁하는 등 업무에 직접 사용하지 않은 경우, 업무용신증축건축물을 준공 전에 처분하거나 준공 후 2년 이내에 처분하는 경우 등

제6절 그 밖의 직접국세의 특례

Ⅱ-2 p.351

Ⅰ. 정비사업조합에 대한 과세특례

1. 정비사업조합의 법인격

법률에 따라 설립된 정비사업조합에 대해서는 법인세법 규정에 불구하고 비영리내국법인으로 보아 법인세법(고유목적사업준비금의 손금산입 규정은 제외)을 적용한다. 이 경우 전환정비사업조합은 법인세법 규정에 따라 과세표준 · 세액을 신고하는 경우에만 해당한다.

2. 조합원 공급분에 대한 부가가치세 과세거래 제외

정비사업조합이 해당 정비사업에 관한 공사를 마친 후에 그 관리처분계획에 따라 조합원에게 공급하는 것으로서 종전의 토지를 대신하여 공급하는 토지 · 건축물(정비사업의 시행으로 건설된 것에 한함)은 부가가치세법에 따른 재화의 공급으로 보지 않는다.

3. 정비사업조합의 체납국세에 대한 제2차납세의무

정비사업조합이 관리처분계획에 따라 해당 정비사업의 시행으로 조성된 토지 · 건축물의 소유권을 타인에게 모두 이전한 경우에 있어서 해당 정비사업조합이 납부할 국세 또는 체납처분비를 납부하지 않고 그 남은 재산을 분배 · 인도하는 경우에는 그 정비사업조합에 대해 체납처분을 집행하여도 징수할 금액이 부족한 경우에만 그 남은 재산의 분배 · 인도를 받은 자가 그 부족액에 대해 제2차납세의무를 진다. 이 경우 해당 제2차납세의무는 그 남은 재산을 분배 · 인도받은 가액을 한도로 한다.

Ⅱ. 과세자료 제출에 대한 세액공제

1. 간이지급명세서의 제출에 대한 세액공제

(1) 소규모 사업자에 대한 세액공제

소규모 사업자(세액공제를 받으려는 과세연도의 상시 고용인원이 20명 이하인 원천징수의무자를 말한다)가 2026.1.1.부터 2027.12.31.까지 지급하는 일용근로자가 아닌 근로자에게 지급하는 근로소득(즉 상용근로소득)에 대한 간이지급명세서를 제출기한까지 국세정보통신망을 이용하여 직접 제출하는 경우에는 해당 과세연도의 법인세 또는 소득세의 납부세액에서 다음의 금액을 공제한다. 여기서 상시고용 인원수는 세액공제를 받으려는 과세연도의 매월 말일 현재의 상시고용인원의 평균인원수로 한다.

> 소규모사업자에 대한 세액공제액
> = 간이지급명세서에 기재된 소득자의 인원 수× 200원(간이지급명세서 제출자별로 최소 연간 1만원)

(2) 세무사 등에 대한 세액공제

세무사법에 따른 세무사(세무사법에 따라 등록한 공인회계사 및 변호사, 세무법인 및 공인회계사법에 따른 회계법인을 포함한다. 이하 같다)가 위의 소규모 사업자를 대리하여 국세정보통신망을 통하여 상용근로소득에 대한 간이지급명세서를 제출기한까지 제출하는 경우에는 해당 과세연도의 세무사의 법인세 또는 소득세의 납부세액에서 다음의 금액을 공제한다.

> 세무사 등에 대한 세액공제액 = MIN(①, ②)
> ① 간이지급명세서에 기재된 소득자의 인원 수× 200원(간이지급명세서 제출자별로 최소 연간 1만원)
> ② 공제한도액 = 연 300만원(세무법인 · 회계법인인 경우에는 연 600만원)

2. 용역제공자에 관한 과세자료의 제출에 대한 세액공제

용역제공자에 관한 과세자료를 제출해야 할 자가 과세자료의 제출기한(수입금액 또는 소득금액이 발생하는 달의 다음 달 말일까지를 말한다) 내에 국세정보통신망을 통하여 2021.11.1.부터 2026.12.31.까지 수입금액 또는 소득금액이 발생하는 용역에 관한 과세자료를 제출하는 경우 다음의 금액을 해당 용역에 대한 수입금액 또는 소득금액이 발생한 달이 속하는 과세연도에 대한 법인세 또는 사업소득에 대한 소득세에서 공제한다.

> 세액공제액 = MIN(①, ②)
> ① 과세자료에 기재된 용역제공자 인원 수*× 300원(최소 연간 1만원으로 한다)
> ② 공제한도액 = 연 200만원

* 용역제공자 인적사항 및 용역제공기간 등 기재해야 할 사항이 모두 기재된 인원 수로 한정한다.

Ⅲ. 전자신고에 대한 세액공제

1. 납세자에 대한 세액공제

(1) 납세자에 대한 세액공제

1) 소득세 또는 법인세 세액공제 : 납세자가 직접 전자신고방법으로 종합소득세 과세표준확정신고, 양도소득세 과세표준예정신고 또는 법인세 과세표준신고를 하는 경우에는 해당 납부세액에서 2만원(종합소득세 과세표준확정신고의 예외에 해당하는 자가 과세표준확정신고를 한 경우에는 추가로 납부하거나 환급받은 세액과 1만원 중 적은 금액)을 공제한다. 이 경우 납부할 세액이 음수(−)인 경우에는 이를 없는 것으로 한다.

2) 부가가치세 세액공제 : 납세자가 직접 전자신고방법으로 부가가치세 확정신고(간이과세자는 부가가치세 신고)를 하는 경우에는 해당 납부세액에서 1만원을 공제하거나 환급세액에 가산한다. 다만, 매출가액과 매입가액이 없는 일반과세자에 대해서는 세액공제를 적용하지 않으며, 간이과세자에 대해서는 공제세액이 납부세액에 재고납부세액, 매입세금계산서 등 세액공제 및 의제매입세액공제에 따른 금액을 가감(加減)한 후의 금액을 초과할 때에는 그 초과하는 금액은 없는 것으로 본다.

(2) 세무대리인에 대한 세액공제

1) 세무사에 대한 세액공제 : ① 세무사(공인회계사를 포함한다. 이하 같다)가 납세자를 대리하여 전자신고의 방법으로 직전 과세연도 동안 종합소득세, 양도소득세 또는 법인세를 신고한 경우에는 해당 세무사의 사업소득에 대한 소득세 납부세액에서 2만원을 공제하고, ② 세무사가 납세자를 대리하여 전자신고의 방법으로 직전 과세기간 동안 부가가치세를 신고한 경우에는 해당 세무사의 부가가치세 납부세액에서 1만원을 공제한다.

위 ①·②에 따라 세무사가 공제받을 수 있는 연간 공제 한도액(해당 세무사가 소득세 또는 법인세의 납부세액에서 공제받을 금액 및 부가가치세에서 공제받을 금액을 합한 금액)은 300만원으로 한다.

> 세무사의 소득세 또는 부가가치세 세액공제액 = MIN (①, ②)
> ① 소득세 또는 법인세 신고건수 × 2만원 + 부가가치세 신고건수 × 1만원
> ② 연 300만원

2) 세무법인·회계법인에 대한 세액공제 : ① 세무법인 또는 회계법인이 납세자를 대리하여 전자신고의 방법으로 직전 과세연도 동안 종합소득세, 양도소득세 또는 법인세를 신고한 경우에는 해당 세무법인과 회계법인의 법인세 납부세액에서 2만원을 공제하고, ② 세무법인 또는 회계법인이 납세자를 대리하여 전자신고의 방법으로 직전 과세기간 동안 부가가치

세를 신고한 경우에는 해당 세무법인과 회계법인의 부가가치세 납부세액에서 1만원을 공제한다.

위 ①·②에 따라 세무법인 또는 회계법인이 공제받을 수 있는 연간 공제 한도액(해당 세무법인과 회계법인이 법인세의 납부세액에서 공제받을 금액 및 부가가치세에서 공제받을 금액을 합한 금액)은 750만원으로 한다.

세무법인·회계법인의 법인세 또는 부가가치세 세액공제액 = MIN (①, ②) ① 소득세 또는 법인세 신고건수×2만원 + 부가가치세 신고건수×1만원 ② 연 750만원

2. 전자고지에 대한 세액공제

납세자가 국세기본법에 따른 전자송달의 방법으로 납부고지서의 송달을 신청한 경우 신청한 달의 다음다음 달 이후 송달하는 분부터 다음 중 어느 하나에 해당하는 국세의 납부세액에서 납부고지서 1건당 1,000원을 공제한다.

세액공제 대상 국세	세액공제액
① 직전 과세기간의 실적을 기준으로 하는 방법으로 결정·징수하는 중간예납 소득세 ② 직전 과세기간 납부세액의 50%를 세액으로 결정하여 예정고지·예정부과징수하는 부가가치세 ③ 과세표준과 세액이 정부가 결정하는 때 확정되는 국세(수시부과하여 징수하는 경우는 제외)	납부고지서 1건당 1,000원

이러한 세액공제 금액은 각 세법에 따라 부과하는 국세의 납부세액에서 고지금액의 최저한 금액(1만원)을 차감한 금액을 한도로 한다.

Ⅳ. 해운기업에 대한 법인세 과세표준계산특례

본래 해운기업은 법인세법에 따라 계산한 해운소득에 대해 법인세를 납부해야 한다. 그런데 주요 해운국들(네덜란드, 노르웨이 등)이 해운소득에 대해서 실제소득과 관계없이 선박순톤수와 운항일수 등을 기준으로 산출한 선박표준이익(추정이익 : Notional Profit)에 대해 법인세를 납부하는 이른바 '톤세제도(Tonnage Tax System)'를 경쟁적으로 도입하였다. 이 제도를 통해 자국 국적의 선박을 유치함으로써 해운기업의 경쟁력을 강화하였다.

우리나라도 해운기업의 국제경쟁력을 제고하기 위해 ① 법인세법에 따라 계산한 해운소득에 대해 법인세를 납부하는 방법과 ② 톤세제도에 따라 선박표준이익을 해운소득으로 간주하고 이에 대한 법인세를 납부하는 방법 가운데 한 가지를 선택할 수 있도록 한 것이다. 톤세제도를 적용받으면 영업실적이 좋은 경우에는 일반적인 법인세를 납부하는 것보다 적은 세부담을 지지만, 영업실적이 좋지 않아 결손이 나는 경우에도 법인세를 납부해야 하는 문제가 발생할 수 있다.

참 고 톤세제도에 따라 계산한 선박표준이익

내국법인 중 해운법에 따른 외항운송사업을 영위하는 기업으로서 해당 기업이 용선한 선박의 연간운항순톤수(순톤수×연간운항일수×사용률)의 합계가 해당 기업이 소유한 선박의 연간운항순톤수 합계의 5배 이내인 해운기업은 다음과 같은 과세표준계산특례를 적용받아 계산한 선박표준이익으로 법인세를 납부할 수 있다.

> 해운기업의 과세표준 = ① + ②
>
> ① 해운소득(외항해상운송활동 등에서 발생하는 소득 및 외항해상운송활동과 관련하여 발생한 이자소득 · 외환환산손익 및 외화평가손익 등) : 선박표준이익 = ∑개별선박표준이익
>
> ② 비해운소득(해운소득 외 소득) : 법인세법 규정에 따라 계산한 소득금액

참 고 그 밖의 해운기업의 과세특례

1) 결손금 통산 배제 및 이월결손금 공제 배제

   과세표준계산특례 규정을 적용할 때 비해운소득에서 발생한 결손금은 선박표준이익과 합산하지 않으며, 과세표준계산특례의 적용을 받기 전에 발생한 이월결손금은 위의 해운소득 및 비해운소득 계산시 공제하지 않는다.

2) 조세특례 배제 등

   ① 해운소득에 대해서는 비과세 · 세액감면(면제) · 세액공제 · 소득공제 등의 조세특례를 적용하지 않는다.

   ② 해운소득에 원천징수된 소득이 포함되어 있는 경우 그 소득에 대한 원천징수세액은 법인세 산출세액에서 이미 납부한 세액으로 공제하지 않는다.

   ③ 과세표준계산특례를 적용받는 내국법인이 가결산방법에 따라 중간예납을 하는 경우 중간예납의 과세표준은 과세표준계산특례 규정에 따라 계산한 금액으로 하고, 중간예납세액을 계산할 때 중간예납기간에 해당하는 감면세액, 중간예납기간 중에 납부한 원천징수세액의 공제는 비해운소득과 관련된 부분에 대해서만 적용한다. ■

V. 해외자원개발투자에 대한 과세특례

1. 세액공제

(1) 개요

해외자원개발사업자가 해외자원개발을 위하여 다음 중 어느 하나에 해당하는 해외자원개발투자나 출자를 하는 경우에는 해당 투자금액(또는 출자금액)의 3%에 상당하는 금액을 해당 투자(또는 출

자)가 이루어지는 과세연도의 법인세 또는 사업소득에 대한 소득세에서 공제한다. 다만, 내국인 또는 내국인의 외국자회사(내국인이 발행주식총수의 100%를 직접 출자하고 있는 외국법인을 말한다)의 투자자산 또는 출자지분을 양수하는 방법으로 투자하거나 출자하는 경우에는 그렇지 않다.

① 광업권과 조광권을 취득하는 투자

② 광업권 또는 조광권을 취득하기 위한 외국법인에 대한 출자. 여기서 '외국법인에 대한 출자'란 다음의 요건을 모두 갖춘 외국법인에 대한 출자로서 발행주식총수(또는 출자총액)에서 차지하는 비율이 10% 이상이거나 해외자원개발사업자의 임직원을 외국법인의 임원으로 파견하는 경우의 출자를 말한다.

㉠ 해외자원개발사업자가 해당 광구에 대한 광업권 또는 조광권을 소유할 것

㉡ 해당 광구의 개발과 운영을 목적으로 설립되었을 것

③ 내국인의 외국자회사에 대한 해외직접투자로서 다음 중 어느 하나에 해당하는 투자. 다만, 내국인의 외국자회사가 ①·②의 방법으로 광업권 또는 조광권을 취득하는 경우로 한정한다.

㉠ 내국인의 외국자회사(내국인이 발행주식총수의 100%를 직접 출자하고 있는 외국법인을 말한다. 이하 같다)의 증자에 참여하는 투자

㉡ 내국인의 외국자회사에 상환기간을 5년 이상으로 하여 금전을 대여하는 투자

㉢ 해외자원개발사업자가 위 ㉠·㉡에 따른 내국인과 공동으로 내국인의 외국자회사에 상환기간을 5년 이상으로 하여 금전을 대여하는 투자

세액공제액 = 해당 투자금액(또는 출자금액) × 3%

(2) 사후관리

세액공제를 적용받은 자가 다음 중 어느 하나에 해당하는 경우에는 그 사유 발생일이 속하는 과세연도의 과세표준신고를 할 때 해당 투자 또는 출자금액에 대한 세액공제액 상당액에 이자 상당가산액을 가산하여 법인세 또는 소득세로 납부해야 한다. 이 경우 해당 세액은 과세표준신고기한까지 납부해야 할 세액으로 본다.

① 투자일(또는 출자일)부터 5년이 지나기 전에 세액공제 대상 투자자산(또는 출자지분)을 이전하거나 회수하는 경우

② 투자일(또는 출자일)부터 3년이 되는 날까지 광업권 또는 조광권을 취득하지 못하는 경우

2. 보조금을 받아 해외직접투자하는 경우 손금산입

해외자원개발사업자가 「에너지 및 자원사업 특별회계법」에 따른 보조금을 받아 해외직접투자로

주식(또는 출자지분)을 취득하는 경우에는 해당 주식(또는 출자지분)을 법인세법 제36조(국고보조금 등으로 취득한 사업용자산가액의 손금산입)의 사업용 자산으로 보아 같은 조를 준용하여 손금에 산입할 수 있다.

VI. 해외진출기업의 국내복귀에 대한 세액감면

1. 개요

최근 FTA 체결 확대, 해외현지 경영환경 악화 등으로 인하여 해외진출기업의 국내복귀(U턴)가 증가하고 있는 추세이다. 이에 대해 조세특례제한법은 해외진출기업의 국내복귀를 촉진시켜 국내 투자 및 고용창출에 기여할 수 있도록 세액감면제도를 마련하고 있다.

2. 감면의 요건

(1) 감면대상자

세액감면은 국외에서 2년 이상 계속하여 경영하던 사업장을 소유하거나 실질적으로 지배하는 대한민국 국민(재외동포체류자격을 부여받은 재외동포 포함) 또는 대한민국 법률에 따라 설립된 법인(외국인투자촉진법에 따른 외국인투자기업을 포함한다)에 대해서 적용한다.

(2) 이전 · 복귀의 요건

① 완전복귀 : 국외에서 2년 이상 계속하여 경영하던 사업장을 다음 중 어느 하나의 요건을 갖추어 국내로 이전하는 경우

㉠ 수도권 밖의 지역에 창업하거나 사업장을 신설하여 사업을 개시한 날부터 4년 이내에 국외에서 운영하던 사업장을 양도하거나 폐쇄할 것(선이전 후양도 · 폐쇄)

㉡ 국외에서 운영하던 사업장을 양도하거나 폐쇄한 날부터 3년 이내에 수도권 밖의 지역에 창업하거나 사업장을 신설할 것(선양도 · 폐쇄 후 이전)

② 부분복귀 : 국내로 복귀하는 자는 다음 중 어느 하나의 요건을 갖추어야 한다.

㉠ 국내에 사업장이 없는 내국인으로서 수도권과밀억제권역 밖의 지역에 창업할 것

㉡ 국외에서 경영하던 사업장을 축소하여 산업통상자원부장관이 정하는 바에 따라 축소 확인을 받은 경우로서 그 축소를 완료한 날이 속하는 과세연도의 그 다음 과세연도의 개시일부터 3년 이내에 수도권과밀억제권역 밖의 지역에 사업장을 신설 · 증설할 것

(3) 이전 후 동일 · 유사 업종 영위

세액감면을 적용받으려는 내국인은 다음 중 어느 하나에 해당해야 한다(조특법 104의24 ⑥).

① 한국표준산업분류에 따른 세분류를 기준으로 이전 또는 복귀 전의 사업장에서 영위하던 업종과 이전 또는 복귀 후의 사업장에서 영위하는 업종이 동일한 경우

조특 06

② 국내복귀기업지원위원회에서 업종 유사성을 확인받은 경우

3. 세액감면

감면대상자가 국내(수도권과밀억제권역은 제외. 이하 같다)에서 창업하거나 사업장을 신설 또는 증설(증설한 부분에서 발생하는 소득을 구분경리하는 경우로 한정한다)하는 경우에는 다음과 같이 법인세 또는 소득세를 감면한다.

구분	감면내용
① 완전복귀	**이전 후의 사업장에서 발생하는 소득**(기존 사업장을 증설하는 경우에는 증설한 부분에서 발생하는 소득을 말한다)에 대하여 이전일 이후 해당 사업장에서 **최초로 소득이 발생한 과세연도*와 그 다음 과세연도 개시일부터 6년 이내에 끝나는 과세연도에는** 법인세 또는 소득세의 100%에 상당하는 세액을 감면하고, **그 다음 3년 이내에 끝나는 과세연도에는** 법인세 또는 소득세의 50%에 상당하는 세액을 감면한다**(7년간 100% 감면 → 그 다음 3년간 50% 감면, 최저한세 배제).** * 이전일부터 5년이 되는 날이 속하는 과세연도까지 소득이 발생하지 않은 경우에는 이전일부터 5년이 되는 날이 속하는 과세연도부터 감면기간을 기산한다.
② 부분복귀	복귀 후의 사업장에서 발생하는 소득(기존 사업장을 증설하는 경우에는 증설한 부분에서 발생하는 소득을 말한다)에 대하여 복귀일 이후 해당 사업장에서 **최초로 소득이 발생한 과세연도*와 그 다음 과세연도 개시일부터 6년**(수도권 내의 지역에서 창업하거나 사업장을 신설하는 경우에는 2년) **이내에 끝나는 과세연도에는** 법인세 또는 소득세의 100%에 상당하는 세액을 감면하고, **그 다음 3년**(수도권 내의 지역에서 창업하거나 사업장을 신설하는 경우에는 2년) **이내에 끝나는 과세연도에는** 법인세 또는 소득세의 50%에 상당하는 세액을 감면한다**[7년간(수도권은 3년간) 100% 감면 → 그 다음 3년간(수도권은 2년간) 50% 감면, 최저한세 배제].** * 복귀일부터 5년이 되는 날이 속하는 과세연도까지 소득이 발생하지 않은 경우에는 복귀일부터 5년이 되는 날이 속하는 과세연도부터 감면기간을 기산한다.

4. 사후관리

법인세·소득세를 감면받은 내국인이 다음 중 어느 하나에 해당하는 경우에는 그 사유가 발생한 과세연도의 과세표준신고를 할 때 감면받은 세액에 이자상당액을 더한 금액을 납부해야 한다.

① 사업장을 이전 또는 복귀하여 사업을 개시한 날부터 3년 이내에 그 사업을 폐업하거나 법인이 해산한 경우(다만, 합병·분할 또는 분할합병으로 인한 경우는 제외)

② 국외에서 경영하던 **사업장을 양도하거나 폐쇄하지 않은 경우**(이것은 완전이전 ㉠·㉡의 요건을 갖추지 않은 경우를 말한다)

③ 국외에서 경영하던 사업장을 축소하여 부분복귀에 따른 세액감면을 받은 후 다시 확대하는 경우(이것은 감면을 받는 기간 중에 국외에 사업장을 신설하거나 국외에서 경영하던 사업장을 증설하는 경우를 말한다)

참 고 사후관리 규정에 따라 납부해야 할 세액

위의 납부사유	납부해야 할 세액
①에 해당하는 경우	폐업일(증설한 부분의 폐쇄일) 또는 법인해산일부터 소급하여 3년 이내에 감면된 세액
②에 해당하는 경우	감면받은 법인세 또는 소득세 전액
③에 해당하는 경우	국외에 사업장을 신설하거나 증설하여 사업을 개시한 날부터 소급하여 3년 이내에 감면된 세액

[도 표] 해외진출기업의 국내복귀에 대한 세액감면

<table>
<tr><th colspan="2">구분</th><th>완전복귀</th><th>부분복귀</th></tr>
<tr><td colspan="2">감면대상자</td><td colspan="2">국외에서 2년 이상 사업장을 소유하거나 실질적으로 지배하는 대한민국 국민 또는 대한민국 법률에 따라 설립된 법인</td></tr>
<tr><td rowspan="2">이전요건</td><td>국내사업장</td><td colspan="2">수도권과밀억제권역 외의 지역에서 창업하거나 사업장 신설</td></tr>
<tr><td>국외사업장</td><td>국외사업장 양도 · 폐쇄</td><td>국외사업장 부분 축소 · 유지(기존 국내사업장이 없는 경우)
• 국외사업장 생산량 50% 축소(기존 국내사업장이 있는 경우 포함)</td></tr>
<tr><td rowspan="2">세액감면</td><td>법인세 · 소득세</td><td>7년간 100%
➡ 3년간 50%
• 최저한세 배제</td><td>7년간(수도권은 3년간) 100%
➡ 3년간(수도권은 2년간) 50%
• 최저한세 배제</td></tr>
<tr><td>관세</td><td>수입하는 자본재에 대한 관세의 100% 감면</td><td>수입하는 자본재에 대한 관세의 50% 감면</td></tr>
</table>

V. 해외건설자회사에 지급한 대여금 등에 대한 손금산입 특례

1. 손금산입 특례

해외건설사업자인 내국법인이 해외건설자회사에 대여한 금액으로서 다음의 요건을 모두 갖춘 대여금과 그 이자 및 그 밖에 이와 유사한 채권*(이하 '대여금 등'이라 한다)의 대손(貸損)에 충당하기 위하여 대손충당금을 손비로 계상한 경우에는 손금산입 한도로 그 대손충당금을 해당 사업연도의 소득금액을 계산할 때 손금에 산입한다.

* '그 밖에 이와 유사한 채권'이란 해외건설사업자가 해외건설자회사에 파견된 임직원에 인건비를 대신 지급하여

발생하는 채권을 말한다.

① 해외건설자회사의 공사 또는 운영자금으로 사용되었을 것
② 특수관계인에게 해당 법인의 업무와 관련 없이 지급한 가지급금 등에 해당하는 금액이 아닐 것
③ 2022년 12월 31일 이전에 지급한 대여금으로서 최초 회수기일부터 5년이 경과한 후에도 회수하지 못하였을 것
④ 대여금 등의 회수가 현저히 곤란하다고 인정되는 다음 중 어느 하나에 해당하는 경우
　㉠ 대손충당금을 손금에 산입한 사업연도 종료일 직전 10년 동안에 해외건설자회사가 계속하여 자본잠식(순자산 < 0)인 경우
　㉡ 위 ㉠과 유사한 경우로서 해외채권추심기관으로부터 해외건설자회사의 대여금 등의 회수가 불가능하다는 확인을 받은 경우

여기서 '해외건설자회사'란 다음의 요건을 갖춘 법인을 말한다.

① 해외건설촉진법에 따른 현지법인일 것
② 해외건설사업자가 출자총액의 90% 이상을 출자하거나 발행주식총수의 90% 이상을 보유한 법인일 것(해외건설사업자가 물적분할로 신설되는 경우에는 분할존속법인이 지주회사로서 해외건설자회사의 출자총액의 90% 이상을 출자하거나 발행주식총수의 90% 이상을 보유하고 있는 경우를 포함한다)

2. 손금산입 특례

위의 손금산입 특례규정에 따른 대손충당금의 손금산입 한도는 다음의 금액으로 한다.

$$\text{대손충당금의 손금산입 한도} = \left(\text{해당 사업연도 종료일 현재 대여금 등의 채권잔액} - \text{해외건설자회사의 순자산 장부가액}^{*}\right) \times \text{손금산입률(20\%)}$$

* 차입금 등을 제외한 순자산 장부가액을 말하며, 0보다 작은 경우에는 0으로 한다.

연도별	2024년	2025년	2026년	~	2033년 이후
손금산입률	10%	20%	30%	~	100%

3. 상계와 환입

손금산입 특례규정에 따라 대손충당금을 손금에 산입한 내국법인은 해당 대여금 등의 대손금이 발생한 경우 그 대손금을 손금에 산입한 대손충당금과 먼저 상계하고, 상계하고 남은 대손충당금의 금액은 다음 사업연도의 소득금액을 계산할 때 익금에 산입한다.

Ⅵ. 건설기계의 양도차익에 대한 과세특례

1. 개 요

개인사업자 중 복식부기의무자가 사업용 유형자산에 해당하는 고가의 건설기계를 보유·대여하다가 양도하는 경우 그 양도소득도 사업소득으로 과세된다. 특히 고가의 건설장비를 1대만 보유·대여하는 개인사업자의 경우 장부가액이 낮은 건설기계 양도시 일시적으로 세부담 급증하여 신규 건설기계를 대체취득에 어려움이 따른다. 이러한 문제점을 해소하기 위해서 2025년부터 건설기계 처분이익(사업소득)에 대한 과세특례를 마련하였다.

2. 과세특례의 요건

1) 적용대상자 : 사업소득이 있는 거주자로서 다음의 요건을 요건을 충족하는 자가 건설기계를 양도하고 그 양도일이 속하는 과세기간에 다른 건설기계를 취득하는 경우에 과세특례를 적용한다.

① 소득세법(제168조 ①)에 따라 사업자등록을 하였을 것

② 건설기계관리법(제21조 ①)에 따라 건설기계대여업의 등록을 하였을 것

참 고 건설기계의 범위

'건설기계'란 건설공사에 사용할 수 있는 기계로서 불도저, 굴착기, 지게차, 덤프트럭, 콘크리트살포기, 콘크리트믹서트럭, 아스팔트살포기, 천공기, 준설선, 타워크레인 등 27개 종류(「건설기계관리법 시행령」 [별표 1])의 것으로서 건설기계관리법에 따라 등록한 건설기계를 말한다(조특령 104의31 ②). ■

2) 적용제한 : 과세특례를 적용받은 거주자는 해당 건설기계의 양도일이 속하는 과세기간의 다음 5개 과세기간 동안 다른 건설기계의 양도차익 상당액에 대해서는 과세특례를 적용받을 수 없다(5년간 다시 과세특례 적용제한).

3. 과세특례의 내용

(1) 총수입금액 불산입

과세특례 적용대상자가 보유하던 건설기계(1대로 한정한다)를 양도함으로써 발생하는 양도차익 중 다음과 같이 계산한 금액(이하 '양도차익 상당액'이라 한다)을 해당 과세기간의 사업소득금액을 계산할 때 총수입금액에 산입하지 않을 수 있다(총수입금액 불산입).

$$\text{과세이연 양도차익 상당액}^{*} = \left[\left(\text{양도한 건설기계의 양도로 발생한 양도차익}^{①}\right) \times \left(\frac{\text{취득한 건설기계의 취득가액}}{\text{양도한 건설기계의 양도가액}}\right)^{②}\right] - 1{,}000\text{만원}$$

* 해당 금액이 음수인 경우에는 영(0)으로 본다.

① 양도한 건설기계의 (양도가액 − 장부가액) − 직전 과세기간 종료일 현재 이월결손금

② (분자/분모) 비율은 100%를 한도로 한다.

(2) 총수입금액 산입

이 경우 총수입금액에 산입하지 않은 양도차익 상당액은 해당 건설기계의 양도일이 속하는 과세기간의 다음 과세기간부터 3개 과세기간 동안 균등하게 나누어 총수입금액에 산입한다(3년간 분할 총수입금액 산입).

4. 사후관리

과세특례를 적용받은 거주자가 양도차익 상당액 전액을 총수입금액에 산입하기 전에 ① 사업을 개시하지 않거나 ② 사업을 폐지 또는 해산한 경우에는 해당 사유가 발생한 날이 속하는 과세기간의 사업소득금액을 계산할 때 양도차익 상당액 중 총수입금액에 산입하지 않은 금액을 총수입금액에 산입한다. 이 경우 해당 사유가 발생한 날이 속하는 과세기간의 과세표준확정신고를 할 때에 이자상당가산액을 소득세에 가산하여 납부해야 하며, 그 세액은 과세표준확정신고기한까지 납부해야 할 세액으로 본다.

참 고 이자상당가산액의 계산

$$\text{이자상당가산액} = \text{소득세액의 차액}^{①} \times \text{기간}^{②} \times \frac{2.2}{10,000}$$

① 소득세액의 차액 : 건설기계의 양도일이 속하는 과세기간에 과세이연 양도차익 상당액을 총수입금액에 산입하지 않아 발생한 소득세액의 차액

② 기간 : 건설기계의 양도일이 속하는 과세기간 종료일의 다음 날부터 과세이연 양도차익 상당액 전액을 총수입금액에 산입하는 과세기간의 종료일까지의 기간을 말한다. ■

Ⅶ. 그 밖의 직접국세의 특례

업무추진비 한도액을 계산할 때 ① 문화업무추진비와 ② 전통시장 업무추진비가 있는 경우 일반적인 업무추진비 한도액에 추가로 일정금액을 가산하는 등 조세특례제한법에서는 직접국세에 대해 앞에서 설명한 조세특례 이외에도 추가적인 조세특례를 두고 있다.

제7절 기업도시 개발과 지역개발사업구역 등 지원을 위한 조세특례

II-2 p.373

I. 서설

기업이 자발적인 투자계획을 가지고 기업활동에 필요한 지역에 직접 도시를 개발할 수 있도록 지원함으로써 도시개발과 동시에 직접적인 산업투자와 함께 복합적인 도시기능을 확보할 수 있도록 조세특례를 규정하고 있다.

II. 조세특례

1. 감면대상사업

다음에 해당하는 감면대상사업을 하기 위한 투자로서 업종, 투자금액 및 고용인원이 일정한 조세감면기준에 해당하는 경우에는 법인세 또는 소득세를 감면한다(조특법 121의17 ①).

① 기업도시개발구역에 창업하거나 사업장을 신설(기존 사업장을 이전하는 경우는 제외한다)하는 기업이 그 구역의 사업장에서 하는 사업

② 기업도시개발사업 시행자가 하는 사업으로서 기업도시개발 특별법에 따른 기업도시개발사업

③ 지역개발사업구역(지역개발사업으로 한정한다) 또는 지역활성화지역에 창업하거나 사업장을 신설(기존 사업장을 이전하는 경우는 제외한다)하는 기업이 그 구역 또는 지역 안의 사업장에서 하는 사업 등

④ 지역개발사업구역과 지역활성화지역에서 지정된 사업시행자가 하는 지역개발사업 등

⑤ 해양박람회특구에 창업하거나 사업장을 신설(기존 사업장을 이전하는 경우는 제외한다)하는 기업이 그 구역 안의 사업장에서 하는 사업 등

2. 조세특례의 내용

(1) 법인세 등 감면

앞의 기업의 감면대상사업에서 발생한 소득에 대해서는 다음과 같이 법인세 또는 소득세를 각각 감면한다.

감면기간	감면율
사업개시일 이후 그 감면대상사업에서 최초로 소득이 발생한 과세연도의 개시일부터 3년 이내에 끝나는 과세연도	• 앞의 ①·③·⑤·⑧의 사업 : 100% • 그 외의 사업 : 50%
그 다음 2년 이내에 끝나는 과세연도	• 앞의 ①·③·⑤·⑧의 사업 : 50% • 그 외의 사업 : 25%

조특 06

위 감면기간 동안 감면받는 법인세 또는 소득세의 총합계액은 다음의 금액을 한도로 한다.

감면한도 = ① 투자기준 감면한도 + ② 고용기준 감면한도

① 투자누계액×50%

② $\frac{\text{해당 과세연도의}}{\text{감면대상사업장의 상시근로자 수}}$ ×1,500만원(청년 및 서비스업 상시근로자는 2,000만원)

(2) 개별소비세 감면

관광레저형 기업도시 내에 설치된 골프장의 입장행위에 대해서는 개별소비세법 규정에 불구하고 개별소비세를 부과하지 않는다. 해당 기업도시를 관할하는 시장·군수는 이러한 골프장에 대한 과세특례가 기업도시의 관광진흥에 기여하도록 필요한 조치를 해야 한다.

3. 감면세액의 추징

세무서장은 기업도시개발구역의 지정이 해제된 경우 등에는 지정해제일부터 소급하여 5년 이내 감면된 법인세 또는 소득세를 추징한다.

제8절 기회발전특구 지원을 위한 조세특례

Ⅱ-2 p.377

Ⅰ. 서설

'기회발전특구'란 개인 또는 법인의 대규모 투자를 유치하기 위하여 관계 중앙행정기관과 지방자치단체의 지원이 필요한 곳으로 일정 절차에 따라 지정·고시되는 지역(인구감소지역, 접경지역이 아닌 수도권과밀억제권역 안의 기회발전특구는 제외한다. 이하 같다)을 말한다.

2024년부터 조세특례제한법은 기회발전특구 지원을 위해서 다음의 조세특례를 두고 있다.

구분	기회발전특구 조세특례
창업기업 등에 대한 세액감면	기업의 규모와 관계없이 기회발전특구에 창업하거나 사업장을 신설하는 기업은 (5년간 100% → 2년간 50%)의 세액감면 * 창업중소기업에 대한 세액감면 : 5년간 50%(기회발전특구는 2년간 50%의 추가 감면효과가 있음)

이전기업에 대한 양도차익 과세이연	기회발전특구로 이전하기 위하여 수도권에 있는 사업용 부동산을 양도하는 경우 부동산 양도차익에 대해서 과세이연 * 지방이전 기업의 부동산 양도차익에 대한 과세이연 : 5년 거치 5년간 분할 익금산입(기회발전특구는 신규 부동산 처분시까지 과세)
투자자에 대한 과세특례	기회발전특구집합투자기구 10년 이상 투자시 이자·배당소득에 대해 9% 세율로 분리과세 특례
농어촌주택 취득자에 대한 양도소득세 과세특례	기회발전특구에 소재하는 주택도 농어촌주택 취득자에 대한 양도소득세 과세특례 적용 * 농어촌주택 소재 지역에 기회발전특구(읍·면·동 소재 여부, 도시지역, 조정대상지역, 부동산거래 허가구역, 관광단지 여부와 무관함)를 포함

참고 기회발전특구 지정절차(지방분권균형발전법 23)

① 수도권이 아닌 지역의 시·도지사는 관할 행정구역의 일부를 기회발전특구로 지정받으려는 경우 산업통상자원부장관에게 기회발전특구의 지정을 신청해야 한다. 다만, 수도권 내 인구감소지역 또는 접경지역으로서 지방시대위원회가 정하는 지역의 시·도지사는 기회발전특구의 지정을 신청할 수 있다.

② 산업통상자원부장관은 위와 같이 지정 신청을 받은 경우 지방시대위원회의 심의·의결을 거쳐 기회발전특구를 지정한다. ■

Ⅱ. 기회발전특구 조세특례

1. 기회발전특구의 창업기업 등에 대한 법인세 등의 감면

(1) 개요

기회발전특구에 제조업 등 업종(이하 '감면대상사업'이라 한다)으로 창업하거나 사업장을 신설(기존 사업장을 이전하는 경우는 제외하며, 기회발전특구로 지정된 기간에 창업하거나 사업장을 신설하는 경우로 한정한다)하는 기업에 대해서는 법인세 또는 소득세를 감면한다.

(2) 감면의 내용

기회발전특구의 창업기업 등은 감면대상사업에서 발생한 소득(감면대상사업을 경영하기 위하여 기회발전특구에 투자한 사업장에서 발생한 소득을 말한다)에 대하여 감면대상사업에서 최초로 소득이 발생한 과세연도*의 개시일부터 5년 이내에 끝나는 과세연도까지는 법인세 또는 소득세의 100%에 상당하는 세액을 감면하고, 그 다음 2년 이내에 끝나는 과세연도까지는 법인세 또는 소득세 50%에 상당하는 세액을 감면한다(조특법 121의33 ②, 100% 감면받은 과세연도의 경우 최저한세를 배제).

* 만일 사업개시일부터 5년이 되는 날이 속하는 과세연도까지 그 사업에서 소득이 발생하지 않은 경우에는 5년이 되는 날이 속하는 과세연도부터 감면기간을 기산한다.

(3) 감면한도

위 감면기간 동안 감면받는 법인세 또는 소득세의 총합계액은 다음 금액을 한도로 한다.

감면한도** = ① 투자기준 감면한도 + ② 고용기준 감면한도
① 투자누계액* × 50% ② 해당 과세연도의 감면대상사업장의 상시근로자 수 × 1,500만원(청년 및 서비스업 상시근로자는 2,000만원)

* 법인세 또는 소득세를 감면받는 해당 과세연도까지의 사업용자산에 대한 투자 합계액을 말한다.

** 각 과세연도에 감면받을 법인세 또는 소득세에 대하여 감면한도를 적용할 때에는 ①의 금액을 먼저 적용한 후 ②의 금액을 적용한다.

참고 상시근로자 수가 감소한 경우 감면세액의 납부

고용기준 감면한도를 적용받아 법인세 또는 소득세를 감면받은 기업이 감면받은 과세연도 종료일부터 2년이 되는 날이 속하는 과세연도 종료일까지의 기간 중 각 과세연도의 감면대상사업장의 상시근로자 수가 감면받은 과세연도의 상시근로자 수보다 감소한 경우에는 다음 계산식에 따라 감면받은 세액에 상당하는 금액을 상시근로자 수가 감소된 과세연도의 과세표준을 신고할 때 법인세 또는 소득세로 납부해야 한다.

납부할 세액 = ① − ②
① 해당 기업의 상시근로자 수가 감소된 과세연도의 직전 2년 이내의 과세연도에 고용기준 감면한도에 따라 감면받은 세액의 합계액 ② 상시근로자 수가 감소된 과세연도의 감면대상 사업장의 상시근로자 수 × 1,500만원(서비스업 상시근로자는 2,000만원)

참고 사후관리

법인세 또는 소득세를 감면받은 기업이 다음 중 어느 하나에 해당하는 경우에는 그 사유가 발생한 과세연도의 과세표준신고를 할 때 감면받은 세액을 법인세 또는 소득세로 납부해야 한다. 이 경우 연구개발특구에 입주하는 첨단기술기업 등에 대한 세액감면 관련 조항(조특법 12의2 ⑧)의 이자상당기산액 등에 관한 규정을 준용한다.

구분	납부해야 할 세액
① 감면대상사업장의 사업을 폐업하거나 법인이 해산한 경우. 다만, 법인의 합병·분할 또는 분할합병으로 인한 경우는 제외한다.	폐업일 또는 법인해산일부터 소급하여 3년 이내에 감면된 세액
② 감면대상사업장을 기회발전특구 외의 지역으로 이전한 경우	이전일부터 소급하여 5년 이내에 감면된 세액

2. 기회발전특구로 이전하는 기업에 대한 과세특례

(1) 개요

수도권에서 3년(중소기업은 2년) 이상 계속하여 사업을 한 내국인이 기회발전특구로 이전하기 위하여 수도권에 있는 사업용 부동산(이하 '종전 사업용부동산'이라 한다)을 양도하는 경우 종전 사업용부동산의 양도에 따른 양도차익 상당액에 대해서는 과세이연을 적용받을 수 있다.

(2) 이전대상 종전 사업용부동산의 범위

수도권에 있는 사업용 부동산(종전 사업용부동산)은 다음의 용도로 사용되는 부동산을 말한다.

① 해당 기업의 본사

② 공장 : 각각 제조장 또는 자동차정비공장으로서 제조 또는 사업단위로 독립된 것

③ 기업부설연구소

④ 데이터센터의 대지와 건물

(3) 이전요건

기회발전특구로의 이전은 다음 중 어느 하나에 해당하는 경우로 한다.

① 신규 사업용 부동산을 취득하여 사업을 개시한 날부터 2년 이내에 종전 사업용 부동산을 양도하는 경우(선 이전 2년 이내 양도)

② 종전 사업용 부동산을 양도한 날부터 3년 이내에 신규 사업용 부동산을 취득하여 사업을 개시하는 경우(선 양도 3년 이내 이전)

(4) 과세이연 방법

1) 내국법인 : 다음의 양도차익 상당액을 해당 사업연도의 소득금액을 계산할 때 익금에 산입하지 않는 방법. 이 경우 해당 금액은 기회발전특구에 있는 사업용 부동산(이하 '신규사업용부동산'이라 한다) 처분일이 속하는 사업연도의 소득금액을 계산할 때 익금에 산입해야 한다.

> 과세이연 양도차익 상당액
>
> $$= (\text{종전부동산의 양도차익} - \text{이월결손금})^{(*주1)} \times \frac{\text{신규사업용부동산의 취득가액}^{(*주2)}}{\text{종전부동산의 양도가액}} (100\%\ \text{한도})$$

(*주1) 종전사업용부동산의 양도가액에서 장부가액과 직전 사업연도 종료일 현재 이월결손금(공제기간 내의 발생분)의 합계액을 차감한 금액을 말한다.

(*주2) 종전사업용부동산의 양도일이 속하는 과세연도 종료일까지 신규사업용부동산을 취득하지 않은 경우 신규사업용부동산의 취득가액은 이전(예정)명세서상의 예정가액(이하 '취득예정가액'이라 한다)으로 한다.

내국법인이 위의 과세이연을 적용받는 경우에는 신규사업용부동산의 취득가액 중 양도차익상당액을 다음의 구분에 따라 일시상각충당금 또는 압축기장충당금으로 손비 계상해야 한다.

① 감가상각자산 : 일시상각충당금

② ① 외의 자산 : 압축기장충당금

2) 거주자 : 다음의 양도차익 상당액에 대한 양도소득세를 양도일이 속하는 해당 연도의 양도소득세 과세표준 확정신고기한까지 납부해야 할 양도소득세로 보지 않는 방법. 이 경우 해당 세액은 신규사업용부동산 처분일이 속하는 해당 연도에 납부해야 한다.

> 과세이연 양도차익 상당액
>
> $$= \left[\text{종전부동산의 양도차익} \times \frac{\text{신규사업용부동산의 취득가액}^{(*주)}}{\text{종전부동산의 양도가액}} (100\%\ \text{한도}) \right] \text{에 대한 양도소득세}$$

(*주) 종전사업용부동산의 양도일이 속하는 과세연도 종료일까지 신규사업용부동산을 취득하지 않은 경우 신규사업용부동산의 취득가액은 이전(예정)명세서상의 예정가액(이하 '취득예정가액'이라 한다)으로 한다.

(5) 사후관리

1) 내국법인 : 과세이연을 적용받은 내국법인이 다음 중 어느 하나에 해당하는 경우 그 사유가 발생한 날이 속하는 사업연도의 소득금액을 계산할 때 일시상각충당금의 잔액(감가상각비와 상계하고 남은 잔액을 말한다) 또는 압축기장충당금 전액을 익금에 산입해야 한다. 이 경우 익금에 산입할 금액에 관하여는 해당 과세연도의 과세표준신고시 이자상당가산액을 가산하여 법인세로 납부해야 한다.

① 신규사업용부동산을 취득하여 사업을 개시한 날부터 3년 이내에 그 사업을 폐지하거나 법인이 해산한 경우

② 사업용 부동산을 기회발전특구로 이전하지 않은 경우

③ 사업을 이전하지 않았다고 인정되는 경우(이는 내국법인이 신규사업용부동산 중 처분하거나 해당 사업에 사용하지 않는 부동산의 가액이 전체 신규사업용부동산 가액의 1/2 이상인 경우를 말한다)

2) 거주자 : 과세이연을 적용받은 거주자가 다음 중 어느 하나에 해당하는 경우 납부하지 않은 양도소득세액 전액을 납부해야 한다. 이 경우 납부할 세액에 관하여는 해당 과세연도의 과세표준신고시 이자상당가산액을 가산하여 양도소득세로 납부해야 한다.

① 신규사업용부동산을 취득하여 사업을 개시한 날부터 3년 이내에 그 사업을 폐지한 경우

② 사업용 부동산을 기회발전특구로 이전하지 않은 경우

③ 사업을 이전하지 않았다고 인정되는 경우(이는 거주자가 신규사업용부동산 중 처분하거나 해당 사업에 사용하지 않는 부동산의 가액이 전체 신규사업용부동산 가액의 1/2 이상인 경우를 말한다)

3. 기회발전특구집합투자기구 투자자에 대한 과세특례

(1) 저율 분리과세 특례

거주자가 2026년 12월 31일까지 전용계좌에 가입하고 다음의 요건을 모두 갖춘 기회발전특구집합투자기구에 투자하여 발생하는 이자소득 또는 배당소득(전용계좌의 가입일부터 10년 이내에 지급받는 경우로 한정한다)은 9% 세율로 원천징수하고, 종합소득과세표준에 합산하지 않는다(9% 저율 분리과세 특례).

(2) 기회발전특구집합투자기구 및 전용계좌의 요건

구분	내용
집합투자기구의 요건	'기회발전특구집합투자기구'란 다음의 요건을 모두 갖춘 집합투자기구 등을 말한다. ① 다음의 집합투자기구일 것 ㉠ 부동산투자회사법에 따른 부동산투자회사 ㉡「사회기반시설에 대한 민간투자법」에 따른 투융자집합투자기구 ㉢「자본시장과 금융투자업에 관한 법률」에 따른 집합투자기구 ② 기회발전특구의 기반시설 및 입주기업 등에 대한 투자로서 다음의 투자대상자산에 집합투자재산의 60% 이상을 투자할 것 ㉠ 기회발전특구에 소재한 부동산 또는 지상권, 임차권 등 해당 부동산의 사용에 관한 권리. 다만, 부동산의 전부 또는 일부가 기회발전특구집합투자기구가 투자하기에 적합하지 않은 용도로 사용되는 경우에는 해당 부동산의 전부 또는 그 사용에 관한 권리는 제외한다. ㉡ 기회발전특구에서 시행하는 부동산개발사업 ㉢ 기회발전특구에 설치되는 사회기반시설과 관련된 자산 ㉣ 기회발전특구에 입주한 기업으로서 다음 중 어느 하나에 해당하는 기업(이하 '입주기업'이라 한다)이 기회발전특구에서 사업을 운영하기 위한 목적으로 발행한 채권으로서 그 발행일에 취득한 채권 • 기회발전특구에서 창업 또는 사업장을 신설하였거나 신설할 예정임을 산업통상자원부장관이 확인한 중소기업 또는 중견기업 • 기회발전특구로 이전하였거나 이전할 예정임을 산업통상자원부장관이 확인한 기업으로서 중소기업 또는 중견기업

	ⓗ 입주기업이 기회발전특구에서 사업을 운영하기 위한 목적으로 발행한 주식으로서 다음 중 어느 하나에 해당하는 방법으로 취득한 주식 • 입주기업의 설립시에 자본금으로 납입하는 방법 • 입주기업이 유상증자하는 경우로서 증자대금을 납입하는 방법
전용계좌의 요건	저율 분리과세 특례는 다음의 요건을 모두 갖춘 전용계좌를 통하여 투자하는 경우에 적용한다. ① 1명당 1개의 전용계좌만 가입할 것 ② 납입한도가 3억원 이하일 것 ③ 기회발전특구집합투자기구의 지분증권 또는 수익증권에만 투자할 것

(3) 사후관리

전용계좌를 관리하는 금융회사 등은 기회발전특구집합투자기구에 투자한 자가 가입한 날부터 10년이 되는 날 전에 계좌를 해지하는 경우(투자자의 사망 · 해외이주 등 부득이한 사유로 계좌를 해지하는 경우는 제외한다)에는 과세특례를 적용받은 소득세에 상당하는 세액을 추징해야 한다.

4. 농어촌주택 양도소득세 과세특례

1세대가 1개의 농어촌주택을 취득하여 3년 이상 보유하고 그 농어촌주택의 취득 전에 보유하던 다른 주택(이하 '일반주택'이라 한다)을 양도하는 경우에는, 그 농어촌주택을 1세대의 소유주택이 아닌 것으로 보아 1세대 1주택 비과세규정을 적용한다.

여기서 '농어촌주택'에는 취득 당시 기회발전특구(인구감소지역, 접경지역이 아닌 수도권과밀억제권역 안의 기회발전특구는 제외) 지역에 소재하는 주택*도 포함한다.

* 금액기준 요건 추가 : 주택 및 이에 딸린 토지 가액(기준시가를 말한다)의 합계액이 해당 주택의 취득 당시 3억원(한옥은 4억원)을 초과하지 않을 것

제9절 동업기업에 대한 조세특례(파트너십 과세제도)

II-2 p.384

Ⅰ. 서설

1. 의의

상법에 따른 회사는 인적회사(합명회사·합자회사)와 물적회사(주식회사·유한회사)로 분류된다. 법인세법은 이들 회사를 영리법인으로 구분하여 법인단계에서 얻은 소득에 대해서 법인세를 과세하고, 그 세후소득이 출자자·주주에게 배당·분배된 경우 다시 소득세·법인세를 과세한다. 이러한 과세제도는 조세의 효율성과 중립성을 저해하고, 법인이라는 실체는 법률관계의 편의를 위한 하나의 권리·의무의 단위에 불과할 뿐인데, 법인이 개인처럼 소득과 세의 대상이 될 수 있는가 하는 의문이 제기된다. 이에 대해 법인세법과 소득세법은 법인이 얻은 소득에 대해 일단 법인세를 과세하고, 출자자 단계에서 Imputation제도 또는 수입배당금액 익금불산입제도를 통해 이중과세를 부분적으로 조정한다(일반법인과세).

그런데 인적회사 등의 단체는 출자자 사이의 신뢰를 바탕으로 구성된 단체로서 공동사업의 경영을 통해 얻은 소득을 출자자에게 이전해 주는 도관과 같은 실체(pass through entity)이다. 이러한 점을 고려하여 조세특례제한법은 인적회사 등의 동업기업에 대해서 일반적인 과세방법 대신에, 동업기업의 소득에 대해서는 과세하지 않고 그 소득을 손익배분비율에 따라 각 동업자에게 배분하여 소득세·법인세만을 과세하는 '동업기업과세특례'를 도입하였다.

조특 06

[도 표] 일반법인과세와 동업기업과세특례의 비교

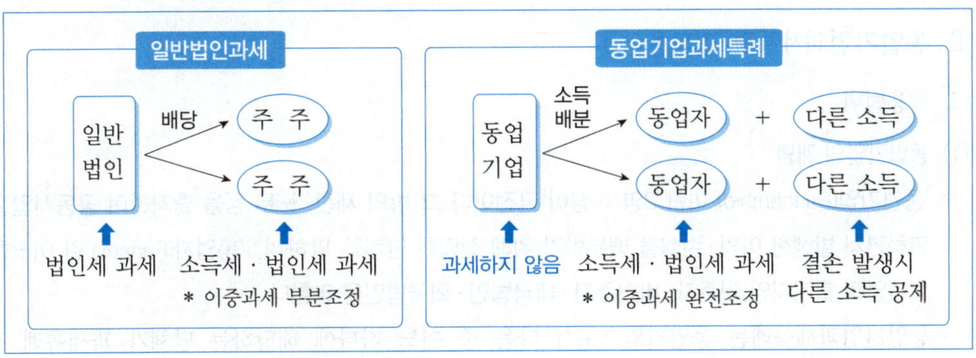

이러한 동업기업과세특례는 두 가지 법이론에 토대를 둔 것이다. 먼저 도관론(Conduit concept)은 동업기업은 손익·부채 등을 각 동업자에게 전달하는 도관으로서 각 동업자로 구성된 단체에 불과하여 동업기업이 납세의무의 주체가 될 수 없다는 입장이다. 반면에 실체론(Entity concept)은 동업기업과 동업자는 별개의 실체이므로 동업기업도 국세·지방세 납세의무의 주체가 될 수 있다는 입장이다. 동업기업과세특례는 두 가지 법이론이 결합되어 있는데, 그 내용을 요약하면 다음과 같다.

구분	세무처리	효과
실체론	동업기업을 과세소득 계산 · 신고의 실체로 취급	동업자의 납세편의와 조세행정의 효율성을 높임
도관론	동업기업을 과세소득에 대해 납세의무가 없는 도관으로 취급 ➡ 과세소득을 동업자에게 배분하여 과세	이중과세 완전조정

* 실체론에 따라 이중과세조정의 필요가 없는 동업기업이 지급하는 근로소득 등에 대한 원천징수세액, 부가가치세, 종합부동산세 등은 동업기업이 납세의무를 진다.

2. 제도의 도입배경

동업기업과세특례는 미국세법의 파트너쉽 과세제도(Partnership Taxation)를 모델로 한 것인데, ① 동업기업과 동업자의 이중과세문제를 해결하고, ② 동업기업에서 발생한 결손금을 동업자의 다른 소득과 공제할 수 있어 세부담 측면에서 유리하며, ③ 동업기업을 소득계산 · 신고의 실체로 인정하므로 납세편의와 과세행정의 효율성을 높일 수 있다. 반면에 ① 조세회피 수단으로 악용될 수 있고, ② 조세회피를 방지하기 위해 복잡한 법적인 장치를 강구해야 하며, 이에 따라 징세비용이 증가할 수 있다.

우리나라도 기업과세의 선진화 및 지식기반 서비스업 등을 영위하는 인적회사의 발전토대를 마련하기 위해 동업기업과세특례를 도입한 것이다.

Ⅱ. 동업기업과세특례의 적용

1. 적용범위

(1) 동업기업의 개념

'동업기업(Partnership)'이란 2명 이상이 금전이나 그 밖의 재산 · 노무 등을 출자하여 공동사업을 경영하면서 발생한 이익 · 손실을 배분받기 위해 설립한 단체를 말하며, '동업자(Partner)'란 이러한 동업기업의 출자자인 거주자 · 비거주자 · 내국법인 · 외국법인을 말한다.

동업기업과세특례는 동업기업으로서 다음 중 어느 하나에 해당하는 단체가 과세특례 적용신청을 한 경우 해당 동업기업 및 그 동업자에 대해 적용한다.

① 민법에 따른 조합(자본시장과 금융투자업에 관한 법률의 투자조합은 제외)

② 상법에 따른 합자조합 · 익명조합(자본시장과 금융투자업에 관한 법률의 투자익명조합은 제외)

③ 상법에 따른 합명회사 · 합자회사(자본시장과 금융투자업에 관한 법률의 투자합자회사 중 사모투자전문회사가 아닌 것은 제외)

④ 법무법인 및 법무조합(변호사법), 특허법인(변리사법), 노무법인(공인노무사법), 법무사합동법인(법무사법), 전문적인 인적용역을 제공하는 법무법인(유한) · 회계법인 · 세무법인 · 관세법인

⑤ 외국법인 · 비거주자로 보는 법인 아닌 단체 중 다음 모두에 해당하는 단체. 이러한 외국단체의 경우 국내사업장을 하나의 동업기업으로 보아 해당 국내사업장과 실질적으로 관련되거나 해당 국내사업장에 귀속하는 소득으로 한정하여 동업기업과세특례를 적용한다.

㉠ 위 ①~④의 단체와 유사한 단체

㉡ 국내사업장을 가지고 사업을 경영하는 외국단체

㉢ 설립된 국가(우리나라와 조세조약이 체결된 국가에 한정)에서 동업기업과세특례와 유사한 제도를 적용받는 외국단체

이러한 동업기업은 대외적으로 출자자가 기업의 채무에 대해 무한책임을 부담하며, 대내적으로 사적자치에 따라 경영활동이 이루어지는 특징을 갖는다.

(2) 다단계 동업기업과세특례 적용배제(원칙)

동업기업과세특례를 적용받는 동업기업의 동업자는 동업기업의 자격으로 동업기업과세특례를 적용받을 수 없다. 예를 들어 A동업기업과 동업자 甲이 동업기업과세특례를 적용받고 있는 상태에서 甲에게 출자한 동업자 B와의 관계에서 甲은 동업기업 자격으로 동업기업과세특례를 적용받을 수 없다. 즉 甲이 동업기업과세특례를 적용받은 동업자이면서 동시에 동업기업이 되는 것은 '다단계 동업기업'이라고 하는데, 조세회피를 방지하고 제도의 단순화를 위하여 다단계 동업기업에 대해서는 과세특례를 적용하지 않는다[동업기업 A ← 동업자 甲(출자자) : 과세특례 허용 ○ + 동업기업(자격) 甲 ← 동업자 B(출자자) : 과세특례 허용 ×].

참 고 다단계 동업기업과세특례 적용(예외)

다단계 동업기업과세특례 적용배제 원칙에도 불구하고 동업기업과세특례를 적용받는 동업기업에 출자한 동업자가 기관전용 사모집합투자기구로서 일정한 요건을 갖춘 투자합자회사인 경우 그 투자합자회사는 자기에게 출자한 동업자와의 관계에서 동업기업의 자격으로 동업기업과세특례를 적용받을 수 있다. 이 경우 해당 투자합자회사의 동업자는 동업기업의 자격으로 동업기업과세특례를 적용받을 수 없다(조특법 100의15 ②)[(동업기업 A ← 동업자 甲(출자자 – 투자합자회사) : 과세특례 허용 ○ + 동업기업(자격) 甲(투자합자회사) ← 동업자 B(출자자) : 과세특례 허용 ○].

이 경우 동업자인 동시에 동업기업의 자격으로 동업기업과세특례를 적용받는 자는 동업자의 자격으로 자기가 출자한 동업기업(동업기업과세특례를 적용받는 동업기업을 말한다)과의 관계에서 '상위 동업기업'이라 하고, 그 출자를 받은 동업기업은 상위 동업기업과의 관계에서 '하위 동업기업'이라 한다. ■

2. 동업기업 및 동업자의 납세의무

동업기업에 대해서는 소득세법 · 법인세법에 따른 그 과세소득에 대한 소득세 · 법인세의 납세의무

조특 06

규정에 불구하고 그 과세소득에 대한 소득세·법인세를 부과하지 않는다. 그 대신에 동업자(상위 동업기업인 동업자는 제외)는 배분받은 동업기업의 소득에 대해 소득세·법인세를 납부할 의무를 진다. 여기서 '배분(Allocation)'이란 동업기업의 소득금액·결손금 등을 각 과세연도의 종료일에 자산의 실제 분배 여부에 관계없이 동업자의 소득금액·결손금 등으로 귀속(flows through)시키는 것을 말한다. 따라서 동업기업의 소득에 대해서는 동업기업이 소득세·법인세 납세의무를 지지 않고 각 동업자가 배분받은 소득에 대해 소득세·법인세 납세의무를 진다.

3. 동업기업과세특례의 적용 및 포기신청

(1) 적용신청

동업기업과세특례를 적용받으려는 기업은 동업기업과세특례를 적용받으려는 최초의 과세연도의 개시일 이전(기업의 설립일이 속하는 과세연도부터 적용받으려는 경우에는 그 과세연도의 개시일 이후 1개월 이내)에 동업자 전원의 동의서와 함께 동업기업과세특례 적용신청서를 관할세무서장에게 제출해야 한다.

동업기업과 동업자는 일반법인과세방식과 동업기업과세특례 중 하나를 선택하여 납세의무를 진다(Check the box Regulations). 그 취지는 동업기업의 사정에 따라 동업기업과세특례를 적용받는 것이 일반법인과세보다 오히려 불리할 수 있어 납세의무자가 선택하는 경우에만 적용한다.

(2) 포기신청

동업기업과세특례를 적용받고 있는 동업기업이 동업기업과세특례의 적용을 포기하려면 동업기업과세특례를 적용받지 않으려는 최초의 과세연도의 개시일 이전에 동업자 전원의 동의서와 함께 동업기업과세특례 포기신청서를 관할세무서장에게 제출해야 한다. 다만, 동업기업과세특례를 최초로 적용받은 과세연도와 그 다음 과세연도의 개시일부터 4년 이내에 끝나는 과세연도까지는 동업기업과세특례의 적용을 포기할 수 없다. 따라서 동업기업과세특례를 신청한 경우 최소한 5년간은 의무적으로 동업기업과세특례를 적용받아야 한다. 그 취지는 동업기업과세특례의 포기·신청으로 과세방법의 자의적인 변경을 통해 조세회피행위가 일어나는 것을 막고 세무행정의 안정성을 높이려는데 있다.

4. 동업기업 소득금액·세액계산 및 배분

(1) 손익배분비율의 결정

각 동업자는 해당 동업기업에 지분비율과 손익배분비율을 갖는다. 출자지분의 비율(capital interest)은 동업기업의 출자총액에서 각 동업자의 출자액이 차지하는 비율을 말하며, 손익배분비율(profits and loss sharing ratio)은 동업기업의 소득금액 · 결손금 중 각 동업자의 몫을 결정하는 배분비율을 말한다.

동업기업과세특례를 적용할 때 손익배분비율은 동업자 간에 서면으로 약정한 해당 과세연도의 손익의 분배에 관한 단일의 비율로서 동업기업 소득의 계산 및 배분명세 신고를 할 때 신고한 비율(이하 '약정손익분배비율')에 따른다. 다만, 약정손익분배비율이 없는 경우에는 출자지분의 비율에 따른다.

손익배분비율의 결정 : 약정손익분배비율 ➡ 출자지분의 비율

* 어느 동업자의 출자지분과 그와 특수관계인인 동업자의 출자지분의 합계가 가장 큰 경우에는 그 동업자와 특수관계인인 동업자 간에는 출자지분의 비율에 따른다.

한편 과세연도 중 동업자가 가입하거나 탈퇴하여 손익배분비율이 변경되면 변경 이전과 이후 기간별로 산출한 동업자군별 배분대상 소득금액 · 결손금을 각각의 해당 손익배분비율에 따라 배분한다.

(2) 동업기업 소득금액의 계산 및 배분방법

동업기업 소득금액 등의 계산 · 배분은 다음의 단계를 따른다.

❑ 1단계[Step 1] : 동업자군(群)의 구분

동업자를 거주자 · 내국법인 · 비거주자 · 외국법인의 네 개의 군(群, Group)으로 구분하는 경우 각 군을 동업자군(群)이라 한다.

❑ 2단계[Step 2] : 동업자군(群)별 동업기업 소득금액 · 결손금의 계산

각 동업자군별로 동업기업을 각각 하나의 거주자 · 비거주자 · 내국법인 · 외국법인으로 보아 소득세법 · 법인세법에 따라 해당 과세연도의 소득금액 · 결손금을 계산한다.

❑ 3단계[Step 3] : 동업자군(群)별 손익배분비율 계산

동업자군별로 해당 군에 속하는 동업자들의 손익배분비율을 합한 비율 계산방법

➡ 동업자군별 (Σ 해당 동업자군에 속하는 동업자들의 손익배분비율)

❑ 4단계[Step 4] : 동업자군(群)별 배분대상 동업기업 소득금액 · 결손금의 계산

동업자군별 동업기업 소득금액 · 결손금×동업자군별 손익배분비율

= 동업자군별 배분대상 동업기업 소득금액 · 결손금

❑ 5단계[Step 5] : 각 동업자의 소득금액 · 결손금의 계산

동업자군별 배분대상 소득금액 · 결손금은 각 과세연도의 종료일에 해당 동업자군에 속하는 동업자들에게 동업자간의 손익배분비율에 따라 배분한다.

(3) 결손금 배분의 제한

1) 배분한도 : 각 동업자에게 배분되는 결손금은 동업기업의 해당 과세연도의 종료일 현재 해당 동업자의 지분가액을 한도로 한다. 이 경우 지분가액을 초과하는 해당 동업자의 결손금(이하 '배분한도 초과 결손금')은 해당 과세연도의 다음 과세연도 개시일 이후 10년(2021.1.1. 이후 개시한 과세기간에 발생한 결손금은 15년) 이내에 끝나는 각 과세연도에 이월하여 배분한다.

2) 수동적동업자의 경우 : 일반적인 동업자는 동업기업의 결손금을 손익배분비율에 따라 배분한다. 그러나 동업기업의 경영에 참여하지 않고 출자만 하는 자로서 다음 요건을 모두 갖춘 동업자(이하 '수동적동업자')에게는 결손금을 배분하지 않되, 해당 과세연도의 종료일부터 10년(2021.1.1. 이후 개시한 과세기간에 발생한 결손금은 15년) 이내에 끝나는 각 과세연도에 그 수동적동업자에게 소득금액을 배분할 때 배분되지 않은 결손금을 그 배분대상 소득금액에서 공제하고 배분한다.

① 동업기업에 성명 · 상호를 사용하게 하지 않을 것
② 동업기업의 사업에서 발생한 채무에 대해 무한책임을 부담하기로 약정하지 않을 것
③ 법인세법에 따른 임원(업무집행사원 · 이사 등의 직무에 종사하는 자)에 준하는 자가 아닐 것

기업의 채무 · 손해에 대해 유한책임을 지고 기업의 경영에 적극적으로 개입하지 않기 때문이다. 이 점은 소득세법에 따른 출자공동사업자와 비슷하다.

(4) 동업자가 배분받은 소득의 구분

동업자가 동업기업의 과세연도 종료일이 속하는 과세연도의 소득세 · 법인세 과세표준을 계산할 때 동업기업으로부터 배분받은 소득금액 · 결손금은 동업자군별로 다음의 구분에 따른 익금 · 총수입금액 또는 손금 · 필요경비로 보아 계산한다. 다만, 수동적동업자의 경우에는 배분받은 소득금액을 소득세법 · 법인세법에 따른 거주자 · 내국법인 · 비거주자 · 외국법인의 배당소득으로 본다.

동업자군	배분받은 소득금액 구분	배분받은 결손금 구분
거 주 자 군	• 이자소득 수입금액 • 배당소득 수입금액 • 사업소득 수입금액 • 기타소득 수입금액 • 양도소득 수입금액	• 사업소득 필요경비 • 토지 · 건물, 부동산에 관한 권리 및 기타자산의 양도소득 필요경비 • 주식 · 출자지분의 양도소득 필요경비
내국법인군	각 사업연도 익금 * 내국법인이 동업기업으로부터 배분받은 소득금액은 익금	각 사업연도 손금 * 내국법인이 동업기업으로부터 배분받은 결손금은 손금

비거주자군	① 이자소득 ② 배당소득 ③ 부동산소득 ④ 선박 · 항공기 등의 임대소득 ⑤ 사업소득 ⑥ 인적용역소득 ⑦ 부동산 등 양도소득 ⑧ 사용료소득 ⑨ 유가증권 양도소득 ⑩ 기타소득	이자소득, 배당소득, 기타소득(상금 · 부상에 따른 기타소득은 제외)을 제외한 나머지 7가지 소득에서 발생한 지출만 필요경비로 인정 * 국내사업장이 있거나, 부동산소득 · 양도소득이 있는 비거주자로 구성된 동업자군이 아닌 경우에는 결손금은 없는 것으로 본다.
외국법인군	① 이자소득 ② 배당소득 ③ 부동산소득 ④ 선박 · 항공기 등의 임대소득 ⑤ 사업소득 ⑥ 인적용역소득 ⑦ 부동산 등 양도소득 ⑧ 사용료소득 ⑨ 유가증권 양도소득 ⑩ 기타소득	이자소득, 배당소득, 기타소득을 제외한 나머지 7가지 소득에서 발생한 지출만 필요경비로 인정 * 국내사업장을 가지고 있거나, 부동산소득 · 양도소득이 있는 외국법인인 동업자로 구성된 동업자군이 아닌 경우 결손금은 없는 것으로 본다.

(5) 공제 · 가산하는 세액의 배분

1) 배분대상 세액 : 동업기업과 관련된 다음 중 어느 하나에 해당하는 금액은 각 과세연도의 종료일에 동업자간의 손익배분비율에 따라 동업자에게 배분한다.

배분대상 세액		비고
공제 세액	① 법인세법 · 조세특례제한법에 따른 세액공제 · 세액감면금액 ② 동업기업에서 발생한 소득에 대해 법인세법에 따라 원천징수된 세액	내국법인이 아닌 동업기업의 경우에도 하나의 내국법인으로 보아 법인세법에 따라 계산한다. * 따라서 내국법인이 아닌 동업기업의 경우에도 법인에게만 적용되는 세액감면을 적용하며, 동업기업에게 지급하는 이자소득(투자신탁이익)에 한정하여 지급하는 자가 원천징수한다.
가산 세액	③ 법인세법에 따른 가산세 및 조세특례제한법에 따른 동업기업과 관련된 가산세 ④ 법인세법에 따른 토지등양도소득에 대한 법인세	

2) 공제 · 가산방법 : 동업자는 분배일이 속하는 과세연도에 대한 소득세 · 법인세를 납부하는 경우 이처럼 배분받은 금액을 다음의 방법에 따라 공제하거나 가산한다.

① 세액공제 · 세액감면금액 : 산출세액에서 공제하는 방법

② 원천징수세액 : 기납부세액으로 공제하는 방법. 이 경우 원천징수세액은 동업기업에게 이자소득금액이나 집합투자기구로부터의 이익 중 투자신탁의 이익을 지급하는 자가 그 금액을 지급하는 때에 그 지급하는 금액에 14%(비영업대금이익은 25%)의 세율을 적용하여 계산한 세액을 원천징수하여 납부한 세액으로 한다. 다만, 다음 중 어느 하나에 해당하는 경우에는 동업기업이 해당 동업자가 배분받은 소득에 대한 소득세 · 법인세를 원천징수할 때 해당 세액에서 공제하되, 해당 세액을 초과하는 금액은 없는 것으로 본다.

㉠ 거주자 · 비거주자 · 외국법인인 수동적동업자의 경우

㉡ 거주자인 동업자(수동적동업자는 제외)로서 배분받은 소득이 이자소득 · 배당소득 수입금액으로 구분되는 경우

③ 가산세 : 산출세액에 합산하는 방법

④ 토지 등 양도소득에 대한 법인세 : 산출세액에 합산하는 방법. 이 경우 토지 등 양도소득에 대한 법인세에 상당하는 세액은 동업기업을 하나의 내국법인으로 보아 산출한 금액에 내국법인 · 외국법인인 동업자의 손익배분비율의 합계를 곱한 금액으로 한다. 거주자인 동업자의 경우에는 손익배분비율에 따라 토지 등의 양도소득에 대해 배분받은 60% 등의 높은 세율을 적용하여 별도로 분류과세하기 때문에, ④의 금액은 법인인 동업자에게만 배분하는 것이다.

5. 동업기업과 동업자간의 거래

1) 동업자의 자격으로 거래 : 동업자가 동업기업에 출자, 동업기업의 자산분배 등의 거래를 말하는데, 이에 대한 세무처리는 후술한다.

2) 제3자의 자격으로 거래 : 동업자가 동업자의 자격이 아닌 '제3자의 자격으로 거래'란 동업자가 동업기업으로부터 얻는 거래대가가 동업기업의 소득과 관계없이 해당 거래를 통해 공급되는 재화 · 용역의 가치에 따라 결정되는 경우로서 다음 중 어느 하나에 해당하는 거래를 말한다.

① 동업자가 동업기업에게 재화를 양도 · 양수하는 거래

② 동업자가 동업기업에게 금전, 그 밖의 자산을 대부하거나 임대 · 임차하는 거래

③ 동업자가 동업기업에게 용역(해당 동업기업이 영위하는 사업에 해당하는 용역은 제외)을 제공하거나 제공받는 거래

④ 그 밖에 위와 비슷한 거래

동업자가 동업자의 자격이 아닌 제3자의 자격으로 동업기업과 거래를 하는 경우 동업기업과 동업자는 해당 과세연도의 소득금액을 계산할 때 그 거래에서 발생하는 수익 · 손비를 익금 · 손금에 산입한다.

이 경우 관할세무서장은 동업기업 · 동업자가 소득을 부당하게 감소시킨 것으로 인정되면 법인세법에 따른 부당행위계산부인 규정을 준용하여 해당 소득금액을 계산할 수 있다. 이 경우 동업기업과 동업자는 법인세법에 따른 특수관계인으로 본다.

Ⅲ. 동업자의 지분가액 조정 등

1. 동업자의 동업기업에 출자

개인 · 법인이 동업기업에 금전이나 그 밖의 자산을 출자하여 동업기업 지분을 취득하는 경우 그 출자자가 출자한 자산의 처분손익을 인식할 것인가 하는 문제가 제기된다.

미국세법에서는 출자한 자산의 처분손익을 인식하지 않고 나중에 동업기업이 그 자산을 처분할 때 그 출자 전 가치상승분에 대해 과세한다(과세이연). 그 취지는 출자자 입장에서 출자자산이 동업기업 지분(비유동자산)으로 대체된 것에 불과한 점을 고려하고, 동업기업의 설립을 세제상 지원하려는데 있다.

그러나 우리나라 세법은 법인인 동업자가 현물출자하는 경우 취득하는 동업기업 지분의 취득원가를 출자하는 자산의 시가로 인식하므로 출자한 자산의 장부가액과의 차액은 해당 출자한 자산의 처분이익(손실)으로 인식하고 그에 대해 법인세를 과세한다. 개인인 동업자는 현물출자도 소득세법에 따른 양도에 해당하므로 그 양도차익 · 양도차손에 대해 양도소득세 등을 과세한다. 다만, 내국법인인 동업자가 현물출자에 따라 법인을 설립하는 경우 법인세법에 따른 현물출자에 대한 과세특례가 적용되면 과세이연을 받을 수 있다.

2. 지분가액의 조정

'지분가액(Outside Basis)'이란 동업자가 보유하는 동업기업 지분의 세무상 장부가액으로서 동업기업 지분의 양도 또는 자산의 분배시 과세소득의 계산 등의 기초가 되는 가액을 말한다.

동업자의 최초 지분가액은 동업기업과세특례를 적용받는 최초 과세연도의 직전 과세연도의 종료일(기업의 설립일이 속하는 과세연도부터 적용받는 경우에는 그 과세연도의 개시일) 현재의 [동업기업의 출자총액×해당 동업자의 출자비율]과 같다. 이러한 동업자의 최초의 지분가액은 다음과 같은 사유가 발생하면 해당 조정금액만큼 증액조정하거나 감액조정을 해야 한다.

구분	조정사유	해당 조정금액	조정순서
증액 조정	자산을 출자하는 경우	(+) 출자일 현재의 자산의 시가	①
	지분을 매입한 경우	(+) 지분의 매입가액 (+) 상속·증여일 현재의 지분의 시가	
	지분을 상속·증여받은 경우	(+) 상속·증여일 현재의 지분의 시가	
	소득금액을 배분받은 경우	(+) 소득금액(비과세소득을 포함)	③
감액 조정	자산을 분배받은 경우	(−) 분배일 현재의 자산의 시가	②
	지분을 양도한 경우	(−) 양도일 현재의 해당 지분의 지분가액	
	지분이 상속·증여되는 경우	(−) 상속·증여일 현재의 해당 지분의 지분가액	
	결손금을 배분받은 경우	(−) 배분받은 결손금	④

* 둘 이상의 지분가액 조정사유가 동시에 발생하면 위 조정순서에 따른다.

조정 전 동업자의 지분가액
(+) 출자·매입 등으로 취득하는 지분가액 (−) 자산분배나 양도 등으로 감소하는 지분가액 (+) 동업기업으로부터 배분받는 소득금액(비과세소득 포함) (−) 동업기업으로부터 배분받는 결손금
(=) 조정 후 동업자의 지분가액(음수가 될 수 없음)

조정 후 동업자의 지분가액은 음수(−)가 될 수 없으므로, 지분가액을 감액조정하는 경우 지분가액의 최저금액은 영(0)으로 한다. 한편 동업자가 동업기업의 해산 등이나 동업기업에서 탈퇴로 동업자의 자격을 전부 잃은 경우에는 동업기업의 자산분배와 지분양도(상속·증여 포함)에 따른 감액조정보다 소득금액·결손금 배분에 따른 증액조정·감액조정을 민저 적용한다. 동업기업의 과세연도 종료일이나 탈퇴한 날을 기준으로 동업기업으로부터 손익배분에 대한 지분가액의 조정을 먼저 끝낸 다음에, 지분청산에 따른 배당소득·양도소득 등을 계산하기 때문이다.

1) 소득 또는 결손금을 배분받는 경우 : 동업기업과세특례 하에서 동업기업의 소득금액(비과세소득 포함)은 자산의 분배 여부에 관계없이 소득이 발생한 각 과세연도 종료일에 동업자에게 귀속시켜 과세한다. 그 후 동업자가 동업기업 지분을 양도하거나 동업기업으로부터 자산분배를 받는 경우 동업자의 과세소득에 포함되어 이중과세되는 것을 방지하기 위해 소득을 배분받은 경우에는 동업자의 지분가액을 증액조정한다. 마찬가지로 동업기업의 비과세소득을 배분받는 경우에도 비과세효과가 계속 유지되도록 동업자의 지분가액을 증

액조정한다. 반대로 동업기업으로부터 동업자에게 배분되는 결손금은 동업자의 다른 소득에서 공제되어 과세소득이 감소되므로 그 후 동업기업의 지분을 양도하거나 자산분배를 받은 시점에서 동업자의 과세소득이 다시 감소되는 것을 방지하기 위해 동업자의 지분가액을 감액조정한다.

2) 자산을 분배받는 경우 : 동업자가 동업기업으로부터 자산을 분배받는 것은 동업자의 당초 출자한 지분가액 또는 이미 과세된 배분소득에 상당하는 자산의 반환에 해당하므로, 동업자의 지분가액을 감액조정한다. 여기서 '분배(Distribution)'란 동업기업의 자산이 동업자에게 실제로 이전되는 것을 말하며, 동업기업의 소득금액 · 결손금을 동업자의 소득금액 · 결손금으로 귀속시키는 '배분(Allocation)'과는 다른 개념이다.

3. 동업기업 지분의 양도

동업자가 동업기업의 지분을 타인에게 양도하는 경우 해당 지분의 양도소득에 대해서는 양도소득세 과세대상인 주식 · 출자지분 · 특정주식(A · B)에 해당하는 자산(해당 동업자가 비거주자 · 외국법인인 경우에는 양도소득 또는 유가증권 양도소득 과세대상인 주식)을 양도한 것으로 보아 소득세법 · 법인세법에 따라 양도소득세 · 법인세를 과세한다. 지분의 양도소득은 다음과 같이 계산한다.

양도가액 − 해당 지분의 취득가액 = (+) 지분의 양도소득

4. 동업기업 자산의 분배

(1) '분배받은 자산의 시가 > 지분가액'인 경우

동업자가 동업기업으로부터 자산을 분배받은 경우 분배받은 자산의 시가가 분배일의 해당 동업자의 지분가액을 초과하면 동업자는 분배일이 속하는 과세연도의 소득금액을 계산할 때 그 초과하는 금액을 소득세법에 따른 배당소득으로 본다.

분배받은 자산의 시가 − 분배일의 지분가액 = (+) 배당소득

(2) '분배받은 자산의 시가 < 지분가액'인 경우

동업자가 동업기업의 해산 등 사유가 발생함에 따라 동업자가 동업기업으로부터 자산을 분배받은 경우 분배받은 자산의 시가가 분배일의 해당 동업자의 지분가액에 미달하면 동업자는 분배일이 속하는 과세연도의 소득금액을 계산할 때 그 미달하는 금액을 양도소득세 과세대상인 주식 · 출자지분 · 특정주식(A · B)을 양도함에 따라 발생한 손실로 본다.

분배받은 자산의 시가 − 분배일의 지분가액 = (−) 지분의 양도손실

이처럼 동업기업으로부터 자산을 분배받을 때 지분의 양도손실이 인정되는 '해산 등 사유'란 다음 중 어느 하나에 해당하는 경우를 말한다.

① 동업기업이 해산에 따른 청산 · 분할 · 합병 등으로 소멸되는 경우
② 동업자가 동업기업을 탈퇴하는 경우

이러한 지분의 양도손실은 동업자가 동업기업으로부터 최종적으로 자산분배를 받는 과정에서 실현된 지분의 가치하락분을 반영한 것이므로, 지분의 양도손실은 동업자의 다른 주식 · 출자지분 등의 양도소득에서 공제한다.

Ⅳ. 동업기업의 소득계산 및 배분명세 신고

동업기업은 각 과세연도의 종료일이 속하는 달의 말일부터 3개월이 되는 날이 속하는 달의 15일까지 해당 과세연도의 소득계산 및 배분명세를 관할세무서장에게 신고해야 한다. 각 과세연도의 소득금액이 없거나 결손금이 있는 동업기업의 경우에도 마찬가지이다. 이러한 신고를 할 때 동업기업은 동업기업 소득계산 및 배분명세 신고서와 다음의 첨부서류를 제출해야 한다. 이 경우 ① · ②의 서류를 첨부하지 않으면 위에 따른 신고로 보지 않는다. 한편 동업기업은 소득계산 및 배분명세 신고를 할 때 각 동업자에게 해당 동업자와 관련된 신고 내용을 통지해야 한다.

① 기업회계기준을 준용하여 작성한 재무상태표 · 손익계산서
② 지분가액조정명세서
③ 약정손익배분비율에 관한 서면 약정
④ 그 밖에 서류

[도 표] 소득계산 및 배분명세신고

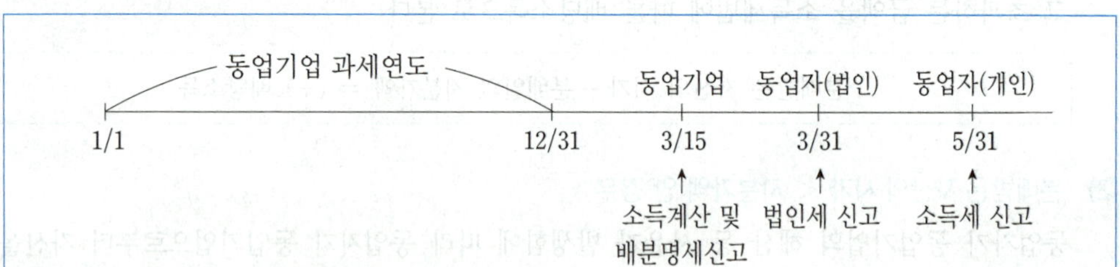

V. 가산세

1. 신고불성실가산세

관할세무서장은 동업기업이 해당 과세연도의 소득의 계산 및 배분명세 신고를 하지 않거나 신고해야 할 소득금액보다 적게 신고한 경우 다음 금액을 가산세로 징수해야 한다. 이 경우 신고해야 할 소득금액은 동업자군별 배분대상 소득금액의 합계액으로 한다.

구분	가산세
① 무신고의 경우	신고해야 할 소득금액×4%
② 과소신고의 경우	미달신고 소득금액×2%

2. 원천징수납부불성실가산세

관할세무서장은 동업기업이 비거주자 · 외국법인인 동업자에 대한 원천징수 규정에 따라 원천징수하였거나 원천징수해야 할 세액을 납부기한에 납부하지 않거나 적게 납부하는 경우에는 다음 금액을 가산세로 징수해야 한다.

$$\text{원천징수납부 불성실가산세} = \text{MIN}\begin{cases} ① \text{ 미납·미달납부세액} \times 3\% \\ \quad + \text{미납·미달납부세액} \times \text{미납기간}^{*} \times 1\text{일 } \dfrac{2.2}{10,000} \\ ② \text{ 미납·미달납부세액} \times 10\% \end{cases}$$

* 미납기간 : 납부기한의 다음 날부터 자진납부일 또는 납부고지일까지의 일수

VI. 법인이 아닌 동업기업의 준용규정

법인이 아닌 동업기업의 경우 과세연도 · 납세지 · 사업자등록 · 세액공제 · 세액감면 · 원천징수 · 가산세, 토지 등 양도소득에 대한 법인세, 결정 · 경정 등에 대해서는 해당 동업기업을 하나의 내국법인으로 보아 법인세법 · 조세특례제한법의 동업기업과세특례의 해당 규정을 준용한다. 이것은 법인이 아닌 동업기업도 소득금액 계산 · 신고 등을 하나의 실체로 인정하기 위한 준용규정이다.

제7장

간접국세에 대한 조세특례 및 과세표준양성화를 위한 조세특례

제1절 간접국세에 대한 조세특례

Ⅱ-2 p.411

Ⅰ. 부가가치세 영세율 적용 및 면세

1. 부가가치세 영세율 적용

① 방위산업체가 공급하는 방위산업물자와 법률에 따라 중점관리대상으로 지정된 자가 생산 · 공급하는 시제품 · 자원동원으로 공급하는 용역

② 법률에 따라 설치된 부대 · 기관에 공급(군 골프장과 그 밖에 이와 유사한 시설에 공급하는 경우는 제외)하는 석유류

③ 국가 등 및 사회기반시설의 사업시행자에게 직접 공급하는 도시철도건설용역

④ 사회기반시설의 사업시행자가 부가가치세가 과세되는 사업을 영위할 목적으로 국가 · 지방자치단체에 공급하는 사회기반시설 또는 사회기반시설의 건설용역

⑤ 장애인용 보장구(의수족 · 휠체어 · 보청기 등)

⑥ 농민 · 임업에 종사하는 자에게 공급(국가 등을 통해 공급하는 것 포함)하는 농업용 · 축산업용 · 임업용기자재(비료 · 농약 · 농업용기계 · 축산용기자재 · 사료 · 임업용기자재 · 친환경농산물 생산을 위한 자재)

⑦ 연근해 및 내수면어업용으로 사용할 목적으로 어민에게 공급(수산업협동조합 등을 통해 공급하는 것 포함)하는 어업용기자재

2. 부가가치세 면세

(1) 재화 · 용역의 공급

① 일반전기사업자가 전기를 공급할 수 없거나 상당한 기간 전기공급이 곤란한 도서로서 도서지방의 자가발전에 사용할 목적으로 수산업협동조합중앙회에 직접 공급하는 석유류

② ㉠ 공장, 광산, 건설사업현장 및 노선여객자동차운송사업장의 경영자가 그 종업원의 복리후생을 목적으로 해당 사업장의 구내에서 식당을 직접 경영하여 공급하는 음식용역(식사류로 한정한다), ㉡ 공동운수협정을 체결한 노선여객자동차운송사업자로 구성된 조합이 그 사업자의 종업원에게 제공하기 위하여 위탁 계약을 통하여 공급받는 음식용역(식사류로 한정한다), ㉢ 학교의 경영자가 학생의 복리후생을 목적으로 학교 구내에서 식당을 직접 경영하여 공급하는 음식용역(식사류로 한정한다), ㉣ 학교의 장의 위탁을 받은 학교급식공급업자가 위탁급식의 방법으로 해당 학교에 직접 공급하는 음식용역(식사류로 한정한다)

③ 농 · 어업 경영 및 농 · 어작업의 대행용역

④ 국민주택 및 해당 주택의 건설용역(리모델링용역 포함하되, 리모델링 후 해당 주택의 규모가 국민주택규모를 초과하는 경우로서 리모델링하기 전 주택규모의 130%를 초과하는 경우에는 제외)

판 례 공급 당시 공부상 용도가 업무시설인 오피스텔이 부가가치세 면세 대상인 국민주택에 해당할 수 있는지 여부

조세특례제한법상 부가가치세 면세가 적용되는 국민주택의 공급은 주택법에 따른 주택을 전제함으로써 주택법상 주택은 '세대의 구성원이 장기간 독립된 주거생활을 할 수 있는 구조로 된 건축물의 전부 또는 일부 및 그 부속토지'로 정의하면서, 이와 별도로 '준주택'을 '주택 외의 건축물과 그 부속토지로서 주거시설로 이용가능한 시설 등'으로 정의하여 오피스텔을 준주택으로 하고 있다. 그리고 용도별 건축물의 종류를 정하고 있는 건축법은 '오피스텔'을 주택과 구분되는 '업무시설'의 하나로 정하면서 '업무를 주로 하며, 분양하거나 임대하는 구획 중 일부 구획에서 숙식을 할 수 있도록 한 건축물로서 국토교통부장관이 고시하는 기준에 적합한 것'으로 정의하고 있다. 한편 조세특례제한법에는 '주택'에 '오피스텔'이 포함된다고 명시하고 있는 다른 규정들이 있다. 즉, ① 근로자의 종합소득세액에서 공제되는 월세액의 범위를 정한 조세특례제한법 시행령, ② 소형주택 임대사업자에 대한 세액감면이 적용되는 임대주택의 범위를 정한 같은 법 시행령, ③ 임대주택 부동산투자회사의 현물출자자에 대한 과세특례가 적용되는 '임대주택용으로 사용되는 부분'의 범위를 정한 같은 법 시행령, ④ 양도소득세 과세특례가 적용되는 신축주택 등의 범위를 정한 같은 법 시행령 등은 주택에 일정한 주거용 오피스텔을 포함하고 있으나, 위 법령의 문언 · 내용과 체계, 이 사건 면세조항이 국민주택 규모 이하의 주택 공급에 대하여 부가가치세를 면제하는 취지, 주택과 오피스텔에 대한 각종 법적 규율의 차이, 특히 조세특례제한법령의 다른 규정에서 이 사건 면세조항과 달리 '오피스텔' 또는 '주거에 사용하는 오피스텔'이 '주택'에 포함된다고 명시하고 있는 점과의 균형 등을 종합하면, 특별한 사정이 없는 한 공급 당시 공부상 용도가 업무시설인 오피스텔은 그 규모가 주택법에 따른 국민주택 규모 이하인지 여부와 관계없이 이 사건 면세조항의 '국민주택'에 해당한다고 볼 수 없다. 특히 공급하는 건축물이 오피스텔의 요건을 적법하게 충족하여 공부상 업무시설로 등재되었다면, 그것이 공급 당시 사실상 주거의 용도로 사용될 수 있는 구조와 기능을 갖추었다고 하더라도 이를 건축법상 오피스텔의 용도인 업무시설로 사용할 수 있다. 위와 같은 경우 이 사건 면세조항의 적용대상이 될 수 없는 오피스텔에 해당하는지는 원칙적으로 공급 당시의 공부상 용도를 기준으로 판단하여야 한다. 나아가 해당 건축물이 공급 당시 공부상 용도가 업무시설인 오피스텔에 해당하여 이 사건 면세조항에 따른 부가가치세 면제대상에서 제외된 이상 나중에 실제로 주거 용도로 사용되고 있더라도 이와

조특 07

달리 볼 수 없으며 이를 세법상 해석의 이유로 가산세를 면할 만한 정당한 사유에 해당한다고 볼 수도 없다(2020두40914). ■

⑤ 관리주체 · 경비업자 · 청소업자가 공동주택 중 국민주택을 제외한 주택 중 수도권을 제외한 도시지역이 아닌 읍 · 면 지역의 주택과 그 외의 주택으로서 1호(戶) · 1세대당 주거전용면적이 135m^2 이하인 주택에 공급하는 일반관리용역 · 경비용역 · 청소용역

⑥ 관리주체 · 경비업자 · 청소업자가 공동주택 중 국민주택에 공급하는 일반관리용역 · 경비용역 · 청소용역

⑦ 법률에 따른 온실가스 배출권과 외부사업 온실가스 감축량 및 상쇄배출권

⑧ 영구적인 임대를 목적으로 건설한 임대주택에 공급하는 난방용역

⑨ 정부업무를 대행하는 단체(별정우체국 · 각종 공사)가 그 고유목적사업을 위해 공급하는 재화 · 용역(다만, 소매업 · 음식점업 · 숙박업 등은 제외)

⑩ ㉠ 한국사학진흥재단이 설립한 특수 목적 법인, ㉡ 한국사학진흥재단과 학교가 공동으로 설립한 특수 목적 법인이 「사회기반시설에 대한 민간투자법」에 따른 BTO(Build-Transfer-Operate) 방식을 준용하여 건설한 기숙사에 대하여 국가, 지방자치단체 또는 학교가 제공하는 시설관리운영권 및 그 법인이 그 기숙사를 이용하여 제공하는 용역

⑪ 한국철도시설공단이 철도시설을 국가에 귀속시키고 철도시설관리권을 설정받는 방식으로 국가에 공급하는 철도시설

⑪-2 「사회기반시설에 대한 민간투자법」에 따른 사업시행자가 부가가치세가 면제되는 사업을 할 목적으로 민자투자사업의 추진방식(BTO · BTL · BOT 방식을 말한다)으로 국가 또는 지방자치단체에 공급하는 사회기반시설 또는 사회기반시설의 건설용역

⑫ 시내버스운송사업용 · 마을버스운송사업용으로 공급하는 버스로서 천연가스를 연료로 사용하는 것

⑬ 전기자동차 또는 수소전기자동차로서 환경친화적 자동차, 시내버스, 농어촌버스 및 마을버스 운송사업용으로 공급하는 버스

⑭ 개인택시 운송사업용으로 간이과세자에게 공급하는 자동차

⑮ 관세법 규정에 따른 물품 중 희귀병 치료 등을 위한 것

⑯ 영유아용 기저귀와 분유(액상 형태의 분유를 포함하되, 부가가치세법에 따라 면제되는 분유는 제외)

⑰ 농민 또는 임업에 종사하는 자에게 난방용 · 농업용 · 임업용으로 공급하는 목재펠릿

⑱ 한국주택금융공사가 주택담보노후연금채권을 행사하거나 주택담보노후연금보증채무 이행으로 인한 구상권을 행사하기 위하여 처분하는 주택담보노후연금채권 담보 대상주택

(2) 재화의 수입

① 무연탄

② 과세사업에 사용하기 위한 선박(제3자에게 판매하기 위해 선박을 수입하는 경우는 제외)

③ 과세사업에 사용하기 위한 관세법상 보세건설물품

④ 농어민이 직접 수입하는 농업용 · 축산업용 · 어업용기자재

⑤ 각종 국제경기대회의 경기시설 제작 · 건설 및 경기운영에 사용하기 위한 물품으로서 국내제작이 곤란한 것

3. 금관련 제품에 대한 부가가치세 매입자납부특례

본래 재화를 공급한 사업자는 공급받는 사업자로부터 부가가치세를 거래징수하여 국고에 납부하고, 공급받는 사업자는 발급받은 세금계산서에 의해 확인되는 부가가치세(거래징수당한 세액)를 매출세액에서 공제한다. 그런데 조세특례제한법은 **금관련 제품을 공급받는 사업자가 금거래계좌를 사용하여 부가가치세를 국고에 납부하는 제도를 마련하였는데, 이것을 '금관련 제품에 대한 부가가치세 매입자납부제도'라고 한다.** 공급자가 거래징수한 부가가치세를 납부하지 않은 사례를 방지하고 금지금 거래를 투명화하려는데, 그 취지가 있다.

[도 표] 금거래계좌를 이용한 매입자납부제도

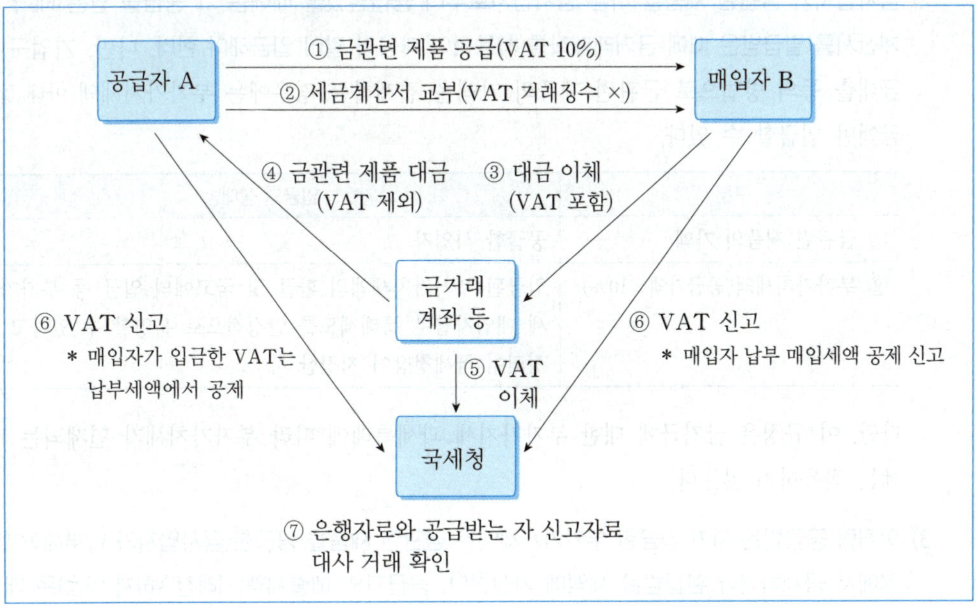

(1) 금거래계좌 개설 · 신고

금 관련 제품(금지금 · 금제품 및 금 관련 웨이스트 · 스크랩)을 공급하거나 공급받거나 수입하려는 사업자(이하 '금사업자')는 금거래계좌를 개설해야 한다.

* '금지금(金地金)'이란 금괴(덩어리) · 골드바 등 원재료 상태로서 순도가 99.5% 이상인 금을 말하고, '금제품'이란 소비자가 구입한 사실이 있는 반지 등 제품 상태인 것으로서 순도가 58.5% 이상인 금을 말한다.

참 고 금거래계좌의 요건

금거래계좌는 다음의 요건을 모두 갖춘 것을 말한다.

① 금융기관 중 부가가치세 매입자납부 특례제도를 안정적으로 운영할 수 있다고 인정되어 국세청장이 지정한 금융기관에 개설한 계좌일 것

② 개설되는 계좌의 명의인 표시에 사업자의 상호가 함께 기재될 것(상호가 있는 경우에 한정)

③ 개설되는 계좌의 표지에 '금거래계좌'라는 문구가 표시될 것

사업자는 사업장별로 둘 이상 금거래계좌를 개설할 수 있으며, 금거래계좌를 이용하여 대금을 결제한 경우에는 소득세법에 따라 사업용계좌를 사용한 것으로 본다. ■

(2) 부가가치세 매입자납부 방법

1) 금사업자가 금관련 제품을 다른 금사업자에게 공급하였을 때에는 부가가치세법 거래징수의 규정에 불구하고 부가가치세를 그 공급받는 자로부터 징수하지 않는다.

2) 금사업자가 금관련 제품을 다른 금사업자로부터 공급받았을 때에는 그 공급을 받은 때나 세금계산서를 발급받은 때에 금거래계좌를 사용하여 다음과 같이 입금해야 한다. 다만, 기업구매자금대출 등의 방법으로 금관련 제품의 가액을 결제하는 경우에는 부가가치세액(아래 ②)의 금액만 입금할 수 있다.

구분	입금의 상대방
① 금관련 제품의 가액	공급한 사업자
② 부가가치세액(공급가액×10%)	입금된 부가가치세액의 환급 및 국고에의 입금 등 부가가치세 매입자납부 특례제도를 안정적으로 운영할 수 있다고 인정되어 국세청장이 지정한 자

다만, 이 규정은 금지금에 대한 부가가치세 과세특례에 따라 부가가치세가 면제되는 경우에는 적용하지 않는다.

3) 이처럼 공급받은 자가 입금한 부가가치세액은 금관련 제품을 공급한 금사업자가 납부해야 할 세액에서 공제하거나 환급받을 세액에 가산한다. 공급자의 매출세액(거래징수하지 않음)은 매입자가 금거래계좌를 통해 이미 납부하였으므로, 이중으로 납부되지 않도록 공급자의 부가가치세 예정신고서 · 확정신고서의 납부세액에서 공제한다.

4) 금관련 제품 수입에 대한 부가가치세는 부가가치세법 규정(재화의 수입에 대한 신고 · 납부)에 불구하고 수입자가 금지금을 별도로 수입신고하고 그 금지금에 대한 부가가치세를 금거래계좌에 입금하는 방법으로 납부할 수 있다.

(3) 부가가치세 매입자납부 불이행에 따른 제재

1) 입금불이행시 매입세액불공제 : 금관련 제품을 공급받은 금사업자가 위 방법에 따라 부가가치세액을 입금하지 않고 금관련 제품을 공급한 금사업자로부터 발급받은 세금계산서에 적힌 세액은 부가가치세법 매입세액공제 규정에 불구하고 매출세액에서 공제되는 매입세액으로 보지 않는다.

2) 금거래계좌 미사용시 가산세 징수 : 금거래계좌를 사용하지 않고 금관련 제품의 가액을 결제받은 경우에는 해당 금관련 제품을 공급한 금사업자 및 공급받은 금사업자에게 제품가액의 10%를 가산세로 징수한다. 다만, 금관련 제품과 스크랩등 물품이 혼합된 제품을 공급하거나 공급받으려는 사업자가 스크랩등거래계좌를 사용하는 경우에는 가산세를 징수하지 않는다.

3) 지연입금시 가산세 징수 : 관할세무서장은 금관련 제품을 공급받은 금사업자가 금거래계좌에의 입금방법에 따라 부가가치세액을 입금하지 않은 경우에는 다음의 가산세를 입금해야 할 부가가치세액에 가산하여 징수한다.

$$\text{입금지연 가산세} = \text{입금해야 할 부가가치세액} \times \text{기간}^{*} \times 1\text{일 } \frac{2.2}{10,000}$$

* 부가가치세액 입금기한의 다음 날부터 부가가치세액을 입금한 날(부가가치세 예정신고기한 · 확정신고기한을 한도로 한다)까지의 기간을 말한다.

(4) 부가가치세 환급제한

관할세무서장은 해당 예정 · 확정신고기간 중 금사업자의 금관련 제품의 매출액이 금관련 제품의 매입액에서 차지하는 비율이 70% 이하인 경우에는 환급을 보류할 수 있다. 다만, 다음 중 어느 하나에 해당하는 경우에는 그렇지 않다.

① 환급받을 세액이 500만원 이하인 경우

② 체납 · 포탈 등의 우려가 적다고 인정되는 경우

(5) 공급받는 자에게 과오납금 환급

부가가치세 매입자납부특례에 따라 공급받은 자가 입금한 부가가치세액 중 잘못 납부하거나 초과하여 납부한 금액은 국세기본법에도 불구하고 공급받은 자에게 환급해야 한다. 본래 국세기본법은 납세의무자에게 과오납금을 환급하지만 부가가치세 매입자납부특례의 경우에는 과오납금을 부가가치세를 실제로 납부한 공급받는 자에게 환급한다.

4. 스크랩 등에 대한 부가가치세 매입자 납부특례

이는 사업자 간에 구리 스크랩 등을 거래하는 경우 매입자가 매출자에게 부가가치세를 직접 지급하지 않고 거래 전용계좌를 사용하여 지정 금융기관에 입금하면 이를 지정 금융기관이 국고에 납입하는 제도를 말한다. 최근 구리 스크랩 등 시장에서 거래징수한 부가가치세를 납부하지 않고 폐업하여 세금을 탈루하는 사업자, 이른바 '폭탄사업자'가 광범위하게 나타나 세금을 탈루하고 거래질서를 교란시키는 등 문제점이 발생하였다. 이러한 행위를 원천적으로 차단하기 위해서 금관련 제품에 대한 부가가치세 매입자납부특례와 마찬가지로 이 제도를 도입하였다.

5. 면세점 송객용역에 대한 부가가치세 매입자 납부특례

본래 여행사가 면세점 등에 관광객을 유치해 주는 용역(즉 송객용역)을 제공하고 수수료를 받을 때 부가가치세도 거래징수해서 납부해야 한다. 그런데 여행사가 면세점 등으로부터 관광객 유치 대가로 수수료(부가가치세 포함) 수취 후 부가가치세를 납부하지 않고 탈루 · 폐업하는 경우가 발생하였다. 이러한 사례를 방지하기 위해 부가가치세 매입자 납부특례 대상에 면세점 송객용역을 추가하였다.

(1) 면세점송객용역거래계좌 개설 신고

관광사업자가 다른 관광사업자 또는 보세판매장의 특허를 받은 자(이하 '면세점사업자'라 한다)에게 관광객을 면세점에 유치하는 송객(送客) 용역(이하 '면세점송객용역'이라 한다)*을 공급하려는 경우에는 해당 면세점송객용역을 공급하는 관광사업자와 그 면세점송객용역을 공급받는 관광사업자 및 면세점사업자는 면세점송객용역거래계좌를 개설해야 한다.

* 구체적으로 '면세점송객용역'이란 관세법(제196조)에 따른 보세판매장(이하 '면세점'이라 한다)에 관광객을 유치 · 알선하기 위한 목적으로 면세점을 홍보하거나 관광객을 모집, 안내 또는 기타 편의를 제공하는 행위를 말한다.

[도 표] 면세점송객용역에 대한 부가가치세 매입자 납부특례

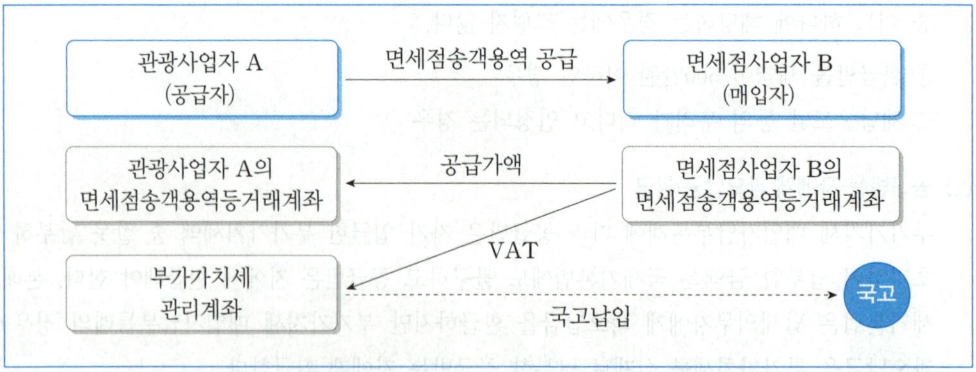

(2) 부가가치세 매입자납부 방법

1) 관광사업자가 다른 관광사업자 또는 면세점사업자에게 면세점송객용역을 공급한 경우에는 부가가치세법 거래징수 규정에도 불구하고 그 공급받는 자로부터 부가가치세를 징수하지 않는다.

2) 관광사업자로부터 면세점송객용역을 공급받은 관광사업자 또는 면세점사업자는 그 공급을 받은 날*부터 7일이 되는 날(이하 '부가가치세액 입금기한'이라 한다)까지 면세점송객용역거래계좌를 사용하여 다음과 같이 입금해야 한다. 다만, 기업구매자금대출 등 방법으로 면세점송객용역의 가액을 결제하는 경우에는 부가가치세액(아래 ②)의 금액만 입금할 수 있다.

* 면세점송객용역을 공급받은 날이 세금계산서를 발급받은 날보다 빠른 경우에는 세금계산서를 발급받은 날을 말한다.

구분	입금의 상대방
① 면세점송객용역의 가액	해당 면세점송객용역을 공급한 관광사업자에게 입금
② 부가가치세액(공급가액×10%)	입금된 부가가치세액의 환급 및 국고에의 입금 등 부가가치세 매입자납부 특례제도를 안정적으로 운영할 수 있다고 인정되어 국세청장이 지정한 자*

* 부가가치세액을 입금받은 자는 부가가치세액을 매 분기가 끝나는 날의 다음 달 25일까지 국고에 납부해야 한다.

3) 이처럼 면세점송객용역을 공급받은 관광사업자 또는 면세점사업자가 위 방법에 따라 입금한 부가가치세액은 해당 면세점송객용역을 공급한 관광사업자가 납부해야 할 세액에서 공제하거나 환급받을 세액에 가산한다. 공급한 관광사업자의 매출세액(거래징수하지 않음)은 공급받은 관광사업자 또는 면세점사업자가 면세점송객용역거래계좌를 통하여 이미 납부하였으므로, 이중으로 납부되지 않도록 공급한 관광사업자의 부가가치세 신고시 납부할 세액에서 공제한다.

(3) 부가가치세 매입자납부 불이행에 따른 제재

1) 입금불이행시 매입세액불공제 : 면세점송객용역을 공급받은 관광사업자 또는 면세점사업자가 위 방법에 따라 부가가치세액을 입금하지 않은 경우에는 해당 면세점송객용역을 공급한 관광사업자로부터 발급받은 세금계산서에 적힌 세액은 부가가치세법 매입세액공제의 규정에도 불구하고 매출세액에서 공제되는 매입세액으로 보지 않는다.

2) 면세점송객용역거래계좌 미사용시 가산세 징수 : 관할세무서장은 면세점송객용역을 공급한 관광사업자가 면세점송객용역거래계좌를 사용하지 않고 면세점송객용역의 가액을 결제받은 경우에는 해당 면세점송객용역을 공급한 관광사업자와 공급받은 관광사업자 또는 면세점사업자에게 각각 면세점송객용역 가액의 10%를 가산세로 징수한다.

3) 입금지연시 가산세 징수 : 관할세무서장은 면세점송객용역을 공급받은 관광사업자 또는 면세점사업자가 위 방법에 따라 부가가치세액을 입금하지 않은 경우에는 다음의 가산세를 입금해야 할 부가가치세액에 가산하여 징수한다.

$$\text{입금지연 가산세} = \text{입금해야 할 부가가치세액} \times \text{기간}^{*} \times \text{1일 } \frac{2.2}{10,000}$$

* 부가가치세액 입금기한의 다음 날부터 부가가치세액을 입금한 날(부가가치세 예정신고기한 · 확정신고기한을 한도로 한다)까지의 기간을 말한다.

(4) 부가가치세 환급제한

관할세무서장은 해당 예정신고기간 및 확정신고기간 중 면세점송객용역의 매출액이 면세점송객용역의 매입액에서 차지하는 비율이 70% 비율 이하인 경우에는 환급을 보류할 수 있다. 다만, 다음 중 어느 하나에 해당하는 경우에는 그렇지 않다.

① 환급받을 세액이 500만원 이하인 경우

② 체납이나 포탈 등의 우려가 적다고 인정되는 경우

(5) 공급받는 자에게 과오납금 환급

부가가치세 매입자 납부특례에 따라 입금된 부가가치세액 중 잘못 납부하거나 초과하여 납부한 금액은 국세기본법에도 불구하고 해당 부가가치세액을 입금한 사업자에게 환급해야 한다.

6. 신용카드 등 결제금액에 대한 부가가치세 대리납부

(1) 개요

1) 의의 : 신용카드업자는 특례사업자가 부가가치세가 과세되는 재화 또는 용역을 공급(신용카드 · 직불카드 또는 선불카드를 사용한 거래로 한정한다)하고 그 신용카드업자로부터 공급대가를 받는 경우에는, 본래의 거래징수에 관한 규정에도 불구하고 해당 공급대가를 특례사업자에게 지급하는 때에 공급대가의 4/110에 해당하는 금액을 부가가치세로 징수하여 매 분기가 끝나는 날의 다음 달 25일까지 대리납부신고서의 제출과 함께 신용카드업자의 관할세무서장에게 납부해야 한다.

$$\text{신용카드업자의 대리납부 부가가치세액} = \text{공급대가} \times \frac{4}{110}$$

여기서 '특례사업자'란 부가가치세가 과세되는 재화와 용역을 공급하는 사업자로서 다음의 업종을 영위하는 사업자를 말한다. 다만, 간이과세자는 제외한다.

① 일반유흥 주점업(「식품위생법 시행령」에 따른 단란주점영업을 포함한다)
② 무도유흥 주점업

2) 제도의 취지 : 이 제도는 체납률이 높은 소비자대상 업종에 대한 부가가치세를 신용카드업자를 통하여 대리납부하도록 함으로써 부가가치세 탈루를 방지하려는데 그 취지가 있다.

(2) 신용카드 등 결제금액에 대한 대리납부 적용대상 통지

관할세무서장은 사업자가 신용카드 등 결제금액에 대한 대리납부 적용대상이 되는 특례사업자에 해당하는 경우에는 해당 규정을 적용해야 하는 과세기간이 시작되기 1개월 전까지 그 사실을 해당 사업자에게 통지해야 하며, 해당 규정이 적용되어야 하는 과세기간이 시작되기 1개월 전까지 해당 사업자가 통지를 받지 못한 경우에는 통지서를 수령한 날이 속하는 달의 다음 달 1일부터 해당 대리납부 규정을 적용한다.

(3) 대리납부의 효과

1) 예정신고 · 확정신고시 기납부세액 공제 : 신용카드업자가 납부한 부가가치세액은 특례사업자가 부가가치세법에 따른 예정신고 또는 확정신고시 이미 납부한 세액으로 본다.

> 특례사업자의 예정신고 · 확정신고시 차가감 납부세액
> = 납부세액 − 공제 · 경감세액 − 신용카드업자의 대리납부 기납부세액 + 가산세

2) 예정고지 · 징수시 기납부세액 공제 : 관할세무서장이 특례사업자에 대해서 각 예정신고기간(간이과세자는 예정부과기간)마다 직전 과세기간에 대한 납부세액의 50%를 결정하여 예정고지 · 징수하는 경우에는 그 결정세액에서 해당 예정신고기간(또는 간이과세자는 예정부과기간) 종료일 현재 신용카드업자가 신용카드업자의 관할세무서장에게 납부할 부가가치세를 뺀 금액을 각각 징수한다.

> 특례사업자에 대한 예정고지 · 징수시 결정세액
> = 직전 과세기간에 대한 납부세액×50% − 신용카드업자의 대리납부 기납부세액

3) 특례사업자의 세액공제 : 특례사업자는 다음의 금액을 예정신고 · 확정신고시 납부세액에서 공제할 수 있다.

> 특례사업자의 세액공제액 = 신용카드업자가 대리납부한 부가가치세액×1%

(4) 신용카드업자에게 정보제공 및 경비지원

국세청장은 신용카드업자가 부가가치세를 대리납부할 수 있도록 신용카드업자에게 대리납

부에 필요한 특례사업자에 대한 정보를 제공해야 한다. 그리고 국세청장은 예산의 범위에서 신용카드업자에게 대리납부에 필요한 경비를 지원할 수 있다.

[도 표] 신용카드 등 결제금액에 대한 부가가치세 대리납부

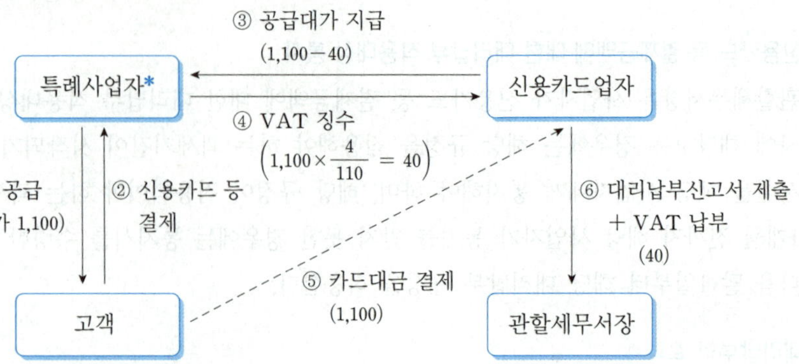

* 특례사업자의 VAT 세액 계산

과세표준	×× (1,000)	
↓	↓	
납부세액	×× (100)	
신용카드업자 대리납부 기납부세액	(40)	$\left(1{,}100\times\frac{4}{110}\right)$
특례사업자의 세액공제	(0.4)	(40×1%)
차감납부세액	××	

Ⅱ. 외국인관광객 미용성형 의료용역에 대한 부가가치세 환급 특례

현재 의료용역은 내국인 또는 외국인 구분 없이 부가가치세가 면제되지만 쌍꺼풀수술 등 미용성형 의료용역에 대해서는 부가가치세가 과세된다. 정부는 의료관광활성화를 위해 외국인 관광객에게 공급한 미용성형 의료용역에 대해 부가가치세 사후환급제도를 도입하였다.

Ⅲ. 재활용폐자원 등에 대한 부가가치세 매입세액공제 특례

재활용폐자원 및 중고자동차를 수집하는 사업자가 세금계산서를 발급할 수 없는 자 등[① 국가·지방자치단체 ② 부가가치세 과세사업을 영위하지 않은 자(과세·면세 겸영사업자 포함) 및 ③ 영수증 발급에 관한 규정이 적용되는 기간에 재화·용역을 공급하는 간이과세자]으로부터 ① 재활용폐자원을, ② 중고자동차를 취득하여 제조·가공하거나 이를 공급하는 경우에는 다음의 금액을 매출세액에서 매입세액으로 공제할 수 있다.

구분	매입세액공제액
(1) 재활용폐자원 : 고철 · 폐지 등 * 한도액 (해당 과세기간에 공급한 재활용폐자원관련 과세표준 ×80% − 세금계산서 수취분 매입가액 (사업용자산은 제외))	공제대상금액 ×3/103
(2) 중고자동차(다만, 중고자동차를 수출하는 경우로서 자동차등록원부에 기재된 제작연월일부터 수출신고수리일까지의 기간이 1년 미만인 자동차는 제외)	취득가액 ×10/110

제2절 과세표준양성화를 위한 조세특례

II-2 p.428

I. 성실사업자 등에 대한 의료비 · 교육비 · 월세 세액공제

1. 개요

(1) 의료비 · 교육비 세액공제

소득세법에 따른 성실사업자(사업소득이 있는 자만 해당)로서 다음의 요건을 모두 갖춘 자(이하 '성실사업자') 또는 소득세법에 따른 성실신고확인대상사업자로서 성실신고확인서를 제출한 자가 의료비 · 교육비(직업능력개발훈련을 위해 지급한 수강료는 제외)를 지출한 경우 의료비 · 교육비 세액공제액을 해당 과세연도의 소득세(사업소득에 대한 소득세만 해당. 이하 같다)에서 공제한다.

① 해당 과세기간의 수입금액으로 신고한 금액이 직전 3개 과세기간의 연평균수입금액(과세기간이 3개 과세기간에 미달하는 경우에는 사업의 개시일이 속하는 과세기간과 직전 과세기간의 연평균수입금액)의 50%를 초과할 것

② 해당 과세기간 개시일 현재 2년 이상 계속하여 사업을 경영할 것

③ 국세의 체납사실, 조세범처벌사실, 세금계산서 · 계산서 등의 발급 및 수령 의무 위반, 소득금액 누락사실 등을 고려하여 정하는 일정한 요건에 해당할 것

• 의료비 세액공제액 = 세액공제 대상 의료비×15% [미숙아 · 선천성이상아 의료비는 20% / 난임시술비는 30%]
• 교육비 세액공제액 = 세액공제 대상 교육비×15%

여기서 '의료비 세액공제액'은 소득세법에 따른 근로소득자의 의료비 세액공제 규정을 준용하여 계산한 금액으로 한다(이 경우 소득세법 규정의 '총급여액'은 '사업소득금액'으로 본다).

(2) 월세 세액공제

종합소득금액이 7천만원 이하인 성실사업자 또는 성실신고확인대상사업자로서 성실신고확인서를 제출한 자는 다음의 세액공제를 적용받을 수 있다.

월세 세액공제액 = MIN (세액공제 대상 월세액, 1,000만원) × 15% (17%*)

* 해당 과세기간의 종합소득금액이 4,500만원 이하인 성실사업자 또는 성실신고확인대상사업자로서 성실신고확인서를 제출한 자의 경우에는 '17%'로 한다.

(3) 세액공제의 한도액

위 세액공제액의 합계액이 해당 사업자의 해당 과세연도의 소득세(사업소득에 대한 소득세만 해당)를 초과하는 경우 그 초과금액은 없는 것으로 한다.

2. 사후관리

의료비 · 교육비 · 월세 세액공제를 적용받은 사업자가 해당 과세기간에 대하여 과소신고한 사업소득금액이 경정(수정신고 포함)된 사업소득금액의 20%(성실사업자의 경우) · 10%(성실신고확인대상사업자의 경우) 이상인 경우에는 공제받은 금액에 상당하는 세액을 전액 추징한다.

이처럼 세액이 추징된 사업자에 대해서는 추징일이 속하는 다음 과세기간부터 3개 과세기간 동안 위의 세액공제를 적용하지 않는다.

Ⅱ. 신용카드 등 사용금액에 대한 소득공제

근로소득이 있는 거주자(일용근로자는 제외)가 법인 · 개인사업자로부터 재화 · 용역을 제공받고 신용카드 등 사용금액의 연간 합계액(국외에서 사용한 금액은 제외)이 해당 과세연도의 총급여액의 25%를 초과하는 경우 신용카드 등 소득공제액을 해당 과세연도의 근로소득금액에서 공제한다.

Ⅲ. 현금영수증제도

'현금영수증제도'란 주로 현금수입 업종을 영위하는 사업자(현금영수증가맹점)와 거래상대방의 현금거래명세가 현금영수증사업자를 통해 국세청에 전송되고 현금영수증을 받은 거래상대방에게는 국세청이 제공하는 이용실적에 따라 소득공제 등의 세제상 혜택을 주는 제도를 말한다. 이 제도는 음식점업 등 현금수입 업종을 영위하는 사업자의 현금매출에 대한 과세표준 양성화를 유도하기 위해 도입되었다. 여기서 '현금영수증'이란 현금영수증가맹점이 재화 · 용역을 공급하고 그 대금을 현금으로 받는 경우 해당 재화 · 용역을 공급받는 자에게 현금영수증 발급장치에 의해 발급하는 것으로서 거래일시 · 금액 등 결제내용이 기재된 영수증을 말한다.

Ⅳ. 그 밖의 과세표준양성화를 위한 제도

1. 현금거래 확인제도

신용카드 등 사용금액에 대해 소득공제를 받을 수 있는 재화 · 용역을 제공하는 사업자로부터 재화 · 용역을 공급받은 자가 그 대가를 현금으로 지급하였으나 현금영수증을 발급받지 못한 경우에는 현금거래사실에 관해 관할세무서장의 확인을 받은 경우에는 현금영수증을 발급받은 것으로 본다. 그 취지는 현금거래 후 사업자로부터 현금영수증을 발급받지 못한 소비자가 현금거래사실에 관해서 관할세무서장에게 신고하여 확인받는 경우 현금영수증을 발급받은 것으로 인정함으로써 주로 소비자에게 공급하는 사업자의 과세표준을 양성화하는 데 있다.

이 경우에는 현금영수증을 발급하지 않은 사업자에 대해서는 해당 금액에 대해 부가가치세법에 따른 신용카드매출전표 발행 등에 대한 세액공제를 적용하지 않으며, 현금거래사실을 확인받은 근로소득자는 신용카드 등 사용금액에 대한 소득공제를 받을 수 있다.

2. 성실신고 확인비용에 대한 세액공제

조특 07

(1) 세액공제

1) 소득세 세액공제 : 성실신고확인대상사업자가 성실신고확인서를 제출하는 경우에는 다음에 해당하는 금액을 사업소득에 대한 소득세에서 공제한다.

세액공제액 = MIN (성실신고 확인에 직접 사용한 비용×60%, 공제한도 120만원)

2) 법인세 세액공제 : 성실신고확인대상 내국법인이 성실신고확인서를 제출하는 경우에는 다음에 해당하는 금액을 법인세에서 공제한다.

세액공제액 = MIN (성실신고 확인에 직접 사용한 비용×60%, 공제한도 150만원)

(2) 사후관리

이러한 세액공제를 적용받은 성실신고확인대상자가 해당 과세연도의 사업소득금액(법인인 경우에는 과세표준. 이하 '사업소득금액 등')을 과소신고한 경우로서 그 과소신고한 사업소득금액 등이 경정(수정신고 포함)된 사업소득금액 등의 10% 이상인 경우에는 세액공제받은 금액에 상당하는 세액을 전액 추징한다. 이처럼 사업소득금액 등이 경정된 성실신고확인대상자에 대해서는 경정일이 속하는 과세연도의 다음 과세연도부터 3개 과세연도 동안 성실신고 확인비용에 대한 세액공제를 하지 않는다.

제8장
조세특례의 제한 및 감면세액의 추징

제1절 조세특례의 제한

Ⅱ-2 p.437

Ⅰ. 서설

특정한 납세자군이 여러 가지 조세감면을 과다하게 받게 되면 그 감면으로 인한 조세부담은 다른 납세자군에게 떠넘기는 것과 다름이 없다. 이것은 조세평등주의를 침해할 뿐만 아니라 조세의 중립성을 저해하는 요인이 된다.

그리하여 현행 조세특례제한법은 조세감면에 관한 사항 외에도 과다한 조세감면을 제한하기 위한 법적 장치를 마련하고 있는데, 이하에서는 그 내용을 살펴보고자 한다.

Ⅱ. 중복지원의 배제 등

1. 의의

현행 조세특례제한법은 중소기업의 지원, 연구·인력의 개발, 투자촉진 등의 목적별로 조세감면사항을 규정하고 있어 특정한 조세감면의 대상이 다른 조세감면의 대상에도 해당할 수 있다. 이 경우 조세특례제한법은 그 중 하나만을 선택하여 조세감면을 적용받을 수 있도록 하여 중복지원을 배제하고 있다.

2. 중복지원이 배제되는 경우

(1) 국가보조금 등으로 투자 또는 출자한 경우 세액공제의 제한

내국인이 조세특례제한법에 따라 투자한 자산 또는 출자로 취득한 지분에 대하여 ① 통합투자세액공제, ② 상생협력을 위한 기금 출연 등에 대한 세액공제 중 수탁기업에 설치하는 시설에 대한 세액공제 및 ③ 해외자원개발투자에 대한 세액공제를 적용받는 경우 다음의 금액을 투자금액, 출자금액 또는 취득금액에서 차감한다.

구분	차감할 금액
㉠ 내국인이 자산에 대한 투자 또는 출자지분의 취득을 목적으로 국가, 지방자치단체, 「공공기관의 운영에 관한 법률」에 따른 공공기관 및 「지방공기업법」에 따른 지방공기업(이하 '국가 등'이라 한다)으로부터 출연금 등의 자산을 지급받아 투자 또는 출자에 지출하는 경우	출연금 등 중 투자 또는 출자에 지출한 금액에 상당하는 금액
㉡ 내국인이 자산에 대한 투자 또는 출자지분의 취득을 목적으로 금융회사 등으로부터 융자를 받아 투자 또는 출자에 지출하고 금융회사 등에 지급해야 할 이자비용의 전부 또는 일부를 국가 등이 내국인을 대신하여 지급하는 경우	국가 등이 지급했거나 지급하기로 약정한 이자비용의 합계액
㉢ 내국인이 자산에 대한 투자 또는 출자지분의 취득을 목적으로 국가 등으로부터 융자를 받아 투자 또는 출자에 지출하는 경우	국가 등이 지원하는 이자지원금*에 상당하는 금액
㉣ 내국인이 전기사업, 도시가스사업 등의 사업에 필요한 자산에 대한 투자를 목적으로 해당 자산의 수요자 또는 편익을 받는 자로부터 공사부담금을 제공받아 투자에 지출하는 경우	공사부담금을 투자에 지출한 금액에 상당하는 금액

* 이자지원금 = 융자받은 시점의 「법인세법 시행령(제89조 ③)」에 따른 이자율(인정이자율을 말한다)을 적용하여 계산한 원리금 합계액 − 융자받은 시점의 실제 융자받은 이자율을 적용하여 계산한 원리금 합계액

(2) 세액공제 상호간

내국인이 조세특례제한법에 따라 ① 투자한 자산에 대하여 통합투자세액공제(상생협력을 위한 기금 출연 등에 대한 세액공제 중 수탁기업에 설치하는 시설에 대한 세액공제 포함)의 규정이 동시에 적용되는 경우와 ② 동일한 과세연도에 ㉠ 성과공유 중소기업의 경영성과급에 대한 세액공제(제19조 ①)와 근로소득을 증대시킨 기업에 대한 세액공세(제29조의4), ㉡ 고용창출투자세액공제(제26조)와 청년고용을 증대시킨 기업에 대한 세액공제(제29조의5), ㉢ 고용창출투자세액공제(제26조)와 중소기업 고용증가 인원에 대한 사회보험료 세액공제(제30조의4)가 동시에 적용되는 경우에는 각각 그 중 하나만을 선택하여 적용받을 수 있다.

(3) 외국인투자기업에 대한 조세감면의 경우

내국인이 조세특례제한법에 따라 통합투자세액공제(상생협력을 위한 기금 출연 등에 대한 세액공제 중 수탁기업에 설치하는 시설에 대한 세액공제 포함)의 규정을 적용할 때 외국인투자기업에 대한 법인세 등의 감면 또는 증자의 조세감면 규정에 따라 법인세 또는 소득세를 감면하는 경우에는 세액공제액에서 내국인 투자자의 소유주식비율을 곱한 만큼만 공제한다.

(4) 세액감면과 세액공제 상호간

내국인이 동일한 과세연도에 각종 세액감면 규정에 따라 법인세 또는 소득세가 감면되는 경우와 통합투자세액공제(상생협력을 위한 기금 출연 등에 대한 세액공제 중 수탁기업에 설치하는 시설에 대한 세액공제 포함) 등의 규정을 동시에 적용받을 수 있는 경우에는 그 중 하나만을 선택하여 적용받을 수 있다. 다만, 창업중소기업 등에 대한 세액감면 규정에 따라 법인세 또는 소득세를 감면받는 경우에는 고용을 증대시킨 기업에 대한 세액공제 또는 통합고용세액공제를 동시에 적용하지 않는다.

(5) 세액감면 상호간

내국인의 동일한 사업장에 대해 동일한 과세연도에 각종 법인세 · 소득세의 감면규정 중 둘 이상의 규정이 적용될 수 있는 경우에는 그 중 하나만을 선택하여 적용받을 수 있다.

(6) 고용 관련 세액공제 상호간

통합고용세액공제 중 고용증대기업 기본세액공제(제29조의8 ①)는 ① 고용을 증대시킨 기업에 대한 세액공제(제29조의7) 또는 ② 중소기업 사회보험료 세액공제(제30조의4)를 받지 않은 경우에만 적용한다.

(7) 양도소득세의 감면 상호간

거주자가 토지 등을 양도하여 둘 이상의 양도소득세의 감면규정을 동시에 적용받은 경우에는 그 거주자가 선택하여 하나의 감면규정만을 적용한다. 다만, 토지 등의 일부에 대해 특정의 감면규정을 적용받는 경우에는 남은 부분에 대해 다른 감면규정을 적용받을 수 있다.

(8) 공익사업에 대한 양도소득세의 혜택 상호간

거주자가 토지 등을 양도하여 공익사업용토지 등에 대한 양도소득세의 감면 및 공익사업을 위한 수용 등에 따른 공장이전에 대한 과세특례의 규정이 동시에 적용되는 경우에는 그 중 하나만을 선택하여 적용받을 수 있다.

3. 그 밖의 감면배제

(1) 소득금액을 추계결정하는 경우

법인세법 또는 소득세법 규정에 따라 소득금액을 추계결정하는 경우에는 각종 세액공제의 규정을 적용하지 않는다. 다만, 추계하는 경우에도 거주자에 대해서는 통합투자세액공제 및 고용창출투자세액공제(투자에 관한 증거서류를 갖춘 경우에만 해당한다)는 거주자에 대해서만 적용한다.

(2) 과세표준 및 세액을 결정하는 경우

관할세무서장 등이 과세표준 · 세액을 소득세법 · 법인세법의 규정에 따라 결정하는 경우와 국세기본법의 규정에 따라 기한 후 신고를 하는 경우에는 각종 세액감면의 규정을 적용하지 않는다.

(3) 과세표준 및 세액을 경정하는 경우

관할세무서장이 과세표준 · 세액을 소득세법 · 법인세법의 규정에 따라 경정하는 경우와 과세표준 수정신고서를 제출한 과세표준 · 세액을 경정할 것을 미리 알고 제출한 경우에는 부정과소신고과세표준에 대해 각종 감면규정을 적용하지 않는다.

(4) 사업용계좌 개설 등 의무불이행에 대한 세액감면 배제

사업자가 다음 중 어느 하나에 해당하는 경우에는 해당 과세기간의 해당 사업장에 대해 조세특례제한법에 따른 각종 세액감면(앞의 (2) 세액감면과 같다) 규정을 적용하지 않는다.

<table>
<tr><th colspan="2">배제사유</th></tr>
<tr><td>① 소득세법에 따라 사업용계좌를 신고해야 할 사업자가 이를 이행하지 않는 경우</td><td rowspan="2">의무의 불이행에 대하여 정당한 사유가 있는 경우에는 그렇지 않다.</td></tr>
<tr><td>② 소득세법 · 법인세법에 따라 현금영수증가맹점으로 가입해야 할 사업자가 이를 이행하지 않는 경우</td></tr>
<tr><td colspan="2">③ 소득세법 · 법인세법에 따른 신용카드가맹점 또는 현금영수증가맹점으로 가입한 사업자가 다음 중 어느 하나에 해당하는 경우로서 그 횟수 · 금액 등을 고려하여 정한 사유에 해당하는 경우
㉠ 신용카드에 의한 거래를 거부하거나 신용카드매출전표를 사실과 다르게 발급한 경우
㉡ 현금영수증의 발급요청을 거부하거나 사실과 다르게 발급한 경우</td></tr>
</table>

4. 양도소득세의 감면 배제

1) 토지 · 건물 및 부동산에 관한 권리를 매매하는 거래당사자가 매매계약서의 거래가액을 실지거래가액과 다르게 적은 경우에는 해당 자산에 대하여 소득세법의 감면제한 규정에 따라 조세특례제한법에 따른 양도소득세의 비과세 · 감면을 제한한다.

2) 소득세법에 따른 미등기양도자산에 대해서는 양도소득세의 비과세 · 감면에 관한 규정을 적용하지 않는다.

5. 저축지원을 위한 조세특례의 제한

다음의 저축지원을 위한 조세특례 규정에 따라 이자소득 또는 배당소득에 대한 과세특례를 적용받는 계좌의 가입일 등이 속한 과세기간의 직전 3개 과세기간 동안 1회 이상 원천징수된 이자소득 · 배당소득의 연간 합계액이 금융소득 종합과세기준금액(연간 2,000만원)을 초과한 자는 해당 과세특례의 적용을 배제한다.

구분	해당 저축지원을 위한 조세특례	가입일 등
조특법 87 ③	청년우대형 주택청약종합저축의 이자소득 비과세	가입일
조특법 87의2	농어가목돈마련저축의 이자소득 비과세	가입일
조특법 87의7	공모부동산집합투자기구 집합투자증권의 배당소득 저율(9%) 분리과세	해당 증권의 최초 보유일
조특법 88의2	비과세종합저축의 이자 · 배당소득 비과세	가입일
조특법 88의4	우리사주조합기금과 우리사주조합 보유 우리사주 발생 소득 비과세	우리사주조합을 통한 취득일
조특법 88의5	조합 등 출자금 등의 배당소득에 대한 소득세 비과세	가입일
조특법 89의3	조합 등 예탁금의 이자소득 비과세	가입일
조특법 91의18	개인종합자산관리계좌의 이자 · 배당소득 비과세와 저율(9%) 분리과세	가입일
조특법 91의19	장병내일준비적금의 이자소득 비과세	가입일
조특법 91의20	청년형 장기집합투자증권저축에 대한 소득공제	가입일
조특법 91의22	청년도약계좌에 대한 비과세	가입일

6. 수도권과밀억제권역의 투자에 대한 조세감면배제

[도 표] 수도권과밀억제권역 투자에 대한 통합투자세액공제 배제

구분	1990.1.1. 이후 사업개시		1989.12.31. 이전 사업개시	
	증설투자	대체투자	증설투자	대체투자
일반기업	세액공제 ×	세액공제 ×	세액공제 × (산업단지 · 공업지역 ○)	세액공제 ○
중소기업	세액공제 ×	세액공제 ○	세액공제 × (산업단지 · 공업지역 ○)	세액공제 ○

* 굵은 선 안의 것이 2)의 내용이며, 그 외 부분은 1)의 내용이다.

1) 중소기업이 아닌 자가 1990년 1월 1일 이후 수도권과밀억제권역에서 새로 사업장을 설치하여 사업을 개시하거나 종전의 사업장(1989년 12월 31일 이전에 설치된 사업장 포함. 이하같다)을 이전하여 설치하는 경우 수도권과밀억제권역에 있는 해당 사업장에서 사용하기 위하여 취득하는 사업용고정자산에 대해서는 통합투자세액공제를 적용하지 않는다. 다만, 다음 중 어느 하나에 해당하는 사업용 고정자산을 취득하는 경우에는 통합투자세액공제를 적용한다.

① 디지털방송을 위한 프로그램의 제작 · 편집 · 송신 등에 사용하기 위하여 취득하는 방송장비
② 전기통신설비 중 교환설비, 전송설비, 선로설비 및 정보처리설비
③ 연구 · 시험, 직업훈련, 에너지 절약, 환경보전 또는 근로자복지 증진 등의 목적으로 사용되는 사업용자산
④ 그 밖에 기획재정부령으로 정하는 사업용 고정자산

2) ① 1989년 12월 31일 이전부터 수도권과밀억제권역에서 계속하여 사업을 경영하고 있는 내국인과 ② 1990년 1월 1일 이후 수도권과밀억제권역에서 새로 사업장을 설치하여 사업을 개시하거나 종전의 사업장(1989년 12월 31일 이전에 설치한 사업장 포함)을 이전하여 설치하는 중소기업(이하 '1990년 이후 중소기업 등')이 수도권과밀억제권역에 있는 해당 사업장에 사용하기 위하여 취득하는 사업용 고정자산으로서 증설투자에 해당하는 것에 대해서는 통합투자세액공제를 적용하지 않는다. 다만, 수도권과밀억제권역 내 산업단지 또는 공업지역에서 증설투자하는 경우 및 다음 중 어느 하나에 해당하는 사업용 고정자산을 취득하는 경우에는 통합투자세액공제를 적용한다.

① 디지털방송을 위한 프로그램의 제작 · 편집 · 송신 등에 사용하기 위하여 취득하는 방송장비
② 전기통신설비 중 교환설비, 전송설비, 선로설비 및 정보처리설비
③ 연구 · 시험, 직업훈련, 에너지 절약, 환경보전 또는 근로자복지 증진 등의 목적으로 사용되는 사업용자산
④ 그 밖에 기획재정부령으로 정하는 사업용 고정자산

Ⅲ. 최저한세제도

1. 의의

최저한세제도(alternative minimum tax)란 기업이 조세감면을 적용받는 경우에 과다한 조세감면의 혜택이 부여되는 것을 방지하기 위해 최소한 일정수준 이상의 세액을 부담하도록 하는 제도를 말한다.

특정기업이 조세특례제한법에 따라 허용되는 조세감면을 제한 없이 받을 수 있다면 일정수준 이상의 세액을 부담하는 다른 기업에 비해 과다한 혜택으로 과세형평을 침해하고 국민들의 납세도의(tax moral)를 저해하는 결과가 된다. 이러한 결과를 방지하기 위해서 국가의 정책적 목적달성을 위해 마련된 조세감면을 적용받더라도 최소한 일정수준 이상의 세액을 부담하도록 하는 최저한세제도가 필요한 것이다.

2. 최저한세 적용의 범위

(1) 적용대상 법인세 또는 소득세의 범위

1) 적용대상 법인세 : 최저한세는 내국법인의 각 사업연도 소득과 외국법인의 국내원천소득(종합과세되는 경우에 한함)에 대한 법인세에 적용된다. 다만, 내국법인 중 당기순이익과세를 적용받는 조합법인 등에 대해서는 최저한세 적용대상에서 제외한다.

2) 적용대상 소득세 : 거주자의 사업소득과 비거주자의 국내사업장에서 발생한 사업소득에 대한 소득세에 적용된다. 그리고 거주자가 벤처투자조합 출자 등에 대한 소득공제, 수입금액 증가에 대한 세액공제를 적용받는 경우에만 부동산임대업에서 발생하는 소득에 대한 소득세에 대해서도 최저한세를 적용한다.

(2) 최저한세의 적용대상 조세감면의 범위

1) 법인세의 경우

최저한세 적용대상	주요 최저한세 적용대상 조세감면의 범위
비과세 · 손금산입 · 익금불산입	• 연구개발 관련 출연금 등의 과세특례 • 중소 · 중견기업 설비투자자산의 감가상각비 손금산입 특례 • 공장이전법인의 공장을 수도권 밖으로 이전하는 경우 수도권과밀억제권역에 있는 공장 양도차익에 대한 익금불산입 • 본사이전법인의 본사를 수도권과밀억제권역 밖으로 이전하는 경우 법인본사의 수도권과밀억제권역 밖 이전에 따른 양도차익에 대한 익금불산입
소득공제	• 부동산투자회사의 국민주택임대소득에 대한 소득공제
세액공제	• 통합투자세액공제 • 상생결제 지급금액에 대한 세액공제 • 대 · 중소기업 상생협력을 위한 기금 출연시 세액공제 • 중소기업이 아닌 자의 연구 및 인력개발비에 대한 세액공제 • 기술취득금액에 대한 세액공제 • 내국법인의 벤처기업 등에의 출자에 대한 세액공제 • 내국법인의 소재 · 부품 · 장비전문기업에의 출자 · 인수에 대한 세액공제 • 성과공유 중소기업의 경영성과급에 대한 세액공제 등 • 영상콘텐츠 제작비용에 대한 세액공제 • 통합고용세액공제
세액감면(면제)	• 창업중소기업 등에 대한 세액감면(다만, 다음의 세액감면은 최저한세 적용대상에서 제외됨) ㉠ 수도권과밀억제권역 외의 지역에서 창업한 청년창업중소기업에 대한 100% 세액감면 ㉡ 고용증대에 따른 추가 세액감면

조특 08

	ⓒ 수도권과밀억제권역 외의 지역에서 창업한 생계형 창업중소기업에 대한 100% 세액감면 • 중소기업에 대한 특별세액감면 • 기술이전소득 및 기술대여소득에 대한 세액감면 • 연구개발특구에 입주하는 첨단기술기업 등에 대한 50% 세액감면(다만, 100% 세액감면받는 과세연도의 경우는 최저한세 적용대상에서 제외됨) • 국제금융거래에 따른 이자소득 등에 대한 법인세의 면제 • 공공기관이 혁신도시로 이전하는 경우 법인세 감면 • 수도권과밀억제권역 밖으로 공장을 이전하는 기업에 대한 세액감면(다만, 수도권 밖으로 이전하는 중소기업에 대한 세액감면 부분의 경우는 최저한세 적용대상에서 제외됨) • 농공단지입주기업 등에 대한 세액감면 • 농업회사법인에 대한 법인세의 면제(다만, 작물재배업에서 발생한 소득의 경우에는 최저한세 적용대상에서 제외됨) • 소형주택임대사업자에 대한 세액감면 • 상가건물 장기임대사업자에 대한 세액감면 • 위기지역 창업기업에 대한 세액감면(다만, 100% 세액감면받는 과세연도의 경우는 최저한세 적용대상에서 제외됨) • 산림개발소득에 대한 세액감면 • 제주첨단과학기술단지 입주기업에 대한 세액감면(다만, 100% 세액감면받는 과세연도의 경우는 최저한세 적용대상에서 제외됨) 등 • 기회발전특구의 창업기업 등에 대한 세액감면(다만, 100% 세액감면받는 과세연도의 경우는 최저한세 적용대상에서 제외됨)

2) 소득세의 경우

최저한세 적용대상	주요 최저한세 적용대상 조세감면의 범위
손금산입 · 익금불산입	• 연구개발 관련 출연금 등의 과세특례 • 설비투자자산의 감가상각비 손금산입 특례 등
소득공제	• 벤처투자조합출자 등에 대한 소득공제 • 소기업 · 소상공인 공제부금에 대한 소득공제
세액공제	• 통합투자세액공제 • 상생결제 지급금액에 대한 세액공제 • 수탁기업에 설치하는 시설에 대한 세액공제 • 중소기업이 아닌 자의 연구 및 인력개발비에 대한 세액공제 • 기술취득에 대한 세액공제 • 성과공유 중소기업의 경영성과급에 대한 세액공제 등 • 영상콘텐츠 제작비용에 대한 세액공제 • 통합고용세액공제

세액감면(면제)	• 창업중소기업 등에 대한 세액감면(다만, 다음의 세액감면은 최저한세 적용대상에서 제외됨) ㉠ 수도권과밀억제권역 외의 지역에서 창업한 청년창업중소기업에 대한 100% 세액감면 ㉡ 고용증대에 따른 추가 세액감면 ㉢ 수도권과밀억제권역 외의 지역에서 창업한 생계형 창업중소기업에 대한 100% 세액감면 • 중소기업에 대한 특별세액감면 • 기술이전소득 및 기술대여소득에 대한 세액감면 • 연구개발특구에 입주하는 첨단기술기업 등에 대한 50% 세액감면(다만, 100% 세액감면받는 과세연도의 경우는 최저한세 적용대상에서 제외됨) • 국제금융거래에 따른 이자소득 등에 대한 소득세의 면제 • 수도권과밀억제권역 밖으로 이전하는 기업에 대한 세액감면(다만, 수도권 밖으로 이전하는 중소기업에 대한 세액감면 부분의 경우는 최저한세 적용대상에서 제외됨) • 농공단지입주기업 등에 대한 세액감면 • 소형주택임대사업자에 대한 세액감면 • 상가건물 장기임대사업자에 대한 세액감면 • 위기지역 창업기업에 대한 세액감면(다만, 100% 세액감면받는 과세연도의 경우는 최저한세 적용대상에서 제외됨) • 산림개발소득에 대한 세액감면 • 제주첨단과학기술단지 입주기업에 대한 세액감면(다만, 100% 세액감면받는 과세연도의 경우는 최저한세 적용대상에서 제외됨) 등 • 기회발전특구의 창업기업 등에 대한 세액감면(다만, 100% 세액감면받는 과세연도의 경우는 최저한세 적용대상에서 제외됨)

3. 최저한세 적용의 방법

(1) 개요

최저한세 적용대상 법인세 · 소득세를 계산할 때 최저한세 적용대상 조세감면을 적용받은 후의 세액(감면 후 세액)이 다음의 세액(최저한세액)에 미달하는 경우 그 미달하는 세액에 상당하는 부분에 대해서는 감면 등을 적용하지 않는다.

법인세 최저한세 = 조세감면 전(前) 과세표준×최저한세율

* 조세감면 전 과세표준은 최저한세 적용대상 익금불산입 · 손금산입 · 비과세 · 소득공제를 하지 않는 경우의 과세표준을 말한다.

조특 08

<table>
<tr><th colspan="2">구분</th><th>최저한세율</th></tr>
<tr><td colspan="2">중소기업</td><td>7%</td></tr>
<tr><td rowspan="3">일반기업</td><td>(조세감면 전 과세표준) 100억원 이하분</td><td>10%</td></tr>
<tr><td>100억원 초과 1,000억원 이하분</td><td>12%</td></tr>
<tr><td>1,000억원 초과분</td><td>17%</td></tr>
</table>

* 중소기업 유예기간이 종료 후 3년 이내 기업 : 중소기업이 최초로 중소기업에 해당하지 않게 된 경우에는 7% 대신에 ① 그 최초로 중소기업에 해당하지 않게 된 과세연도의 개시일부터 3년 이내에 끝나는 과세연도에는 8%, ② 그 다음 2년 이내에 끝나는 과세연도에는 9%로 한다.

> 소득세 최저한세
> = 조세감면 전(前) 과세표준에 대한 산출세액×35%(산출세액 3천만원 초과분은 45%)

* 조세감면 전 과세표준은 최저한세 적용대상 특례감가상각비 · 소득공제를 하지 않는 경우의 과세표준을 말한다.

감면 후 세액은 각 사업연도 소득에 대한 법인세로서 토지등양도소득에 대한 법인세 · 미환류소득에 대한 법인세 · 지점세 · 가산세 및 추징세액을 제외하며, 최저한세 적용대상이 아닌 조세특례제한법에 따른 세액공제 · 세액감면과 법인세법에 따른 세액공제를 차감하기 전의 금액을 말한다.

한편 소득세 감면 후 세액은 사업소득에 대한 소득세로서 가산세 및 추징세액을 제외하며, 최저한세 적용대상이 아닌 조세특례제한법에 따른 세액공제 · 세액감면과 소득세법에 따른 세액공제를 차감하기 전의 금액을 말한다.

(2) 적용배제순위

1) 납세의무자가 신고(수정신고 · 경정청구 포함)한 소득세액 · 법인세액이 최저한세액에 미달하여 소득세 · 법인세를 경정하는 경우에는 다음의 순서(동일한 항목 안에서는 조문순서에 의함)에 따라 감면을 배제하여 세액을 계산한다.

   ① 손금산입 · 익금불산입

   ② 세액공제. 이 경우 동일 조문에 따른 감면세액 중 이월된 공제세액이 있는 경우에는 나중에 발생한 것부터 적용배제한다.

   ③ 법인세 · 소득세의 면제 · 감면

   ④ 소득공제 · 비과세

2) 조세특례제한법에 따른 세액공제의 규정에 따라 공제할 세액 중 최저한세액에 미달하여 공제받지 못한 부분에 상당하는 금액(또는 납부할 세액이 없어 공제받지 못한 부분에 상당하는 금액)은 해당 과세연도의 다음 과세연도 개시일부터 10년 이내에 끝나는 과세연도에 이월하

여, 그 이월된 각 과세연도의 법인세 또는 사업소득에 대한 소득세에서 공제한다.

이 경우 각 과세연도에 공제할 금액과 이월된 미공제금액이 중복되는 경우에는 이월된 미공제금액을 먼저 공제하고 그 이월된 미공제금액 간에 중복되는 경우에는 먼저 발생한 것부터 차례대로 공제한다.

(3) 감면 등의 적용순위

조세특례제한법을 적용할 때 최저한세 적용대상으로 열거된 감면 등과 그 밖의 감면 등이 동시에 적용되는 경우 그 적용순위는 최저한세 적용대상으로 열거된 감면 등을 먼저 적용한다.

Ⅳ. 소득공제의 종합한도

거주자의 종합소득에 대한 소득세를 계산할 때 다음 중 어느 하나에 해당하는 공제금액의 합계액이 2,500만원을 초과하는 경우에는 그 초과하는 금액은 없는 것으로 한다. 이 제도는 조세특례제한법에 따른 소득세 최저한세제도와 같은 조세감면의 제한에 해당하며, 고소득자의 과도한 소득공제의 혜택을 일괄하여 배제하기 위해 마련된 것이다.

종합한도 적용대상 소득공제	비고
① 특별소득공제 중 주택자금공제	소득세법
② 벤처투자조합 출자 등에 대한 소득공제 (벤처기업 등 투자에 대한 소득공제는 제외)	조세특례제한법
③ 소기업 · 소상공인 공제부금에 대한 소득공제	
④ 청약저축 등에 대한 소득공제	
⑤ 우리사주조합 출자에 대한 소득공제	
⑥ 장기집합투자증권저축 소득공제	
⑦ 신용카드 등 사용금액에 대한 소득공제	

Ⅴ. 양도소득세 및 증여세 감면의 종합한도

1. 양도소득세 감면의 종합한도

(1) 일반감면의 종합한도

개인이 조세특례제한법의 감면규정(비자발적 양도시 감면규정은 제외)에 따라 양도소득세액의 합계액 중에서 다음 (1) · (2)의 금액 중 큰 금액은 감면하지 않는다. 이 경우 감면받는 양도소득세액의 합계액은 자산양도의 순서에 따라 합산한다.

조특 08

(1) 과세기간별로 계산된 감면배제금액(*주1)

= 과세기간별 일반감면규정*에 따라 감면받을 양도소득세액의 합계액 – 1억원

* 비자발적 양도시 감면규정은 제외한다.

(2) 5개 과세기간의 합계액으로 계산된 감면배제금액 = MAX(①, ②)(*주2)

① 5개 과세기간의 농지대토에 대한 양도소득세 감면규정(제70조)에 따라 감면받을 양도소득세액의 합계액 – 1억원

② 5개 과세기간의 농지 등의 감면(아래 도표 ③~⑩) 규정에 따라 감면받을 양도소득세의 합계액 – 2억원

(*주1) 위 (1)의 규정을 적용할 때 ① 토지를 분할(해당 토지의 일부를 양도한 날부터 소급하여 1년 이내에 토지를 분할한 경우를 말한다)하여 그 일부를 양도하거나 토지의 지분을 양도한 후 ② 그 양도한 날부터 2년 이내에 나머지 토지나 그 지분의 전부 또는 일부를 동일인이나 그 배우자에게 양도하는 경우에는, 1개 과세기간에 해당 양도가 모두 이루어진 것으로 본다.

(*주2) 이 경우 5개 과세기간의 감면받을 양도소득세액의 합계액은 ① 해당 과세기간에 감면받을 양도소득세액과 ② 직전 4개 과세기간에 감면받은 양도소득세액을 합친 금액(① + ②)으로 계산한다.

(2) 비자발적 양도시 감면의 종합한도

개인이 비자발적 양도시 양도소득세 감면규정[① 공익사업용 토지 등에 대한 양도소득세 감면(제77조), ② 대토보상에 대한 양도소득세 감면(제77조의2), ③ 개발제한구역 지정에 따른 매수대상 토지 등에 대한 양도소득세 감면(제77조의3)을 말한다]에 따라 감면받을 양도소득세액의 합계액 중에서 다음 (1)·(2)의 금액 중 큰 금액은 감면하지 않는다. 이 경우 감면받는 양도소득세액의 합계액은 자산양도의 순서에 따라 합산한다.

(1) 과세기간별로 계산된 감면배제금액(*주1)

= 과세기간별 비자발적 양도시 감면규정에 따라 감면받을 양도소득세액의 합계액 – 2억원

(2) 5개 과세기간의 합계액으로 계산된 감면배제금액(*주2)

= 5개 과세기간의 비자발적 양도시 감면규정에 따라 감면받을 양도소득세액의 합계액 – 3억원

(*주1) 위 (1)의 규정을 적용할 때 ① 토지를 분할(해당 토지의 일부를 양도한 날부터 소급하여 1년 이내에 토지를 분할한 경우를 말한다)하여 그 일부를 양도하거나 토지의 지분을 양도한 후 ② 그 양도한 날부터 2년 이내에 나머지 토지나 그 지분의 전부 또는 일부를 동일인이나 그 배우자에게 양도하는 경우에는, 1개 과세기간에 해당 양도가 모두 이루어진 것으로 본다.

(*주2) 이 경우 5개 과세기간의 감면받을 양도소득세액의 합계액은 ① 해당 과세기간에 감면받을 양도소득세액과 ② 직전 4개 과세기간에 감면받은 양도소득세액을 합친 금액(① + ②)으로 계산한다.

이러한 비자발적 양도시 감면에 대한 종합한도를 정리하면 다음과 같다.

종합한도 적용대상 비자발적 양도시 감면	종합한도	
① 공익사업용 토지 등에 대한 양도소득세 감면(제77조) ② 대토보상에 대한 양도소득세 감면(제77조의2) ③ 개발제한구역 지정에 따른 매수대상 토지 등에 대한 양도소득세 감면(제77조의3)	연간 2억원	5년간 3억원

[도 표] 종합한도 적용사례

<사례 1> 조세특례제한법에 따른 20×1년 과세기간에 ㉠ 농지대토 감면규정에 따라 감면받을 세액의 합계액이 8천만원이고 ㉡ 자경농지 감면규정에 따라 감면받을 세액의 합계액이 9천만원인 경우, 과세기간별로 감면배제금액을 계산하면 다음과 같다.

> 감면배제금액 : (8천만원 + 9천만원) − 1억원 = 7천만원

<사례 2> 20×1년 과세기간에 ㉠ 농지대토 감면규정에 따라 감면받은 세액 3천만원, ㉡ 자경농지 감면규정에 따라 감면받은 세액이 6천만원이었고, 20×2년 과세기간에 ㉠ 농지대토 감면규정에 따라 감면받은 세액 9천만원, ㉡ 자경농지 감면규정에 따라 감면받은 세액이 1천만원인 경우, 5개 과세기간의 합계액으로 계산된 감면배제금액을 계산하면 다음과 같다(20×1년 전 과세기간의 감면세액은 없다고 가정한다).

> 감면배제금액 : MAX (①, ②) = 2천만원
> ① (3천만원 + 9천만원) − 1억원 = 2천만원
> ② [(3천만원 + 6천만원) + (9천만원 + 1천만원)] − 2억원 = (초과액 없음)

2. 증여세 감면의 종합한도

영농자녀가 증여받는 농지 등에 대한 증여세의 감면규정에 따라 감면받을 증여세액의 5년간 합계가 1억원(이하 '증여세감면한도액')을 초과하는 경우에는 그 초과하는 부분에 상당하는 금액은 감면하지 않는다. 이 경우 증여세감면한도액은 그 감면받을 증여세액과 그 증여일 전 5년간 감면받은 증여세액을 합친 금액으로 계산한다.

제2절 감면세액의 추징

Ⅱ-2 p.456

Ⅰ. 통합투자세액공제를 받은 자산을 처분하는 경우 공제세액 추징

통합투자세액공제를 받은 자가 투자완료일부터 2년(연구시험용 · 직업훈련용 시설, 에너지절약 시설 및 환경보전 시설 등에 해당하는 건물 · 구축물의 경우에는 5년)이 지나기 전에 해당 자산을 처분(임대 포함)한 경우에는 처분한 날이 속하는 과세연도의 과세표준신고를 할 때 해당 자산에 대한 세액공제액 상당액에 이자상당가산액을 가산하여 납부해야 하며, 해당 세액은 과세표준신고시 자진납부해야 할 세액으로 본다.

Ⅱ. 이자 · 배당소득 비과세 · 감면세액의 추징

조세특례제한법에 따른 이자소득 · 배당소득에 대한 과세특례 적용 요건을 갖추지 못한 경우 원천징수의무자는 비과세 또는 감면받은 세액 상당액을 즉시 추징하여 추징일이 속하는 달의 다음 달 10일까지 원천징수 관할세무서장에게 납부해야 하고, 해당 소득이 속하는 과세연도의 종합소득과세표준은 소득세법에 따라 계산한다. 이 경우에는 소득세법에 따른 소액징수부 규정을 적용하지 않는다.

MEMO

MEMO

MEMO

MEMO

MEMO

MEMO